O TOM UNIVERSAL

O TOM UNIVERSAL
REVELANDO MINHA HISTÓRIA

COM ASHLEY KAHN E HAL MILLER

Tradução
Eduardo Rieche

1ª edição

RIO DE JANEIRO | 2015

CIP-BRASIL. CATALOGAÇÃO NA PUBLICAÇÃO
SINDICATO NACIONAL DOS EDITORES DE LIVROS, RJ

S223c

Santana, Carlos
   Carlos Santana – O tom universal / Carlos Santana, Ashley Kahn, Hal Miller; tradução Eduardo Rieche. – 1ª ed. – Rio de Janeiro: Best*Seller*, 2015.
   il.

   Tradução de: Carlos Santana: The Universal Tone
   ISBN 978-85-7684-928-5

   1. Santana, Carlos, 1947 – 2. Músicos de rock – Estados Unidos – Biografia, I. Kahn, Ashley. II. Título

15-22557

CDD: 927.824166
CDU: 929:78.067.26

Texto revisado segundo o novo Acordo Ortográfico da Língua Portuguesa.

Título original
THE UNIVERSAL TONE

Copyright © 2014 by Carlos Santana Trust of 2011
Copyright da tradução © 2015 by Editora Best Seller Ltda.

Publicado mediante acordo com Little, Brown, and Company, New York, NY USA.

Capa adaptada da original de Allison J. Warner
Foto de capa: Rubén Martín
Editoração eletrônica: Abreu's System

Todos os direitos reservados. Proibida a reprodução,
no todo ou em parte, sem autorização prévia por escrito da editora,
sejam quais forem os meios empregados.

Direitos exclusivos de publicação em língua portuguesa para o Brasil
adquiridos pela
Editora Best Seller Ltda.
Rua Argentina, 171, parte, São Cristóvão
Rio de Janeiro, RJ – 20921-380
que se reserva a propriedade literária desta tradução.

Impresso no Brasil

ISBN 978-85-7684-928-5

Seja um leitor preferencial Record.
Cadastre-se e receba informações sobre nossos lançamentos e nossas promoções.

Atendimento e venda direta ao leitor
mdireto@record.com.br ou (21) 2585-2002

Este livro é dedicado à minha querida mãe, Josefina B. Santana, por sua força, paciência, tenacidade, fé inabalável e inteira convicção.
Ela amava a verdade, e eu agora sinto sua energia mais do que nunca.
Obrigado, mamãe — eu te amo eternamente. Suas orações funcionaram.

Sumário

Introdução: Convicção e carisma   9

Capítulo 1   23

Capítulo 2   47

Capítulo 3   81

Capítulo 4   107

Capítulo 5   127

Capítulo 6   151

Capítulo 7   181

Capítulo 8   209

Capítulo 9   231

Capítulo 10   251

Capítulo 11   271

Capítulo 12   299

Capítulo 13   329

Capítulo 14   361

Capítulo 15   371

Capítulo 16   391

Capítulo 17	419
Capítulo 18	433
Capítulo 19	451
Capítulo 20	469
Capítulo 21	491
Capítulo 22	511
Capítulo 23	533
Capítulo 24	553
Posfácio: Hoy y Mañana	573
Agradecimentos	581
Créditos das fotografias	585
Índice	587
Sobre os autores	603

INTRODUÇÃO

Convicção e carisma

Josefina Barragán

José Santana

Mi historia comienza con un desfile.

Minha história começa com um desfile.

Mas, na verdade, poderíamos começar em qualquer ponto da minha vida, e seria legal. É como o setlist de um show do Santana. Podemos simplesmente rasgá-lo, jogá-lo pelos ares e, em seguida, reorganizá-lo novamente. De fato, qualquer coisa com que se comece ou se termine pode funcionar. Tudo faz parte do mesmo círculo, e tudo se conecta.

Existe uma série de capítulos na minha história. Há muitos na vida de qualquer pessoa. No entanto, a minha vida está dividida em três partes: a minha jornada musical; eu no papel de filho, irmão, marido e pai – que eu chamo de ritmo doméstico; e existe a dimensão espiritual, o reino do invisível. Eles estão fortemente interligados – o físico e o espiritual, a seriedade e o humor, o sagrado e o profano – assim como este livro.

Sei que você quer saber sobre The Fillmore e Woodstock, e você saberá. E sobre os anos 1960, os anos 1970 e, claro, sobre o *Supernatural* e as cerimônias de premiação, e tudo o que aconteceu desde então. Serei o mais abrangente possível: meus professores do passado, meu divórcio, meu novo casamento, o fato de ter sido molestado quando criança – tudo isso.

Contarei sobre a minha infância no México e a viagem que fizemos de Autlán para Tijuana com a minha mãe, minhas irmãs e meus irmãos. Meu pai me ensinando a tocar violino e me enviando a minha primeira guitarra elétrica de São Francisco. Minhas irmãs sentadas em cima de mim, me obrigando a ouvir Elvis. A família se mudando de Tijuana para São Francisco, onde aprendi inglês e comecei a minha vida em um novo país, trabalhando como lavador de pratos.

Este livro não é uma discografia ou uma crônica ano a ano do grupo de rock Santana, show por show. Tudo isso estará reservado para outro tempo e outro livro. Este livro não é a história *dele*, é a minha história. Ao contar a minha história, sei que as coisas das quais me lembro são uma escolha que eu faço. Existe uma espécie de justificativa divina: eu a chamo de memória celestial. Na verdade, qualquer um poderia escolher olhar para trás e interpretar o passado como uma série de momentos belos e vantajosos. Penso que o sorvete pode parecer mais doce quando olho para trás e me imagino saboreando-o, e até mesmo o ar pode parecer mais leve em contato com os pulmões. Também optei por valorizar a honestidade e os detalhes que ilustram as histórias da minha vida.

Meu objetivo era fazer com que este livro fosse multissensorial, para que sua leitura se parecesse com o sabor das comidas que minha mãe fazia em casa. Diferente, mas também delicioso. Sem ser grosseiro e sem ser chato.

A comida que eu amo, as roupas, as cores e a música do México, tudo isso ainda está muito vivo em mim. Ainda sinto o cheiro do interior dos clubes de striptease em Tijuana e dos bastidores do The Fillmore Auditorium, em São Francisco. Vejo as pessoas, sinto o cheiro da maconha. Sinto as guitarras que toquei com minhas mãos e consigo ouvir os sons de cada uma delas. Sou muito grato por todas essas lembranças.

E o desfile que mencionei? Isso *não* faz parte das minhas memórias. Não me lembro, porque eu não estava lá. Foi no dia do desfile que meu pai e minha mãe se encontraram pela primeira vez, já adultos. Foi aí que tudo começou para mim.

Minha mãe me contava que eram 5 horas da tarde – o sol estava indo embora, e tudo parecia dourado, como costuma acontecer nessa hora do dia. De repente, ela ouviu um tumulto na rua. Isso foi em sua cidade natal – Cihuatlán, na província de Jalisco, no México, na costa do Pacífico. Foi por volta de 1938, quando ela ainda morava com sua família. O nome dela era Josefina Barragán.

Meu avô – o pai dela – reclamava: "Ah, é aquele Farol do *diablo*." Meu pai era conhecido como El Farol. Isso significa, literalmente, "lanterna", e tratava-se de um apelido que lhe deram por causa de uma canção que ele costumava cantar e tocar.

"Do que você está falando?", perguntou ela. "É ele – José Santana." Minha mãe tinha esbarrado com ele uma vez, quando era criança, e ele, um adolescente. Sua bola caíra aos pés do meu pai, e ela correu até ele para buscá-la. "Boo!", disse ele. "Ei, menina loira, seu cabelo é liso como a seda do milho." E ela fugiu.

Mais de dez anos depois, minha mãe abriu as cortinas da janela e avistou um grupo de pessoas andando no meio da rua, sob a liderança de José – e todas as prostitutas da cidade estavam indo atrás dele. Todos riam, tocavam músicas e cantavam. O homem que se tornaria meu pai estava segurando o arco de seu violino como se fosse o mastro de uma bandeira, de onde pendiam uma calcinha e um sutiã. O prefeito estava ao seu lado e, junto a eles, havia outros músicos também. O padre da cidade, bastante incomodado, os seguia, tentando jogar água benta sobre todos. Todos estavam fazendo uma *barulla* incrível, uma algazarra. Pela forma com que minha mãe relatou o episódio, tenho a sensação de que aqueles caras tinham virado a noite e atravessado o dia, e estavam tão cheios de si, bêbados e embriagados, que decidiram continuar a festa no meio da cidade. De qualquer modo, era uma cidade bastante pequena. Todo mundo olhava aquele espetáculo e balançava a cabeça.

O prefeito simplesmente adorava o meu pai. Ele adorava músicos e seu estilo de vida. Então, quem iria lhes dizer que eles não poderiam cantar e tocar nas ruas? A maioria das pessoas gostava do meu pai – ele era carismático. Nasceu em Cuautla, uma pequena cidade a cerca de três horas de distância, e, assim como seu pai, havia se tornado músico. Ele se mudara para Cihuatlán por conta do trabalho – tocando em orquestras sinfônicas e em bandas que executavam canções populares mexicanas. Eles o chamavam de Don José.

Em 1983, depois do nascimento do meu filho, Salvador, visitei aquela parte do México com meu pai. Conheci uma senhora que me disse: "Carlos, fui criada com Don José. Éramos da mesma geração. Quero que você saiba que pode ser reconhecido em todo o mundo, mas aqui, o Santana que conta é o Don José." Meu pai limitou-se a olhar para mim. Eu sorri e disse: "Ei, por mim, tudo bem."

Nem todos se sentiam assim em Cihuatlán – nem o padre e, com toda certeza, nem o pai da minha mãe. Ele não gostava de José pelo fato de ele ser músico e, especialmente, porque era um autêntico mexicano, um mestiço mexicano. Podíamos perceber claramente que ele tinha sangue índio. Sua pele era escura, e ele se orgulhava disso. Mas seu nome – Santana, ou

Santa Anna – vinha da Europa. Santa Ana era a mãe de Maria, a sogra de José. A avó de Jesus. Nada mais católico do que isso.

A família da minha mãe tinha pele mais clara, europeia. Certa vez, pesquisei nossa árvore genealógica, e, neste ramo da família, havia um pouco de sangue hebraico – muitos judeus haviam emigrado da Espanha para o Novo Mundo depois de 1492. Nós, os Santana, comíamos carne de porco, mas minha mãe tinha algumas regras estranhas a respeito da comida – o que podíamos e não podíamos comer e quando; alimentos que não podiam ser consumidos ao mesmo tempo. Alguns daqueles itens poderiam ser uma herança direta da cultura *kosher*.

Os Barragán viviam em uma fazenda. Eles eram donos de cavalos e estábulos, e tinham alguns empregados trabalhando para eles. Tudo o que meu pai possuía era seu violino.

Isso não foi nenhum obstáculo para minha mãe. Ela costumava me dizer: "Quando vi seu pai à frente daquele desfile maluco, sabia que ele seria o homem com quem eu iria me casar e ao lado de quem eu deixaria esta pequena cidade. Eu precisava ir embora. Não gostava do cheiro da fazenda; não gostava de homens que cheiravam a cavalos e a couro. Seu pai não tinha esse cheiro."

José e Josefina se conheceram e se apaixonaram. O pai dela não abençoou a união. Eles fugiram em um cavalo; meu pai simplesmente a roubou. A família dela foi atrás para procurá-los, e um amigo ajudou a escondê-los em Cihuatlán. Em seguida, eles escaparam para Autlán, onde deram início à nossa família. Mamãe tinha 18 anos, e papai tinha 26. Nasci alguns anos mais tarde; dentre os sete filhos, fui o do meio.

Nunca descobri exatamente o motivo daquele desfile, qual era o evento profano que eles estavam comemorando. Meu pai nunca falava sobre seus dias de juventude. Na verdade, ele nunca falava muito sobre coisa alguma. Não importa. Eu adoro todas as partes da história de ambos: o sexo, a religião e o humor. Isso demonstra o enorme senso de carisma de meu pai, e a suprema convicção de minha mãe. Mostra a união deles, e mostra o que eles me ofereceram como legado.

De minha mãe tenho essa disposição e esse ímpeto de fazer as coisas direito. Em todas as fotos que vi de minha mãe quando criança, pude constatar que ela era extremamente focada, quase como se estivesse com raiva – entre irritada e comprometida. Em sua juventude, ela questionava tudo. Questionava até mesmo a Bíblia. "Eu preciso conhecer: não posso apenas aceitar algo", costumava dizer. Seu caráter, definitivamente, era feito de aço.

Meu pai também era forte, mas romântico. Ele adorava tocar música. Lembro-me de como ele colocava o queixo no violino lentamente, como se fosse o ombro de uma mulher. Em seguida, com os olhos fechados, ele colocava o arco sobre as cordas. Todas as mulheres pertenciam a ele naquele momento. Ele tocava com o coração.

Meu pai vivia para tocar, e tocava para viver. Isso é o que os músicos deveriam fazer. Ele tocava o que lhe pediam para tocar no trabalho – polcas, boleros, música mariachi. Mas, dentro de casa, ele era um homem totalmente afeito às melodias. Suas músicas favoritas eram as de Agustín Lara, que era considerado o Cole Porter do México – muitas de suas canções faziam parte das trilhas sonoras dos filmes da época. Ele compôs a canção "Farolito", que meu pai gostava de cantar, e foi por esse motivo que ele ganhou o apelido de El Farol. Pelo fato de tocar as músicas de Lara em casa, essas foram as primeiras canções que eu ouvi. Elas e "Ave Maria".

Este livro foi escrito para homenagear meu pai e todos os outros heróis musicais que me influenciaram – minha lista de "Quem é o seu ídolo?": Lightnin' Hopkins, Jimmy Reed e John Lee Hooker. B. B. King, Albert King e Otis Rush. Buddy Guy, Jimi Hendrix e Stevie Ray Vaughan. Gábor Szabó, Bola Sete e Wes Montgomery. Miles Davis, John e Alice Coltrane, e muitos, muitos mais.

Tenho orgulho de dizer que conheci quase todos eles e que consegui resplandecer a sua luz, sentindo-me conectado por meio da música que eles compartilhavam com o mundo. Analisei detidamente suas almas e me vi refletido ali; ao amá-los, acabei me amando também. Muitas pessoas vivem suas vidas com tanta pressa que, na hora da morte, a vida lhes parecerá apenas um grande borrão. Mas os momentos que passei com Stevie Ray, Otis ou Miles Davis – sou capaz de congelar esses encontros no meu cérebro, revivê-los e dizer o que eles estavam vestindo, o que dissemos um ao outro. Todos esses episódios ainda estão muito nítidos para mim – são algumas das recordações que você vai encontrar neste livro.

Não foi tarefa fácil começar a elaborá-lo. Era como olhar no espelho na primeira hora da manhã, antes de ter chance de se arrumar. Eu disse a mim mesmo que precisava criar outro mantra: "Não tenho medo de dançar sob a minha própria luz." E não tenho mesmo.

Eu costumava ser uma pessoa muito intensa, compulsiva. Vivia sempre irritado, porque meu ego tinha me convencido de que eu era um caso irremediável e inútil. Eu brincava de esconde-esconde comigo mesmo. Lembro que há muito tempo, no México, alguém me perguntou: "Do que você tem mais medo?" E eu respondi: "De decepcionar Deus." Agora percebo que não existe nenhuma maneira que eu possa decepcionar Deus, porque este não é um problema para Ele. É um problema apenas para o meu ego. O que é um ego a não ser algo que acredita estar separado de Deus?

Quando consegui entender isso, eu me senti como uma cobra trocando de pele. A pele velha era a culpa, a vergonha, o pré-julgamento, a condenação, o medo. A pele nova é a beleza, a elegância, a excelência, a graça, a dignidade. Cada vez mais estou aprendendo a valorizar as minhas contradições e os meus medos, e a transformá-los. Cada vez mais quero usar a minha guitarra e a minha música para convidar as pessoas a reconhecer a divindade e a luz que estão em seu DNA.

Essa é a história por trás das histórias, a música dentro da música. John Coltrane a chamou de O Amor Supremo. Eu a chamo de o tom universal; com ele, o ego desaparece e a energia toma conta de tudo. Você percebe que não está sozinho; você está conectado a todas as outras pessoas. Todo mundo nasce com uma forma de receber o tom universal, mas bem poucos permitem que ele conheça a luz do dia. A maioria das pessoas o aborta com coisas que são mais importantes para elas, tais como dinheiro, fama ou poder. O tom universal está fora de mim e me atravessa. Eu não o crio. Eu apenas me certifico de não atrapalhar o seu caminho.

Certa vez, perguntaram a Marvin Gaye sobre seu álbum *What's Going On*: "Como você criou essa obra-prima?" Ele respondeu: "Só fiz o meu melhor para sair do caminho e deixar que ela brotasse." Minha esposa, Cindy, diz que Art Blakey costumava conversar com ela sobre tocar bateria e lhe dizer que a música vinha "direto do Criador para ele". Ele falava muito isso, e sua música passava essa sensação. Músicos de verdade sabem que a verdadeira música surge dessa forma. Ela não vai até você – ela passa por você.

É a mesma coisa com John Coltrane, Mahalia Jackson, Bob Marley, Dr. Martin Luther King – todos aqueles que transmitem mensagens. Sou muito grato pelo fato de ter podido ouvir ao vivo grande parte dos sons que eles produziram. Algumas pessoas são colocadas neste planeta para ajudar a elevar a consciência e, por intermédio delas, nascem o som, as palavras, as vibrações e a música. Não tem nada a ver com o show business nem com o entretenimento. Não é música de elevador – é música *de elevação.*

Esse é o tom universal em plena ação. De repente, a música obriga as pessoas a ir contra o que elas consideravam esteticamente sólido, e o que costumava se encaixar tão bem passa a soar bastante desconfortável, como sapatos que se tornaram muito apertados e não podem mais ser usados. Ele aumenta a consciência das pessoas e interrompe a estática, para que elas possam ouvir a canção que permanecia esquecida lá dentro. Suas moléculas são alteradas para que elas possam sair de seu próprio domínio e cruzar a barreira do tempo. Elas conseguem se sentir em um eterno agora.

Tive a sorte de perceber o quanto o tom universal pode ser realmente universal. É algo incrível ser conhecido em todo o mundo, ser um ponto de conexão entre tantas pessoas. Aceito ser um canal. Aceito que a graça tenha optado por trabalhar através de mim como bem entende, e também aceito os presentes, os prêmios, os elogios e os direitos autorais que vêm com ela.

Nem sempre me senti assim – não tinha a confiança de estar confortável por ser um portador do tom universal. Tive que aprender isso ao me aproximar de outros xamãs musicais e espíritos generosos, pessoas como Herbie Hancock e Tito Puente, B. B. King e Wayne Shorter. Observando o modo como eles pairam acima da fama e do estrelato, sem nunca tirar os pés do chão. O modo como eles aceitam os hotéis agradáveis, os assentos de primeira classe e as cerimônias de premiação, ao lado das longas horas acordados, das refeições rápidas, das ligações telefônicas no início da manhã e dos problemas de som. O modo como eles servem a música e conduzem o tom universal.

Não muito tempo atrás conheci um belo casal de Saint Louis que tinha doado uma grande quantia de dinheiro para ajudar pessoas necessitadas. A esposa disse algo que me derrubou: "É uma bênção ser uma bênção." Essas palavras eram perfeitas. Elas traduziam o que venho guardando dentro de mim há muitos anos, mesmo quando o ego, a vergonha e a culpa se interpuseram no caminho.

Sou apenas um homem. Tenho pés de barro, como todo mundo. Gosto do êxtase, do orgasmo, das liberdades e de todos os tipos de coisas que posso adquirir agora, mas sou muito, muito cauteloso comigo mesmo. Mantenho a minha escuridão sob vigilância. Na maioria das vezes, tento extrair o melhor de mim mesmo, sendo gracioso, consistente e humilde, evitando ser ofensivo, rude, cruel ou vulgar.

E aí, de repente: droga, estraguei tudo de novo. Tive um acesso de raiva. Fui nocauteado por meu próprio ego e disse ou fiz coisas sem pensar. Falei algo errado para alguém com quem eu me preocupo. Antes, eu não sabia que a raiva é apenas o medo com uma máscara. Agora eu sei disso, e sei que preciso seguir em frente. Respirar fundo, me perdoar – voltar para o tom universal.

As pessoas me conhecem tanto pelo meu lado de aprimoramento espiritual quanto pela minha música. "Carlos Cósmico", "Carlos Doido" – eu sei o que as pessoas dizem, e não tenho nenhum problema com isso. Sou o cara que conversa sobre luz e luminosidade e sempre veste camisas e jaquetas com imagens de pessoas mortas. Muitas pessoas vestem roupas com imagens de outras pessoas. Do meu ponto de vista, John Coltrane, Bob Marley, Billie Holiday e Miles Davis são figuras inspiradoras e dispositivos de ignição, indicadores de bênçãos e milagres. Eles são todos imortais, ainda vivos em um eterno agora. E fazem com que eu me sinta bem – experimente usá-los você mesmo.

Para mim, "cósmico" significa estar conectado. Na posição em que estou, e na qual me sinto abençoado por estar, tenho conseguido perceber o quanto estamos todos conectados. Quando as pessoas me chamam de cósmico ou de doido, considero isso um elogio e digo: "Bem – preste atenção. Minha loucura está funcionando. Como está a sua sanidade mental?"

Se as pessoas realmente quiserem me conhecer, elas não deveriam parar por aí. Deveriam saber que estou sempre me aprimorando e que levei muito tempo para perceber que é hora de parar de procurar e começar a ser. A meta espiritual que eu procurava não era algo distante, no topo de alguma montanha – ou, até mesmo, alguns metros acima disso. Ela sempre esteve bem aqui, no aqui e agora, em meu espírito, na minha música, nas minhas intenções e na minha energia. Sempre tenho a esperança de usar a minha energia e as minhas bênçãos em prol do bem maior, de fazer e dizer coisas, e de tocar a música que possa ressoar em uma mesma frequência – a do tom universal.

Quando você externa uma determinada música e energia, você nunca sabe a quem ela irá atingir e quem se deixará afetar por ela. Às vezes, estou me sentando para comer e prestes a colocar o garfo na boca, quando alguém diz: "Me desculpe incomodá-lo...", e começa a me contar uma história. Ou quer que eu autografe algo ou tire uma foto. A essa altura, a comida deixa de ser realmente importante.

Às vezes, quando isso acontece, alguns amigos estão me fazendo companhia na hora da refeição, e eles sempre me perguntam como eu lido com isso. Eu respondo: "Cara, onde estamos agora?"

"Ah... em um restaurante."

"Certo. E você sabe quem está pagando por esta comida? São eles. E aquele belo carro que está nos aguardando lá fora? Eles me ajudaram a conseguir isso, e estão pagando a gasolina e a casa para a qual eu vou depois de comer, e eu não estaria aqui comendo se não fosse por eles. Então, se eles querem tirar uma foto, que se dane, tirem logo duas."

Abaixo o garfo, estabeleço contato visual com as pessoas que vêm até mim e as escuto. Eu lhes dou um abraço se considerar apropriado.

Trata-se de aceitar um papel para o qual fui escolhido, e de aprender quando me tornar disponível – e quando não. Certa vez, na Filadélfia, fui parado na rua por um cara que começou a me exasperar. "Ei, 'Tana! É você mesmo? Não, você não é o 'Tana, é? Peraí: é você, sim! Caramba, olha só – é você, né, 'Tana? Cara, eu tenho todas as suas coisas, 'Tana – os discos e os CDs, os trabalhos de oito faixas, as fitas cassete, e também tenho alguns DVDs." Isso, definitivamente, foi antes dos iPods. "Sei que agora você vai ajudar um irmão a pagar o aluguel, não é, 'Tana?"

Eu disse a ele que meu nome era *San*tana, não Santa Claus [Papai Noel], e que talvez ele devesse ter pago o aluguel antes. Afastei-me, mas aquele nome me seguiu – até hoje, há alguns amigos que ainda me chamam de 'Tana. Não tenho problemas com isso. Falamos sobre como algumas coisas são "coisas do 'Tana" e algumas histórias são "histórias do 'Tana". Meu assistente, Chad, me chama de 'Tana, e meu amigo Hal pergunta pelo Tanaman quando ele liga para minha casa.

Às vezes, é preciso saber quando se livrar, como a ocasião em que um cara veio até mim com sua esposa após um show no Madison Square Garden, querendo que eu ficasse ao lado dela para tirar uma foto. "Vamos, querida, chegue mais perto do Carlos. Mais perto! Isso, agora dê um beijo nele." E eu disse "Ei!", e saí fora.

Começou a ficar um pouco perto demais, obrigado. Uma vez, em Paris, o zelador de um hotel me contou como cada um de seus filhos havia sido concebido ao som das músicas de Santana, e começou a enumerar a lista de todas as crianças e de todas as músicas. Eu agradeci antes que ele fosse longe demais. É um pouco de conexão demais para mim – não sou tão universal assim.

Disse a mim mesmo que este livro deveria ser saudável, terapêutico, elevado, informativo, puro, honesto e elegante. Deveria ser absolutamente divertido, de uma forma que qualquer pessoa, especialmente os meus filhos e a minha família, pudesse ler, apreciar, rir e entender. Há muitas coisas engraçadas que vivenciei e sinto que devo compartilhá-las – experiências que provam que Deus tem senso de humor.

Gosto de rir, adoro histórias, e eu queria que todas elas estivessem neste livro também. Uma das minhas favoritas é sobre um homem tão bem-sucedido nos negócios que tudo o que ele consegue fazer é ganhar dinheiro, e tudo o que ele faz ou toca continua a produzir mais dinheiro ainda. Mas, quanto mais dinheiro ele faz, mais deprimido fica, e ele não consegue descobrir o porquê. Um amigo lhe fala a respeito de um guru especial que tem o segredo da felicidade e vive em uma caverna no topo da montanha, do outro lado do oceano – onde eles sempre vivem, não é mesmo? Foi uma viagem longuíssima e cara – primeiro, em um avião, depois em um barco, um táxi, um cavalo e, em seguida, a pé. Ele gasta semanas e semanas, e finalmente encontra a montanha certa, sobe até a caverna e entra. Lentamente, seus olhos se ajustam à escuridão, e ele vê um velho com uma longa barba meditando – profundamente, profundamente, profundamente. Tudo que ele ouve é apenas um zumbido. Ele espera por muito tempo o guru. Finalmente, o velho homem abre os olhos e olha para ele. "Oh, Sábio, eu vim de muito longe", diz o peregrino. "Qual é o sentido de tudo isso, da existência?"

O velho apenas sorri e inclina a cabeça em direção a uma placa sob seus pés. O peregrino olha para ela – mas é difícil enxergar na caverna. A placa diz ABRACADABRA. E ele pensa: "O quê? Hein?" Ele olha para o guru e diz: "Abracadabra?"

"Sim. Tudo se resume a isso."

A lição é simples: você tem que se divertir com a sua existência. Em algum momento, você precisa parar de levar as coisas a sério e de forma pessoal, não se deixar entediar, pois isso só irá paralisar sua criatividade e sua vitalidade.

Posso falar sobre aquilo que eu não gostaria que este livro abordasse – eu não queria que ele relatasse quaisquer arrependimentos, remorsos ou culpas. Para isso, pode-se ler outros livros. Um amigo me disse algo que procurei manter em mente ao escrever: quando você passar pelo inferno – pela noite mais sombria de sua alma –, não tire fotos para mostrar aos seus amigos. Outra pessoa disse: "Não chore quando você vir seu próprio filme." Tudo isso faz sentido para mim.

Quando alguém me perguntava como eu gostaria de ser lembrado, eu costumava simplesmente dar de ombros e dizer: *Me importa madre* – não dou a mínima. Mas agora eu digo, como alguém que, consciente e inconscientemente, tem feito coisas para inspirar as pessoas a sonhar, que este livro é sobre aceitar a responsabilidade de despertar a consciência nos outros e de expressar a minha suprema gratidão a todas as pessoas, a todos os espíritos que nortearam a minha vida e me deram a oportunidade de reconhecer esses dons e compartilhá-los. É por meio deles que eu gostaria de ser lembrado.

E quanto ao que eu aprendi: ser um instrumento de paz. Ser um cavalheiro, custe o que custar. Apreciar a si próprio – divertir-se com a sua existência. Aprender a ouvir sua voz interior e não exagerar na dose de si mesmo. Manter sua escuridão sob vigilância. Deixar a música ser uma força terapêutica. Ser um músico autêntico: se você começar a contar o dinheiro antes de produzir as notas, você será um impostor em tempo integral. Coloque a sua guitarra no chão e vá lá fora absorver os raios de luz com os seus olhos. Vá passear no parque, tire os sapatos e as meias e sinta a grama sob os seus pés e a lama entre os seus dedos. Vá ver um bebê sorrindo, observe um beberrão rastejando, aprecie a vida. *Sinta* a vida – tudo isso, tanto quanto possível. Descubra uma melodia humana e, em seguida, escreva uma música sobre isso. Faça tudo isso transparecer na sua música.

Bem-vindo à minha história – bem-vindo a *O tom universal*. *Vamos a empezar.*

CAPÍTULO 1

No sentido horário, a partir do canto superior esquerdo: Irma, Laura, Tony, eu, Lety e Jorge, em Autlán, 1952

Maria, 1959

Acredito que cresci com anjos. Acredito no reino invisível. Mesmo quando estive sozinho, nunca estive só. Minha vida tem sido abençoada dessa forma. Havia sempre alguém perto de mim, prestando atenção em mim ou falando comigo — fazendo alguma coisa na hora certa. Tive professores e orientadores, alguns que me ajudaram a ir de um lugar para outro. Alguns salvaram a minha vida. Quando observo todo o turbilhão de coisas que aconteceram na minha vida, é incrível como, muitas vezes, a intervenção angelical apareceu através das mais variadas pessoas. Este livro existe por causa delas, e foi escrito para agradecer a elas. Trata-se de anjos que surgiram em minha vida no momento em que mais precisei deles.

Bill Graham, Clive Davis, e meu professor de artes do ensino médio, o Sr. Knudsen. Yvonne e Linda — duas amigas da escola que me aceitaram e me ajudaram com o meu inglês. Stan e Ron — dois amigos que desistiram de seus empregos durante o dia para me ajudar a formar uma banda. O motorista do ônibus em São Francisco que me viu com a minha guitarra e me fez sentar perto dele para me proteger quando o trajeto adentrou uma parte muito perigosa da cidade. Músicos com quem toquei que foram meus mentores — Armando, Gábor e muitos, muitos mais. Meus irmãos e minhas irmãs, que me ajudaram a crescer. Meus três filhos lindos, tão sábios, e que agora são os meus professores. Minha mãe e meu pai. Minha linda esposa, Cindy.

Acredito que o mundo dos anjos possa surgir através de qualquer um, a qualquer momento, ou simplesmente no momento certo, se você se permitir mudar ligeiramente o dial do seu rádio espiritual, e mantê-lo na frequência correta. Para que isso aconteça, tenho que evitar a produção da minha própria estática, evitar a racionalização do ego.

As pessoas podem mudar a maneira de ver as coisas pelo modo como pensam. Acho que estamos no nosso melhor momento quando deixamos de atrapalhar nosso próprio caminho. As pessoas ficam presas às suas histórias. Meu conselho é acabar com a sua história e começar a sua vida.

O tom universal

uando eu era garoto, havia duas Josefinas em nossa casa. Uma delas era a minha mãe, e a outra, era Josefina Cesena – nós a chamávamos de Chepa. Ela era mestiça, com ascendência predominantemente indígena. Chepa era nossa empregada, mas era quase um membro da família. Ela cozinhava, costurava, e ajudou minha mãe a criar todos os filhos. Ela já trabalhava lá antes de eu nascer. Ela trocava minhas fraldas. Quando minha mãe tentava me bater, eu corria para trás de Chepa e tentava me esconder debaixo de sua saia.

Quando as mães estão grávidas, elas batem com mais força e com mais frequência. Quando eu era pequeno, parecia que minha mãe estava eternamente grávida, e Chepa me protegeu de várias surras. Ela também foi o primeiro anjo a intervir em meu favor.

As coisas já estavam difíceis para minha família. Papai e mamãe estavam casados havia dez anos, e ele viajava cada vez mais para tocar sua música e ganhar dinheiro. Em Autlán não havia oportunidades suficientes para músicos profissionais, e por isso ele começou a viajar para trabalhar, passando vários meses fora de casa. É possível remontar a sua agenda de viagens analisando os aniversários de seus filhos. De 1941 em diante, a cada dois anos nascia outra criança. Meus três irmãos mais velhos nasceram no fim de outubro. Os outros quatro fazem aniversário em junho, julho e agosto.

Quando chegou a minha vez, meu pai decidiu que ter outra criança seria demais. A família estava tendo dificuldades financeiras. "Vá lá preparar o chá", meu pai ordenou a Chepa quando descobriu que minha mãe estava grávida de novo. Ele tinha saído e voltado com um pacote de chá tóxico que provocava abortos. Não tenho certeza de quantas vezes isso aconteceu antes de eu nascer, mas sei que, ao todo, minha mãe ficou grávida 11 vezes, e perdeu quatro de seus bebês. Depois de Antonio – Tony –, Laura e Irma, eu fui o quarto a vir ao mundo.

"Ferva essa coisa, e eu quero vê-la beber tudo", disse meu pai a Chepa. Mas ela sabia que minha mãe não queria perder a criança. Quando ele se distraiu, Chepa misturou os pacotes – e substituiu um chá por outro. Ela salvou minha vida antes de eu nascer.

Foi a minha mãe quem me contou essa história – duas vezes, na verdade. Na segunda vez, ela esqueceu que já havia me contado, e ficou bastante surpresa quando eu lhe disse que já sabia. Não deve ter sido uma coisa fácil de fazer. Você consegue se imaginar contando ao seu filho que ele quase foi abortado? Ou que ele quase foi batizado de Geronimo?

Nasci no dia 20 de julho de 1947. Meu pai queria que eu me chamasse Geronimo. Pessoalmente, eu teria adorado isso. Tinha a ver com sua herança indígena – e ele se orgulhava disso. Acho que foi a primeira e a única vez que minha mãe bateu o pé a respeito dos nossos nomes e disse: "Não, ele não vai se chamar Geronimo. Vai se chamar Carlos." Ela escolheu o nome por causa de Carlos Barragán Orozco, que tinha acabado de morrer. Era um primo distante, que havia sido baleado em Autlán. Eu tinha pele clara e lábios carnudos e, por isso, quando era criança, Chepa costumava dizer: "*Que trompa tan bonita*" – que belos lábios. Ou me chamavam, simplesmente, de Trompudo.

Vi o meu nome de batismo apresentado em alguns lugares como Carlos Augusto Alvez Santana – quem foi que inventou isso? Meu nome era Carlos Umberto Santana até eu abandonar o nome do meio, Umberto. Ora, Hubert? Por favor. Meu nome completo agora é simplesmente Carlos Santana.

Muitos anos depois, minha mãe me disse que teve uma premonição sobre que tipo de pessoa eu seria. "Eu sabia que você ia ser diferente de seus irmãos e de suas irmãs. Todos os bebês agarram e seguram a manta quando a mãe os cobre. Eles a puxam até formar uma pequena bola de pelos em suas mãozinhas. Todos os meus outros bebês prefeririam se ferir a ter de abrir seus punhos e me devolver a manta. Eles se coçavam primeiro. Mas cada vez que eu abria a sua mão, você a soltava facilmente. Então eu sabia que você era um espírito muito generoso."

Houve outra premonição. A tia da minha mãe, Nina Matilda, tinha a cabeça coberta por cabelos inteiramente brancos, tão brancos quanto o branco pode ser. Ela ia de cidade em cidade vendendo joias, da mesma forma que algumas pessoas vendem produtos Avon. Ela também era boa nisso – uma velha senhora muito despretensiosa que aparecia na casa das pessoas e abria um monte de lenços contendo todas aquelas joias. De qualquer forma, Nina Matilda disse para a minha mãe depois que eu nasci: "O destino dele é ir longe. *El es cristalino* – ele é um cristal. Ele tem uma estrela própria, e milhares de pessoas o seguirão." Minha mãe pensou que eu seria um sacerdote, talvez um cardeal ou algo assim. Mal sabia ela.

O tom universal

* * *

As pessoas me perguntam sobre Autlán: como era? Era uma cidade ou um país? Eu respondo: "Sabe aquela cena no filme *O tesouro de Sierra Madre*, quando Humphrey Bogart está em um tiroteio nas colinas com bandidos que se dizem Federales? E um dos bandidos diz: 'Distintivos? Nós não precisamos de droga de distintivo nenhum!'"

Isso é Autlán – uma pequena cidade em um vale verde cercado por grandes colinas escarpadas. É realmente muito bonita. Quando eu morava lá, no início dos anos 1950, a população era de cerca de 35 mil pessoas. Agora está em torno de 60 mil. Só recentemente eles conseguiram pavimentar estradas e instalar semáforos. Mas era mais acolhedora do que Cihuatlán, e era isso o que minha mãe queria.

Minhas memórias de Autlán são as de uma criança. Só vivi lá até meus 8 anos. Inicialmente, morávamos em um lugar agradável, no meio da agitação da cidade. Para mim, Autlán era o som de pessoas passando com burros, carroças – sons de rua desse tipo. Era o cheiro de tacos, enchiladas, pozole e carne assada. Havia chicharrones, pitayas – a fruta do cacto – e jicamas, que são uma espécie de nabo, grandes e suculentas. Biznagas – doces feitos de cactos e outras plantas – e alfajor, um tipo de pão de gengibre feito com coco. Delícia!

Eu me lembro do gosto dos amendoins que meu pai levava para casa, ainda quentes, recém-assados – um saco grande, cheio deles. Meus irmãos, minhas irmãs e eu o agarrávamos e o abríamos, e ele dizia: "Tudo bem, quem quer ouvir a história do tigre?"

"Nós queremos!" Nós nos reuníamos na sala de estar e ele nos contava uma ótima história sobre El Tigre, que ele inventava na hora. "Agora ele está se escondendo no mato, e está rosnando porque está com muita fome." Nós começávamos a nos aconchegar ainda mais. "Seus olhos estão ficando mais brilhantes, e vocês conseguirão ouvi-lo... *rugir*!"

Era melhor do que televisão. Meu pai era um grande contador de histórias – ele tinha uma voz que despertava a nossa imaginação e nos envolvia com o que ele estava dizendo. Eu tive sorte: desde muito cedo, lembro de ter aprendido o valor de contar uma boa história, de fazê-la ganhar vida diante dos outros. Isso me permeou, e acho que depois me ajudou a pensar sobre a execução das músicas e a tocar guitarra. Acho que os melhores músicos sabem como contar uma história e se certificam de que sua música não seja apenas um amontoado de notas.

Vivemos em algumas casas diferentes em Autlán, dependendo de como meu pai estava se saindo com o dinheiro. Houve uma que ficava em um pequeno e degradado terreno entre outras casas – meu pai, provavelmente, havia negociado aquilo, porque tinha amigos. A melhor era bem mais parecida com uma casa, com vários quartos e um amplo quintal com um poço que funcionava. Não havia eletricidade ou encanamento – apenas velas e um banheiro externo. Lembro que essa casa ficava mais perto do armazém de gelo do que as outras. O gelo era armazenado em meio à serragem para evitar o derretimento, e podíamos ir buscá-lo a qualquer momento e levá-lo para casa.

Em Autlán, Tijuana e até mesmo em São Francisco, nunca parecia haver muito espaço. Geralmente, tínhamos apenas dois quartos, uma cozinha e uma sala de estar. Mamãe e papai sempre tinham o seu quarto, e as meninas o quarto delas. Por isso, os meninos dormiam nos sofás ou em nosso próprio quarto, caso meu pai estivesse conseguindo se equilibrar financeiramente.

Naqueles primeiros anos em Autlán, acredito que meu pai estava se saindo muito bem. Tony e eu, e mais tarde Jorge, dividíamos um quarto. Mas havia um meio-termo. O telhado estava um pouco podre, e eu me lembro que, uma noite, estava me preparando para dormir quando, de repente, escutei um baque. Meu irmão Tony disse: "Não se mexa, um escorpião acabou de cair e está ao seu lado." A próxima coisa que ouvi foi a criatura deslizando pelo chão, fugindo. Cara, foi uma sensação assustadora.

Um som que é realmente bonito é o ploft das mangas caindo no chão quando estão maduras. Elas são grandes, vermelhas e seu cheiro é muito gostoso. Eu costumava brincar no quintal onde tinham mangueiras e algarobeiras, além de chachalacas – passarinhos que são um cruzamento entre o pombo e o pavão. Eles nos acordavam de manhã, porque cantavam muito alto.

Esse quintal tinha um poço seco, e por alguma razão, quando ninguém estava olhando, decidi jogar alguns pintinhos pequenos lá embaixo. Tony me viu e disse: "Ei, o que você está fazendo?" Comecei a me preparar para descer e ir buscá-los quando ele me agarrou antes que eu me machucasse. "Ei! Não entre aí, seu idiota. É muito fundo." Mais tarde cobrimos o buraco, para garantir que nada de ruim acontecesse.

Não acho que eu tenha sido um encrenqueiro – era apenas um garoto curioso, normal. Eu sabia distinguir o certo do errado. O quintal tinha um muro antigo, que eu não sabia que estava começando a desmoronar. Havia várias videiras sobre ele, e um dia eu comecei a puxá-las para arrancar os esporos das sementes. Eu os abria para que as sementes, cada uma delas com um pequeno paraquedas, fizesse *whoosh* e saísse voando. Fiquei realmente encantado com elas, e continuei puxando as videiras até que, de repente, parte do muro desabou e caiu bem em cima dos meus pés, rasgando meus huaraches e esmagando os meus dedos.

Meus pés começaram a sangrar, e eu fiquei morrendo de medo que minha mãe me batesse, porque os huaraches eram novos e eu tinha destruído o muro. Todo mundo ficou me procurando por um longo tempo. Chepa finalmente me encontrou, escondido debaixo da minha cama. "*Mijo*, o que você está fazendo aí?" Ela viu os meus pés e se assustou. Quando ela contou à minha mãe que minha primeira reação foi correr e me esconder, minha mãe se sentiu realmente mal por eu estar com tanto medo dela. Ela não me bateu – daquela vez.

Nossa vida dentro de casa era aprender a viver sob as regras da minha mãe. Ela era a disciplinadora, a que aplicava as leis. Era a casa dela, e ela estava no comando. Papai estava ausente na maioria das vezes, por isso éramos apenas nós, as crianças e nossa mãe, e ela poderia ser verdadeiramente durona. Minha mãe e meu pai não eram especialmente bons em transmitir afeto e demonstrar seu amor – para nós ou um para o outro. É claro que honrávamos nossa mãe, mas ela não era o tipo de pessoa "fofinha".

Olhando em retrospecto, percebo que ela estava aprendendo a ser mãe ao cumprir todas as tarefas de mãe, e papai estava aprendendo a ser pai – e marido. Meus pais deram o melhor de si com o que tinham e com quem eram. Eles não possuíam nenhum tipo de educação formal. Eu nem sei como eles aprenderam a ler e escrever. Eles nos ensinaram, com seu exemplo, que é você quem faz o seu próprio caminho. "Talvez não tenhamos muita coisa no sentido da educação ou do dinheiro, mas não seremos ignorantes, sujos ou preguiçosos."

Mamãe era dona de uma beleza modesta. Ela era alta, e seu estilo era elegante, mas não exuberante. Ela não gostava de coisas extravagantes – mas nunca usava qualquer coisa que a fizesse parecer vulgar ou descuidada. Nós, as crianças, observávamos como ela se portava – ela caminhava de uma forma diferente da maioria das outras mulheres. Mesmo quando éramos muito pobres, podia se dizer que minha mãe tinha um certo tipo de berço, algum tipo de distinção.

Minha mãe estabeleceu um esquema conosco. Todos nós tínhamos funções, desde muito cedo. "Hoje vocês dois vão limpar as camas e o chão, e vocês dois vão preparar os pratos e lavar os tachos e as panelas. Amanhã vocês trocam. E quando você for varrer, quero que se endireite e deixe as suas costas iguais a esta vassoura – ereta. Alinhe sua coluna com a vassoura, e não mude a sujeira de lugar; livre-se dela. Quando você for limpar a mesa de jantar, não apenas esfregue, limpe. Providencie uma toalha bem quente para que o vapor mate todos os germes. Não quero ver nenhum *mugre*, nenhuma sujeira. Somos pobres, mas não somos imundos. Ninguém vai envergonhar a família ou envergonhar o nome Santana."

Era incrível. Ela conseguia perceber se estávamos nos empenhando nas tarefas, e se não estivéssemos – *pá!* –, apanhávamos. Hoje em dia apreciamos o que ela fazia, porque ela ajudou a criar uma coisa que todos os meus irmãos e eu temos – orgulho do que fazemos e de nossa família. Mas naquela época era difícil. Minha mãe era uma pessoa muito intensa no convívio diário. Tanto eu quanto ela tínhamos o mesmo tipo de intensidade. Ela questionava tudo, e eu também.

Lembro de uma vez que ela estava com raiva de mim por alguma razão, e eu simplesmente saí andando. Eu devia ter uns 5 ou 6 anos de idade. Saí de casa, puxando um pequeno crocodilo de brinquedo sobre rodas. Eu não estava chorando nem me sentia triste; estava apenas explorando a área e querendo ficar longe da minha mãe, pensando em evitar as pedras com meu crocodilo e não passar por cima de nenhuma linha desenhada no chão. Eu interagia com as pessoas no mercado e com os cavalos que passavam. E também pensava: "Isso é muito legal – posso ficar um pouco distante da irritação da minha mãe."

Quando minhas irmãs me encontraram, elas correram até mim. "Você não ficou com medo, andando sozinho por aí? Você não se sentiu só, nem ficou apavorado?" A verdade é que eu não tive tempo para pensar nisso. Acho que nasci para viver no agora, e não para me preocupar com o futuro. Acho que essa experiência plantou uma semente em mim, para que nos próximos anos eu não me limitasse nem me deixasse absorver pelo medo. Eu me sentiria confortável desbravando novos e estranhos lugares, como: "Uau, estou no Japão!" – e meus olhos cresciam quando eu começava a reparar nos belos templos. Ou "Uau, eu estou em Roma; olhe esta rua; olhe aquela!", e eu saía explorando.

Quando se é criança, tudo parece novo e maravilhoso – até mesmo as coisas que dão medo. A primeira vez que vi um incêndio foi quando o supermercado local pegou fogo. Aparentemente, já naquela época alguém estava interessado em receber o valor do seguro, e então incendiou sua própria loja. Eu nunca tinha visto chamas tão grandes. O céu parecia vermelho, e tudo mais.

Em outra ocasião, vi um homem à beira da morte depois de ser ferozmente atingido pelos chifres de um touro. Eu devia ter uns 5 ou 6 anos. Lembro de um grupo de homens andando pela cidade com cartazes anunciando uma tourada. Naquele fim de semana, minha mãe me vestiu e fomos para a Plaza del Toros, que ficava do outro lado da cidade, em relação à nossa casa. Eu participei do desfile no início do evento – marchando ao ritmo do *pasodoble*, perto de uma menina que também estava toda paramentada. Anos mais tarde, eu disse a Miles Davis que ele e Gil Evans acertaram ao compor "Saeta", em *Sketches of Spain*. Aquele era o ritmo e a sensação do início, quando todos andam em volta da arena.

Basta assistir a algumas touradas para saber que quase todos os touros, quando entram na arena, correm para o centro e olham ao redor, bufando furiosos. Mas naquele dia um touro entrou e ficou apenas encarando os toureiros. Ele era interessante, como se fosse um lutador avaliando seu adversário – como Mike Tyson antes de ganhar dinheiro. E aí ele saiu correndo, pulou a cerca, e as pessoas começaram a saltar de seus assentos e a correr para salvar suas vidas!

De alguma forma, eles capturaram o touro, abriram o portão e o levaram de volta à arena. Ele saiu correndo para o meio novamente, parou e ficou ali, como se ainda estivesse dizendo: "Está bem – quem vai ter a coragem de vir até aqui e mexer comigo?" Um toureiro deu um passo à frente com sua capa vermelha, mas aquele touro não era idiota – ele não estava interessado na cor. Ele estava focado no cara. O toureiro chegou muito perto, e um dos chifres do touro o atingiu bem na lateral de seu corpo. Eles tiveram que distrair o animal para que o homem pudesse ser salvo. Ele sobreviveu. Não sei o que aconteceu com o pobre touro.

Lembro quando comecei a frequentar a escola pública fundamental de Autlán, a Escuela Central. Havia pinturas de todos os heróis mexicanos nas paredes – Padre Miguel Hidalgo, Benito Juárez, Emiliano Zapata –, e começamos a aprender sobre eles. Eu gostava mais das histórias de Juárez, porque ele era o único presidente mexicano que havia trabalhado na lavoura como camponês, e era um "mexicano autêntico" – ou seja, com sangue indígena, assim como meu pai. Meus professores favoritos eram os melhores contadores de histórias: eles liam trechos de livros e faziam aquilo parecer real – os romanos e Júlio César, Hernán Cortés e Montezuma, os conquistadores e toda a história da conquista do México.

A história mexicana é um assunto difícil de abordar, porque, conforme eu crescia, fui percebendo rapidamente que ela lembrava um carrossel, em que todos haviam se revezado para saquear o país: o papa, os espanhóis, depois os franceses e os norte-americanos. Os espanhóis não conseguiram derrotar os guerreiros astecas com seus mosquetes, e então espalharam germes para dizimá-los. Nunca consegui engolir essa. Definitivamente, a história que me foi ensinada era contada a partir de uma perspectiva mexicana, e então eu tinha curiosidade a respeito daquele país ao norte, fundado por europeus que roubaram as terras dos índios norte-americanos e, em seguida, a nossa, os mexicanos. Para nós, Davy Crockett foi assassinado por estar em um lugar no qual, para começar, ele não deveria estar. O próximo dado que aprendemos é que o México perdeu todo o seu território, do oeste do Texas até o estado do Oregon. Tudo aquilo pertencia originalmente ao México. Por nossa perspectiva, nós nunca cruzamos a fronteira. Foi a fronteira que nos cruzou.

Nossa percepção dos Estados Unidos se dava através de sua cultura. Minha mãe queria sair de sua cidade natal porque ela enxergava um mundo de elegância e sofisticação nos filmes de Fred Astaire e Cary Grant. Eu fiquei conhecendo os Estados Unidos através de Hopalong Cassidy, Roy Rogers e Gene Autry. E de *Howdy Doody*. Mais tarde, eu aprenderia muito mais através da música, mas, em primeiro lugar, foi através dos filmes. Em Autlán não havia propriamente um cinema, então as pessoas costumavam esperar até a noite para pendurar um grande lençol no meio de uma rua e projetar os filmes sobre ele, como se fosse um drive-in sem os carros.

Sempre tive uma relação conflituosa com os Estados Unidos. Eu acabaria amando o país, e, especialmente, a música norte-americana, mas não gosto da maneira como os Estados Unidos justificam o fato de tomar para si o que não lhes pertencia antes. Por um lado, me sinto muito grato. Por outro, fico irritado quando eles estufam o peito e dizem: "Nós somos o número 1 do mundo, e você não é!" Viajei o mundo inteiro e conheci muitos outros lugares. Em muitos aspectos, os Estados Unidos não estão nem mesmo entre os cinco primeiros.

Eu não fui um ótimo aluno. Eu não gostava das aulas. Eu ficava rapidamente entediado e tinha problemas para me concentrar. Quando eu era criança, nunca quis ficar sentado e aprender coisas que não significavam nada para mim. Na hora do recreio, eu tinha permissão de ir para casa almoçar. Era uma longa caminhada, e eu gostava de fazer aquilo, embora me lembre de voltar para casa uma vez e descobrir que a minha mãe tinha preparado uma canja de galinha, apesar de todo o calor que estava fazendo. Eu disse: "Não quero tomar canja." É claro que, como qualquer mãe, ela disse: "Tome; você vai precisar dela."

Quando ela virou as costas, peguei um bocado de pimenta vermelha em pó que estava sobre a mesa e despejei na canja. "Mãe, cometi um erro. Eu queria colocar um pouco de pimenta, mas acabou caindo um monte!" Ela conseguiu perceber o meu truque. "Tome tudo."

"Mas, mãe..." E aí eu tomei. Cara, depois disso eu voltei correndo para a escola!

Eu era jovem e podia ser inconsequente, mas estava sempre aprendendo, especialmente no mundo. Em Autlán, eu tinha idade suficiente para entender que meu pai era músico, que ele ganhava a vida tocando violino e cantando. Meu pai tocava em solenidades e cerimônias. Eram músicas para celebrar – era preciso tocar um pouco de música alegre, música com a qual se pudesse brindar. Não se podia fazer uma festa sem ter algumas polcas para dançar. Música para ajudar alguém a fazer uma serenata para sua namorada, para reconquistá-la depois de ter feito alguma bobagem. Música para sentir pena de si mesmo – música de fossa. Nunca consegui suportar esse último tipo de música – é um gênero muito comum no México. Eu adoro a emoção e o sentimento verdadeiros – acho que isso se chama pathos – na música. Quer dizer, eu amo o blues! No entanto, não gosto quando a música tem a ver com lamúrias ou autopiedade.

Fiquei conhecendo o tipo de música do qual meu pai gostava – músicas populares mexicanas das décadas de 1930 e 1940 eram as suas favoritas. Canções de amor que todo mundo ouvia nos filmes e as baladas de Pedro Vargas, um cantor cubano que era realmente muito famoso no México – "Solamente una vez", "Piel canela". Ele tocava aquelas melodias com muita convicção, ralentando o andamento, sozinho em nossa casa ou acompanhado por uma banda, diante de uma plateia. Não importava. Ele conhecia um vasto repertório de músicas mexicanas – era obrigado a conhecer. A música mexicana é, basicamente, a música europeia: polcas alemãs – oompah, oompah – e valsas francesas.

No fim dos anos 1940, na época em que eu nasci, os *corridos* – canções históricas e todas aquelas canções que se referiam à virilidade dos caubóis, incluindo a música mariachi – começaram a ser mais valorizadas do que todas as outras músicas. Meu pai não tinha nenhum problema com isso. Ele tocava os clássicos da música mariachi que todos conheciam. Ele se vestia com aqueles trajes e com aqueles chapéus de abas largas. Era isso o que as pessoas queriam ouvir; era a música que as pessoas pagavam para ele tocar. Acontece o mesmo com muitos pais e filhos – ele tinha a música dele, e eu tinha que ter a minha.

Mas isso foi mais tarde. Em Autlán eu era novo demais para me dar conta, verdadeiramente, do que significava para nós o fato de meu pai ser músico. Depois, descobri que ele sustentava não apenas a nossa família, mas também a sua mãe e algumas das minhas tias – suas irmãs – com a sua música. Seu pai, Antonino, também era músico, assim como o pai de Antonino também havia sido. Eles eram chamados de *músicos municipal* – músicos municipais –, e tocavam em desfiles, em cerimônias civis, e eram pagos pelo governo local. Antonino tocava instrumentos de sopro. No entanto, ele desenvolveu alcoolismo e já não conseguia cumprir suas funções. Em seguida, saiu de cena. Eu nunca o conheci – a única coisa que vi do pai do meu pai foi uma pintura. Lá, ele parecia um *autêntico* índio mexicano: tinha um nariz grande, seu cabelo estava todo bagunçado e ele estava de pé, ao lado de uma banda, tocando um *córneo*, um pequeno instrumento de sopro de origem francesa. É essa a aparência do México para mim, do verdadeiro México.

Meu pai nunca falou sobre essas coisas – nem naquela época, nem em nenhum outro momento. Ele tinha outros nove irmãos, e eles cresceram em El Grullo, uma pequena cidade a meio caminho entre Autlán e Cuautla, onde ele nasceu. Nós a visitávamos apenas algumas vezes, quando minha mãe queria agradar o meu pai. Lembro que minha avó me assustava – a luz das velas projetava sua sombra em silhueta na parede, e isso me deixava em pânico. Ela era bastante doce com meu pai, mas conosco e com minha mãe ela era um pouco reservada.

Foi ali que conhecemos os nossos primos – os filhos da minha tia. Meus irmãos e eu poderíamos vir de uma cidade pequena, mas, em relação a eles, éramos crianças urbanas. Eles eram totalmente interioranos – o que significava que estávamos tendo acesso a uma verdadeira educação. Eles diziam: "Venham aqui; estão vendo aquela galinha? Olhe nos olhos dela."

"Por quê? O que há de errado com os olhos dela?"

"Ela vai botar um ovo!"

"O quê?"

Eu nem sabia que galinhas botavam ovos. De fato, os olhos da galinha se arregalaram, ela começou a cacarejar, e de repente – *pop!* –, saiu um ovo fumegante. Eu disse: "Uau!" Foi somente visitando meus avós que pude vivenciar isso, assim como o som e o cheiro do leite de vaca enchendo um balde. Não há nada que se compare a isso.

Certa tarde, à medida que a natureza seguia o seu curso, chegou a hora em que precisei ir ao banheiro. Eu estava acostumado com os toaletes ou com os banheiros externos, mas não vi nenhum ao redor. Então, perguntei a meus primos. "Está vendo aqueles arbustos?", eles disseram. "Faça ali mesmo."

"Não, aqui fora? Sério?"

"É, bem ali, ao lado daqueles arbustos. Onde mais?"

"E como vocês se limpam?"

"Com folhas, é claro."

E eu reagi assim: "Ah... Tá."

Então, fui até lá fazer o meu negócio. Em seguida, senti uma coisa molhada, cabeluda, tocando a minha bunda. Virei-me e levei o maior susto da minha vida – era o focinho de um porco, e ele estava cheirando e tentando comer o que eu havia feito! Eu gritei: "*Aaaah!*" Saí correndo com minhas calças ainda abaixadas em torno dos meus joelhos, tentando fugir daquele porco faminto. Todos os meus primos e irmãos começaram a rir tão alto que quase se esparramaram no chão. Eles não me avisaram para ter cuidado com os porcos e fazer o negócio rápido, porque é isso que porcos gostam de comer. Foi o suficiente para me fazer parar de comer bacon.

Quando eu tinha 7 anos, nossa família já estava grande demais, e as coisas começaram a ficar realmente difíceis. Éramos sete filhos – desde Tony, com 13 anos, até Maria, que era um bebê, além de Chepa e um pequeno cão que parecia um esfregão branco, que nem nome tinha. Um homem pediu que minha mãe o segurasse e nunca mais voltou para buscá-lo. Meu pai estava trabalhando mais do que nunca, tentando manter dinheiro em caixa para comprar comida, e começou a ficar fora de casa por períodos mais longos. Eu sentia falta dele o tempo todo; todos sentiam. Quando ele voltava para casa, todos nós queríamos ficar ao seu lado, especialmente minha mãe. Mas eles começavam a brigar – por causa de dinheiro e por causa das mulheres.

Da perspectiva de uma criança, eu só conseguia perceber as brigas. Eles gritavam um com o outro, e eu odiava isso, porque eu amava meus pais. Eu não entendia as razões por trás daquele comportamento, e não conhecia palavras como *disciplina* e *autocontrole*. Ouvi-los brigar na minha infância era como olhar um livro repleto de palavras e imagens; eu conseguia ter uma ideia geral das imagens, mas não conseguia ler o que estava escrito para apreender o significado completo.

Tudo que eu sabia é que eles brigavam sério, e então meu pai saía e voltava às 4 horas da manhã, com um bando de músicos, e fazia uma serenata para minha mãe lá da rua. Conseguíamos ouvi-los chegando, e todos nós acordávamos. Meu pai ficava bem em frente à nossa janela, tocava violino e começava a cantar "Vereda tropical". Era o hino de sua reconciliação. Assim como B. B. King, meu pai nunca cantava e tocava ao mesmo tempo, nunca. Ele cantava a letra – "Por que ela foi embora? / Você a deixou ir / Vereda tropical / Faça ela voltar para mim" – e, em seguida, para convencê-la, ele embelezava a melodia com o violino.

Ficávamos observando minha mãe, e se ela fosse até a janela e abrisse as cortinas, dizíamos a nós mesmos: "Eles vão ficar bem, graças a Deus." Era lindo, e nós, as crianças, nos sentíamos aliviadas. "Tudo bem, eles vão ficar juntos." Isso aconteceu várias vezes.

Acredito que parte da lealdade que havia entre eles vinha da experiência, de aprender a relevar as coisas ruins. Quando eles se casaram, minha mãe não sabia cozinhar nada. Ela havia sido criada em uma fazenda, com empregados e cozinheiros. Quando ela tentou preparar uma comida pela primeira vez, meu pai foi áspero com ela. "Dou um duro danado no trabalho. Não jogue mais dinheiro fora, e nunca mais me traga essa porcaria de novo. Bata na porta ao lado e peça à vizinha para ensiná-la a cozinhar. Vá perguntar a alguém."

Minha mãe fez isso. "Engoli o meu orgulho", foi o que ela me disse. As vizinhas disseram: "Não se preocupe, Josefina, vamos ensiná-la. Você coloca um pouco de óleo aqui e, em seguida, um pedacinho de tortilha, e quando ela ganhar determinada cor, você já pode colocar o frango." Minha mãe acabou se tornando uma das maiores cozinheiras de todos os tempos.

Ainda assim, nos primeiros anos de casamento, às vezes, ela pegava seus filhos e voltava para Cihuatlán. Isso aconteceu algumas vezes, até que o meu avô disse: "Olha, esta é a última vez. Se eu for obrigado a recebê-la, você terá que ficar aqui. Mas se você voltar para ele, não quero mais ouvir falar que ele está te maltratando. Você precisa fazer uma escolha."

Minha mãe fez a sua escolha – ela ficou em Autlán.

Depois de alguns anos, meu pai já estava se entendendo melhor com meu avô, e ele convidou toda a família para visitar a sua fazenda. Segundo o relato de minha mãe, a certa altura meu avô pediu que meu pai fosse se encontrar com ele e seus empregados em uma grande sala, e todos formaram um círculo ao seu redor.

Meu avô pretendia fazer uma brincadeira com meu pai. "José, você gostaria de um coco?"

"*Sí; gracias*, Don Refugio." Don Refugio era como meu avô era chamado.

Ele ofereceu ao meu pai um grande facão e um coco. "Certo, vá em frente", disse ele. Meu pai não sabia como segurar a faca, e então ele começou a dar golpes na fruta, fazendo uma bagunça, e todos começaram a rir. Minha mãe percebeu imediatamente o que seu pai estava fazendo. Ela deu um passo à frente e disse: "Não faça isso, José. Você vai cortar seus dedos. Você é músico." Então ela abriu a caixa de instrumento do meu pai, pegou o violino e o entregou ao meu avô. "Certo, agora toque uma música", coisa que, logicamente, ele não sabia fazer.

Todo mundo ficou chocado. Naquela cultura, naquela época, ninguém nunca questionava os próprios pais. Mas ela não gostou do que seu pai estava fazendo e quis fazer valer o seu ponto de vista. Minha mãe era realmente diferente.

Passaram-se anos até que nós, as crianças, conseguíssemos recompor a história da família dela. Minha mãe fazia algumas revelações de vez em quando e nos dava pequenas informações, como o fato de que tinha outros sete irmãos e de que havia sido criada por seus avós. Isso era comum no México: algumas crianças eram enviadas para viver com seus avós por um tempo e, depois, voltavam para casa. Ela nunca nos disse por que havia sido a pessoa de sua família escolhida para ser mandada embora, mas desde cedo minha mãe demonstrava ter um temperamento forte e falava o que pensava. Acho que sua avó gostava de ouvir suas opiniões e permitia que ela dissesse as coisas, e a mimava um pouco; assim, quando ela voltou para casa e tentou fazer isso, acabou enfrentando problemas. Além disso, ela não era mais o centro das atenções.

Por outro lado, minha mãe comentava que o pai dela tinha um bom nível de vida, e que depois que a mãe dela morreu – isso foi no início dos anos 1950, quando eu ainda era muito pequeno, de modo que não me lembro nem um pouco de minha avó – meu avô não sabia mais como manter a casa em pé. Ele começou a emprestar dinheiro para pessoas que não conseguiam lhe ressarcir, algo que sua esposa nunca teria permitido. Ela era a encarregada das finanças da família. Essa foi a história que eu ouvi de minha mãe. Outras pessoas me contaram que minha avó morreu em função de algum problema intestinal que ela desenvolveu depois de descobrir que seu marido tinha tido um filho com uma de suas empregadas domésticas. A partir de então, tudo foi por água abaixo, e minha mãe entrou em pé de guerra com seu pai e sua nova mulher.

Mais tarde eu soube por minha mãe que meu pai também não era uma pessoa fácil de se conviver. Ele era muito antiquado em seu papel de marido. Minha mãe me contou o que ele lhe falou quando eles decidiram se casar: "Você nunca vai ganhar um anel, um cartão-postal, flores ou alguma coisa especial, nem nos aniversários, nem no Natal." Ele apontou para si mesmo e disse: "Eu sou o seu presente. Se eu voltar para casa para ficar com você, é isso o que você vai ganhar." Eu reagi: "Caramba, mãe! Isso é um pouco demais. Será que você faria tudo isso de novo?"

"Certamente. Eu sempre quis um homem de verdade. Ele é um homem de verdade." Minha mãe nunca esteve com nenhum outro homem a não ser meu pai. Talvez ela só tenha dançado com ele umas sete vezes, se tanto. Mas ela também nunca dançou com outro homem. E ele nunca lhe deu um anel. Eu não entendo isso, e tenho certeza de que, hoje, inúmeras mulheres ficariam perplexas com esse tipo de atitude. Mas a maioria das mulheres que conheço não cresceu naquela geração ou naquela cultura, nem viveu o que ela viveu.

Anos mais tarde, quando minha irmã Laura já tinha um salão de beleza em São Francisco, ela me contou que minha mãe foi até lá fazer o cabelo e as unhas, e que as outras mulheres estavam conversando. Uma senhora começou a falar sobre seus anéis: "Estão vendo? Ganhei este do meu primeiro marido e este do meu segundo." Alguém disse: "Ei, Josefina, notamos que você não tem anel." Ela olhou para elas e disse: "Posso não ter um anel, mas ainda tenho o meu homem."

Em Autlán, parecia que meu pai não conseguia deixar de se divertir — ele simplesmente amava as mulheres, e as mulheres amavam meu pai. Ele era um homem carismático, e sabia lidar com elas. Ele sabia que sua música produzia um efeito sobre as mulheres — qualquer bom músico sabe disso, e pode percebê-lo. Eu noto isso. Se você tocar com o seu coração, como meu pai fazia, pode conquistá-las. Você nem precisa ter boa aparência, cara, basta tocar com o lado certo do seu coração, e as mulheres serão transportadas para um lugar onde elas também se sentirão bonitas. Ele fazia parte de uma geração muito machista. Você mostrava o quanto era homem pelo número de mulheres que conquistava.

É claro que minha mãe não compactuava com isso. Ela não aceitava essa desculpa, e isso causava problemas entre eles. Ela tornava públicas as suas brigas, e não se importava se as pessoas ficassem sabendo.

Uma noite, quando eu tinha uns 6 ou 7 anos, minha mãe gritou: "Carlos, venha aqui!" Ela começou a me limpar, a pentear meu cabelo. "Para onde estamos indo?", perguntei.

"Estamos indo para a igreja."

"Mas não é domingo."

"Não me responda."

Certo, estamos indo para a igreja.

Então, ela se arrumou, eu me arrumei, e saímos de casa como se ela estivesse pegando fogo. Meus pés mal tocavam o chão, de tão rápido que ela andava. Passamos pela igreja e continuamos em frente. "Mãe, a igreja é ali."

"Eu sei." Certo.

Dois ou três quarteirões depois, de repente, paramos em frente a uma loja. Esperamos do lado de fora até o último cliente sair e a senhora atrás do balcão ficar sozinha. Minha mãe entrou e disse: "Meu nome é Josefina Santana, e eu sei que você está se engraçando com o meu marido." Em seguida, ela pegou as longas e belas tranças da mulher, arrastou-a por cima do balcão, colocou-a no chão, pôs o joelho sobre o pescoço dela e começou a espancá-la.

Quando vamos assistir a uma luta de boxe, ela parece bastante diferente de ouvir as pessoas apanhando na TV. É muito diferente quando está acontecendo bem na sua frente – você nunca se esquecerá disso. Em seguida, depois de terminar o serviço, mamãe saiu, me pegou pela mão e voltamos para casa com a mesma rapidez. Minha mãe era forte. É claro que o meu pai ouviu falar sobre o que tinha acontecido, e quando chegou em casa eles brigaram. Foi uma verdadeira luta – ele fechou a porta do quarto, e foi terrível. As crianças ficaram assustadas. Nós ouvimos tudo e não pudemos fazer nada.

Anos mais tarde, minha mãe me contou histórias cruéis. Ela nem precisava me contar – lembro que eu ouvia aqueles sons e me sentia impotente. Eu lhe disse: "Não sei por que você ficou com ele por tanto tempo." Pelo que eu soube depois, havia basicamente duas coisas que deixavam meu pai irritado – os ciúmes de minha mãe e o fato de ela se intrometer entre ele e a sua família. Meu pai amava a mãe e as irmãs, e as ajudava financeiramente quando podia. Mas minha mãe achava que ele precisava cuidar de sua própria família, e, às vezes, quando seus parentes lhe enviavam uma carta, minha mãe a abria e começava a discutir com meu pai. Ele ficava com raiva porque ela abria suas correspondências e mexia em suas coisas, e *bam!*, aquela porta se fecharia novamente e ouviríamos as brigas.

Tempos depois de nos mudarmos para Tijuana, Tony voltou para casa para buscar alguma coisa que havia esquecido, e testemunhou tudo. Mas àquela altura ele já estava suficientemente crescido para fazer alguma coisa. Ele arrombou a porta e ergueu o meu pai do chão, até que suas pernas ficassem balançando no ar. Eles se encararam. Nosso pai ficou espremido entre os braços do meu irmão, e Tony disse: "*Nunca* mais toque na minha mãe assim de novo." Então, lentamente, ele colocou o meu pai no chão e foi embora. O silêncio tomou conta do ambiente. Esse era o meu irmão Tony.

A última vez que isso aconteceu foi em São Francisco. Meu pai chegou perto de minha mãe e ela pegou uma grande frigideira preta. "Não, José. Agora estamos nos Estados Unidos", disse ela. "Se você tentar fazer alguma coisa, vai se machucar."

Acho que o ciclo de violência tem que acabar, e cabe a cada um de nós fazer tudo o que pudermos para impedi-lo. Essa violência toda vem do medo e da ignorância, e dessa palavra que eu tanto odeio: *macho*. Porque ser macho é ter medo – medo de ser muito "feminino" e não ser homem o suficiente, medo de ser visto como fraco. Pode ser igual ao pior dos vírus, uma infecção que começa na família, vai para as ruas e se espalha pelo mundo. A violência tem que ser detida onde ela começa – em casa.

Para ser honesto, uma vez eu bati em uma mulher.

Quando saí de casa pela primeira vez, fui morar com uma mulher que tinha dois filhos, e uma noite nós brigamos. Ela ficou um pouco descontrolada, e eu também. Tentei evitar a discussão, mas logo em seguida já estávamos dando socos um no outro.

Até hoje me pergunto por que eu simplesmente não fui embora. Não era tão complicado assim. Na época, eu tinha quatro irmãs e minha mãe. Agora eu tenho uma ex-mulher, uma nova esposa e duas filhas – e não gostaria que *ninguém* tratasse qualquer uma delas assim. Na verdade, não quero que ninguém trate ninguém assim, seja homem ou mulher. Os homens são investidos de poder, mas com esse poder vem a responsabilidade. Acho que isso é algo que deveria ser parte do currículo nas escolas – como tratar a si mesmo e aos outros.

Para mim, aconteceu aquela única vez, e nunca mais. Foi o suficiente para que eu visse o que estava se passando, o quanto estava indo pelo caminho ilusório e tolo do machismo. Saber que isso aconteceu na frente dos dois filhos da minha namorada me revirou o estômago. Isso me fez lembrar de quando eu era criança em Autlán e do jeito que me sentia quando ouvia meu pai batendo minha mãe.

Ainda me pergunto o quanto meu pai me influenciou. Sob muitos aspectos, agradeço por ele servir de exemplo para o que eu deveria e *não* deveria fazer.

Minha mãe nunca deixou de ficar aborrecida quando pensava nas outras mulheres que se envolviam com meu pai. Lembro de outra ocasião, em que ela começou a ferver água para atirar sobre uma senhora. Chepa teve que se esforçar para afastá-la dessa ideia e garantir que não acabasse presa. Quando o ciúme tomava conta de minha mãe, ela não tinha discernimento para pensar em seus filhos. Ela só queria dar uma surra em qualquer mulher que se intrometesse entre ela e o seu homem. Tenho certeza de que, quando saímos de Autlán, toda a cidade deu um suspiro de alívio – especialmente as mulheres.

O resultado foi que meu pai ficou ainda mais ausente de Autlán. Ele ganhava cada vez menos dinheiro nas cidades em torno de Jalisco, e como ele não gostava da Cidade do México, começou a viajar para mais longe, bem ao norte, até Tijuana, na fronteira com os Estados Unidos. Estávamos em meados dos anos 1950 e Tijuana era uma cidade grande e festiva, com muito trabalho para os músicos. Ele estava distante, e de vez em quando recebíamos uma carta com algum dinheiro e, por vezes, uma foto. Em uma delas, ele aparecia ao lado de Roy Rogers e Gilbert Rolland – um ator mexicano que estava fazendo muito sucesso em Hollywood naquela época. Eu costumava levar essa foto no meu bolso o tempo todo. Quando saía para andar de bicicleta, eu a tirava do bolso, admirava-a e mostrava para todo mundo. "Só olhe", eu dizia. "Não toque; você vai rasgá-la, cara."

A carreira de meu pai não era estável. Às vezes, ele se reunia em um grupo, e eles viajavam em caravana para se apresentar em um hotel por algumas semanas – um grupo grande, de oito ou nove pessoas. Muitas vezes, ele se apresentava sozinho.

Ele pegava um ônibus até um lugar novo, conhecia os músicos locais, organizava um trio ou um quarteto e tocava na praça da cidade. Eles iam a vários restaurantes e perguntavam se poderiam tocar do lado de dentro ou do lado de fora, ou ir de mesa em mesa. Ou podiam descobrir o melhor hotel da cidade e perguntar se havia algum problema em entrar para tocar. "Não, desculpe, já temos uma banda tocando hoje à noite." Ou: "Sim, tudo bem, não há ninguém aqui; podem entrar."

Naquela época, era assim que eles faziam. Sem cartazes ou promoções antecipadas, sem venda de ingressos, sem bilheteria. Todo o negócio era feito no local – pedindo aos turistas cinquenta centavos ou um dólar por música, pedindo que o restaurante fornecesse comida à banda se todos ficassem satisfeitos. Em seguida, eles voltavam para o sofá da casa de um dos músicos ou embarcavam de volta no ônibus. "Este lugar parece ser um pouco devagar. Devemos tentar Tecate? Talvez Nogales?" Em seguida, subiam novamente no ônibus.

Era assim que o meu pai ganhava o seu dinheiro – ele pedia para tocar. Eu admiro muito o fato de ele ter sido capaz de construir uma carreira dessa forma, colocar dinheiro em casa e nos alimentar. Não era fácil.

Depois de algum tempo, parecia que ele estava sempre viajando. Quando estávamos em Autlán, chegou a um ponto em que meu pai ficava fora por meses e meses de uma só vez. Anos mais tarde, quando comecei a pegar a estrada com a banda Santana e as pessoas comentavam algo sobre o tempo que eu ficava afastado da minha família, eu respondia: "Não, não é tão maluco assim." Enquanto meus filhos cresciam, eu excursionava por quatro ou cinco semanas, mas era o máximo que eu me permitia. Aprendi com as minhas experiências no México. Acho que era algo bastante equilibrado em comparação com o que meu pai fazia.

Em determinado momento, um ano já havia se passado, e de repente meu pai retornava, e eu ficava muito feliz e orgulhoso. Ele me levava com ele quando saía andando pela cidade em sua bicicleta, e me deixava andar na garupa, agarrado em seu cinto – ele usava um cinto fino dourado, muito em voga na época. Eu adorava o seu cheiro. Ele usava um sabão espanhol chamado Maja. Ainda me lembro daquele cheiro até hoje.

Eu ficava muito orgulhoso – ele acenava para as pessoas, e elas o saudavam como se ele fosse um herói que houvesse regressado à sua terra. "Oh, Don José!"

"Ei, como você está?"

A cada poucos minutos alguém nos parava. "Você se lembra de mim? Você tocou na minha *quinceañera!*" Ou alguém diria: "Você tocou no meu batizado!"

"Ah, sim, claro. Por favor, ofereça meus cumprimentos à sua família."

"Obrigado, Don José. Podemos tirar uma foto?"

Aprendi desde cedo que eu tinha que dividir meu pai – com a minha família, com o seu trabalho e com seus fãs. Nós, as crianças, sabíamos disso. Minha irmã Maria me contou que, depois que alguém parava para cumprimentá-lo, ela lhe perguntava: "Você conhece aquela pessoa?" Sua resposta era: "Não, mas isso a faz se sentir bem." Sempre me lembro disso quando penso no meu pai. Foi parte do tributo que prestei a ele em seu funeral, em 1997.

Quando eu tinha 8 anos, fazia quase um ano que não víamos o nosso pai, e tínhamos nos mudado do centro de Autlán para o pior bairro da região, a poucos quarteirões da periferia da cidade. Era um lugar pequeno, de apenas dois ambientes, repleto de lêndeas – ou seja, piolhos. Também havia *chinches* – percevejos – e pulgas. Quando chegou uma carta do meu pai com um polpudo cheque, minha mãe entendeu o recado. Era hora de sair de Autlán.

Era quase como se meu pai estivesse tentando se livrar de nós: "Eis aqui um pouco de dinheiro para pagar o aluguel e, talvez, comprar um fogão ou algo assim." Minha mãe guardou a carta e foi até o centro da cidade, onde todos os motoristas de táxi se concentravam. Ela conhecia um cara chamado Barranquilla, amigo do meu pai. Ela falou que tinha recebido uma carta de José dizendo para oferecer algum dinheiro a Barranquilla, para que ele levasse a família até Tijuana. "Ele me disse para lhe pagar metade, e que ele vai dar o resto e muito mais quando chegarmos lá. Fique com este dinheiro e nos pegue no domingo, está bem?"

Evidentemente, aquilo soou estranho para Barranquilla, porque meu pai nunca lhe dissera nada a esse respeito. Ele pediu para ler a carta. Minha mãe reagiu como se ele estivesse louco. "Não! Você não pode ler esta carta, está doido? Há coisas pessoais aqui!"

Era, provavelmente, uma quinta ou sexta-feira. Minha mãe começou a vender tudo o que podia – móveis, tudo o que tínhamos. Ela juntou um pouco de comida e dinheiro para a viagem, o suficiente para pagar a gasolina. No domingo, ela nos acordou e se certificou de que estivéssemos asseados, bem-vestidos e com boa aparência. Barranquilla chegou com o carro, que se parecia com um grande tanque – um daqueles enormes sedans americanos cujo cheiro era bem forte. Minhas irmãs, meus irmãos e eu arregalamos os olhos, apreensivos. "Para onde estamos indo, mãe?"

"Estamos indo até o seu pai", disse ela. Acho que antes daquela manhã somente Tony e Laura sabiam com antecedência que iríamos nos mudar.

Minha mãe colocou minhas quatro irmãs, meus irmãos, Chepa, o cão e eu no carro, entrou, e disse: "*Nos vamos.*" Eram 5h30 da manhã. Estávamos indo ao encontro de um homem que não víamos havia um ano. Tínhamos dinheiro suficiente apenas para a viagem de ida, e nenhuma garantia de que o encontraríamos. Lembro de ter olhado pela janela de trás e observar a cidade ficando menor. Saímos da cidade pelo sentido leste. Se tivéssemos seguido para o oeste, chegaríamos até o litoral. A estrada a leste seguia em linha reta por um tempo e, em seguida, se bifurcava. Uma das mãos ia para Guadalajara e a outra, para a esquerda, em direção a El Norte. Aquela era a estrada que levava a todas as possibilidades, à promessa de uma vida boa – El Norte. Tijuana? Quem se importava com o fato de que a cidade ficava do lado mexicano da fronteira? Para minha mãe, Tijuana *era* os Estados Unidos. Estávamos indo encontrar meu pai, e estávamos indo para os Estados Unidos. Esse foi o caminho que escolhemos.

CAPÍTULO 2

Eu na escola primária, 1954

Em Tijuana, logo no início da manhã, quando o sol começava a nascer, eu costumava ir a pé para a escola. Nas cercanias da cidade, era possível avistar uma fila de pessoas – índios, mestiços – andando como se estivessem participando de alguma procissão religiosa, na direção das montanhas, a fim de obter um pouco de argila vermelha. Elas levavam os pedaços de argila para casa, onde a misturavam com água e esculpiam estatuetas de 60cm de altura, quase a distância entre o cotovelo e a ponta de seus dedos. Elas a deixavam secar e, em seguida, pintavam-na de branco, acrescentavam outros detalhes, e, surpresa!, surgia a Virgem de Guadalupe – a santa padroeira de todos os mexicanos. Elas ficavam muito bonitas quando ficavam prontas.

Elas levavam as estatuetas para a cidade, a fim de vender aos turistas ou a qualquer pessoa que estivesse perto da catedral, no centro de Tijuana – Nossa Senhora de Guadalupe. Ou circulavam entre os carros, no meio da estrada, da mesma forma que os ambulantes vendem laranjas e coisas do tipo. As pessoas compravam as estatuetas, levavam-nas para casa, colocavam flores ou velas para elas e começavam a orar ardorosamente diante daquelas pequenas figuras. Quem poderia afirmar que suas preces seriam atendidas? Poucos dias antes, elas não passavam de um pouco de argila vermelha, lá em cima, no alto daquelas montanhas.

Quando cheguei em Tijuana, eu era uma criança mexicana como tantas outras. Eu era apenas uma matéria bruta. Eu não tinha muita esperança de chegar a qualquer outro lugar ou de ir além de onde já estava. Tudo aquilo em que eu me transformei começou a se cristalizar naquela cidade fronteiriça – me tornar músico e me tornar homem. Miles Davis costumava me cumprimentar da forma como ele me percebia. "Você não é aquele mexicanozinho que anda por aí com o rabo entre as pernas se desculpando por ser mexicano e pedindo permissão para obter uma carteira de motorista." Esse tipo de validação e aprovação significava mais para mim do que qualquer outra coisa.

O tom universal

Eis aqui outra coisa que Miles me disse: "Sou muito mais do que apenas um indivíduo que toca um pouco de blues." Eu me sinto da mesma maneira. Sou todos os animais do zoológico, não apenas os pinguins. Sou de todas as raças, não apenas mexicano. Quanto mais me desenvolvo espiritualmente, menos nacionalista eu me sinto em relação ao México, aos Estados Unidos ou a qualquer outro lugar.

Tenho certeza de que muitas pessoas ficam chateadas com isso. "Você está esquecendo suas raízes. Você não é mais mexicano." Mas eu ainda estou construindo a minha própria identidade, cristalizando a minha existência, de modo que possa me sentir mais consistente ao afirmar que tenho orgulho de ser um ser humano deste planeta, não importando o idioma que eu fale ou qual o país que esteja arrecadando os meus impostos. Eu vim da luz, e vou voltar para a luz.

Aquelas estatuetas da Virgem tinham um aspecto muito especial – era possível reconhecê-las imediatamente. Depois que a banda Santana fez sucesso e começamos a viajar pelo mundo, deparei com aquelas Virgens nos Estados Unidos e na Europa – e, certa vez, até mesmo no Japão. Alguém tinha ido a Tijuana, comprado uma delas e levado para casa. Era como rever um velho amigo.

A viagem de Autlán para Tijuana aconteceu em agosto de 1955, logo após o meu aniversário, e viajamos por quase cinco dias. Demorou muito tempo para chegar lá, porque nem todas as estradas eram pavimentadas. Lembro que cada um desses dias pareceu durar uma semana. Fazia calor, estávamos espremidos uns contra os outros no carro, e, mesmo quando parávamos, não havia uma grande melhora. Barranquilla mostrava-se ranzinza e mal-humorado, reclamando o tempo todo. Minha mãe dizia: "Eu não tenho tempo para isso. Entenda-se com o José."

Não havia nenhum hotel nem motel ao longo do caminho, e, mesmo se houvesse, não tínhamos dinheiro para nada, a não ser para a gasolina. Dormíamos no deserto, sob as estrelas, preocupados com escorpiões e cobras. A comida acabou. Então, toda vez que parávamos em algum lugar, minha mãe tentava comprar alguma coisa que pudéssemos comer. Fomos obrigados a comer nos pontos de parada dos caminhoneiros, onde a comida era horrível. Nunca havia cheirado ou provado um feijão tão rançoso. Como alguém consegue desperdiçar o feijão? Até hoje não consigo entender isso – é como estragar a granola. Eram uns frijoles horrorosos, e nós, as crianças, passávamos mal a torto e a direito. Então, bebíamos um monte de sucos enlatados Kern. Eu ainda consigo sentir o sabor daquele sumo com gosto de lixa. Nunca mais quero ver um daqueles sucos.

Ainda consigo ouvir a música que o rádio tocava naquela viagem – especialmente Pedro Vargas. Ele era acompanhado pelos melhores trompetistas da época – eles tocavam de forma esganiçada e alta, como os mexicanos. Todas as suas músicas eram românticas. Mas o seu tema mesmo era o sexo.

Chegamos a um grande rio, e tivemos que colocar o carro em uma balsa que era apenas um amontoado de tábuas. Então as pessoas precisavam puxar a corda da outra margem para que pudéssemos atravessar. Lembro que Barranquilla nos disse que havia chovido rio acima na noite anterior e que o volume do rio aumentaria. Por isso, se não saíssemos naquele exato momento, seria preciso esperar mais três dias até que pudéssemos pensar em atravessar o rio. Cara, foi assustador. A água já estava começando a ficar turbulenta, mas minha mãe decidiu que precisávamos tentar.

Chegamos a Tijuana por volta das 2h30 da tarde. Minha mãe tinha o endereço do destinatário na carta enviada por meu pai. O carro encostou, e meu irmão Tony lembra que ele e minha mãe saíram sozinhos do carro e nos pediram para esperar. Na minha memória, todos nós nos arrastamos para fora do carro, cansados, famintos e mal-humorados. De qualquer maneira, o que eu sei é que precisávamos desesperadamente de um banho. Mamãe bateu na porta, ninguém respondeu. Ela bateu novamente, uma mulher atendeu. Ficou muito claro, olhando em retrospecto, que se tratava de uma prostituta.

Para ser honesto, eu não sabia o que era uma prostituta, piranha, ou qualquer coisa do tipo. Nem conhecia essas palavras. Mais tarde eu descobriria. Mas ela parecia bastante acabada, e eu sabia o mínimo necessário para entender que ela não era uma pessoa como minha mãe. Minha mãe se portava de forma muito diferente.

A tal mulher começou a gritar com minha mãe. "O que você quer?" Minha mãe a enfrentou: "Quero falar com o meu marido, José. Estes são os filhos dele."

"Não há nenhum José aqui."

Bam! Ela bateu com a porta na nossa cara. Minha mãe simplesmente começou a chorar. Essa imagem ainda é muito nítida para mim. Mamãe chorando e se preparando para ir embora e desistir de tudo, e todos nós pensando no que aconteceria conosco. Podíamos perceber isso nos olhos uns dos outros.

Era a hora de outro anjo aparecer – alguém no lugar certo, na hora certa, nos orientando e dizendo: "Não desistam." Desta vez, ele veio na forma de um bêbado que estava deitado ao lado do edifício, dormindo. O tumulto o fez acordar, e ele perguntou: "O que está acontecendo?"

"Estou procurando o meu marido, José, e este é o único endereço que eu tenho", disse minha mãe.

"Você tem uma foto dele?"

Ela mostrou uma foto e ele disse: "Ah, sim. Ele está lá dentro."

Assim, minha mãe bateu na porta novamente. A senhora saiu de novo, berrando. E, desta vez, a gritaria toda fez o meu pai acordar. Ele saiu, e eu fui a primeira pessoa que ele avistou. Em seguida, ele reparou em todos os outros, e eu vi quando seu rosto começou a ficar parecido com uma tigela de M&M's. Isto é, todas as cores do arco-íris: vermelho, azul, amarelo, verde. Seu rosto passou por todas as emoções e todas as cores.

Meu pai agarrou minha mãe pelo braço e perguntou: "Mulher, o que você está fazendo aqui?"

"Não me segure desse jeito!" E começou tudo de novo.

Fico espantado todas as vezes que penso na firme e genuína convicção que minha mãe tinha. Ela não conseguiria ser dissuadida nunca, mesmo que seus amigos e familiares lhe dissessem que aquilo era uma loucura, que ela não sabia o que estava acontecendo em Tijuana. "Você é louca. E se ele não aceitá-la de volta?"

"Ah, ele vai me aceitar, sim. Se ele não quiser, terá que olhar nos meus olhos e dizer isso – e olhar nos olhos dos filhos."

Papai entrou em contato com alguém que ele conhecia e achou um lugar para ficarmos. Eles estavam construindo uma casa que ainda não tinha nenhuma janela ou porta, e que ficava bem distante, na pior parte da cidade, Colonia Libertad – periferia, periferia, periferia. O bairro ainda existe até hoje. Tínhamos saído da periferia de Autlán e fomos para a periferia de Tijuana. A princípio, meu pai não ficou conosco. Minha mãe ficou irritada. Ele ia nos visitar e levava um saco de mantimentos, mas só ficava por um curto período de tempo.

No fim, meu pai abandonou a outra mulher e ficamos todos juntos novamente. Mais tarde, começamos a progredir, a viver em lugares melhores, com eletricidade e encanamento, mas eu me lembro que o verão de 1955 foi tão quente que não conseguíamos nem dormir. Vivíamos cansados e mal-humorados. Não tínhamos nenhum dinheiro. Passávamos fome. Havia algumas hortas nas proximidades, cheias de grandes tomates e melancias, e as crianças saíam para devorá-los à noite. Penso que os proprietários faziam vista grossa, porque sabiam que estávamos famintos.

Minha mãe e todas as outras senhoras naquela parte de Colonia Libertad lavavam seus pertences utilizando a água de um poço particular. Elas transportavam grandes *cubas* – bacias de lavanderia cheias de roupas sujas – e esfregavam as roupas em tábuas. O poço era tão profundo que a água tinha cheiro de enxofre. Uma vez, de repente, percebi uma coisa: nós não tínhamos encanamento – *deveríamos* ter encanamento. Se tivéssemos, mamãe não seria obrigada a lavar as roupas fora de casa, usando água suja. Eu disse: "Mãe, um dia, quando eu crescer, vou comprar uma casa para você, uma geladeira e uma máquina de lavar roupa." Ela continuou lavando as roupas e me deu um tapinha na cabeça. "Que bom, *mijo*, isso é muito bom."

"Ei! Não me menospreze assim", foi o que pensei. "Eu *vou* fazer isso." É claro que, naquela época, eu não sabia como fazê-lo; eu tinha apenas 8 anos de idade. Mas fiz uma promessa – para minha mãe e para mim mesmo. Como se viu, foram necessários apenas 15 anos. Foi muito bom quando essa promessa se concretizou, em 1970. Usei meu primeiro cheque de pagamento de direitos autorais, relativo ao primeiro álbum lançado pela banda Santana. Mesmo depois de todo mundo retirar sua parcela – os contadores, os empresários, os advogados –, sobrou dinheiro suficiente para cumprir o que havia prometido. Sei que isso deixou meus pais muito felizes. Foi a primeira vez, afinal, que eles começaram a olhar para mim como se eu não fosse tão louco assim. Eles pensaram que eu era um caso perdido depois de ter fumado toda aquela maconha e ter convivido com os hippies. Até hoje não consigo imaginá-los em sua casa própria em São Francisco sem pensar naquele poço nojento. Fico satisfeito por ter sido capaz de conquistar isso.

* * *

Apesar das circunstâncias, foi realmente uma agradável transição a mudança da pequena cidade de Autlán para Tijuana. Era uma experiência nova, excitante e diferente. Tenho ótimas lembranças de aprender a jogar bolinhas de gude. Meu irmão Tony me ensinou; ele era muito bom nisso. Para mim, elas pareciam diamantes – eu costumava levantá-las contra o sol e observar seu brilho.

Os sabores de Tijuana representaram uma mudança em relação aos de Autlán, porque, à medida que comecei a crescer, meus gostos também foram mudando – desde os doces até os salgados. Havia o pozole, um ensopado que minha mãe sempre comia quando estava grávida – isso e os tamales. Havia o molho de mole – como se fosse chocolate, só que não tão doce – e o molho de pipián, mais alaranjado e feito a partir de sementes de abóbora. Cara, ela conseguia fazer o frango render com esses molhos. Ela era ótima com camarões e com os chiles rellenos, fritos com queijo por dentro e massa por fora – bem poucas pessoas sabem fazê-los sem que eles fiquem encharcados e esquisitos. Minha mãe era mestra nisso, e especialista em machacas – carne picada com ovos e uma quantidade tão grande de tempero que provocava um calor por dentro. Ela as deixava embebidas em água da Jamaica, feita de pétalas de hibisco e com gosto de suco de cranberry, só que melhor.

Também me lembro de ter começado a ouvir mais música do que já tinha ouvido antes. Do outro lado da rua havia um restaurante com uma jukebox ligada muito alta. Parecia que estávamos na sala ao lado. Aquele foi o verão de Pérez Prado – "Cherry Pink and Apple Blossom White". Ele era cubano, mas havia se mudado para o México. Vários cubanos também fizeram o mesmo, e eles gravaram e ficaram conhecidos na Cidade do México, e logo depois fizeram sucesso no mundo todo. Aqueles mambos soavam tão bem! Eram como um oceano de trombetas.

Em meados da década de 1950 Tijuana era uma cidade com dois lados – dependendo da direção pela qual você chegava à cidade. Se você fosse americano e dirigisse para o sul, ela era Fun City, uma outra Las Vegas. Havia discotecas e pistas de corrida, noitadas e jogos de azar. Era onde os soldados e os marinheiros de San Diego e todos os atores de Hollywood iam se divertir. Tijuana tinha bons hotéis e restaurantes cinco estrelas – como o do Hotel Caesar, onde eles inventaram a salada Caesar.

Para aqueles que estavam voltados para o norte da cidade, Tijuana poderia muito bem ser os Estados Unidos. Não importava que não tivéssemos cruzado a fronteira. Havia um quê de Estados Unidos, e vários norte-americanos viviam por lá, passeando pelas nossas ruas em belos ternos e sapatos novos, fazendo-nos pensar em como era a vida do outro lado da fronteira.

As ruas de Tijuana não eram como as de Autlán. Autlán era o próprio interior, considerando-se a maneira de pensar e o modo como as pessoas tratavam umas às outras. Tijuana era a cidade, e podíamos sentir imediatamente a diferença. As pessoas viviam bêbadas, irritadas ou chateadas com alguma coisa, em todos os momentos do dia. Rapidamente aprendi que havia um modo de caminhar por aquelas ruas – era um tipo diferente de caminhada. Sem perturbar ninguém, você poderia projetar uma atitude de "Não mexa comigo". Lá, não se deseja que ninguém mexa com você. Quando fiquei mais velho e as pessoas me contaram sobre as dificuldades dos bairros da Filadélfia ou do Bronx, eu dizia: "Ora, que se dane. Isso não é nada comparado com Tijuana." Há um código de sobrevivência ali que é assimilado com muita rapidez.

Você percebe que o que se diz é verdade – não mexa com quem está quieto. Eles eram os mais perigosos. Os mais desbocados – eu vou fazer isto ou aquilo – não faziam merda nenhuma. Também aprendi que não se deveria mexer nem com os índios nem com os mestiços. Os cholos e os pachucos poderiam sacar um canivete. Os índios sacariam um facão e poderiam esquartejar um corpo como se fosse uma banana.

Eu vi isso acontecer uma vez, assim que chegamos a Tijuana, bem em frente à igreja. O facão bateu no chão quando um cara tentou decepar a perna de outro cara. Faíscas voaram pelo ar quando a lâmina atingiu o asfalto. É impossível esquecer episódios desse tipo – o som ou as faíscas. Foi assustador. Em seguida, a polícia se aproximou e começou a atirar a esmo, para separar a briga antes que os homens causassem algum estrago. Percebi que não se tratava de um filme. Esta era a vida real, cara. Aprendi também que muito raramente as brigas tinham a ver com dinheiro; quase sempre, elas envolviam uma mulher.

Não me lembro de ter sido agredido em Autlán. Nós, as crianças, fomos obrigadas a lutar mais em Tijuana. O lado bom é que não eram gangues, apenas valentões. As gangues viriam mais tarde, quando eu já tinha saído de lá. Os valentões costumavam me escolher e, olhando para trás, percebo que não era nada pessoal. Acontece que a ignorância é a ignorância, e o bairro era perverso. Tive que aprender a distinguir quando era necessário sair fora e quando me manter firme, para que eles não continuassem me atacando. Descobri que se eles achassem que eu era mais louco do que eles, isso os faria se afastar de mim. Algumas vezes, eu precisei fazer isso – lutar e agir como um louco. Chegou a um ponto em que eu procurava uma pedra do tamanho e da forma de um ovo, e se as coisas ficassem mais sérias, eu a colocava entre os meus dedos e me preparava para a briga.

Na época eu tinha uma aparência muito diferente da que eu tenho agora. Meu cabelo era loiro e minha pele era clara, e minha mãe me vestia como se eu fosse um pequeno marinheiro. Ora, por favor – é claro que eu estava querendo me meter em brigas. Uma vez, cheguei à escola – Escuela Miguel F. Martinez – logo depois da minha mãe ter me dado uma surra por algum motivo, e eu estava bufando de raiva. Bastou um cara dizer algo como: "Olhem só esse cara! É lógico que é a mamãezinha dele quem escolhe as suas roupas." Eu estava com a pedra na minha mão, e o acertei em cheio! Todos se reuniram à nossa volta, esperando para ver o que ele iria fazer. Eu fiquei olhando para ele, como se dissesse: "Espero que você tente fazer alguma coisa, porque eu estou pronto para morrer." Há dois tipos de desespero: o que nasce do medo e o que nasce da raiva, e o que nasce da raiva você simplesmente não está mais disposto a suportar. Esqueci o nome dele, e, naquele momento, nem percebi que ele era um dos valentões da rua. Ele nunca mais me incomodou novamente.

Mas o fato é que ele tinha razão – era a minha mãe quem escolhia as minhas roupas. Eu costumava lhe dizer: "Estou apanhando na escola; você me vestiu umas calças curtas azuis e outras coisas mais. Isso é como dizer: 'Venha me pegar.'" "Ah, mas você está tão bonitinho", ela dizia.

"Bonitinho? Você está me vestindo como se eu estivesse cantando em um coral infantil. Mãe, você não entende."

"Cale-se!"

Uma vez, minha mãe queria que eu vestisse uma calça que eu não gostava. Ela ficou com raiva e disse: "Você parece um caranguejo. Fica tentando consertar todo mundo, mas é o único que sempre anda troncho." Isso me marcou. Eu disse a mim mesmo: "Não sou nenhum caranguejo, e agora não vou usar essas calças de jeito nenhum."

Levou um tempo para que eu convencesse minha mãe, e conversei com meu pai para que ele me ajudasse. Aos poucos, eles foram deixando isso pra lá. Eles estavam muito envolvidos tentando vencer as batalhas do dia a dia, preocupados com a comida e com a limpeza da casa – não era tão simples se sentar à mesa e iniciar uma conversa sobre esses assuntos. Todas as crianças tinham que lidar com coisas desse tipo, e nós apenas precisávamos enfrentá-las.

Com Tony foi mais difícil. Ele já era adolescente, e havia acabado de chegar à cidade. E embora a minha pele e os meus cabelos fossem claros naquela época, a pele dele era escura. Quando saíamos juntos, eles implicavam muito com ele. "Ei, Tony, quanto é que eles estão te pagando?" Ele ainda não sabia ignorá-los. Ele dizia: "Me pagando para quê?"

"Você não é a babá desse garoto?"

"Não. Ele é meu irmão."

"Não, não é não – olhe para você. Ele não se parece nada com você!" Eles começavam a rir, e ele tinha que reagir de alguma forma. Os punhos começavam a voar.

O pior aconteceu alguns anos depois, quando Tony foi atingido na cabeça com um martelo, em uma briga de rua. Ele nos disse que poderia ter evitado isso, mas o amigo dele queria voltar para casa pelo mesmo caminho que eles tinham feito para chegar à cidade, pela mesma rua onde haviam discutido com alguns caras. Ele sobreviveu, mas era assim que funcionava. Bem-vindo a Tijuana.

Fico contente de não ter sido o mais velho da minha família. O terreno já havia sido testado por Tony, Laura e Irma antes de eu aparecer, e qualquer coisa que acontecesse entre minha mãe e meu pai, era Tono – como nós o chamávamos – quem sofria o maior impacto. Foi ele quem mais se machucou, porque minha mãe e meu pai ainda não sabiam qual a melhor forma de lidar com os filhos. Ele servia como um amortecedor para mim, e como meu segundo pai, e sempre ficava do meu lado – meu primeiro defensor e meu primeiro herói. Sempre terei muito orgulho dele.

Eu amo a minha família. Eles são todos muito diferentes, cada uma de minhas irmãs e cada um de meus irmãos. Era Laura quem assumia o comando quando minha mãe e Tony não estavam por perto, já que ela era a filha mais velha. Ela funcionava como uma sentinela, e era a primeira a verificar as coisas quando nos mudávamos para um lugar novo – muito curiosa e brincalhona. Ela também era instigadora, propondo coisas desse tipo: "Vamos matar aula e ir catar algumas jicamas!" ou "Vamos arrancar algumas cenouras da terra e comê-las!". Como se eu precisasse ser convencido de alguma coisa. "Claro, tudo bem – para mim está ótimo."

Lembro de uma vez em que Laura decidiu comprar fiado alguns doces em uma loja e dividiu todos eles conosco. Quando minha mãe descobriu, foi o inferno sobre a Terra – para todos nós. Eu nem estava presente quando isso aconteceu, mas quando cheguei em casa havia mais uma surra esperando por mim. Este era o estilo de Laura – encrenqueiro e destemido! Irma era mais introvertida do que Tony e Laura, vivia mais em seu próprio mundo, e também foi a primeira dentre nós a optar pela música. Ela me contou que costumava ficar espiando na sala onde nosso pai praticava seu violino até que ele dissesse: "*Venga*" – venha aqui. Ele começou a lhe ensinar canções, um pouco de piano, e a ler as partituras. Ela era um talento.

Em Tijuana, o restante de minhas irmãs e meu irmão eram todos pequenos e estavam em fase de crescimento – Leticia, Jorge e Maria. Não tive muita chance de servir de babá ou de cuidar deles da mesma forma que Tony e Laura haviam feito comigo. Sinto-me especialmente mal diante de Jorge por não ter sido um irmão mais velho do mesmo modo que Tony foi para mim. Ele precisaria descobrir um monte de coisas por conta própria. Depois que saímos de Autlán, eu ficava a maior parte do tempo na rua ou passeando com o meu pai.

Desde que chegamos a Tijuana, também começamos a aprender a sobreviver de outra forma – era hora de todos nós trabalharmos, de começarmos a ajudar a família. Mãos à obra, sabe? Dou o crédito à minha mãe e ao meu pai por isso. Eles implantaram em nós alguns valores e princípios morais realmente rígidos e íntegros. Nunca peça emprestado ou implore por nada. Não pegue o que não lhe pertence. Aquilo que for seu, lute até a morte para conquistar.

Um dia, quando meu pai nos acordou, ele estava com algumas embalagens de chiclete de hortelã Wrigley e uma caixa de engraxate. Ele deu metade dos chicletes para Tony e a outra metade para mim, e a caixa de engraxate para Tony. "Vão até a avenida Revolución, e não voltem até venderem tudo isso", disse ele.

A avenida Revolución era a nossa Broadway, o centro da cidade de Tijuana, onde os bares e as discotecas ficavam e onde todos os turistas iam – os norte-americanos e os mexicanos. Tony e eu íamos atrás deles, vendendo chicletes e engraxando sapatos. Esse foi, de fato, o começo da minha introdução à cultura norte-americana. Foi a primeira vez que vi um homem negro – um cara muito alto, com pés enormes. Eu não parava de olhar para o tamanho de seus sapatos enquanto os engraxava. Comecei a aprender algumas palavras em inglês, e aprendi a contar. "Bala, senhor?" "Dez centavos." "Vinte e cinco centavos." Cinquenta centavos, se eu tivesse sorte.

Recebíamos apenas dinheiro suficiente para pegar o ônibus, e então tínhamos que ganhar dinheiro para pagar nossos estoques e suprimentos, mais o necessário para voltar para casa e chegar ao centro no dia seguinte. Às vezes, acabávamos indo a pé, porque não sobrava nada para a passagem de ônibus – como a vez em que Tony ganhou uma enorme gorjeta de cinquenta centavos engraxando sapatos e decidimos tirar o resto do dia de folga. Ficamos ricos por uma tarde, assistimos a um filme e comemos doces, mas nos esquecemos de guardar alguma coisa para a viagem de volta. No dia seguinte, voltávamos ao mesmo esquema – acordar cedo, ajudar em casa, ir à escola, tomar o ônibus até o centro e vender, vender e vender –, ajudar minha mãe e meu pai a pagar o aluguel.

Acho que perdi uma certa parte da minha infância, como acontece com muitas crianças. Nos primeiros dez anos em que estive casado com a minha primeira esposa, Deborah, eu me esgueirava entre as lojas de brinquedos e comprava bonequinhos. O curioso é que, alguns anos depois, em 1986, saí para dar uma volta com o baterista de Miles, Tony Williams. Ele começou sua carreira na adolescência, e eu reparei que sua casa estava repleta de brinquedos que ele trazia do Japão – os primeiros Transformers e tudo mais. Ele percebeu que eu estava olhando para eles, e eu disse: "Tudo bem; eu faço a mesma coisa."

"Faz mesmo?"

"Sim. O que é que esse aqui faz?" De repente, não era mais o mesmo cara que tinha tocado no Slug's com Larry Young e John McLaughlin, ou que comandava a banda de Miles na década de 1960. Era: "Cara, olha só isso!"

Devo confessar que aquilo foi uma revelação para mim. Acho que Michael Jackson era assim também. Havia uma parte de nós que sentia falta de ser criança, e nós só nos desapegamos desse hábito muito mais tarde. Depois de um tempo, você cresce e joga os brinquedos fora, mas durante uma determinada fase aquela criança precisava se expressar. Tenho certeza de que Deborah deve ter pensado que eu era um cara peculiar.

Aquilo por que eu passei foi o que todos os Santana passaram. Todo mundo precisava trabalhar. Depois que alcançamos uma idade suficiente para cuidar de nós mesmos, Chepa foi embora (além disso, não conseguíamos mais sustentá-la), e minha mãe precisou de ajuda para cuidar da casa, limpar e cozinhar. Então, Laura e Irma passaram a ajudá-la. Todos nós fazíamos tudo o que era preciso fazer para pagar o aluguel e colocar comida na mesa. Dessa parte da minha infância eu tenho realmente muito orgulho – ninguém nunca reclamou ou perguntou: "Por que eu tenho que fazer isso?" ou qualquer coisa do tipo. Nós apenas compreendíamos.

Nós nos mudamos muito durante aqueles dois primeiros anos – parecia que praticamente a cada três meses íamos morar em algum outro lugar em Colonia Libertad. Em seguida, atravessamos o rio Tijuana, que passa bem pelo meio da periferia e segue para os Estados Unidos, e fomos morar em uma pequena casa na calle Coahuila, na Zona Norte, um bairro um pouco melhor. Dois anos depois de chegar a Tijuana, nos mudamos para a calle H. Eram bangalôs, quase como um parque com vários trailers. Eu tinha 10 anos, e percebi que as pessoas à nossa volta tinham pequenos aparelhos de televisão em preto e branco. Costumávamos nos arrastar até as casas dos vizinhos e ficar na ponta dos pés, espreitando por entre as suas janelas até que – *snap!* – eles fechavam as cortinas. Foi assim que descobri o boxe. Era engraçado – lembro que, de meses em meses, havia um confronto entre Sugar Ray Robinson e Rocky Graziano – na TV, nas manchetes. E lá estava o meu primeiro herói *de verdade*: Gaspar "El Indio" Ortega.

Ortega era peso meio-médio e foi o primeiro pugilista a sair do México e a ficar famoso. Sua cidade natal era Tijuana, e, portanto, como se pode deduzir, se falava nele em todos os lugares, e todos o apoiavam.

Acompanhávamos cada uma de suas lutas, especialmente aquela de 1961, quando ele lutou com Emile Griffith e perdeu. Não importava – ele era o *nosso* herói.

Ortega foi um dos primeiros pugilistas a fazer manobras muito evasivas em suas lutas. Ele sabia como se esquivar. Anos mais tarde, tive a chance de conhecê-lo – naquela época, ele estava morando em Connecticut e devia estar com seus 80 anos. Ele se mostrava orgulhoso de suas lutas, mas estava ainda mais orgulhoso de uma coisa: "Sabe do que mais, Carlos?", ele me disse. "Eu ainda tenho todos os meus dentes. Eles nunca conseguiram arrancá-los."

Ainda me lembro daquelas lutas, de observá-las e de ficar de joelhos, rezando por Ortega e por Sugar Ray. "Não deixe que eles o vençam", eu dizia, apertando os olhos. Foi quando eu realmente aprendi a rezar com intensidade – quando comecei a perceber que Deus poderia estar me escutando.

Se dependesse de minha mãe, eu estaria praticando minhas orações em outro lugar. Como de costume, minha mãe era diligente e incansável – "Você vai fazer isso e vai fazer aquilo". Certa vez, ela decidiu que eu tinha que ir à igreja e aprender a ser um *monaguillo*, um coroinha. Tem tudo a ver com o ritual e a indumentária, a aprender onde ficar no momento certo, a pegar o missário quando é a hora. A primeira vez que participei de uma missa, fiquei ao lado de um outro menino, que estava me treinando – ele tinha feito isso umas cinco ou seis vezes –, e eu me lembro que ele gostava de fazer piadas.

Em determinado momento, esse garoto começou a se rachar de rir. Então eu também comecei a rir, e quanto mais nós ríamos, mais o padre ficava irritado. Em pouco tempo todas as pessoas na igreja também começaram a rir. Eu não sabia o que havia de tão engraçado – estava apenas tentando me controlar. Em seguida, o padre levantou o cálice, e eu tentei lhe passar o missário ao mesmo tempo – "Pronto, aqui está; agora leia". O menino não me disse exatamente o que eu precisava fazer – eu não sabia que não se deve entregar o missário diretamente ao padre. Era preciso colocá-lo em determinado lugar, e ele tinha que ir até lá buscá-lo.

Após a missa, o padre me deu um tapa na cabeça. É claro que isso pôs um fim à minha vontade de voltar à igreja. Eu fiquei pensando: "Se alguém pretende estar ao lado de Deus, não deveria se comportar de forma misericordiosa e agradável?" Aquele padre, sozinho, me separou da igreja ali mesmo. Quer dizer, o que há de errado em sorrir e rir dentro da igreja? Não são essas as coisas que Deus quer nos ver fazendo – que possamos nos divertir? Lembro das histórias da Bíblia – o Dilúvio; Deus pedindo a alguém para sacrificar o filho. "O seu Deus é um Deus raivoso; ele é um Deus ciumento", coisas assim. Ora, isso não é Deus – isso é o Godzilla. Acho que Deus tem senso de humor. Ele precisa ter.

Aprendi algumas coisas na igreja – outro dia mesmo fiz o gesto da bênção no palco, como o que um padre faria sobre o cálice sagrado, antes de tomar um gole de vinho. Estávamos na Itália, e então eu percebi que todos entenderiam o que eu estava fazendo – o sinal da cruz, as mãos cruzadas como se estivessem orando, o olhar voltado para o céu antes de levantar o cálice de vinho, que, nos dias de hoje, geralmente é o Silver Oak Cabernet. Não acho que tenha sido um sacrilégio. Acho que qualquer espécie de caminho espiritual deve ter algum humor.

Ainda assim, minha mãe insistiu e persistiu – dois anos depois de eu levar um tapa na cabeça por rir na igreja ela ainda continuava tentando me convencer a voltar para lá. Ela me arrastava para a confissão das 5 horas da tarde. "Vamos lá, e você vai contar ao padre os seus pecados." Eu tinha 12 anos naquela época. "Que pecados, mãe?"

"Você sabe do que estou falando!" Ela não me soltava, e prendia minha mão com força. Eu sou jovem e estou zangado, e eu estou me sentindo culpado porque não se deve ter raiva da mãe – pronto, já havia pecados suficientes!

Então nós fomos até a igreja, a pequena porta se abriu e eu entrei. Ouvi aquela voz do outro lado da parede dizendo: "Vá em frente, conte-me os seus pecados... vá em frente... *vá em frente!*" Eu não sabia o que dizer, e aí, finalmente, eu pensei: "Vá pro inferno", e saí correndo. Minha mãe ficou muito irritada. Eu lhe contei a história de que tinha levado um tapa e lembrei que ela não queria ouvir falar sobre esse assunto. Eu disse a ela que se Deus pudesse me ouvir, eu falaria com ele diretamente, e pronto. "Você pode me obrigar a fazer um monte de coisas, mas não pode me obrigar a fazer isso, porque eu não vou fazer." Nada enfurecia mais minha mãe do que seus filhos a enfrentando. Isso realmente a deixava possessa, e por algum motivo eu era o único que se dispunha a discutir com ela. Todo mundo simplesmente se submetia e aceitava. Eu estava crescendo, mas ela ainda tentava me bater. Ela era destra, e naquela época eu já havia descoberto que quando ela pegava o cinto – uma extensão ou qualquer coisa que encontrasse – para me ameaçar, se eu corresse para a esquerda ela só conseguiria atingir o ar. Minhas irmãs e meus irmãos começavam a gargalhar, o que só a deixava mais irritada. Eu saía de seu alcance e fugia pela porta como uma lebre.

Eu saía correndo – fiz isso três vezes em Autlán e pelo menos sete vezes em Tijuana. Então meu irmão Tony tinha que sair para me procurar e me levar de volta. "Quando é que você vai parar de fazer isso?", dizia ele.

"Quando ela parar de me bater."

"Você simplesmente não sabe as coisas pelas quais ela está passando."

"Sei sim, mas ela não precisa descontar de mim!"

Lembro de sair perambulando por Tijuana depois de uma briga. Estávamos na época do Natal, e eu fiquei olhando as vitrines – pequenos trens, brinquedos e bonecos, todas essas coisas. Durante anos depois disso, todas as vezes em que eu via decorações de Natal esses sentimentos afloravam. Toda aquela raiva e aquela frustração que eu sentia em relação à minha mãe permaneceram comigo.

Minha mãe tinha o seu próprio relacionamento especial com Deus, sua própria maneira de fazer com que Ele ficasse ao seu lado. Quando ela precisava de algo para a família, ou quando achava que algo precisava acontecer, ela se sentava em uma cadeira, cruzava as pernas, dobrava os braços e colocava todo o seu foco em algo distante. Era possível perceber a sua determinação. Como crianças, aprendemos a reconhecer aquele olhar de suprema convicção. Era tipo: "Uau, vamos sair do caminho, mamãe está fazendo aquela coisa." Se chegássemos perto, conseguiríamos ouvi-la dizendo para si mesma: "Deus vai me dar isso." Era como se ela estivesse querendo que um milagre acontecesse. "Eu *sei* que isso vai acontecer. Deus vai fazer isso acontecer."

Não eram coisas grandes: dinheiro para comida, uma casa melhor para a família, coisas relacionadas à saúde. Uma vez, minha irmã mais nova, Maria, estava tendo problemas para engravidar. Ela teve poliomielite quando era criança, e seu marido tinha acabado de passar por uma cirurgia de câncer testicular. Parecia que aquilo simplesmente não aconteceria. Toda vez que íamos visitá-la, encontrávamos minha mãe em sua cadeira, curvada sobre si mesma, com aquele olhar 100% determinado, conversando com Deus. Até que um dia ela disse à minha irmã: "Você deveria adotar um bebê, e assim que você fizer isso, ficará grávida."

"Mãe, o que há de errado com você?", disse minha irmã. "Eu não posso engravidar, vários médicos já me disseram isso."

"Ah, é? E o que eles sabem? Eles não são Deus. Faça o que eu digo." Maria foi em frente e adotou um menino, Erik, filho de mãe mexicana e pai alemão.

Um ano depois, eu estava em Dallas, em um festival com Buddy Guy e Miles Davis. Estávamos todos no saguão do hotel e anunciaram um telefonema para mim: "Procurando o Sr. Santana!" Era a minha esposa, Deborah. "Você não vai acreditar nisso, mas a sua irmã está grávida."

"Qual delas?"

"Maria!" Ela batizou seu bebê de Adam – todos nós o chamávamos de o bebê milagroso.

Minha mãe ia à igreja no meio da semana, quando todo mundo estava se confessando, e levava algumas grandes garrafas de água. Ela esperava pacientemente que a última pessoa fosse embora, e então se dirigia ao confessionário e o padre dizia: "Pois não? Gostaria de se confessar?"

"Não, padre, eu estou bem agora, mas o senhor pode abençoar estas garrafas de água?"

"A água benta está ali."

Minha mãe diria: "Me desculpe, padre, não quero aquela água para os meus filhos. *Está mugre* – está suja. Está cheia de germes e pecados das outras pessoas. Não. Abençoe esta aqui para mim. É para os meus filhos."

Em seguida, ela levava garrafas abençoadas para casa, e de repente começava a falar: "*Mijo*, como você está?" E nos tocava, passava as mãos sobre nós. "Ei, mamãe, você está me deixando todo molhado!" Esta era a forma como ela se aproximava de suas crenças e como ela passou pela vida. Ela fazia coisas que tinham sentido para ela, para a família, sem nenhum senso de dúvida ou vergonha. Quando tomava uma decisão a respeito de algo, nós sabíamos que não deveríamos nos intrometer em seu caminho – não esperávamos que ela se explicasse, e não esperávamos que se mostrasse afetuosa.

Acho que minha mãe passou pela vida escondendo uma infinidade de dores. Ela tinha que lidar com meu pai, e perdeu quatro bebês. Ela raramente se abria, e eu não tenho certeza se alguma vez ela chegou a elaborar essas coisas conscientemente. Em sua solidão, quando ninguém estava olhando, talvez ela tenha lambido as próprias feridas e chorado pelos filhos que morreram. Mas nunca compartilhou seu sofrimento conosco. Ela sabia a diferença entre a autopiedade e o seu oposto – curar-se e seguir em frente, recompor-se, olhando para o seu sofrimento da perspectiva correta.

Na última vez que minha mãe ficou grávida em Tijuana, ela ficou muito doente. Lembro que eu tinha uns 11 anos. Nós vivíamos em um lugar onde usávamos uma caixa de madeira como degrau para entrar em casa, e minha mãe escorregou nele, caiu e perdeu o bebê. A ambulância veio e a levou.

Mais tarde, minha mãe nos contou que ao acordar na clínica, teve a sensação de que aquele não era um lugar para se recuperar, mas um lugar para morrer. Ninguém prestava atenção nela ou nos outros pacientes. As pessoas morriam à sua volta, e ela podia sentir que a vida estava lhe escapando. Então, ela se livrou de todos os fios e tubos e tudo o que havia dentro deles, levantou-se, caminhou para casa com seu roupão e lutou desesperadamente por sua vida. Ela não iria morrer naquele lugar. Ela não iria morrer, de forma nenhuma.

Nessa fase, minha mãe se sentiu bastante sozinha. Por causa das questões culturais e da pessoa que o meu pai era, ela não conseguia encontrar apoio nele e lhe pedir ajuda. Em espanhol, dizemos: *"Ser acomedido"* – ser complacente, mostrar-se útil. Não ficar completamente inerte. Se você perceber que pode contribuir e ajudar, faça-o. Mesmo que você seja homem, não há problema em lavar os seus próprios pratos – você não tem nenhum impedimento físico, você pode ajudar o seu parceiro. Mas isso nunca aconteceu. Ela ficou sozinha.

Isso a fortaleceu e a tornou independente. Mas acho que também a deixou mais amarga do que ela precisava ser. Lembro que pouco tempo depois de perder o bebê, ela estava do lado de fora conversando com uma vizinha, e eu a ouvi mencionar o meu nome. Sabe quando você ouve o seu nome no meio da conversa de outra pessoa e sua audição fica aguçada? Eu ouvi minha mãe dizer: *"Carlos es diferente."* Ela viu que eu estava olhando e pediu que eu me aproximasse.

Ela me disse: *"Sentarte"*, e aí eu me sentei em seu joelho como ela queria que eu fizesse. De repente – *pá!* –, ela me deu um tapa bem no lado da minha cabeça. Ela fez isso com tanta força que meu ouvido começou a zumbir *eeeeee*, só rodopiando! Levantei-me e a encarei com a boca entreaberta. Eu olhei para ela e ela olhou para mim, até que ela disse: "Se você pudesse, você faria, não é?" O que significava: "Se você pudesse me esmurrar, você me esmurraria, certo?" Eu olhei para ela como se dissesse: "Nunca mais faça isso de novo." Então ela olhou para a vizinha. "Está vendo? Os outros não fazem isso."

Isso era cruel *e* ignorante. Eu não era mais um bebê. Por que ela fazia isso? Só para explicar alguma coisa à vizinha – eu era uma cobaia ou algo assim? Acho que parte da razão para isso poderia estar na raiva que ela sentia do meu pai, e ela a descontava em mim. Ele demonstrava um flagrante favoritismo por mim. Talvez ela sentisse ciúmes; não sei.

Minutos depois, o zumbido no meu ouvido ainda continuava. Alguma coisa havia se rompido entre mim e minha mãe, e aquilo levaria anos para cicatrizar. Ela e eu nos tornamos rivais. Eu compraria uma casa para ela, mas não a convidaria para o meu casamento. Somente depois do nascimento de Salvador é que comecei a permitir que minha mãe voltasse a ocupar um lugar dentro do meu coração e da minha mente.

Sim, eu era um cabeça-dura. Assim como ela. Acho que "cabeça--dura" é a melhor maneira de descrever, mas você pode dizer que era convicção. Eu li que as células de uma pessoa reproduzem um padrão de emoção de uma geração para outra, e que é possível herdar um padrão de ressentimento ou de remorso. Você pode tentar parar de fazer certas coisas, mas acaba se perguntando: "Por que eu disse isso? Por que eu fiz isso? Por que não consigo me conter?" Essa é uma razão pela qual leio livros espirituais – para obter respostas que possam me ajudar a separar a luz, a compaixão e a sabedoria dos padrões de comportamento. Talvez seja assustador – é como abrir mão de algo feio, mas é como você se vê.

Quando me tornei pai, fiz questão que meus filhos soubessem o tempo todo que eu os amava. Eu ainda lhes dizia: "Vocês não precisam fazer um teste para mim. Vocês já passaram no teste quando nasceram. Eu estava lá quando vieram ao mundo, todos os três, e quando vocês abriram os olhos. Vocês passaram no teste. O resto – como vocês usarão o que lhes foi dado – cabe a vocês. E eu não tenho medo de dizer: 'Venha aqui, cara, eu preciso de um grande beijo melado e de um abraço. Eu preciso de um segundo abraço porque o primeiro é apenas cortesia e o segundo é longo e *ahh*"... Talvez isso fique piegas.

Quando Salvador nasceu, tudo mudou em relação à minha mãe. De repente, ela estava abraçando-o, como uma mãe costuma fazer. Isso surpreendeu a todos nós. E também me fez mudar, pois começou a me trazer uma estabilidade que eu não sabia que havia perdido. Eu poderia estar em qualquer lugar do mundo, a qualquer momento, pegava o telefone e ligava para minha mãe: "Ei, como você está? Fiquei pensando em você o dia inteiro." "Eu sei", ela dizia. "Porque eu estava rezando para você me ligar."

Endossar o comportamento dos meus pais não foi fácil, e me custou muito trabalho. Parte disso consiste em corrigir constantemente a minha mente, me livrando daquilo que recebi de outras pessoas, inclusive deles. Não há nada como estar em um momento de clareza e se libertar de todas essas coisas. Mas a pior coisa que você pode dizer é: "Ei, eu te perdoo." Eu cometi esse erro apenas uma vez. Minha mãe olhou para mim com aquela expressão e disse: "O que você tem para me perdoar?"

"Ah, nada", respondi, e mudei de assunto. Naquele único olhar compreendi o seu ponto de vista. Eu não tinha que perdoá-la por nada. Não quando eu tinha tantas outras coisas pelas quais deveria agradecer.

Por volta de 1956, assim como o pai do meu pai havia feito com ele, meu pai decidiu que era hora de eu aprender um instrumento. Ele nunca me contou o que o motivou a me iniciar, mas eu sabia. Em parte, tratava-se de uma tradição familiar, e, por outro lado, era necessário contar com mais alguém que pudesse colocar comida na mesa. Ele também adorava me manter ocupado. Sei que havia tentado fazer com que Tony tocasse um instrumento, mas isso simplesmente não fazia parte da constituição do meu irmão. Tony tinha uma mente pragmática e era realmente bom com números. Laura também não se mostrava inclinada para esse lado. Irma gostava de cantar, e meu pai já tinha começado a lhe ensinar algumas canções. Agora era a minha vez.

Lembro da primeira vez que meu pai me afastou dos meus irmãos e irmãs para me mostrar alguma coisa relacionada à música. *"Ven aquí"*, disse ele, e me levou para o quintal. O sol estava se pondo, e tudo parecia dourado. Cuidadosamente, ele abriu a caixa do seu violino, retirou o instrumento e colocou-o debaixo do seu queixo. *"Hijo, quiero mostrarte algo"* – Eu quero lhe mostrar uma coisa. *"Estás viendo?"* – Você está vendo?

"Sí, Papa."

Então ele começou a passar muito lentamente o arco nas cordas do violino, produzindo pequenos sons, e do nada um pássaro voou e pousou em um galho bem próximo de nós. Ele ficou olhando para o meu pai, torcendo a cabeça, e aí ele começou a cantar junto com o violino!

Eu pensei: "Caramba!" – ou qualquer outra palavra que eu tivesse em mente aos 9 anos de idade. Ele continuou tocando e olhando para mim, observando minha reação, sem olhar para o pássaro. Eles ficaram se alternando por algum tempo, então ele parou, e o pássaro voou para longe. Minha boca estava entreaberta. Era como se eu descobrisse, de repente, que o meu pai era um grande mágico, como Merlin, e que agora ele iria ensinar seu filho a se comunicar com a natureza. Só que isso não era mágica – era música.

"Si puedo hacer que un pájaro, puede hacerlo con la gente, sí?" – Se eu posso fazer isso com um pássaro, posso fazer isso com as pessoas – não é?

"Sí, Papa."

Eu tinha 9 anos quando meu pai me colocou em uma escola de música, que eu frequentava todos os dias depois da escola regular. Originalmente, eu queria tocar saxofone – mas, antes, teria que aprender clarinete por um ano, e eu era jovem e queria gritar e berrar! Meu pai tentou me ensinar a tocar violino, mas era muito difícil. Então ele tentou fazer com que eu aprendesse a tocar *córneo*, o mesmo instrumento que meu avô tocava. Eu detestava o gosto do metal nos meus lábios, mas, ao mesmo tempo, ele era o meu pai. Eu não podia dizer não, e então tentei me fixar nisso – eu realmente tentei. Depois que ele terminou de me ensinar o que fazer com os lábios e o dedilhado, e como limpar o instrumento com um limpador de metais, ele finalmente percebeu que eu não morria de amores pelos instrumentos de sopro, e então voltamos a um pequeno violino – tamanho 3/4.

Meu pai foi meu principal professor. Ele me mostrava uma melodia e me fazia tocá-la sem parar. "Mais devagar!", dizia ele. "Mais uma vez, mais lento!" Isso costumava me enlouquecer, mas não apenas me fazia recordar a mecânica, como também ajudou a imprimir a música em mim. Eu aprendia músicas como o prelúdio de *William Tell*, o minueto de Beethoven em Sol, o prelúdio de *O poeta e o camponês*, de von Suppe, música cigana húngara, Mozart, Brahms – tudo isso com partituras. Eu era um idiota inteligente. Aprendi a memorizar uma melodia e fingir que estava lendo. Enquanto meu pai estava ocupado se barbeando ou fazendo alguma outra coisa, ele me observava olhando para o papel. Anos mais tarde, eu estava no estúdio, e Joe Zawinul viu que eu estava tentando ler algumas músicas – "Dó, ré, mi, fá, sol, lá, si"... Ele riu. "Ah, você é um desses!"

Eu dizia a mim mesmo que mostraria ao meu pai o quanto poderia ser bom, e praticava uma música até que a soubesse de cor. "Eu vou aprender isso." Um esforço, mais um esforço e outro esforço. De novo – mais um esforço e outro esforço. "Pronto, lá vem ele..." Eu tocava para ele, e ele dizia: "*Bueno, campeón.*" Ele me chamava de "campeão". "Você realmente já sabe esta. Aqui está uma para amanhã." Cara, eu pensava que ia conseguir um indulto, talvez um tempinho para ir brincar com as outras crianças, sair com Tony, ou brincar de esconde-esconde com Rosa, que morava na rua de baixo, porque eu sabia que ela gostava de beijar e coisas desse tipo. Mas eu não podia passar por cima dele. Quando eu terminava a lição, todos já tinham ido para casa.

Meu pai sabia ser eficaz com a música, sabia dominá-la – e isso foi, talvez, a coisa mais valiosa que ele me ensinou. Isso me ajudou a perceber por conta própria que o violino poderia ser um instrumento bastante expressivo, muito emocional. Percebi como deveria colocar o dedo sobre a corda e quanta pressão exercer no arco para que aquilo tivesse personalidade (esforço, esforço); em seguida, eu adicionava um pouco mais de tensão, como se estivesse querendo manter alguém acordado. "Mmm..." Ninguém pode ensinar como desenvolver uma expressão pessoal. A única maneira é descobrir isso por si mesmo, em seu quarto. O máximo que meus pais podiam fazer era me pedir a gentileza de apenas fechar a porta.

Meu pai era um bom professor, mas ele não era necessariamente gentil. Ele me pressionava, e, em seguida, vinham os gritos, e eu começava a chorar. Não quero ser melodramático, mas o sal de todas aquelas lágrimas acabaram desbotando uma parte do violino. Eu só queria tentar agradar meu pai, e na minha cabeça tudo estava interligado – o cheiro da madeira, o som das cordas, o sentimento de frustração.

Não demorou muito para que minha mãe entrasse em cena. "Você está magoando o menino, José. Ele não deveria aprender música desse jeito – é simplesmente muito brutal." Ela tinha visto Tony fugir da música pela mesma razão. "Não temos muito dinheiro, mas por que você não para um pouco de ensinar o Carlos e chama alguém que possa fazer isso?" Meu pai aceitou a sugestão de minha mãe e encontrou um professor para mim – na verdade, eram dois caras. Um deles era grande, tão grande quanto um defensor de futebol americano, e o outro era mais velho. Comecei a frequentar as casas deles, que ficavam na vizinhança, e fui colecionando dicas sobre como segurar o arco e outras coisas mais. Ambos eram realmente bons me mostrando as coisas, me ajudando a construir minha personalidade e elogiando as coisas boas que eu fazia, o que era o oposto da atitude do meu pai.

Eis aqui uma história sobre uma daquelas aulas de violino. Uma vez, estava eu na casa do cara mais velho, e ele e sua esposa estavam na cozinha, discutindo alguma coisa, enquanto eu estava entediado, sentado no sofá. Minhas mãos começaram a passear pelo meio das almofadas e comecei a perceber que havia umas moedas ali! De fato, achei quase dois dólares – o que era muito dinheiro para uma criança de 9 anos, em 1956. Rapidamente, coloquei as moedas no bolso, fiz a minha aula, e quando estava no meio do quarteirão, saí correndo para a loja e gastei todo o dinheiro em M&M's. O cara olhou para mim como se eu fosse louco. Quando cheguei em casa, minha mãe estava pendurando roupas no varal, e então eu tinha a casa toda só para mim. Entrei, espalhei-os em cima da cama e separei todos eles pela cor. Então eu os comi – primeiro os verdes, depois os vermelhos, depois os amarelos e, depois, os marrons. Eu não conseguia parar.

Levei um tempo para gostar de chocolate novamente depois disso. E quando minha mãe descobriu o que eu tinha feito, é claro que ela me repreendeu. "Nós não temos dinheiro, e você foi gastar tudo em M&M's? E nem sequer dividiu com os seus irmãos e irmãs?" Ela não me bateu naquela ocasião, mas estava claro que havia ficado menos irritada com o fato de eu desperdiçar dinheiro em doces do que em não oferecê-los a nenhum de meus irmãos. Para ela, sempre era preciso compartilhar tudo o que se tinha com toda a família. Essa foi a lição que o chocolate e o dinheiro me ensinaram – acho que eles me impediram de pensar apenas em mim mesmo desde muito cedo.

* * *

Sentir a música foi a primeira lição, mas, para o meu pai, o dinheiro tinha uma grande parcela nisso. Ele me convenceu a formar um grupo com dois irmãos que tocavam violão, sair à rua e fazer algum dinheiro. Não me lembro dos seus nomes, nem batizamos o nosso conjunto, mas eles eram bons. Eles conheciam bem os acordes e os ritmos, e eu tive que realmente prestar atenção para acompanhá-los. Lembro que tínhamos um repertório extenso e que conseguíamos atrair a atenção dos turistas. Andávamos de cima a baixo pela avenida Revolución, ou pegávamos um ônibus até Tecate ou Ensenada, e abordávamos as pessoas. "Uma música, senhor? Cinquenta centavos por uma canção."

Eles olhavam para nós, e nós parecíamos jovens demais. "Vocês realmente sabem tocar essas coisas?"

"*Sí, señor.*"

"Tudo bem, toquem alguma coisa."

Tocávamos as músicas mais óbvias, como "La Cucaracha" e "Bésame Mucho".

Éramos bons, e foi uma boa experiência – minha primeira banda. Cada experiência deixa suas lições. Para mim, foi aqui que comecei a aprender a lidar com os membros de uma banda. Eles eram irmãos, mas não poderiam ser mais diferentes entre si, e viviam discutindo. Acho que eram filhos de pais diferentes. Também aprendi a comer a comida preparada por outras pessoas, porque vários dos lugares onde tocávamos nos ofereciam comida – tacos de frango, enchiladas. Era gostoso, e diferente do modo como minha mãe cozinhava.

Mas uma das melhores lições que aprendi trabalhando com os dois era como conduzir uma melodia – e o quanto isso é importante em qualquer instrumento, uma necessidade absoluta. Foi como aprender a andar segurando um copo de água, cuidadosamente, sem derramar uma gota, lá de longe até este ponto aqui. Mais tarde, eu descobriria que muitos caras realmente não sabem conduzir uma melodia, e se você não consegue fazer isso, acho que deveria encontrar outra coisa para fazer. Todos os músicos que eu amo sabem fazer isso, sem problema algum. Quando um músico consegue fazer algo assim tão simples, alimenta o coração das pessoas e não sobrecarrega os seus cérebros.

A outra coisa que conquistei ao tocar com os irmãos foi a confiança. Comecei a me sentir bem com a minha execução e com o fato de fazer isso em público.

Meu pai percebeu isso e começou a me inscrever em pequenos concursos de música nas cercanias de Tijuana – em feiras de rua e em estações de rádio –, e comecei a ganhar prêmios, tais como cestas básicas, garrafas grandes de Coca-Cola e alguns distintivos decorativos, que eu oferecia imediatamente à minha mãe. "Fascinação" era a música em que me saía melhor – todas as senhoras adoravam essa canção. Na maioria das vezes, eu competia com cantores mariachi – mas, certa vez, quando eu tinha por volta dos 13 ou 14 anos, acabou que minha irmã Irma e eu nos tornamos os únicos não eliminados na final de um concurso. Ela cantou uma canção de doo-wop, como "Angel Baby", e eu toquei a minha música, sendo mais aplaudido do que ela. "Acho que sua irmã não gostou muito disso", lembro de minha mãe ter comentado.

Foi nessa época que comecei a me sentir muito desconfortável com o favoritismo, constrangido com a quantidade de atenção que meu pai me dava. Eu podia sentir a distância que isso criava entre meus irmãos e eu. Era uma postura da qual eu me ressentia, e outro padrão que me acompanharia ao longo dos anos – uma sensação desconfortável que me invadiria quando certas pessoas, incluindo Clive Davis, Miles Davis e Sri Chinmoy, demonstravam um óbvio favoritismo em relação a mim. Eu ia encontrar Bill Graham em seu escritório e ele ignorava as outras pessoas. "Diga a ele que eu vou ligar de volta – Carlos, como você está indo?" Até minha mãe fazia isso – ela pendurava fotos enormes de Deborah, das crianças e minhas em sua casa, mas havia fotos menores – ou até mesmo nenhuma – das minhas irmãs, dos meus irmãos e de suas famílias. Tentei explicar isso a ela. "Mãe, isto faz com que eu me sinta desconfortável, e não é justo."

"Por quê? Esta é a minha casa e a escolha é minha."

Eu tive que dizer: "Bem, na verdade, é a minha casa, mãe – sou eu que estou pagando por isso. Por favor, retire essas fotos grandes ou coloque o mesmo número de fotos do restante da família, por favor." Por fim, ela entendeu o que eu estava querendo dizer e retirou as fotos.

* * *

Quanto mais eu tocava música, mais apreciava o talento do meu pai, dia após dia. Ele era um líder nato e um agregador – um tipo de cara íntegro. Ele tinha estatura em Tijuana. As pessoas o conheciam e o associavam ao "Farolito" de Agustín Lara, tanto que essa se tornou a sua canção de assinatura. Quando ele se apresentava, as pessoas ficavam na expectativa, assim como, mais tarde, as pessoas esperavam que Santana tocasse "Oye Como Va".

Anos depois, eu estava trabalhando com meu filho, compondo uma canção para o meu pai – "El Farol" –, que nós incluímos em *Supernatural*. Que outro nome poderíamos dar àquela canção? Foi quando recebi um telefonema de Deborah dizendo que eu precisava ligar para minha família imediatamente – alguém havia ido embora. "Quem? Para onde?" Pelo tom de sua voz consegui adivinhar o que ela queria dizer. Meu pai morreu no exato momento em que terminamos de compor a música. Eu fiquei ao mesmo tempo orgulhoso e triste quando ela ganhou um Grammy no ano seguinte.

Meu pai impunha respeito sem dizer uma palavra. Nunca o vi repreender, corrigir ou ficar chateado com os músicos com quem trabalhava – mas ele também exigia que eles se respeitassem. Meu pai olhava os músicos de alto a baixo para observar como eles estavam vestidos. Se ele visse alguém usando sapatos sujos ou com uma camisa amarrotada, ele dizia: "Vá para casa e volte, porque você tem que estar apresentável, *Hermano*." Assim, ele pretendia despertar nos músicos o desejo de aprimorar sua aparência.

Grande parte disso significava, simplesmente, estar disposto a confiar nos outros músicos, e eles lhe retribuiriam com o mesmo tratamento elogioso. Quando ele entrava nos lugares, as pessoas o cumprimentavam: "*Hola*, Don José. Como você está?" Certa vez, quando chegamos, alguém estava contando uma piada suja, e parou imediatamente.

Meu pai tinha noção de sua posição, sabia trabalhar arduamente. Ele foi o primeiro a me dizer: "Nunca pague ou dê comida aos músicos antes de eles tocarem."

"Sério? Está bem, papai."

Nos primeiros dias, ele me levava ao locais onde estava tocando e me dava 25 centavos para que eu pudesse comprar alguns doces ou uvas – as uvas eram as minhas favoritas. Então, ele me dizia onde sentar. Em pouco tempo ele já estava me colocando para tocar com a sua banda em alguns shows.

Há uma foto dessa época de meu pai e eu junto com um grupo de músicos, todos paramentados – parecíamos capangas de Don Corleone, sabe? Pela maneira como estávamos vestidos, podia-se deduzir que estávamos tocando para alguém que tinha muito dinheiro, verdadeiramente pomposo, uma espécie de show para a alta sociedade de Tijuana. Lembro que a ocasião tinha a ver com algum aniversário de 25 anos, um evento único, não era um show regular da banda. Tocamos valsas e baladas italianas – aquela plateia não queria polcas nem qualquer tipo de música *norteña*.

Foi durante esse período, em torno de 1957, que fui ouvir meu pai tocar um dia e conheci um turista norte-americano que se tornou amigo de meus pais. Acho que a melhor maneira de descrevê-lo é que ele era um caubói de Burlington, Vermont. Ele chegou perto de mim enquanto meu pai tocava, conversou comigo e me fez companhia. Ele era um personagem, e eu, jovem, fiquei fascinado com ele, apesar de não conhecê-lo. Minha mãe e meu pai também. Eles não conseguiam entendê-lo. No início, eles suspeitaram desse gringo, mas aos poucos ele foi ganhando a confiança deles. Ele apareceu algumas vezes depois disso e começou a me comprar coisas como armas de brinquedo e coldres. Em seguida, ele se ofereceu para me levar até o outro lado da fronteira para visitar San Diego.

Que criança não gostaria de ir? Seria a minha primeira vez nos Estados Unidos. Meus irmãos e eu éramos crianças pobres – falávamos sobre os Estados Unidos com admiração, imaginando como seria cruzar a fronteira e ver o país. Nós o conhecíamos através da televisão – *Howdy Doody*, os Little Rascals e *The Mickey Mouse Club*. Podíamos avistar os Estados Unidos do nosso bairro em Tijuana – luzes brilhantes e edifícios interessantes. San Ysidro ficava a apenas alguns minutos depois da fronteira. Seu *cheiro* era diferente, eu sabia disso. Eu ainda não tinha 11 anos, mas estava pronto para ir.

Minhas lembranças sobre o que aconteceu exatamente são muito vagas, como se fossem fotografias antigas em vez de um filme. Tudo estava correndo bem, mas aí, de repente, o homem começou a me molestar. Eu não tenho certeza de quantas vezes isso aconteceu. Lembro que, por vezes, acontecia dentro de um carro e, por vezes, em um quarto de motel.

Era tudo tão repentino – havia a surpresa de que aquilo estivesse acontecendo e uma intensa sensação de prazer misturada com confusão, vergonha e culpa por ter deixado acontecer.

Era como não conhecer as palavras para descrever a prostituta que atendeu a porta quando chegamos a Tijuana. Eu não sabia como classificar o que estava acontecendo comigo – nem sabia que existiam palavras para o que o cara estava fazendo. Eu conseguia entender que uma troca estava sendo estabelecida – eu faço algo para você, como comprar doces ou brinquedos, e você me deixa fazer alguma coisa para que eu me satisfaça.

Mas eu tinha a sensação de que havia algo muito errado ali. E aí passava, até a vez seguinte. Mais doces, mais brinquedos. Mais tarde, quando aprendi o que a palavra *molestar* significava, fui capaz de descrever a situação com o vocabulário de um homem adulto. Mas eu não queria pensar nisso – a recordação era dolorosa. Fiquei paralisado por muitos e muitos anos, até que finalmente percebi de onde vinha grande parte da minha raiva e da minha energia negativa.

O abuso terminou por duas razões – primeiro, minha mãe ficou sabendo da reputação dele por um amigo, e me colocou contra a parede. Ela fez isso na frente de toda a família, de uma forma que fez com que eu me sentisse em um julgamento, como se a culpa fosse minha. Não tínhamos a sabedoria para saber conversar sobre aquele assunto. "Carlos, venha aqui! Aconteceu alguma coisa com você? Ele fez alguma coisa?" Fiquei parado ali, com todo mundo olhando para mim. Eu não sabia o que dizer. Eu não conhecia as palavras! Fiquei muito envergonhado e com raiva ao mesmo tempo.

Meu pai nunca falou nada, e acredito que isso tenha sido a melhor coisa, porque não havia sentido em atacar ou matar o cara e depois ir para a cadeia, com o restante da família se perguntando: "O que vamos fazer agora?"

Essa foi a pior parte – ficar mais irritado com minha mãe do que com o cara que me molestou, o que só fez aumentar a distância entre nós dois. Era um padrão emocional negativo que levou muito tempo para ser modificado. Uma das coisas que eu ainda lamento é não ter tido alguém naquele momento com quem pudesse me sentar e que me ajudasse a transformar a minha raiva, porque isso tudo criou uma distância enorme entre minha mãe e eu. Essa foi a razão pela qual eu não a convidei para o meu casamento, em 1973. Expliquei isso aos meus sogros, dizendo que ela era excessivamente controladora e que o evento ficaria melhor sem ela. Depois disso eu ainda manteria distância dela por mais dez anos.

Sei que minha mãe também sofreu muito com isso. Apesar de todos esses sentimentos ruins, ela acabou se tornando minha melhor amiga quando se trata de música, me ajudando de uma maneira que só fui descobrir anos mais tarde.

A segunda razão de o abuso ter acabado é que o caubói encontrou alguém mais jovem do que eu e seguiu em frente. Isso foi bom para mim. Pouco tempo depois ele estava dirigindo o carro com outra criança, e os dois estavam fazendo seja lá o que for, e acabaram caindo em uma vala. Ele ficou inválido, pegou o dinheiro do seguro e se mudou de Tijuana. De qualquer maneira, foi isso o que ouvi dizer.

A coisa toda me fez amadurecer muito rápido, porque fiquei pensando que aquilo não era para mim, que era um erro, e comecei a prestar atenção em uma menina chinesa, Linda Wong, que morava perto de nós. Sua família era dona de uma mercearia onde nós fazíamos compras, e eu fiquei totalmente obcecado por ela. Então, tudo passou, e na minha mente foi como se nunca tivesse acontecido.

Em Tijuana, eu precisava ir à escola; precisava ganhar dinheiro. Precisava continuar praticando violino. Em 1958 vendi meu último pacote de chicletes e engraxei meu último par de sapatos e comecei a ganhar dinheiro exclusivamente com a música. Fiquei com o violino por quase seis anos, indo e vindo, de 1955 a 1961. Durante esse tempo, fui me transformando em um adolescente. Eu tinha 12 anos quando vi Linda e me apaixonei pela primeira vez. Ela estava com 13, mas tinha o corpo de uma moça de 20 anos. Ela até cheirava como um adulto. Ao lado dela eu parecia ter 8 anos.

Eu estava começando a desenvolver meu próprio gosto musical. Havia um grande leque de escolha à minha volta – a música clássica e a música dançante europeia que meu pai me ensinava e o mariachi e outras músicas mexicanas que os turistas sempre pediam. Havia as *rancheras* do país, as *cumbias* da Colômbia e a música afro-caribenha com uso de claves, que eles chamavam de salsa e nós chamávamos de *música tropical*. Havia a música das big bands, fortemente orquestrada, que ouvi pela primeira vez quando estava tentando aprender a tocar *córneo* – a música na qual eu pensava quando ouvia a palavra *jazz* –, que eu associava a um restaurante em Tijuana chamado Shangri-La. Eu a chamava de música jazz de Shangri-La, até que Michael Shrieve, baterista da banda Santana, me apresentou pessoas como Miles Davis, John Coltrane e Thelonious Monk, e isso virou a minha cabeça. Além disso, havia a música pop e as canções de doo-wop norte-americanas no rádio e na TV, e cantores como Paul Anka e Elvis Presley, que minhas irmãs amavam e eu odiava.

Eu ainda estava descobrindo o que gostava, mas sabia do que não gostava, e grande parte eram coisas ouvidas em casa. Minha mãe gostava de grandes bandas, como a de Duke Ellington – ela *realmente* gostava de Duke, como descobri mais tarde –, e de caras como Lawrence Welk. Quando ela colocava isso para tocar em casa, eu dizia: "Vou dar uma saída, mamãe." Quando ela terminava de usar o toca-discos, era a vez de Elvis Presley tomar conta. Minhas irmãs pulavam na vitrola com seus discos de Elvis, e depois pulavam na minha frente quando eu tentava sair. Elas me atacavam como se fossem jogadores de futebol e me jogavam no chão, todas as quatro. Quanto mais eu lutava, mais elas me provocavam e me faziam cócegas. Parte de mim ficava desesperada, e a outra parte começava a rir, até que minha mãe ouvia a confusão e vinha até nós. "*Qué pasó?*" *Whoosh* – elas me soltavam. "Como assim, 'nada'? O que houve com o seu pescoço, Carlos?"

É claro que nenhuma das minhas irmãs se lembra de nada disso. Mas até hoje você não encontrará disco nenhum de Elvis Presley na minha casa.

Não é que eu não gostasse dele. Eu estava apenas começando a conhecer a música da qual Elvis gostava – Ray Charles, Little Richard. Mais tarde, depois que comecei a tocar guitarra, eu descobriria B. B. King, Jimmy Reed, Muddy Waters – todos os praticantes da técnica do *bend* [curvar as cordas]. Mas, naquela época, eu estava abrindo a porta pela primeira vez, verificando essa música *americana*, e inclinando-me na direção dos primórdios do rock and roll e do rhythm and blues. Eu não tinha conhecimentos suficientes para saber como nomeá-la – mas meu pai sabia.

"Você quer tocar que nem aquela merda de pachuco?" Chamá-la de pachuco era como chamá-la de música marginal, e meu pai não estava satisfeito com aquilo. Eu tinha uns 12 anos na época. Ele me levou para tocar com ele em um bar na pior parte de Tijuana – era como um inferninho turístico. As mesas estavam todas pretas das queimaduras de cigarro e sabe-se lá mais o quê; não havia cinzeiros. Um policial apalpava o corpo de uma mulher, e eu percebi que ela não podia protestar, porque acabaria sendo presa se o fizesse. Todo o lugar cheirava a mijo e a vômito – pior do que o Bourbon Street, em Nova Orleans. Eles queriam que tocássemos música *norteña – rancheras* mexicanas com ritmo de polca, muito comuns em cidades fronteiriças e do outro lado da fronteira.

Naquela época, eu achava que esse tipo de música era feito para beber cerveja e tequila, para sentir pena de si mesmo. Eu simplesmente nunca consegui me conectar com ela. Parecia que eu estava usando os sapatos de outra pessoa. Ela não entrava no meu corpo. Anos mais tarde, eu olharia para trás e diria que odiava a música mariachi, mas, na verdade, não era exatamente isso – tinha a ver com os meus sentimentos. Era porque esse tipo de música me fazia lembrar de momentos dolorosos e difíceis com mamãe e papai, e me custou algum tempo até que eu conseguisse encará-lo de forma diferente.

Há muitas coisas que vêm do México que passei a adorar depois de conhecê-las melhor – como as grandes orquestras mariachi de cem cordas. Incrível. Ou o *son jarocho*, que é como o flamenco, mas muito mais sincopado – simplesmente fantástico. O "La Bamba", de Ritchie Valens, é um ritmo *jarocho* levado para um formato de rock and roll. Além disso, há grupos como Los Muñequitos de Matanzas – os bonequinhos. Eles são cubanos, mas suas letras poderiam ser totalmente mexicanas: "Estou no canto desta cantina / Relembrando aquela que foi embora / E espero com impaciência a minha tequila." Esses caras ainda estão por aí e fazem muito sucesso no México.

Eu era muito jovem para entender qualquer uma dessas coisas na época. Estava mais focado em praticar minhas lições de violino com o meu pai. Mas aprendi mais tarde a me orgulhar de toda a excelente música que vinha do México, ou que passava pelo país. Há uma polinização cruzada de músicas por lá – da Europa, de Cuba e até da África. Mas especialmente Cuba: o *son*, os *danzóns*, os boleros, as rumbas. Na década de 1950, a Cidade do México era como a Miami de hoje: a cidade onde os músicos da América Central e da América do Sul iam para gravar e fazer sucesso.

A conexão com Havana era estreita – tínhamos Toña La Negra, o cantor Pedro Vargas, e Pérez Prado, é claro, que era o mais popular. A Cidade do México tinha os estúdios e as emissoras de rádio, e eles produziam filmes que precisavam de trilhas sonoras, e tudo isso estava à beira da entrada dos Estados Unidos.

Eu tinha apenas 10 anos quando constatei pela primeira vez a influência do México ao norte da fronteira. Lembro que meu pai alugou um terno mariachi para mim – tamanho pequeno, mas ainda assim grande demais. Então, ele me levou com sua banda para tocar em Pasadena, que, em 1957, ficava a cerca de três horas de carro de Tijuana. Era a noite anterior à Parada das Rosas, e por isso parecia que toda a cidade estava preparada para uma festa. Fomos tocar para Leo Carillo, o ator americano de origem mexicana que fazia o papel de Pancho em *The Cisco Kid* na TV. Ele tinha uma casa grande e luxuosa – era a primeira vez que eu ia a um lugar como aquele. Senti-me como se estivéssemos em um filme de Doris Day!

Leo tinha muito orgulho de sua herança – na verdade, todos os mexicanos são muito orgulhosos de sua música mariachi, de sua comida e de sua tequila. Lembro que Leo era uma pessoa muito animada e agradável. Havia comida mexicana por todos os lados, e nós tocamos a noite toda para seus amigos norte-americanos. Tudo correu muito bem – meu pai ficou orgulhoso de mim.

Mas a confraternização do outro lado de Tijuana era outra coisa. Não era só a música – era o contexto todo, porque, na verdade, estávamos tocando em um lugar onde o estilo de música não tinha a menor importância. Ninguém estava ouvindo mesmo. A maioria das pessoas estava muito bêbada ou muito ocupada, cuidando de seus próprios negócios.

Eu tive que responder a meu pai diretamente naquele momento, de homem para homem, quando ele começou a pegar no meu pé em relação ao meu gosto musical. "Olhe onde nós estamos e o que estamos tocando. A música da qual eu gosto pode ser pior do que isso?" Ele olhou para mim e não tentou me bater nem me espancar. Mas ficou muito zangado. "Vá embora. Ande. Você sempre precisa dar a última palavra. Você é exatamente como sua mãe."

Ele não estava errado. Eu tenho o ímpeto de minha mãe, e isso ainda me deixa em apuros. Às vezes, não sei controlar a minha língua ou o meu temperamento. Pobre mamãe – eu a estou responsabilizando. Meu pai era exatamente o oposto. De fato, nunca vi meu pai perder a paciência comigo – ficar com raiva ou algo assim. Mais tarde, percebi que meu pai era um exemplo no qual eu poderia me espelhar – me segurar se eu sentisse que iria me exceder. Com ele, tentei aprender a ser mais ponderado, mais compreensivo e mais confiante. Posso dizer que, para mim, essa ainda é uma tarefa diária. Acho que uma das coisas mais verdadeiras que já ouvi foi uma observação do arcebispo Desmond Tutu, de que todos nós somos um trabalho ainda em andamento, uma obra-prima de alegria que ainda está sendo criada.

Meu pai era aquele que tinha bom gosto *e* praticidade. Ele amava as músicas de Agustín Lara e a música europeia, mas tocava música mariachi para que pudéssemos ter o que comer. Ele nunca disse que não gostava da música mariachi ou *norteña*, mas acho que ele não poderia se dar esse luxo, e, de qualquer maneira, penso que Tijuana não estava atendendo às nossas necessidades. Minha mãe começou a forçá-lo a procurar oportunidades melhores – empurrando-o novamente para o norte, tal como havia feito em Autlán. Só sei que ele começou a ir a São Francisco para tocar. Lembro que o acompanhei quando ele saiu para pegar um ônibus para atravessar a fronteira e se despediu de mim.

Então ele tinha ido embora, e eu parei de tocar violino. Eu pensei: "Meu pai não está aqui para me torturar, para me fazer tocar a música da qual eu não gosto." Além disso, jamais gostei muito do estilo que eu imprimia – soava piegas, como algumas coisas de Jack Benny. Muitos anos depois, andando na Filadélfia, visitei um festival de rua com meu amigo Hal Miller, e ouvi uma jovem violinista tocando. Ela não poderia ter mais de 15 anos, mas tinha um estilo surpreendente. Simplesmente adorável. Eu não consegui me mexer. Lembro de ter pensado que se eu tivesse sido capaz de obter aquele tipo de som daquele instrumento, haveria um guitarrista a menos tocando hoje.

Então decidi dar um tempo na música e brincar de esconde-esconde com Rosa, e ser apenas normal, como o resto das crianças. É claro que minha mãe não deixaria isso acontecer. Ela sempre teve ideias, fazendo planos, sempre arquitetando alguma coisa. Ela estava prestes a fazer algo que mudaria a minha vida.

CAPÍTULO 3

The Strangers, sou o terceiro a partir da direita, 1962

A música é uma força que pode dividir gerações, pais e filhos. Ela também pode aproximá-las. Meu filho, Salvador, tinha 16 anos, e nós estávamos no carro — ele já estava naquele modo em que os pais são as pessoas mais antiquadas do mundo, assim como a sua música. Eu estava ouvindo Live in Seattle, *de John Coltrane, gravado em 1965, com Pharoah Sanders – uma música bastante desafiadora. Salvador estava olhando para fora da janela, totalmente quieto. Isso é uma coisa que Sal e meu irmão caçula, Jorge, têm em comum – pode-se dizer que eles mastigam as coisas por algum tempo antes de abrir a boca. Eles refletem e são cuidadosos com os sentimentos das outras pessoas. Eu ainda teria que aprender com os seus exemplos. Eu falo o que me vem à mente, e às vezes leio uma entrevista em que afirmei algo a respeito de outro músico e digo: "Droga, isso foi um pouco rude." Mais tarde terei que pedir desculpas a alguém.*

A música começou a ficar verdadeiramente incrível, e, de repente, Sal virou para mim e disse: "Ei, Coltrane está tocando Stravinsky agora. Sabe, pai, você não pode simplesmente sair tocando desse jeito. Você precisa saber o que está fazendo." Eu comecei a rir por dentro, mas fiquei na minha. Sei que a música não é fácil de ouvir. Mas ele estava ouvindo com atenção, e tinha uma opinião formada sobre o que estava ouvindo. Eu respeitei isso.

Pouco tempo depois, estávamos no carro ouvindo – o que mais? – Coltrane, e novamente Salvador ficou em silêncio. Então, ele disse: "Sabe, durante muito tempo eu achava que você e seus amigos Hal Miller, Tony Kilbert e Gary Rashid eram todos um bando de músicos esnobes."

"É mesmo?"

"Sim. Eu achava que vocês eram excessivamente opinativos a respeito da música. Mas eu estava no carro com as minhas irmãs, e elas começaram a ouvir música, e me senti exatamente como vocês. Eu pensei: 'Ah, meu Deus, nós temos que ouvir as Spice Girls sem parar?'"

Eu tive que sorrir mais uma vez – isso me fez pensar imediatamente nas minhas irmãs e nos seus discos de Elvis. Senti grande prazer ao perceber que

Sal estava sedento por algo mais duradouro, e então isso me fez pensar em como nós não nos conectamos com certo tipo de música quando somos jovens. Então nós crescemos e pensamos novamente na música que costumávamos desprezar. Assim como eu e a música mexicana.

Lembro que na época em que eu estava me desligando do meu pai e da música mariachi, os cantores norte-americanos estavam descendo até o México para coletar material. Grandes estrelas como Frank Sinatra e Nat King Cole fizeram álbuns inteiros inspirados na música mexicana – até mesmo Charlie Parker fez aquele álbum South of the Border. *Lembro quando todo mundo estava cantando "Quizás, quizás, quizás" – uma canção escrita por Osvaldo Farrés, que é cubano, mas ficou famoso no México. E, claro, "Bésame mucho", que poderia ser a música mais gravada de todos os tempos, ao lado de "La Bamba". Alguns anos mais tarde, The Champs lançou "Tequila", e depois disso, Herb Alpert fez "The Lonely Bull", com o Tijuana Brass.*

É engraçado, porque no momento em que todos aqueles caras estavam cruzando a fronteira e vindo para o sul, eu estava começando a ir para o outro lado. Tudo começou com as músicas que eu ouvia no rádio. Não importava se eu era mexicano ou americano, preto, branco ou roxo. Eu só conseguia ouvir uma coisa – blues.

No verão de 1961, meu pai já estava em São Francisco há quase um ano, e minha mãe podia perceber que eu havia perdido o interesse em tocar música. Ela também sabia que não conseguiria me convencer a voltar. Mas ela era inteligente, e não deixaria que todas aquelas lições e tudo o que eu já sabia tocar fossem parar no lixo. Uma tarde, ela me pegou pela mão e disse: "*Mijo*, venha aqui – vamos até o parque."

"O quê? Aonde?"

"Você vai ver." Ah, está bem. Lá vamos nós outra vez.

Eu conseguia ouvir a música, mesmo antes de chegarmos lá. Era uma espécie de ritmo boogie, e eco, eco e mais eco – que fazia tremer os prédios e as árvores. Entramos no parque, e vi uma banda com amplificadores vibrantes, guitarras e um som estrondoso de um baixo. Eles estavam tocando um riff de blues, como "Last Night", e então o guitarrista deu um passo à frente. Ele usava uma calça cáqui muito bem-passada, com o cabelo arrumado em um grande topete e as laterais rebaixadas, igual ao de Little Richard. Um estilo verdadeiramente pachuco, do jeito que meu pai odiava. O cara começou a solar, produzindo um som agudo bastante característico com sua guitarra, popular naquela época – como o de Duane Eddy ou Lonnie Mack.

Era como se um OVNI tivesse pousado no meu quintal. Eu já tinha visto guitarristas na televisão antes disso, mas não daquele jeito – ouvi-lo ao vivo fez com que os pelos dos meus braços se arrepiassem todos. Era completamente diferente – ver aquilo acontecendo na minha frente, observar alguém manuseando as cordas e sentir o som passando por você. Ver como a música era feita. Tenho certeza de que minha mãe conseguiu perceber o efeito que aquilo me causou, apenas olhando para os meus olhos e o meu corpo. Eu permaneci parado ouvindo e não conseguia me mexer.

Era Javier Bátiz. Naquela época, ele era um dos poucos caras que tocavam aquele primeiro estilo de rock and roll no México. Ele tinha aparecido tocando com um cantor e pianista negro chamado Gene Ross, um norte-americano de Nova Orleans que morava em Tijuana. Agora, ele era o líder de seu próprio grupo, denominado Los TJs – abreviação de "Tijuanenses". E se pronunciava "Tee-Jays" e não "Tay-hotas", porque todos nós queríamos estar sintonizados com a multidão, tão americanos quanto possível. Aquele grupo reunia alguns dos melhores instrumentistas de Tijuana, incluindo a irmã de Javier. Eles a chamavam de Baby Bátiz, porque ela cantava "Angel Baby" muito bem.

Quanto a Javier, ele era um dos melhores guitarristas de Tijuana, e seu show regular era apresentado no El Convoy – um clube de dança e de striptease na avenida Revolución. Ele era um amálgama das três pessoas que mais amava: B. B. King, Little Richard e Ray Charles. Ele os conhecia bem. Mas ele não soava como um papagaio. Ele realmente investia muito de sua energia e de sua paixão naquilo que fazia.

É claro que, naquela época, eu não sabia nada disso sobre Javier ou sobre os outros músicos, seus estilos e suas trajetórias. Eu nem sabia o nome de Javier. Ainda não. Tudo isso fez com que aquilo se tornasse ainda mais misterioso e atraente para mim. O que eu podia perceber é que não era uma questão apenas do som, da aparência da banda ou da forma como eles se apresentavam. Era tudo isso junto. E eu sabia que esse não era o tipo de música que acontecia naquele parque com muita frequência. Não sei como eles conseguiram autorização para tocar tão alto ao ar livre, mas lá estavam eles.

Lembro de ter pensado, com toda a minha convicção adolescente: "É isso o que eu quero ser. É isso o que eu quero fazer para o resto da minha vida."

Duas coisas aconteceram de imediato em função do que se passou no parque naquele dia. Primeiro, eu comecei a seguir Javier por todos os lados – tornei-me sua sombra. Eu tinha 13 anos na época; ele era apenas três ou quatro anos mais velho do que eu, mas aos meus olhos, ele poderia muito bem estar com seus 20 e poucos anos. Ele não era muito amigável ou qualquer coisa assim, mas me deixava frequentar sua casa. Ele morava com a mãe, e a primeira vez que fui à sua casa, notei que tudo cheirava a cola, porque ele era adepto do automodelismo. Seu piano estava coberto de miniaturas. Uau! Eram carros, discos, guitarras e música, e essa era a vida dele – o que o tornava o cara mais legal da região.

Outra característica de Javier era que seus trejeitos eram muito diferentes de qualquer coisa que eu já havia visto – definitivamente, ele não era mariachi, tampouco era pachuco. Não havia nada de mexicano nele. Era uma espécie de carisma dos negros norte-americanos. Ele se vestia muito bem, e tinha atitude e confiança, inclusive na forma como segurava a guitarra. Tudo se encaixava com a música que ele produzia e com a forma com que sua guitarra soava. Ele causou uma enorme impressão neste pequeno garoto mexicano – eu fiquei interessado em saber até mesmo que tipo de água ele bebia.

Mas havia um preço a pagar para ficar pajeando Javier. Dois dos integrantes do TJs não gostavam de mim e tentavam me enxotar, me dar socos no estômago, puxar meu cabelo e minhas orelhas, comportando-se como valentões idiotas, e Javier não fazia nada para impedi-los. O pior era um saxofonista chamado Brachi. Mas ele não conseguiria me deter. Na minha mente de 13 anos, deixar aquele valentão me dar chutes no traseiro valia a pena diante dos benefícios recebidos. Eu era o garoto mais jovem no meio daqueles caras mais velhos. Um dia cheguei em casa com os olhos muito vermelhos de tanto chorar, e minha mãe disse a Javier que Carlos tinha um irmão mais velho que iria chutar os traseiros deles se os abusos não acabassem. E acabaram. Anos depois, fiquei sabendo que encontraram o corpo de Brachi em algum lugar nos arredores de Tijuana – ele havia feito o trato errado com as pessoas erradas.

O baixista de Javier era legal – ele parecia o Jughead da revista em quadrinhos Archie –, e o cara sabia realmente tocar o instrumento. Foi ele quem me chamou a atenção para Jimmy Reed. Lembro de ir até a casa dele, onde ele tinha um quarto com uma cama, um chão de terra batida e um toca-discos. Ele fumava um baseado, deitava-se na cama e colocava um disco do Jimmy Reed, e, na minha opinião, aquela voz e aquela gaita tinham toda a elegância e a emoção da música de Duke Ellington. Eu ainda acho isso.

A segunda coisa que aconteceu depois de eu ter ouvido Javier no parque foi que minha mãe enviou imediatamente uma carta para o meu pai dizendo que Carlos havia encontrado uma música que ele adorava, que estava seguindo aquele músico como um cachorrinho, e que queria aprender a tocar guitarra. Ela perguntou se ele teria condições de comprar uma guitarra para mim. Esqueci se ele a trouxe quando voltou a Tijuana ou se pediu para alguém trazê-la. Era uma enorme e pesada Gibson – uma guitarra oca e usada, como as que os caras do jazz tocavam, preta, com alguns detalhes em amarelo. Eu não tinha a menor ideia do que fazer. A primeira coisa que fiz foi sair e comprar cordas para ela – cordas de nylon!

Depois disso, aprendi rapidamente que são necessárias cordas de aço, e que é preciso tocar por meio de um amplificador. Aprendi o que era uma picape. Meus ouvidos já eram treinados pelo fato de ter tocado violino, e eu sabia como apertar as cordas contra o braço do instrumento, mas aquilo era totalmente diferente. A sensação nos meus dedos era diferente; a afinação era diferente. Aprendi alguns acordes observando Javier, mas, no início, foi principalmente com o meu pai – e ouvindo discos e rádio, apenas tentando capturar o que eu podia.

O fato é que eu saía com Javier, mas Javier não era exatamente um professor. Já vi pessoas afirmando que ele me dava aulas, mas ele não era alguém que dizia: "Não; você está fazendo isso errado. Toque com este dedo aqui e aquele dedo lá." Ele me deixava acompanhá-lo, me apresentava diferentes canções e as pessoas que eu precisava conhecer: B. B. King, Ray Charles. Ele tinha os álbuns, e muito conhecimento. Mas, em se tratando da técnica da guitarra, o que ele me mostrava, na maioria das vezes, eram as suas costas. De fato – era assim que ele tocava, então eu não conseguia ver o que suas mãos estavam fazendo.

É claro que, anos mais tarde, descobri que fazer alguém aprender por conta própria é uma parte significativa da tradição do blues. Ninguém deseja que o estilo se torne muito fácil ou muito acessível. Até o meu futuro sogro, Saunders King, um dos melhores guitarristas de R & B de sua geração, não gostava de me mostrar nada. "A minha técnica é a minha técnica – vá buscar a sua!" Tenho sido solidário com Javier e já agradeci apropriadamente. Ele frequenta a minha casa. Saímos juntos e tocamos juntos – como na ocasião em que fizemos uma sessão de improvisos em Tijuana, em 1993. Eu lhe dei de presente um amplificador Boogie e ofereci uma das minhas guitarras. Ele agora tem uma Paul Reed Smith.

Mas sinto que agora eu preciso ter cuidado para não fazer coisas que perpetuem a ideia de que existe algum tipo de dívida que ainda não foi saldada. Devo minha gratidão a Javier por ter me apresentado a guitarra, mas não necessariamente por me mostrar como tocá-la. O que aprendi sobre guitarra e sobre a música com a qual eu iria me lançar – os blues – foi fruto de toda uma escola de professores. Com alguns deles eu toquei quando era adolescente; outros eu conheci ouvindo seus discos sem parar.

Depois de ter sido apresentado à guitarra, todo o meu mundo começou a mudar e a se transformar. Era como se toda a energia e a convicção que haviam sido divididas entre o boxe, as meninas, os brinquedos e os doces tivesse, de repente, se concentrado em apenas uma coisa: a guitarra. A princípio, não importava se era apenas blues ou R & B – o que importava era se havia uma guitarra.

Comecei a reparar na música das guitarras em todos os lugares – no rádio, nos discos na casa de Javier –, e comecei a escutar as melodias que eram produzidas pelo instrumento. Grupos como The Ventures chamavam minha atenção, embora eu achasse que grande parte de seu material soasse como surf music ultrapassada. Mas eles eram grandes instrumentistas. E também Los Indios Tabajaras, que eram tão famosos quanto Elvis no México. Eles eram uma excelente banda de dois violões do Brasil, e sua estratégia era posar como índios brasileiros. Pareciam um Santo &

Johnny acústico, suaves e precisos. Tenho certeza de que Santo & Johnny se inspiraram em seu estilo – é isso o que me parece.

Como eu disse, fui aprendendo praticamente por conta própria, depois dos poucos acordes que meu pai me ensinou. Aprendi a dissecar uma música ao reproduzir o disco três ou quatro vezes, com a guitarra na mão, passeando para cima e para baixo no braço da guitarra até encontrar o acorde certo. Depois de algum tempo ficou fácil – eu me concentrava em uma parte e depois em outra. Primeiro a guitarra, em seguida, os sopros, e depois, o baixo. Uma das primeiras músicas que aprendi todas as partes foi "Night Train", de James Brown.

Eu estava educando minha audição, descobrindo como desmontar uma música e remontá-la novamente, como se fosse um mecânico. Isto é o que o pianista, o guitarrista, o baixista e o saxofonista estão fazendo. Na minha infância, eu poderia levar horas dissecando uma canção. Até hoje me divirto com isso. Outro dia mesmo eu estava dissecando os sopros de "Iron Lion Zion", de Bob Marley.

A primeira melodia que aprendi a tocar por completo foi "Apache", um instrumental de The Shadows, um grupo inglês. Eu realmente aprendi essa música e a adorava – tanto que este se tornou meu apelido por um tempo. "*Ahí viene El Apache*", diriam – lá vem El Apache. Quando descobri que havia um filme de faroeste chamado *Apache*, com Burt Lancaster, isso me deixou ainda mais orgulhoso.

O engraçado é que, anos mais tarde – mais ou menos na época de *Supernatural* –, descobri uma música desse filme chamada "Love Song from *Apache*", tocada por Coleman Hawkins. Assim, passei a dominar outra canção chamada "Apache". Tive a honra de tocar essa canção com Wayne Shorter várias vezes, e em uma ocasião especial no Festival de Jazz de Montreux eu a toquei com o grande saxofonista Joe Henderson. O diretor do festival, Claude Nobs, teve a ideia de nos fazer tocar juntos, mas coube a mim a escolha da canção. "*Ahí viene El Apache*" ainda é verdade.

Depois de "Apache", aprendi "Rumble", de Link Wray, e músicas de Duane Eddy, incluindo "Red River Valley" – nós a chamávamos de música rebelde. "Love Is Strange", de Mickey & Sylvia – uma das minhas primeiras canções usando a técnica de curvar a corda. Lembro de dizer a mim mesmo: "Eu *tenho* que aprender a fazer esse improviso, cara!"

Cheguei a Freddie King – o rei dos instrumentais –, com "San-Ho-Zay", "Tidal Wave" e, claro, "Hide Away".

Havia o solo de guitarra de Billy Butler em "Honky Tonk", de Bill Doggett – todos os guitarristas tinham de saber isso. Sem exceções. Javier chamou minha atenção para a Bobby "Blue" Bland, e eu reparava em tudo o que seu guitarrista, Wayne Bennett, fazia. Mais tarde, vim a saber o quanto daquilo era criação de T-Bone Walker, quase nota por nota.

Tocar qualquer instrumento é aprender fazendo, treinar sua mente e seus dedos para executar as notas. Frustrar-se, mas fazer de novo e de novo. Eu estava ansioso para continuar aprendendo – qualquer melodia que alguém colocasse na minha frente, qualquer uma, eu descobria por conta própria. Me tornei ouvinte de todos aqueles que me permitissem sê-lo. Muito antes de eu tocar em qualquer clube, tive a chance de me tornar um ouvinte e assistir aos ensaios dos TJs. Comecei a selecionar as coisas, pouco a pouco.

É claro que eu queria tocar nos TJs – quem não gostaria? Naquela época, a banda de Javier era a mais avançada de todas as outras bandas que faziam aquele tipo de música em Tijuana. Eles eram a banda a ser superada. Eles venciam todos os concursos em Tijuana e em outras cidades – Juárez, Mexicali. Eles mantinham seu show regular em El Convoy, no horário nobre. Mas eles já eram um conjunto. Eu saía com eles e, por vezes, participava como substituto, mas na maior parte do tempo apenas os acompanhava.

Lembro de uma vez em que tive que ir de carro com eles até um concurso de bandas em Mexicali, que é tão longe de Tijuana quanto São Francisco é de San Jose. Os TJs disputaram com uma banda chamada The Kings, e perderam. Achei que eles tinham sido roubados. Porém, comecei a notar que outras bandas também estavam investindo nesse mesmo tipo de som de blues, e que também havia outros caras que sabiam tocar guitarra muito bem. Foi uma experiência reveladora.

Tony costumava ficar chateado com isso. "Quando é que eles vão deixá-lo tocar, cara?"

"Pelo menos eles me deixam ir de carro com eles para as festas e os shows que fazem", respondi.

"O Javier deveria te convidar para tocar."

"Bem, é a banda dele, e eles ainda vão tocar por muito tempo." Dei essa desculpa para ele porque eu queria passear e aprender o máximo que podia – além disso, eu estava conhecendo a cena. Sair com Javier me fez conhecer regiões de Tijuana para onde eu nunca tinha ido com o meu pai.

Tijuana não era a Cidade do México. A Cidade do México era internacional, e todos lá falavam espanhol. Lá, a música vinha do México, da América Central e da América do Sul – e uma grande parte vinha de Cuba. Tijuana recebia mais influências norte-americanas, e todo mundo falava um pouco de inglês ou, pelo menos, de "espanglês". No início da década de 1960, Tijuana era uma cidade do rock and roll.

Podia-se encontrar tudo isso na avenida Revolución. No extremo norte, perto da fronteira, ficavam os clubes mais pomposos, como o Oasis e o Shangri-La. Era para lá que as pessoas iam quando queriam jantar em um ambiente sofisticado, ao som do piano e da animação do Modern Jazz Quartet, esse tipo de coisa. Ou o Mike's Bar, que tinha dança com música ao vivo. As bandas que se apresentavam lá tinham que saber tocar todas as danças recentes, incluindo "Peppermint Twist", que era realmente ótima. Lembro de quando isso foi lançado, em 1961. O nome era twist, mas na verdade tratava-se de um shuffle, e, cara, o Joey Dee & the Starliters faziam o diabo com os shuffles.

Mais ao sul da Revolución as coisas ficavam mais bagunçadas. Era a parte dos clubes de striptease, como o Aloha Club e o El Convoy, onde os TJs e outras bandas tocavam, e onde eu também acabei tocando. Era um lugar pequeno, com um bar à direita da entrada, um local para mesas e cadeiras no meio do salão e abaixo de uma pequena sacada, e um palco na parte de trás, onde a banda tocava. As meninas dançavam bem na frente do palco, e depois circulavam entre os clientes, tentando fazê-los pedir bebidas e deixá-los bêbados. Era um lugar sombrio, escuro e um pouco malcheiroso, mas era melhor do que aqueles botecos com música *norteña*, que eu não suportava.

Era uma hora de música e uma hora de striptease – nesta ordem, todas as noites, nunca foi um local exclusivo para a música. Os clientes iam até lá para ficar com alguém, mas ficavam tão ocupados com essa tarefa que não prestavam muita atenção na banda, e acabavam fazendo pedidos estúpidos. Era trabalho da banda manter a festa animada e os clientes bêbados.

Aos poucos, as pessoas ficaram sabendo que eu tocava. Acompanhei Javier e os TJs algumas vezes no El Convoy e comecei a conhecer outros músicos e bandas que tocavam lá, como The Strangers.

O líder dos Strangers era Manuel Delgadillo – dono de todos os instrumentos da banda, para que pudesse decidir quem tocava o quê, e é claro que ele era o músico principal. Em um determinado momento, ele precisou de um baixista, e me perguntou se eu queria tentar. Eu já sabia tocar violino, que também tem quatro cordas, de modo que estava pronto para fazer isso. Era um baixo barato, da marca Kay, mas eu gostei, e comecei a ficar bom nisso. Então fizemos nosso primeiro show – foi no Aloha Club ou no Mike's Bar –, mas nunca recebemos nada. Meu primeiro show profissional de verdade, e fomos roubados!

De qualquer maneira, continuei a ensaiar com os Strangers, mas cada vez que ensaiávamos alguém me dizia que eu tocava notas demais para um baixista – eu estava dando uma surra no Manuel! Ele permitiu que eu começasse a tocar guitarra, e nós mantivemos os nossos ensaios. Enquanto isso, eu continuava frequentando o El Convoy como substituto, tocando com a banda da casa – não com o TJs –, e comecei a me aprimorar. Nas primeiras vezes em que me levantei para tocar, fiquei muito nervoso. Eu ficava tão preocupado em tocar tudo certo que, na verdade, não conseguia olhar para as pessoas ou para qualquer outra coisa. Meus olhos não saíam dos meus dedos; eu estava ocupado, me certificando de que eles estavam na posição correta e na parte certa do braço do instrumento. Eu ainda faço muito isso – me concentro mais naquilo que estou fazendo do que na plateia.

Eu gostaria de poder contar quando foi exatamente que fiz meu primeiro show completo com guitarra, quais foram as músicas que toquei, e como me senti – a única coisa da qual eu me lembro é que fui autorizado a tocar a guitarra que pertencia ao clube, uma espécie de guitarra elétrica sólida, melhor do que aquela guitarra oca e enorme que meu pai havia me dado.

Também me lembro claramente que, não muito tempo depois disso, esbarrei com Javier no meio da rua. Ele me disse que estava saindo do El Convoy, mudando para um emprego melhor no Club Latino Americano, e me perguntou se eu gostaria de ir com ele e tocar baixo. O que eu poderia dizer? Os TJs foram a primeira banda com a qual eu quis tocar, e por isso concordei. Apareci lá, voltei a tocar baixo, e tudo parecia correr bem.

Em seguida, o gerente do El Convoy, a quem chamávamos de Manolete, me encontrou na rua (o Manolete original, o John Coltrane dos toureiros, sangrou até a morte após ser ferido por um touro. Ele tinha um grande nariz adunco, e o gerente, também). Manolete disse: "Você precisa sair daquele coreto e voltar para os Strangers imediatamente, ou nunca mais vai trabalhar na avenida Revolución."

Epa! Ele era um cara grande, e eu, um garoto mirrado, com 14 anos de idade. Ele também não gostava tanto assim de Javier. Será que eu queria participar daquilo? Além disso, a banda de Javier tinha a sua própria trajetória. Eles eram os TJs onde quer que tocassem. Estar na banda da casa do El Convoy significava ter um lugar onde eu poderia tocar *de verdade* – o que também significava ter uma casa.

Pensei nisso por um minuto. O show de Javier era uma vez por semana, e o de El Convoy era quase todos os dias. O trabalho com Javier não pagava tanto quanto o outro – e eu queria tocar guitarra. Então larguei o baixo, abandonei Javier e voltei para El Convoy. Eu já estava tomando minhas próprias decisões na carreira – não que eu me desse conta disso naquela época. Para mim, era apenas prático e fazia sentido. Eu precisava do emprego, e comer. Minha lealdade aos amigos não iria me alimentar. Mas Javier ficou decepcionado. Ele não gritou nem nada; apenas me encarou com um olhar, como se eu fosse Benedict Arnold. Foi o fim da linha para mim e Javier por um longo, longo tempo.

A banda da casa do El Convoy era, basicamente, uma banda de shuffle que tocava modulações de blues e músicas de três acordes como "Green Onions", "Hide Away" e "Think", dos Royals – e não a versão posterior de James Brown. E, definitivamente, "La Bamba". Naquela época, falar em Ritchie Valens em Tijuana era como falar em Bob Marley na Jamaica, anos mais tarde. Ele era o cara – um mexicano cholo. Ele era o único herói que nós tínhamos na época – todos sabiam que Valens era uma abreviação de Valenzuela.

Em alguns meses, eu já podia dizer que estava melhorando, e comecei a ganhar confiança. Podia dizer isso porque via outras crianças da minha idade que também estavam tocando guitarra, e elas não eram capazes de entender absolutamente nada. Também comecei a descobrir as diferentes coisas que se podiam fazer com o instrumento. Você pode tocar a melodia, que é o principal; os acordes – o ritmo; e a linha do baixo. Depois de ganhar desenvoltura nesses três quesitos, isso é tudo o que você realmente precisa saber. Então você precisa apenas praticar mais e mais vezes até que aquilo se torne parte de você. Talvez pelo fato de saber fazer tantas coisas com a guitarra, nunca senti vontade de cantar. Mas, mesmo quando eu tocava violino, cantar nunca foi o meu forte.

Ao me ouvir tocar, eu podia perceber que estava me aprimorando, mas, na verdade, não recebia nenhuma palavra de incentivo de ninguém – não naqueles lugares de Tijuana onde eu tocava. Todo mundo estava mais interessado nas garotas ou nas bebidas, ou fosse lá o que fosse. Era eu mesmo quem precisava me convencer disso. No intervalo dos meus shows eu dava uma volta em alguns dos outros lugares para ouvir os instrumentistas tocarem – às vezes, eles me deixavam entrar, e outras vezes, eu ficava apenas do lado de fora, ouvindo e prestando atenção em coisas. Eu me tornei realmente bom, porque só fazia isso. Essa foi a minha formação.

Todos esses clubes tinham algumas bandas com alguns guitarristas formidáveis. Havia um cara que era um terror: nós o chamávamos de Liebre Chica – A Lebrezinha. Ele tocava com um anel-palheta no polegar, como se fosse um instrumentista de música country, e tinha um vocabulário incrível, algo entre B. B. King e um som mais jazzístico. Ele não teria tido nenhum problema em negociar com Javier, e havia muita rivalidade naquela época! Havia outro cara, um filipino, que chegava em uma motocicleta, com sua Stratocaster amarrada às costas. Ele vendia anfetaminas e guardava o material dentro do farol da moto, o que não funcionava – ele precisava desatarraxar a lâmpada e colocar todas as drogas lá dentro quando tinha de atravessar a fronteira. Ele tocava muito, e eu lembro que ele era um pouco mais generoso do que os outros guitarristas. Ele me ensinou os acordes de "Georgia on My Mind", "Summertime" e músicas como essas.

Nunca vou me esquecer do primeiro clube de striptease no qual entrei. Eu tinha apenas 14 anos e estava dando uma volta com Jaime – um baterista que tinha umas irmãs lindas que haviam participado de filmes na Cidade do México. Eu tinha feito um show com ele, ele me devia dinheiro, daí ele me disse: "Vamos lá; preciso pegar um dinheiro no Aloha e, assim, consigo te pagar." Isso foi às 3 horas da tarde, de modo que eu passei de um sol escaldante para um ambiente que parecia a escuridão total. Enquanto meus olhos se ajustavam lentamente, ouvi a bateria mandando um *Bah-ba-bah, bah-ba-bah* e o saxofone fazendo aquela coisa de dança da serpente – posso garantir que, até hoje, quando ouço o Thelonious Monk ou qualquer um tocando "Bye-Ya", penso na música daqueles clubes de striptease em Tijuana. Tenho certeza de que Monk estava pensando nesse tipo de batida quando a compôs.

Então vi a stripper no palco. Era a primeira vez que eu via uma mulher totalmente nua. Ela tinha borlas presas nos mamilos, e os fazia girar – primeiro em uma direção, depois em outra, e, em seguida, em direções opostas, no sentido horário e anti-horário. Era um talento – quatro maneiras diferentes! Fiquei pensando: "Como ela faz isso?", e fiquei parado lá. Ela me viu e, ao reparar que eu era jovem, começou a rir, e aí todos me viram e também começaram a rir. Ela segurou um dos seios e apontou para mim. "Vem cá, menino. Parece que você precisa de um pouco de leite; você é tão magrinho." Você pode imaginar? A minha primeira vez em um bar de striptease e fui criticado por estar olhando fixamente.

Aprendi muito observando as strippers e ouvindo como os bateristas as acompanhavam – rufando quando elas balançavam aquelas borlas. Batendo com força no címbalo quando mexiam o quadril ou davam um chute. Era preciso trabalhar de forma integrada, porque algumas daquelas strippers vinham direto do interior do país e precisavam de ajuda, caso contrário pareceriam idiotas. Se elas não tivessem um ritmo constante para acompanhar sua dança, pegavam um sapato e atiravam nos músicos – e elas não costumavam errar.

Eram mulheres valentes. Nem todas eram bailarinas, mas muitas eram *ficheras*, prostitutas. Apesar disso, não prestavam seus serviços no El Convoy – não havia quartos lá para isso. Elas tentavam levar o rapaz para casa ou para um hotel e levantar algum dinheiro daquela forma, e estavam lá para ganhar dinheiro de qualquer maneira possível. Enquanto a banda tocava, as strippers passeavam pelo clube, iam até um cara que havia acabado de entrar, e diziam: "Quer me comprar uma bebida?"

"Claro", ele dizia. Ela pedia uma bebida e uma Coca-Cola, e, em seguida, despejava a bebida na Coca enquanto ele não estava olhando e pedia outra, e mais outra. Continuava pedindo, até que o cliente tivesse que pagar uma conta enorme. Se você bebesse aquela Coca, desmaiaria após o primeiro gole! Todas as vezes em que pedia outra bebida, ela ganhava uma *ficha*, um cuponzinho – o que é meio engraçado, porque *fichera* é a palavra para "prostituta". De qualquer forma, ela trocava todos os cupons no fim da noite e ganhava um pouco mais. Às vezes, esse era todo o dinheiro que elas conseguiam fazer.

As pessoas pensam que eu tocava junto com as strippers, mas eu nunca tocava quando elas estavam trabalhando. Essa tarefa era especialmente dos bateristas: fazer uma coisa meio ritmada que combinasse com os movimentos delas. Eu tocava quando todos se levantavam e iam dançar juntos.

Mas tocar nesse tipo de ambiente... Lembro que alguns caras levavam suas namoradas lá, começavam a beber e se distraíam com aquelas belas strippers. Em seguida, as respectivas namoradas ficavam com ciúmes. Do palco podíamos adivinhar o que estava acontecendo – a tensão, a emoção. Decidimos nos divertir um pouco e começar a tocar uma música com as pausas corretas e um ritmo pesado – *ba-da-bum, ba-da-bum* –, e, no minuto seguinte, a namorada já estaria de pé, tirando a blusa, e logo depois o sutiã. Conseguimos fazer isso acontecer umas duas ou três vezes – fazer com que alguém que não era stripper começasse a tirar a roupa. Foi aí que percebi que a guitarra poderia conversar com uma mulher.

Não sou capaz de afirmar quando foi exatamente que minha percepção mudou do rock and roll para o blues, mas quando aconteceu foi de uma forma muito precisa. Com o tempo você começa a conhecer o gênero – aprende a entender que o blues é uma linguagem muito sagrada. Ele realmente tem de ser tocado por músicos que conhecem e sentem sua história e respeitam sua força. Quando há pessoas que honram e respeitam a música dessa maneira – cara, elas são capazes de cativar. Se não fizerem isso, elas se sentirão obrigadas a tocar, começarão a xingar e a suar, e será o mesmo que ouvir um comediante que não é engraçado. Nada soa pior do que um blues medíocre. Se você não souber tocá-lo, é melhor não se meter nisso. Quando alguém visita um altar no Vaticano, não vai para fazer pichações nem para falar bobagens.

O blues é algo muito, muito íntegro. É fácil aprender a estrutura das canções, as palavras e os riffs, mas não é como alguns outros estilos de música – é impossível se esconder atrás dele. Mesmo que você seja um grande músico, se quiser realmente tocar blues, tem que estar disposto a buscar um lugar mais profundo no seu coração e fazer algumas investigações. Você precisa se revelar. Se não conseguir torná-lo pessoal e imprimir uma marca individual, não vai funcionar. É assim que realmente descobrimos a magnitude nos blues simples de três acordes, nas contribuições de guitarristas de blues como T-Bone Walker, B. B. King, Albert King, Freddie King, Buddy Guy e todos os caras de Chicago – Otis Rush, Hubert Sumlin.

Há vários mal-entendidos a respeito do blues. Talvez aconteça porque a palavra signifique muitas coisas. O blues é uma forma musical – 12 barras, três acordes –, mas também é uma sensação musical expressa nas notas que você toca e em como você toca cada nota. O blues também pode ser uma emoção (melancolia) ou uma cor (azul). Às vezes, a diferença não é tão clara. Você pode estar falando sobre a música, depois sobre o sentimento e, em seguida, sobre o que está na letra de uma canção. John Lee Hooker cantando "Mmm, mmm, mmm – Big legs, tight skirt / 'Bout to drive me out of my mind…" [Mmm, mmm, mmm – Pernas grossas, saia apertada / Estou quase perdendo o juízo…] tem tudo a ver com o blues.

Para mim, o jazz é como o oceano – mais amplo do que a vista alcança, com muitos lugares para ir e explorar. Vejo o blues como um lago – você pode observar a outra margem, passear em torno dele, conhecê-lo rapidamente. Mas é preciso realmente mergulhar nele, porque ele pode ser muito, muito profundo.

Um monte de músicos menospreza o blues – é muito simples; é muito limitado. Eles o criticam porque não conseguem tocá-lo, e não têm interesse em descobrir como imprimir tanto sentimento e tanta emoção em apenas três acordes. Ou em um bom shuffle de blues? Só porque alguém toca jazz não significa que deva rejeitar um ritmo como esse. Não vou citar nomes, porque não quero criar problemas, mas afirmo que já ouvi alguns bateristas de jazz que não sabem fazer um shuffle. Grandes bateristas de jazz. Mais uma vez, algumas coisas são feitas de ouro e devem ser respeitadas pelo que são. Um bom shuffle de blues é ouro puro.

O blues não é nada se não for profundo e emotivo. O blues pode falar sobre a alegria e a celebração, e, é claro, sobre súplicas e lamentos – mas o blues real não é choroso. Ser choroso é como o bebê que não está verdadeiramente com fome, mas que ainda choraminga e talvez queira apenas colo. Este é o problema de vários guitarristas que tentam tocar blues: eles choram demais.

Suplicar significa: "Eu preciso de um abraço dado por braços celestes, por um ser supremo. Eu preciso de um abraço absoluto." Isso pode acontecer a qualquer um. Você pode ser rico ou pobre, saudável ou doente. Quando uma mulher que você ama mais do que a si próprio o abandona, ou quando sua própria mãe vira as costas para você, isso é o blues. As coisas terrenas são as coisas terrenas, e as coisas do espírito são coisas do espírito – e o espírito tem que receber aquilo de que precisa. Quando se fala do poder terapêutico do blues, é isso o que queremos dizer.

Em Tijuana, eu ouvia todos os tipos de música, mexicana e norte-americana, mas por algum motivo o blues pareceu mais natural para mim. Eu escutava blues 24 horas por dia, sete dias por semana, e o estudava como nunca havia estudado nada antes. Em São Francisco, formamos a Santana Blues Band e, no início, tocávamos exclusivamente blues. Então, a nossa música mudou. Nós nos tornamos o Santana, mas o blues sempre fez parte da sensação que havia em nossa música. Se você observar todos os álbuns do Santana hoje, perceberá que existem algumas músicas que poderiam ser chamadas de blues – "Blues for Salvador", obviamente, e o início de "Practice What You Preach". A sessão de improviso com Eric Clapton em *Supernatural*. Eles não são estritamente números de blues, mas esse sentimento sempre transparecerá na minha música.

Já faz um bom tempo que ando passeando nesse lago. Assim como o jazz, o blues conhece a sua própria história. Existem rituais e regras que devem ser respeitados. Todo mundo os conhece, e todos se conhecem – os heróis da guitarra e os seus sons. A quem você ouviu, e onde buscou inspiração para desenvolver o seu estilo? Quem influenciou quem, e quem é seu mestre? É comum ouvir isso. Vou colocar desta forma – B. B. King tem um monte de herdeiros.

Há uma história que Stevie Ray Vaughan me contou. Ele já tocava no Texas há anos antes de ficar conhecido, em 1983, depois de tocar com David Bowie em "Let's Dance" e produzir aquele som formidável e penetrante, como Albert King. Em seguida, ele passou a tocar em festivais de blues e rock – as grandes ligas. Na primeira vez que encontrou Albert depois disso, Stevie ficou muito feliz em vê-lo. Albert estava nos bastidores, sentado, mexendo em seu cachimbo. Ele não se levantou, nem apertou a mão de Stevie. Ele só olhou para Stevie. "Você me deve 50 mil dólares."

Esse era o preço por copiar o seu estilo. Sabe o que Stevie me disse? Que ele pagou.

Quando iniciei minha carreira em Tijuana, eu tocava modulações sincopadas de blues com três acordes. Depois de algum tempo, comecei a explorar um pouco canções como "Georgia on My Mind" e "Misty". Conforme o tempo passava, fui me inclinando mais e mais para o blues – o blues *negro*. E cada vez mais, os caras com quem eu saía estavam se dedicando ao blues pesado – à música negra norte-americana. Outros grupos em Tijuana queriam tocar Elvis Presley, Fabian ou Bobby Rydell, aquele tipo de coisa de Dick Clark. Eca. Mesmo quando as músicas de Pat Boone e Paul Anka, canções como "Volare", se tornaram populares e passaram a tocar no rádio, nós não queríamos mexer naquilo. Era o nosso sinal de grandeza.

Uma vez que comecei a avançar por essa estrada, não havia como voltar atrás. Quanto mais negro o som, quanto mais potente a guitarra, mais eu queria. Isso significava que eu queria ouvir cantores negros sempre que possível. Tijuana tinha sua estrela de R & B, Gene Ross – ele se parecia um pouco com Joe Frazier. Don Lauro Saaveda, que administrava o El Convoy, o havia trazido de Nova Orleans. Gene tinha uma voz de falsete como Aaron Neville, poderosa, e conseguia fazer o diabo com o piano. Ele tinha um grande repertório de canções – muitas delas eu não conhecia até ouvi-lo cantar: "Summertime", "Georgia on My Mind", "Let the Good Times Roll", "Something's Got a Hold on Me". Ele cantava "I Loves You, Porgy", e, cara, aquilo simplesmente nos arrepiava.

Tocar na banda da casa do El Convoy significava que, eventualmente, eu poderia dar um suporte a Gene e também acompanhar esses outros músicos dos fins de semana, os negros norte-americanos que vinham de San Diego para tocar, como esse cara que se autodenominava Mr. T e parecia ser irmão de Albert King. Ele chegava a Tijuana, comprava um pouco de maconha e de anfetamina, tomava coragem e cantava "Stormy Monday Blues". Essa era a sua única canção, e ele arrasava todas as vezes.

O tom universal

Outros músicos vinham de lugares mais distantes, como San Jose, para passar um fim de semana prolongado, gastavam todo o dinheiro na primeira noite e, então, iam cantar no El Convoy para conseguir dinheiro suficiente para voltar para casa, no domingo.

Gene e aqueles negros que tocavam nos fins de semana se tornaram meus professores – eles levaram o meu treinamento no blues para outro nível. Depois de algum tempo, eu não conseguia aprender mais nada no rádio ou nos discos – de fato, eu precisava realmente escutá-los ao vivo. A única maneira era ter aqueles caras do blues bem perto de mim, perto o suficiente para sentir o modo com que o cantor batia os pés no chão, e o modo como ele se debruçava sobre o piano. Eu aprendia pelos olhares de reprovação que eles me lançavam se eu errasse as modulações ou o tempo. Tudo era extremamente educativo, porque eu aprendia os ingredientes – os ritmos e a levada, a simetria do som – daquela música.

Lembro que Gene se sentava ao piano e o barman aprontava de cinco a sete doses de tequila, e era assim que muitas canções entravam no setlist. Ele terminava uma música e tomava mais uma dose. O cara era mais preto do que o preto; seus lábios eram roxos, seus olhos, mais amarelos do que o amarelo, e ele tinha a voz mais bonita que eu já havia ouvido. Ele também tinha a namorada branca mais bonita que eu já havia visto, uma beleza semelhante à de Elizabeth Taylor.

Gene era um cara meio desordeiro – lembro de uma vez em que seu irmão foi visitá-lo e eles começaram a fazer uma algazarra um com o outro, apenas dois irmãos se divertindo, e quase destruíram o lugar inteiro! Gene tinha servido na Coreia e podia ficar verdadeiramente irritado algumas vezes. Apenas um ano depois de eu ter saído de Tijuana pela última vez ouvi dizer que ele arrumou uma briga com um rapaz mexicano. Ele tinha uma faca para um duelo de machetes, e esse foi o fim de Gene Ross. É uma pena que ele nunca tenha gravado nada, porque aquele cara tinha uma voz maravilhosa.

Mais tarde, fiquei sabendo que Tijuana era uma espécie de Casablanca para os negros norte-americanos – um território neutro, longe da guerra racial dos Estados Unidos. Vamos encarar os fatos: o racismo era muito presente naquela época, e ainda é, especialmente em San Diego, onde havia um monte de rapazes brancos nas Forças Armadas que haviam sido criados pensando dessa forma – com raiva, odiando os pretos e os pardos, procurando briga. No México, todos estavam em um território mais equilibrado, e os policiais mexicanos ficavam apenas esperando que aqueles caras racistas perdessem o controle para lhes aplicar algum corretivo extraoficial.

Preciso dizer que é um clichê se referir aos turistas norte-americanos bêbados que agiam de forma ignorante e usavam termos pejorativos, mas eu testemunhei isso muitas vezes – eles bebiam e ficavam exaltados demais quanto aos seus sentimentos em relação aos mexicanos. "Você não está nos Estados Unidos agora", diriam os policiais, balançando os cassetetes em sua direção. Em seguida, eles colocavam os turistas na cadeia e "perdiam" seus passaportes por alguns dias. Havia inúmeras histórias sobre as prisões de Tijuana – e elas poderiam ser cruéis. Era melhor não mexer com a polícia de lá. Ninguém ganharia essa luta.

Eu tinha acabado de começar a tocar a guitarra quando senti pela primeira vez o racismo na minha própria pele. Meus cabelos ainda eram ligeiramente claros, e a fronteira era muito mais aberta naquela ocasião. Um amigo tinha me ensinado como pronunciar "cidadão norte-americano" como um americano faria, e ele me disse que tudo o que eu tinha a fazer era atravessar a fronteira e dizer "cidadão norte-americano" no posto de controle, e simplesmente continuar caminhando. E funcionava! Então eu pegava um ônibus até San Diego e ia a um lugar sobre o qual Javier me falara – o Apex Music. Eles tinham as melhores guitarras – Gibsons, Gretsches, Epiphones. Eu não gostava muito das Fenders, nem mesmo naquela época. Descobri que era preciso aplicar uma força descomunal nas Fenders para tirar algo delas, caso contrário, você soaria como os caras que tocavam com Lawrence Welk.

Eu só tinha dinheiro suficiente para tomar o ônibus até o Apex e voltar, então eu nunca entrava. Ficava muito intimidado. Uma vez, estava lá apenas babando, olhando a vitrine da loja, com aquelas guitarras e amplificadores lindos e incríveis, com seus estojos de tweed. Eu queria sentir o seu cheiro e saber qual seria a sensação de segurá-los em minhas mãos! De repente, ouvi uma voz atrás de mim. "Ei, seu merdinha comedor de chilli-bean, mexicano do caralho, Pancho Villa!" Eu congelei. "Ei, eu estou falando com você!" Eu me virei lentamente e percebi que havia dois marinheiros gritando para mim. "Seu merdinha de Pancho Villa comedor de chilli-bean!" O quê? Quem? Minha mente se encheu de perguntas, mas eu apenas comecei a me afastar, rapidamente.

Eu achava que aquilo era exatamente como uma tourada – não permaneça na arena dos touros, e tudo vai ficar bem. Simplesmente continue andando e ignore-os. Não sei se estavam bêbados, mas isso foi por volta das 4 horas da tarde. Eles me seguiram um pouco, gritando feito uns idiotas. Em seguida, eles se cansaram e foram beber mais um pouco, eu acho. Essa foi a primeira vez que realmente escutei o som do puro ódio vindo em minha direção, simplesmente por causa da minha aparência. Não era a primeira vez que eu atravessava a fronteira, mas isso me fez pensar duas vezes antes de voltar.

No início de 1962, eu estava tocando sem parar e aprendendo rápido. Eu participava dos shows regulares no Convoy, e era muito empolgante ver a música tomando forma, tocando músicas de Etta James, Freddie King, Ray Charles – realmente conhecendo esse estilo de música. Eu adorava. Quando comecei, tocava apenas nos dias úteis – eu chegava depois da escola, às 17 horas, e tocava até as 23 horas, três sets por noite. E aí eu comecei a tocar nos fins de semana, a partir das 20 horas, e tocava até 5 ou 6 da manhã!

Também voltei a tocar o meu primeiro instrumento. Parte do acordo que fiz com minha mãe quando ganhei a guitarra era que eu pegaria meu violino novamente e tocaria nas missas da igreja, todos os domingos. Eu tocava "Ave-Maria" e algumas peças clássicas, como o Minueto de Bach em Sol Maior, acompanhado por um acordeonista. Acho que eles não tinham dinheiro suficiente para comprar um órgão ou ter uma banda maior. Fiz isso por quase meio ano para acalmar minha mãe, enquanto eu me apegava cada vez mais à guitarra.

Eu ficava um pouco alto – por causa da música, por não dormir o suficiente e por tocar a noite toda. Quando eu digo alto, também quero dizer zonzo – por esquecer de comer. Era engraçado, mas eu adorava sair do clube de manhã, vendo o sol nascer, e me sentir tonto depois de ter tocado a noite toda, sem fazer nenhuma refeição. Se fosse domingo, eu saía direto do El Convoy e ia até a igreja tocar "Ave-Maria" no violino e tudo mais. Eu não tinha hábitos alimentares realmente saudáveis, mas meus amigos me estimulavam a ir até a esquina e comprar alguns sucos. Isto é, suco de cenoura, aipo e ovos crus, e aí eles misturavam tudo e você bebia. Cara, aquilo me deixava tão alto que eu quase chegava ao próximo nível. Naquela época, eu ainda não fumava maconha, embora todos à minha volta fumassem, mas eu já ficava chapado só de estar naquele ambiente. Foi aí que comecei a beber, e logo percebi que estava indo para o caminho errado quando acordei um dia depois de ter desmaiado na rua.

A liberdade que eu tive durante aquele ano e meio foi o paraíso. Eu era como uma esponja. Estava aprendendo a cuidar de mim mesmo no mundo da música, aprendendo lições de que quanto mais regular fosse o emprego, mais chances eu tinha de receber meu pagamento. Eu havia sido ingênuo, fazendo os meus primeiros shows totalmente de graça; me humilhando por causa de todas aquelas besteiras que eles dizem às pessoas: "Nós não podemos pagar porque você não faz parte do sindicato"; "Volte na próxima semana e vamos pagar depois do próximo show". É, com certeza. Meu pai podia me contar algumas coisas a respeito da profissão, mas eu tive que aprender a maioria delas por conta própria e me autopromover.

Na época em que passei a ser o guitarrista principal do El Convoy, eu ganhava nove dólares por semana. Eu não tinha ideia de quanto os outros músicos ganhavam, mas uma vez por semana o gerente me chamava lá em cima no escritório. Eu pegava meu dinheiro vivo, colocava-o no bolso, e o levava para casa, entregando-o à minha mãe – ela ficava com tudo. Eu não questionava nada, nem tentava negociar. Eu estava feliz por estar tocando e por fazer parte da cena.

A formação que eu estava recebendo era uma formação de rua – hoje, percebo que a minha visão das pessoas e da espiritualidade teve início com essa experiência. Comecei no nível mais baixo e aprendi a estar sempre atento, porque, se eu deixasse, as pessoas tentariam me menosprezar, me constranger ou jogar a culpa em mim, e então me pagar menos ou não me pagar absolutamente nada. Comecei a ver que as pessoas colocam as outras em níveis diferentes, desprezando algumas e endeusando outras, e tirando proveito dessa situação. Era o começo da minha maneira de ver as coisas hoje em dia – eu não permito que ninguém exerça sua superioridade sobre mim e não deixo que ninguém se sinta inferiorizado ao meu lado. Uma noite, eu estava conversando com outro músico, explicando a ele que não queria ter um olhar subserviente em relação a qualquer pessoa. "Nem mesmo Deus?", ele perguntou. Eu estava preparado para essa pergunta. Naquela época, eu já tinha refletido muito sobre Deus, e minha resposta trazia o tipo de convicção que minha mãe tinha em relação à religião.

"Deus não gosta de menosprezar ninguém. Por que deveríamos fazê-lo?", eu disse. Em Tijuana, eu já sabia que isso era verdade e que era importante se conscientizar disso em um nível espiritual e colocá-lo em prática em um nível terreno.

Morei em Tijuana por apenas sete anos. Para todos nós, o intervalo entre os 8 e os 15 anos de idade é quando mais crescemos, quando nos tornamos conscientes do mundo que nos rodeia. Começamos a fazer as perguntas que vamos continuar fazendo indefinidamente pelo resto de nossas vidas. Foi nessa idade que comecei a trabalhar e a tocar música. Foi também a época em que abandonei o boneco Falcon e passei a perguntar "Onde está a Rosa?".

Primeiro foi Linda Wong, que morava no meu bairro. Ela era como uma Sophia Loren adolescente, e foi a minha primeira grande paixão, mas nada aconteceu. Eu ainda estava tentando descobrir como me aproximar das meninas, mas aquilo me fez pensar. Houve uma festa, uma vez, com todos os músicos e as garotas do El Convoy em Rosarito Beach, que fica entre Tijuana e Ensenada. Havia bebidas e o rádio estava ligado, com Ray Charles cantando "One of theses days and it won't be long..." (Um dia desses, e não vai demorar muito...). Todos formavam os seus pares, e posso afirmar que a garota com quem eu estava parecia decepcionada por ter que ficar com aquela criança. Ainda assim, ela me permitiu um beijo roubado. E havia Rosa, que morava ao lado e me deixava beijá-la quando nos escondíamos no mato. Ela não me deixava avançar mais do que isso.

Passar por essas experiências na adolescência me levou a pensar nas mulheres, especialmente quando eu observava as garotas que faziam striptease em troca de dinheiro entrarem na igreja onde eu tocava violino. Eram as manhãs de domingo, e quatro ou cinco das mulheres que eu havia visto peladas algumas horas antes apareciam por lá. Elas usavam vestidos simpáticos e modestos, e iam acompanhadas por seus filhos pequenos — as meninas vestidas com pequenas meias brancas e fitas no cabelo, e os meninos com seus terninhos. Comecei a perceber que elas precisavam fazer o que faziam para alimentar os filhos, que não lhes restava muitas opções, e o quanto era difícil para elas viver em uma cultura que menosprezava as mulheres que faziam esse tipo de coisa. Eu conversava com elas, e elas me contavam que não podiam voltar para casa porque seus pais, por algum motivo, não as queriam de volta.

Comecei a observar as mulheres com um olhar diferente. Tive uma conversa com um dos seguranças do El Convoy – um brutamontes que vivia me provocando e puxando meu cabelo. Estávamos comendo na parte de trás do bar, no lugar reservado para os funcionários, e esse cara estava chateado com alguma coisa. Ou com tudo. Ele falava sem parar sobre isso e aquilo, até que, finalmente, fez algum comentário odioso sobre as mulheres em geral – "Elas são todas umas putas safadas".

Eu não sei por que, mas tive de perguntar: "Você quer dizer todas elas?"

"É, para mim, todas elas!"

Eu fui além. "Isso significa que sua mãe também é?" Silêncio. "E a sua irmã?" Lentamente, ele se virou para mim. "Cara, eu poderia te matar." A única outra pessoa que estava presente era a mulher que estava cozinhando, e ela olhou para mim como se eu fosse maluco.

Eu já tinha ouvido esse tipo de conversa entre os homens. Já ouvi mulheres falando sobre os homens da mesma maneira – "Todos os homens são cachorros" –, e isso também não é correto.

Mas o que o segurança disse foi tão negativo e vinha com tanta raiva que eu não podia simplesmente aceitar. Eu tinha que dizer alguma coisa. Ele me ameaçou, e eu banquei o inocente. "Ei, eu só queria saber se você realmente queria se referir a todas elas." Ele olhou para a frente e terminou sua refeição.

Isso inaugurou um lema na minha mente – não julgar as mulheres, mas apreciá-las. Não julgar as pessoas por causa do que elas fazem para viver e sobreviver. Conforme eu crescia, tentei aproximar o impulso sexual da dignidade e da honra. Anos mais tarde, quando me mudei para São Francisco, eu acordava cedo e saía caminhando para o trabalho em uma lanchonete, e havia uma série de caras tentando me seduzir no Castro. E eu dizia: "Não; eu não faço isso, cara." Comecei a entender como as mulheres se sentem quando andam pelas ruas e um bando de caras fica olhando para os seus corpos e dizendo o que bem entendem. Você se sente como uma presa.

Desde então, minha percepção sobre o relacionamento entre homens e mulheres é que se trata sempre de um trabalho em construção.

Um dia, no El Convoy, encontrei um dos professores substitutos da minha escola. Pensando sobre isso agora, vejo que ele se parecia muito com Barack Obama. Ele era um excelente contador de histórias. Ele nos contou uma história sobre uma pobre mulher que tinha encontrado umas brasas incandescentes em seu fogão para se manter aquecida durante a noite, mas as brasas reluzentes, na verdade, eram os olhos de um enorme gato. Não sei bem qual é a lição que devemos extrair daí, mas eu gostava da história, e gostava dele, e então, quando o vi no clube com os braços em torno de uma das meninas, eu disse: "Ei, Mestre!" Ele se afastou da garota como se ela fosse uma daquelas brasas. "Carlos, o que você está fazendo aqui?"

"Eu trabalho aqui. O que *você* está fazendo aqui?"

No verão de 1962 essas duas partes da minha vida já não se equilibravam mais. Não era fácil tocar música e ir à escola ao mesmo tempo, e então eu desisti. Minha vida com minha família também não estava nada equilibrada. Minhas horas estavam ficando cada vez mais longas no El Convoy – a partir de 4 horas da tarde até meia-noite durante a semana, e, nos fins de semana, da hora da abertura até que todos os clientes fossem embora. Enquanto isso, meu pai já voltara novamente a São Francisco e tinha levado Jorge com ele. Tony encontrara um trabalho migrante em Stockton – a uma hora a leste de Bay Area –, colhendo alcachofras e pêssegos. Logo seria a vez das minhas irmãs. Assim como minha mãe tinha feito em Autlán, ela ainda pensava em El Norte – e, assim como antes, foi uma decisão dela partir. Não houve discussão. Naquela época eu já era mais velho, mas ainda não estava preparado.

CAPÍTULO 4

Avenida Revolución, Tijuana, olhando para o norte, em direção
à fronteira com os EUA, 1964

Assim que deixávamos Tijuana e cruzávamos a fronteira, era possível avistar gigantescas placas coloridas, em que rostos sorridentes e felizes vendiam casas e carros. Então era possível dirigir até supermercados limpos e agradáveis que expunham refrigeradores, e tudo brilhava – não havia moscas ou mau cheiro, como havia no México. Minha mãe e eu costumávamos falar sobre como seria bom viver nos Estados Unidos. Para ela e para o restante da minha família, tratava-se de uma qualidade de vida melhor, como a anunciada naqueles cartazes. Mas, no fim, o que me deu vontade de seguir para o norte foi o som da América negra – o blues e o R & B. Eu queria estar mais perto daquilo, mergulhar meu espírito naquela música.

Quando finalmente fomos para o norte, minha família e eu descobrimos que no meio de toda aquela riqueza havia enormes bolsões de conflito. Entre ricos e pobres, e entre os negros, os brancos e os morenos. Era preciso tomar cuidado quando você avançasse duas quadras nesta ou naquela direção, porque havia pessoas ignorantes e raivosas que não gostavam do seu tipo, da forma como você falava ou da maneira como você se vestia. Isso podia começar na escola, mas não deveria nem mesmo chegar a esse ponto.

Eu amo morar nos Estados Unidos, porque me dá a possibilidade de dizer o que quero dizer. Em muitos lugares do mundo, percebo que isso não é possível. A razão de eu dizer o que penso é ver o que está errado e o que pode melhorar neste país. Acho que a vida já é suficientemente difícil, e a maioria das pessoas tem muito pouco, a menos que elas lutem, tenham sorte ou nasçam com sorte. Essa é a verdadeira imagem dos Estados Unidos – não é a ideia de estrangeiros entrando em seu território e levando isso e aquilo dos norte-americanos. Minha família se mudou para cá em busca de uma vida melhor, porque os Estados Unidos representam a terra das oportunidades – o que significa não só a chance de fazer algo de si mesmo, mas também a oportunidade de retribuir o que se conquistou. Eu nunca levaria nada dos Estados Unidos que não desejasse devolver uma centena de vezes. Acredito que a maioria dos estrangeiros que vem a este país age dessa forma.

Acho que o principal problema é que as pessoas estão com medo de que as outras levem o que consideram a sua cota. Sabe aquele verso de Billie Holiday – "You can help yourself / But don't take too much" (Você pode se servir / Mas não pegue demais)? Essa música, "God Bless the Child", deveria estar lá no alto, ao lado do hino nacional, e ser cantada com a mesma frequência. Seria perfeito que essas duas músicas ficassem uma ao lado da outra – o sonho dos Estados Unidos e a verdade a respeito dos Estados Unidos.

Alguém tem mais alguma coisa a dizer sobre levar além da cota considerada justa? Olhe para os Estados Unidos e para o mundo de hoje. Nenhum país conseguiu ser mais rico ou mais poderoso do que os Estados Unidos são agora. Isso é um fato. Nenhum país oferece mais, e, ao mesmo tempo, nenhum país exige mais do resto do mundo. O que Roma era no tempo de Jesus, os Estados Unidos são hoje. Como diz a Bíblia: a César o que é de César e a Deus o que é de Deus. Os Estados Unidos ficam com o que desejam, e eles dizem que esta é a coisa certa a fazer, não pensando nas consequências.

Meu pai era o olheiro da família – ele foi o primeiro a inspecionar São Francisco, por volta de 1960, tocando por alguns meses na cidade, antes de voltar para casa. No ano seguinte, ele encontrou um emprego regular no Latin American Club, no bairro de Mission District – sem nenhuma conexão com o Club Latino Americano de Tijuana. Com a ajuda do proprietário do clube, Tony Mares, ele montou uma das primeiras e autênticas bandas de mariachis de São Francisco, recrutando quando necessário profissionais de Bay Area e de Tijuana. Do mesmo modo que havia feito no México, o grupo do meu pai tocava em casamentos e em outras cerimônias importantes, e sua agenda era cheia. A comunidade mexicana de São Francisco estava crescendo rapidamente naquele momento. Ele se uniu a Tony e à sua esposa, e, no fim, eles se tornaram nossos fiadores, ajudando-nos a vir para os Estados Unidos.

A decisão de minha mãe de se mudar foi gradual, com inúmeros passos preparatórios – minha irmã Irma lembra que meu pai nos colocou para fazer aulas de inglês com um professor particular em Tijuana. Em uma determinada época, minha mãe foi para São Francisco, a fim de tomar conta dos filhos do casal Mares por alguns meses e ajudar a cuidar de sua casa – em outras palavras, para ser a Chepa deles.

Tenho certeza de que foi aí que minha mãe se convenceu. São Francisco pode ser muito sedutora, porque é bonita de uma forma que San Diego e Los Angeles não são. Ela foi até o Golden Gate Park e chegou a visitar outros lugares na cidade. Para minha mãe, Los Angeles parecia Tijuana, só que mais lotada. São Francisco tinha a ponte, a baía e as montanhas. Tinha bairros em que as pessoas viviam lado a lado, com pessoas e sabores internacionais – Chinatown, Japantown, a parte italiana. De certa forma, era o mundo, e não apenas os Estados Unidos.

Por volta de 1961, Tony estava prestes a atravessar a fronteira. Ele deixara de ser mecânico no México para trabalhar em uma fazenda na Califórnia. Ele me disse que foi o trabalho mais difícil que já havia feito em sua vida – acordar de madrugada, ficar abaixado o dia inteiro, até entrar em colapso todas as noites, de exaustão, fazer aquilo novamente no dia seguinte, e enviar o pouco dinheiro que ganhava para minha mãe.

Ela e meu pai haviam feito um plano para a família toda. Em 1962, eles começaram a colocá-lo em ação – não havia como detê-los. Eles economizaram o máximo possível, e meu pai passou a procurar um lugar para nós em São Francisco. Minha mãe nos contou o que estava acontecendo, e minhas irmãs reclamaram – elas eram adolescentes, jovens adultas. Algumas já tinham namorados naquela época. Para mim, era como se eu já tivesse me juntado ao circo. Eu já estava distante das questões familiares – cumprir tarefas, ir à escola e ser uma criança normal. Eu ficava fora a noite toda, tocando blues e assistindo às mulheres tirarem suas roupas.

A atitude de minha mãe era: vocês podem vir comigo para São Francisco ou ficar aqui, mas eu estou indo embora. Exceto por mim, ninguém escolheria ficar. O poder da família era forte – mais forte do que qualquer namorado.

Enquanto isso, minha mãe começou a providenciar os documentos de imigração para nos levar aos Estados Unidos. Ela conheceu uma mulher cega em Tijuana que tinha uma máquina de escrever e se estabelecera na praça, perto da catedral de Nossa Senhora de Guadalupe. Ela já fizera a mesma coisa para muitas famílias mexicanas, de modo que conhecia toda a rotina – não importava que ela fosse cega. "Qual é o nome do seu pai? Nome da mãe? Quantos filhos? Fiador?" Lembro que o dinheiro que eu ganhava em El Convoy ia diretamente para aquela mulher, para que ela aprontasse todos os formulários.

Minha mãe assinou os documentos e os entregou no escritório do governo norte-americano. Meu pai e Jorge foram os primeiros a seguir para o norte, na metade do verão de 1962, ficando hospedados em um pequeno quarto, acima do Latin American Club. Jorge me disse que, um dia, o Sr. Mares bateu à porta e falou que ele precisava descer e limpar o lugar. Ele varria e encerava o chão, e à noite chorava até pegar no sono, ouvindo o violino de nosso pai e desconhecendo o paradeiro de sua família. Ele tinha apenas 10 anos na época! Perto do fim da primavera, Tony se juntou a eles. Em seguida, Laura e Irma saíram de Tijuana, e, finalmente, minha mãe chegou com Leticia e Maria – deixando para trás nossa última casa no México, na calle Quinta. Todos viviam juntos naquele pequeno apartamento em cima da boate em São Francisco.

Eu aguentei até o fim do verão, tocando no El Convoy. Fiquei em um lugar perto do centro, com um primo da minha mãe. Eu lhes dava dinheiro para comida e para lavar minhas roupas, mas não fiquei muito tempo por lá. Era apenas casa e comida, e eu não queria ir a lugar algum. Eu gostava do que tinha em Tijuana – a música, os shows, tocar blues e R & B, e me entrosar com a guitarra.

Então, minha mãe voltou de São Francisco com Tony para me pegar, e era isso aí – nenhuma argumentação nem discussão. Eu tinha que ir. Como acontecera antes, meu aniversário marcou uma grande mudança em minha vida. Eu tinha acabado de completar 15 anos, e lá estava eu em um carro, atravessando a fronteira até San Diego, e, em seguida, percorrendo o longo trajeto em linha reta pela I-5 até São Francisco. A viagem durou muito menos tempo do que a de Autlán – eram apenas dez horas de estrada naquela época, ou um dia longo. As estradas dos Estados Unidos também eram muito melhores do que as no México – lisas e velozes. Lembro de comer ketchup e bolachas Ritz para que pudéssemos ter dinheiro suficiente para colocar gasolina no carro.

Em 1962, não havia muitas coisas em São Francisco que pudessem alterar o meu estado de tristeza. De qualquer maneira, não no início. Deixei de trabalhar como músico em tempo integral nas ruas para virar estudante em tempo integral na escola local – a James Lick Junior High, na Noe Street. Além disso, eles me fizeram regredir um ano, porque eu não falava bem inglês, e então fui colocado em uma turma com alunos entre 13 e 14 anos. Eu saía com caras que tinham entre seus 20 e 30 anos, tocando músicas como "Stormy Monday Blues". De repente, toda aquela baboseira infantil estava de volta, e a música da moda era Jan and Dean e os Beach Boys, aquele tipo de surf music, e eu nem sequer sabia nadar.

Assim como aconteceu em Tijuana, começamos a nos mudar de um lugar para outro quase imediatamente. Deixamos de viver em cima do clube onde meu pai tocava para morar em um pequeno apartamento fedorento na 3rd Street com Bryant, no que era, essencialmente, o gueto negro, ao lado da American Can Company – uma área que eles chamavam de China Basin.

Para nós, foi muito difícil no início – eram muitas e muitas lágrimas. Quando o ano letivo de 1962 começou, de repente, todos nós, as crianças, tivemos que aprender a ir para a escola, a fazer novos amigos, e era preciso fazer tudo isso em inglês. Meu pai se sentava com cada um de nós, nos dava dinheiro suficiente para o ônibus, e nos explicava os itinerários das linhas. "Eu só vou explicar uma vez, peguem o ônibus de número tal e desçam na rua tal, e peguem este outro ônibus e troquem para este outro ônibus." Ficávamos apavorados e confusos. Irma e Leticia ficaram totalmente perdidas no primeiro dia. Jorge e Maria só precisavam caminhar mais alguns metros no mesmo quarteirão, já que eles estavam no primário – mas eram discriminados por serem mexicanos. Eles não entendiam: da última vez em que haviam frequentado uma escola, todo mundo era mexicano! Jorge, que realmente nunca tinha visto o cabelo de um garoto negro antes, cometeu o erro de tocar na cabeça de um menino. Ele pagou por esse erro por muito tempo.

Não nos ajudava em nada o fato de haver uma lacuna linguística e cultural entre nós e os nossos vizinhos, e de haver um novo conjunto de regras de convivência nas ruas a ser aprendido. Se três ou quatro caras me cercavam no caminho para a escola e exigiam o meu dinheiro do almoço, eu esvaziava o meu bolso.

De qualquer maneira, no meu primeiro dia em James Lick, meus bolsos já estavam vazios, pois minha mãe e eu não sabíamos que era preciso levar dinheiro para comprar o almoço, ou que era preciso levar comida. Quando chegava a hora do almoço, todos iam para o refeitório. Eu não estava a fim de pedir comida para ninguém, e então saía para observar as pessoas jogando basquete ou fosse lá o que estivessem fazendo. E lá estava eu de novo – faminto, irritado, triste.

Um pouco depois, bem antes de voltarmos à sala de aula, um cara chamado Bruce apareceu no meu caminho com dois de seus seguidores. Eles sabiam que eu era novo, e começaram a me provocar com frases do tipo "O que você está olhando?". Eu não precisava saber inglês tão bem assim para saber o que fazer. "Você quer se encontrar depois da escola?" Eu disse: "*Sí, por qué?* Vamos fazer isso agora!" O amigo dele dizia: "Vá em frente, Bruce, chute o traseiro dele", como se eles estivessem tentando reunir forças ou algo assim, e eu fiquei pensando: "Por que diabos eles estão esperando?"

Então, eu simplesmente o agarrei e o joguei contra os armários – *bam!* Eu gritei: "Cara, eu vou chutar o seu traseiro, e depois vou chutar o traseiro dele." Todo mundo deu um passo atrás, fazendo "Epa!". Em seguida, os professores vieram e nos separaram, e voltamos para a aula. Mas, de imediato, a minha reputação passou a ser esta: "Aquele mexicano maluco – não brinque com ele." O mau humor, a fome e a irritação de estar naquele lugar – tudo isso ajudava.

Tínhamos avaliado um ao outro, e no dia seguinte Bruce veio ao meu encontro e começamos a conversar, até que chegamos ao tema música, e ele disse: "Você toca?" Eu disse que tocava blues na guitarra e ele me disse que gostava de doo-wop. "O que é isso?"

"Você sabe, música do tipo shoo-be-doo, como 'In the Still of the Night'."

Fui até a casa dele ouvir alguns discos, e nos tornamos amigos. A música me fez passar por todos os tipos de circunstâncias.

Algumas outras coisas boas aconteceram naqueles primeiros dias na escola. No dia em que enfrentei o valentão, uma menina veio até mim e disse: "Oi. Você é novo por aqui, certo? Você ainda vai lutar com o Bruce?" Seu nome era Linda Houston. Os meninos e as meninas passavam o recreio em locais diferentes, e ela tinha ouvido falar que isso ia acontecer. "Ele é o maior valentão na escola." Ou seja, ela estava querendo me alertar sobre isso. Poucos dias antes, eu havia encontrado outra menina na formação que fazíamos todas as manhãs – Yvonne Christian –, e ela era a melhor amiga de Linda. "Então, qual é o seu nome?", ela perguntou. Eu respondi.

"Antena de carro?"

"Não – Carlos Santana."

"Ah!"

Linda e Yvonne tinham uns 13 anos quando as conheci, eu tinha 15, e isso faz uma grande diferença nessa idade. Elas foram dois dos anjos que apareceram em minha vida no momento certo para me orientar quando precisei de ajuda. Nós nos tornamos amigos para a vida toda – não tanto no ensino fundamental, mas no ensino médio ficamos muito próximos, e elas acabaram me ajudando a ficar mais confiante com o meu inglês e a me sentir mais confortável em um lugar novo e estranho.

Somos amigos íntimos até hoje – é incrível como as coisas funcionam. A amizade e a lealdade delas significaram mais para mim do que eu realmente sou capaz de explicar sem parecer sentimental e piegas. Mesmo quando ficamos sem nos falar por alguns anos, quando nos encontramos novamente é como se tivéssemos acabado de desligar o telefone. Hoje em dia, Linda está casada com o meu velho amigo Michael Carabello, percussionista de conga da primeira formação da banda Santana, e Yvonne não sabe disso, mas há um tempo escrevi uma música inspirada nela, que eu ainda tenho que terminar – "Confidential Friend". Agora, acho que precisarei concluí-la.

Foi durante aqueles dois meses de 1962 que também conheci dois norte-americanos de origem mexicana que viviam em Mission District e estavam envolvidos com música. Um deles era Sergio Rodriguez, que tocava baixo – nós o chamávamos de Gus. Ele trabalhava na mercearia de seu pai, cortando carne na seção de açougue. O outro era Danny Haro, que tocava bateria. Tony tinha conseguido um emprego na fábrica de tortilla da família de Danny e se tornou amigo de Lalo, primo de Danny – o pai de Danny também era dono de um restaurante e de alguns outros negócios. Tony tinha feito comentários sobre o meu jeito de tocar guitarra e me apresentou a Danny. Lembro de ir até a casa de Haro – sua família tinha dinheiro, e então ele tinha uma bateria incrível e discos de músicos como The Royals, Little Willie John – o que havia de melhor em música negra. E eu dizia: "Ei, Danny, pode me emprestar seus discos?"

"Claro, só não arranhe." Muitos de seus amigos também eram negros. Ele inclusive alisava o cabelo.

Eles tocavam algumas músicas bregas e idiotas, como aquelas coisas de Elvis Presley. Também tinham um guitarrista principal muito bom, mas ele não era páreo para mim. Nós nos reunimos algumas vezes para fazer algumas improvisações, e eles piraram, porque eu conhecia todas aquelas músicas e conseguia tocar os acordes e uma grande quantidade de clássicos. Vou ser sincero – resisti até lhes mostrar alguma coisa, principalmente porque eu me ressentia de ter que tocar no nível deles. Acho que fizemos dois shows juntos, mas não foi nada parecido com os shows que eu estava acostumado a fazer na avenida Revolución.

Eu não conseguia superar o fato de estar longe de Tijuana – o que eu estava fazendo na escola ao lado daqueles adolescentes, quando poderia estar fazendo música, ficar acordado vivendo a vida real? Foi uma época confusa, mas também havia uma grande quantidade de energia rolando. Não posso esquecer aquelas breves semanas de outubro, quando o New York Yankees venceu o San Francisco Giants na World Series, no Candlestick Park, a poucos quarteirões de distância de onde estávamos vivendo. Foi um dos mais longos World Series da história, por conta de toda a chuva que caía. Em seguida, nos mudamos para a Juri Street, bem ao lado do Mission District – era maior do que o apartamento da 3rd e havia uma pequena despensa onde eu me escondia para praticar guitarra.

Eu já tinha começado a estudar vários estilos de guitarra quando estava em Tijuana. Queria captar a sensação de Otis Rush, a sensação de John Lee Hooker. Mais tarde percebi o quanto eu havia sido abençoado por descobrir logo no começo estas três pessoas: Lightnin' Hopkins, Jimmy Reed e John Lee Hooker. Eles foram a base da minha formação no blues. Eu tinha alguns discos de blues, e meus amigos também, e nós os ouvíamos sem parar. Eu me deixava embebedar naquele som. Como ele conseguia sustentar aquela nota? Como ele mantinha o ritmo *e* conseguia sustentar aquela nota? E quanto àquele vibrato? Meu pai tocava violino com vibrato, mas eu me inspirei no vibrato de B. B. e Otis Rush, e ainda estou tentando acertar.

Aquela despensa na Juri Street era o único lugar calmo em nossa casa – eu ia até lá e ficava trabalhando na guitarra no escuro. Sem nenhuma distração para os meus ouvidos ou olhos. Eu descobria um riff e tentava ajustar o tom. Eu tentava sete vezes seguidas – não, ainda não foi dessa vez. Estava escuro lá dentro, por isso, era preciso aprender a confiar nos meus dedos. Oito, nove, dez – ainda não é isso. Droga!

Descobrir diferentes estilos de blues era como fazer um inventário de 777 colmeias do mundo todo e provar o mel que cada uma delas produzia. Esse é mais cremoso; esse é um pouco mais escuro. Que tal esse, meio dourado? Eu tinha preferência por estilos de guitarra vibrantes e desalinhados, como os que eu ouvia nos discos de Elmore James e Muddy Waters. Soube que eles o chamavam de gutbucket, ou cut-and-shoot [cortar e atirar]. John Lee Hooker era o rei desse estilo de cut-and-shoot. Como assim cortar e atirar? Porque nos lugares onde eles tocavam essa música, se o público não gostasse do que estavam tocando, era isso o que acontecia com eles. Algumas pessoas não queriam ouvir nenhuma espécie de blues sofisticado: "Não use nenhum acorde elaborado ou excêntrico, cara. Eu quero sujeira."

Aprendi que há guitarristas que nunca curvam as cordas – como Freddie Green, que tocava com Count Basie, e suas composições eram inacreditáveis. Mais tarde, fiquei conhecendo Wes Montgomery e Grant Green, e, em seguida, Kenny Burrell. Para mim, aqueles três viriam a representar uma espécie de inteligência elegante e descolada. As pessoas que não curvam as cordas conseguem tocar com mais agilidade. Para mim, os instrumentistas que curvavam as cordas ocupavam um lugar diferente no meu coração, porque acessavam emoções imediatas que iam além dos superlativos. Eles emitiam as notas da mesma forma que as pessoas que moldam o vidro – com fogo.

Eu insisti nisso, aprendendo canções como "Let the Good Times Roll" – da maneira como B. B. King a tocava –, "I'm Blue", de Ike Turner and the Ikettes, e "Something's Got a Hold on Me", de Etta James. Eu ficava frustrado. Eu parava, saía e dava uma volta, olhava as pessoas no parque, voltava para aquele quartinho, e tentava novamente. Parava, dava outra volta, e retornava. Eu sabia que, mesmo que quisesse, não conseguiria ficar 100% igual a eles, porque eu não era eles. Mas queria entender o que é que eles estavam acessando. Eu tinha a sensação de que não era apenas a técnica da guitarra nem o tipo de guitarra e amplificador que eles usavam. Comecei a pensar que era quem eles eram, no que eles estavam pensando quando tocavam. Quem quer que fosse – B. B., Buddy, Freddie –, algo havia acontecido na vida daquela pessoa que não havia acontecido comigo. Era isso o que fazia aquele som ser único.

Charlie Parker disse: "Se você não viver, isso não vai sair do seu sopro." Comecei a viver a minha vida, e o meu próprio som começou a sair daquele quarto e da minha guitarra. Demorou um pouco – muitos shows em Tijuana e em São Francisco. Muitas experiências de vida – crescer, sair de casa e voltar. E então, em última análise, sair de casa por uma boa causa.

Quando você emprega o seu tempo ouvindo os autênticos instrumentistas de blues, descobre que cada um tem o seu próprio som, e consegue reconhecê-los por coisas que eles fazem, percebendo, ao mesmo tempo, que eles não se repetem. Quando você realmente mergulha em um blues, é como se estivesse andando a cavalo sem sela, no meio da noite, sob a lua cheia. O cavalo parte em disparada, e ele não o derruba. Você sobe e desce, e flui ao ritmo do galope, passa por todas essas mudanças, e nunca se repete.

Inúmeros guitarristas nunca ultrapassaram um vocabulário limitado, e posso lhes dizer que aprender blues é uma tarefa para a vida toda. Todas as vezes em que eu tocar "Black Magic Woman", estarei pensando em Otis Rush, e ao mesmo tempo o meu próprio som ainda estará se desenvolvendo. Aos meus ouvidos, pouco antes de morrer, Stevie Ray tinha reunido todas as suas influências – Albert King, Albert Collins, Lightnin' Hopkins –, até o ponto em que ele finalmente soava como Stevie Ray. Levou algum tempo. Ele ia chegar lá, porque sua dedicação era enorme. Ele viveu a vida do blues.

Dois meses após o início do primeiro ano letivo nos Estados Unidos, eu tive um desentendimento grave com minha mãe. Tudo se resumiu a isto: eu vinha lhe repassando todo o dinheiro que ganhava no El Convoy muito antes de a família se mudar para São Francisco. Já fazia um ano e meio, e eram nove dólares por semana. Era um monte de dinheiro – ela escondia em uma sacola de compras. Eu sabia que grande parte daquela soma tinha que ir para a família, ou quase tudo, mas também pensava em usar uma parte do dinheiro para comprar uma guitarra nova para mim. Eu a lembrava disso várias vezes. Dizia a ela: "Mãe, você pode ficar com o dinheiro todo, mas guarde um pouco para mim, para que quando eu vir uma guitarra que eu queira, possa comprá-la."

"Sim, sim. Está bem."

Eu achava que tínhamos um trato.

Poucos dias depois do término da World Series, eu vi uma Stratocaster da qual gostei de verdade, e pedi o dinheiro à minha mãe. Havia uma loja de discos na Market Street que tinha algumas guitarras na parte de trás. Eu a vi, e sabia que era aquela que eu queria! Eu precisava tê-la.

Durante muito tempo eu vinha tocando aquela Gibson Melody Maker preta usada, que eu havia comprado por apenas 35 dólares. Ela não tinha estojo e estava com problemas de afinação. Era um bom instrumento, mas era o que se poderia chamar de uma guitarra para iniciantes.

Minha mãe me disse que gastara todo o dinheiro. No entanto, ela não apenas me disse isso, como me jogou na cara – como é que eu ousava fazer um pedido daqueles? Nenhuma polidez e, com certeza, sem sequer reconhecer o seu erro. Assim: "Precisávamos comer, eu precisava pagar o aluguel e gastei o dinheiro." Ora, que ela pelo menos me dissesse isso de uma forma civilizada. Ela não tinha diplomacia, e eu não tinha a sabedoria que tenho agora, por isso, ficamos ambos chateados.

Foi quando eu disse: "Deixe pra lá. Você quebrou a promessa que me fez. Eu vou voltar." Estava chateado e disse coisas que os adolescentes dizem e das quais me arrependo até hoje, como: "Eu não quero nem vê-la – não quero viver aqui, não quero comer a sua comida, mesmo que você me obrigue. Vou transformar isto aqui em um inferno."

O que ela poderia fazer, discutir? Ela sabia que eu estava falando sério. Então, ela simplesmente aumentou a aposta. Abriu a porta.

"Tudo bem, você pode ir. Os amigos do seu pai estão indo amanhã para Tijuana para fazer uma pausa de duas semanas. Aqui estão vinte dólares. Vá com eles." Naquele momento, meu pai ficou em silêncio – ele achava que eu tinha idade suficiente para tomar minhas próprias decisões. Eu estava ganhando dinheiro e era capaz de me sustentar.

Então eu peguei os vinte dólares, embalei as minhas coisas e fui embora com aqueles amigos do meu pai. Era como se toda a pressa para sair de lá me parecesse pouca, eu ainda estava com muita raiva. Mas será que eu tinha um lugar para ficar? Será que eu tinha algum show agendado? Será que os caras do El Convoy sabiam que eu estava voltando? Não, não e não.

Fizemos todo o percurso até Tijuana e chegamos à cidade no meio da noite. Estava escuro, e todos estavam fantasiados com roupas de diabo e esqueleto. Nos Estados Unidos, era época de Halloween – no México, estávamos no meio das comemorações do Dia de Finados. Eu saí do carro e fiquei ali, bem no meio do centro de Tijuana. Foi assustador e estranho, e foi aí que me dei conta. Pela primeira vez na minha vida, eu estava sozinho, sem uma rede de segurança. Sem poder voltar para a casa da mamãe. Era apenas eu, sentia isso – e estava com medo.

Uma parte de mim percebeu o quanto tudo parecia pequeno depois de passar somente dois meses em São Francisco. O edifício mais alto de Tijuana tinha apenas seis ou sete andares, e parecia um barraco.

Fiz uma coisa que eu nunca esperaria fazer por conta própria: fui à igreja. Fui direto à Nossa Senhora de Guadalupe, a grande catedral no centro da cidade. Entrei às 7 horas da noite, percorri todo o caminho até a frente do altar, ajoelhei-me e disse: "A última vez que estive aqui foi há alguns anos, com o meu irmão Tony. Andamos de joelhos da porta da igreja até o altar, porque ele estava com dores de dente muito intensas, e era necessário consertar os seus dentes. Paguei uma penitência naquela época, mas não lhe pedi nada, então acho que você me deve uma."

Fiquei olhando para ela. "O que vou pedir agora é que você ajude minha mãe, meu pai, minhas irmãs e meus irmãos a ficarem seguros onde eles estão. E me ajude a conseguir um emprego hoje à noite. Isso é tudo o que eu quero."

Não procurei o sacerdote nem qualquer outra pessoa. Fui direto à Virgem – isso é algo em que acredito até hoje, que a relação com as forças superiores deve ser a mais direta possível. Há momentos em que todos nós precisamos de um abraço espiritual, em que precisamos nos reconfortar do medo e ser lembrados sobre a unicidade que compartilhamos com tudo o que está à nossa volta. Também aprendi sobre o poder da oração com minha mãe, e que a oração não é uma coisa unilateral. O que eu estava procurando era uma conversa.

Não foi a primeira nem a última vez que eu falaria com a Virgem. Em 2003, eu estava em turnê, e no dia em que tocamos na Cidade do México, houve uma coletiva de imprensa. Eles me perguntaram o que eu havia feito desde que voltara ao México. Eu respondi: "Ontem fui a Autlán, onde nasci, e visitei a capela onde costumava ir com minha mãe quando eu era bebê. Ajoelhei-me diante da grande figura da Virgem de Guadalupe e agradeci mais uma vez. Então, ouvi uma voz que dizia: 'Estou muito orgulhosa de você.'"

Houve uma longa pausa. "Espere aí: a Virgem de Guadalupe falou com você?", perguntaram. Acho que eles ficaram tão surpresos com o fato de eu ter ido a uma igreja quanto de eu ter me comunicado com a Virgem. Eu respondi à pergunta deles com outra das minhas perguntas. "Que tipo de relacionamento você tem com Deus, se você apenas fala e Deus não lhe responde?"

Naquela noite, saí direto da igreja para o El Convoy. Estávamos no meio da semana, e eles estavam ocupados, como de costume. Estavam todos lá – os seguranças, as strippers, os músicos. Eles se surpreenderam. Se eu cruzara a fronteira, já estava feito. Adeus, Carlos. Eles olharam para mim como se eu fosse um fantasma. "Cara, o que você está fazendo aqui?" O gerente veio falar comigo. "Você não pode estar aqui. Sua mãe nos disse que você ia com ela para São Francisco. Você precisa da permissão de seus pais, porque é menor de idade."

Essa é a parte realmente complicada da história. Eu tinha uma carta comigo, que dei ao gerente do clube. Era da minha mãe, e dizia que eu poderia voltar ao El Convoy e tocar lá. Mas minha mãe jurou até o dia de sua morte que nunca escreveu tal carta! Na verdade, ela ficava irritada quando eu abordava o assunto, e não me lembro de como consegui a carta nem quem a entregou a mim! Mas lembro de retirá-la do meu bolso e de mostrá-la ao gerente, e que o gerente a abriu e leu. "Está bem", disse ele, dando de ombros. "Bem-vindo de volta." Em seguida, ele falou para o outro guitarrista ir embora. "Vá em frente – pode subir", disse ele.

Minha sorte não parou por aí. Toquei aquela noite toda, mas eu ainda precisava de um lugar para ficar. O baterista era um cara que nós chamávamos de Tarzan. Sua tia era dona de um motel, e ele estava hospedado em um quarto extra lá – com apenas um colchão no chão, um chuveiro e um vaso sanitário.

Eu mudei para lá, e depois de um tempo, conseguimos uma pequena televisão em preto e branco. Lembro de ficar sentado lá depois de uma longa noite tocando no El Convoy, fermentando o meu cérebro com qualquer coisa que eu pudesse encontrar na TV. Nós assistíamos televisão sem parar, e em um único intervalo de três horas veríamos Mahalia Jackson cantando, Liberace tocando piano, os desenhos animados das aventuras de Rocky e Bullwinkle e, em seguida, *You Bet Your Life*, com Groucho Marx.

Lembro daquele aparelho de televisão até hoje, porque ele me ajudou a aperfeiçoar meu inglês – eu gostava especialmente de *Rawhide*, com Clint Eastwood. Em pouco tempo, meu inglês estava perfeito – quer dizer, perfeito se eu fosse um negociante de gado. Não consigo nem dizer o quanto me senti estranho em 2011, quando fui incluído no Hall da Fama da Califórnia, juntamente com um grupo de outras pessoas – incluindo The Beach Boys, Amy Tan, Magic Johnson e Buzz Aldrin. Adivinha quem veio me conceder o título? O próprio Rowdy Yates – Clint Eastwood! Ele disse algumas coisas boas sobre mim e apertou minha mão.

Fui o último a receber o título, e eu agradeci pela honra. Em seguida, com Clint e o governador Jerry Brown ao meu lado, contei o que achava dos governadores da Califórnia quando eu estava crescendo. Minhas palavras exatas foram: "Cresci na Califórnia, quando Brown e Reagan estavam aqui, não sendo simpáticos com os camponeses. Eles não estavam necessariamente em harmonia com Dolores Huerta e Cesar Chavez. Eu não aprovo a criação de aeroportos e bibliotecas para Ronald Reagan e pessoas como ele – porque elas não eram boas."

Ninguém disse nada – era possível ouvir a comida caindo dos garfos de todas as pessoas ricas que estavam presentes. Jerry não ficou feliz ao me ver falar sobre o seu pai, Pat, daquela maneira. Conhecendo a posição política de Clint, acho que ele não gostaria de ter sido visto ao meu lado naquela noite.

Huerta e Chavez eram os sindicalistas que lideravam os trabalhadores migrantes mexicanos – pessoas como o meu irmão Tony. Eles formaram a United Farm Workers e lutaram por seus direitos na década de 1960, sem conseguir nenhum apoio de Pat Brown ou de Reagan. Nos anos 1970, Jerry Brown apoiou Chavez e Huerta, de modo que a UFW o ajudou a se eleger. Jerry Brown estava de volta ao cargo de governador, mas recentemente havia vetado um importante projeto da UFW – assim como Schwarzenegger havia feito quatro vezes antes!

Em 1962, quando eu estava tocando em Tijuana por conta própria, Tony arrebentava as suas costas em Stockton – sendo explorado e mal-pago. Quase cinquenta anos depois, eu estava em Sacramento, a apenas uma hora ao norte daqueles campos, recebendo um prêmio por ser um grande californiano. Mas a luta ainda continuava. Foi por isso que disse *"Sí se puede"* naquela noite, o que tecnicamente significa "Sim, eu posso"

— e que, basicamente, era o mesmo que "Vamos vencer". Foi Huerta quem criou isso, e Chavez dizia isso o tempo todo. Eu tinha que dizer alguma coisa.

O Dia de Finados de 1962 foi a primeira noite de um longo ano sozinho, tocando blues e R & B em El Convoy. Naquela época, o clube já havia comprado a sua própria Stratocaster, de modo que eu podia tocá-la, além de ter a minha Melody Maker. Eles ainda me chamavam de El Apache. Poderia dizer que estava me aprimorando na guitarra noite após noite.

Aprendi muitas coisas durante o ano em que fiquei sozinho em Tijuana – músicas, solos, mudanças de acordes. Aprendi o que era preciso fazer para manter a afinação, porque não quero ter que me preocupar com isso quando estou tocando. Aprendi a puxar e a esticar as cordas antes de colocá-las na guitarra – uma, duas, três, quatro, cinco, seis vezes. Em seguida, afiná-las, e depois, fazer isso novamente, por três ou quatro rodadas. Você precisa curvá-las até que não haja mais nada para curvar. Você precisa lhes dizer quem é que manda.

Comecei a aprender sobre o fraseado, principalmente com os cantores. Ainda hoje, por mais que eu ame T-Bone, Charlie, Wes ou Jimi, é com os cantores, mais do que com outros guitarristas, que gosto de sair. Se eu quiser praticar ou apenas ter contato com o meu instrumento, acho que é melhor estar ao lado de um cantor. Eu não canto, mas coloco uma música de Michael Jackson e fico lá ouvindo o seu fraseado, como um míssil teleguiado – faço a mesma coisa com Marvin Gaye e Aretha Franklin. Ou com os primeiros discos de Dionne Warwick – meu Deus! Inúmeros excelentes guitarristas tocam um monte de acordes e são grandes virtuoses em termos de ritmo, e eu sei fazer isso. Mas em vez de me preocupar com os acordes ou com a harmonia, basta apenas que eu tente estar à altura das linhas melódicas de Dionne, nota por nota.

Comecei a aprender realmente a solar e a respeitar a música e a melodia. Acho que muitos guitarristas esquecem isso e ficam presos à própria guitarra, tocando uma série de notas – "improvisando a esmo", como eu costumo dizer. É como se eles estivessem tocando rápido demais para prestar atenção. Algumas pessoas vão longe dessa forma, mas, mais cedo ou mais tarde, o camarada terá que aterrissar, e será preciso tocar a melodia. Imagine se a canção fosse uma mulher – o que ela diria? Você me esqueceu? Você está com raiva de mim?

Ainda ouço o que Miles Davis costumava dizer sobre músicos que tocam demais: "Sabe, quanto menos você toca, mais lhe pagam por cada nota."

Poucos meses depois de me instalar no quarto do motel, Tarzan e eu fomos expulsos de lá, e acabei me mudando de novo para o nosso velho bairro, para morar com uma amiga da minha mãe, que não se importava que eu voltasse para casa de manhã. Minha mãe tinha deixado alguns móveis na casa dela, e então isso serviu como uma espécie de pagamento para eu ficar com a mulher. Eu me acostumei novamente com o ritmo de virar a noite, de dormir durante a maior parte do dia, de frequentar as praias e ler revistas de automóveis e *MAD* quando não estava tocando.

Sabia que não era uma vida saudável. Não é que eu estivesse fumando maconha ou consumindo alguma coisa mais pesada. Eu só estava me divertindo tanto que a vida se tornou uma grande confusão. Estava bebendo muito, e isso começou a me afetar rapidamente. Certa vez, me surpreendi acordando na rua de manhã, ainda bêbado e vendo uma senhora levar o filho para a igreja. Ela apontou para mim e disse ao garoto: "Está vendo? Se você não me escutar, vai acabar como ele." Eu podia ouvir a voz da minha mãe me dizendo que, definitivamente, eu não estava em sintonia com ela – que eu precisava voltar para casa ou estaria perdido.

Na minha cabeça, eu não estava apenas tocando blues – estava vivendo o blues. Naquela época, eu já tinha esta mesma noção: o blues não é um hobby, não é uma profissão. A melhor maneira de dizer isso é: o blues é um profundo compromisso com um modo de vida. Havia algumas outras bandas com esse tipo de compromisso – mas apenas algumas. Eu vi a Butterfield Blues Band, com Michael Bloomfield e Elvin Bishop, em 1967 – eles conheciam *profundamente* aquele som de Chicago. Em 1969, eu vi Peter Green, com o Fleetwood Mac original, os caras brancos britânicos que se concentravam em duas coisas – B. B. King e Elmore James –, e eles faziam o diabo com aquela música. Eles dominavam o som do álbum *Live at the Regal*, de B. B., quase tão inteiramente quanto o próprio B. B.! Eles viviam o blues. Eles não o estavam utilizando como se fosse algo postiço. Aquilo era tudo o que eles queriam fazer; aquilo era tudo o que eles faziam, e eles o faziam muito bem. Eu não conseguia acreditar que eles eram brancos. A mesma coisa com The Fabulous Thunderbirds. Eles eram mestres naquele som de Louisiana e nos shuffles do Texas.

Acho que a pergunta mais idiota que alguém pode fazer é se as pessoas brancas conseguem tocar blues. Se você quiser saber, vá escutar Stevie Ray Vaughan em seu auge. Tocar blues não tem a ver com a parte da cidade da qual você vem ou de que país você é. Ele não pertence a nenhuma raça. Algumas pessoas podem pensar que tocam blues, mas não tocam. Eu consigo ouvir o blues na música de Ravi Shankar e de Ali Akbar Khan. Os instrumentistas de flamenco têm o blues. Os muçulmanos cantando a Alá têm o blues. O povo judeu em suas orações tem o blues. O blues é como a canja de galinha – ele não foi inventado nos Estados Unidos, e a receita não é nossa.

No verão de 1963, eu estava ficando mais velho, me aproximando dos 16 anos. As coisas estavam mudando na avenida Revolución. Gene Ross havia desaparecido – não o vi novamente depois que voltei, nem sequer ouvi falar dele até ele ser assassinado. Javier Bátiz abandonou Tijuana em nome da cidade grande e da grande chance – para ele, isso significava a Cidade do México. Durante esse tempo, acho que a minha família se empenhou em tentar manter contato comigo, querendo que eu voltasse para São Francisco. Não me lembro de nenhuma carta enviada pela minha mãe, mas talvez ela tenha mandado, mas eu não as vi. Ou talvez eu tenha escolhido não me lembrar.

Eu não queria voltar. Anos mais tarde, minha mãe me disse: "Quando você estava em Tijuana eu fiquei muito preocupada. Eu costumava dizer a seu pai: 'Nós temos que ir buscar o Carlos', mas ele só se virava na cama e dizia: 'Não. Deixe ele crescer e se tornar homem. Você não poderá escondê-lo debaixo da saia o tempo todo.'" Meu pai, provavelmente, era como a maioria dos homens da época.

Minha mãe insistiu. Mais tarde, soube que, quando Tony foi demitido de um de seus empregos, isso lhe serviu como uma desculpa perfeita para descer até Tijuana com ele e me localizar – mas eu soube que estavam vindo e me escondi. Eles voltaram para casa, mas retornaram algumas semanas depois, no fim de agosto, quando eu estava tocando em El Convoy. Dessa vez tive que encará-los.

Cada um de nós tem uma lembrança diferente do que aconteceu. Tony me disse que ele veio dirigindo com a minha mãe e um amigo. Eles foram até El Convoy e perguntaram ao segurança se eu estava lá dentro. "Vocês querem dizer o El Apache? Sim, ele está desmaiado ali. Tirem ele daqui; ele vai morrer." Ele quis dizer que aquele estilo de vida nas boates seria o meu fim. Então, eles me carregaram até o carro e me levaram para casa.

Segundo o meu pai, eu estava um pouco mais desperto e resistente. Em 1971, ele declarou a um jornal que foi até Tijuana com a minha mãe, Tony e uma outra pessoa, me encontrou no El Convoy, e que eles usaram todos os seus poderes de persuasão familiar para me convencer a ir para casa. "Nós não o forçamos... nós o convencemos pelo choro."

Na minha memória, minha mãe, Tony e seu amigo Lalo apareceram por lá de repente, e eu lutei até o fim contra a ideia de voltar com eles. Minha mãe sabia o que era preciso fazer quando chegasse ao El Convoy. Ela pediu que Tony ficasse na porta dos fundos, enquanto ela entrava pela porta da frente. Eu estava no meio de uma apresentação, mas assim que a vi no meio do salão – *pá!* –, saí correndo como um foguete pela porta dos fundos, onde Tony estava à minha espera. Ele me agarrou e me levantou do chão, enquanto meus pés ainda se mexiam. Eles basicamente me sequestraram – bateram na minha bunda, me colocaram no carro e me trouxeram de volta a São Francisco.

O único ponto em que todos concordamos foi que fiquei em silêncio durante todo o caminho de volta – apenas bufando de raiva. Nós também tivemos a mesma opinião sobre levar comigo apenas minha Melody Maker e o meu amplificador – nada mais do que isso.

Mas, realmente, do que mais eu precisava?

CAPÍTULO 5

Banda que tocou no Cow Palace e foi lançada no The Fillmore.
Com Danny Haro e Gus Rodriguez, 1964

Música e sexo – essas eram as duas coisas que faziam mais sentido para mim quando eu estava na escola, crescendo. Era nisso que eu queria investir o meu tempo e o meu espírito. A guitarra tem a forma de uma mulher, com um pescoço que você segura e um corpo que você abraça. Você pode fazer os dedos passearem pelas cordas para cima e para baixo, mas tem que ser delicado e saber o que está fazendo, especialmente se a guitarra for elétrica.

Se eu fosse um saxofonista, durante todo o dia ficaria ouvindo o som de Lester Young e Coleman Hawkins, Ben Webster e Dexter Gordon, Pharoah Sanders e Gato Barbieri. Precisava ouvir um certo timbre, para que pudesse mergulhar nele. O saxofone tem um som muito masculino.

O timbre da guitarra elétrica é diferente – não existe outra hipótese. Ele parece um som feminino – a menos que alguém esteja tocando como Wes Montgomery. Para mim, Wes produzia um som paternal, gentil e sábio, como a voz de Nat King Cole. Mas quando um guitarrista quer demonstrar ousadia e sensualidade, basta copiar a maneira como as mulheres andam e falam, curvando as notas na guitarra elétrica.

Acredito que o som da minha guitarra é feminino – ela tem um som melódico e feminino, não importa o quanto de grave eu coloque nela. É a minha natureza – a minha marca pessoal. Eu aceitei isso. Para mim, é algo poderoso expressar a sabedoria das mulheres como uma mulher faria, com toques femininos.

Tudo começou com o meu pai me ensinando como chegar ao âmago de uma nota, a penetrá-la tão profundamente que não existiria outra saída a não ser deixar suas impressões sobre ela. Você saberá se está funcionando se aquilo estiver atingindo o seu público. Se você não sentir isso, seu público também não sentirá. Com o violino, eu conseguia fazer isso quando tocava "Ave-Maria" na igreja. Eu poderia dizer que as pessoas estavam sentindo o abraço que eu colocava em cada nota. Ora, todo mundo precisa de um abraço. Aprendi sobre os legatos e as notas longas, e a saber quando usar a *sustentação e quando tocar uma nota que soasse como um abraço carinhoso. Mas com a guitarra eu senti que poderia ir mais longe. Quero dizer, os abraços existem, mas também existem aqueles que enfiam uma língua na sua orelha. Era isso o que eu queria ser capaz de fazer – e a guitarra me ajudou a chegar lá.*

Por algum tempo, foi difícil estar de volta a São Francisco. Cumpri minha promessa feita no ano anterior – me tranquei no quarto e me recusei a comer. Quando finalmente saí, minha mãe já estava farta. Ela me deu outra nota de vinte dólares e disse: "Você pode voltar, mas desta vez não iremos buscá-lo." Peguei o dinheiro e caminhei até a Mission Street, mas nesse momento refleti sobre o que estava fazendo. E pensei novamente. Devolvi o dinheiro e disse: "Não. Eu vou ficar." Foi a única vez em que me senti assim. Em todas as outras vezes, a empolgação pela música e pelo aprendizado foi mais importante para mim do que uma obrigação em relação à família. Essa é a mais pura verdade.

Meu pai tentou me animar: "Filho, neste país você pode ter um futuro melhor. Há um monte de bons músicos aqui." Eu sabia disso. Até então, todos os meus heróis eram norte-americanos – B. B. King, John Lee Hooker, Lightnin' Hopkins, Muddy Waters. Eu estava morrendo de vontade de ouvi-los e de conhecê-los. Mas eu teria que esperar – primeiro, seria preciso voltar à escola. Mas eu não estava pronto para isso – não depois de um ano na avenida Revolución. Eu ainda não conseguia passar de ano, e naquela época eu já estava com quase 16, e me sentia ainda mais velho do que os outros alunos.

Era bom ter a companhia dos meus amigos – Linda, Yvonne, Danny e Gus –, sair e tocar música com eles. Eles me ajudaram a seguir em frente, a manter aceso o meu desejo de permanecer nos Estados Unidos. Eles aceitaram o meu retorno como se não fosse nada de especial. "Tudo bem, você desapareceu no ano passado, mas agora está de volta. Sem problemas."

Mas e a escola? Minha mente estava sempre em outro lugar. A única coisa que eu lembro que gostava de fazer era desenhar. Linda conta que gostava de se sentar ao meu lado na sala de aula e me ver fazendo desenhos grandes e complexos – coisas de heróis de ação. Naquela época, eu estava muito interessado nas histórias em quadrinhos. Então, não muito tempo depois de voltar – apenas algumas semanas –, lembro que Kennedy foi baleado e o mundo inteiro ficou em estado de choque. Tudo parou. Eu já sabia que este país não era o que parecia ser nos filmes, mas não sabia que ele poderia ser tão desagradável e perigoso. Naquela época, eu apenas aceitei a notícia. Mas voltar para os Estados Unidos e deparar com isso foi algo brutal.

Naquela fase, estávamos vivendo em um apartamento na 14th Street, no meio do Mission District – o terceiro lugar em que moramos em São Francisco. Ainda era pequeno, mas o apartamento era maior e melhor do que o da Juri Street, e o bairro estava um pouco mais organizado e misto. As coisas estavam se ajeitando ali, mas algumas vezes poderiam ficar rapidamente tensas, até mesmo com o meu irmão Tony. Por um lado, sei que ele tinha muito orgulho de mim e gostava de se gabar: "Puxa, você precisa ver o meu irmão. Ele vai chegar de Tijuana e vai te mostrar. Esses caras só tocam porcaria – isso não é nada, cara." Por outro lado, foi ele quem me colocou no carro e não me deixou ficar em Tijuana. E quando ele bebia, podia se tornar mau e me aborrecer. Normalmente, eu só respirava fundo e olhava para o chão, porque ele sabia lutar de verdade.

Certa vez, Tony e seus amigos tinham saído para beber, e ele chegou em casa querendo dormir, mas minhas irmãs e eu estávamos assistindo à parte final de algum filme de vampiros. "Desliguem a televisão", disse ele, e então simplesmente a desligou. Laura se levantou e ligou o aparelho novamente. "Ei, já está quase acabando. Qual é o seu problema?" Tony foi novamente até a televisão, mas como estava embriagado, bateu na minha irmã. Eu não podia deixar isso passar. Acertei um soco em cheio no seu olho e peguei uma cadeira para me defender, porque sabia que precisaria fazer isso. A casa toda parou – minha mãe ficou apenas observando a cena acontecer. Tony ficou olhando para mim, sem fazer nada, e eu fiquei pensando que eu era um idiota, porque naquela época nós dividíamos a mesma cama! O que eu ia fazer, dormir na beira da cama?

Na hora em que ele colocou um bife cru sobre o olho, tudo já tinha se acalmado. Mas Tony não estava satisfeito. "Entendi o que você fez, estava protegendo sua irmã. Mas nunca mais me bata novamente, cara."

Eu nem sequer pensava em fazer isso, mas apenas algumas semanas depois, Tony entrou no nosso quarto com alguns amigos. Eles tinham bebido de novo. Um deles – o Lalo – sentou na cama, bem em cima da minha guitarra – *snap!* Imediatamente, o instrumento se partiu em dois. Era a Melody Maker, mas, mesmo assim, eu fiquei louco e estava disposto a brigar de novo. De alguma forma eles me acalmaram.

Isso aconteceu em uma sexta-feira. Na segunda-feira seguinte, quando cheguei em casa da escola, Tony havia me comprado uma guitarra e um amplificador novos em folha. Era uma bela Gibson SG branca, com um braço tremolo. A Gibson tinha começado a fabricá-las em 1961. Eu peguei aquela guitarra – comecei a cheirá-la, a tocá-la. Eu não estava acreditando. Era o mesmo tipo de Gibson com a qual eu tocaria em Woodstock – uma SG, mas de um modelo posterior e de uma cor diferente.

Tony passou a ser o meu herói novamente. Meus olhos começaram a lacrimejar. Então ele disse: "Ei, Carlos, eu dei apenas a entrada. Você terá que pagar o resto. Vou levá-lo até o local em que estou trabalhando para que você possa aprender a lavar pratos e ganhar o dinheiro para saldar a dívida."

Foi assim que comecei minha carreira como lavador de pratos no Tic Tock Drive In. Eu trabalhava na unidade que ficava na esquina da 3rd com a King, no mesmo quarteirão de nosso primeiro endereço em São Francisco. Havia cinco daquelas lanchonetes em toda a cidade – elas eram populares e ficavam abertas até tarde, e, no fim, muitos de nós acabamos trabalhando em uma ou outra – Tony, Irma, Jorge e eu. Alguns de nós também alternávamos turnos na La Cumbre, a taqueria da Valencia Street que pertencia à família de Danny Haro. Minha mãe trabalhava menos – ela já estava ocupada com o papel de mãe – e meu pai continuava com seus shows regulares no Latin American Club. Aqueles que ainda estavam na escola e tinham idade suficiente, cumpriam as suas rotinas – acordavam cedo, faziam tortillas na La Cumbre, iam para a escola, voltavam para casa, comiam e, depois, seguiam para o emprego no Tic Tock.

Os donos do Tic Tock eram homens brancos, e o engraçado é que, na maior parte das vezes, eles nos tratavam melhor do que os donos dos restaurantes mexicanos nos quais poderíamos ter trabalhado, como o La Palma. E, do ponto de vista financeiro, era definitivamente melhor do que amassar tortillas – foi por isso que Tony começou a trabalhar lá.

Isso não quer dizer que era perfeito. Lembro de um dia em que Julio, um dos gerentes, entrou na cozinha. Era uma quarta-feira – dia dos barcos de banana –, o que significa que um grande número de pessoas estava nas docas, bem perto da lanchonete, descarregando bananas para toda a cidade, e o lugar ficava lotado. Mas de alguma forma o motorista que deveria entregar as rosquinhas naquela manhã não apareceu. Mais uma vez.

Julio veio na minha direção. "Carlos! Diga ao seu irmão que as rosquinhas não chegaram de novo e nós precisamos delas para a correria do café da manhã. Será que ele pode ir pegar algumas imediatamente?" Ele falou aquilo tudo em inglês. Tony não fala inglês tão bem assim, mas entendeu perfeitamente. Ele não pestanejou. Continuou a lavar os pratos e respondeu em espanhol, pedindo que eu dissesse a Julio que ele já tinha feito o favor de ir buscar as rosquinhas há duas semanas e que, segundo o seu sindicato, aquela não era uma tarefa que pudesse ser exigida dele, e que ele nunca havia sido reembolsado pela gasolina que gastara da última vez.

"O que foi que ele disse?" Então eu tive que traduzir, e àquela altura todos os outros funcionários já tinham parado o que estavam fazendo e estavam nos observando. "Sério? Ele tem certeza disso?" Então, meu irmão disse: "*Dile que se vaya a la chingada*", e me pediu para traduzir palavra por palavra.

"Tem. E ele também está mandando você se foder."

Eu achei que alguma coisa ia acontecer, mas não. Naquele dia, Tony me ensinou que era importante não apenas ser um bom trabalhador, mas também conhecer o seu valor. Conhecer o seu poder, e, se necessário, demonstrar uma integridade monstruosa. Três de nós trabalhávamos lá naquela ocasião – Tony, Irma e eu. Se Julio tivesse demitido qualquer um de nós, todos os três teriam ido embora juntos. Com rosquinha ou sem rosquinha, os Santana lhes deram um ótimo exemplo.

Aprendi outras lições no Tic Tock. Havia um cafetão mal-encarado que aparecia por lá tarde da noite, vestido com um terno de risca de giz e chapéu panamá. Ele sempre estava acompanhado pelas melhores mulheres, dirigia um Cadillac, essa coisa toda. Quando ele entrava, todos os funcionários paravam e ficavam olhando. Ele tinha uma rotina: primeiro fazia com que as mulheres se sentassem, se certificava de que tinham recebido os cardápios e, em seguida, colocava algumas moedas na jukebox.

Certa noite ele chegou, fez o que sempre fazia, e um caminhoneiro caipira entrou com o seu rádio sintonizado em uma transmissão de um jogo do Giants – "Estamos na parte final, e o arremesso...". Em um volume altíssimo. O cafetão foi até ele e disse educadamente: "Desculpe, eu acabei de colocar algumas músicas. Gostaria de saber se você poderia abaixar um pouco o volume do rádio." O cara olhou para ele e apenas aumentou ainda mais o volume.

Estávamos todos parados naquele momento. Toda a lanchonete observava, pensando que aquilo se transformaria em uma briga. O cafetão – de forma bastante tranquila e rápida – pegou o rádio em suas mãos, o atirou com força no chão, e em seguida, pisou sobre ele com o salto de seu sapato. O rádio se espatifou em pedaços. Então ele enfiou a mão no bolso – nós esperávamos que ele fosse sacar uma arma ou uma faca – e tirou um enorme maço de dinheiro. Ele puxou uma, duas, três notas, e as colocou na frente do caminhoneiro. "Isto cobre, cara. Sei que agora você vai me deixar ouvir a minha música." O rosto do homem ficou vermelho. Ele sabia que era melhor ficar calado.

O Tic Tock foi o lugar onde fiquei conhecendo, pela primeira vez, a comida norte-americana – hambúrgueres, batatas fritas, bolo de carne, sanduíches de peru frio. A minha favorita era costeleta à milanesa com purê de batatas – eu comia isso o tempo todo, e ainda adoro. Hoje, quando estamos em turnê e temos uma noite de folga na Áustria ou na Alemanha, todo mundo sabe que eu vou pedir Wiener schnitzel, mesmo que não esteja no cardápio.

A coisa mais bonita do Tic Tock era a jukebox. Coloquei muito dinheiro naquela coisa apenas para tornar suportáveis as tarefas de lavar os grandes potes e panelas cheias de molho e limpar os pisos com água fervente e Clorox. Aquela jukebox me ajudou a manter a sanidade naqueles primeiros anos em que trabalhei lá. Tinha Jackie Wilson, Chuck Jackson, Lou Rawls, Solomon Burke, The Drifters. E também aquelas primeiras estrelas da Motown – Mary Wells, Martha and the Vandellas, Marvin Gaye. Era diferente de Tijuana – mais sofisticado e mais influenciado pela música soul. Algumas daquelas músicas transmitiam uma sensação gospel, como Solomon Burke. The Impressions cantando "Say it's all right... It's all right... It's all right, have a good time, 'cause it's all right.".

Stan Getz e Cal Tjader estavam naquela jukebox – foi a primeira vez que apreciei verdadeiramente o jazz. Havia também música latina, com ritmos afro-cubanos – Tito Puente, Mongo Santamaría. "Watermelon Man!"

São Francisco era como aquela jukebox. Na verdade, São Francisco *era* uma jukebox. O Mission District estava cheio de clubes noturnos, e eu tinha amigos que tinham aparelhos de som. E em São Francisco como um todo havia muitos clubes e emissoras de rádio que tocavam vários estilos. A KSOL – "Kay-Soul" – era uma das estações negras da cidade. Foi ali que Sly Stone se lançou como DJ. "Ei, vocês que são antenados..." Ele já tinha o seu próprio estilo desde cedo. Certa vez, tarde da noite, ouvi um órgão fabuloso de jazz na KSOL – alguém chamado Chris Colombo tocando "Summertime" e simplesmente arrasando. A KSOL chamou minha atenção para Wes Montgomery, Bola Sete, Kenny Burrell e Jimmy Smith. Eles tocavam *muito* Vince Guaraldi.

Em Tijuana eu ouvia canções como "Stand By Me" – músicas básicas do R & B. De repente, em São Francisco, passei a ouvir Johnny Mathis cantando "Misty" e Lee Morgan tocando "The Sidewinder" – uma coisa mais moderna. A cidade era uma fonte inesgotável de música – muito mais do que eu esperava. Comecei a ouvir falar de clubes nos quais mais tarde eu tentaria me infiltrar – como o Jazz Workshop, descendo toda a Van Ness até a Broadway, perto da área de North Beach. Alguns metros adiante ficava El Matador, onde eu ouviria Cal Tjader e Vince Guaraldi pela primeira vez e, posteriormente, Gábor Szabó. No El Matador foi onde ouvi o incrível guitarrista brasileiro Bola Sete, pela primeira e única vez. Ele era um fenômeno – lamento nunca ter tido a chance de passar um tempo e realmente conviver com ele. Comecei a ouvir falar do Cow Palace, na Geneva Avenue, em Daly City, onde todos os grandes shows aconteciam.

Lembro que durante aquele primeiro ano em São Francisco fiquei sabendo de um show em San Jose que contaria com B. B. King, Bobby Bland *e* Ray Charles – meus amigos e eu ficamos: "Ah, *que merda!*" Eu nunca tinha esfregado pratos, panelas e frigideiras tão rápido quanto naquela noite. Assim que saí do trabalho, partimos a toda velocidade do Tic Tock e chegamos ao local a tempo de ouvir a última nota e os aplausos que se seguiram. "Ah... *que merda.*"

O blues ainda era a minha praia, não se enganem. Aquele apartamento da Juri Street era onde eu me escondia naquela pequena despensa, no escuro, apenas a minha guitarra e eu, tentando descobrir como B. B. conseguia aquele timbre ou Otis emitia aquela nota. Eu ainda fazia esse tipo de coisa na nossa nova casa. Jorge diz se lembrar que eu vivia estudando, estudando, estudando – trabalhando no meu som.

Em pouco tempo, também fiquei conhecendo as lojas de guitarra da cidade – observar todas as guitarras e equipamentos novos era essencial para mim. E é claro que eu ainda estava tocando e saindo com Danny e Gus. Tínhamos a nossa pequena banda sem nome. Fazíamos nossos pequenos shows, tocando em festas e bailes. Ouvindo as músicas recém-lançadas e decidindo quais nós gostávamos e quais gostaríamos de aprender. Antes de voltar para Tijuana, em 1962, eu evitava lhes mostrar qualquer coisa. Eu não queria ser professor. Mas, quando voltei, sabia que, se eu quisesse tocar, precisaria engolir meu orgulho e lhes ensinar um repertório. A coisa boa disso é que eu podia escolher as músicas, e então eu os afastei de surf music e dos Beatles. Aprendemos as músicas de James Brown e Etta James juntos, e eu lhes ensinava canções que eu conhecia de El Convoy, incluindo "You Can Make It If You Try".

Era tudo muito divertido, foi quando realmente comecei a ser adolescente e a fazer coisas de adolescente. Lembro que Danny tinha um Corvette verde. Nós dirigíamos pela península até uma das lanchonetes A&W que havia ao longo da costa, comprávamos vaca-preta feita com *root beer* e alguns hambúrgueres, ouvíamos a melhor música no som do carro e, em seguida, voltávamos e íamos tocar no porão de sua casa. Lembro também que durante muito tempo, o pai dele não gostava de mim. Ele me olhava como se eu fosse má influência para o filho. Eu não acho que fosse.

Comecei a notar a diferença entre o que estávamos ouvindo e tocando e o que a maioria das outras bandas estava ouvindo e tocando. Fizemos um show no Stonestown YMCA, no mesmo programa que um grupo de caras brancos que tocavam estritamente músicas dos Beach Boys. Nós apresentamos músicas de Bo Diddley e Freddie King, e ninguém conhecia nada daquilo. No caminho até lá, lembro de uma canção que tocou no rádio – era a primeira vez que eu ouvia Stevie Wonder: "Fingertips, Part 1" e "Fingertips, Part 2". Droga!

Em 1963 e 1964, eu estava começando a ficar por dentro de tudo o que acontecia em São Francisco – ia para cima e para baixo nas ruas, observando os edifícios, a ponte e aquela linda baía. Em casa, lembro que Jorge tinha começado a mexer com guitarra, e minhas irmãs ainda continuavam colocando seus discos, dançando ao som da Motown e de músicas latinas populares na época – Celia Cruz, e um cara chamado

Tito Puente. Para mim, São Francisco era um incrível turbilhão de novidades.

Se pareço estar evitando falar sobre a escola, é porque eu estava fazendo exatamente isso – evitando-a. Era difícil, pois eu era obrigado a mudar a chave novamente para o inglês, e quando eu não entendia a terceira ou a quarta palavra de cada frase, ficava muito frustrado. Eu não era o melhor aluno e não gostava da maioria das minhas aulas, exceto por uma aula de inglês em que havia uma professora belíssima que usava uma saia curta e costumava cruzar as pernas. De repente, eu estava mais interessado nela do que havia estado em qualquer uma das dançarinas de Tijuana. Eu ficava sonhando acordado, e meu corpo jovem reagia como era de se esperar, a natureza fazendo o seu trabalho, e houve uma vez em que ela me pegou em flagrante.

"Carlos, quero que você venha até o quadro-negro e escreva isso." E eu respondi: "Hmm, não." Ela insistiu, e a turma toda ficou olhando para mim. Então eu me levantei, tentando me ajeitar. Mas não estava funcionando, e todo mundo começou a se rachar de rir. O que posso dizer? Era o ensino fundamental.

Meu inglês ia se aprimorando espontaneamente. Onde quer que eu fosse – à escola, ao Tic Tock, aos ensaios da banda, às casas dos meus amigos –, sempre falava inglês. Quando eu conversava com Linda e Yvonne, elas não tinham nenhum problema em me corrigir. Falávamos o tempo todo ao telefone, e fomos ficando cada vez mais próximos. Eu falava sobre qualquer assunto com elas – escola, música, garotas. Elas me contavam sobre seus namorados. Elas me ligavam e diziam: – "Ei, Santana, como você está?" Depois de um tempo, acabei lhes contando sobre a época em que fui molestado – durante muitos anos, elas foram as únicas pessoas de fora da minha família a saber disso.

Eu diria que levei quase três anos, desde o momento em que voltei de Tijuana, para que o meu inglês se organizasse e eu parasse de pensar em espanhol. Para que eu usasse as palavras e tivesse a pronúncia correta. Para que eu dissesse "Jell-O" em vez de "yellow". O sotaque? Bem, ele melhorou com o tempo, mas ele ainda existe, faz parte da minha identidade, assim como um som de guitarra. Ele nunca vai desaparecer completamente.

Qualquer um pode perceber que a adaptação foi difícil. Naqueles primeiros anos em São Francisco, eu não sabia com quem deveria andar. Eu não me adaptava aos mexicanos ou às pessoas brancas, e desde muito cedo descobri que, quando eu estava com amigos negros e perguntava a sua opinião sobre B. B. ou Freddie King, eles estavam ouvindo outras coisas – algum estilo mais recente de música dançante, e não o blues. Aprendi a me libertar da noção que eu tinha quando vim para os Estados Unidos: a de que todas as pessoas negras se conheciam.

Certa vez, o blues funcionou a meu favor. Eu estava em um ônibus, tarde da noite, e apesar de termos nos mudado para o Mission District, eu ainda precisava passar por um trecho na parte perigosa da cidade para chegar ao lugar onde ensaiávamos. Eu carregava a minha Melody Maker preta em um saco. Ela nunca teve um estojo – eu costumava levá-la comigo para todos os lugares antes de Lalo se sentar sobre ela. Peguei o ônibus, e o motorista olhou para mim e para a guitarra. "Você toca isso aí?"

"Sim, toco", respondi. Não fui insolente nem nada.

"Que tipo de música?"

"Jimmy Reed, Screamin' Jay Hawkins, John Lee Hooker." Ficamos conversando, e o ônibus não saía do lugar.

"John Lee Hooker, hein? Bem, você vai ter que se sentar perto de mim para que eu possa vigiá-lo. Não quero que ninguém mexa com você."

Era a primeira vez que alguém fazia algo assim simplesmente porque eu era músico e por causa da música que tocava. Sem nem sequer me ouvir tocar. Aquele motorista foi um dos anjos que entrou em cena no lugar e no momento certos – não apenas para cuidar de mim, mas também para que eu soubesse que estava trilhando o caminho certo. Ainda sinto muita confiança quando me lembro daquela breve viagem de ônibus.

Eu era músico, e era assim que eu me identificava – nem como mexicano nem como norte-americano. E ainda faço isso. Por essa razão, minhas companhias mais frequentes eram os músicos.

Na James Lick, como em qualquer escola, havia uma pressão para se pertencer a um grupo. Existiam dois – os Shoes, que usavam calças brancas apertadas ou calças de veludo cotelê. Eles eram os surfistas. E havia os Barts, uma espécie de pachucos; majoritariamente mexicanos, com alguns negros misturados. As pessoas queriam saber qual grupo eu escolheria – elas esperavam que eu fosse um Bart. Para mim, ambos pareciam bobos. Um cara latino disse: "Você não se veste como nós", como se eu fosse um traidor ou algo assim. "Você sabe por que eu não me visto como vocês? Porque eu tenho um emprego. Eu ganho o meu próprio dinheiro e compro as minhas próprias roupas. Eu não deixo minha mãe ou qualquer gangue me vestir." De qualquer maneira, naquele momento eu estava descobrindo meu próprio estilo, usando sapatos pretos brilhantes e aquelas calças brilhantes e apertadas que os caras da Motown usavam – as calças Levi's viriam depois.

Era como os Jets e os Sharks – os brancos e os latinos – de *West Side Story*. Tony me levou para ver o filme cerca de um ano depois de seu lançamento, mas as gangues não importavam. Cara, aquela era a nossa história – sobre o desejo de vir para os Estados Unidos e vencer aqui. As letras das músicas falavam sobre máquinas de lavar, exatamente como eu havia prometido à minha mãe lá no México. Eu não conseguia acreditar. Foi assim que fiquei conhecendo Leonard Bernstein. Esse filme não seria nada sem a música. Não sei se o Sr. Bernstein ficou sabendo exatamente da quantidade de pessoas que ele tocou com aquele único filme. Na época, era uma síntese dos Estados Unidos como um todo – e continuou sendo, por vários anos.

Em 1999, quando eu estava testando as músicas para o álbum que viria a ser o *Supernatural*, ouvi pela primeira vez a letra da canção "Maria Maria", de Wyclef Jean – "She reminds me of a *West Side Story* / growing up in Spanish Harlem / She's livin' her life just like a movie star" (Ela me faz lembrar de um *West Side Story* / crescendo no Harlem espanhol / Ela vive a sua vida como se fosse uma estrela de cinema). Eu tinha pedido uma música que passasse ares de reinvenção e esperança, mas a menção a *West Side Story* – foi tudo ideia de Wyclef. E Rob Thomas, por sua vez, criou o verso "my Spanish Harlem Mona Lisa" (minha Mona Lisa do Harlem espanhol) na música "Smooth" – e eu fiquei pensando: "Definitivamente, estamos todos na mesma sintonia, irmãos." Quem não conhece esse filme?

Após a dificuldade que senti ao deixar Tijuana, o que realmente me manteve ligado a São Francisco e sem vontade de voltar foram meus relacionamentos com as garotas e a música. Quando alguma das meninas de James Lick me diziam que eu era parecido com George Chakiris, que fazia o papel de Bernardo em *West Side Story*, eu respondia: "É mesmo?" O cara era bonito. Hmm. Tudo bem, eu era fissurado no filme.

Ainda assim, nunca houve nada físico entre mim e Linda ou Yvonne – íamos a festas, e eu as via dançar "Harlem Shuffle", ou íamos assistir a filmes no drive-in. Eu me sentia mais à vontade com as garotas do que com os rapazes, mas ainda era muito tímido. Não me sentia confiante quando conseguia ficar sozinho com uma garota, porque nunca fui um falastrão nem um pegador. Uma das coisas que eu reconheço não ter herdado do meu pai é a capacidade de me insinuar e de jogar charme para as mulheres. Aquela coisa de "Ei, baby" nunca foi a minha praia. Para mim, isso soa de mau gosto, como escolher uma guitarra desafinada. Simplesmente não faz parte da minha personalidade, mesmo quando eu estava com a minha primeira esposa, Deborah, com Cindy ou com qualquer uma das outras mulheres. Algumas das mulheres que amei talvez não queiram admiti-lo, mas foram elas que me assediaram.

Eu prefiro ter uma conversa de verdade: este sou eu.

Antes do fim do ensino fundamental, consegui reunir confiança suficiente para me aproximar de uma garota – ela se chamava Dorian. Ela morava sozinha com a mãe, que trabalhava durante o dia. Naquele início de 1964, eu vivia na casa dela.

Eu gostaria de afirmar que o sexo era uma coisa maravilhosa, mas as minhas memórias daquele tempo se confundem com um professor de ginástica que tinha uma queda por Dorian, e ele sabia que eu estava ficando com ela. Todas as vezes em que eu fazia sua aula, ele vinha para cima de mim. "Santana, sei de onde você está vindo. Você terá que correr três vezes ao redor do quarteirão da escola e, em seguida, pagar cinquenta flexões." Era estranho – como é que ele sabia?

Penso naqueles primeiros instantes de intensidade e êxtase, e a maior parte deles aconteceu enquanto eu estava me esgueirando, fazendo o máximo para não ser pego em flagrante. Sei que algumas pessoas acham que isso pode tornar o sexo mais emocionante – como todas aquelas canções de soul que dizem que tudo que é roubado é mais legal. Mas acho que muitas coisas relacionadas ao sexo vêm envolvidas em culpa e vergonha. Para mim, ele deveria ser sempre celebrado como uma coisa saudável, discutida, e abordada na escola – especialmente na escola, quando as pessoas têm uma série de questionamentos.

O sexo deveria ser ensinado como uma expressão criativa e espiritual. Todo o nosso planeta tem a ver com a expressão – com uma variedade de expressões. Precisamos conhecê-las e fazer nossas próprias escolhas. Lembram-se da Dra. Joycelyn Elders, a cirurgiã-geral que foi demitida por ter se manifestado a favor da masturbação como uma forma de prevenção da Aids – poderia haver algo mais saudável e positivo do que isso? Infelizmente, ainda não somos evoluídos o suficiente para ensinar essa perspectiva nas escolas. Muitas coisas neste mundo seriam melhores se nos ensinassem que o fundamental é encontrar um parceiro com quem possamos falar sobre sexo, e que isso precisa ser uma parte importante de nossas vidas. Ao contrário, cabe a nós descobrir sozinhos essas coisas – e temos que torcer para acertar.

Dorian foi minha namorada por um breve período – costumávamos ir juntos aos bailes, mas ela ficava chateada, porque, assim que chegávamos aos locais, eu soltava sua mão e ficava bem na frente da banda, prestando atenção no guitarrista e no restante dos caras. Ela ficava me pedindo para dançar, tentando chamar minha atenção, e eu dizia: "Não, não estou a fim. Vá lá dançar com os seus amigos. Preciso ver o que está acontecendo aqui." Eu também vivia ensaiando. Ela ficou frustrada comigo. Ela começou a sentir que eu estava com ela apenas por conveniência, e que só queria ficar com ela quando a mãe dela não estava em casa, para que pudesse fazer aquela única coisa.

Dorian me trocou por um zagueiro de um time de futebol americano. Ele jogava bola, por assim dizer – ela não conseguia confiar em mim. Poucos anos depois, vi a mesma coisa acontecer com um baixista que entrou na banda logo após a saída de Gus – Steve De La Rosa. Ele era totalmente comprometido com uma bela mulher que queria que ele passasse mais tempo com ela do que passava com a música.

Depois, também vi isso acontecer uma porção de vezes. É algo horrível quando alguém diz: "Escolha: ou eu ou a música." Por favor, não me peça para viver de acordo com as suas inseguranças. Isso é como me pedir para parar de respirar. Para mim, havia apenas uma resposta possível: "Tchau."

Em setembro, fui transferido para a escola de ensino médio que era patrocinada pela James Lick – a Mission High. Linda, Yvonne, Danny e Gus também foram estudar lá. A Mission representou uma grande mudança em comparação com a James Lick. Ela era muito, muito misturada – negros, mexicanos, alunos de todas as partes da América do Sul e da América Central e filipinos. Outras escolas de ensino médio tinham mais chineses e italianos, mas a Mission ficava bem no centro de São Francisco, e então os alunos vinham de Mission, Bayview e Hunter's Point, o que a transformava, provavelmente, em uma das escolas mais heterogêneas da cidade. Havia muita tensão, principalmente entre negros e brancos. Os hippies estavam começando a aparecer naquele momento, e não era nada divertido, pois os heterossexuais os chamavam de bichas pelo fato de terem cabelos compridos. Brancos, negros e latinos diziam isso. Se alguém estivesse em um grupo com os seus próprios pares – brancos, negros, morenos ou apenas heterossexuais – e chegasse alguém que parecesse diferente, certamente aquele grupo começaria a implicar com aquela pessoa. Esse é o espírito do ensino médio.

Meu círculo de amigos cresceu. Era uma escola maior, e eles também promoviam bailes maiores. Lembro que, naquele ano, Freddie Stone – o irmão de Sly – veio da Jefferson High e tocou para nós com sua banda, a Freddie and the Stone Souls. Eles faziam um show com bastante energia, saltando uns sobre os outros enquanto tocavam seus instrumentos. Foi a primeira vez que ouvi Greg Errico na bateria.

O verão de 1964 foi completamente dominado pelos Beatles, pelos Rolling Stones e por outros grupos da Inglaterra. Eu notava que as meninas realmente gostavam deles. Eles tocavam em todas as rádios. Eu poderia dizer que alguns deles tinham a mesma origem que eu – eles tinham ouvido muito blues. Grupos como The Animals e The Yardbirds também estavam tentando aprender aquela linguagem. Mais tarde, eu ficaria sabendo como eles iniciaram suas carreiras: se reunindo, pegando a estrada, dormindo em vans, fazendo o que tinha de ser feito – em minha opinião, eles eram companheiros de luta em relação ao que tiveram de enfrentar para mostrar sua música. Estou falando de Jimmy Page, Jeff Beck, Eric Clapton, Mick Taylor, John Mayall, Peter Green – todos eles.

O álbum que me derrubou foi o dos Kinks. Minha mãe ainda guardava o dinheiro que eu ganhava, mas ela me dava um pouco de vez em quando. Quando ela fazia isso, eu comprava as últimas revistas em quadrinhos do Homem-Aranha e um álbum ou dois. Lembro de comprar o disco com os maiores sucessos de Little Walter e o primeiro álbum dos Kinks, e pensar: "Caramba! Isso é diferente, é um som pesado." Aqueles caras estavam interessados nos acordes, e não em notas individuais. Eles exerceram uma grande influência sobre mim. Danny e os outros integrantes de nossa banda gostavam dos Yardbirds, e eu também os achava bons.

Naquela época, a minha banda já era uma das melhores da Mission High. Como uma divisão rítmica de aluguel, nós três nos juntávamos a outros grupos; os líderes, neste caso, eram diferentes vocalistas, guitarristas ou instrumentistas de sopro. Nós éramos os caras que todos queriam ter. Uma vez, tocamos com os Dynamics, vestindo ternos e tocando com dois saxofonistas – Andy Vargas e Richard Bean. Mais tarde, Richard se juntou ao meu irmão Jorge e eles formaram a banda The Malibus, que depois se tornou o Malo.

Eu ainda estava trabalhando na Tic Tock, enquanto Danny fazia tacos e Gus cortava carne. Fazíamos shows e nos mantínhamos ocupados, tocando em pizzarias e festas de aniversário. Nunca fazíamos eventos mexicanos, pois a maioria dos mexicanos não queria ouvir o nosso tipo de música R & B norte-americana. "Vocês tocam muito alto", eles nos diziam. Eles queriam ouvir as música da sua terra – mariachi, *norteña*. Esse era o território do meu pai.

Lembro de uma vez em que os pais de Gus ou de Danny nos chamaram para tocar em uma festa onde as pessoas pediriam canções como aquelas, e eu recusei. Acho que Danny e Gus não teriam problemas para tocar aquelas músicas – eles não tinham a mesma ligação emocional negativa que eu, porque não haviam crescido em meio a tudo que fui obrigado a ver. Só disse a eles que não queria tocar em batizados nem em Bar Mitzvahs. Falei que não conhecia nenhuma daquelas músicas, apesar de conhecê-las, e isso encerrava a questão.

A escola costumava promover audições abertas para seus bailes das noites de sexta-feira, e nós ganhávamos sempre. Certa vez, um aluno de Samoa assistiu à nossa audição e nos convidou para tocar em sua festa de aniversário. Tudo estava indo muito bem até que terminamos nosso segundo set e pedimos o nosso dinheiro para que pudéssemos ir embora. Ele nos olhou e disse: "Vocês comeram demais. Não vou pagar." Foi ele quem nos disse para nos servirmos – não sabíamos que havia um limite para a quantidade de comida que podíamos pegar! Os outros caras começaram a discutir com ele, mas eu apenas me afastei. Voltei para a cozinha, onde o nosso equipamento estava guardado, vi o bolo de aniversário em cima da mesa e, cuidadosamente, o parti em pedaços e o coloquei dentro do estojo da minha guitarra. Então, fui até os outros caras e disse: "Vamos lá, vamos sair fora." Mais tarde, lhes mostrei o que eu havia feito. Comemos o bolo e rimos. Eu achava que era melhor equilibrar o jogo do que ficar com raiva.

Nunca tivemos um vocalista. Tocávamos muitas músicas instrumentais, e Gus cantava algumas vezes. Eu ajudava em músicas como "Little Latin Lupe Lu", de The Righteous Brothers, "I Need Your Lovin'", de Don Gardner e Dee Dee Ford, e "Do You Love Me", de The Contours. Quase todas eram shuffles e boogies – tinha mais a ver com o ritmo do que com um vocalista principal.

Conheci Joyce Dunn em uma sessão de improvisos no fim de 1964 – ela era uma cantora *mesmo*, com uma autêntica energia de blues em sua voz. Ela morava em Oceanview, a apenas dez minutos da Mission, e por isso conseguíamos nos encontrar e preparar algumas canções, melodias soul como "Steal Away" e "Heat Wave". Definitivamente, era uma coisa nova na época – uma cantora negra acompanhada por mexicanos de origem americana e um guitarrista mexicano. Michael Carabello me confidenciaria que a primeira vez que ele me viu tocar foi durante as poucas semanas que nos apresentamos com Joyce. Ela era muito divertida, e mais tarde passou a trabalhar com músicos como Boz Scaggs e a gravar algumas músicas com o seu próprio nome.

O primeiro semestre de 1965 passou rápido – de repente, o meu primeiro ano do ensino médio tinha acabado, e era verão. Muitas biografias que li afirmam que me formei na Mission naquele ano, mas eu me formei com a turma de 1967. Com Danny, Gus e os sopristas, continuávamos tocando blues, ou a nossa versão do blues. Mas parecia que o mundo só tinha espaço para os grupos britânicos: os Beatles e os Rolling Stones, especialmente "Satisfaction", estavam *por toda parte*.

Em algum momento naquele verão, ficamos sabendo que a KDIA, que era a estação de soul de São Francisco na época, estava patrocinando um concurso de bandas no Cow Palace – o prêmio seria uma oportunidade de inserir sua música na programação da emissora e abrir um show do The Turtles e do Sam the Sham & The Pharaohs, ambos com grandes sucessos executados no rádio. Centenas de bandas se inscreveram, mas, no fim, a maioria fazia apenas covers de músicas dos Rolling Stones e The Who, e a estação estava em busca de originalidade. A maior parte delas foi eliminada na primeira rodada, e fomos ficando cada vez mais animados a cada dia que passava. Nós também ficamos nervosos. Pelo fato de estarmos o tempo todo juntos, Danny, Gus e eu começamos a beber, e estragamos tudo! Avançamos até a terceira rodada. Estava tudo muito bem — até que perdemos.

"Wooly Bully" era a canção de sucesso do Sam the Sham, e foi impossível ficar longe dela naquele verão. Aprendemos aquela melodia e devemos tê-la tocado uma centena de vezes — todos queriam ouvi-la. Lembro que minha irmã Laura nos pediu para tocá-la no seu casamento, em junho, em Pacifica, em um lugar chamado La Paloma. Fizemos todo mundo ficar de pé, dançando ao som de "Wooly Bully". Lembro disso porque a esposa de Tony estava em um estágio avançado da gravidez na época, e se você pronunciar "Wooly Bully" como se estivesse falando espanhol, parece que você está dizendo "barrigão". Mais tarde, fiquei sabendo que o verdadeiro nome de Sam era Domingo Zamudio, e que ele era mexicano de origem americana, vivendo no Texas.

Naquele verão, também me dediquei a ouvir *Live at the Regal*, de B. B. King. Tratava-se de algo muito valioso para guitarristas como eu, que ainda não tinham tido a oportunidade de assistir a um show de B. B. — mas nesse álbum podíamos ouvi-lo dialogando diretamente com o seu povo, um público *negro*. Eu ainda sorrio quando o escuto cantar: "I got a sweet black angel / I love the way she spreads her wings" (Tenho uma anjinha negra / Amo o jeito como ela abre as suas asas), e as mulheres começavam a gritar. O que poderia ser mais sensual do que isso?

Meu segundo ano na Mission começou em setembro, e não muito tempo depois a Butterfield Blues Band lançou seu primeiro álbum. Aos meus ouvidos, era o melhor exemplo de músicos que se mantinham fiéis ao autêntico blues elétrico — o blues de Chicago —, e que conseguiam imprimir ao estilo uma batida de rock. A influência do rock não era muito grande; era apenas na medida certa. Uma das maiores razões de seu sucesso era Michael Bloomfield, o guitarrista líder do grupo — em breve ele se tornaria o meu herói número 2, atrás apenas de B. B. Ele foi o primeiro representante da nova geração de guitarristas depois de Buddy, Albert e Freddie.

Em algum momento naquele outono, outro cantor entrou na nossa banda — Al Burdett. Ele era de Fillmore, do outro lado da cidade. Ele cantava blues e não ficou conosco mais do que alguns meses, mas me apresentou o álbum de blues mais importante daquele ano – *Hoodoo Man Blues*, de Junior Wells, que trazia um grande guitarrista chamado Friendly Chap. Só que esse não era o seu verdadeiro nome – era Buddy Guy, mas na época ele tinha contrato com outra gravadora, e por isso eles resolveram chamá-lo assim. Todo mundo ouvia aquele álbum – Grateful Dead, Jimi Hendrix. A maneira com que Buddy tocava guitarra em "Good Morning Little Schoolgirl" se tornou a única maneira de tocar aquela música.

Foi naquele outono, também, que conheci Michael Carabello. Ele era amigo de Yvonne e teria sido aluno da Mission High, caso suas habilidades de beisebol não o tivessem levado para a San Francisco Polytechnic. Ele não se afastou de seus amigos do Mission District, onde morava. Carabello tinha ficado fissurado em música ao tocar congas nas sessões informais de improvisos no Parque Aquático, bem perto da North Beach, e chegou até mesmo a substituir um músico em um show de Vince Guaraldi. Carabello apareceu no porão da casa de Yvonne, um dos lugares em que a nossa banda se reunia para fazer improvisações. Mais tarde, ele me disse que ficou deslumbrado com o que ouviu. Eu gostava dele – no início, ele era uma companhia mais para sair do que para tocar, mas nós manifestávamos o mesmo entusiasmo e a mesma intensidade a respeito da música. Ele só tinha uma conga quando nos conhecemos, mas transmitia uma sensação muito agradável quando tocava – e estava ouvindo uma infinidade de sons novos além do blues.

O mais importante é que Carabello me levou ao Parque Aquático. Não sei se isso continua sendo feito, mas naquela época, em 1965 e 1966, eles costumavam deixar que uma roda de instrumentistas de conga se formasse para tocar. Eram, talvez, dez ou 12 músicos que ficavam por lá, tocando com um ou dois flautistas, bebendo vinho armazenado em cantis de couro dependurados na cintura, fumando maconha. Conforme eles iam avançando, o som se intensificava.

Carabello e eu tínhamos outro amigo em comum, Jimmy Martinez, que fez uma coisa que mudou radicalmente a minha cabeça. Jimmy estava ciente do que estava fazendo, porque um dia ele veio até mim, rindo, e disse: "Tenho um álbum aqui que, basicamente, vai fazer você pirar!"

"Ah, é? OK, me mostre." O que mais eu poderia dizer?

Ele estava certo. Era o *El Chico*, de Chico Hamilton – o que traz os percussionistas latinos Willie Bobo e Victor Pantoja, e um guitarrista chamado Gábor Szabó. Gostei do disco assim que o vi – Chico estava vestido com uma capa de toureiro, e algumas das canções tinham títulos em espanhol, como "Conquistadores" e "El Moors". Eu sabia que Chico era baterista de jazz, mas o álbum não soava como nenhuma outra espécie de jazz que eu já tivesse ouvido antes. Havia um tempero latino nas músicas, bem como um monte de outras coisas – soul e uma série de outras levadas excelentes.

Mas foi a guitarra de Gábor que me atingiu em cheio – eu ouvia aquilo e podia sentir as moléculas do meu cérebro se expandindo. Seu som tinha um aspecto espiritual, e me abriu as portas para outras dimensões. Você poderia afirmar que ele escutava muita música indiana, porque colocava trechos de fole na música. Era uma música trance – ele poderia tocar a melodia mais simples, mas ainda assim ela soaria profunda. Ele foi o primeiro guitarrista que me despertou para a ideia de tocar além do tema, de contar uma história que não fosse apenas uma repetição da cabeça de uma música ou de frases improvisadas por outros solistas. Gábor me levou além de B. B. King, John Lee Hooker e Jimmy Reed – ele também foi o primeiro músico de jazz que começou a tocar músicas dos Beatles e The Mamas and The Papas e outros rocks e canções pop dos anos 1960 – antes mesmo que Wes Montgomery fizesse "Goin' Out of My Head".

El Chico serviu como um roteiro de viagem, me apontando caminhos. Fui imediatamente até uma loja e comprei o álbum *Spanish Grease*, de Willie Bobo, e, no ano seguinte, comprei *Spellbinder*, de Gábor Szabó – "Gypsy Queen" estava nele –, e *Uno-Dos-Tres*, de Bobo, que tinha "Fried Neckbones and Some Hot Fries". Ambas as músicas ajudariam a definir o som da banda Santana. Ao mesmo tempo, outro amigo me apresentou o Thelonious Monk – sua versão ao vivo de "Blue Monk", gravada em São Francisco, que me levou ainda mais longe, fazendo com que repensasse o blues e o que poderia ser feito com ele: "Sei que há um blues aqui, em algum lugar. Deve haver – está *escrito* blues."

Até o fim de 1965, a influência de todas essas novas ideias musicais estava começando a transparecer no repertório da banda – e Carabello fazia parte da banda. Nós ainda tocávamos blues, mas fomos expandindo o repertório, da mesma forma que fomos expandindo o que ouvíamos. Nós tocávamos "Jingo", do percussionista nigeriano Babatunde Olatunji

– uma prática básica naquelas sessões de improvisos no Parque Aquático. Eu estava contente por estar tocando e fazendo música. Fazia isso sempre que possível, onde pudéssemos, e sempre que havia a possibilidade de fazer shows. Quando eu não estava tocando, estava ensaiando ou participando de improvisações. Quando não estava fazendo nada disso, ficava pensando ou sonhando com isso. Era, realmente, tudo o que eu queria fazer; não havia mais nada além disso. A escola? Era um lugar para o qual eu ia nos dias de semana – e, às vezes, nem isso.

Na escola de ensino fundamental, eu sentia que não me adaptava porque estava tentando descobrir quem eu era. Na Mission, eu não me adaptava porque já sabia quem eu era, e a escola não tinha nada para me oferecer. Eu poderia ter tido aulas de música, mas naquele tempo tudo se resumia à música clássica ou às bandas marciais – nada que tivesse alguma coisa a ver com guitarras elétricas ou blues. Muitas das aulas que eu tinha também não faziam muito sentido. No meu segundo ano na Mission High, lembro que aplicaram uma prova cujo conteúdo incluía tópicos de história – e era tudo sobre a história dos Estados Unidos, que eu ainda não tivera a oportunidade de estudar. Mas era para ser uma prova de aptidão – e não uma prova de história.

Fiquei com raiva e disse ao professor que não iria fazer a prova. "Por que não? O que há de errado com ela?", perguntou o professor.

"Olhe para estas perguntas. Acabei de chegar do México. É óbvio que não sei respondê-las. Esta é uma prova para pessoas brancas. Onde estão as perguntas sobre Pancho Villa e Emiliano Zapata?" Eu não iria cooperar com aquilo, porque parecia que a prova fora concebida para me fazer fracassar – por que eu não podia responder perguntas que fossem relevantes para o meu mundo e a minha experiência?

Não tenho certeza agora de como aquilo tudo terminou, mas lembro que tive que explicar meus motivos para o diretor também. Eu sentia que o ensino médio e eu não combinávamos um com o outro. No entanto, não era de todo ruim. Tive um professor que realmente me inspirou a pensar.

O Sr. Paul Knudsen era o meu professor de artes, e ele tinha um jeito engraçado de fazer as coisas. Ele pedia para que a classe toda vestisse macacões surrados, nos colocava diante de um papel que cobria as paredes do chão ao teto e nos dizia para mergulhar uns longos fios metálicos – como se fossem cordas grossas de guitarra – na tinta e atirá-los com força contra o papel. Ou nos dava longas varas de bambu com pincéis amarrados nas pontas e tínhamos que pintar posicionados no outro lado da sala. Ele era talentoso – conseguia olhar para você e desenhar um retrato sem olhar para o papel, e ficava ótimo.

Um dia o Sr. Knudsen pediu que outro aluno tomasse conta da turma, enquanto ele me levava para outra sala para conversar. "Tomei a liberdade de analisar as suas notas desde que você veio para os Estados Unidos, e elas são ruins", disse ele. "Mas reparei que você teve notas boas em artes na James Lick, e você se sai muito bem na minha aula. Também ouvi dizer que você é um excelente músico. Amanhã vamos até a Academia de Arte, quero muito que você veja o que terá que enfrentar, caso esteja pensando em se dedicar à pintura, ao desenho ou à escultura."

Ele me olhou bem nos olhos. "A razão pela qual estou lhe dizendo isso é porque o mundo está ficando cada vez mais povoado – não há espaço para 50%. Você deve ser 150% em tudo o que fizer, seja na arte, na música ou em qualquer outra coisa. Certo?" Eu fiquei um pouco assustado – ele estava me encarando. Quando um professor escolhe você e o encosta na parede desse jeito, ou você fica na defensiva ou você se abre.

Ninguém, nem mesmo meus pais ou amigos, havia falado comigo daquela maneira antes. No dia seguinte, a saída a campo foi interessante. Mas estar em uma aula de desenho com um modelo vivo pouco importava. Eu fiquei pensando em suas palavras. O Sr. Knudsen abriu minha mente.

Eu gostaria de poder afirmar que os dois anos seguintes na Mission se tornaram melhores. Mas eu aparecia da manhã, respondia à lista de presença e, em seguida, passava mais tempo com meus amigos e com a música do que dentro da sala de aula. Essa era grande parte da minha rotina. Eu queria viver a vida, não queria estudá-la. Mas o que o Sr. Knudsen me falou foi a lição mais importante que recebi em meu primeiro ano do ensino médio.

Foi quando realmente comecei a pensar que, independentemente do que fizesse, aquilo teria que ser o melhor que eu poderia fazer. Eu não poderia ser mais um Lightnin' Hopkins, ou Gábor Szabó, ou Michael

Bloomfield. Eles já estavam no mundo. Eles tinham seus próprios sons e sua própria integridade. Eu precisava construir os meus. Eu teria que ser Carlos Santana, e fazer isso tão bem que ninguém me confundiria com nenhuma outra pessoa.

Em 2010, voltei à Mission High com minha esposa, Cindy, para fazer parte das comemorações das conquistas acadêmicas da escola. Acho que passei mais tempo na escola naquele dia do que nos dois anos em que estudei lá. Visitei várias salas de aula e outras partes da escola, e eles realizaram um grande encontro com todos os alunos. Em minha conversa com eles, eu disse: "Desliguem a MTV. Venham para a vida real. Participem." Eu lhes transmiti o mesmo tipo de mensagem que havia recebido do Sr. Knudsen.

"Se puderem se lembrar de apenas uma coisa hoje, lembrem-se disso: vocês são importantes, vocês são significativos, vocês têm valor. O melhor não está à sua frente. O melhor é o agora. Aproveitem isso, não façam mal a ninguém e vivam com o máximo de integridade possível."

Em seguida, com alguns dos alunos, fizemos uma improvisação com "Oye Como Va" e "Europa". Estávamos conectados e tocando guitarra no auditório da Mission High, algo que eu não fazia há quase cinquenta anos.

CAPÍTULO 6

A Santana Blues Band, pela primeira vez no The Fillmore, 1967. (Da esquerda para a direita) Danny Haro, eu, Gus Rodriguez e Michael Carabello

Sabe quando você está em um cinema, assistindo a um filme tão incrível que não quer que ele acabe? Quando, às vezes, você precisa afastar os olhos da tela e se concentrar nos assentos à sua frente ou na pipoca espalhada pelo chão só para se lembrar de que é um filme?

Os anos 1960 em São Francisco foram assim. Durante aqueles dias era uma chatice ter que dormir. Havia tanta coisa acontecendo que eu queria ficar acordado o tempo todo. Eu não queria perder nada. Todo mundo se sentia assim. Para mim, os anos 1960 criaram um impulso à compaixão e ao encantamento que era sentido por todos, simultaneamente. Aquela década nos colocou fora da órbita na qual havíamos estado por gerações e gerações. Se você acredita na gravidade e derruba cem vezes alguma coisa, ela cairá cem vezes no chão. Mas se você acredita no encantamento com tanta força quanto acredita na gravidade, então, de cem vezes em cem você testemunhará um milagre. Eu adorava os anos 1960, porque eles me fizeram acreditar na lei do encantamento.

Quando me refiro aos anos 1960 estou falando, na verdade, sobre a segunda metade – de 1966 em diante. Foi quando São Francisco se tornou o epicentro da consciência multidimensional – era o lugar onde se podia mergulhar em toda aquela multiplicidade. Não apenas a música, as roupas, a política, as drogas, o sexo ou as cores – era tudo isso junto. E tudo mudou – a maneira como as pessoas andavam e falavam, o que elas queriam falar. Em vez de o mundo precisar se esforçar para se manter atualizado com o modo como as pessoas pensavam e sentiam, toda uma nova geração estava em sincronia. Era como aquela música dos Chambers Brothers – "Time Has Come Today".

Esse álbum dos Chambers Brothers, The Time Has Come, *foi lançado depois, em 1967, mas para mim era uma descrição perfeita do que estava acontecendo em 1966. Na capa, a banda usava calças boca de sino listradas e camisas coloridas. Eles usavam cabelos em estilo afro e eram uma banda*

O tom universal

multirracial. A canção-título tinha mais de 11 minutos de duração – na época, estava se tornando cada vez mais comum que as canções se estendessem para além dos habituais três ou quatro minutos. As canções estavam começando a ficar parecidas com as sessões de improvisos e as levadas – a música com a qual eu estava me envolvendo. "Time Has Come Today" era atravessado pela música soul, e era preenchido pelos sabores do rock – pergunta e resposta, muitos ecos, guitarra pesada e letras modernas. Tinha tudo a ver com a época: "Minha alma foi psicodelizada!"

Pouco importavam os cabelos, as drogas ou as miçangas. Não era isso que fazia de alguém um hippie. Um hippie era um guerreiro do arco-íris, um índio norte-americano reencarnado. Sabe quem foi o primeiro dos hippies? Jesus – o hippie supremo, multidimensional, multicolor, nada mais que amor. Ele nunca disse: "Se não for da minha maneira, não será de maneira alguma." Um hippie não era alguém que se deixasse fixar em apenas uma percepção.

Eu era a única pessoa da minha família que poderia ser verdadeiramente chamada de hippie. Deixei meu cabelo crescer e fumava maconha. Mais tarde, eu sairia de casa e passaria a viver em uma espécie de residência comunitária, em uma casa no alto de um morro. Eu queria tocar a minha música – não as músicas de outras pessoas, não importando o quanto elas fossem populares. Muitas vezes meus pais me olhavam como se eu fosse louco.

Sabe do que mais sinto falta dos anos 1960? Da ideia de enfatizar a individualidade. Os anos 1960 foram importantes porque foram uma época em que estávamos autorizados a exibir nossas próprias marcas distintivas. Quanto mais diferente você fosse, mais as pessoas o respeitavam.

Sinto falta disso. Hoje em dia, antes, ou, algumas vezes, depois de eu me pronunciar, os amigos me puxam para o canto. Eles me avisam: "As pessoas vão achar que você é um hippie."

"Obrigado", respondo.

Eu estava começando a conhecer as bandas de São Francisco do mesmo modo que fiquei conhecendo a cena de Tijuana – conhecendo os músicos e descobrindo os locais dos shows. Havia bandas cuja origem era o blues elétrico – os estilos de Chicago e do Texas. Havia bandas elétricas cuja origem eram os estilos acústicos – bluegrass e folk. Existiam grupos mais próximos a Paul Revere and The Raiders, que usavam trajes de estilo antigo ou uniformes militares e também conjuntos de R & B influenciados pela Motown e por James Brown, usando ternos alinhados e calças justas.

No início de 1966, não costumávamos esbarrar muito com esses grupos. Muitos vinham de diferentes partes de Bay Area. Comecei a ouvir falar do Grateful Dead, que vinha de Palo Alto. Havia o Jefferson Airplane – que ajudou a lançar um novo clube, chamado The Matrix, na região de Fillmore. Mais tarde, naquele mesmo ano, alguns membros se desligaram e formaram o Moby Grape, que logo ficaria conhecido. Havia grupos como o Quicksilver Messenger Service e o Big Brother and the Holding Company. Carabello me apresentou um grupo chamado Sly & the Stoners, cujos membros vinham de vários lugares – São Francisco, Daly City e Oakland. Mais tarde, eles se tornaram o Sly & The Family Stone, é claro.

Éramos todos como uma grande família, mas havia momentos em que outros músicos, especialmente aqueles que viviam do outro lado da cidade, nos olhavam como se fôssemos vira-latas querendo roubar seus ossos. Até mesmo quando nos tornamos importantes, essa é a verdade. Estávamos ligados à Sly e às bandas de Oakland, e nós, bem, nós éramos *do Mission*. Havia um componente racista nisso, mas éramos tão jovens que eu acredito que se tratava apenas de uma questão de competição e de insegurança. Demorou um pouco para que todos amadurecêssemos e abríssemos a guarda. Para começar, eu diria que algumas bandas se destacavam porque eram muito, muito boas. Jerry Garcia era muito encantador e acolhedor. Os caras do Quicksilver e Janis Joplin – sempre solidários.

O denominador comum de todas essas bandas foi um cara de Nova York que vivia em São Francisco há quase tanto tempo quanto eu – Bill Graham. Em 1966 ele começou a produzir shows e colocou todos nós para trabalhar. Começamos a conhecer uns aos outros na casa de Bill, e ele nunca nos colocou em pé de igualdade – ele nos colocava na estratosfera.

Se algum dia alguém fizer um filme sobre Bill Graham – e deveria –, teria que batizá-lo de *Bigger Than Life* (Maior do que a vida), porque era exatamente isso o que ele era. Eu o vi logo no início, em São Francisco, justamente quando ele estava começando, e observei quando ele se tornou uma lenda no mundo inteiro. Ele podia não fazer nada que já estaria fazendo tudo. Ele era promotor e produtor de eventos, agenciava bandas e visitava as gravadoras. Também montava turnês internacionais e realizava coisas no The Fillmore com o mesmo foco e a mesma intensidade com que as fazia em enormes estádios ao redor do mundo. Quando morreu, ele era o Cecil B. DeMille do rock, dirigindo um elenco de milhares de pessoas. Mas ele também poderia ser um capataz ou um controlador. "Que porra é essa?", ele gritava com as pessoas que trabalhavam com ele se notasse algo fora do lugar. Se não houvesse ninguém por perto, ele mesmo modificava ou retirava o que lhe parecia estar equivocado. Em seguida, fazia uma anotação na prancheta que sempre carregava consigo e passava para o próximo item que precisava ser consertado.

Tenho muito a dizer sobre Bill, porque ele foi muito importante na minha vida e teve um efeito enorme na minha carreira. Se eu tivesse que resumir em uma única coisa, diria o seguinte: ele respeitava a música e as pessoas que faziam música. Ele foi o primeiro promotor que eu conheci a alimentar as bandas – e ele não as alimentava apenas com sanduíches. Poderia ser antes ou depois do show, mas ele sempre providenciava um serviço de *catering* para todas as bandas. Acredite em mim, naquela época alguns de nós realmente precisávamos ser alimentados. Ele criou um padrão que colocava os músicos em primeiro lugar. Ele fazia questão que os banheiros estivessem limpos – e os bastidores também.

Lembro de tê-lo visto no The Fillmore, no fim de um show. Todo mundo já havia ido embora, exceto alguns retardatários. Ele estava fazendo a ronda final, fechando portas, desligando as luzes. O primeiro a chegar e o último a sair.

Bill era apaixonado por música, e ele podia ser vulgar. Nunca ouvi alguém usar a palavra *babaca* com mais frequência do que Bill. Eu nem sequer sabia da existência dessa palavra até conhecê-lo. Nada o intimidava. Para ele, o confronto vinha antes de tudo. Ele ficava nas ruas de Nova York gritando com os táxis que não paravam para ele com a mesma energia e a mesma linguagem que usava para negociar contratos multimilionários com os grandes eventos e as maiores casas de espetáculo do mundo.

Bill não se fixava nos problemas – ele se concentrava no que estava errado ou no que poderia ser melhorado. Ele buscava o que era justo e correto. Eu o vi discutindo, extremamente exaltado, com guardas armados em Moscou, que não conseguiam entender uma palavra do que ele estava dizendo. Em 1977, em Verona, na Itália, fui surpreendido no saguão de um hotel por um entrevistador de televisão que queria saber como eu podia ser tão espiritualizado quando os ingressos para o show eram tão caros. Bill parou bem na minha frente e me disse para não responder àquela pergunta, e então se virou para o entrevistador e disse: "Pergunte ao promotor italiano" – que estava a poucos metros de distância. Bill continuou: "Tínhamos um contrato dizendo quais deveriam ser os preços dos ingressos, mas ele acrescentou todas essas despesas e aumentou o preço." Aquele cara se protegia igual a um rato quando as luzes se acendiam.

Naquela mesma noite, Bill pulou do palco no meio do nosso set para pôr fim a um tumulto. Não estou exagerando. Era possível sentir a excitação ao redor, uma enorme energia se acumulando. Começamos o nosso set com "Jingo", e a multidão começou a avançar para o palco. Por questões de segurança, havia uma fila de policiais armados bem na frente do palco, o que criava uma espécie de zona neutra que mantinha o público a alguns metros de distância da banda – eles ainda costumam fazer isso em muitos shows de rock.

A multidão estava animada e começou a chegar mais perto. Todos queriam sentir a música e dançar. Bill percebeu o que estava prestes a acontecer e, rapidamente, se colocou entre nós e desceu diante dos guardas, gritando para que eles abrissem espaço, se afastassem para os lados, a fim de deixar a multidão se aproximar. Era como Moisés dividindo o Mar Vermelho. Ele desarmou a situação sozinho e ficou ali durante a maior parte do show, policiando a polícia.

Seu nome verdadeiro era Wolfgang Grajonca. Foi ótimo ele ter decidido se chamar Bill Graham. Ele era um judeu da Europa Oriental que havia escapado da Segunda Guerra Mundial e crescido em Nova York. Ele frequentou por muito tempo o Harlem espanhol, indo ouvir Tito Puente e outros grupos latinos, dançando salsa. Ele era um excelente dançarino de salão, adorava jazz, e ao analisar os shows que ele costumava fazer nos anos 1960 pode-se perceber que reuniu todas aquelas paixões em um só lugar e despertou toda uma geração com seu bom gosto – Charles Lloyd, John Handy, Bola Sete, Gábor Szabó e, claro, Miles Davis.

Bill fez um curso de garçom em Catskills, e em torno de 1963 se mudou para São Francisco para um emprego convencional, antes de começar a trabalhar com a San Francisco Mime Troupe. Ele administrava os seus espetáculos e montava shows beneficentes com bandas locais para arrecadar dinheiro. Foi assim que ele começou, e aprendeu muito rápido sobre a cultura hippie com Chet Helms e outras pessoas – os espetáculos de luzes, os cartazes, o tipo de música que os hippies queriam ouvir.

Bill ainda se vestia de forma careta – ele nunca foi um de nós nesse aspecto. Ele nunca deixou o cabelo crescer; nunca usou miçangas nem o traje hippie completo. O que ele fez foi trazer uma visão empresarial para a cultura da consciência revolucionária quando ela estava apenas começando, e ele fazia isso de uma forma que preservava o espírito e o intuito daquela cultura.

Em fevereiro daquele ano, Bill começou a reservar noites regularmente no The Fillmore Auditorium, como a casa se chamava na época, na Geary Street, não muito longe do Mission District. Não eram meramente shows – não como aqueles aos quais eu já tinha ido –, e também não eram como os shows realizados nos clubes. Cada um deles era um evento muito especial que contava com duas ou três atuações na mesma noite. Logo depois do lançamento, ele já estava reunindo diferentes estilos de música em um mesmo programa – rock, blues, jazz, e até mesmo música brasileira. Então ele começou a trazer grupos nacionais como The Butterfield Blues Band, e os grupos locais eram convidados a fazer os shows de abertura. Em seguida, trouxe grupos britânicos como The Who, Cream e Fleetwood Mac.

Todas as bandas tocavam cinco noites seguidas, de quarta a domingo – dois sets por noite. Normalmente, havia uma matinê no domingo. O sistema de som era ótimo, e havia um espetáculo de luzes acontecendo atrás das bandas. Os cartazes pareciam pinturas brilhantes – cores vivas e letras bizarras. Eles eram afixados nos postes de luz por toda a cidade. Era preciso parar e observá-los de perto para descobrir o que diziam. Era algo misterioso e divertido.

Antes de começar a tocar para ele, os concertos de Bill se tornaram meus cursos médio e universitário, em um só lugar. Estudei tudo o que ele apresentava no The Fillmore Auditorium e, em seguida, no Carousel Ballroom – que ele chamava de Fillmore West. Vamos falar sobre diplomas? The Fillmore foi o lugar onde eu realmente obtive o meu ensino superior. Você pode entender isso da maneira que quiser.

The Fillmore era como um santuário. Na época, as coisas estavam ficando um tanto desesperadoras e muito divididas – o Vietnã se tornava uma realidade. Eu sabia que algumas pessoas estavam sendo recrutadas, e, *boom* – elas desapareciam. Havia toda aquela tensão racial e tumultos nos bairros negros. No The Fillmore eu podia escapar de tudo isso. Nos shows havia hippies, camaradas e mexicanos. As pessoas faziam o que queriam – fumavam, viajavam. Era como uma festa enorme e segura.

Eu não tinha escolha a não ser prestar atenção. Como poderia ignorar? Eu estava no meio daquilo. Tudo começou com os hippies no bairro de Haight-Ashbury por volta de 1965 ou 1966. O Haight ficava a apenas uma dúzia de quarteirões de onde eu morava, em Mission District, logo depois do Parque Buena Vista. Os cabelos dos hippies eram compridos, e o estilo de suas roupas trazia um tipo diferente de modernidade. Eles estavam usando coisas e cores que, de repente, faziam com que as golas altas, as calças apertadas e tudo mais que era italiano parecesse ultrapassado. Eu já ouvira falar de maconha em Tijuana, mas em São Francisco as pessoas fumavam abertamente. E elas estavam consumindo uma nova droga chamada LSD. Naquela época, era legal. Quer dizer, não era ilegal – ainda não.

Nos anos 1960, a pior coisa da qual uma pessoa poderia ser chamada não era de negra ou de alguma outra referência étnica. A pior coisa que uma pessoa poderia ser chamada era de careta. Argh, era uma coisa horrível de se dizer a alguém, e isso me fazia pensar naquele cara da canção de Dylan que entra em um quarto e faz todo o esforço possível para entender – "Ballad of a Thin Man". O oposto da caretice era fumar maconha e consumir LSD.

Outra grande mudança: de repente, surgiu uma coisa chamada amor livre, e o filme *Adivinhe quem vem para jantar* se tornou antiquado. Havia as jovens garotas brancas saindo com quem bem entendessem – caras negros, caras morenos, caras mais velhos e caras mais jovens também, como eu. Mais tarde, quando saí de casa, eu já estava nessa – com as garotas hippies, com as fãs, não importa como você as queira chamar. Foi maravilhoso descobrir aquele fluxo – o tipo de conexão que se estabelece quando uma garota quer compartilhar o seu corpo com você porque adora a maneira como você toca. Ah, cara! Isso começou no ensino fundamental, mas era uma mistura de autoengano com autodescoberta.

Quantas vezes você não tem vontade de fazer isso na parte de trás de uma Kombi antes de dizer "Venha, vamos dar uma volta e conversar"? Bem, sinceramente, eu também não estava fazendo as contas.

Era possível ouvir executivos dizendo: "Também quero um pouco disso", afrouxando as gravatas e saindo às ruas para fumar maconha. No minuto seguinte, eles deixavam de ser caretas e já não retornavam ao escritório.

Acho que as pessoas tendem a idolatrar certos lugares e certas épocas. Minha atitude naquela época era não me importar nem um pouco em querer ser aceito. Eu não queria ser enquadrado em um grupo – ser um hippie, um excêntrico ou isto ou aquilo. Sempre fui contra os grupos. Para mim, a música era tudo. The Fillmore era um lugar onde a música era tudo, onde você poderia ser hippie ou não, e poderia ouvir novas músicas. Os anos 1960 foram realmente uma época em que se faziam experiências com a música. Eu não gostava de folk nem de bluegrass, mas depois de algum tempo comecei a perceber que até mesmo nas sessões de improvisos realizadas sob o efeito de drogas havia algo que provinha da maneira com que se tocava bluegrass.

Eu me juntava aos meus amigos e assistia ao maior número possível de shows no The Fillmore pelos quais conseguisse pagar ou nos quais fosse possível entrar furtivamente. Além de Carabello, que tinha a minha idade, eu saía com pessoas ligeiramente mais velhas do que eu. Às vezes, eu era um pouco rude e pedia um ou dois dólares às pessoas que estavam na fila para que eu pudesse entrar. Certa vez, tentei entrar com Carabello, mas fui pego – ele saiu correndo para um lado, e eu fui para o outro.

Foi assim que Bill e eu nos conhecemos! Ele olhava para mim e balançava a cabeça, porque todo mundo tentava entrar de graça. Nós sabíamos que ele era o cara que precisava ser convencido. De vez em quando, se conseguisse ficar a sós com ele, eu diria: "Bill, você não me deixou entrar na quarta-feira nem ontem, mas eu preciso ver esses caras pelo menos uma vez. Eu não tenho dinheiro, mas, se tivesse, eu lhe daria." Ele olhava para mim com a mão na cintura e não dizia nada. Em seguida, apontava a cabeça em direção à porta, e eu sabia que poderia entrar.

Não sei se Bill se lembrava de mim naquela fase em que eu ainda não fazia shows para ele. Só mais tarde é que percebi que tudo o que ele fazia era para me ajudar a entender o valor da música – que os shows custam dinheiro e que os músicos e todos aqueles que contribuem para realizá-los devem ser remunerados. Ele cultivava esse princípio, que começou no The Fillmore. Ele ia até o microfone e apresentava a banda, sempre da mesma forma: "Senhoras e senhores, do fundo do meu coração... Santana!"

Isso me nocauteava todas as vezes. Então, Bill vinha ao nosso encontro depois do show e dizia: "Vocês me devem dinheiro."

"Como assim? Por quê?"

"Sempre que eu os apresento, vocês me devem cinco dólares."

Nós caíamos na gargalhada. "Está bem, cara. Toma aqui." Mas ele estava falando sério. Ele ficava parado lá, contando o dinheiro. Era uma grande lição. Qualquer um que faz alguma coisa de valor deve ser remunerado.

Bill não era a única pessoa da cidade que promovia encontros como os do The Fillmore. Chet Helms era um promotor que estava produzindo os mesmos tipos de shows. Às vezes, Bill e Chet trabalhavam juntos; às vezes, Chet fazia seus próprios shows no Avalon Ballroom, em Sutter. Era mais fácil entrar nessas apresentações, o controle era menos rígido. Mais tarde eu ficaria sabendo que a maneira pela qual Chet pagava as bandas também era um tanto relapsa. Em algumas ocasiões em que tocamos no Avalon, ganhamos um tijolaço de maconha. Então, seria tarefa nossa vendê-la e conseguir dinheiro para a comida e o aluguel! Para mim, Bill Graham era 50% Dick Clark e 50% hippie. Quanto a Chet Helms, ele era hippie, hippie, hippie.

Passei a maior parte de 1966 assistindo aos shows que podia, ainda trabalhando no Tic Tock, ainda fazendo shows com Michael, Danny e Gus e ainda frequentando a escola – e quando eu digo "frequentando" quero dizer que eu registrava a minha presença e, em seguida, saía e ia fazer as minhas coisas.

Ainda não tínhamos um nome para a banda, e eu ainda estava ouvindo novos discos de blues e álbuns que se aprofundavam no blues. John Mayall lançou o álbum *The Blues Breakers with Eric Clapton*. Foi o primeiro álbum que me mostrou que os instrumentistas britânicos estavam acompanhando o trabalho de muitas das mesmas pessoas que eu – Otis Rush, Little Walter e Freddie King –, e foi assim que também comecei a prestar atenção neles.

The Butterfield Blues Band lançou seu segundo álbum, *East-West*. Tinha o blues de Delta, como Robert Johnson, bem como o blues elétrico de Chicago, da mesma forma que o primeiro álbum. Também se poderia dizer que a banda estava ouvindo jazz – eles faziam músicas como "Work Song", de Cannonball Adderley, em que a gaita tocava a mesma frase do trompete e o saxofone se encarregava da originalidade. A faixa-título era uma levada que ficava basicamente em um acorde e tinha um sabor indiano, com um padrão de quatro tempos no baixo. Eu podia identificar as conexões que se estabeleciam na música. A canção tinha uma vibração que lembrava as coisas de Chico Hamilton e Gábor Szabó que eu estava acessando, mas pertencia mais à prateleira do blues elétrico e era puramente instrumental – a guitarra elétrica era a protagonista e ocupava o centro do palco. Eu também conseguia perceber o quanto outros guitarristas estavam se aproximando do blues elétrico – eu sabia de cor os solos de Bloomfield naquele álbum, nota por nota.

Eu não fui o único a ouvir o álbum – podia-se dizer que muitas outras mentes estavam se deixando expandir pela mesma música. As pessoas foram se abrindo e mergulhando mais fundo na música. *East-West* foi um modelo para um monte de bandas de Bay Area. Elas conseguiam reconhecer que o vocabulário de Ravi Shankar e Ali Akbar Khan não estava tão distante assim do vocabulário de Robert Johnson e Muddy Waters. A mente é algo que gosta de rotular, sintetizar e arquivar as coisas em categorias. Mas aquele era o tipo de música que implorava à alma para silenciar a mente, aumentar o volume, e não se preocupar em categorizar nada.

No início, éramos exclusivamente uma banda de blues, mas em 1966 começamos a tocar "Work Song" e "East-West" em nossos shows, adicionando-as aos antigos números de R & B que fazíamos, como "Mary Ann", de Ray Charles. Ainda estávamos fazendo mais improvisações entre nós mesmos e com alguns amigos do que fazendo shows. Nós nos reuníamos nos porões das casas de amigos ou tocávamos ao ar livre em Presidio ou em Panhandle, perto do Parque Golden Gate – em qualquer lugar onde pudéssemos fazer música sem sermos perseguidos pela polícia ou enxotados por causa do barulho.

Em seguida, esbarramos com Chet Helms, que disse que tinha nos ouvido tocar em Presidio. "Sim, eu costumava ouvir vocês no parque, você são bons. Por que não procuram o cara que faz audições de bandas todas as tardes no Avalon?" Fomos até lá, e o cara que cuidava das audições era um músico medíocre de folk cujo conjunto tocava instrumentos pouco convencionais em Bay Area. Ele nos interrompeu no meio da nossa primeira música. Acho que era "Jingo".

"Não, não. Isso não vai funcionar. Vocês estão no lugar errado. Não queremos esse tipo de música aqui."

O cara nem sequer estava ouvindo nosso som — ele estava julgando a partir de alguma ideia preconcebida do que achava que deveria ser apresentado no Avalon. Eu falei na cara dele. "Ei, cara, você toca kazoo, tábua ou seja lá o que for. Você chama isso de instrumento? Você se considera um músico? Que porra você sabe sobre música?" Eu estava pronto para brigar com ele. Meus amigos tiveram que me segurar. Esse foi o fim daquela audição.

Não importava. No verão de 1966, a banda estava ficando cada vez melhor, e eu, construindo uma reputação. Em uma de nossas sessões de improvisos ao ar livre em Panhandle, estava fazendo um solo. Abri os olhos e reconheci Jerry Garcia e Michael Bloomfield na plateia — eles estavam me avaliando, cutucando um ao outro e rindo de alguma coisa. Em outra ocasião, conheci uns caras que me disseram que moravam em Daly City. Eles estavam procurando um guitarrista e tinham ouvido falar de mim. Será que poderia ir tocar com eles? Claro, cara.

Mas, quando cheguei lá, perguntei: "Que tipo de música vocês tocam?" Eu deveria ter perguntado antes que eles fossem me pegar. "The Who."

"Sério? Levem-me de volta. Pensei que vocês gostassem de blues."

Outra banda queria que eu me juntasse a ela, e sua praia era o 13th Floor Elevators — aquelas coisas psicodélicas. "Não, desculpe. Não posso. Não gosto desse tipo de música, cara."

Eu ainda era adolescente, fazendo coisas de adolescente. Estava confiante no meu gosto musical, e poderia me mostrar petulante quanto à minha atuação. Na primeira vez que falei com Michael Bloomfield, agi como um rebelde. Foi no The Fillmore, depois de um show da Butterfield, e ele estava em pé, com algumas pessoas à sua volta reverenciando-o, e eu fui bem até o meio do círculo e disse: "Um dia desses você vai saber quem eu sou, e eu vou te destroçar!" Fez-se um silêncio; todo mundo deu um passo para trás. Michael olhou para mim, sorriu, e sem fazer nenhuma pausa, disse: "Quero que você faça isso – eu o encorajo a fazê-lo. É assim que esta música continuará avançando." Mais tarde descobri que Michael era um cara muito doce, e fiquei me perguntando que tipo de monstro emergiu de mim naquele momento para me fazer dizer uma coisa dessas. Definitivamente, parte disso era fruto da mesma insegurança que outros jovens músicos experimentavam na época, mas eu sentia que precisava me desculpar eternamente com Michael, especialmente quando ele me escolheu para tocar em seu álbum ao vivo com Al Kooper. Eu não parava de dizer: "Ainda estou tão envergonhado. Eu devia estar na merda." Ele sempre me dava uma resposta positiva, típica de sua atitude: "Cara, eu respeito você pela sua franqueza. Está tudo bem. Eu ainda quero que você me destroce!"

Provavelmente, era verdade que eu estava ferrado – naquela época, estava começando a participar de badalações. Em um daqueles shows ao ar livre, em Presidio, eu tinha conhecido dois caras – Stan Marcum e Ron Estrada. Eram dois beatniks, um pouco mais velhos do que nós, e eles viviam se divertindo em North Beach. Eles gostavam mesmo do nosso som. Stan era barbeiro e Ron trabalhava como fiador. Nos tornamos grandes amigos. Eles moravam juntos perto da 18th e Castro, e eu passei a frequentar a casa deles. Eles tocavam música o tempo todo. Me apresentaram às músicas de Bob Dylan, me mostraram como ouvir os Beatles, e o que era o LSD. Mais tarde, eles se tornaram os primeiros agentes da banda Santana.

Stan e Ron eram meus fãs, mas também estavam tentando me ajudar com a minha música. O que eles sabiam sobre agenciamento ou sobre a formação mais adequada para uma banda? Bem, nós estávamos em sintonia uns com os outros, e era isso o que importava. Ficávamos conversando, e se um deles tinha uma ideia, eles me consultavam – eles achavam, por exemplo, que eu deveria entrar em outra banda que estava surgindo na época. O nome era Mocker Manor, e eles precisavam de um guitarrista. Eu lhes disse que não tinha certeza – que tipo de música eles faziam? Será que tocavam blues? O que significava o nome da banda? Eles não tinham essas respostas.

O nome vinha de alguma coisa que Ringo Starr dizia no filme dos Beatles *A Hard Day's Night*. Então nós fomos ouvi-los, e eles usavam umas roupas modernas e sua música se assemelhava às coisas do Grateful Dead.

Eles tinham um baixista muito bom, mas o blues que eles estavam fazendo soava como os primeiros trabalhos do Rolling Stones. Resolvi dar uma chance e queria que aquilo funcionasse. No entanto, cada vez que ensaiávamos uma música até aprendê-la de determinada maneira, eles paravam para fumar um baseado e esqueciam tudo o que tínhamos acabado de fazer. Eles olhavam para mim com aquela expressão de "relaxe". "Relaxe? Estamos perdendo tempo. Por que não aprendemos a música de uma vez e a executamos corretamente?"

Stan e Ron me olhavam como se quisessem dizer: "Desencane!" Eles decidiram tentar me corrigir. Todos saíam para almoçar e me deixavam sozinho com um baseado enorme – praticamente a metade do comprimento de uma baqueta. Minha tarefa era ficar sentado lá, ouvir um pouco de música e acendê-lo. Lembro que eu colocava o álbum dos Yardbirds que tinha "For Your Love". Eu começava a fumar, e o cheiro era bom – não era como a maconha que se consegue hoje, que nos deixa com dor de cabeça. Depois de alguns minutos, eu podia sentir que tudo se tornava... mais suave. As cores pareciam mais brilhantes, e todas as partes da música ficavam mais claras. Sei que algumas pessoas não sentem necessariamente isso quando fumam pela primeira vez. Eu, definitivamente, sentia.

Percebi na hora o que estava fazendo – me comportando como um ditador com a banda, indo na contramão da música. Percebi que precisava aceitar e adotar uma abordagem diferente daquela que eu julgava estar funcionando. Eu estava do lado oposto daquela mentalidade. Nem tudo precisava ser racionalizado e superensaiado.

Não fiquei muito tempo com a Mocker Manor, e Stan e Ron concordaram comigo. "Você está certo. Esta banda não vai a lugar algum." Mas comecei a acender um cigarro atrás do outro. Ficar chapado com maconha não é a mesma coisa que consumir ácido, tomar peiote ou cheirar cocaína – ou injetar heroína, coisa que cheguei a fazer duas vezes antes de parar.

As pessoas que fumam não desejam, necessariamente, experimentar cocaína, heroína e crack. A maconha ainda carrega este estigma negativo que remonta à década de 1930, e os pais ainda a chamam de erva do diabo para assustar os filhos, de modo que eles não se percam.

Mas nós, hippies, tínhamos um ditado que dizia: "É preciso se perder para se encontrar." Você precisa abrir mão de tudo o que lhe foi ensinado e encontrar uma maneira de ser feliz com sua própria existência e admitir todas as suas imperfeições. Dessa forma, você enxergará o seu próprio ego acionando todas as alavancas e controlando seu comportamento, como se fosse um Mágico de Oz agindo por trás de uma tela. Mas você também pode flagrá-lo em ação e dizer: "A brincadeira acabou. Não estou mais emocionalmente comprometido para deixar que você exerça poder sobre mim."

Quando comecei a fumar maconha, notei que algumas pessoas a usavam como um meio de fuga e outras a usavam para se encontrar. Também observei que nem todo tipo de droga deixava as pessoas necessariamente mais ligadas ou mais circunspectas. A cocaína pode exacerbar sua personalidade, mas, como disse Bill Cosby: "E se você já for um babaca?" A maconha e o peiote são medicamentos da Mãe Terra. O crack, a heroína e a metanfetamina são drogas de laboratório, criadas pelo homem – elas podem aprisioná-lo, transformá-lo em um viciado crônico.

Não estou promovendo nada, a não ser a liberdade de ser autêntico e desenvolver a autopercepção. A maconha me possibilitou uma ampliação de perspectiva – ela abriu os meus sentidos para a multiplicidade dimensional. Em 1966, comecei a fumar muito. Era fácil de se conseguir e não era tão cara. Eu conseguia fumar e me manter orientado nas ruas e tocar música. Mas era ilegal, então eu encontrava maneiras de guardá-la em mim mesmo e de escondê-la dentro de casa.

Minhas irmãs dão risadas até hoje quando se lembram da noite em que cheguei em casa, comecei a coçar a cabeça e dois baseados se desprenderam dos meus longos cabelos e caíram no chão! Não sei se minha mãe não os viu ou se simplesmente não quis vê-los. Maria os recolheu e ofereceu a um amigo, que ficou chapado. Em outra ocasião, enfiei um pouco de maconha na bainha das cortinas brancas de nossa casa. Minha mãe, maníaca por limpeza, as colocou para lavar, e elas saíram da máquina com uma mancha verde na parte inferior. Ela não conseguia entender como aquilo havia acontecido.

Isso foi um sinal de que eu precisava sair de casa. Eu não poderia ficar ouvindo a minha música, fumando maconha e voltando para casa de manhã cedo com a família presente. Outro sinal foi que Tony já havia saído de casa para constituir a sua família, e Laura também. Eu tinha 19 anos no fim daquele verão, mas permaneci na casa da minha mãe por mais um ano, ainda frequentando a Mission High na parte da manhã.

Logo depois eu saía e ia fazer as minhas coisas. Ficava no apartamento de Stan e Ron até as 6 horas da manhã. Enquanto isso, eles estavam me apresentando mais músicas novas. Ouvíamos os Beatles e muitas coisas de Bob Dylan.

Na maioria das vezes eu estava focado em tocar com Danny e Gus, em experimentar coisas novas, conhecer outros músicos e fazer improvisações. Eu não sabia o que estava procurando. É a mesma coisa quando você sai para comprar um presente e não sabe o que deseja, até encontrar uma coisa e ter a certeza de que era aquilo que estava buscando. Porém eu sabia do que não gostava e o que não queria tocar. Sabia que nós não faríamos parte do som de São Francisco. Nós o chamávamos de Hippieland, e tentávamos evitá-lo a todo custo. Estávamos ouvindo algumas músicas ótimas naquela época – Hendrix, The Doors, The Beatles –, mas não havia muitas coisas em São Francisco que pudessem fazer frente àquilo. Grande parte delas soava como um plágio quase imediatamente depois de se tornar popular. O país inteiro estava dizendo: "Beleza, cara; tá tudo joia, paz!" Sammy Davis Jr. usava miçangas e uma jaqueta Nehru. Muitas pessoas entravam naquele esquema só para se sentir participando de alguma coisa. Nós sabíamos para onde queríamos seguir com nossa música.

Naquele ano, Stan, Ron e eu fomos a tantos shows quanto pudemos no The Fillmore Auditorium. Eu ainda não estava 100% seguro com o meu inglês e falava com forte sotaque. Mas Stan falava por mim quando eu chegava à porta, sem nenhum dinheiro. Ele não tinha experiência como agente, mas sabia como se comunicar com as pessoas. Nada o detinha – ele era corajoso, e essa era uma característica dele que eu adorava. Certa vez, Charles Lloyd estava tocando no The Fillmore, e nós ficamos lá apenas olhando com admiração para ele e sua banda – Keith Jarrett, Jack DeJohnette, Ron McClure. Stan sentiu que precisava dizer alguma coisa e assim, antes de eles continuarem, ele se aproximou de Charles e disse algo como: "Charles Lloyd, toque para o mundo todo e arrase, cara!" Ele apenas sorriu e fez exatamente isso – tocou como nunca. Naquela época, eu jamais poderia ter feito isso – aqueles caras me assustavam!

Em uma tarde de domingo, em outubro, Stan fez o que sempre fazia e intercedeu em meu nome, e depois disso tudo começou a mudar.

The Butterfield Blues Band estava se apresentando em um programa triplo, com Jefferson Airplane e Big Mama Thornton. Ela foi a cantora de blues que cantou "Hound Dog" pela primeira vez, antes que Elvis a transformasse em um sucesso, e "Ball and Chain", antes de Janis. Precisávamos estar presentes. Naquele domingo, eles estavam fazendo uma matinê, e Stan e eu chegamos cedo e constatamos que Paul Butterfield não tocaria naquela noite. Ele estava totalmente fora de órbita – viajando com os ácidos, perambulando descalço, olhando para a parede como se fosse um aparelho de televisão. Ele tinha ficado acordado a noite toda.

No palco, eles estavam fazendo uma sessão de improvisos juntos. Michael estava coordenando as coisas e tinha assumido o órgão, porque seu tecladista, Mark Naftalin, não havia aparecido. Jerry Garcia e alguns caras do Jefferson Airplane, incluindo Jorma Kaukonen, iam tocar. Stan e eu avistamos a guitarra de Michael no palco e percebemos que ninguém estava tocando. Stan decidiu tomar a frente e ver o que conseguia fazer. Ele se dirigiu até Bill. "Ei, cara, você se importaria se o meu amigo mexicano tocasse um pouco de guitarra com esses caras?" Bill deu de ombros. "Não sou responsável por isso. Vá perguntar ao Bloomfield."

Bloomfield olhou para Stan e disse: "Onde ele está?" Stan apontou para mim. Até hoje não tenho ideia se Michael me reconheceu daquela vez em que eu o desafiei. Não importava. Sua resposta tinha a mesma vibração que senti da primeira vez. "Vamos lá, cara. Pegue a minha guitarra e ligue-a."

Subi no palco. Eles começaram com um blues – o que mais poderia ser? "Good morning, little schoolgirl / Can I come home with you?" Garcia solou, e depois eles passaram a bola para mim. Fechei os olhos e comecei a tocar... *bam*!

Terminamos a música, e eu abri um sorriso. Foi ótimo estar naquele palco, tocando com músicos que se entrosavam e que não deixavam o ritmo cair. Depois as pessoas vieram até mim: – "Qual é o seu nome? Você tem uma banda?" Eu lhes disse quem eu era, que eu fazia parte de um grupo e que nós não tínhamos um nome. Foi então que Bill veio ao meu encontro. "Aqui está o meu número de telefone – me ligue. Tenho algumas datas em aberto."

E assim foi – nós íamos tocar no The Fillmore, e apareceríamos naqueles cartazes! Agora nós *realmente* precisávamos de um nome para a banda.

Eu não sabia o quanto um solo de blues poderia ser importante – e não apenas porque Bill Graham me convidou para tocar para ele. Cerca de uma semana depois, eu estava lavando pratos no Tic Tock quando um dos garçons entrou na cozinha e disse: "Ei, Carlos, tem alguém querendo falar com você."

Um cara jovem, que eu nunca tinha visto antes, enfiou a cabeça na janela da cozinha. "Você é o Santana?" Ele ficou olhando para mim, e eu estava cheio de sabão até os cotovelos. "Cara, ouvi você no outro dia com o Bloomfield. Foi uma grande apresentação. Ouça, eu moro em Palo Alto. Canto e toco guitarra com alguns caras, e precisamos de um guitarrista. Vamos fazer uma sessão de improvisos hoje à noite. Meu carro está lá fora. Acho que você vai gostar muito da banda."

Tom Fraser era um cantor e guitarrista que vinha tentando montar uma banda e estava no The Fillmore Auditorium naquela tarde. Eu estava aberto a qualquer coisa. "Está bem. Deixe eu acabar aqui, eu vou." Quando dei por mim, já estávamos em Mountain View – do outro lado de Palo Alto –, que é como se fosse a periferia. Em alguma antiga casa de fazenda nos campos que ficam perto do litoral. Os instrumentos já estavam organizados, incluindo um órgão Hammond. Aquilo me impressionou de imediato. Eu já era obcecado pelos instrumentistas de jazz que tocavam órgãos Hammond – Jimmy Smith, Jack McDuff, Jimmy McGriff. Foi quando ouvi pela primeira vez George Benson, tocando na banda de Mc-Griff. Mais tarde, ele se tornou o primeiro guitarrista de Miles.

Danny, Gus e eu tínhamos encontrado nosso primeiro tecladista no início daquele ano e vínhamos trabalhando com ele há cerca de dois meses. Ele se parecia com o cara de *Onde Está Wally?* – nós o chamávamos de Weirdo [Esquisito]. Ele tocava um Farfisa, e eu gostava, porque conseguíamos obter aquele tipo de som de "96 Tears", do Question Mark and the Mysterians – e também fazer músicas do Sam the Sham e do Sir Douglas Quintet.

Na casa de fazenda, comecei a ligar o instrumento, o tecladista se aproximou e começamos a conversar. Seu nome era Gregg Rolie. Lembro de ter pensado: "Eu conheço esse cara." Eu já tinha visto Gregg antes, antes do The Fillmore ser inaugurado, no Longshoreman's Hall, em Fisherman's Wharf. Era maior do que um clube, mas não tão grande quanto o The Fillmore, que ainda não estava aberto. Gregg tocou lá com uma banda chamada William Penn and His Pals. Eles se vestiam como Paul Revere and The Raiders e grupos similares – com uniformes com mangas flexíveis e chapéus tricórnios, do mesmo tipo que víamos em *Shindig!*, na TV. Lembro que Danny, Gus e eu ficávamos rindo disso – não parecia nada mais do que um modismo, a novidade do momento. Aquilo tudo surgiu e passou muito rápido.

Eu estava com um baseado, enquanto Gregg bebia uma cerveja, e começamos a bater papo. Nos demos bem antes mesmo de começarmos a tocar. Ele também se revelou um grande fã do órgão jazzístico, e ambos estávamos escutando o mesmo tipo de música negra.

Fizemos uma improvisação com "Comin' Home Baby", uma música de sucesso de Herbie Mann, que eu conhecia do rádio. Era uma daquelas coisas com levada, nada complexas, que foram lançadas na época em que "The Sidewinder" e outras músicas de jazz estavam começando a ser executadas nas grandes rádios – o que hoje chamamos de crossover. Gregg também costumava ouvir essa música, e ele conseguia tocá-la com a levada certa. Em seguida, tocamos "As the Years Go Passing By", de Albert King – uma peça para uma guitarra de blues. Mas Gregg conhecia a letra dessa música e gostava de cantar. Poderia dizer que ele era um bom cantor, e nós precisávamos de um em nossa banda.

O barulho que estávamos fazendo deve ter acordado alguns vizinhos. Depois vieram os policiais com suas sirenes, como se estivéssemos arrombando um banco. Eles nos encontraram com os nossos instrumentos, o ambiente cheirando a droga. Um deles estava pronto para simplesmente nos algemar e nos rebocar. O outro começou a fazer perguntas, pedindo que seu parceiro relaxasse na abordagem.

"De quem é esta casa?"

Apontamos para Tom.

"Qual é o nome da sua banda?"

"Nós não somos realmente uma banda."

"Bem, vocês parecem muito bons."

"Ah, obrigado."

"Escutem, vocês estão tocando um pouco alto. Sei que não está tão tarde. De qualquer maneira, vocês podem abaixar o volume e jogar essa outra coisa fora?"

"OK."

Encontrar um policial educado assim foi como uma bênção no início de uma parceria que viria a se tornar a banda Santana. Ali estava um outro anjo intercedendo quando precisávamos. Ele nos deu o seu aval e ignorou a situação quando poderia ter nos levado presos, algo que o outro policial estava louco para fazer.

E ele estava certo: nós fazíamos um bom som.

Tocar com um bom tecladista é como ter uma cama confortável e macia na qual se deitar, com um grande travesseiro. Gregg era assim. Gregg e eu começamos a trocar ideias e a sair juntos, e descobrimos que tínhamos mais coisas em comum do que Jimmy Smith. Mais tarde, contei a Danny e a Gus sobre os caras com quem eu tinha acabado de tocar, mas, quando nos encontramos, Danny e Gus imediatamente não gostaram deles. Eles também se lembravam de William Penn and His Pals. "Não queremos andar com eles; eles são caretas." Eu não tinha como argumentar – eles realmente pareciam uns suburbanos de Palo Alto. Carabello disse: "Vamos ter que colocar umas roupas melhores nesses caras."

Eu gostava de Gregg e de Tom, mas Danny e Gus ficaram magoados porque sentiram que eu tinha dado as costas para eles. Já fui acusado de muitas coisas muitas vezes, mas esta foi a primeira vez que fiquei com a sensação de estar virando as costas para os mexicanos. Não importava – tudo o que eu percebia era aquilo de que a banda precisava, e aqueles caras de Palo Alto tinham isso.

Gregg gostava de nós. Acho que parte do que o encantava é que éramos muito, muito estranhos – Carabello e eu estávamos sempre nos aventurando e nos comportando como loucos, mas tínhamos uma convivência amistosa. Ele sentia que era interessante se deixar envolver pela música que estava sendo feita na região do Mission District. Para nós, ele era rico, mas, na verdade, ele era apenas da classe média de Palo Alto. Ele morreu de rir quando descobriu que achávamos que ele era rico, mas com certeza o local onde ele cresceu era muito diferente do Mission.

Nos meses seguintes, passamos a ser uma banda. Gregg era o nosso novo vocalista, e começamos a acrescentar músicas que ele gostava de cantar. Eu lhe dou o crédito por ter levado a banda de volta a um outro tipo de música, como as coisas que Les McCann, Eddie Harris e Ramsey Lewis faziam. Tom era um bom guitarrista, e estava envolvido com o blues, mas mesmo sendo o cara que havia me retirado de um determinado círculo, no fim, algo não deu certo entre nós. Havia um lado dele que queria fazer músicas de Buffalo Springfield e The Grass Roots – rock com algum elemento de hillbilly. Tivemos que dizer a ele: "Não; nós não estamos interessados nessa música", e por isso deixamos que ele saísse, depois de alguns meses. Mas Tom merece o crédito por ter sido o catalisador que promoveu o meu primeiro encontro com Gregg.

Os grupos de rock estavam começando a exibir as mesmas influências que eu vinha ouvindo naqueles álbuns de Gábor Szabó e Charles Lloyd – sabores orientais, ritmos com levada e escalas estranhas que soavam indianas. Tudo se integrava àquele som psicodélico do rock. No ano anterior, a música "Eight Miles High", dos Byrds, apresentava uma parte intermediária repleta dessas ideias na guitarra, e os Beatles e os Stones tinham usado cítara em algumas canções – tudo isso estava no ar.

Então, de repente, naquele mês de janeiro, The Doors lançou seu primeiro álbum, que apresentava um som mais pesado e muitos toques de jazz, e o guitarrista Robby Krieger misturava o blues com aquele mesmo tipo de fole de Gábor. Eles pegavam o blues básico – como "Back Door Man", de Willie Dixon, e outras canções – e o transformavam em um filme inteiro, não apenas uma história, mas um romance extenso e soturno. Podia-se dizer que eles estavam tomando ácido e ouvindo jazz – John Coltrane e Miles Davis, e Ravi Shankar. Podia-se perceber isso em músicas como "Light My Fire" e "The End". Era possível afirmá-lo porque as melodias e os ritmos não eram mais desajeitados, como se fossem elefantes ou búfalos tentando dançar. Algumas partes da música eram muito delicadas, como se o grupo estivesse trabalhando com cetim e seda, e movendo-se suavemente, como uma bailarina.

The Doors deu início ao que eu chamo de música xamã, ou música LSD. Uma música que lança um feitiço e transporta o ouvinte para um lugar além do tempo e da gravidade, para além dos problemas. As letras são reais, não são compartimentos vazios. Elas convidam as massas a passar ao nível multidimensional. Como afirmou Jimi Hendrix: "I didn't mean to take up all your sweet time / I'll give it right back one of these days" (Não pretendia tomar todo o seu doce tempo / Vou lhe devolver qualquer dia desses). Ele estava dizendo: "Vou pegar emprestado a sua mente agora – você vai recebê-la de volta quando eu terminar."

Um xamã sabe como deixar o caminho desimpedido e permitir que os espíritos o utilizem – ele sabe ser um canal. A melhor música de John Coltrane? Não era ele quem a tocava; era ela quem o tocava.

Na mesma época, John Mayall lançou o seu novo disco, *A Hard Road*. Peter Green tinha substituído Clapton, e suas notas se pareciam com as de B. B., mas ele já tinha o seu próprio fraseado – legato. Ele simplesmente pendurava as notas umas nas outras. Seu som me prendeu como se fosse um golpe de gravata e não me deixou escapar. E o seu estilo! Em uma faixa chamada "The Supernatural" – que não deve ser confundida com o meu álbum *Supernatural* – o som da guitarra de Green beirava a pergunta e resposta. Essa faixa deixou sua marca em mim. Acho que foi o primeiro blues instrumental que me mostrou que a guitarra poderia ser, realmente, a protagonista, e que algumas vezes não é necessário ter um vocalista. E eu adorava aquele estilo.

Naquela época, eu ainda estava conhecendo toda essa música – John Mayall, Jimi Hendrix, The Doors. Eu não sabia o quanto aquela música se tornaria verdadeiramente especial. Ainda não dominava os recursos gramaticais ou a linguagem para fazer comentários sobre esses orgasmos musicais. O que eu conhecia era o orgasmo físico. É impossível se manter sob controle quando se está tendo um orgasmo. Era disso que se tratava – de abandonar o controle. Quando você tem um orgasmo musical, você se rende à música. Normalmente, apenas alguns poucos músicos do planeta conseguem fazer isso acontecer, mas, nos anos 1960, parecia que havia muitos. Estávamos ocupados procurando por essa rendição, lutando para conseguir fazer shows em outros locais – como The Rock Garden, em Mission District, perto da Geneva Avenue. Ele foi um dos primeiros e autênticos clubes de rock em Mission. Não havia muitos lugares para se escolher tocar, a menos que fosse possível dizer que éramos uma banda profissional. Nunca considerei a banda Santana profissional até o momento em que nosso primeiro álbum foi lançado. Cal Tjader, Mongo Santamaría, Wes Montgomery e Miles Davis – eles, sim, eram profissionais.

A má notícia aconteceu no fim de fevereiro. Fui à escola uma manhã, e todos estavam fazendo o teste para TB. O que é isso? Tuberculose. Ah, tudo bem, mas o que é isso? Todo mundo recebia uma picada no braço, e se o seu corpo reagisse de uma determinada maneira, então você estava com tuberculose, e era uma coisa grave. Eu pensei: "Não tem problema", eu não estava me sentindo mal e não estava tossindo, a não ser quando fumava maconha. De repente, o teste deu positivo. Em seguida, eles começaram a me tratar como se eu fosse uma alfineteira, aplicando-me altas doses de penicilina e estreptomicina. Depois, me levaram para o San Francisco General, me colocaram em quarentena por sabe-se lá quanto tempo, em uma cama cercada por pessoas doentes, e eu nem sequer estava me sentindo cansado. Até hoje, acho que o problema foi causado pela água de Tijuana, no ano em que vivi sozinho lá.

Meus pais não protestaram nem nada. Quando ficaram sabendo do que aconteceu, eles confiaram que as autoridades fariam o que fosse melhor, o que significou que em poucos dias eu já estava me sentindo profundamente entediado. Fiquei internado lá por mais de três meses! Eles faziam testes em cima de testes, me injetavam medicamentos, tiravam radiografias dos meus pulmões e me mostravam as manchas. Então eles me diziam que eu estava me recuperando, mas mesmo assim deveria permanecer internado. O que me manteve lá não foi a ideia de que eu precisava melhorar: resolvi ficar porque os médicos me convenceram de que, se eu saísse, poderia infectar outras pessoas, e eu não queria fazer isso.

Eu sabia que precisava ir até o fim – tomar a medicação e deixar os meus pulmões repousarem. Assisti a muitos programas de televisão – lembro que, depois do primeiro mês de internação, assisti ao show do Grammy Awards de 1967, com Liberace e Sammy Davis Jr. –, todas aquelas coisas de mau gosto. De repente, Wes Montgomery estava se apresentando. Foi a primeira vez que o vi tocar, e aquilo me causou uma boa impressão. Comecei a ouvir as suas músicas – "Goin' Out of My Head", "Windy", "Sunny" –, mais um cara do jazz trabalhando com as canções pop dos anos 1960. O som de sua guitarra era muito diferente, e ele tinha aquele tipo de voz profunda que me dava a sensação de que alguém estava passando a mão na minha cabeça, dizendo: "Ah, tudo vai ficar bem", e eu acreditava.

Algumas pessoas foram me visitar, incluindo Stan e Ron, meu pai e minha irmã Irma. Carabello me levou alguns livros, incluindo um livro de ciências da Time-Life chamado *A mente*, que eu me lembro de ter gostado. Ele também me levou um tocador de rolo com fones de ouvido, para que eu pudesse ouvir meus álbuns favoritos em fitas, como os de Gábor Szabó. Algumas semanas depois, eu já tinha ouvido aquilo tudo. Queixei-me que estava ficando maluco, e então Carabello me disse: "Bem, eu tenho alguns baseados e um pouco de LSD." Como um idiota, tomei o ácido mais tarde naquela noite, ali mesmo no hospital.

Eu olhava à minha volta e via pessoas mais velhas que haviam fumado a vida inteira e estavam com problemas pulmonares, com a pele toda amarelada e os dedos alaranjados por causa de todos os cigarros que fumaram. Parecia que todo mundo estava morrendo por todos os lados, e lá estava eu, viajando no meio daquilo tudo. Exibiram um filme na televisão – *Os quatro cavaleiros do apocalipse*, com Glenn Ford, sobre os nazistas durante a Segunda Guerra Mundial. Mergulhei tão profundamente naquele filme que fiquei pensando: "Epa! Preciso voltar para debaixo das cobertas e fechar as cortinas."

No dia seguinte, Ron foi me visitar, e eu ainda estava me escondendo. "Ei, cara, como você está?" Eu disse: "Cara, preciso dar o fora daqui, e vocês vão me ajudar a sair. Volte esta tarde, traga algumas roupas, e eu vou me livrar desse maldito roupão de hospital no qual eles me enfiaram. Vamos entrar no elevador, parar entre os andares, eu vou me trocar e vamos embora." E foi o que fizemos – banquei o Clark Kent e saí de lá. Fiquei sabendo que eles me procuraram por algumas semanas, porque, pela lei, eu não poderia sair. Eles não me encontraram, porque não voltei para casa. Saí do hospital e fui morar com Stan e Ron, e esse foi o início de outro longo afastamento da minha família, o que aumentou ainda mais a distância entre mim e minha mãe.

Duas coisas boas aconteceram com aquela estadia no hospital... bem, três coisas. Primeiro, eu me curei, e nunca mais tive nenhum sinal de tuberculose.

A segunda coisa foi que, enquanto estava no hospital, a Mission High sabia onde me encontrar – eu não poderia ir a lugar algum. Eles me disseram que eu poderia trabalhar com um tutor enquanto estivesse internado. Se eu fizesse os exercícios e obtivesse notas para passar de ano, eles permitiriam que me formasse. Então, eles mandavam um cara no período da manhã, nós conversávamos, e ele me deixava alguns livros para ler até o dia seguinte, principalmente sobre história norte-americana. Ele voltava e me aplicava algumas provas. Grande parte das provas consistia em perguntas que ele me fazia, e nas minhas explicações sobre o que eu havia entendido com as leituras.

Eu gostava do tutor. Ele sabia da minha situação – que eu tinha sido impedido de avançar na escola por causa do meu inglês e que eu tinha 19 anos e ainda estava no ensino médio. Um dia, ele me viu vestido com o roupão do hospital e disse: "Há males que vêm para bem, porque você não está de uniforme carregando uma arma. Essas pessoas teriam realmente dificultado as coisas para você – provavelmente, você estaria no Vietnã agora." Eu ainda não havia pensado nisso, mas ele tinha razão. Com toda certeza, eu já tinha idade suficiente para ser admitido nas Forças Armadas. Mas pelo fato de ainda estar matriculado na Mission High o serviço de recrutamento não poderia me pegar – ainda.

Ficar fora da guerra foi a terceira consequência boa da minha doença. Cerca de um ano depois, recebi uma intimação para me dirigir ao centro de admissão de Oakland. Lembro-me daquele lugar – todos aqueles jovens fazendo fila e sentando-se para preencher formulários, se submetendo a exames físicos e suando frio. Dava para sentir o cheiro do medo lá dentro. Um dos caras que vi estava com os braços cruzados. Seus olhos estavam amarelados por causa de uma meningite ou algo assim. Ele se recusava até mesmo a pegar a caneta. Ele olhou para o homem e disse: "Ei, cara, não vou mover uma palha. Não tenho nada contra os vietcongues. Você, seu branquelo, é a única pessoa que vive querendo me ferrar no meio da rua. Se você me der uma arma, vou dar um tiro no seu traseiro." Eu fiquei pensando: "Uau, ele não vai entrar no Exército – talvez vá parar em algum outro lugar, mas não no Exército."

Em seguida, um cara de uniforme veio até mim e disse: "Qual é o seu problema? Por que você não está fazendo os exames?" Eu lhe mostrei um atestado médico. Naquela ocasião, eu já havia retornado ao hospital e realizado mais alguns testes. Depois disso, os médicos decidiram que eu poderia simplesmente continuar tomando alguns medicamentos em casa. Isso mostra o quanto o cara era ignorante: ele abriu o atestado, leu e falou: "Tuberculose, hein? Onde é que você pegou isso – na Thirteenth com a Market?" Ele achou que era algum tipo de doença sexualmente transmissível e começou a insultar o meu bairro. Eu fiquei pensando: "Será mesmo que devo obedecer você?" Que merda! Foi aí que me dei conta de que precisava ficar o mais longe possível do serviço militar enquanto o Exército continuasse colocando pessoas daquele tipo no comando. Alguns amigos meus da Mission High acabaram indo parar no Vietnã e nunca mais voltaram. Eu tive sorte – saí de lá, e assim foi.

Até hoje sou grato pelo fato de os caras da Mission terem me dado aquela última chance para eu me formar. Li os livros e respondi às perguntas do tutor suficientemente bem para que conseguisse me formar naquele mês de junho. Fui autorizado a ir à cerimônia no Centro Cívico como uma gentileza, mas, para mim, aquilo realmente não dizia muita coisa. Vi todas as outras famílias lá com seus filhos e filhas carregando flores e coisas assim. Eu não tinha nem barrete nem toga, e minha família não compareceu. Ninguém fez muito alarde sobre isso, e para mim estava tudo bem. Minha principal recordação daquele último dia de aula é a de um bando de estudantes sentados no parque perto da Mission, fumando um baseado e conversando sobre os seus planos. Um dos garotos disse: "Vou ajudar o meu pai no armazém." Outro cara afirmou: "Vou me juntar aos fuzileiros navais. O que você vai fazer, Santana?"

Eu respondi: "Vou estar no palco, tocando com B. B. King, Buddy Guy e pessoas assim." Todos começaram a dar risadas como se fossem esquilos. "Ei, cara, você andou fumando muito essa coisa." Como assim? Eu não disse que queria *ser* o B. B., nem mesmo uma estrela como ele. Eu só queria estar ao lado dele e poder tocar com ele. Eu não sabia o quão longe poderia chegar, mas aquele era o meu objetivo. Eu tinha a sensação de que a mão do destino estava agindo sobre mim novamente, assim como havia agido na primeira vez que ouvi uma guitarra elétrica executando um blues. Minhas expectativas sobre o que eu estava destinado a fazer transcendiam tudo o que eu havia vivenciado no tempo que passei em Mission High.

Eu apenas olhei para eles. "Bem, vocês me perguntaram."

Não era um sonho tão impossível assim. Já tínhamos um show agendado no Fillmore Auditorium – o mesmo lugar onde todas as lendas do blues estavam começando a se apresentar em Bay Area. Minha banda teve que esperar dois meses para fazer um show para Bill Graham, enquanto eu vencia a tuberculose. Em seguida, Bill nos reservou para abrir um show do The Who e The Loading Zone – sexta-feira e sábado à noite, em meados de junho. Não tínhamos ideia do sucesso que The Who alcançaria, e The Loading Zone era um grupo local. O que mais importava para nós é que, finalmente, iríamos tocar no local mais importante de São Francisco. Nosso nome nem aparecia no cartaz, mas, pelo menos, já tínhamos um nome.

Foi Carabello quem teve a ideia. Tocar blues era a coisa da qual mais nos orgulhávamos, e a palavra *blues* estava presente nos nomes de alguns dos nossos grupos favoritos – The Butterfield Blues Band, The Bluesbreakers. Ela vinha logo depois dos nossos sobrenomes – Haro Blues Band, Rodriguez Blues Band, Carabello Blues Band. Ele achava que o meu sobrenome soava melhor. Santana Blues Band se tornou nosso nome por um ano e meio. Não é que, de repente, eu havia me tornado o líder. Éramos uma banda sem líderes – não porque nos sentamos um dia e decidimos isso, mas porque foi assim que aconteceu.

Nós já estávamos misturando outros tipos de música com o blues. Ensaiamos e preparamos o nosso set – "Chim Chim Cheree", "Jingo", "As the Years Go Passing By", "Work Song". Nosso set era pequeno em comparação com o que faríamos dentro de alguns anos – apenas trinta ou quarenta minutos.

A primeira noite foi ótima. Passou muito rápido, e não apenas porque eu tinha começado a tomar anfetamina na época. Fiquei tão nervoso e tão pilhado que arrebentei três cordas naquela noite. Eu não tinha mais nenhuma corda, e estávamos no meio do set quando olhei em volta e agarrei a única guitarra que consegui avistar – uma Strat desgastada pelo uso que pertencia a Pete Townshend! Observei que Keith Moon estava olhando para mim, e ele sorriu quando viu a minha situação. "Pete não vai se importar, vá em frente." Ele me estimulou muito. Bill Graham também. Ele gostou do que ouviu, e disse que deveríamos abrir alguns outros shows que estavam surgindo.

Sábado à noite foi terrível. Chegamos ao The Fillmore tarde, *muito* tarde. Os pais de Gus e os de Danny prenderam os dois até tarde no trabalho, e eu estava indo de carona com eles. Cara, eu fiquei com muita raiva. Mas não tão irritado quanto Bill Graham estava quando chegamos ao The Fillmore. Ele estava em pé no topo dos degraus – o antigo Fillmore tinha uma escada, e era preciso subi-la com o equipamento nas costas para chegar ao auditório. Seus braços estavam cruzados, e ele parecia tão grande e tão imponente quanto o Mr. Clean, o Gigante Verde e Yul Brynner em *O rei e eu*. Ele nos flagrou enquanto nos esforçávamos para carregar nosso equipamento escada acima o mais rápido possível, e começou a gritar: "Nem se incomodem. Vocês nunca mais vão trabalhar para mim de novo." Ele começou a nos insultar, a xingar os nossos antepassados e os filhos que ainda nem tínhamos. Ele passou a usar palavras que eu nunca tinha ouvido antes, mas viria a conhecer por causa dele.

Fiquei pensando: "Que merda, cara. Estragamos tudo." Estragamos mesmo – e, sem mais nem menos, fomos banidos de quaisquer shows promovidos por Bill Graham por um longo tempo. Ele nem sequer queria que aparecêssemos para assistir às outras bandas, mas isso não bastou para que eu me afastasse. Lembro de voltar para casa depois de ver Jimi Hendrix tocar no The Fillmore naquele verão, balançando a cabeça e dizendo a mim mesmo que o que eu havia acabado de ouvir e ver era real. Nunca mais tive uma sensação parecida com aquela, em que o ouvi pela primeira vez.

Quando Eric Clapton e a Cream vieram até a cidade em agosto para tocar no The Fillmore, também tive que me esgueirar para assisti-los. Precisava fazer isso – eu não tinha escolha. Ainda sabia como entrar furtivamente através da escada de incêndio. Eu queria comprovar se seu show ao vivo coincidiria com o som de seus discos, tão diferente das bandas de blues de Chicago pelas quais eles haviam se deixado influenciar. Um som mais potente e mais bombástico.

Coincidia. A Cream parecia enorme com seus sapatos de plataforma, e seu som era mais forte. Clapton tinha atrás de si uma fileira dupla de amplificadores Marshall, Jack Bruce soava como um trem de carga e Ginger Baker parecia algum tipo de criatura estranha com seu cabelo ruivo, tocando aqueles bumbos duplos. Em músicas como "Spoonful" e "Hey Lawdy Mama", não se tratava mais apenas de blues elétrico ou de blues-rock. Eles estavam tocando com a energia de Buddy Rich – o que fez todo o sentido quando descobri que Ginger e Jack já tinham experiência como instrumentistas de jazz. Assistir àqueles primeiros shows da Cream era como se alguém que só conhecesse a televisão em preto e branco visse um filme em CinemaScope pela primeira vez.

Mas, enfim... a Santana Blues Band estava na lista negra de Bill. Eu não conseguia acreditar que isso tinha acontecido. Nunca faltei a nenhum show. Chegar atrasado não estava no meu DNA. Minha mãe e meu pai me ensinaram que quando você marca um compromisso, ser pontual significa estar lá meia hora antes do combinado. Eu me comporto dessa forma agora, e a minha banda sabe disso. Se você quiser revirar o meu estômago, chegue atrasado a um ensaio, a uma passagem de som ou a um show. Até hoje não suporto isso.

Eu conhecia o modo pelo qual os pais podiam agir, mas em um determinado ponto, quando você já sabe para onde deveria estar indo, você não permite mais que eles se intrometam no seu caminho. Você diz a eles: "Eu tenho um compromisso. Preciso ir." Para mim, aquele foi o fim. Eu fiquei pensando: "As prioridades deles não são as minhas prioridades – as prioridades deles são agradar suas mães e seus pais, e eles vão acabar colocando isso em primeiro lugar para o resto de suas vidas." Em que medida fazer tortillas ou cortar carne poderia ser mais importante? Um show no The Fillmore, em 1967, era a coisa importante para qualquer músico, e era a coisa mais importante do mundo para mim.

CAPÍTULO 7

A banda Santana, no fim de 1968. (Da esquerda para a direita) Gregg Rolie, David Brown, eu, Doc Livingston e Marcus Malone

Antes de eu completar 20 anos, já conseguia distinguir a diferença entre um músico de fim de semana e um músico em tempo integral. A partir da forma como uma pessoa tocava, eu podia dizer se havia convicção suficiente para realçar a música, para fazê-la ganhar corpo. Quando comecei a tocar com aqueles que conheci no ensino médio, pude perceber o quanto a música se transformava dependendo da pessoa com quem eu estava tocando. Em nosso grupo, experimentávamos várias músicas ou mantínhamos as antigas, mas as músicas que tocávamos não eram tão importantes quanto os novos instrumentistas que se juntavam à banda. Acho que tive a sorte de ter começado muito cedo em Tijuana – até mesmo o pequeno grupo que contava com os dois irmãos guitarristas que viviam brigando e eu no violino me ajudou a reconhecer o que funciona e o que não funciona em uma situação de grupo.

Penso que ao analisarmos os primeiros anos dos grupos de rock podemos apontar duas maneiras pelas quais eles obtinham o seu som. Grupos como os Beatles, os Rolling Stones e o Grateful Dead surgiram, de modo geral, juntos. Suas formações mudaram muito pouco; em certos casos, não houve mudança alguma. Juntos, eles se tornaram melhores. Acho que a banda Santana evoluiu mais como uma banda de jazz, com músicos diferentes indo e vindo, até que as peças se encaixassem e a música se aprimorasse. Além disso, vínhamos do R & B e da música latina: nossos instrumentos eram a guitarra, o órgão e a percussão – não havia sopros. Quando começamos, não tínhamos um projeto que definisse o que seria o nosso som, mas fomos capazes de identificá-lo quando chegamos lá. Acredito que a Santana ainda está desenvolvendo um som, que depende das pessoas que vão se integrando à banda.

Uma coisa que tínhamos em comum com grupos como o Dead e os Stones é que todos os integrantes da banda começaram em pé de igualdade. Logo no início, esses grupos eram todos coletivos. Em seguida, cada uma das bandas foi testada e alcançou o sucesso, até que alguém tivesse de assumir a posição de liderança.

Acredito que foi bom a banda Santana ter começado dessa forma. Acho que se ela tivesse começado sob a minha liderança eu poderia ter seguido apenas fazendo as músicas que já estavam na minha cabeça, e talvez não tivesse me mostrado disponível para ouvir a música que estávamos desenvolvendo. Eu teria tentado controlar demais o que estava acontecendo. Até mesmo com a Santana Blues Band a ideia de deixar a música liderar já estava presente desde o início.

O verão de 1967 foi o Verão do Amor para a maioria das pessoas. O poder da flor, o rock psicodélico e as garotas hippies. O Festival Pop de Monterey. Todo mundo falava sobre como Jimi Hendrix havia queimado a sua Strat e a destruído no palco, e *como ele pôde fazer isso?* Em seguida, ele lançou *Are You Experienced*, e, de repente, o som da guitarra elétrica se assemelhava a um bombardeio aéreo, a jatos supersônicos, ao ronco das motocicletas, a terremotos retumbantes. Jimi fazia esculturas sonoras com a técnica da pergunta e resposta. O primeiro álbum de Jimi transportou a música dos dias da pólvora para a época dos mísseis guiados por laser. Lembro que alguém me mostrou "Red House", e eu percebi imediatamente que o blues elétrico se encaminharia naquela direção – todo mundo seguiria Jimi.

Para mim e para muitos músicos, também foi o momento em que começamos a sentir que a ressonância de nossas convicções poderia mudar o mundo. Pessoas como John Coltrane e John Lennon sentiam que sua música poderia ser usada para promover a compaixão e a sabedoria. Ela poderia fazer com que as pessoas se tornassem seres humanos melhores. Mais tarde, Aretha Franklin, Marvin Gaye e Bob Marley fizeram a mesma coisa – "Amazing Grace", "What's Going On", "One Love". Sua música infundia um tipo diferente de mensagem nas pessoas, que ia além do entretenimento: "Nós somos uma coisa só." Não era apenas um clichê. A música tinha o poder real de unir, assim como Woodstock e *Supernatural* fizeram. A união é possível, e a música pode ser a aglutinadora. Essa é a grande mensagem, aquela que eu tenho ouvido e na qual tenho acreditado, desde a minha adolescência.

Para mim, o verão de 1967 também foi o verão de tomar decisões.

Um dia, vi o Grateful Dead parar em frente ao Tic Tock com sua limusine. Todos na cidade sabiam que eles tinham assinado um contrato milionário com uma gravadora no ano anterior e que haviam lançado seu primeiro álbum. Eu os avistei da pia onde estava lavando pratos e disse a mim mesmo: "Eu não deveria mais ficar fazendo isso." Não era por causa da limousine. Era a ideia de selar um compromisso total com a música. Eu precisava mergulhar de cabeça – a música tinha de merecer 100% da minha dedicação, ocupar o meu tempo integralmente. Meu escritório e minha casa. Oito dias por semana, como diziam os Beatles. Quem você vai ser decide o que você vai fazer e o que você vai fazer decide o que você vai ser. Eu estava dizendo a mim mesmo: "Cara, faça com que esse oito se deite e se transforme no infinito." A decisão de abandonar o emprego já vinha sendo alimentada há algum tempo. Ela foi verdadeiramente impulsionada depois de eu ver os caras do blues de Chicago tocando no The Fillmore naquele primeiro ano. Eu ficava entorpecido por semanas depois de assisti-los, nem sei quantos pratos quebrei no trabalho por causa disso. Parecia que eles estavam me chamando – me chamando para renunciar, como meu bom amigo, o saxofonista Wayne Shorter, diria. Para renunciar à necessidade de pedir permissão para fazer isto ou aquilo, para viver a minha vida. Eu podia perceber o nível de compromisso que eles tinham com sua música; eu podia perceber seu compromisso com a forma com que viviam suas vidas. Eu podia até sentir o cheiro. A outra decisão que eu tive de tomar foi, finalmente, sair de casa. Eu não poderia ser como aqueles caras do blues e continuar vivendo sob as regras da minha mãe.

Então, tudo pareceu acontecer de uma só vez. Tínhamos nos atrasado para tocar no The Fillmore e perdido qualquer chance de tocar lá novamente. Poucos dias depois, o cunhado de Danny Haro estava dirigindo o Corvette verde de Danny e bateu com o carro. Ele foi a primeira pessoa com uma idade próxima à minha a morrer assim de repente. Então eu tomei um LSD e tive uma viagem péssima. Não era a minha primeira viagem, mas foi a minha primeira viagem ruim. Uma viagem *realmente* ruim.

O problema era que eu estava no ambiente errado quando tomei LSD. Primeiro, eu estava acompanhado por um cara que começou a surtar, o que também me fez surtar um pouco. Então, deixei ele para lá e fui me encontrar com Danny e Gus na casa em que eles viviam, em Daly City. Eles estavam comendo pizza e rindo na cozinha – "Ho-ho-ho, hee-hee--hee, ha-ha-há." Aos meus ouvidos, aquilo soava exatamente como os

Beatles em "I Am the Walrus". Liguei a televisão e o filme *Orgulho e paixão* estava sendo exibido – Cary Grant, Frank Sinatra e Sophia Loren transportando um canhão pela Europa e matando milhares de pessoas. Não é um bom filme para se assistir sob efeito de LSD. Eu estava começando a me perder em um mar de trevas e insegurança. Era quase como se uma caixa de fogos de artifício estivesse sendo acionada no meu cérebro, um monte de explosões nefastas – o medo do que ia acontecer comigo, o medo de um mundo tão doente, tão negativo e tão sombrio. Todos esses pensamentos me passavam pela cabeça e eu não conseguia encontrar as palavras para descrever o que estava vendo. Não lembro como fiz isso, mas, de alguma forma, às 5 da manhã, consegui me recompor e ligar para Stan Marcum, pedindo que ele fosse me buscar.

Stan era o tipo de amigo que dizia: "Já estou indo", e ia mesmo. Ele foi me buscar, e o primeiro lugar para o qual me levou foi o bosque da Fairfax Avenue, em North Bay. Eu estava diante de um lindo e dourado nascer do sol, mas o que eu estava vendo era o mundo se consumindo em chamas. De repente, me senti como se fosse Nero, me divertindo enquanto um enorme incêndio acontecia ao meu redor. Senti que o mundo estava se destruindo e que precisava ser ajudado.

Minha mente ainda estava mais fora de órbita do que a bunda de um astronauta, e então Stan me levou para a casa dele, e ele e Ron me colocaram em um quarto para tentar fazer com que o efeito da droga passasse. Mas eu não conseguia pregar o olho. Em seguida, eles colocaram *Sgt. Pepper's Lonely Hearts Club Band*. O álbum tinha sido lançado havia apenas algumas semanas, e eu ouvi "Within You Without You" – George Harrison tocando cítara e cantando uma letra que falava sobre princípios espirituais.

Eu precisava daquilo. Tudo se reorganizou, e eu finalmente comecei a me livrar dos efeitos do LSD. Stan me perguntou: "O que aconteceu hoje de manhã? O que foi que você viu?" Eu disse que tinha visto o mundo pegando fogo, clamando por ajuda. Ele perguntou: "O que você vai fazer em relação a isso?" Eu disse que vinha pensando nesse assunto há muito tempo. E respondi: "Quero ajudá-lo a se curar."

Senti como se realmente tivesse dado à luz a mim mesmo naquele dia. Passei do estágio em que acreditei que o mundo estava se acabando para descobrir o que eu precisava fazer para impedir que aquilo acontecesse. Aquela noite e aquele dia foram incrivelmente longos — senti que a experiência toda me fortaleceu e me fez enxergar o meu propósito nesta vida.

Stan e Ron ficaram me escutando. Eles perceberam a minha convicção. "Nós vamos ser os seus agentes", eles disseram. "Vamos deixar os nossos empregos — esqueça o fiador, esqueça o barbeiro. Vamos nos juntar a você, cara. Nós vamos ajudá-lo. Vamos dedicar toda a nossa energia e o nosso dinheiro a você e à sua banda." Eu fiquei espantado — aqueles dois hippies estavam dispostos a investir na minha carreira. Eles se tornaram mais dois anjos a aparecer — chegando exatamente na hora certa. Quando penso nisso agora, parece que eles estavam esperando que eu dissesse aquilo, tanto quanto eu queria dizer.

Stan falou mais uma coisa: "Você precisa se livrar de Danny e de Gus — essa é a verdade, cara. Eles não são pessoas más, mas não estão comprometidos com nada. Eles são músicos de fim de semana; você, não. Podemos garantir isso. Vamos largar tudo por você, mas você precisa dispensá-los."

Eu pensei: "Que merda." Eu poderia afirmar que Stan e Ron já vinham pensado nisso há algum tempo. Eu sabia que eles estavam certos, mas Danny e Gus eram os meus amigos mais antigos em São Francisco. Fazer com que chegássemos atrasados ao The Fillmore era uma espécie de consumação desse fato, mas se alguém precisava lhes dizer isso, esse alguém era eu.

Danny e Gus ficaram chateados — muito chateados — e se aborreceram com Stan. Eu disse a eles que não tinha nada a ver com a sua maneira de tocar. Era porque eles simplesmente não estavam prontos para mergulhar de cabeça. Aquela viagem de LSD me fez perceber que nossa trajetória já havia sido cumprida — eles eram meus amigos, eu cresci com eles, mas não era algo que eu precisava continuar carregando. Seria como usar sapatos que não cabiam mais.

Permanecemos em contato ao longo dos anos, mas eles nunca abraçaram a música, pelo menos não no sentido de encará-la como uma profissão. Ambos estão no céu agora — foram embora no início dos anos 1990, bastante cedo. O câncer levou Gus e o diabetes levou Danny — ele perdeu uma perna, e a última vez que o vi tive a sensação de que sua alma estava destruída, porque ele havia perdido seus pais e suas duas irmãs, e era o último membro restante da família.

O tom universal

Eu disse adeus a Danny e Gus, e finalmente deixei de viver com meus pais, indo morar com Stan e Ron em Precita Avenue. Aquele foi o refúgio que alimentou o nascimento da banda. O apartamento deles ficava a apenas dez quarteirões da casa da minha família, mas meus pais ficariam sem saber onde eu estava por quase dois anos. Eles me procuravam por toda a cidade, embora eu estivesse bem ao lado deles. Mas eu não queria que eles fizessem a mesma coisa que haviam feito em Tijuana. Saí sem sequer levar minhas roupas.

Foi aí que a banda Santana realmente começou.

Naquela época, era normal que as bandas vivessem juntas em São Francisco — isso ajudava a concentrar a energia e economizava dinheiro. O Grateful Dead e o Big Brother tinham as suas casas. Sly também. Algumas ficavam em bairros pobres e insalubres, mas, se isso lhes ajudasse a mantê-las, não havia problema. Esse tipo de coisa ainda acontece em Paris hoje em dia, entre os músicos africanos — eles alugam um apartamento, cozinham e fazem música juntos. É a mesma coisa. Aprende-se a confiar uns nos outros.

Quando fui morar com Stan e Ron, me acomodei em um pequeno quarto. Eu pegava roupas emprestadas quando precisava e comprava algumas coisas no Goodwill. Nós cozinhávamos juntos, fechávamos as cortinas e levávamos garotas o tempo todo para lá. As pessoas iam nos visitar, porque Stan era um cara muito sociável, de uma forma agradável, não ficava falando bobagens. Fumávamos maconha, tomávamos ácido, bebíamos vinho e conversávamos sobre Miles, Jimi Hendrix e Frank Zappa. Fosse quem fosse que estivéssemos ouvindo. Ouvíamos muitas coisas de Bob Dylan. Stan e Ron também tinham um grande acervo de jazz em sua casa — foi quando eu realmente comecei a ouvir mais Grant Green e Kenny Burrell, bem como Wes Montgomery.

Nós três — Gregg, Carabello e eu — ainda íamos ao The Fillmore, entrando furtivamente sob os olhares de Bill Graham. Ficávamos em pé diante do palco, observávamos as bandas, e dizíamos: "É melhor mostrar alguma coisa, cara. Vamos ver o que é que vocês têm para oferecer." Ouvimos The Young Rascals e Vanilla Fudge, de Nova York, The Crazy World of Arthur Brown, e Procol Harum, da Inglaterra. Certas bandas não nos decepcionavam. A Steppenwolf era impressionante – eles tinham carisma. Abrimos muitos shows para eles em Fresno, Bakersfield e Lake Tahoe.

Outras bandas pareciam cópias de cópias. Algumas delas tinham alguns sucessos únicos e de gosto duvidoso. Nós diríamos: "Ah, não, parece um ensaio ruim. Vamos embora."

Não era o caso de B. B. King. Fiquei muito empolgado com a possibilidade de vê-lo pela primeira vez em fevereiro de 1967. Finalmente o professor com que eu tinha começado e a quem eu continuava consultando estava vindo para o The Fillmore! A primeira vez que ouvi sua música eu estava em Tijuana, na casa de Javier – todos aqueles LPs lançados sob os selos Kent e Crown.

B. B. era a atração principal, após as apresentações de Otis Rush e Steve Miller. Outro grande programa triplo. Eu estava lá na noite de estreia. Steve foi ótimo, Otis foi incrível, e então chegou a vez da banda de B. B. subir ao palco, improvisando acompanhamentos para algumas canções (mais tarde fiquei sabendo como os seus amigos íntimos o chamavam – apenas B. –, mas em minha mente ele sempre será o Sr. King). Então B. entrou no palco, e Bill Graham foi até o microfone apresentá-lo: "Senhoras e senhores, o presidente do conselho – o Sr. B. B. King."

Foi como se tudo tivesse sido planejado para chegar àquele estágio. Tudo simplesmente parou, e todos se levantaram e aplaudiram. Por muito tempo B. ainda não tinha tocado uma única nota sequer, e já estava recebendo uma ovação de pé. Em seguida, começou a chorar.

Ele não conseguiu se segurar. A luz estava incidindo sobre seu rosto de tal maneira que pude ver as grossas lágrimas escorrendo de seus olhos, reluzindo sobre sua pele negra. Ele ergueu a mão para enxugar os olhos, e reparei que ele estava usando um grande anel, com as próprias iniciais escritas em pedras de diamantes. É disso que mais me lembro – diamantes e lágrimas, brilhando juntos. Eu disse a mim mesmo: "Cara, é isso o que eu quero. É isso o que é ser adorado quando se faz as coisas de maneira bem-feita."

Gregg, Carabello e eu vimos B. em outro concerto, quando ele retornou em dezembro de 1967, e fui capaz de estudá-lo quase em câmera lenta, esperando que ele tocasse aquelas suas longas notas. Fiquei pensando: "Certo, lá vem ele – ele vai em frente. Dito e feito! Essa nota arrepiou todo mundo que estava presente, cara." As pessoas começaram a urrar de alegria. Notei que pouco antes de tocar uma nota longa B. comprimia o rosto e o corpo, e eu sabia que ele estava mergulhando em um lugar dentro de si mesmo, no seu coração, onde algo que já não tinha mais nada a ver com a guitarra ou com as cordas o mobilizava muito profundamente. Ele entrava dentro da nota. E eu pensava: "Como é que eu posso chegar a esse lugar?"

Anos mais tarde, fui convidado pelo Apollo Theater para tocar em um evento com a participação, entre outros, de Natalie Cole, Hank Jones – o grande pianista de jazz –, Bill Cosby e B. B. King. Antes de o show começar, B. veio ao meu encontro e disse: "Santana, o que você vai tocar hoje à noite, cara?" Ele raramente me chamava de Carlos.

Eu disse: "Estou esperando que você me diga, cara."

"Vamos lá: queremos ouvir um blues."

Então, eu toquei. Depois disso, saímos do teatro, e B. me segurou pelo braço: "Santana, quero lhe dizer uma coisa: você não faz um bom som – você faz um *grande* som."

Caramba! Recebi o meu diploma ali mesmo. Ser condecorado pelo próprio B. B. King? "Obrigado, senhor." Foi tudo o que eu consegui pensar e dizer. Não me lembro de ter voltado ao hotel naquela noite.

Os músicos de blues nem sempre são tão afáveis assim. Buddy Guy pode se transformar em um decepador de cabeças. Se você estiver tocando com ele e não estiver se saindo bem, ele vai se certificar de estar olhando para você enquanto o escalpela. Se você não conseguir acompanhá-lo, a atitude dele será querer arrancá-lo do palco.

Albert King nem sequer esperaria que você começasse. Uma vez, em um festival de blues em Michigan, Albert Collins foi falar com ele: "Eu só queria conhecê-lo, cumprimentá-lo, e lhe dizer o quanto eu gosto da sua música."

King respondeu: "Sim, eu sei quem você é. Eu vou detoná-lo quando você pisar no palco."

Adoro essas histórias do blues. Para mim, elas captam a essência da vida do blues – a atitude, a petulância e o humor. Eis aqui outra: em 2001, houve um show de blues com várias participações no Concord Pavilion, em Concord, Califórnia, com uma escalação incrível. Eu precisava ir. Quando cheguei, Buddy Guy também estava chegando. "Ei, cara, que bom ver você aqui!", ele me disse.

"O que está havendo, Buddy?"

Ele me olhou de cima a baixo. "Espero que você não cometa o mesmo erro que Eric Clapton."

"Ah, é? E qual foi o erro?"

"Vir me ver sem trazer uma guitarra! Mas você sabe que eu sempre trago duas." E começou a rir, com todos os seus dentes de ouro brilhando. Em seguida, ele retirou um cantil do bolso. "Santana, sei que você medita e outras coisas mais, mas eu preciso desta porcariazinha aqui. Preciso afinar a minha guitarra – por que você não coloca um pouco para mim e se serve também?" Foi o que eu fiz, e imediatamente ele disse: "Ei, ei! Você está tentando me embebedar? Você colocou mais para mim do que para você."

"Não tem problema, Buddy. Eu fico com a dose maior, cara." Ele vive me testando. Já me acostumei com isso.

Naquela noite, ele tocou um set incrível, conectando-se com as pessoas como sempre faz, caminhando até a plateia enquanto solava, porque ele quer que o público sinta o seu cheiro, e ele também quer sentir o cheiro do público. Ele vai criando um grande suspense, tocando um solo e intensificando a energia, até o ponto em que você sabe que ele está se preparando para sustentar uma grande nota. Ele faz um barulho com a boca que você consegue ouvir – uma coisa esfalfante e agitada, como se estivesse vindo de suas entranhas –, antes de acertar a guitarra e a nota surgir e ressoar por muito tempo: alta e longa, profunda e comovente, e a plateia inteira fica em suas mãos e ele sabe disso. Ele sorri com todos aqueles lindos dentes dourados, como se estivesse dizendo: "Caralho – eu *quis* que esse maldito amplificador e essa guitarra sustentassem a nota desse jeito. Eu posso fazer isso, basta querer."

Além disso, ele tem uma música cuja letra é: "One leg in the east / One leg in the west / I'm right down the middle / Trying to do my best!" (Uma perna no leste / Uma perna no oeste / Eu estou bem no meio / Tentando fazer o meu melhor!). E as mulheres começam a gritar. Toda vez que vejo Buddy ele está aprontando alguma coisa, sabe como é?

Ele me anunciou, e nós fizemos algumas improvisações. Ele terminou o seu set, nós fomos para os bastidores, abraçados e suados, e eu fiquei lá flutuando. Pela lateral vimos algumas pessoas se aproximando, como se fosse meio-dia em ponto no duelo do O. K. Corral: quatro guarda-costas enormes, vestidos com muita elegância, dois à esquerda, dois à direita. Atrás deles estava... quem mais? O próprio B. B. King, se encaminhando para o palco – sua banda já estava tocando.

Buddy me empurrou para um canto. "Carlos, fique aqui para que B. não o veja. Quando eu te chamar, você vem, está bem?" Seus olhos cintilavam.

"Claro, o que você quiser."

Buddy se colocou diante de toda a procissão, bloqueando o caminho. Eles chegaram bem perto um do outro, e B. disse: "Ei, Buddy, o que foi?"

Buddy olhou para ele sem esboçar nenhum sorriso. "B., há quanto tempo você me conhece?"

Ele disse: "Há muito tempo. Aonde você quer chegar com isso, cara?" Buddy demorou um pouco para responder. "Bem, há coisas a meu respeito que você não sabe – como o fato de eu ter um filho que você nem sabia que eu tinha." Então ele me chamou: "Venha aqui, cara", e me colocou bem na frente de B., me segurando pelos ombros. B. ainda estava olhando para Buddy, se perguntando o que ele pretendia fazer, e, de repente, ele me viu e começou a rir. "Buddy, você é um canalha – venha aqui, Santana!" E ele me deu um grande abraço.

Buddy tinha razão. Eu sou seu filho, assim como Buddy e eu somos filhos de B.

B. segurou as nossas mãos. "Vocês vão entrar comigo. Vamos lá!" Entramos juntos no palco, e B. levantou as mãos acima de nossas cabeças, como se fôssemos lutadores profissionais de boxe, e a multidão foi ao delírio: "U-hu!" Então B. se virou para nós com um olhar sério. "Está bem, vocês já podem sair."

Era hora de papai trabalhar.

De volta a São Francisco quando eu morava com Stan e Ron, de poucas em poucas semanas colocávamos música clássica e limpávamos a casa com água quente e amônia, de cima a baixo. Eu não tive dificuldade para me acostumar com aquele tipo de vida em grupo, pela forma como fui criado pela minha família, especialmente pela minha mãe. Ela codificou isso no meu DNA. E quando você é hippie, cara, todo mundo está a fim de partilhar as coisas. Nós dividíamos alimentos, maconha, dinheiro e tarefas.

Em nossa casa, quase todos os dias acordávamos, tomávamos café da manhã e íamos trabalhar, correndo atrás de shows e descobrindo novos músicos. Nossos propósitos estavam voltados para a banda: tempo, energia, dinheiro. Às vezes, Stan trazia alguns músicos – tocávamos com eles até as 6 da manhã. Experimentávamos novos instrumentistas e também ficávamos apenas improvisando e confraternizando.

Fizemos alguns shows em feiras de rua e pequenos clubes, como o The Ark, em Sausalito, com o baixista Steve De La Rosa, que era muito bom e prestava muita atenção ao que o baterista fazia. Durante um tempo, bateristas entraram e saíram. Houve Rod Harper, que era bom em certos tipos de músicas, mas não em outros. Depois, descobrimos Doc Livingston, que vinha de algum lugar de South Bay. Ele tinha certas habilidades – ele conseguia tocar bumbos duplos, mas a coisa que eu mais gostava nele era que quando ele tocava com as baquetas conseguia criar uma espécie de redemoinho no qual se podia tocar. Você não precisa dizer a bateristas de verdade quando se deve dispensar as baquetas. Mas ele simplesmente não sabia tocar de uma maneira sincopada. Isso era muito ruim. Eu tinha a sensação de que ele não permaneceria conosco, porque ele era um verdadeiro lobo solitário. Cada vez que fazíamos uma reunião, Doc estava em algum outro lugar, olhando para o chão.

Uma noite, tocamos em um bar de jazz. Ele se chamava Grant & Green, porque este era o seu endereço. Um baixista improvisou conosco em "Jingo" – ele era alto, de olhos verdes e pele escura, e, de fato, era o negro mais bonito que eu já tinha visto.

David Brown era, basicamente, uma pessoa tranquila de se conviver – nunca se irritava, nunca entrava em conflito com ninguém. Ele adorava o estilo de Chuck Rainey no baixo. Da mesma forma que Jimmy Garrison fazia com Coltrane, David sempre ficava bem atrás da pulsação, nunca no meio. Eu sabia disso quando o ouvi tocar – não gosto de baixistas que tocam com muita precisão. Mas eu não conseguia olhar para os pés de David quando tocávamos uma música, porque isso me confundia – ele puxava muito para trás. Mais tarde, quando a banda Santana encontrou o seu som, tudo fez sentido – David ralentando a pulsação, Chepito Areas acelerando muito –, um equilíbrio entre precisão e convicção, sabe como é?

Ele podia puxar o andamento para trás, mas nunca vi alguém pegar mulheres com mais rapidez do que David Brown. Ele era um encantador de garotas. Ele coçava o queixo, chegava bem perto de uma mulher e dizia algo em seu ouvido. De repente, ele a pegava pela mão, e saíam andando juntos.

Convidamos David a se juntar à banda naquela mesma noite.

Também começamos a procurar outro instrumentista de conga. Não tenho certeza de por que tivemos de fazer isso, mas, às vezes, Carabello podia se comportar como um boboca, se atrasando ou simplesmente não aparecendo. Ele é a única pessoa que conheço que fez um retorno enquanto dirigia na Golden Gate, porque tinha esquecido seu pente afro em casa. Uma vez, estávamos tocando no The Ark e Carabello estava usando o tipo de conga cuja pele é presa ao instrumento, de modo que a única maneira de obter o diapasão correto é aquecer a pele. Ele colocou a conga perto de um fogão na cozinha e a deixou lá aquecendo, enquanto ia dar uma olhada em uma garota. Quando voltou, aquele troço parecia um couro de porco – com um grande buraco no meio, e um cheiro horroroso.

Eu disse: "Sabe do que mais, cara? Você não vai receber a sua grana."

"Ah, cara, sacanagem."

"Não, não é sacanagem. Você não toca – você não recebe. Você deveria ter ficado aqui ao lado da conga, cara."

De qualquer forma, tivemos de abrir mão de Carabello por um tempo. Logo depois, Stan estava no Parque Aquático ouvindo alguns *congueros* quando conheceu um cara chamado Marcus Malone. Ele era realmente bom – um autodidata, um artista que se fez sozinho. Ele não conhecia clave nem nenhuma música cubana ou porto-riquenha. Mas isso não iria detê-lo. Foi ele quem teve a ideia de "Soul Sacrifice", e ele conseguia transformar "Jingo" em uma coisa pop. Eu comecei a sair com ele com mais frequência.

Ele era muito, muito elegante. Marcus "o Magnífico" Malone. Todas as suas roupas eram cor de vinho. Ele tinha um Eldorado novinho em folha: o estofamento e todos os acessórios eram em um belo tom de marrom. Pode-se observar isso nas primeiras fotos – Marcus exibia um estilo diferente. Nós éramos toscos – ele era sagaz. Ele era instrumentista, e também cafetão. Ele saía no meio dos ensaios e dizia: "Preciso ligar para as minhas putas", e nós ficávamos esperando.

Eu estava com Marcus na noite em que Martin Luther King Jr. foi baleado. Tínhamos um show no Foothill College, em Palo Alto, e ele estava dirigindo. Eu comecei a chorar, e ele disse: "Cara, o que há de errado com você? Por que está chorando?" Ele era muito rígido, eu acho, para deixar que suas emoções aflorassem daquela maneira.

"Cara, o que há de errado com *você*?", eu respondi. "Você não ouviu que eles acabaram de atirar em Martin Luther King?"

Ele reagiu com um "Ah" e simplesmente continuou olhando para a frente.

Marcus era um cara duro. Ele tinha um estilo de vida muito diferente do nosso. Acho que nunca conseguiríamos fazê-lo pensar como nós – esquecer aquelas garotas e confiar que a música pudesse mudar sua vida. Ele nos dizia: "Não, cara. Vocês são uns hippies doidões que ficam tomando esse LSD todo, fumando maconha e outras merdas. Eu preciso administrar o meu negócio com as putas, são elas que cuidam de mim."

A banda e eu nos aproximamos da mãe de Marcus por algum tempo. Sua casa tinha uma grande garagem e ela não se importava que guardássemos nossos instrumentos lá e utilizássemos o espaço como local de ensaio. Anos depois, descobri que a casa ficava bem perto do que hoje é a Igreja de John Coltrane. O único pedido que nos fez foi que ajudássemos a pintar a cozinha – assim, um dia, todos nós arregaçamos as mangas e fomos realizar o seu pedido. É claro que eu não tinha nenhuma experiência com isso, mas acho que não fizemos tanta bagunça assim.

Levou apenas algumas semanas – mas em julho de 1967 fundamos a banda Santana. Eu ainda me surpreendo com a rapidez com que ela se formou. Isso se deve à quantidade de talentos que circulavam em São Francisco naquela época. Além disso, não é como se disséssemos: "Esse vai ser um grupo de pessoas de diferentes origens – negros, brancos, mexicanos." Mas também não ficamos totalmente à margem dessa oportunidade. Entre todas as bandas de São Francisco, éramos a mais próxima, nesse sentido, ao que Sly fez quando formou a Family Stone. A cidade tinha todas essas culturas convivendo intimamente uma com a outra, mas quando Stan, Ron e eu começamos a procurar músicos, abrimos uma porta, sem nos importar com quem estivesse entrando – eles se encaixariam caso sua música e sua personalidade fossem adequadas.

Levou muito mais tempo para o nosso som se desenvolver. Poucos anos depois, Bill Graham diria que éramos como um vira-lata: uma mistura de tantas coisas que não conseguíamos saber quem nós éramos de verdade. Ele disse isso como um elogio. Continuamos usando o nome de

Santana Blues Band – às vezes, apenas Santana Blues –, mas, conforme nossa música foi mudando, não sabíamos mais em qual estilo classificá-la. Eu já conseguia perceber que o elevador do blues estava ficando muito lotado, e que precisávamos deixá-lo passar e esperar pelo próximo. Todo mundo estava tocando algum estilo de blues – Paul Butterfield e John Mayall definiam o seu padrão. A Cream e Jimi Hendrix estavam tocando blues, só que com mais volume. Um ano depois, o Led Zeppelin e a banda de Jeff Beck apareceriam, com seu som mais pesado.

Em 1967 tivemos muitas ideias novas e influências na banda. Todos gostavam de Jimi, The Doors e Sly & the Family Stone. David curtia as coisas da Stax e da Motown. Gregg trouxe a sua paixão pelos Beatles e ouvia muito Jimmy Smith e Jack McDuff. Doc Livingston também gostava das bandas de rock. Carabello ainda andava conosco e ainda me apresentava novos sons, como o de Willie Bobo e Chico Hamilton. Marcus adorava música latina, blues e jazz. Foi ele que me apresentou John Coltrane pela primeira vez.

Não que eu já estivesse pronto para isso. Eu estava na casa de Marcus em Potrero Hill, perto dos ateliês de arte e perto de onde O. J. Simpson foi criado. Ele me deixou esperando no quarto dos fundos, enquanto ia sondar suas mulheres. Era como uma obrigação: ele me deu um baseado e colocou *A Love Supreme*. "Tome, cara, se sirva."

A primeira coisa que ouvi foi o volume e a intensidade de Coltrane. Era bem apropriado à época. Os anos 1960 foram caracterizados por uma obscuridade muito intensa e muito violenta, originária da guerra, dos motins e dos assassinatos. O excesso de volume e a emoção de Coltrane me remetiam a Hendrix, mas seu saxofone soava como se ele estivesse cavando buracos em meio às trevas – a cada vez que ele soprava, entrava mais luz. O resto era um tanto misterioso – eu não conseguia identificar nem a estrutura nem as escalas. Quer dizer, eu conseguia tocar as escalas de blues, mas elas me pareciam muito estranhas. Lembro de olhar para a capa do álbum e reparar em seu rosto tão calmo *e* tão intenso – parecia que seus pensamentos estavam extravasando. Foi uma das primeiras vezes que percebi o paradoxo da música: ela pode ser violenta e pacífica ao mesmo tempo. Eu tive que colocá-lo de lado – levaria algum tempo até que eu fosse capaz de entender a música de Coltrane e sua mensagem de concretizar as nossas boas intenções para o bem do planeta.

* * *

De modo geral, a Califórnia era um lugar conservador, mas naquela época parecia que todos que se manifestavam politicamente eram de esquerda. As pessoas apoiavam coisas como apresentações públicas e bancos de alimentos, Cesar Chavez e o Partido dos Panteras Negras. Ou você era contra a Guerra do Vietnã, contra a exploração dos trabalhadores e contra qualquer atitude que fosse racista, ou você era antiquado e fazia parte do problema.

Não era apenas em São Francisco. Podia-se tomar um LSD, ligar o noticiário e ver as pessoas morrendo no Vietnã. Eles continuavam mostrando monges budistas jogando gasolina sobre si mesmos e se deixando incendiar até a morte para protestar contra a guerra. Como não fazer com que a mente se expandisse? Mais tarde, víamos a varanda do hotel em que Martin Luther King Jr. foi baleado. Robert Kennedy deitado no chão de uma cozinha, agonizando.

Os anos 1960 estavam na nossa cara, e não havia um controle remoto para desligar o que estávamos vendo. Isso surgiu depois. Em 1969, quando a banda Santana fez sua primeira turnê nacional, podia-se perceber que o país inteiro estava indo naquela direção – pensando e se vestindo de forma diferente, fazendo experiências. Falando sobre libertação. O fato é que tudo isso aconteceu em apenas dois anos. Quando Jimi Hendrix, Otis Redding e Ravi Shankar tocaram no Festival Pop de Monterey, em 1967, eu estava apenas começando, contente por estar abrindo um show do The Who no The Fillmore Auditorium. Em 1969, já estava tocando em Woodstock.

Eu estava com quase 18 anos quando o mundo começou a fazer perguntas que não haviam sido feitas antes. Existe um modo melhor de viver do que aquele que temos colocado em prática durante todos esses anos? Por que estamos lutando aqui dentro do país e lá longe, no Vietnã? Será que podemos fazer deste mundo um lugar melhor, podemos infundir princípios espirituais na vida cotidiana? Eu tinha as minhas próprias perguntas. O que isso significa, entrar em sintonia e romper com o sistema? O que eu vou fazer? Onde me encaixo em tudo isso?

São Francisco era o lugar e o tempo perfeitos para fazer experiências nos anos 1960. A combinação veio exatamente na hora certa, uma dádiva. Eu era um guitarrista cuja convicção era fazer da música sua própria vida. Eu estava trabalhando com canções e sensações no exato momento em que o som da guitarra elétrica atraía o interesse das pessoas. Aquele instrumento se tornou uma outra maneira de transportar as pessoas para novos lugares, de fazer belas pinturas. A guitarra elétrica era a nova contadora de histórias. De repente, com músicos como Hendrix, Clapton e Jeff Beck, era possível se aprofundar na guitarra e transcender sua própria estrutura. Algo como a Fender Strat? Como afirmou Jimi: "Vocês nunca mais vão ouvir surf music." A guitarra elétrica era capaz de transcender o que se esperava dela e de transmitir um estado de graça em um nível molecular.

Não era apenas a forma como o instrumento soava: os solos de guitarra também foram ficando mais longos. Por todos os lados, a música estava começando a durar mais tempo. Até mesmo no rádio, as canções já não tinham mais apenas três minutos – certas estações de FM executariam uma música de vinte minutos, se alguma banda a lançasse. A Creedence Clearwater Revival havia acabado de se profissionalizar. Eles já faziam sucesso em São Francisco e lançaram uma versão longa de "Suzie Q". Era a influência de "East-West", e também do mundo do jazz – Chico Hamilton, Gábor Szabó. Hendrix apresentou "Third Stone From The Sun" – fazendo improvisações com todos aqueles aparatos psicodélicos de estúdio que estavam na moda, falando sobre "majestosas cenas de seda" e pousando a sua "máquina extravagante". Se você fosse guitarrista, não poderia mais apenas criar alguma coisa para acompanhar um trecho de uma canção e ficar repetindo aquilo indefinidamente. Eu tive que me dispor a desenvolver uma ideia, a apresentar a minha própria discussão. Não foi tão difícil assim – eu sabia falar. Só tinha que aprender a ouvir. Escutar a música e saber quando ir mais além, quando ser mais enérgico, quando trazê-la de volta.

Eu costumava florear um pouco, mesmo quando tocava violino, embora meu pai me desencorajasse a fazer isso. Ele queria que eu permanecesse fiel à melodia, que colocasse o sentimento no material que eu tinha em mãos. Desta vez era diferente. Eu estava me dispondo a pensar sobre a energia e o som, e não apenas sobre as notas e as escalas.

Depois de sair de casa e do Tic Tock, tive mais tempo para ouvir e realmente dissecar os discos – ouvi-los de novo e de novo, talvez vinte vezes. Eu os ouvia sozinho, com minha guitarra, ou com os outros caras da casa. Sentávamos, fumávamos um baseado e ficávamos confusos e atordoados. Algumas músicas soavam como se tivessem sido feitas para isso. John Lee Hooker, The Doors, Jimi Hendrix – eram músicas para se ouvir sob o efeito da maconha. E, definitivamente, Lee Morgan. Eu gostava de fumar e ouvir *First Light*, de Freddie Hubbard. Se fosse Bob Dylan ou Miles Davis, ficaríamos duplamente chapados. Quando comecei a ouvir de verdade Coltrane, eu ficava chapado, mas depois de um tempo a música dele me deixava careta, como se houvesse algum tipo de mecanismo regulador que impedisse a confusão e o atordoamento.

Lembro de ter conversado com uma moça que morava em Mill Valley. Ela me disse: "Fiquei sabendo que você toca, e eu trouxe alguns discos." Um desses discos era do guitarrista cigano Django Reinhardt. Ela me contou que, mesmo tendo dois de seus dedos grudados, ele tinha aprendido a tocar. Assim que ela foi embora, comecei a ouvir – "Minor Swing", com guitarra e violino! Ouvir Django solando me trouxe uma ideia totalmente nova sobre o que fazer.

Uma noite, a Santana Blues Band ia abrir um show de James Cotton. Em algum momento em 1967, tínhamos começado a tocar regularmente em um velho cinema no Haight, que alguns hippies restauraram e rebatizaram de Straight Theater. O lugar era um pouco detonado, mas para nós parecia bom. Tocamos "As the Years Go Passing By", de Albert King – "There is nothing I can do / If you leave me here to cry…" (Não há nada que eu possa fazer / Se você me deixar aqui chorando...). Chegou minha vez de solar, e de repente foi como se eu tivesse aberto uma torneira. A água simplesmente escorreu. Foi a mais natural das sensações. Eu não fiquei repetindo os riffs. Não fiquei repetindo nada. Parecia que eu tinha entrado em uma nova fase.

Certa vez, um jornalista me perguntou no que eu ficava pensando enquanto solava – isso foi no início dos anos 1990, quando todos os meus três filhos ainda eram pequenos. Respondi que imaginava estar penteando o cabelo das minhas filhas antes de elas irem para a cama, e no quanto eu precisava ser cuidadoso para não fazê-las chorar. Executar um bom solo é ser sensível e não se apressar, deixar a música lhe dizer o que fazer, quando e com que rapidez. Trata-se de aprender a respeitar a si mesmo, respeitando a música e honrando a canção.

Em outra ocasião, minha mãe se aproximou de mim e disse: "*Mijo*, posso perguntar uma coisa? Para onde você vai quando está tocando a sua guitarra e fica olhando para cima? Vocês todos olham para cima. O que é que tem lá em cima?" Eu amo minha mãe por ter essa curiosidade infantil ao bolar essa pergunta. Sei que ela não está sozinha. As pessoas querem saber. "Como é isso? Qual é a sensação?"

É difícil de explicar. Wayne Shorter a chama de "o reino invisível". Eu a chamo de um estado de graça, um momento atemporal. Tocar guitarra, entrar em uma levada e encontrar as notas é como o poder dos amantes – eles conseguem enganar o tempo, suspendê-lo. Um momento parece uma infinidade, e então, de repente, o tempo os encontra ao virar a esquina. Comecei a sentir isso quando ainda tocava no México – não tanto, mas algumas vezes.

Não sei se o meu solo em "As the Years" foi gravado, mas a banda estava começando a registrar seus próprios shows, pedindo aos técnicos de som que fizessem isso, para que pudéssemos ouvir nossas apresentações e estudá-las. No início, era muito penoso – sempre soava diferente de como eu me lembrava de ter acontecido no palco, e *tudo* parecia muito atabalhoado. Eu ia para casa e ouvia esses registros sozinho, nunca acompanhado. Na verdade, ainda faço isso – não ouço gravações de shows da banda Santana se houver outras pessoas em volta, a menos que estejamos trabalhando em um álbum ao vivo ou que eu queira mostrar a alguém algo que precisamos corrigir.

Nós também aprendemos a tocar chapados. Gregg geralmente se apegava à sua cerveja, e o restante do grupo fumava maconha quando tocava – e viajávamos muito. Sem dúvida, os alucinógenos tinham muito a ver com o som da banda Santana. Era assim que acontecia com muitos grupos daquela época – The Jimi Hendrix Experience não teria acontecido sem os alucinógenos, nem o *Sgt. Pepper* dos Beatles. Só teria existido o blues elétrico e "In the Midnight Hour". Até mesmo os Beach Boys se afastaram da surf music por causa do LSD.

O LSD foi considerado legal até mais ou menos o fim de 1968. Eu também usei mescalina e peiote – botões de ayahuasca moídos –, que davam, de fato, uma boa onda, a não ser quando você precisava ir ao banheiro. Não causava tanta euforia quanto o LSD, que poderia ser potencializado, pois o combinávamos com anfetaminas.

E então íamos tocar.

A alucinação é uma outra palavra para o ato de ver além do que nosso cérebro está programado para ver. Foi isso o que aquelas drogas fizeram por mim em relação à música – elas me tornaram mais receptivo às ideias e aumentaram minha sensibilidade. Normalmente, nosso cérebro está preso por uma coleira, com filtros embutidos. Quando eu viajava e começava a tocar, aqueles filtros iam embora, e a coleira se soltava. Eu conseguia ouvir as coisas de um jeito novo. Tudo se tornava mais aquoso – os pensamentos ficavam mais fluidos, e a música, mais fluente. Eu tomava a droga, e a música não soava tão fragmentada. Parecia como as contas de um cordão, deslizando em incessante movimento.

Esta era a questão: era preciso ter coragem para se entregar e confiar que, quando as alucinações viessem, não haveria mais o controle absoluto – se você ficasse assustado e tentasse recuperar o controle, a viagem seria péssima. Sempre me entreguei – eu sabia que aquilo seria intenso por um determinado período, mas que em 12 horas, ou no tempo que fosse necessário para finalmente ser eliminado pela urina, tudo ficaria bem novamente. Você aprende que pode ter medo ou confiança, mas não pode ter os dois.

Começamos a realmente ouvir um ao outro, a reconhecer nossas assinaturas musicais. Éramos um coletivo, e todos encontraram o seu papel – todos tinham a oportunidade de liderar a banda algumas vezes. Nos ensaios, Gregg era o nosso ponto de estabilidade – ele separava as suas seis garrafas para beber, mas não se dispunha a fazer mais nada além disso. Gregg era a solidez da banda quando todos nós fazíamos outras coisas, indo a extremos. Nós podíamos atravessar o andamento da música ou ficar um pouco loucos, e dependíamos de Gregg para ser o estabilizador, ajustando o ritmo com a mão esquerda. Alguém tinha que controlar a linha da pipa.

Desde o fim de 1967 até o verão de 1968, o Straight Theater nos ofereceu temporadas de sexta-feira a domingo e nos colocou em programas com Charlie Musselwhite e várias bandas locais, incluindo uma chamada Mad River. Uma vez, tocamos depois de um filme de Fellini. Começamos a perceber que as pessoas estavam voltando para nos escutar, especialmente as mulheres – algumas nós conhecíamos do ensino médio e, outras, nunca havíamos visto antes. Elas começaram a trazer os amigos, e nós passamos a formar nosso próprio público.

Fizemos alguns shows no Avalon Ballroom e alguns shows beneficentes em universidades. Fomos nos aprimorando diante das plateias, e as pessoas começaram a ouvir falar da Santana Blues Band. E então recebemos nossa primeira crítica. Era um domingo em Sausalito, e nós estávamos tocando ao ar livre para conseguir um troco a mais. Alguém veio em nossa direção e disse: "Vocês são a banda Santana, certo?"

"Sim, somos nós."

"Sabiam que vocês estão nas páginas rosas dos domingos?" Era a seção de entretenimento do *San Francisco Chronicle*. Ralph J. Gleason – o maior crítico de música do jornal, que também tinha ajudado a fundar a revista *Rolling Stone* – tinha feito uma lista com as melhores bandas novas que estavam aparecendo na cidade. Havia cerca de 12 nomes, incluindo The Sons of Champlin, e fomos o primeiro que ele mencionou, dizendo que nós tínhamos o fator X da excitação. Eu não tinha ideia do que isso significava. Perguntei a Carabello: "Ei, cara, eu ainda estou aprendendo inglês. *Qué es* 'Fator X'?" Ele riu. "Porra, cara. Eu também não sei. Mas quem se importa? Nós *temos* isso."

Gosto do fato de que nem mesmo um dos melhores jornalistas de música do país sabia como nos classificar, mas encontrou uma forma de escrever sobre isso. Era como apontar em que direção Miles estava indo com a sua música em 1969 – não se poderia chamá-la de jazz. Miles não era apenas jazz, e nós não éramos apenas rock. Estávamos ouvindo discos de jazz, de música africana e latina – que, na realidade, são todos oriundos da mesma raiz africana –, aprendendo coisas, buscando inspirações.

Nos shows realizados no The Fillmore, comecei a perceber o quanto a sensação temporal poderia ser esgarçada ao ouvir certos bateristas – como Jack DeJohnette com Charles Lloyd, ou Terry Clarke com John Handy. Não conseguia acreditar naquela elasticidade. Comecei a prestar atenção nas discussões sobre como fazer o tempo se tornar mais liquefeito, sem tanta rigidez. Percebi o quanto a bateria poderia ser tocada de forma rápida e suave, o modo como alguns bateristas conseguiam fazê-la gingar, e, *uau!*, tudo se encaixava perfeitamente. Não era como algumas bandas – *clang, clang*, como se fosse um bonde elétrico. Passei a ouvir as baterias nos discos de jazz: John Handy tinha um grande álbum ao vivo do Festival de Jazz de Monterey, com a faixa "Spanish Lady". Eu ouvia um solo de percussão em *Bola Sete at the Monterey Jazz Festival* que me mostrava como era possível adicionar cores com os címbalos e texturas com a percussão.

Acho que a coisa mais eficaz que estávamos fazendo era misturar blues com ritmos africanos – e as mulheres realmente amam isso, porque lhes permite um outro acesso à música. A maioria dos homens gosta do blues, e se você tocar apenas blues, como um shuffle, as mulheres vão se mexer de uma determinada maneira. Você vai atingir os homens e agradar algumas mulheres. Mas quando você começa a adicionar uma coisa mais sincopada – e também algumas congas –, isso produz uma sensação diferente, e as pessoas começam a se mostrar disponíveis de outra maneira. Nesse caso, as mulheres conseguem dançar. Elas começam a se balançar como se fossem flores ao vento e ao sol depois de um mês inteiro de dias nublados. Algo acontece com essa mistura.

Há um outro nome para essa mistura – música latina. Todos esses ritmos africanos se traduzem nos ritmos de clave que se tornaram parte do DNA da banda Santana. É isso o que você está ouvindo realmente quando escuta Mongo Santamaría, Tito Puente e Santana. É a África.

Se alguém me dissesse "latina" naquela época, eu pensaria no que eu via na televisão – Desi Arnaz e "Babalu" e caras em mangas bufantes agitando maracas –, e eu sabia que não queria fazer aquilo. Para mim, a música latina era muito, muito brega. A música da qual eu gostava antes de realmente conhecê-la era chamada de *música tropical* ou *música del Caribe*, muito antes de se tornar conhecida como salsa ou boogaloo. Descobri Tito Puente e Eddie Palmieri da mesma forma como descobri Babatunde Olatunji e Gábor Szabó – apenas ouvindo.

A música latina estava em todos os lugares em São Francisco – no rádio e em jukeboxes, e, pouco depois, quando comecei a sair com Stan e Ron, já era possível ouvi-la nos clubes. Eu sabia que Ray Barretto tinha feito enorme sucesso com "El Watusi", mas não sabia que ele tinha a sua própria banda até começar a frequentar o El Matador. Foi lá que ouvi Mongo Santamaría com sua banda. Eu nunca pensara que aqueles percussionistas tinham seus próprios grupos, assim como Chico Hamilton. Estava aprendendo. Então, ouvi o percussionista Big Black – Daniel Ray –, que vinha desenvolvendo um trabalho próprio em São Francisco, mais jazzístico. Eu costumava ir vê-lo no Both/And, onde Miles Davis também costumava tocar.

Todo mundo estava ouvindo música latina – incluindo minha família. Irma e Maria ainda me contam que tinham o hábito de fazer festas em nossa casa na 14th Street, porque minha mãe não deixava as meninas saírem. Elas convidavam os amigos, e eles se acabavam de dançar, com álbuns de Barretto e, depois, de El Gran Combo. Maria diz que os caras que administravam a mercearia no andar térreo ficavam irritados porque as garrafas despencavam das prateleiras por conta da dança. E pobre Jorge – minhas irmãs se comportavam da mesma forma que faziam com os discos de Elvis Presley, dez anos antes. Ele diz que ficava maluco de tanto ouvi-las tocar "Bang Bang", de Joe Cuba.

Mesmo que a banda Santana não tivesse ninguém do Caribe em sua formação inicial, chegamos à música latina naturalmente. Foi através das congas – ouvindo aquelas sessões de improvisos no Parque Aquático e gostando daquilo, decidimos que teríamos alguma coisa assim na banda e que elas fariam parte do nosso caldo. Em seguida, pensamos: "Que música combina com congas?" Bem, "Jingo". Então começamos a ouvir músicas que poderiam funcionar com o que nós tínhamos, blues e congas, como "Afro Blue". Em seguida, pensamos: "Vamos compor canções usando as congas." Quando dei por mim, estava ouvindo mais músicas com congas, e comecei a comprar discos de música latina com a mesma paixão que eu tinha pelo blues. Àquela altura, Gregg, Carabello e eu estávamos morando juntos em uma casa na Mullen Avenue, em Bernal Heights, perto do Mission District, e era como se estivéssemos participando de um grupo de estudos: "Prestem atenção nas congas deste disco do Jack McDuff! Já ouviram Ray Barretto em 'Tequila', de Wes Montgomery, ou 'Midnight Blue', de Kenny Burrell? Precisamos vê-lo quando ele vier à cidade." Foi aí que Carabello ouviu Chepito tocando tímpano, e Chepito dominava mais o ritmo da clave do que qualquer um de nós. Chepito nos ajudou a consolidar o som da banda Santana em toda a sua plenitude.

Nós éramos das ruas de Mission District e, inicialmente, ficamos sensíveis ao que a "patrulha da clave" iria dizer. Não queríamos ser intimidados por alguém que achasse que estávamos tentando fazer algo que não sabíamos. Quando eles vieram nos criticar, eu gostaria de ter sabido o que sei agora – que a sensação da clave já estava presente no blues e no rock. Os caras do blues elétrico – Otis Rush, Howlin' Wolf, Little Walter, Magic Sam –, todos eles tinham músicas com aquele tempero cubano.

B. B. King também tinha – basta conferir "Woke Up This Morning". Bo Diddley colocava *tremolo* em sua guitarra e maracas em sua música, criou sua própria e pioneira clave elétrica, e adivinhem?, aquela merda se tornou viral.

Eis aqui outra coisa que a maioria das pessoas não sabe sobre o rock e a clave: Chano Pozo, o instrumentista de conga cubana que tocava com a banda de Dizzy Gillespie, era coautor de "Manteca". É possível ouvir a influência dessa canção em "Watch Your Step", de Bobby Parker, de 1961. Parker era um cara de blues de Washington, DC, que faleceu em 2013, e sabe-se lá como foi que ele descobriu "Manteca", mas trata-se do mesmo padrão. No início da minha carreira, todo guitarrista precisava saber "Watch Your Step" – incluindo George Harrison, que brincava com ela na introdução de "I Feel Fine", dos Beatles. Mais tarde, Duane Allman usou essa sensação em "One Way Out". As pessoas precisam saber disso. Tudo começou com uma música cubana.

Em 1968, Marcus nos ajudou muito a mostrar esse lado da banda Santana – de "Jingo" a "Fried Neckbones and Some Home Fries", de Willie Bobo. Os acordes dessa última música eram parte significativa do nosso som. Marcus executava seus próprios riffs, e uma vez apareceu com uma ideia – "Cara, eu escrevi essa música; quero que vocês me ajudem" – e começou a cantarolar e a bater nos joelhos. Em seguida, cada um de nós acrescentou uma coisa – eu fiz um solo de guitarra que pegava emprestada uma frase improvisada que Gábor Szabó tocava em uma faixa de Chico Hamilton. Mais tarde, a batizamos de "Soul Sacrifice".

Nós éramos jovens – naquela época, eu não conseguia avaliar o quanto Gregg era bom para nós. Ele é um grande solista. Lembro de observar sua postura, e da profundidade com que ele a assumia, de observar as veias saltando em seu pescoço, toda aquela tensão e convicção. Ele também é um grande arranjador, e isso está intimamente relacionado ao seu estilo de solar.

Por falar em arranjadores, em 1971 a banda Santana participou do programa *The Bell Telephone Hour* na televisão. Eu nunca vou me esquecer: Ray Charles estava no mesmo programa, e por isso acabamos vendo-o fazer "Georgia". Lembro que eles estavam passando a música e, de repente, Ray gritou: "Parem! Parem a banda! Ei, você, viola da terceira fila. Apure a afinação!" Eu não tive certeza se deveríamos ficar quietos ou aplaudir.

De qualquer forma, eles queriam que fizéssemos "Soul Sacrifice" com a parte das cordas, e todo o arranjo estava baseado no solo de Gregg. Isso mostra o quanto ele é um instrumentista expressivo. Ele também tem um sentido extremamente poderoso de saber começar uma história – basta conferir a abertura de "Hope You're Feeling Better" ou "Black Magic Woman". A banda Santana gosta de aberturas dramáticas, sejam elas grandiosas ou misteriosas.

Começamos a tocar "Black Magic Woman" nessa fase, assim que ela foi lançada. Era uma canção de Peter Green, do Fleetwood Mac, um blues-rumba, do tipo que os caras de blues de Chicago tocavam de vez em quando. Na verdade, era "All Your Love (I Miss Loving)", de Otis Rush, com versos diferentes. Nós trouxemos a sensação latina da versão de Peter Green, e quando a tocávamos ao vivo ela funcionava muito bem na transição para "Gypsy Queen", de Gábor Szabó.

Uma das maneiras pelas quais nos destacamos do restante das bandas de São Francisco é que não éramos realmente psicodélicos nem puramente blues. Além disso, não tínhamos sopros, como Sly & the Family Stone – tampouco tínhamos aquele ritmo popular. Naquele verão, Sly se tornou um herói local. Sua "Dance to the Music" tocava em todos os lugares, e todas aquelas diferentes vozes realmente lhe conferiam uma pulsação familiar. Em pouco tempo, era possível ouvir aquela "marca sonora pessoal" de Sly em todas as rádios. Sly mudou a Motown – o produtor Norman Whitfield começou a querer imprimir o estilo de Sly ao The Temptations. Sly transformou, inclusive, Miles Davis. Mais tarde, Miles me diria que viu o Sly & the Family Stone simplesmente arrebentando no Festival de Jazz de Newport. Aquilo deve ter produzido mesmo um grande efeito sobre Miles, a ponto de fazê-lo mudar sua música.

Vamos encarar os fatos – Sly Stone, em seu auge, mudou tudo. A única pessoa que ele não precisou mudar foi James Brown, porque James já havia chegado lá. Sly teve que se inspirar em alguém para obter aquela levada funk, e o seu lado soul vinha diretamente da igreja. O pai de Sly era ministro e pregador, e Sly também era – só que em um sentido mais multidimensional. Ele foi o primeiro a ter músicos do sexo feminino e masculino, negros e brancos. Tínhamos muito orgulho do fato de um cara de Daly City ter conseguido mudar o mundo assim. Ainda temos – em São Francisco, ele ainda é o nosso Sly.

Foi mais ou menos nessa época que conheci Sly. Carabello costumava sair com a Family Stone em Daly City. Ele me levou junto. "Ei, cara, fomos convidados para ir à casa de Sly Stone. Ele quer que façamos a abertura de alguns de seus shows, e ele está a fim de nos produzir."

"Sério? Está bem. Vamos." Ao chegarmos lá, Sly se mostrou equivocado desde o primeiro minuto, e com atitude: "Então vocês tocam blues com aquelas coisas de Willie Bobo, não é?" Eu fiquei pensando: "Que 'blues com aquelas coisas de Willie Bobo'? Não vou deixar esse cara me categorizar e definir nossa música dessa maneira." Ele é um gênio, cara, não há nenhuma dúvida sobre isso, e ele já tocava nas rádios e em todos os outros lugares, além de ter o melhor baixista do mundo – Larry Graham. Mas eu não gostei de ver alguém me menosprezando daquela forma.

"Vou dar o fora daqui, cara."

Sly não estava errado; foi apenas o modo como ele se expressou. A banda Santana *estava* começando a ficar conhecida pela reputação de fazer rock latino. Era uma maneira que as pessoas tinham de rotular o nosso som. Só não precisava nos chamar de blues com aquelas coisas de Willie Bobo.

No entanto, não terminou por aí. A pior expressão que acredito ter ouvido sendo usada para descrever a banda Santana apareceu na crítica que a *Rolling Stone* fez do nosso primeiro álbum: "Mariachi psicodélico." Por quê? Só porque eu sou mexicano? Que coisa mais ignorante e gringa de se escrever.

Lembro até mesmo dos meus amigos brancos me dizendo o quanto aquilo era obtuso. Só admito ser reduzido a uma pessoa que tem um grande coração e olhos imensos para apreciar uma enorme parcela da vida. Não sou necessariamente contra os jornalistas de música, mas às vezes eles não pensam antes de escrever. E quando eles *de fato* acertam? Lembro disso, também – como o crítico de jazz que descreveu a música de Albert Ayler como uma banda do Exército da Salvação sob o efeito de ácido. Eu li isso e conseguia entender o que ele queria dizer – e eu adoro Albert Ayler. Eu pensei: "Caramba, isso é um verdadeiro sinal de grandeza."

Eis aqui o que eu penso – se você está descrevendo uma música original e que não é estereotipada, não use clichês para descrevê-la. Seja original e preciso. Estávamos abertos às influências latinas, e acho que quando o fazíamos, fazíamos bem. Bem o suficiente para voltar a tocar no The Fillmore.

Eu não sabia que Bill Graham costumava ir à cidade de Nova York ouvir as grandes bandas latinas. Somente mais tarde foi que ele me disse que costumava frequentar clubes de dança em Manhattan, e que sabia dançar mambo e cha-cha. Estava em seu sangue. Ele conhecia congas e ritmos latinos, e gostava deles.

Na primavera de 1968 Bill promoveu audições abertas no The Fillmore Auditorium para as noites de terça-feira. Apesar de estarmos extraoficialmente em sua lista negra, fomos escolhidos para tocar naquelas noites, e o fizemos. Ele não comparecia sempre, mas nos ouvia em algumas ocasiões, e pôde perceber o quanto nossa música vinha mudando. Seus ouvidos continuavam trabalhando. Quanto a Willie Bobo, foi Bill quem sugeriu que gravássemos "Evil Ways" em nosso primeiro álbum.

Nós ainda não tínhamos nos dado conta, mas àquela altura o The Fillmore Auditorium estava ficando pequeno demais para as multidões. Bill voou até a Suécia para se encontrar pessoalmente com o proprietário do Carousel Ballroom, que ficava na Van Ness Avenue, não muito longe do Mission District. Mas o cara vivia em Gotemburgo! Bill pegou outro avião e teve uma reunião com ele. Comeram, beberam e fecharam um contrato, e então Bill regressou. Foi assim que ele lançou o Fillmore West. Naquela época, acho que ninguém mais tinha seriedade suficiente para fazer uma coisa dessas. Se Bill acreditasse em algo ou em alguém, ele corria atrás. Eu admiro isso.

Bill precisaria de bandas para tocar naquele local novo e maior, e ele sabia que estávamos construindo uma boa reputação com os nossos shows. Em junho, fizemos um show beneficente para o The Matrix no The Fillmore Auditorium – depois de um ano, era a primeira vez que tocávamos lá. Stan e Bill conversaram, e Stan lhe disse que estávamos com uma nova formação, com novas músicas. Que queríamos tocar no Fillmore West, e que nunca chegaríamos atrasados. Ele também disse que a banda havia escolhido um novo nome – apenas uma palavra, e não era *blues*.

CAPÍTULO 8

A formação clássica da banda Santana, 1969. (Da esquerda para a direita) Michael Shrieve, eu, Gregg Rolie, José Areas "Chepito", David Brown e Michael Carabello

A Santana foi para Nova York em 1970, e foi aí que realmente compreendemos o que era a clave – quando introduzimos essa palavra em nosso vocabulário. Alguns de nós foram ouvir Ray Barretto no Corso, um clube de dança na East 86th Street, onde todas as estrelas latinas tocavam, incluindo Larry Harlow e Tito Puente. Em alguns momentos, Ray subitamente interrompia o som da banda, mas o público já estava batendo palmas e sustentando o ritmo, naquela batida da clave: ba-ba-bah – ba-bah, ba-ba-bah – ba-bah.

Era como reparar em alguma coisa na parede que você nunca tinha visto antes mas que sempre esteve lá, e lhe dissessem: "Bem, isso é o que faz a parede ficar de pé."

"Ah, agora eu estou entendendo... é a base de toda a música latina."

Em seguida, em determinado momento, Ray pegou o microfone e disse: "Senhoras e senhores, temos na plateia..."

Eu fiquei pensando: "Ih! Vem alguma coisa aí", porque lá estávamos nós, bem no seu território. Para certas pessoas, a clave é como se fosse um sacramento na igreja; para elas, "latina" só pode ser a música de gente como Machito, Mario Bauzá e Tito Puente. Mas o que Ray disse foi:

"... Algumas pessoas que elevaram nossa música a um outro nível, a todos os quatro cantos do mundo, e a música deles nos representa muito bem: Santana!"

Pode-se receber todos os prêmios e todas as glórias em lugares como a Rolling Stone *e o* New York Times *que começamos a colecionar – são coisas que passam a fazer parte de seu acervo. Mas quando Ray Barretto dizia uma coisa tão elogiosa assim, não havia nada melhor. Nós tínhamos recebido o apoio de um dos mestres.*

Isto é o que eu penso: a clave deveria ser honrada, compreendida e respeitada pelo que ela é, mas a definição tradicional de clave não abarca toda a sua extensão. Quando ouço Buddy Rich ou Tony Williams tocando música afro-cubana ou latina, não acho que eles estejam honrando o ritmo menos do que Tito Puente ou Mongo Santamaría, ainda que Buddy e Tony não toquem clave no sentido estrito — e essa é uma escolha deles. Mas se você encarar a clave como algo que não admite mudanças, então ela vai se tornar um entrave. Pode ser de ouro, pode até ser cravejada de diamantes, mas com essa atitude você estará se aprisionando em uma única maneira de tocá-la.

A banda Santana nunca teve pedigree quando se tratava de música — nós sempre fomos vira-latas. Usávamos um pouco de clave, mas não a concepção completa, e usávamos outras ideias oriundas da música latina. Demorou quase dez anos para que esses comentários de que nosso grupo não cumpria os mandamentos da clave se dissipassem. Quando isso aconteceu, não foi porque nossa música mudou. Foi o modo como as pessoas a ouviam que mudou. Nós ainda temos congas e tímpanos, e a Santana ainda não toca clave em um sentido estrito. Nós tocamos Santana.

Em 1967, o mundo ouviu falar de São Francisco. Nós já sabíamos disso, mas o Festival Pop de Monterey foi fabuloso — ele ajudou Hendrix a ficar conhecido no mundo todo, fez com que Janis Joplin e Big Brother assinassem um contrato com uma gravadora, colocando São Francisco em evidência. Um ano depois, foi como se o mundo inteiro estivesse visitando a cidade ou até mesmo se mudando para lá. Bill Graham transferiu os seus shows para o Fillmore West para que mais pessoas pudessem comparecer. Novos clubes foram abertos pela cidade. As gravadoras enviavam olheiros para conferir as bandas e contratá-las. Nós não os víamos, mas sabíamos que eles estavam por lá.

Foi no verão de 1968 que tudo começou a deslanchar para nós. Começamos a nos designar com apenas uma palavra: Santana. Pode-se observar isso nos cartazes desse período. Bill foi o cara que atentou para isso e nos deu essa luz. Tudo o que se passou depois aconteceu, de alguma forma, por seu intermédio: nosso contrato de gravação, nossa primeira vez em um estúdio, nossa primeira viagem para a Costa Leste. A apresentação em Woodstock. E tudo aconteceu muito, muito rápido, a partir do momento em que Bill nos chamou de volta para tocar para ele — fazendo shows no Fillmore West no primeiro mês de abertura da casa.

Bill nos colocou no mesmo programa que a Butterfield Blues Band — Michael Bloomfield já não estava mais tocando com a banda. A semana foi ótima — a música nos pareceu boa, mas, acima de tudo, foi um alívio regressar aos braços de Bill Graham. Ele era uma pessoa muito importante em São Francisco para se ter ao lado. Eu estava muito envergonhado por conta da nossa última experiência, mas ele percebeu que eu estava com uma banda nova, que nossa música estava mais consciente, e que estávamos desenvolvendo nosso próprio som. Seus ouvidos conseguiam reconhecer as nossas influências. Mais tarde, Bill diria que éramos o produto perfeito de dois pais – B. B. King e Tito Puente.

Bill esqueceu de mencionar alguns dos nossos outros ancestrais musicais, mas tudo bem. Da noite para o dia, a Santana deixou de ser a banda que chegava atrasada para se tornar a banda que estava de prontidão. Ele nos chamava com muita frequência: "Ei, preciso que vocês toquem amanhã à noite. O Procol Harum foi preso!" Ou: "Este maldito grupo cancelou a apresentação." Nós ainda não éramos a atração principal, mas nosso nome já aparecia nos cartazes, ao lado de nomes nacionais como Steppenwolf, The Staple Singers e Chicago – de qualquer maneira, no canto inferior. Estávamos ficando conhecidos por abrir o show de todas as bandas que apareciam por lá, e fizemos isso para muitas delas. Acho que elas podiam sentir o quanto nós éramos bons, e que deveriam ficar atentas à nossa presença. Estávamos conquistando os fãs dos grandes astros – eles estavam começando a nos seguir. Acho que foi alguém do Grateful Dead que disse: "É suicídio abrir a apresentação com a Santana. Eles vão roubar o show."

E era ótimo para Bill, também, porque nosso cachê era bem inferior ao de outras bandas, e nós éramos locais. Não havia nenhuma despesa com quartos de hotel ou custos de transporte. O acordo era que estávamos ganhando uma visibilidade enorme. De fato, Bill repetia isso em voz alta algumas vezes para que não nos esquecêssemos.

Em um primeiro momento, Bill apenas torcia por nós, sem nos agenciar verdadeiramente. Funcionava mais como se ele fosse um instrutor. Ele se comportava dessa forma com muitas bandas – fazendo coisas que outros promotores nem sequer pensavam em fazer. Ele tinha o hábito de carregar sua prancheta e fazer anotações. Sabe aquele cara do filme *Os sapatinhos vermelhos*, o empresário que forçava a bailarina a dançar até superar limites que ela achava que não conseguiria ultrapassar? Bill era assim. Durante o show, ele ia até os bastidores, subia no palco, percorria o local inteiro, fazendo apontamentos na prancheta. Você poderia ser o bilheteiro ou a estrela do show. Bill fazia anotações sobre tudo e sobre todos. Se uma música estivesse durando muito tempo, se algo estivesse posicionado em um local indevido... se ele sentisse que alguma coisa estava errada, se estivesse até mesmo aceitável, mas podendo ficar melhor, ele sacava aquela prancheta, e lá vinha outra anotação.

Então, no fim da noite, ele nos chamava para um canto e comunicava o que havia escrito: "Ouça, Carlos, aquela música não é boa: ninguém vai entendê-la." Ou: "Você poderia ter começado com essa aqui, e aquela é ótima, mas foi muito longa" ou "Deveria ter durado mais". Coisas assim. Esse era o Bill – ele fez isso com Jimi Hendrix, e sei que fez anotações sobre Barbra Streisand e também tentou fazer a mesma coisa com Bob Dylan. Acho que ele não chegou a fazer com Miles.

Lembro que, em 1985, viajei com Bill para um show do Sting que ele estava produzindo em Los Angeles. Sting tinha uma banda realmente especial – Omar Hakim, do Weather Report, David Sancious nos teclados, Darryl Jones, do grupo de Miles, no baixo, e Branford Marsalis nos saxofones. Eu precisava ver aquele show com meus próprios olhos.

Eu estava conversando com Sting em seu camarim depois do show quando Bill entrou. Ele estava remexendo em suas anotações. "O que foi, Bill?" Sting percebeu a quantidade de páginas que estavam em suas mãos e revirou os olhos. "Podemos fazer isso em outra hora?" Além de tudo, havia um avião esperando por nós – Bill e eu precisávamos voltar para São Francisco naquela noite, e o tempo estava ficando apertado. Mas Bill ficou parado lá como uma estátua. "Precisa ser agora."

Lembro que Sting olhou para seu empresário, Miles Copeland, em busca de ajuda. Mas Miles continuou fumando seu cigarro e foi embora como se não tivesse ouvido nada. Ele não queria se intrometer entre eles. Eu entendi que também deveria me retirar, para que Sting e Bill pudessem conversar.

"Está bem, Bill", disse Sting. "Mas que seja uma coisa só. Vamos lá."

"Uma coisa só?" Bill olhou para a prancheta. "Ótimo... uma coisa só. Mas há as partes A, B, C, D e E..." Saí e fechei a porta.

Bill nos adotou. Ele nos ofereceu um espaço para ensaiar em um armazém onde guardava todos os cartazes antigos, perto do The Fillmore original. Ele nos aconselhou a arranjar um contador e um advogado, e a pensar na banda como se fosse um negócio. Isso foi antes mesmo de aparecer um contrato com alguma gravadora. Sempre que podia, Bill fazia questão de nos colocar no centro das atenções.

Nós ainda tocávamos em toda a Bay Area e em casas como a Avalon e a Sound Factory, em Sacramento. Nós nos apresentávamos em universidades e em algumas escolas de ensino médio. Fizemos vários shows beneficentes para uma estação de rádio, uma companhia de artes e uma manifestação contra a guerra. Havia sérias questões políticas no ar. Em um ano o sentimento em São Francisco passou da energia do *flower power* para a tomada de consciência, o apelo revolucionário e "Quem são eles para nos julgar por causa dos nossos cabelos compridos?". Estávamos bem no meio disso tudo, e em toda a região da baía de São Francisco os Panteras Negras levantavam os punhos cerrados em saudações de força e marchavam com suas boinas pretas.

Estávamos no contexto da revolução hippie, mas éramos diferentes. Embora adorássemos os princípios do movimento, nossa atitude era não usar flores nos cabelos nem colocá-las em nossas banheiras. Nós éramos mais brutos, mais toscos. Não era um fingimento nem um truque de marketing. Foi nessa época que fizemos aquelas primeiras fotos da banda — Marcus usava uma jaqueta, uma gola alta e às vezes um sombrero, como um mariachi. Não era a minha concepção. Eu usava uma jaqueta de couro, e todos nós tínhamos cabelos muito compridos ou afros. Parecíamos imundos — à exceção de Marcus — e muito diferentes uns dos outros. Éramos assim, e aquelas eram as pessoas com quem convivíamos.

Vivíamos a banda 24 horas por dia, sete dias por semana. Eu já estava afastado da minha família havia algum tempo — mais uma vez. Quase outro ano inteiro e praticamente nenhum contato. Minha irmã Maria se lembra de nossa mãe pedindo a Tony que fosse me procurar. Tony se encontrava comigo e dizia a ela: "Ele está bem, ele está muito bem." Maria me contou que, certa vez, minha mãe a fez ligar para a polícia para comunicar meu desaparecimento. Quando ela lhes disse que eu tinha 18 anos, desligaram. "Como assim eles não podem fazer nada? Ele é meu filho!" Minha mãe ficou chateada. Ela não conhecia mesmo as leis — mas isso não a deteria.

Eu vi minha mãe apenas uma vez depois que saí de nossa casa em Market Street. Quando fui me despedir, ela me deu um abraço, e pude sentir sua mão deslizando para dentro do meu bolso. Ela me deu uma nota de vinte dólares. "Mãe, não posso aceitar esse dinheiro."

"*Por qué no?* Por que não? Você precisa disso para comer – você está comendo nesse lugar em que está morando?"

Eu respondi: "Porque quando você me dá algo, de alguma forma isso me impõe uma obrigação. Eu estou bem. Eu gosto da vida que levo agora. Adoro morar onde eu moro."

Na verdade, eu estava me mudando. Eu tinha conhecido Linda Smith. Ela era uma das moças que costumavam ir nos assistir no The Matrix – ela e seus amigos ficavam ouvindo nossa música, à procura de companhia. Começamos a sair, e quando dei por mim estava morando com ela e seus dois filhos. Ela era branca e vivia em Oceanview. Eu estava com quase 21 anos na época, e ela, com quase 30, e tinha um belo corpo e belas pernas. Ela me ensinou muitas coisas. Também tomou conta de mim de uma forma encantadora. Ela me ofereceu não só o corpo e o coração, mas também seu apoio. Linda me dava de comer e, às vezes, alimentava a banda toda, porque éramos muito pobres. Houve algumas semanas em que vivemos à custa de seus vales-alimentação.

Entre idas e vindas, ficamos juntos por quase quatro anos. Conheci bem Linda, assim como seus filhos e sua família. Escrevi "Europa" para a irmã dela, quando ela estava tendo uma péssima viagem de LSD – eu comecei a cantar: "The Mushroom Lady is coming to town / And she's wondering will you be around" (A Garota do Cogumelo está vindo à cidade / E ela quer saber se você vai estar por aí). Foi assim que aconteceu – a melodia de "Europa" surgiu a partir de uma letra que eu compus na hora, para ajudar a tranquilizar a irmã de Linda.

Mais ou menos nessa época minha irmã Irma estava em um ônibus, indo para o trabalho, e viu SANTANA escrito na marquise do Fillmore West. Ela contou à minha mãe, que, imediatamente, começou a dizer para a família se arrumar, porque eles iam sair. "Vamos ver o Carlos tocar."

O resto da história faz parte, agora, de uma lenda familiar: minha mãe e meu pai se vestiram como na década de 1950 – minha mãe com seu vestido de nylon, sapatos de salto alto e um belo casaco; meu pai de gravata, casaco esporte e chapéu. Todos eles foram ao The Fillmore, e, obviamente, não havia assentos – não havia lugar para sentar, a não ser no chão, de modo que todos eles se sentaram no chão mesmo. Minha mãe observou que os hippies compartilhavam o que ela achava ser um cigarro comum, e disse ao meu pai: "*Viejo*, meu Deus, eles são tão pobres que não têm nem dinheiro. Vamos oferecer um cigarro a eles." Então meu pai abriu seu maço de Marlboro e os distribuiu – então todos começaram a rir.

Eu não tinha ideia de que eles estavam lá até o show acabar. Saí para encontrá-los, e eles estavam todos muito empolgados. Maria me contou que havia gostado da música, mas ficou pensando que eu me comportava de uma forma muito tímida, porque nunca olhava para a plateia – eu tocava para os amplificadores. Seus amigos que assistiam à banda costumavam lhe perguntar por que isso acontecia. Acho que era porque eu estava focado na música, olhando para Gregg, Doc e David – e não para o pé de David, é claro. Mas também era verdade que eu era tímido – ainda não me sentia nem um pouco confortável diante de uma plateia.

Quando saí do show para cumprimentá-los, a primeira coisa que minha mãe me disse foi: "Ah, *Mijo*, as músicas são muito longas. Você precisa cortá-las." Eu respondi: "Bem, são as nossas músicas, e essa é a duração delas." Eu disse que achava que poderíamos compor nossas próprias músicas e sermos pagos para tocar as nossas coisas, e não as músicas dos outros o tempo todo. Minha mãe achava que eu estava fumando muita maconha, foi o que ela me disse. Meu pai não falou muito. Ele estava feliz em me ver, mas tenho certeza de que concordava com minha mãe em relação à música. Alguns anos depois, ele foi entrevistado por um jornal local e declarou que ficou confuso, porque não conseguia entender quando uma música começava ou terminava. Suas canções pertenciam ao velho formato – 32 compassos ou coisas assim.

Minha mãe estava certa – nossas sessões de improvisos eram longas. Há algumas gravações da banda Santana daquela época que foram lançadas em um CD, em 1997 – *Live at the Fillmore 1968*. A faixa mais curta tem quase seis minutos, e a mais longa tem mais de meia hora! Nós realmente mergulhávamos naquela música, e não queríamos ser interrompidos. Nós não queríamos colocá-la dentro de um chavão, como aqueles que ouvíamos em algumas entrevistas de televisão. Um formato padrão não é tão inesquecível quanto queríamos ser.

Mas não se tratava apenas de sessões de improvisos: tocávamos um pouco de jazz, incluindo uma música de Chico Hamilton, e "Fried

Neckbones", de Willie Bobo – nunca gravamos essa última música, mas até hoje alguém é capaz de pedi-la. Também tocávamos levadas funk: todos nós estávamos ouvindo James Brown na época – todas as bandas de São Francisco ouviam. Havia uma mistura de música funk e latina – o que eles chamavam de boogaloo. A nossa marca era um boogaloo psicodélico. Nós tínhamos energia suficiente para fazer uma fusão de estilos, mesmo naquela época.

Gosto da minha maneira de tocar guitarra nessas gravações porque percebo que estava conseguindo extrair o som correto dela. Eu já vinha me autoeducando há muito tempo. O processo parecia como o dos cortadores de diamante que trabalham nesse restrito ramo na cidade de Nova York – eles têm alguns aprendizes que aprendem a cortar a pedra para que ela não quebre. É a mesma coisa com a guitarra – você tem que aprender a curvar a nota – a obter dela o que você precisa –, mas não até o ponto em que ela comece a fazer *twang, twang, twang* e perca sua pungência. A nota tem uma aura, que vem dos harmônicos e dos sobretons, e é *daí* que surge sua personalidade como guitarrista. Os harmônicos e os sobretons de cada guitarrista são diferentes.

No fim de 1968, já era possível *ouvir* a minha personalidade. Poucos anos depois, Miles me diria que ele gostava mais da maneira como nossas músicas soavam ao vivo do que a forma como soavam em nossos álbuns – ele gostava do modo como as alongávamos e do jeito como eu me demorava, tocando as notas em câmera lenta, "cativante e com clareza". Estas foram as palavras dele.

Uma pessoa que concordava com os meus pais quanto à duração de nossas músicas era Bill Graham. Ele intuía que estávamos prontos para dar um passo à frente em nossa música e que as gravadoras estavam ficando interessadas. Bill sabia que elas precisariam de canções. Naquela época, a Santana não sabia fazer canções – só sabíamos fazer sessões de improvisos.

Bill nos chamou em seu escritório. Ele foi direto, como sempre. "Vocês precisam parar de ficar mexendo com essas sessões de improvisos enormes e outras coisas mais. Vocês precisam compor umas canções. Vou colocar uma música..." Ele colocou um disco do Verve – lembro do rótulo girando no toca-discos. "Escutem: isso é uma introdução. E ouviram isso? É uma estrofe."

Pouco importava que quase todos nós conhecíamos aquilo tudo. Mas qual foi a música que Bill colocou para ouvirmos? "Evil Ways" – escrita por Sonny Henry e interpretada por Willie Bobo e seu grupo. Que presente, não é mesmo? Bill sabia o que estava fazendo. Mais tarde, ele me disse: "Eu falei para o Willie que a canção dele vai fazer vocês estourarem."

Ao imaginar que precisávamos ter uma música para chegar às rádios, Bill estava nos preparando para Clive Davis, o chefe da CBS – a gravadora com quem iríamos assinar um contrato. E como Bill sabia disso? Porque era isso o que ele fazia – ele sabia das coisas com antecedência.

No fim de 1968, o nome da banda Santana passou a ocupar a parte superior dos cartazes. Stan estava cuidando dos negócios externos do escritório de Bill, reservando shows, e todos nós tomávamos as decisões em conjunto – que apresentações fazer e que destino dar ao dinheiro. Éramos um coletivo, e estávamos prontos para um contrato com uma gravadora. Stan e Bill já vinham tendo reuniões com a Elektra, a Atlantic, a Warner Bros., a CBS e todos os outros selos havia algum tempo. Em determinado momento naquele ano, Bill nos disse: "Quero que vocês façam uma audição." Nós dissemos: "Como assim? Pensávamos que já havíamos passado dessa fase."

"Não é uma audição para mim, é para a Atlantic Records. Eles vêm essa tarde. Basta arrumar a banda e tocar para eles."

Eu já tinha ouvido histórias de que a Atlantic não agira corretamente com um dos mais antigos instrumentistas de R & B que fazia parte do seu elenco. Era apenas uma sensação, mas eu não queria ficar com eles. Na audição, propositadamente, toquei da pior forma que eu já havia tocado, e o representante da Atlantic simplesmente foi embora. Os integrantes da banda perguntaram: "Cara, o que você está fazendo?" Eu respondi: "Ah, que se fodam. Eu não quero ficar com a Atlantic, cara." Eles ficaram putos.

Não importava. Continuamos a tocar, abrindo shows para todos: Grateful Dead, The Youngbloods, Taj Mahal e Ry Cooder. Ficamos sabendo que os olheiros continuavam atrás de nós. Um dia um cara que trabalhava na CBS veio falar conosco depois de um show – ele estava verdadeiramente empolgado. Ele nos disse: "O falatório sobre vocês já está beirando a euforia." Lembro de ele ter comentado que tinha nos assistido quatro vezes. Então disse: "O setlist de vocês não importa!" Ele quis fazer um elogio, mas nós pensamos: "Como assim?"

"É, vocês podem rasgar em pedacinhos seu setlist, jogá-lo no chão, começar com qualquer música e terminar com qualquer música. Eu vejo o que vocês fazem com as pessoas. Vocês arrastam a multidão com vocês."

Eu já era obcecado pela Columbia, que pertencia à CBS. Eu não queria ouvir falar da Atlantic; eu não queria ouvir falar da Capitol. Eu queria estar onde Bob Dylan e Miles Davis estavam. Naquele inverno, em uma loja de música, vi um cartaz que a CBS tinha feito para as férias – alguma coisa sobre canções natalinas. O cartaz mostrava vários rostos estilizados, como se fossem personagens de histórias em quadrinhos: Simon and Garfunkel; Dylan e Miles; Johnny Cash; Blood, Sweat & Tears; Johnny Mathis; Barbra Streisand. Aquele cartaz me convenceu mais do que o cara que foi nos procurar nos bastidores. Eu queria que a Santana estivesse naquele cartaz.

Naquela época, eu já tinha ouvido falar sobre a atuação de Clive Davis na Columbia – ele era um dos únicos grandes presidentes de gravadoras que tinham ido a São Francisco. Ele foi ao Festival Pop de Monterey, ouviu o Big Brother, assinou contrato com eles, e convenceu seus superiores a investir no som de São Francisco. Depois disso, ele começou a contratar um monte de bandas, e eu fiquei sabendo que isso desagradou alguns outros músicos que faziam parte da Columbia, porque eles achavam que aqueles grupos de rock estavam prejudicando seu nome. Mas, para nós, isso não era verdade. Eu desconhecia Clive Davis até Santana começar a fazer sucesso. Foi aí que o conheci, e percebi o que ele poderia fazer.

Na verdade, a minha própria conexão com a Columbia começou bem antes de a banda Santana fazer qualquer coisa sob o selo. Naquele mês de setembro, Michael Bloomfield e Al Kooper estavam agendados para a gravação de um álbum ao vivo no Fillmore West. Foi Bill quem me convidou para tocar – "Michael não está em condições de tocar hoje à noite. Ele passou a noite toda acordado. Você pode me fazer um favor e substituí-lo?" E eu falei: "Você está brincando? Claro que sim."

Acredito que Michael já estava começando a demonstrar as inconsequências causadas pelo uso frequente da heroína. Acho que ele tinha problemas para se autodisciplinar, manter uma rotina e dormir o suficiente. É por isso que ele só toca na primeira metade de *The Live Adventures of Mike Bloomfield e Al Kooper* – e foi por isso que acabei tocando em "Sonny Boy Williamson", uma canção de Jack Bruce, baixista da Cream. Era a primeira vez que meu nome aparecia em um álbum – bem na contracapa. Isso era ótimo, mas foi estranho, porque não cheguei a tocar com Michael.

Há uma foto de Michael e eu juntos, no palco do Fillmore West, em 1971, da qual eu gosto muito – um ensaio para a noite de fechamento da casa. Nós estávamos realmente entrosados, com uma aparência ótima. Cara, ele parece inatacável. Sabe o que eu fiz naquela noite, *de novo*? Falei o quanto me arrependia por tê-lo desafiado daquela outra vez e por me comportar como um babaca. Ele olhou para mim como se quisesse me dizer que seria melhor eu superar esse problema. "Você precisa parar de se desculpar por isso. Eu te amo, e eu já lhe disse isso, *fica frio.*"

Michael nunca deixou de ser gentil comigo. Tentei me manter em contato nos anos seguintes, depois do grande sucesso alcançado pela banda Santana, mas acho que ele estava interessado em ficar no seu canto. Ele estava morando em São Francisco, e foi ali que ele morreu, em 1981. A última vez que fui à casa dele, achei que estava meio descuidada e um pouco bagunçada – saí de lá me sentindo preocupado e um tanto desanimado. Seja qual for o arranjo que ele fez consigo mesmo, era o arranjo errado. Ele foi encontrado dentro de um carro, vítima de overdose. Isso basta para revelar o estilo de vida que ele estava levando – ou não levando.

Michael foi o primeiro guitarrista da minha geração que todos nós ouvimos. Todo mundo veio depois dele, incluindo os deuses, como Clapton e Hendrix. E Michael não se preocupava com os outros guitarristas que foram aparecendo ao longo do caminho. Ele recebia todos bem, assim como fez comigo. Mas, por mais nobre que ele fosse, penso que não tinha a força interior para perceber seu valor naquele panorama. Acho que ele evitava a exposição e sentia que precisava pagar as suas dívidas, mesmo já tendo feito isso.

No fim de 1968, havia uma série de grandes guitarristas elétricos na área – e um monte de razões para se sentir desestimulado e desistir da guitarra. Mas esse tipo de reação é a voz do ego. Se a sua reação for estufar o peito ou, ao contrário, correr e se esconder – a superioridade ou a inferioridade instantânea –, qualquer uma delas será uma merda.

Você deveria procurar ser você mesmo. Quando eu via Jimi Hendrix e Eric Clapton tocarem, eles não me faziam querer desistir – eles me faziam querer ouvir ainda mais as coisas que eles não estavam ouvindo. Eu tinha essa noção de que precisava enxergar a mim mesmo em todo o espectro temporal, e não apenas em relação a um ou a dois outros músicos. Eu sabia que muitos de nós estávamos ouvindo os mesmos instrumentistas de blues. Então eu disse a mim mesmo: "Talvez Hendrix não conheça Gábor Szabó nem Bola Sete." A competição não tinha a ver com o modo como você tocava guitarra, mas com este detalhe: "Ah, é? Quem você tem na *sua* coleção de discos?"

Eu os chamo de deflagradores: os músicos que fazem você sentir que basta passar mais tempo dentro do seu próprio coração para perceber que a mesma coisa que lhes foi dada também foi dada a você – mas você precisará desenvolvê-la sozinho. Vou dizer uma coisa – se Jimi Hendrix e Bob Marley estivessem vivos e viessem assistir à minha banda em uma noite boa, eles reagiriam assim: "Caramba!"

Talvez alguma parte disso fosse a minha maneira de sobrecompensar e de reagir com rebeldia, mas eu achava que, em vez de tentar tocar tão alto quanto este músico ou tão rápido quanto aquele, poderia vencê-lo de uma outra maneira, como, por exemplo, tocar baixo onde ele tocasse alto ou ir mais devagar se ele fosse rápido. Até então, em 1968, as pessoas que me ouviam tocar percebiam que eu estava mostrando alguma coisa diferente, e não apenas copiando Buddy Guy e B. B. King.

A Santana assinou com a Columbia em outubro de 1968, e nosso contrato entrou em vigor em dezembro. A primeira pessoa que conhecemos foi David Rubinson – na época, ele era produtor técnico da Columbia na Costa Oeste. Ele havia produzido Mongo Santamaría, Moby Grape e Taj Mahal para a CBS, de modo que tinha experiência com congas. Mais tarde ele fundou duas gravadoras com Bill Graham. Ele seria o nosso produtor, e os estúdios mais próximos da CBS ficavam em Los Angeles. Era para lá que iríamos em fevereiro de 1969.

Poucos dias antes de partirmos, Stan me disse que precisava me contar algo. Marcus tinha sido preso, por assassinato. Simples assim. Ele havia se envolvido com uma mexicana que tinha se separado do marido, mas eles ainda não estavam divorciados. O homem chegou em casa quando Marcus estava lá, e eles começaram a brigar. Pelo que se soube, ele acabou esfaqueando o mexicano, que morreu logo depois. Poderia ter sido legítima defesa, mas Marcus estava em apuros, e não iria a lugar algum, exceto para o xadrez. Ficamos sentidos e decepcionados, mas não totalmente surpresos. Havia um lado de Marcus que tinha a ver com a inflexibilidade e a rispidez, e por isso seu orgulho poderia colocá-lo no lugar errado, na hora errada.

Acho que o fato de Marcus ser um cara rude não o ajudava em nada — por fim, ele acabou ficando detido em San Quentin. Mais tarde, quando saiu, acho que ele começou a trabalhar em confecção de roupas em algum lugar em North Beach.

Precisávamos pensar rápido — Carabello tinha parado de tocar com a banda, mas ainda saía conosco. Ele sabia todas as músicas e o papel de cada um, de modo que foi uma decisão fácil. No início de fevereiro, fomos para Los Angeles e nos mudamos para uma grande casa em Hollywood que a gravadora alugou por uma semana e meia. Ficava a apenas alguns quarteirões do estúdio. Lembro que todos nós achamos que ela parecia falsa e artificial em comparação com a de São Francisco. A casa parecia ser a própria gravadora, assim como o estúdio — o nosso som, simplesmente, não resultava em nenhum daqueles dois lugares. Alguns dos instrumentos soavam muito desencorpados e diferentes do que estávamos acostumados. Nós não conseguíamos encontrar a energia presente em todos os nossos shows. Não parecia a nossa música. A Santana era diferente dos outros grupos contratados pela CBS — éramos vira-latas. Precisávamos de um tipo diferente de motivação e de independência.

Grande parte disso está relacionada à forma como a pessoa se apresenta. Se um produtor começa uma gravação em estúdio ostentando suas credenciais e uma atitude de que a banda está fazendo um álbum para ele, não vai funcionar. Naquela época, nós simplesmente não nos sentíamos nem um pouco autênticos diante de Rubinson. A Santana gravou com ele mais tarde, em 1976, quando fizemos o álbum *Festival*, e foi muito melhor — acho que, àquela altura, todos nós já estávamos muito mais amadurecidos.

A culpa não foi inteiramente de Rubinson — acho que nós não sabíamos o que esperar. Nós não tínhamos que pedir desculpas pelo que não sabíamos, e nos deixamos levar para o estúdio em vez de assumir as rédeas. Deveríamos ter dito: "Não; nós não queremos que a guitarra ou a bateria soem desse jeito." Ou: "Esse não é o andamento correto ou a levada certa." Acredito que não sabíamos o que fazer conosco até realizarmos aquela primeira gravação em estúdio. O álbum receberia o nome de *Freeway Jam*, em função da melodia com a qual costumávamos encerrar os nossos shows, mas ela estava muito longe do que queríamos mostrar, e acho que a CBS sentia a mesma coisa. Hoje em dia isso pareceria impossível, mas de alguma forma convencemos a gravadora a nos deixar voltar ao estúdio e a não nos impor um produtor.

Em 2004, finalmente concordamos que aquela música fosse lançada por motivos históricos. Além disso, acho que já não tínhamos mais nenhuma reserva em relação a ela. Mas, na época, achávamos que ela era como um selvagem que se olhasse no espelho pela primeira vez e simplesmente não gostasse do que estava vendo.

Retornamos a São Francisco – de volta à casa da Mullen Avenue. Gregg tinha o seu quarto, eu tinha o meu quando não estava na casa de Linda e Carabello tinha o seu loft no sótão, onde o piso era, basicamente, de madeira compensada sobreposta a sarrafos de duas por quatro polegadas, e ele tocava sua música *a todo volume*. Eu costumava torcer para que as pessoas da nossa rua gostassem de Jimi Hendrix, porque a potência dos alto-falantes era capaz de fazer o ar se movimentar. Às 4 horas da manhã.

Era uma casa antiga – uma noite, ficamos trancados do lado de fora, e Carabello resolveu escalá-la através do sótão. Estava escuro, ele saiu correndo e o piso acabou cedendo. Gregg e eu entramos na casa de qualquer maneira, ouvimos o estrondo, e o encontramos em meio a uma nuvem de poeira, gesso e tudo mais. Ele estava bem, mas nós não conseguíamos parar de rir.

Loucuras como essa sempre aconteciam com Carabello. Ele era esse tipo de cara – como eu disse, ele era o bobalhão da banda, mas seu carisma era irresistível. Ele nos fazia relaxar, especialmente nos momentos mais tensos. Ele não falava com ninguém, mas conhecia *todo mundo*. Ele sempre estava a par de tudo. Ele costumava sair com Sly, era amigo de Jimi, e ficou conhecendo Miles antes de mim. Ele ficou íntimo, inclusive, das mulheres que nós chamávamos de Moças Cósmicas – Betty Mabry, Devon Wilson e Colette Mimram, que andavam com Jimi e Miles. Nos anos 1970, Carabello costumava se hospedar na residência de Miles, na cidade de Nova York. Para ele, era fácil conhecer pessoas, fazer amizades e mantê-las por um longo período – nós somos amigos até hoje. Carabello é o meu amigo mais antigo de todas as formações da banda Santana, desde quando nós ainda nem tínhamos um nome. Nunca vou esquecer que ele me visitou e me levou todas aquelas coisas quando fiquei preso no hospital com tuberculose.

Carabello costumava ir à praia e tocar com quem estivesse circulando por lá. Enquanto tentávamos entender o que estava acontecendo com Marcus, Carabello conheceu um cara que tocava percussão e fazia parte de um grupo chamado The Aliens. Carabello foi a um clube chamado Nite Life, perto de San Bruno, onde eles estavam tocando, e nos ligou. A princípio, não queríamos ser incomodados. "Ah, Carabello, do que você está falando?" Mas ele não desistia. "Tem um cara que eu conheci hoje na praia, e ele vai fazer vocês pirarem. Acho que precisamos colocá-lo na banda." Gregg e eu fomos até lá – a nossa casa ficava um pouco mais acima, na mesma rua –, e não conseguíamos acreditar.

O cara, José Areas, tocava congas em uma música e, em seguida, tímpanos em outra – e depois também solava no trompete! Ele era incrível, parecia tão bom quanto qualquer músico de qualquer álbum que costumávamos ouvir. Seu ritmo era tão consistente e tão firme quanto as vigas de aço de um enorme edifício antes de os pisos serem colocados. Parecia que o seu estilo poderia sustentar *qualquer coisa*. Ele vinha da Nicarágua e era um pouco baixinho, e seu apelido era Chepito. Parecia que ele havia acabado de chegar à cidade – roupas e cabelos caretas, sem falar uma palavra em inglês. Conversei com ele em espanhol e o convidei para participar de uma sessão de improvisos conosco no dia seguinte.

Chepito se encaixava perfeitamente. Gregg e eu sentimos isso de imediato. Acho que demorou um pouco mais para David aceitá-lo, mas todos percebemos o quanto ele acrescentava à nossa música – uma precisão e uma estabilidade sem ser sufocante. Com apenas alguns ensaios Chepito já sabia todas as nossas músicas, e parecia que, independentemente do nosso talento, as coisas desandariam sem a presença de Chepito. A mão dele direita no chocalho era como o chimbau de Tony Williams – pura e firme. Ele também era sério, nem um pouco delicado; se você, de repente, tivesse um momento de "Ser ou não ser" na música, ele lhe lançaria um olhar do tipo: "Se vira aí!"

Evidentemente, Carabello ficou muito feliz por poder contar com a ajuda de Chepito no ritmo – ele vinha reclamando há algum tempo de Doc Livingston, pelo fato de eles não conseguirem se entrosar e sustentarem uma levada. Doc havia sido parte do nosso problema em Los Angeles – ele se isolou da banda e não queria falar sobre músicas ou sobre negócios ou qualquer coisa assim. Ele estava se comportando como um lobo solitário e de modo um tanto refratário, quando precisávamos, mais do que nunca, de alguém que demonstrasse um espírito de grupo. Tínhamos um álbum para fazer: precisávamos de alguém que contribuísse e se entregasse de corpo e alma.

Em maio, quando a Santana voltou ao estúdio para uma segunda tentativa, Chepito já estava integrado à banda. A CBS nos informou que não éramos obrigados a usar o produtor deles, mas que precisávamos ter alguém produzindo, e por isso pedimos algumas opiniões e várias pessoas mencionaram Brent Dangerfield. Tínhamos trabalhado com ele no Straight Theater, onde ele atuava como técnico de som. Ele nunca havia trabalhado em um estúdio antes, mas sua reputação na região de Haight--Ashbury era a de ser capaz de "resolver os pepinos". Precisávamos de alguém com quem pudéssemos nos sentir bem e que viesse da nossa cena.

Também precisávamos de alguém para nos auxiliar no estúdio, para nos ajudar a transformar nossas sessões de improvisos em canções, e essa pessoa foi Alberto Gianquinto, um amigo de David que morava com ele e tocou teclado com James Cotton quando ele visitou a cidade. Ele era um tipo de pianista de gutbucket mais velho, corpulento e objetivo, que havia sido criado no Mission District, e que conseguia transitar no blues, bem como no jazz e na música clássica. Embora não se possa adivinhar isso pelo seu nome, ele era um cara branco – mas com uma atitude de militante negro. Lembro que ele tinha um grande cartaz de Huey P. Newton em casa, e sua esposa era negra, do Caribe. Ele era um cara muito assertivo – tinha que ser, para ir até Chicago e tocar com aquelas bandas de blues sem ser escorraçado. Precisávamos disso no estúdio.

Eu já conhecia Alberto de vista, de tanto tocar pela cidade, e acho que foi Stan quem sugeriu usá-lo. Sua contribuição para o som da banda Santana foi enorme – ele se tornou o produtor dos nossos três primeiros álbuns. Perdemos contato depois disso, e ele acabou se tornando mais uma vítima das drogas, depois de ter lutado contra o vício por muitos anos. Ouvi dizer que ele faleceu em um acidente, em 1986.

Decidimos usar o estúdio Pacific Recording – uma nova instalação em San Mateo que contava, ainda, com um espaço de ensaios. O Grateful Dead tinha usado aquele espaço, e alguns grupos de jazz também. Definitivamente, tínhamos aprendido muito com a nossa experiência em Los Angeles, como ir direto ao ponto e não perder tempo, o que era bom, porque, uma vez no estúdio, nós só teríamos uma semana para aprontar o álbum. Entramos e começamos a ensaiar algumas músicas novas, mas, em um primeiro momento, nada parecia funcionar. Foi quando decidimos dispensar Doc Livingston – na verdade, ele praticamente se demitiu. Gregg pediu que ele saísse, e então um baterista de jazz, Johnny Rae, passou a tocar conosco em alguns shows – ele tocava frequentemente com Cal Tjader e Gábor Szabó.

Naquela época, não éramos a única banda naquele prédio – Vince Guaraldi também estava ensaiando lá. Em determinado momento, ele veio até nossa sala e disse: "Preciso falar uma coisa. Fiquei ouvindo a sua música, e posso dizer a direção na qual vocês estão indo – vocês vão arrebentar, cara. Arrebentar." Essa foi uma confirmação espantosa do que sentíamos. Eu costumava me encontrar bastante com Guaraldi, porque tocávamos em muitos dos mesmos shows beneficentes. Além disso, eu o vi tocar em um show ao ar livre em Stern Grove com seu trio, e Bola Sete e John Handy também estavam naquele programa. Era a primeira vez que eu participava de um encontro para celebrar o amor, com todo mundo fumando maconha, mas o fato é que a música era incrível. A sensação que eu tive quando Guaraldi entrou na sala e deu sua aprovação é que isso ajudaria a transformar as coisas.

E, então, parece que tudo começou a dar certo. Descobrimos como obter o som que queríamos de cada instrumento. Dia após dia, cada uma das músicas soava melhor. Gianquinto nos ajudou a diminuir o número de horas desperdiçadas e a descobrir como encurtar as sessões de improvisos – mostrando-nos como uma parte de uma música levava à outra, e como não perder o fluxo.

Um dia, vi Michael Shrieve entrar no Pacific, tentando reservar algumas horas no estúdio para sua banda. Ele era baterista, e eu sabia que estava andando com alguns dos caras da Jefferson Airplane, e então o convidei para fazer uma improvisação conosco. Tocamos "Fried Neckbones" juntos, e, em seguida, ele tocou uma música que estávamos preparando, chamada "Waiting", que se tornaria a faixa de abertura do nosso primeiro álbum. Shrieve se mostrou realmente disponível para o que estávamos fazendo e era um músico flexível – ele não usava o mesmo padrão todas as vezes, e nós conseguíamos trocar ideias sobre o que estávamos procurando. Continuamos tocando noite adentro. Ele imprimia uma sensação mais descontraída, mais jazzística do que a maioria dos bateristas de rock – com o vigor de um beija-flor, como se fossem bolhas borbulhando. Era um pouco parecido com o estilo de Mitch Mitchell ao tocar com Jimi Hendrix, mas mais dentro do ritmo.

Sentimos uma química logo de cara. Convidamos Michael a entrar na banda quase imediatamente, e ele aceitou. Ele queria tocar, participar do grupo e sair conosco. Ele era da área branca de Palo Alto, mas não tinha medo de vir ao Mission District. E, mais uma vez, aconteceu o que havia acontecido com Gregg. Carabello e eu queríamos saber que tipo de casa sua família tinha, que tipo de carros eles dirigiam, e eu tinha a sensação de que ele queria saber que tipo de lugares frequentávamos e que tipo de comida comíamos. Ele começou a vir à nossa casa e a analisar nossos discos, e disse: "Cara, preciso mostrar Miles e Coltrane a vocês." Logo depois, foi exatamente isso o que ele fez, e minha vida mudaria – novamente.

A Santana tinha chegado à sua primeira formação estável, aquela que o mundo ficaria conhecendo em nossos três primeiros álbuns – Gregg, David, Carabello, Michael, Chepito, eu e algumas pessoas que acrescentamos mais tarde. Ela se formou como mais cedo ou mais tarde acabaria acontecendo, e a música também transmitia essa sensação. Pode-se dizer que todos nós contribuímos, pelo fato de que todos na banda dividiam o crédito em quase todas as músicas. À exceção de duas releituras que fizemos – "Evil Ways" e "Jingo" –, há apenas uma canção, "Shades of Time", que foi escrita por apenas dois dos integrantes. Marcus recebeu o seu crédito em "Soul Sacrifice".

Se eu tivesse que escolher uma música desse primeiro álbum que em minha opinião continua se destacando, ela seria "Treat", que era a banda Santana fazendo sua versão do encontro entre B. B. King e Eddie Harris. Para entender isso, é preciso saber que a canção "Listen Here", de Harris, alcançou enorme sucesso em São Francisco, especialmente em torno de

Potrero Hill – todo mundo tinha aquele álbum e o colocava para tocar o tempo todo. Era impossível escapar daquela levada, e foi isso, fundamentalmente, o que inspirou "Treat". Tenho muito orgulho dessa música.

Foi durante as gravações em estúdio de nosso primeiro álbum que surgiram algumas ideias para "Incident at Neshabur", que acabou sendo incluída em nosso segundo álbum, *Abraxas*. Nós a compusemos aos poucos, puxando um pouco daqui e dali e elaborando-a com todas as suas mudanças de andamento. Um trecho da primeira parte foi inspirado em uma ótima levada de um comercial do Ajax para a TV, que mostrava um cavaleiro branco dando uma rajada nas pessoas até deixá-las limpas – "mais forte do que a sujeira!". Alberto criou um acompanhamento improvisado para a segunda parte, que era, basicamente, "Señor Blues", de Horace Silver. Ele tocou piano nessa faixa, variando entre dois acordes, o que me levou a fazer um solo que, para mim, soava como a natureza divina que surge depois do sexo, quando se fica deitado lá depois de dar tudo o que se tem, e vocês chegam ao orgasmo ao mesmo tempo, e ela está feliz e você está feliz. "Incident" teve que esperar para ser lançada – ficou um pouco longa demais para o primeiro álbum, e então nós a guardamos para o álbum seguinte.

Gravamos o primeiro álbum em cinco dias. Demorou um pouco mais para mixá-lo – nós erramos algumas coisas, e sentíamos que ele ainda não havia capturado perfeitamente o nosso som –, mas chegava perto, e estava muito melhor do que a gravação em estúdio realizada em Los Angeles. Algum gênio da Columbia decidiu que "Jingo" deveria ser o nosso primeiro single, mas não tínhamos nenhum poder naquela época, e por isso acabamos concordando. Quando, de fato, ela não chegou a lugar algum, acho que foi Clive Davis quem entrou em cena e escolheu "Evil Ways", provavelmente com algum empurrão de Bill – era sua escolha desde o começo. Foi quando tudo decolou – tivemos um single de sucesso no rádio e um álbum campeão de vendas.

Escolhi a capa do álbum – eu queria usar o cartaz do show que fizemos no Fillmore West com o Grateful Dead e The Staple Singers, e então o artista Lee Conklin o redesenhou, e funcionou realmente. Quando nosso primeiro álbum saiu, meu item favorito na capa era a frase "Produzido por Brent Dangerfield *e Santana*". Ao longo dos anos trabalhamos com vários produtores, mas se você observar os álbuns que fizemos depois desse primeiríssimo esforço, verá que sempre nos produzimos.

CAPÍTULO 9

Santana no Woodstock Music & Art Fair, Bethel, Nova York, 16 de agosto de 1969

Em 2013, quando o presidente Obama me recebeu como homenageado no Kennedy Center, junto com Herbie Hancock, Billy Joel, Shirley MacLaine e Martina Arroyo, qual foi a primeira coisa que ele disse quando chegou a minha vez? Algo sobre o fato de eu ter 22 anos e tocar sob um estado alterado de consciência em Woodstock – não as coisas que as pessoas falam habitualmente na Casa Branca. Todos riram, e eu também. Obama não é o único – para a maioria das pessoas aquele foi o momento da banda Santana. As pessoas ainda podem vê-lo no filme sobre Woodstock – a Santana tocando "Soul Sacrifice" –, e jornalistas ainda fazem perguntas sobre isso. Sim, eu estava viajando, e sim, sentia que a guitarra parecia uma cobra em minhas mãos. Não, há muitas coisas das quais eu ainda não consigo me lembrar, mas vou contar tudo de que me lembro e o que penso sobre isso hoje.

Também vou dizer uma outra coisa: quando o presidente faz um discurso a seu respeito, essa é uma verdadeira oportunidade de aceitar com nobreza e humildade a grandeza de sua própria vida. Ao mesmo tempo, é um raro momento em que se pode constatar, humildemente, que é preciso aceitar o fato de que você não controla sua própria vida – que você não está separado, mas conectado a um todo maior. Acho que a Santana fez um grande show em Woodstock, mas não acredito que ela tenha sido responsável por tudo o que aconteceu depois. Isso equivaleria a uma rolha de cortiça flutuando em uma onda no meio do mar, subindo e descendo, e dizendo a si mesma que está controlando todo o oceano – seria um ego fora de controle.

Aconteceram várias coisas em Woodstock que ninguém havia planejado, mas que acabaram funcionando em nosso favor. Se não tivéssemos chegado à cidade de Woodstock na semana anterior ao festival, provavelmente teríamos ficado presos no trânsito, chegado atrasados ou simplesmente não aparecido. E se alguns grupos não tivessem se atrasado, não teríamos sido os primeiros a nos apresentar e poderíamos ter sido apanhados pela chuva que caiu mais tarde naquele dia e que teria atrapalhado o nosso show, ou até mesmo nos *eletrocutado ou nos forçado a parar. E se nada disso tivesse acontecido, talvez "Soul Sacrifice" não tivesse aparecido no filme sobre Woodstock e ninguém teria nos visto.*

Havia um monte de anjos entrando em ação e abrindo o caminho para nós – quanto mais o tempo passa, mais eu posso afirmar isso com clareza e confiança. Vou dizer novamente: o anjo que merece mais crédito é Bill Graham. Ele agendou nosso show quando ninguém tinha ouvido falar de nós. Tínhamos acabado de finalizar nosso primeiro álbum, mas ele ainda não havia sido lançado. Quando Michael Lang, que estava produzindo o festival, pediu ajuda a Bill, ele lhe disse: "Está bem, mas isso vai me dar um trabalho danado. Vou ajudá-lo com os meus contatos e as pessoas que conheço. Eles sabem como fazer isso. Mas você precisa fazer uma coisa por mim – você precisa deixar a Santana tocar."

"Tá, mas o que é Santana?"

"Você vai ver."

A maioria das pessoas é incapaz de pensar na Santana sem pensar em Woodstock ao mesmo tempo. Não me importo que se estabeleça essa conexão – na verdade, eu sou muito, muito grato. Mas as pessoas precisam saber que Woodstock teve todos os empecilhos possíveis contra a sua realização – e, contra todas as probabilidades, três dias de paz, amor e música prevaleceram.

Bill convocou uma reunião com todos os integrantes da banda. Estávamos em meados de julho de 1969. Naquela época, ele estava morando em Mill Valley, o lado branco de Bay Area, onde viviam as pessoas ricas e arrogantes. Todos nós fomos até lá, observando as casas – ele havia organizado um agradável bufê ao ar livre para nós. Ficamos impressionados. Então ele se sentou e explicou por que estávamos ali. Normalmente, ele vivia apressado, mas daquela vez ele se estendeu um pouco, tinha muito a dizer.

"Alguns grupos não estão indo tão bem agora – Hendrix não está vendendo; Jim Morrison está com problemas pelo excesso de exposição. Ouvi dizer que Sly está abusando da cocaína." Ele nos deu o panorama completo do que estava acontecendo no rock naquele momento.

"Estou mandando vocês para a Costa Leste, e quando vocês voltarem tudo será diferente. Primeiro vocês vão para Atlantic City e Nova York, depois Boston e Filadélfia, e, finalmente, um grande festival no Texas – vocês vão tocar lá com Sam and Dave, Led Zeppelin e B. B. King. Vocês vão parar de tocar em salas pequenas, que comportam de 1.500 a 2 mil pessoas para tocar em festivais onde há de 15 a 30 mil pessoas, e depois para um enorme festival ao norte de Nova York, onde são esperadas de 80 mil a 90 mil pessoas. Vocês vão arrasar.

"O festival de Woodstock vai mudar tudo para a Santana. Depois disso, as pessoas vão reconhecê-los em todos os lugares, e isso vai fazer vocês pirarem totalmente. Vocês vão achar que sempre foram famosos. As pessoas vão tratá-los como se vocês fossem deuses. Em seguida, vocês vão precisar de ajuda para entrar nos lugares, porque vão ficar muito convencidos." Bill estava sendo objetivo. "Mantenham os pés no chão, não se deixem levar por tudo isso."

Nós reagimos: "Ah, cara, não venha nos desanimar com essa baboseira hippie. Somos da periferia, somos reais. Não pensamos desse jeito."

Bill ficou sério. "Acreditem em mim: assim como a verdade é verdadeira, isso vai acontecer."

Nosso primeiro álbum estava prestes a ser lançado, e antes de sairmos da Califórnia a Columbia Records iria realizar uma de suas convenções anuais em Los Angeles. Fomos até lá e fizemos um show especial para todo o pessoal de vendas e marketing, publicitários e figurões como Clive Davis. Eu não cheguei a conhecer Clive nessa ocasião, ou pelo menos não me lembro de tê-lo conhecido.

O ponto alto do show foi fazer com que a equipe ficasse empolgada com as bandas da gravadora e seus novos discos – fazer com eles nos dessem um impulso extra. Foi lá que decidimos pelo óbvio título do álbum – *Santana*. Sempre me senti como um gato em um canil nesses chamados eventos do setor, devido à forma com que algumas pessoas se vestiam, caminhavam, e vinham até você dizendo "Ei, garoto". Pessoas que levariam todo o crédito e o dinheiro pela música que você faz e lhe diriam que, sem elas, você não seria quem é. Clive era uma exceção a essa regra, conforme descobri depois.

Na noite seguinte à apresentação na convenção, estávamos na cidade de Nova York, tocando no Fillmore East, a casa que Bill havia aberto no ano anterior para que pudesse levar a magia de São Francisco à Costa Leste. Voltamos à parte menos significativa do programa – na verdade, não ocupávamos nem mesmo a marquise, porque ela só conseguia acomodar alguns nomes, e nós estávamos abrindo o show de Three Dog Night, Canned Heat e Sha Na Na. Só aí já há um monte de letras. Lembro de Bill me contar que uma vez ele agendou um show de Rahsaan Roland Kirk lá, e Rahsaan insistiu que seu nome estivesse na marquise, e por isso Bill mandou construir um outro cartaz de madeira para ser pendurado na base da marquise, a fim de incluir o seu nome – sendo que Rahsaan era cego!

Pudemos sentir imediatamente o quanto a plateia era diferente daquela da Califórnia – um tipo diferente de energia, um pouco intimidadora. As pessoas da cidade de Nova York não vêm até você; você é que tem que ir até elas. Elas são muito astutas, como tubarões. Elas são capazes de dizer se você está se sentindo deslocado – elas sentem o cheiro do medo. Nessa primeira vez, fomos apenas educados: "É muito bom estar aqui, e esperamos que vocês gostem da nossa música." E simplesmente tocamos.

As outras bandas ficaram olhando para nós como se dissessem: "Que tipo de música é essa?", e nós olhávamos para elas da mesma maneira. A Three Dog Night tinha um som de rock suave de Los Angeles, com canções muito apropriadas para o rádio. A Sha Na Na era uma espécie de paródia do doo-wop dos anos 1950 – eles poderiam muito bem estar em um musical da Broadway. A Canned Heat estava mais próxima do que estávamos fazendo, e era possível perceber que eles tinham aquele estilo boogie de John Lee Hooker em sua música, e eu achei legal.

Foi útil participar desse tipo de show para que pudéssemos aprender a não ter medo da concorrência ou de novos públicos. Naquela época, ficávamos nos monitorando constantemente para entender como poderíamos nos encaixar na música da época – do que nós gostamos? E, tão importante quanto isso, notar do que queremos ficar longe. Todos na banda estavam muito atentos para não nos deixar ser convencidos a nos tornar algo que não queríamos ser. Foi divertido tocar com esse tipo de frescor – o público sem saber quem éramos, abrindo shows para todas as outras bandas e, em seguida, segurar o público e trazê-lo para o nosso lado. Naquela época, eu tentava a todo custo provocar uma reação das pessoas ao nosso som.

Mesmo que Bill tivesse nos avisado disso, nós *realmente* não sabíamos que nossa primeira viagem para a Costa Leste seria nossa última chance de viver no anonimato – que, dentro de algumas semanas, nunca mais seríamos a banda nova e desconhecida que chegava à cidade. Isso mudaria para sempre, graças a Bill, que, de fato, nos instruiu meticulosamente. Com aquela primeira turnê, ele nos preparou psicológica e fisicamente para tudo o que iria acontecer.

A Santana ficou em Nova York por um tempo, fazendo alguns shows após as apresentações no Fillmore East – um festival em Atlantic City, a Feira Mundial em Queens, e um show no Central Park. Conhecemos a cidade naquela primeira visita – ficamos em um hotel na 5th Avenue e andamos para cima e para baixo. Bill nos apresentou o Ratner, um restaurante kosher ao lado do Fillmore East. Pegamos um táxi até o Harlem e fomos conhecer o Apollo Theater. Era agosto, e se você conhece Nova York sabe que ela tem os seus próprios cheiros naquele calor; você os identificará, especialmente se estiver chegando da Califórnia. É diferente: as pizzarias, as lanchonetes, o lixo e os esgotos – tudo isso. É tudo misturado.

Era incrível a rapidez com que as coisas aconteciam em Nova York. Lembro de andar pela rua e reparar em um táxi que havia sofrido um acidente e capotado. Era possível sentir aquela energia, pulsando com uma espécie de audácia e insanidade. Eu ficava dizendo: "Você não me assusta. Eu andei por essas suas ruas e agora sou um dos seus e cheiro como eles." Basta invocar Nova York para extrair a energia dela – ela não o deixará esgotado e não o assustará. Em novembro a Santana esteve novamente em Nova York, eu já estava me sentindo em casa.

Então tocamos em uma universidade em Catskills e terminamos na cidade de Woodstock. Bill tinha alugado uma casa para nós, e foi lá que ficamos quase uma semana inteira antes do festival. Não havia muito o que fazer – e então todos nós arrumamos pessoas com quem sair. Lembro de Chepito reclamando – ele estava dividindo um quarto com David, que levava as garotas que conhecia para casa. "Pareço um rato cheirando o queijo", disse Chepito. "Mas ele não quer compartilhar."

Havia outras pessoas naquela área – Bob Dylan vivia ali perto, e Jimi Hendrix também tinha alugado uma casa, mas eu nunca me encontrei com nenhum dos dois. Eu era muito tímido para sair com eles, porque, naquela época, nenhum desses caras me conhecia. Isso fazia eu me sentir um estranho no ninho, e eu não queria bancar o tiete de ninguém – não gosto de aparecer nos lugares, a menos que eu seja convidado pessoalmente.

O tom universal

Então eu disse: "Não, acho que não quero ir só para ficar andando com eles."

Víamos Bill mais ou menos uma vez por dia, mas ele sempre estava ao telefone, e dava para notar que havia um burburinho em torno do festival. Seria um evento enorme – *realmente* enorme. Algumas pessoas estavam ficando com medo – pessoas que viviam por lá –, porque muitos dos hippies que estavam se dirigindo à cidade chegaram mais cedo e começaram a acampar. Lembro de um boato de que o governador Rockefeller estava pensando em enviar a Guarda Nacional para se certificar das condições de segurança, ou até mesmo para cancelar todo o festival. Os jornais começaram a falar sobre isso como se fosse um desastre anunciado. Para nós não foi um desastre. O desastre teria acontecido se Rockefeller tivesse aparecido e transformado o local em um exercício de simulação de incêndio, com a polícia querendo impor sua disciplina.

Chegou a sexta-feira, e ficamos sabendo que a confusão estava incontrolável – pessoas presas no engarrafamento na autoestrada, abandonando seus carros, problemas técnicos com o som. Não havia nenhuma possibilidade de que fôssemos constatar isso por conta própria. Estávamos programados para tocar no dia seguinte e fomos informados de que precisaríamos estar prontos cedo, para assegurar que chegaríamos a tempo. Por isso, nos levantamos às 5 da manhã de sábado, esperamos, e, finalmente, entramos em algumas vans e fomos até um lugar onde havia helicópteros verdes parecidos com os que o Exército usava no Vietnã – eles estavam levando e trazendo as pessoas do local. Logo em seguida decolamos, e alguns minutos depois, estávamos sobrevoando um campo, olhando para baixo sob a luz da manhã e avistando um tapete feito de pessoas – carne, cabelos e dentes –, espalhado pelas colinas. Foi quando me dei conta do quanto aquela coisa toda era realmente grande. Mesmo com o barulho do helicóptero, podíamos ouvir as pessoas quando elas começavam a aplaudir alguém após o término de uma música ou mostrando sua aprovação a alguma coisa que havia sido dita – um enorme rugido vindo de baixo para cima.

Lembro de ter me virado para Gregg e dito, em tom de brincadeira: "Que multidão bacana!" Também lembro de ter pensado em algo que meu pai me ensinou – se você é um músico de verdade, realmente não importa onde você está ou o número de pessoas que estão à sua frente.

Você pode estar tocando em Woodstock, no Caesars Palace, em um beco em Tijuana ou em casa. Quando você tocar, toque com o coração, e leve todo mundo com você.

A relação do meu pai com a música se estabelecia em um nível mais puro do que o meu. Sim, havia o lado do dinheiro – ele se dedicava a isso para nos alimentar, mas ele não se deixava perturbar pelo volume. Volume é quando você recebe um cheque de direitos autorais tão alto que acha que alguém cometeu um erro. Meu pai conseguia ganhar alguma coisa, mas isso era tudo o que ele conhecia. Ele nunca tinha ouvido falar do Carnegie Hall, de modo que não levava isso em conta na sua equação. Qualquer lugar onde ele pudesse tocar e onde as pessoas se mostrassem receptivas já estava ótimo para ele.

Woodstock teve tudo a ver com volume. Primeiro, sobrevoamos todas aquelas pessoas, logo depois pousamos e estávamos lá dentro. De cara, pudemos sentir o cheiro do estado de Nova York no verão – muito úmido e malcheiroso, somado a 500 mil corpos suados e aquela maconha toda. Eles nos deixaram atrás de um grande palco de madeira que parecia ter sido finalizado pelos operários naquele exato dia – e, olhando ao redor, eles ainda teriam muito mais trabalho pela frente. Eles nos indicaram onde colocar as nossas coisas e onde esperar, e comecei a procurar alguém que eu conhecesse, e vi Jerry Garcia se divertindo e gargalhando. Ele veio até mim e disse: "Então o que você acha disso? Já estamos aqui há um tempão – vocês estão programados para tocar a que horas?" Tinham me avisado que entraríamos três bandas depois do Dead, e foi isso o que eu disse a Jerry. Ele falou: "Cara, nós só vamos entrar no fim da noite." Isso significava que ficaríamos lá o dia inteiro e avançaríamos noite adentro. Então pensei: "É melhor eu me colocar à vontade." Era logo depois do meio-dia, e a primeira banda do dia estava no palco.

Em seguida, Jerry estendeu a mão. "Está a fim?"

"A fim de quê? O que você tem aí?" Era mescalina. Isso é para mostrar o quanto esse tipo de coisa era normal naquela época – aceitei imediatamente. Fiquei pensando: "Vou ter tempo suficiente para aproveitar isso, deixar a onda passar, beber muita água, sair do estado de ameba e estar pronto para tocar hoje à noite. Sem problemas." Certo.

Definitivamente, as coisas estavam mais bagunçadas em Woodstock do que havíamos imaginado. Por causa de todo o engarrafamento, várias bandas estavam tendo problemas para chegar ao festival, de modo que os organizadores tiveram que pedir às bandas que já estavam lá para tocar, caso contrário haveria grandes lacunas no fluxo da música. É claro que eu ainda não sabia disso. Lembro de estar ouvindo Country Joe and the Fish se apresentar quando as coisas começaram a ficar elásticas e se expandir. Então, de repente, alguém veio até nós para nos dizer que, se quiséssemos tocar, tínhamos que subir no palco *naquele minuto*. Não era Bill – eu nem sequer o vi por ali. Nós não discutimos – apenas pegamos nossos instrumentos e nos dirigimos ao palco.

Era, definitivamente, o momento errado para mim. Eu estava dando apenas os primeiros passos da primeira etapa daquela viagem psicodélica quando as coisas começam a se derreter assim que você olha para elas. Antes disso, eu já havia tocado chapado e no meio de uma viagem, de modo que tinha confiança para ir em frente, colocar a guitarra e ligá-la, mas me lembro de pensar que aquilo não seria representativo do que eu era capaz de fazer. Quando uma viagem começa, subitamente você já está viajando à velocidade da luz, e as menores coisas se tornam cosmicamente gigantes. O oposto também acontece, e então, de repente, tudo fica do mesmo tamanho. É como aquela cena do filme *2001 – Uma odisseia no espaço*, de Kubrick, quando o astronauta está ultrapassando Júpiter com todas as luzes se movendo rapidamente – parecia que eu estava quase a ponto de dar à luz a mim mesmo novamente, e nós estávamos apenas no início do set.

Quando chegamos ao palco, percebemos que eles tinham nos colocado bem próximos uns dos outros, o que foi ótimo, porque era isso o que normalmente se fazia em São Francisco; os ajudantes de palco tinham sido impecáveis. Acho que foi a melhor coisa que nos aconteceu naquele dia: podíamos realmente ver e sentir uns aos outros, sem nos perder. Então, alguém nos anunciou, e pudemos avistar a enorme multidão à nossa frente – nosso álbum seria lançado na semana seguinte, e "Jingo" ainda não estava tocando nas rádios, e assim, a menos que as pessoas na plateia fossem de Bay Area ou trabalhassem para a Columbia Records, não havia nenhuma possibilidade de já terem ouvido falar de nós. Uma coisa é tocar para uma multidão tão grande como aquela, e outra é ser totalmente desconhecido ao se fazer isso. Mas eu tinha outras coisas nas quais pensar.

O resto do show é muito nebuloso para mim – *realmente* nebuloso. Começamos com "Waiting", a primeira música do nosso álbum, e ela serviu como nossa passagem de som. Eu estava viajando, e lembro de ficar repetindo baixinho: "Deus, tudo o que eu peço é que você me mantenha dentro do ritmo e da afinação." Eu me concentrei nas coisas habituais que me ajudavam a ficar sintonizado com a banda – baixo, chimbau, tarol e bumbo. Eu dizia a mim mesmo: "Não pense na guitarra. Limite-se a olhar para ela." Ela se transformou em uma cobra elétrica, se contorcendo e se revirando, o que significava que as cordas iriam arrebentar se ela não ficasse quieta. Eu estava empenhado em fazer com que a cobra não se movesse e fiquei rezando para que ela não perdesse a afinação.

Mais tarde, eu me vi em fotos e no filme sobre Woodstock. Todas aquelas caras que eu estava fazendo enquanto tocava me lembraram que eu estava tentando impedir que aquela cobra se mexesse. Então reparei na guitarra que eu estava tocando – uma Gibson SG vermelha, com captadores P-80 –, e tudo fez sentido. Sempre tive problemas para manter a afinação daquela guitarra, e mesmo que eu precisasse de uma nova, a banda tinha votado coletivamente para não gastar nenhum dinheiro. Era assim que a Santana ainda funcionava naquela época – como um coletivo. E assim foi até pelo menos meados de 1971. Não muito tempo depois do festival, fiquei tão frustrado com aquela guitarra em um ensaio que acabei atirando-a contra uma parede e quebrando-a, o que obrigou a banda a me comprar uma nova.

Nós só tocamos 45 minutos em Woodstock, mas pareceu ter levado o dobro do tempo. Cada nota que eu tocava parecia originar-se em uma hemácia que estivesse se movimentando dentro de uma veia e saísse bombeando pelo meu corpo. Eu tinha a sensação de que tudo estava ralentando – eu podia sentir a música nascendo dentro de mim e escapando pelos meus dedos –, eu me via dedilhando uma nota na guitarra e sentia a vibração entrando no captador, passando pela fiação no interior da guitarra, descendo pelo cabo de guitarra até o amplificador, saindo da caixa do amplificador para o microfone, percorrendo o cabo até as grandes caixas de som nas laterais do palco, chegando à multidão e subindo todo o caminho até a colina, até que ela ricocheteava e podíamos ouvir o eco retornando ao palco.

Mais tarde, fiquei pensando nas músicas que tocamos em Woodstock, e percebi que tinha esquecido toda a primeira metade do nosso set. Eu lembrava das últimas músicas, incluindo "Jingo" e "Persuasion", e lembro que tocamos "Neckbones Fried" no bis. E, claro, "Soul Sacrifice", que acabou indo parar no filme. Lembro de ouvir a multidão gritando e batendo palmas, e aí me lembro de sair do palco, me virar de costas e ver Gregg bem atrás de mim. Ele estava com um olhar de vitória, como se dissesse: "Uau! Nós *conseguimos*." Em seguida, Bill Graham chamou a atenção dele e fez um gesto para que ele voltasse, como se estivesse dizendo: "Não corra, olhe para a multidão. Saboreie este momento." Gregg se virou, e seu rosto parecia o de um garotinho – simplesmente espantado. Voltei e fiz a mesma coisa. Acho que, provavelmente, Bill estava mais orgulhoso de nós do que nós mesmos, porque ficamos todos um pouco em estado de choque.

É engraçado pensar sobre isso. Com tudo o que estava acontecendo naquele momento, todas as pessoas e toda a confusão, gente nos apressando para lá e para cá, meu último pensamento antes de deixar o palco foi: "Nunca mais vou entrar em uma viagem – não quando tiver que fazer um show tão importante quanto esse!"

Para mim, a melhor coisa de estar associado a Woodstock é que a maioria de nós ainda está por aí e pode falar sobre isso – Gregg, Carabello, Shrieve, Chepito e eu. Estamos vivos e em atividade. Acima de tudo, ainda defendemos as mesmas coisas que Woodstock representou – a revolução da consciência, revestida de paz, amor e música. A plateia estava cheia de pessoas profunda e emocionalmente comprometidas com a concretização da mudança. Não eram apenas pessoas que desejavam fumar um baseado e transar com alguém – embora muitas fizessem ambas as coisas –, e não tinha a ver com a vontade de vender camisetas ou flores de plástico.

O Woodstock original não estava interessado em vender nada. Ele não era suficientemente estruturado ou organizado para que isso acontecesse. Na verdade, essa foi a beleza da coisa, e é por isso que as pessoas ainda falam sobre isso. Ele funcionou naturalmente, e tinha a ver com a utilização da música e da paz para mostrar ao sistema que havia um monte de esquisitões ali que queriam que suas vozes fossem ouvidas. Eles queriam a liberdade de ser quem eles eram, e eles queriam que a guerra acabasse: "Claro que não, nós não vamos." Dizíamos que a guerra não estava acontecendo lá longe, no Vietnã. Era bem aqui, dentro do país, entre o governo e os hippies de Woodstock – entre o sistema e as pessoas que não tinham voz. Em 1969, tínhamos uma geração com uma agenda, e os grupos que tocaram em Woodstock ajudaram a divulgar aquela agenda para o mundo e a dar uma voz às pessoas.

O único problema na época era que não havia meio-termo – isso também não era bom. Algumas pessoas diziam que se você não apoiasse tudo o que os Estados Unidos estavam fazendo, então você não estava sendo patriótico. Enquanto isso, vários hippies faziam suas próprias regras e denegriam os militares que estavam voltando para casa feridos ou amputados – chamando-os de assassinos de bebês. Hoje em dia, parece que estamos de volta ao mesmo tipo de coisa – pessoas julgando pessoas e tomando decisões sem conhecimento de causa – e ainda não há meio-termo.

Os verdadeiros hippies pensavam por si mesmos e ajudavam a gerar uma mudança da qual precisávamos nos Estados Unidos. Na minha opinião, hoje não existem mais hippies em número suficiente. E, além disso, eu não me importo com quem você seja – parte do sistema ou hippie –, mas você tem que aprender a pensar de forma diferente da multidão. Pense por si mesmo e trabalhe em prol de um mundo melhor. Não faça nada com violência, mas se empenhe em mudar verdadeiramente a sua própria mentalidade. Questione a autoridade se ela não for plenamente esclarecida. Thomas Jefferson afirmou isso ao seu modo – a resistência aos tiranos é a obediência a Deus. Nesse sentido, tanto Jesus quanto Jefferson foram hippies absolutos.

Essa é a verdadeira lição de Woodstock. O primeiro Woodstock veio e se foi, e dois outros Woodstocks aconteceram desde 1969, mas só um deles permanece em nossas mentes, e isso se deve à paz, ao amor e à alegria. Lembro de quando me chamaram para tocar no aniversário de 25 anos – eu estava em turnê na Austrália. Pedi que eles me dissessem quem mais iria participar. "Nine Inch Nails, Cypress Hill, Aerosmith, Guns N' Roses." Eu disse: "Cara, isso não é Woodstock, esse som é todo de caras brancos. Em 1969, nós tivemos Joan Baez, tivemos Richie Havens e Sly. O que aconteceu com as mulheres, e onde estão os negros?" Acredito que essas seriam as perguntas que Bill Graham estaria fazendo se estivesse lá, em 1994. Eu disse a eles que se fosse para reviver Woodstock, não seria possível ter apenas uma das cores do arco-íris, seria preciso ter todas. Eles me ouviram – e acrescentaram artistas negros e do sexo feminino, e nós tocamos em Woodstock mais uma vez.

Em 1999 eles tentaram mais uma vez, mas a mensagem já havia se perdido – não era mais paz e amor. Naquela época, para que a experiência fosse fiel ao Woodstock original, eles precisariam ter convidado músicos de todas as partes do mundo – os nativos americanos, os africanos, os chineses –, como nos Jogos Olímpicos, mas sem competição. Em 1999, tudo girou apenas em torno de um tipo de música, do patrocínio de refrigerantes e da transmissão pela TV. Girou em torno de ações corporativas, e não de Woodstock. Eu não toquei daquela vez, de jeito nenhum.

Em 2010, fizemos um show com Steve Winwood em Bethel, Nova York, a apenas algumas centenas de metros de distância do local original de Woodstock. Poucos dias antes, eu tinha acabado de pedir minha esposa, Cindy, em casamento, e estava pisando em nuvens. Tive uma tarde livre, e então fui passear no que costumava ser a fazenda de Max Yasgur – ainda se pode ir até lá e observar o campo onde 500 mil pessoas se reuniram. Foi uma experiência muito emocionante para mim. Agora existe um museu no local – e algumas pessoas que tinham visto a Santana tocar naquela tarde estavam visitando o museu. "Nós estivemos aqui naquela primeira vez, é ótimo vê-lo novamente", elas disseram. Foi muito gratificante voltar lá e ouvir isso.

Para dizer a verdade, acho que muitas das minhas lembranças do que aconteceu no palco de Woodstock foram construídas depois de me ver no filme, que demorou quase um ano para ser lançado. A primeira vez que assisti foi quando a Santana regressou à cidade de Nova York, em 1970. Lembro que gostei da forma como o diretor mostrou tudo o que estava acontecendo, dividindo a tela em três partes, mas odiei aquela lente grande-angular que ele usou e que me fez parecer um inseto.

Devon Wilson, a namorada de Jimi Hendrix, foi quem me levou para ver o filme. Ela me disse que quando assistiu ao filme ao lado de Jimi, ele ficou totalmente desnorteado. "Quando veio o trecho em que vocês aparecem, você precisava ver a cara dele. Ele não conseguia parar de falar sobre a Santana."

"Sério?"

"Sim. Jimi gostava realmente da maneira como vocês tocavam, cara. Ele adorava aquela energia."

Tive uma outra conversa com Devon não muito tempo depois da morte de Jimi, e ela realmente me surpreendeu ao revelar que, certa vez, Jimi lhe disse que ele gostaria de ter feito parte da banda Santana. Ainda fico meio zonzo só de pensar em como teria sido isso!

Acho que a nossa música realmente mostrou todo o seu vigor em Woodstock, e, no meio de tantos outros tipos de bandas que tocaram lá, posso concluir que não havia como não nos projetarmos. Shrieve estava realmente à vontade naquele dia, como um cavalo solto, e Chepito tocava seus tímpanos com absoluta convicção e ímpeto, oferecendo àqueles hippies o sabor de um tipo de música que eles nunca tinham ouvido antes. Estávamos preparados, como um carro prestes a sair em disparada – alguns dos outros grupos estavam desentrosados e ainda paralisados, esperando a coisa funcionar. Nós éramos hippies, mas éramos profissionais à nossa maneira. Além disso, algumas das outras bandas foram prejudicadas pela chuva que caiu após a nossa apresentação – lembro de conversar com Jerry mais tarde e ele ter me contado que o palco estava molhado quando o Dead entrou para tocar e que os cabos da guitarra ficavam dando choques, de modo que eles realmente não conseguiram dar tudo de si nas notas. Eles não tinham isolamento nem fio terra, e então era, literalmente, como enfiar o dedo em uma tomada. Quem consegue fazer um show nessas condições? Jerry me disse que foi o pior show que eles já tinham feito.

Se alguém me perguntasse, pelo que eu ouvi no álbum e vi no filme, houve três atrações que funcionaram muito bem em termos da música e da energia. Sly foi o número 1 – aquele fim de semana foi todo dele. Depois, veio Jimi Hendrix, com a maneira surpreendente com que apresentou o hino nacional e o resto do seu show, mesmo que a maior parte da multidão já tivesse ido embora àquela hora, e que já estivéssemos no meio da manhã de segunda-feira quando ele tocou. Em seguida, uma série de grupos disputava o terceiro lugar – mas acho que ele caberia ao The Who ou à Santana, e é isso aí.

Nós não permanecemos lá para acompanhar o restante do festival após nossa apresentação – era hora de ir embora. Os helicópteros estavam retirando as pessoas dali para abrir espaço para as bandas que estavam chegando – era caótico, e não havia nada parecido com uma área de bastidores onde pudéssemos ficar circulando. Eu ainda estava viajando e queria ir para casa hibernar. Os outros conversavam entre si, mas eu fiquei quieto – estava com medo de que alguém me acusasse de ter desafinado. Já bastava para nós, cara. Acabamos relaxando um pouco no saguão de algum hotel do tipo Howard Johnson, longe do festival, e pouco tempo depois já estávamos de novo com o pé na estrada.

Woodstock foi importante para a Santana: foi a maior porta que atravessaríamos, dando apenas um passo. Mas, até que eu assistisse ao filme, sob muitos aspectos Woodstock tinha sido apenas mais um show, e, para nós, o verão de 1969 foi repleto de grandes shows. Depois de Woodstock tocamos em festivais pop em Atlanta, Nova Orleans e Dallas. Ficamos na estrada por mais duas semanas antes de voltarmos para casa, então pode-se imaginar que, àquela altura, tudo já estava desaparecendo da minha mente.

Nunca vou esquecer duas coisas incríveis que aconteceram nessas viagens pelo país. A primeira foi em Boston, onde tocamos logo depois de Woodstock, no Boston Tea Party. Estávamos andando nos arredores de Cambridge quando de repente ouvimos "Jingo" no rádio. Uma onda de energia atravessou meu corpo quando percebi que era nossa música. Claro que todos nós começamos a falar sobre isso, e, em seguida, a empolgação arrefeceu: "Cara, esse som é uma bosta... precisamos arrumar um produtor de verdade." Era um fato – a música soava realmente desencorpada. Era simplesmente impossível sentir a nossa energia saindo de um pequeno altofalante de rádio. Essa foi uma lição importante – pensar em como as pessoas iriam ouvir nossa música. "Jingo" era nosso primeiro single, mas nem todas as estações a escolhiam, e, então, a Columbia investiu em "Evil Ways" como segundo single, o que acabou funcionando, tempos depois.

A segunda coisa aconteceu quando fizemos alguns shows em outubro, em Chicago. Era nossa primeira vez naquela cidade, e para mim Chicago significava apenas uma coisa: era o berço do blues elétrico! Tivemos um dia livre, e estávamos hospedados em um Holiday Inn. Ouvi dizer que Otis Rush estava tocando em South Side, uma parte degradada da cidade – acho que era no Theresa's Lounge. Não consegui convencer ninguém a ir comigo. "Não, hoje é dia de folga, cara. Vou comer um hambúrguer e depois vou para o meu quarto descansar."

Então convenci um motorista de táxi a me levar até lá, e acabei indo sozinho. Assim que desci do táxi, me espantei: "Que merda! Esta é uma região perigosa." Era um enorme e gigantesco gueto – senti que as pessoas olhavam para mim como se eu fosse uma bisteca de porco e elas, um bando de tubarões. Entrei rapidamente no pequeno clube, e lá estava ele: Otis Rush, parecendo tão tranquilo, usando óculos escuros e um chapéu de caubói, um palito de dentes na boca. Eu fiquei parado junto ao bar, não conseguia me mexer. Fiquei apenas ouvindo sua voz e olhando para seus dedos sobre aquela guitarra virada ao contrário. Tive a sensação de que aquela era apenas mais uma noite para ele, que ele fazia isso todas as noites em que tocava, mas vê-lo lá – tocando com um autêntico conjunto rítmico de Chicago, me mostrando como se faz e por que se faz – era muito diferente de vê-lo em qualquer outro lugar. Para mim, não havia nada que chegasse mais perto da sensação do blues tocado com sentimento – aquela música simplesmente se compactava em meus poros. Depois de ouvir Otis Rush assim, eu estava pronto para ir para o Vietnã, o Teerã ou o Paquistão. Depois de ouvir aquela música, eu iria para o inferno e faria um acordo para ficar por lá.

Eu parecia um forasteiro naquele bar, com meus cabelos compridos, meu bigode e minhas roupas hippie. Notei que todos estavam olhando para mim. Foi então que vi um policial conversando com o barman, e fui em sua direção. "Com licença", eu disse calmamente. Ele me olhou de cima a baixo. "Sim?"

"Tenho cem dólares aqui, você pode ficar de olho em mim? Quero ouvir o Otis, e quando ele terminar, você pode pedir ao barman para chamar um táxi e me ajudar a ir até lá?"

"Cem dólares? Me mostre."

Mostrei a nota a ele. "Está bem, fique frio, cara. Relaxe e divirta-se."

Foi o que eu fiz, até o último minuto do último set. Otis desligou sua guitarra e disse: "Obrigado, senhoras e senhores – boa noite!", e escapuliu. O policial olhou para mim. "Você está pronto?" O barman chamou um táxi, o policial me acompanhou até o carro e eu lhe paguei por me dar cobertura. Valeu a pena cada centavo. Não prestei atenção nas ruas nem senti os solavancos na volta para o hotel. Eu ainda estava ouvindo a música – o profundo som da voz de Otis e a forma como ele curvava as notas. Ir atrás de Otis e de outros caras do blues, como Magic Sam e Freddie King, que ainda tocavam em pequenos bares por toda a Chicago, se tornou parte das minhas visitas à cidade.

Acho que o Camarada Otis sempre despertará a criança de 7 anos de idade que existe em mim. Não sou o único a me sentir assim – Eric Clapton e Jimmy Page também reagem da mesma maneira. Até mesmo Buddy Guy aplaudirá Otis. Lembro que uma vez, em 1988, eu cheguei a Chicago em torno das 5 horas da tarde e fui fazer o check-in em um hotel perto do aeroporto. O telefone já estava tocando no meu quarto quando coloquei a chave na porta – era Buddy. "Ei, Santana! Ouça, Otis e eu estamos te esperando há horas aqui. Você tem uma caneta? Anote esse endereço e venha para cá."

O endereço era o do Wise Fools Pub, e eu não queria perder tempo. Cheguei relativamente cedo, quando o lugar ainda não estava lotado – na verdade, Otis ainda não tinha aparecido, e por isso Buddy e eu fizemos alguns solos, e estávamos simplesmente arrasando. Então, de repente, vi aquele chapéu de caubói e aquele palito saindo das sombras. Parecia uma cena de um filme. Otis olhou ao redor e caminhou por entre a multidão como se não tivesse nenhuma pressa. Aquele era o seu território. Ele pegou a guitarra e se colocou sob o único refletor existente, e isso iluminou o seu rosto de uma forma muito dramática. Ele se debruçou sobre o microfone e disse: "Ajudem esses dois, senhoras e senhores!" Então, em voz baixa, quase para si mesmo, ele disse: "Astros, astros, astros..."

Era como se Otis estivesse dizendo: "Ah, é? Vocês acham que esses caras são bons?" Ele conectou a guitarra e sequer cantou – emendou direto uma rodada atrás da outra de um blues instrumental que nos mostrou quem era o verdadeiro astro. Ele estava no meio de um solo quando improvisou uma frase que fez com que Buddy e eu gritássemos como camarões lançados em uma chapa quente da rede Benihana. Não conseguíamos acreditar no que ele era capaz de extrair de cada nota. Era como pegar um grande naco de cana-de-açúcar fresca e descascá-lo com os dentes para chegar ao miolo, onde fica o açúcar, e ouvir aquele som produzido quando você suga a seiva e o sumo começa a escorrer pelo seu queixo e por suas mãos. Era essa a sensação quando Otis acertava aquelas notas – nada soava ou tinha um sabor melhor do que aquilo!

Ao longo dos anos passei a conhecer Otis e o fiz saber o quanto sua música era importante para mim. Mas ele não é um cara que aceita muitos elogios – na primeira vez que nos encontramos no The Fillmore, eu comentei o quanto seu som era incrível. Sua resposta foi: "Cara, eu ainda tenho muito o que aprender." O quê? Você? O cara que fez "All Your Love (I Miss Loving)" e "I Can't Quit You Baby"? Acho que ele é apenas mais um daqueles camaradas que têm dificuldade de valorizar o próprio dom, cuja mente está distante de sua alma – exceto quando está tocando. Não muito tempo atrás Otis sofreu um acidente vascular cerebral e ficou impossibilitado de tocar, mas eu faço questão de me manter em contato, de enviar um cheque à sua família duas vezes por ano e de deixá-lo saber o quanto é amado. Ele nunca foi realmente um cara de muitas palavras, mas ele ainda pega o telefone e diz: "Carlos, eu te amo, cara." O que posso dizer? Ele mudou minha vida.

Em dezembro, já de volta à Bay Area, fomos chamados para participar de outro festival. Era o Altamont Speedway – e acho que nunca fiquei tão contente por ser a primeira banda a tocar, fosse naquela época ou agora. Olhando em retrospecto, acredito que enquanto Woodstock estava o mais próximo possível da espiritualidade, Altamont teve a ver com excessos, cocaína e ostentar todos os seus recursos para mostrar o quanto você era fodão. Não se resumiu ao fato de os Rolling Stones contratarem o Hells Angels, embora isso tenha feito parte do evento. Tratava-se, simplesmente, de um tipo de vibração estranha, turbulenta – pessoas empurrando umas às outras em vez de relaxar, pessoas se desentendendo entre si, simplesmente o tipo errado de energia, e aqueles que supostamente deveriam impedir que isso acontecesse estavam se mostrando os mais irritadiços. Cheirava mal, e havia medo e raiva no ar. Você podia ver isso nos olhos das pessoas. Tocamos e fomos embora antes que tudo descambasse – depois, ficamos sabendo que alguém da Jefferson Airplane levou um soco, que o Dead não queria tocar e que os Rolling Stones continuaram tocando, e um homem foi assassinado.

Pode-se ver essas coisas no filme *Gimme Shelter* – era tudo muito perceptível. Os Stones queriam que estivéssemos em seu filme, e acho que todos estávamos mais ou menos de acordo sobre o fato de que não queríamos fazer parte daquilo. Tudo era muito desabonador – a atmosfera era soturna, brutal e cruel, e nós não queríamos participar. Nós dissemos não – mais do que apenas más vibrações, aquela experiência teve um tipo de energia tangivelmente obscura, assustadora e ruim, à qual não queríamos estar conectados. Continuamos dizendo não até hoje, porque, de vez em quando, eles falam em relançar o filme, com novas imagens.

Se 1969 foi sobre o volume e os excessos, uma outra parte daquele ano foi sobre a velocidade – as coisas continuaram acontecendo mais rápido do que nunca para a Santana. E com que rapidez? Em novembro, quando voltamos a Nova York para tocar no Fillmore East, éramos a atração principal – The Butterfield Blues Band e a Humble Pie estavam fazendo o show de abertura para nós. Há uma carta daquele mesmo mês da qual eu acabei tomando conhecimento anos depois, enviada por Clive Davis, da Columbia, para Bill Graham, pedindo-lhe para começar a agendar shows de Miles Davis nos Fillmores e apresentá-lo para o público de rock. No meio da carta, ele escrevia sobre as excelentes vendas de *Santana* e nos chamava de "imparáveis". Em dezembro, "Evil Ways" foi lançada, e no início de 1970, já estava entre os dez maiores sucessos das rádios. Em seguida, estávamos prontos para entrar novamente em um estúdio, e depois disso, como disse Clive, a Santana seria realmente imparável.

CAPÍTULO 10

Na semana anterior à nossa apresentação em Woodstock, comecei a andar com um cara que era mais velho do que eu. Ele me ofereceu um pouco de cocaína, e eu disse: "Não, não estou a fim." Em seguida, ele começou a me mostrar gravações piratas de Charlie Christian em um show ao vivo no Minton's Playhouse, e, cara, aquilo me pareceu ainda mais assustador! Eu estava ouvindo as raízes do bebop brotando do swing de um guitarrista que tivera tuberculose assim como eu, e que tinha morrido aos 25 anos de idade. Sua música me atingiu em cheio. Ele era um daqueles caras – como Django, Tal Farlow e Wes Montgomery – que poderiam tocar melodias intrincadas, com todos aqueles acordes, em todas as partes do braço da guitarra, sem nunca precisar olhar para ele uma vez sequer. Se você observar os meus vídeos ou os de Jimi, poderá nos ver contando os trastes.

Acho que se você for um guitarrista sério e não apenas um músico de fim de semana, deveria ser obrigatório escutar Charlie Christian. Conforme fui conhecendo as suas melodias – e as oitavas e o entusiasmo de Wes, os sons atômicos e bombásticos de Sonny Sharrock –, passei a acreditar que todas aquelas músicas e todos aqueles músicos tinham entrado no meu caminho por algum motivo. Acho que todos a quem fui apresentado me fizeram pensar no instrumento de uma nova maneira e em como produzir algo novo.

Levei um tempo, mas aprendi a respeitar o modo de Christian tocar. É uma linguagem muito, muito evoluída. O jazz moderno tem outro tipo de vocabulário, originário de uma forma mais elaborada de expressão musical. Ele vinha de um lugar especial – de Charlie Parker, Dizzy Gillespie e John Coltrane, e estava profundamente enraizado no blues. Mas não no mesmo tipo de blues com que eu comecei – o dos praticantes da técnica do bend, *como B. B. e Muddy. Django, Charlie Christian e meu ex-sogro, Saunders King – eles não usavam essa técnica.*

Eu costumava perguntar a SK: "Por que vocês não curvavam as notas?" Ele respondia quase com desdém: "Cara, nós nunca tivemos tempo." E eu reagia: "Ah!" Pode-se perceber isso ao ouvir Charlie Christian atacando aquelas notas, naqueles andamentos. Sem tempo para curvar nenhuma corda. Graças a Deus, Miles e Coltrane passaram a tocar música modal; isso facilitava as coisas para mim — está mais próximo do blues. Eu sei o que posso e o que não posso fazer, e no que sou melhor, e ainda não consigo solar fazendo mudanças de acordes. Bem, talvez inconscientemente eu saiba. Mas quando alguém como Charlie Christian ou Charlie Parker começa a fazer mudanças de acordes, consigo acompanhá-los e aguentar pelos primeiros vinte segundos, talvez trinta. Acho que me saí razoavelmente bem com esse tipo de sensação no fim de "Hannibal".

Em 1970, iniciamos o ano já montados em um foguete. A Santana estava ocupada fazendo uma turnê — de volta ao Fillmore East e à cidade de Nova York; de volta para casa em São Francisco, onde tocamos em um especial de televisão produzido por Ralph J. Gleason e por uma empresa chamada The Family Dog; e, em seguida, em um show para arrecadar fundos para ajudar o Grateful Dead, depois de terem sido presos em Nova Orleans. Outros festivais e universidades. Logo depois chegou o primeiro cheque de direitos autorais da Columbia Records, relativo ao álbum *Santana* — foi o primeiro dinheiro real que víamos como grupo. Lembro que alguns dos outros integrantes começaram a comprar motos e carros caros imediatamente.

A primeira coisa que fiz foi honrar a promessa que havia feito para a minha mãe — comprei uma casa de dois andares, com uma grande garagem, na Hoffman Avenue, em um lugar seguro, a oeste do Mission District, perto de Twin Peaks. Naquela época, quase todos já haviam deixado a antiga casa — à exceção do meu pai, minha mãe e Maria. Minha irmã Irma morava no andar de baixo. Mamãe ganhou a sua máquina de lavar e secar roupa. Eles ficaram lá até 1991, quando se mudaram para San Rafael e, em seguida, Danville. Meus pais moraram 21 anos naquela casa — mais do que em qualquer outro lugar que já haviam morado.

Lembro que quando eu disse à minha mãe que a sua sacola da Safeway tinha ficado maior e que ia lhe comprar uma casa, ela me deu um abraço e ficou olhando para mim como se não soubesse o que dizer. Ainda havia alguma distância entre nós naquela época — foi preciso mais algum tempo para que voltássemos a agir como mãe e filho. Eu já não morava com eles havia algum tempo.

Enquanto eu estava fora, na estrada, minha namorada, Linda, encontrou uma casa para nós no condado de Marin, na área de North Bay, próximo ao monte Tamalpais, com uma incrível vista da baía e da ponte Golden Gate – falcões circulavam o tempo todo por lá, planando ao sabor dos ventos. Nos mudamos para lá juntos, e em comparação com o centro da cidade de São Francisco, com todos os seus ruídos das ruas, era tão tranquilo que eu tive problemas, porque o silêncio era muito gritante. Levou algum tempo para eu me acostumar com aquilo. Eu ainda não praticava meditação e tinha acabado de começar a ler as obras de Paramahansa Yogananda e alguns outros livros sobre filosofia oriental. Pode-se dizer que sair um pouco da cidade, aprender a ouvir o silêncio e realmente escutar novos sons fez com que eu me abrisse para o caminho espiritual que estava prestes a seguir.

O que mais eu poderia fazer com o dinheiro que estava ganhando? Comecei a colecionar um monte de músicas – fitas, álbuns – e comprei uma bateria completa. Disse a mim mesmo que separaria um quarto para colocar todas as minhas músicas. No verão seguinte, em Nova York, eu conheceria um homem que havia acabado de começar a trabalhar na Columbia Records da França, chamado Michel Delorme. Ele era amigo de Miles Davis e também tinha sido íntimo de John Coltrane. De fato, há uma grande foto colorida dele entrevistando Coltrane em 1965, que um amigo meu transformou em camiseta. Ele se tornou, de forma instantânea, um herói e um amigo. A segunda vez que nos encontramos foi na França, algumas semanas depois. Michel me deu uma pilha de fitas rolo, principalmente de músicas inéditas de Miles e Coltrane. Tratei aquele material como se fosse um metal precioso – levei para casa e copiei tudo cuidadosamente antes de devolvê-lo a Michel. Ele ainda se diverte ao me dizer o quanto ficou surpreso com o fato de eu cuidar das fitas e tê-las devolvido. Ele deve estar pensando na entrevista de três horas que fez com Coltrane: ele emprestou a fita para um amigo e nunca a recebeu de volta.

Michel é uma das poucas pessoas especiais que conheci ao longo dos anos que eu gosto de chamar de Guardiões da Chama, pelo que elas fazem para preservar a prosperidade da música. São colecionadores de música, de informação e de alma como Michel, ou Hal Miller, que possui quase todos os vídeos de jazz já realizados em todos os tempos, ou Jan Lohmann, da Dinamarca, ou Yasuhiro "Fuji" Fujioka, que mantém a Coltrane House em Osaka, no Japão. E há pessoas como Michael Cuscuna, que continua reeditando as músicas para que elas não desapareçam das lojas nem da internet. É mais do que apenas amar a música – é dedicar-se com afinco a estimular e a preservar a história, da melhor maneira que puderem.

Anos mais tarde Michel me deu uma compilação que ele chamava de *Intergalactic Wayne Shorter* – as melhores apresentações ao vivo de Wayne na França. Uma música incrível – uma das minhas compilações prediletas até hoje. Michel e eu ainda nos encontramos na França, e ele ainda me mostra novos materiais antigos – músicas antigas que estão sendo descobertas pela primeira vez. Ele também me ensinou uma expressão interessante de se usar quando a música não está funcionando, ou quando é muito óbvia – "Poof!".

As fitas de Michel foram o início da minha própria biblioteca de gravações raras, incluindo discos de vinil, álbuns, fitas, fitas de vídeo e DVDs – eu ainda os tenho e estimo. Sempre tive um quarto especial para essa coleção e outras coisas, como as minhas guitarras e amplificadores, conjuntos de bateria e percussão. Hoje em dia, toda essa música, que costumava ocupar uma parede inteira, pode ser armazenada em poucos iPods, e foi assim que comecei a organizar alguns, que ocasionalmente ofereço aos amigos – um deles contém todas as músicas já feitas por Bob Marley, e vem nas cores vermelha, verde e amarelo. Outro, é decorado com uma figura estilizada de um trompetista, contendo todas as músicas já feitas por Miles, incluindo todas as suas gravações raras ao vivo e shows em que atuou como colaborador – quando tocou em discos de outras pessoas. Fiz o mesmo com Coltrane, Marvin Gaye e outros distribuidores de mensagens como eles.

Além da música, para a qual eu *estava* preparado, naquele ano comprei uma outra coisa para a qual talvez eu não estivesse totalmente pronto: um carro. E não se tratava de um carro qualquer – mas uma edição especial de um Excalibur Phaeton conversível, em um vermelho que lembrava um caminhão de bombeiros. Era lindo. Era um modelo 1970 e parecia ter sido fabricado na Alemanha na década de 1920. Ele tinha estribos, um motor de Corvette de trezentos cavalos sob o capô e tubos de refrigeração que saíam do compartimento do motor. Confira na internet. Ele era um clássico mesmo sendo novo.

Eu nunca tinha tido um carro antes disso – na verdade, nem sabia dirigir. Até então, eu pegava carona com meus amigos que dirigiam. Com o sucesso da Santana, todos tínhamos muitas coisas para fazer e cada vez menos tempo. Não dava mais para Carabello e Gregg virem me buscar, nem mesmo para irmos aos ensaios. Estava ficando chato. Eu pensei: "Preciso arrumar um carro para mim e aprender a dirigir." Nessa ordem.

Então, fui a uma concessionária em San Rafael que vendia esses carros – acho que se chamava Annex Motors. Quando entrei na loja com minhas roupas hippies, eles olharam para mim e um cara de terno e gravata imediatamente veio em minha direção como se tivesse certeza de que eu havia entrado no lugar errado. "Pois não? O que você quer?" Eu estava olhando fixamente para o carro. "Quanto é este carro?", perguntei. Ele revirou os olhos e se preparou para dar as costas. Eu disse a ele: "Não, eu quero comprar este carro. Tome..." Dei-lhe o cartão de visita de Sid Frank, o contador com quem Bill Graham havia nos colocado em contato. "Ligue para ele. Ele vai cuidar de tudo." Mais tarde, Bill descobriu que Sid estava nos enganando – e a Bill, também –, e ficou com vontade de matá-lo.

Sid apareceu com o cheque, eu assinei os papéis, o vendedor trouxe o carro e me deu a chave. Eu reagi como se dissesse: "Está bem, obrigado. Vejo vocês mais tarde", e fui embora dirigindo. Eu me saí bem nas ruas menores, mas precisava pegar a rodovia 101 para voltar para casa – e foi aí que comecei a ter problemas. Eu estava dirigindo a cerca de 32 quilômetros por hora na pista da direita, com os carros passando zunindo, torcendo apenas para que não batessem em mim. Agora, percebo que não havia muitas chances de que isso acontecesse – era possível avistar o Excalibur a quilômetros de distância. Mas naquele dia eu estava apertando o volante como se estivesse espremendo um suco de uma laranja. Era um motor potente, mas eu simplesmente rastejava – a coisa boa, também, é que ele tinha transmissão automática. Imediatamente, a Polícia Rodoviária me viu. Dois policiais me fizeram encostar o carro, e, em seguida, apareceu um outro carro de patrulha. Quatro policiais estavam olhando para o carro e para mim, tentando descobrir o que estava acontecendo.

Acho que sempre tive sorte em situações como essas – sempre havia um bom policial ao lado de um mau policial. Um deles queria vasculhar o carro, mas seu superior se aproximou e disse: "Certo, preciso ver sua carteira de motorista." De repente, lembrei que ainda não tinha carteira! O policial olhou para mim sem nenhum traço de surpresa nos olhos. "Eu *sei* que você não tem a porra de uma carteira, porque, se tivesse, não estaria dirigindo dessa maneira."

Ele me observou mais detidamente. "Ei, espere um minuto: não é você o Santana?" Então, parece que tudo fez sentido para ele. Ele pensou por um minuto e disse: "Está bem, vou lhe dizer o que eu vou fazer." Ele se virou para um dos outros policiais. "Você, venha aqui", disse ele, e logo depois olhou para mim. "Dê-lhe as chaves."

"O quê?"

"Vamos levá-lo para casa. Você vem comigo, e ele vai nos seguir no seu carro. E você está vendo esse outro cara aqui?"

"Estou."

"Bem, ele vai buscá-lo amanhã e vai ensiná-lo a dirigir."

Dá para acreditar? Era assim que as coisas aconteciam. Acho que foi uma jogada inteligente da parte dos policiais, porque, se eu fosse dirigir no ritmo deles, na 101, naquele tipo de carro tão possante, seria melhor mesmo que eles me ajudassem. Graças a eles, em cerca de quatro dias fiquei mais confiante, e consegui tirar minha carteira.

Acho que essa história diz muito sobre a fama da Santana em São Francisco no ano de 1970: nós éramos heróis locais, até mesmo para alguns policiais. Aquele carro também foi uma lição sobre os limites e sobre como manter o ego sob controle – ele chamou muita atenção nos dois anos seguintes. Uma vez, eu estava dirigindo em uma via de mão dupla quando outro conversível, fazendo muito barulho, emparelhou com o meu, os ocupantes todos pendurados para o lado de fora e gritando – "Santana, nós adoramos as coisas que você faz, cara! Que carrão, Santana!". Só que eles não estavam prestando atenção no tráfego em sentido contrário, e um ônibus grande quase os acertou de frente. Eu tive que encostar e parar, porque meu coração começou a bater muito rápido. Eu pensei: "Isso não é bom. Esses caras quase morreram por minha causa e por causa desse maldito carro." Eu não queria aquele peso na minha consciência.

Eu dei uma moderada no Excalibur e mandei pintá-lo de preto, e eu sabia que isso equivaleria a reduzir uma nota 10 para 9,5. Mas, na verdade, estava bom daquele jeito. Dirigi muitas marcas diferentes desde então. Não sou Jay Leno, e não quero colecioná-los, mas gosto de um bom carro. Hoje em dia tenho um Fisker Karma com uma pintura azul em escamas do qual gosto muito – adoro quando o sistema elétrico assume o comando e ele começa a ronronar. Um excelente sistema de som também, porque isso é importante.

Naquele ano, comecei a sentir o que era se tornar uma celebridade, alguém que as pessoas reconhecem, e aprendi como me comportar com amabilidade – mesmo quando estava tentando comer ou apenas dirigindo pela estrada. Se você não gosta que as pessoas o incomodem, talvez esteja no negócio errado. Aconteceu tão rápido e com tanta força que afetou inclusive a minha família – meu pai me contou que quando ele estava tocando com uma big band mexicana no La Rondalla ele passou a ser mais reconhecido e mais respeitado por causa do nosso sobrenome. Minhas irmãs me falaram que as pessoas costumavam ligar para todos os Santana da lista telefônica de São Francisco tentando me encontrar. Elas tiveram de mudar de número um monte de vezes, e isso continuou por algum tempo. Minha mãe me disse que certa vez, nos anos 1980, ela foi fazer compras em uma loja de departamentos do centro da cidade e estava precisando de uma ajuda, mas os vendedores continuavam não dando bola para ela. Então eles viram seu cartão de crédito e falaram: "Ah, você é a mãe do Santana?", e, subitamente, ficaram gentis e prestativos.

A essa altura você já conhece minha mãe, ela respondeu: "Não preciso de nada da porcaria da sua loja", e foi embora.

Começamos a trabalhar no segundo álbum da Santana – que se tornaria o *Abraxas* – no estúdio de Wally Heider, em São Francisco, em junho de 1970. Desde a gravação do primeiro álbum havia se passado um pouco mais de um ano, de modo que vínhamos trabalhando com músicas novas e pensando no que queríamos fazer diferente daquela vez, ou manter. Queríamos a ajuda de Gianquinto novamente – na verdade, "Incident at Neshabur" foi a primeira música na qual trabalhamos. Também sabíamos que queríamos o melhor produtor da Columbia trabalhando conosco. Vou colocar desta forma: a Santana, na verdade, não gostava do próprio som até *Abraxas*.

Vou arrumar confusão, mas esta é a verdade – Fred Catero ajudou muitos dos produtores com quem ele trabalhou a se aprimorar; suas gravações em estúdio nunca teriam soado da maneira que soaram sem a sua ajuda. Em um primeiro momento, ele atuava como engenheiro de som da Columbia em São Francisco, e ali construiu excelentes credenciais. Ele trabalhou com Sly e Janis, e naquele álbum ao vivo de Bloomfield e Al Kooper – ele cuidava da engenharia de som de Mongo Santamaría na mesma época em que estávamos fazendo *Santana*. Ouvimos dizer que ele sabia gravar congas. Mais importante ainda, ele sabia gravar congas e guitarras elétricas, e foi por esse motivo que se tornou o nosso produtor.

Acho que o som da guitarra estava se tornando mais nítido – isso é óbvio em *Abraxas*. Uma coisa que ajudou a minha assinatura foi a qualidade do meu som, e outro ponto que ajudou a qualidade do meu som foi um novo amplificador Boogie: quando conheci o cara que inventou a ideia, Randy Smith, ele ainda não havia recebido esse nome. Meu amigo Randy me dá o crédito por ter afirmado que o seu amplificador realmente fazia a música crescer na primeira vez que o ouvi. Quem me falou sobre ele foi o pioneiro do boogie – John Lee Hooker.

Randy, o Homem do Boogie, como eu o chamo, deve receber o crédito pela criação de um pequeno amplificador com potência suficiente para que se pudesse tocar com energia e sustentação, fosse qual fosse o volume. Ele o turbinou, e que qualidade de som – caramba! Algumas das melhores coisas que já toquei – incluindo grande parte do *Abraxas* – surgiram por meio daquele primeiro amplificador Boogie que ganhei de Randy.

Na época, todo mundo estava captando sons e ideias de Jimi Hendrix e dos caras britânicos, ou dos guitarristas de R & B que tocavam para a Motown. Eu preferia refletir mais profundamente – bem profundamente –, da seguinte forma: "Qual é o som de uma alma rezando ou de um fantasma chorando?" Acho que o meu som estava mais próximo do que Pete Cosey faria posteriormente com Miles. Fred ajudou a facilitar as coisas, deixando que experimentássemos e tocássemos sem nos preocupar se estávamos sendo gravados da maneira correta.

Fred agiu assim quando Carabello apareceu no estúdio com "Singing Winds, Crying Beasts". Carabello não sabia tocar teclados, mas era capaz de cantar a melodia que estava em sua mente para Gregg, e ele a tirava no órgão. Quando ouço essa música hoje, ainda me lembro que eu adorava chegar pontualmente ao estúdio e descobrir que Gregg e Carabello já estavam lá, e que tinham uma faixa pronta para nos mostrar – o que, de certa forma, era engraçado, porque às vezes eles podiam se desentender bastante. É bem provável que eles já estivessem lá desde a noite anterior. Mas se isso era necessário para se chegar ao ponto em que haveria uma melodia que fosse precisar da minha guitarra, para mim estava tudo bem.

Michael é um cara dramático – pode-se perceber isso em "Singing Winds", que era uma forma muito sugestiva de se abrir um álbum – um tanto misteriosa. Você não sabe o que vai acontecer depois, e aí nós partíamos para "Black Magic Woman".

Foi Gregg quem trouxe essa música, e ela foi instantaneamente aprovada – eu já estava ligado em Peter Green, e, como disse, a música era uma espécie de irmã de "All Your Love (I Miss Loving)", de Otis Rush. Acho que pegamos aquela melodia e a transformamos em uma coisa realmente nossa. Ainda é a nossa música mais pedida – e as mulheres ainda vêm até mim, dizendo: "Sabe, eu sou a mulher da magia negra." É claro que, ao longo dos anos, mais algumas canções da Santana causaram o mesmo impacto. Posso citar "I'm Maria, Maria" ou "I'm the Spanish Harlem Mona Lisa", e se todas elas reivindicam essa posição, quem vai afirmar o contrário?

Achamos que a transição para "Gypsy Queen" era uma ponte perfeita entre essas duas músicas – fizemos isso muitas vezes em shows, e funcionou muito bem. Quando ouço "Gypsy Queen" agora, isso me faz pensar no quanto Michael Shrieve foi persistente naquele verão, fazendo com que eu ouvisse e compreendesse Miles e Coltrane. Eu poderia dizer que os dois usavam escalas diferentes das nossas, mas para mim não tinha a ver com a descoberta de sustenidos e bemóis, mas sim com a emoção que eles estavam buscando e o modo como iam atrás disso. No estúdio, nós nos perguntávamos: "Como Miles se aproximaria desse estado de espírito?" De certa forma, eu não queria que ninguém desse explicações muito profundas sobre suas notas e escalas – saber exatamente onde está o acorde é como ouvir o fim da piada antes de ela ser contada. "Droga, eu preferiria que você não tivesse me dito nada."

Abraxas foi muito bom para algumas pessoas cujas músicas ganharam uma releitura nossa. Todas elas receberam polpudos direitos autorais por longo tempo, e eu fico contente por isso – Peter Green, Gábor Szabó,

Tito Puente. Nos anos seguintes ao sucesso do álbum, Tito sempre se divertia com essa situação. Ele reclamava que as pessoas esperavam ouvir a nossa versão de "Oye Como Va" em vez da dele, que era obrigado a lidar com isso. "As pessoas vivem dizendo: 'Por que você não toca essa música como a Santana?' Primeiro eu enlouquecia, e então eu pensava: acabei de comprar uma casa nova por causa disso. 'Está bem, *no hay problema.*'"

A primeira vez que deparei com essa música eu não conhecia absolutamente nada de Tito Puente – Ray Barretto, é claro, mas Tito ainda não. Eu estava em casa com Linda, tinha acabado de tomar um pouco de ácido e estava totalmente preparado para a viagem quando, de repente, quis ligar o rádio, coisa que eu nunca fazia normalmente. Ele estava sintonizado em uma obscura estação local que ficava tocando música latina a noite toda – uma espécie de compilação para festas que avançavam até a madrugada. E aí apareceu uma música com uma levada ótima, e eu comecei a dividi-la, pensando no quanto a sensação se aproximava de "Louie Louie" e de algumas músicas de jazz latino. Na manhã seguinte, fui até o Mission para encontrar essa canção, pesquisando todos os discos até encontrar o correto, e o ouvi sem parar – na minha típica alta rotação. Havia alguns solos fantásticos ali – trompete e flauta, além de ruídos de multidão e uma espécie de fim falso, como os que Ray Charles faria. Simplesmente, uma grande atmosfera de festa. Eu ficava dizendo a mim mesmo: "Podemos tocar essa música. Nós *temos* que tocar essa música. Isso vai deixar os hippies doidos – especialmente as mulheres."

Há certas canções que realmente fazem as mulheres se comportarem como mulheres – nenhum pedido de desculpas ou explicações necessárias. "Oye" é uma delas, e era isso o que eu queria, inclusive naquela época: enlouquecer as mulheres. Acho que isso nasceu em Tijuana. Na minha opinião, algumas pessoas estavam mais interessadas em tocar músicas que pudessem impressionar tanto quanto Jimi Hendrix ou Led Zeppelin. Eu não me importava nem um pouco com isso.

Estávamos nos preparando para gravar, de modo que já estávamos pensando no número de músicas que teríamos. Eu apresentei essa música e comecei a ouvir: "Ei, cara, isso não é rock. Não soa como rock." Foi a primeira vez que isso aconteceu – os integrantes da banda se mostrando incomodados com uma música porque ela não soava como Cream, Hendrix ou The Doors. A Santana estava interessada em construir pontes entre diferentes estilos de música – e, aparentemente, aquela era uma ponte extensa demais. Para mim, o rock and roll era qualquer coisa que fizesse as pessoas se sentirem bem. E, assim, essa foi também a primeira vez que defendi com firmeza o meu ponto de vista. "Não. Vamos gravar essa música porque vamos gravá-la." Acho que Gregg fez um ótimo trabalho nos vocais de "Oye Como Va".

Eu também tinha os meus próprios preconceitos. Gregg foi crescendo como compositor, e ele tinha algumas músicas ótimas, como "Hope You're Feeling Better". Ele nos estimulou a gravar essa canção – nós já a executávamos ao vivo, mas não com tanta frequência. Para ser honesto, era uma daquelas músicas que Carabello e eu achávamos rock and roll *demais*, branca demais. Quando a tocávamos nos shows, às vezes, Carabello e eu fingíamos nos esconder atrás dos nossos amplificadores apenas para provocar Gregg. Nós podíamos ser cruéis – eu tinha muito a aprender quanto à apreciação e à valorização de quem estava bem na nossa frente. É uma canção excelente. O que eu deveria estar fazendo era me aproximando dele e perguntando: "Ei, Gregg, você tem mais alguma coisa nesse estilo?"

Nós gostávamos de implicar uns com os outros – costumávamos provocar Gregg pelo fato de ele andar igual a John Wayne. Nós também imitávamos a forma como ele falava, e Gregg entrava no jogo. Ele dizia: "Está bem, colono", como Duke faria. "Vamos ensaiar hoje ou vamos apenas ficar sentados aqui? Um homem tem que fazer o que um homem tem que fazer." Cara, como nós ríamos daquilo!

Eu tive que brigar por "Samba Pa Ti". A canção me surgiu na cidade de Nova York, na primavera em que retornamos de nossa primeira turnê à Europa, ainda sob os implacáveis efeitos da mudança de fuso horário. Eu não conseguia dormir; as paredes se moviam como se eu tivesse acabado de cair de um carrossel. Depois, quando eu estava quase pegando no sono, ouvi um cara tentando tirar um som de um saxofone em um beco, do lado de fora. Abri a janela e vi o cara cambaleando, incapaz de manter o equilíbrio. Ele não conseguia decidir o que colocar na boca: o saxofone ou uma garrafa de bebida. Ele respirou fundo e estava quase soprando o instrumento, quando resolveu parar e optar pela garrafa novamente. Ouvi uma voz dentro de mim dizendo: "Cara, esse poderia ser você, perdido desse jeito."

Peguei um papel e uma caneta, e me veio a inspiração para um poema, e assim que o coloquei no papel pude ouvir a melodia vindo junto. A letra e a música vieram em simbiose. A música me lembrava o som que meu pai fazia quando tocava sozinho, mais, eu conseguia ouvir um King Curtis, na levada "Soul Serenade". "Samba Pa Ti" teve a ver, definitivamente, com o desenvolvimento do romantismo e da beleza em meu estilo – eu queria um sentimento despojado, nu, um sentimento de vulnerabilidade.

Foi divertido tocá-la para a banda pela primeira vez. Acho que eles não esperavam que eu me saísse com algo meio delicado. Eles ficaram olhando para mim como se dissessem: "Porra, isso não soa como rock and roll, mas é honesto e é verdadeiro." É preciso reconhecer que um dos nossos méritos era não descartar nunca uma música honesta e sincera.

Uma melodia pode ser memorável ou fugaz. "Samba Pa Ti" não é uma música que apenas passa. Se você quer prestar atenção em alguma coisa quando está dentro de um trem em movimento, tem que olhar para o que está distante, e não para o que está perto. Para mim, acontece o mesmo na música. As melhores canções investem em uma perspectiva mais abrangente e seguem o seu caminho – são melodias longas, bonitas e memoráveis.

Through every step in life you find
       [Através de cada passo na vida você encontra]
Freedom from within
       [A liberdade surgindo dentro de si],
And if your mind should understand
       [E se sua mente conseguir compreender],
Woman, love your man
       [Mulher, ame seu homem].

Everybody searching
       [Todo mundo buscando]
Searching for eternal peace
       [Buscando a paz eterna]
And it's there waiting for you
       [E ela está lá, esperando por você]
All you have to do is share
       [Tudo o que você precisa fazer é compartilhar].

Fomos para o estúdio sem saber quem iria cantar a letra. Eu não tinha confiança para cantá-la. Sentia que não conseguiria cantá-la tão bem quanto conseguiria tocá-la na guitarra. Acho que ela é muito mais transparente sem os vocais. É claro que isso depende de quem canta, mas ela poderia parecer muito densa, muito parecida com... maionese. Sei que José Feliciano a gravou com a sua própria letra, mas não foi a que eu criei. Hoje, quando a executo em minha mente, ainda a toco acompanhada daquele poema – talvez eu devesse gravá-la novamente e cantar a letra.

Tal mudança no meio da canção só aconteceu no estúdio. E aconteceu porque eu vinha ouvindo as levadas de "Soul Serenade", de King Curtis, "Groovin'", do Young Rascals, e "Angel", de Aretha. Todas essas músicas inspiraram o nascimento de uma ideia, e todos nós sabíamos segui-la se um de nós estivesse disposto a chegar a algum lugar.

Quando terminamos de tocá-la pela primeira vez no estúdio, sabíamos que ela faria sucesso. Eu iria chamá-la de "For Every Step, Freedom from Within", mas foi Chepito quem, na mesma hora, sugeriu o nome: "Ei, Carlos – *llámalo* 'Samba Pa Ti'." Eu pensei: "Sabe, gostei disso", e confiei no meu instinto.

Abraxas foi uma produção coletiva que foi sendo construída música por música – assim, Gregg, Carabello e Chepito realmente coproduziram suas próprias canções com Fred, e eu coproduzi "Samba Pa Ti" e "Oye Como Va" com Fred, e "Incident" com Gianquinto. Nós adorávamos aquele álbum – foi o primeiro feito por nós que resultou tão bom quanto possível. Adoro o aspecto que ele assumiu, e adoro o nome, inclusive.

O título *Abraxas* veio de um livro de Hermann Hesse que Gregg, Stan e Carabello estavam lendo. Inserimos uma citação do livro no álbum. Para a capa, escolhemos um quadro do artista Mati Klarwein – ele havia feito as ilustrações de *Bitches Brew*. O quadro foi pintado em 1961, e o vimos em um livro de Carabello. Era perfeito para nós – a pintura combinava com nossa música e incorporava nossos temas da África, da espiritualidade, da sexualidade e da música latina. No centro, havia uma bela mulher negra nua, e à esquerda um anjo montado sobre uma conga, que, hoje em dia, para nós, é como se fosse a relação que os Stones têm com a língua e a boca – uma marca registrada. Carabello me mostrou o quadro, e tivemos a certeza de que ele precisava estar no novo álbum – a Columbia Records ajudou isso a acontecer.

Abraxas foi concebido com tanta facilidade que o álbum praticamente pareceu ganhar forma sozinho. De todos os álbuns que já fiz, ele foi o mais fácil de fazer. As gravações em estúdio foram agradáveis e descontraídas, e aconteceram em meio a algumas viagens realizadas em junho e julho. Conseguimos ficar relaxados, sem precisar nos apressar em nada. Diferentemente do que havíamos feito antes, passamos mais tempo trabalhando os sons – ajustando as congas, as guitarras e o órgão, em vez de nos contentar com um meio-termo – e regulando o som da sala também. Alguns amigos foram até o estúdio e fizeram participações, incluindo Steven Saphore, que tocou tabla, e o percussionista Rico Reyes. Reyes e Carabello tinham um grupo chamado San Pacu, criado por volta de 1968; era um cruzamento entre a Santana e a Tower of Power. Rico era um grande cantor e ajudou a reafirmar a vibração do Mission District à nossa volta – além disso, ele era um cara muito bonito, mas que acabou se tornando mais uma vítima da heroína e da cocaína.

Outro amigo que estava saindo conosco era um guitarrista chamado Neal Schon, que depois faria parte da Journey e da Bad English, e que Gregg e Shrieve conheciam de San Mateo. Todos eles moravam naquela parte de Bay Area. Neal já estava arrebentando – ele tinha apenas 17 anos, mas já havia construído uma reputação, e era muito inteligente. Não fizemos nenhuma improvisação, mas ele tocou um solo em "Hope You're Feeling Better" que acabou não entrando no álbum original. Seu estilo era ótimo, e ele tinha excelentes ideias quando tocava.

Clive Davis foi um dos motivos de *Abraxas* ter sido tão fácil de fazer. Ele não saía do escritório da CBS em Nova York, não ficava nos regulando *e tampouco* desaparecia. Ele confiava em nós, e se faria presente se precisássemos dele. Ele compreendia que nossa música vinha do coração e pretendia ir direto *para* o coração das pessoas, e, ainda que tenha começado sua carreira como advogado, seu amor pela música o transformaria em muito mais do que um executivo. Até hoje, seu principal talento permanece o mesmo – ele consegue perceber a música capaz de atingir o grande público, e se encarrega de colocá-la em tal lugar. Isso é o que *ele* faz.

Clive provavelmente rirá disso, mas se você tocasse um Si bemol com 7ª em um piano, ele não saberia do que você estava falando. Ele não se importava – isso é função de outra pessoa. Assim como Bill Graham costumava fazer, ele simplesmente escuta o músico e compreende o que está ouvindo – exceto pelo fato de não ser impositivo, como Bill poderia ser. Às vezes, a tenacidade de Bill tiraria o melhor dele, e faria com que eu me retraísse – como, por exemplo: "Cara, vá fazer um acompanhamento para o fulano." Clive é especialista no modo como usa a diplomacia. "Para você e para a sua música, eis aqui o meu coração; para todas as outras pessoas, é o meu trabalho."

"Clive, isso é tão simpático; obrigado."

"Não; estou lhe dizendo a verdade."

É incrível atrair pessoas que passam a querer defendê-lo e a investir no que você está fazendo. Nós ainda estávamos gravando *Abraxas*, e eu lembro que um dia o telefone tocou no estúdio e Carabello atendeu. "Ei, cara, é para você." Carabello tinha ficado íntimo de Miles Davis e de Jimi, e por isso não era tão estranho quando eu perguntava quem era e ele me dizia que era uma ligação de Miles. Mas nós ainda não nos conhecíamos. Por que ele iria querer falar comigo? "Ah, cara, pare de me sacanear."

"Não, é verdade – é ele."

Peguei o telefone, e, caramba, *era* o Miles, com aquele sussurro áspero. "Ei, o que você está fazendo?"

"Ah, oi, Miles. Que legal conhecer você. Estamos gravando um álbum."

"Ah, é? E como está indo?"

"Estamos aprendendo, sabe... Aprendendo e nos divertindo."

Ele deu um risinho. "Tá, só estou dando uma conferida. Por quanto tempo ainda vão gravar?"

"Mais um tempinho, Miles. Estivemos na estrada até pouco tempo."

"Está bem. Não demorem muito."

Ao longo dos anos, acabamos nos tornando amigos, e ele me ligava e perguntava como eu estava indo. A minha resposta sempre era a mesma: "Aprendendo e me divertindo, Miles."

As gravações de *Abraxas* aconteceram antes e depois de nossa segunda visita à Europa – na verdade, da nossa primeira turnê europeia, porque a primeira visita, em abril, tinha sido apenas para tocar duas noites no Royal Albert Hall, em um show com atrações da Columbia Records, como Johnny Winter, Taj Mahal e um grupo de São Francisco chamado It's a Beautiful Day, que Bill Graham estava agenciando. Com tudo o que estava acontecendo, o papel de Bill com a Santana vinha se expandindo – às vezes, ele atuava como produtor do show que estávamos fazendo, outras vezes, como agente que reservava o show, e, ainda, como o cara que cuidava da gravação do show. Às vezes, ele era as três coisas ao mesmo tempo.

Stan Marcum ainda era o nosso empresário, e eu poderia dizer que mesmo trabalhando no escritório de Bill nem sempre eles concordavam a respeito das coisas. Bill era um homem de negócios, e havia um lado seu que tinha a ver com o dinheiro. Aprendi em Tijuana que o excesso de poder pode fazer com que algumas pessoas fiquem verificando seus bolsos o tempo todo. Mas eu também sabia que era bom contar com a força ao nosso lado. E era exatamente isso o que acontecia quando se tratava de Bill.

A maioria dos integrantes da Santana desconfiava um pouco de Bill – eles sentiam que quando tivesse a chance, ele levaria mais grana do que de fato lhe caberia. Intuitivamente, eu sentia que o que ele nos traria teria muito mais valor do que o dinheiro que ele pudesse estar ganhando. Também conheço um monte de caras no nosso ramo que ficaram chateados com ele por causa de negócios que não deram certo e alguns outros problemas. Mas mesmo que nem sempre chegássemos a um acordo, sempre senti que poderia confiar em Bill, que ele estava me protegendo.

Deixe-me colocar de outra maneira: quando levamos em consideração todos os outros promotores, empresários e agentes daquela época, o quanto eles ganhavam e o quanto os artistas recebiam, eu não tinha do que me queixar de Bill.

Bill era mais próximo de mim do que de qualquer outro integrante da Santana, e eu pude vê-lo em ação. Ele estava fazendo as coisas acontecerem e obtendo resultados quando a cena rock ainda era muito nova. Ele usou sua posição para fazer com que tocássemos em Woodstock, e nos ajudou a elaborar nosso contrato com Clive Davis na Columbia. Ele se esforçou para nos mostrar uma música de Willie Bobo e dissecá-la para nós. Como é possível atribuir um preço a tudo isso? Para mim, ele colocou mais do que tirou.

Bill era como um irmão mais velho para mim. Às vezes, ele me convidada para ir à sua casa, e eu chegava lá assim que a Tower of Power ou alguma outra banda estava saindo. Ao longo dos anos, ele foi um amigo e conselheiro, e nos ajudou a administrar partes do nosso negócio e a fechar uma série de contratos importantes. Por vezes, pessoas do seu grupo nos representavam e tinham o cuidado de pagar as contas. Bill queria cuidar de todos os negócios da Santana e colocar-nos debaixo de sua asa, e eu estava tentado a aceitar sua oferta, mas a verdade é que ele nunca se tornou um autêntico empresário da Santana.

Eu havia feito a leitura do tabuleiro Ouija e podia perceber onde aquilo iria dar. Era como se fosse o meu relacionamento com Miles – às vezes, eu tinha a sensação de que se chegasse muito perto iria me queimar. Bill poderia ser muito intenso, e eu não queria colocar a nossa amizade à prova. Bill aceitou isso, mas ainda dizia coisas assim: "Bem, se alguma vez você estiver na linha de chegada e precisar de alguém para dar um empurrãozinho, eu estarei aqui para ajudá-lo." Ele sempre estava por perto para me ajudar, e, cara, ele sabia como dar um empurrãozinho.

CAPÍTULO 11

David Brown e eu em Tanglewood, 18 de agosto de 1971

Eu sei que o jazz causa repulsa em certas pessoas. Acho que quando se trata de alguns tipos de jazz, as pessoas prestam mais atenção aos recursos empregados do que ao todo. Quando você ouve música, não quer ver os recursos. Você não quer saber quantos pregos foram usados para construir uma casa. Algumas pessoas simplesmente ainda não ouviram Kind of Blue *ou* A Love Supreme. *Elas não ouviram a música de Wayne Shorter.*

Antes de eu conhecer Miles e Coltrane, eu ouvia jazz sem chamá-lo de jazz — grupos que eu ouvia ao vivo, ou talvez algum sucesso nas rádios. Gostava de Chico Hamilton, Gábor Szabó e Wes Montgomery, mas se alguém dissesse a palavra jazz, *eu não ia querer ouvir. Essa palavra me fazia pensar em bandas tocando vestidas de smoking, enquanto pessoas que também usavam smokings estavam jantando. Ela não tinha presas, nem dentes, nem garras. Eu queria coisas que me deixassem marcas.*

Foi Michael Shrieve quem me levou a ouvir Miles e Trane e corrigiu minha percepção equivocada de que o jazz é apenas para pessoas idosas, antiquadas. Ele observou minha coleção de discos, reparou no que estava faltando e decidiu que eu precisava ouvir Miles e Coltrane. Aí ele me trouxe uma grande pilha de discos. Comecei a ouvir — "Epa! Que porra é essa? Isto é realmente diferente de John Lee Hooker." Comecei a colocar aqueles discos para tocar de trás para a frente. Miles e Trane. Miles e Trane.

Comecei a introjetar Coltrane com Africa/Brass *e o álbum* Coltrane, *de 1962, que incluía "Out of This World" e, é claro, "A Love Supreme". Com Miles, o que me despertou foram as faixas "In a Silent Way" e "Elevator to the Gallows", e em seguida, "Kind of Blue".*

Eu olhava para Shrieve e dizia: "Uau, isso é blues? E este é o mesmo cara que fez "Bitches Brew?"

"É, é o mesmo cara."

Eu reagia: "Caramba." Eu era capaz de sentir o que Miles estava fazendo com o jazz modal. Era possível eleger apenas uma levada e fazê-la acontecer.

Depois de um tempo, sua música tornou-se mais agradável, mais próxima de mim – comecei a me deixar envolver por ela, porque o seu percurso realmente constituía uma história, que remontava aos seus primeiros discos com Charlie Parker.

O álbum que abriu verdadeiramente esse universo para mim foi Bitches Brew, *de Miles. Havia longas faixas, como "Pharaoh's Dance" e "Spanish Key" – nessa última, eu podia perceber a conexão com seu álbum* Sketches of Spain. *Essas faixas davam vontade de apagar as luzes. Um jornalista classificou o álbum de "um espetáculo de luz para cegos". Era uma música muito visual. Fazia todo o sentido diante de tudo o que estava acontecendo naquela época – como o homem andando na lua. Quando ele foi lançado, eu o colocava para tocar ininterruptamente, ininterruptamente, ininterruptamente. Eu lia sem parar o encarte assinado por Ralph J. Gleason – os comentários em que ele dizia que depois de* Bitches Brew, *o mundo nunca mais seria o mesmo. Não apenas o jazz – o mundo.*

Durante a primeira parte de 1970, tocamos na Europa algumas vezes – no Royal Albert Hall, na Inglaterra, em alguns locais na Alemanha, Dinamarca e Holanda, e no Festival de Jazz de Montreux, na Suíça, onde fui apresentado a Claude Nobs pela primeira vez. Claude foi uma das primeiras pessoas que eu passaria a respeitar tanto quanto Bill Graham – ele havia convencido o governo e as empresas locais a investir em sua ideia de criar um festival de jazz, que rapidamente se transformaria em uma das preciosidades do mundo da música. Eu poderia dizer que Claude gostava muito de nós, o que era uma vantagem, porque, embora já tivéssemos tocado ao lado de outros grupos de jazz em um mesmo programa, nosso público sempre havia sido o público de rock. Neste caso era diferente, porque aquele era, realmente, um festival de *jazz*. Lá, nós éramos os estranhos, tocando para pessoas que estavam interessadas em ouvir Bill Evans, Tony Williams Lifetime e Herbie Mann, na época em que Sonny Sharrock o acompanhava na guitarra.

Claude resolveu tudo de maneira satisfatória. Ele nos pediu para tocar ao ar livre, ao lado da piscina, e não no interior do cassino, onde era realizada a maioria dos grandes shows – este foi o cassino que pegou fogo, cantado pelo Deep Purple em "Smoke on the Water". Fizemos o que

Claude pediu, e foi o primeiro lugar da Europa em que senti um espírito de camaradagem ainda mais agradável do que a sensação despertada pela companhia dos hippies no velho Fillmore. Naquela época, as pessoas que eram diferentes umas das outras – que vinham de gerações diferentes e usavam roupas diferentes – eram geralmente muito reservadas e polidas no trato interpessoal. Em Montreux, havia uma aura descontraída e livre – todos os tipos de pessoas andavam juntas, se divertindo.

Toquei em Montreux tantas vezes ao longo dos anos e fiz tantos shows especiais por lá que aquele lugar realmente se tornou uma outra casa para mim. Sinceramente, se eu pudesse me multiplicar em três ou quatro, um deles iria viver na Suíça e ficaria lá aproveitando aquela energia. Claude e eu rapidamente nos aproximamos, e a Santana tocou mais de uma dúzia de vezes em Montreux. Todas as vezes que chegávamos lá, ele abria sua casa para nós e nos mostrava sua coleção de gravações e vídeos – era como se fosse um museu suspenso de música, lá no alto das montanhas nevadas debruçadas sobre o mundo. Claude era um amigo e um colaborador – se eu quisesse experimentar algo novo, ele ajudaria a concretizar isso: um show com John McLaughlin; uma noite de blues com Buddy Guy, Bobby Parker e Clarence "Gatemouth" Brown. Ou o evento que fizemos em 2006 – convidamos músicos africanos e brasileiros por três noites seguidas, como se fosse um festival dentro de um festival. Nós o chamamos de Dance to the Beat of My Drums, em função de uma canção de Babatunde Olatunji, que também tinha presenteado o mundo com "Jingo". Se eu quisesse continuar a tocar por três horas, estava tudo bem para Claude. Acho que é importante valorizá-lo de todas as formas possíveis por tudo o que ele trouxe em termos profissionais e pessoais aos músicos – precisamos de mais laboratórios musicais como Montreux, aonde os músicos podem ir e se mostrar disponíveis, colaborando uns com os outros e realizando novas experiências.

Naquela época, eu ainda me comportava muito timidamente sobre o palco. Eu não falava muitas coisas ao microfone e não dava entrevistas. Mas se eu quisesse conhecer alguém, era destemido. Quando a Santana tocou na cidade de Nova York em agosto – pela terceira vez no ano de 1970 –, fiquei conhecendo alguns dos meus maiores heróis, pessoas que estavam redesenhando o panorama musical. Aos meus olhos, ninguém era maior do que Miles Davis.

O tom universal

Bill estava reservando um fim de semana de verão em Tanglewood – um festival ao ar livre em Lenox, Massachusetts. Só havia bandas de rock, à exceção de domingo, quando ele nos colocou em uma programação com um grande grupo de cantores chamado The Voices of East Harlem, além de Miles Davis – jazz, gospel, R & B e Santana. Esta era a genialidade de Bill – consciente, honesta e ferinamente, ele criava um ambiente multidimensional, e fazia com que uma nova geração ouvisse a beleza de toda aquela música. E o trato era este: se você quiser ouvir Steve Miller, Neil Young ou Santana, terá de ouvir Miles Davis. Precisamos de mais promotores desse tipo hoje em dia: se você quiser ouvir Jay Z ou Beyoncé, terá que ouvir Herbie Hancock ou Wayne Shorter. Não seria incrível?

Fomos até Tanglewood, e lembro de chegar lá e dar de cara com um fotógrafo que estava vendendo grandes reproduções em preto e branco de Miles e Ray Charles, tocando no Festival de Jazz de Newport. Comprei algumas, e no exato momento em que as levava para os bastidores um incrível Lamborghini amarelo apareceu, e Miles desceu do carro. Eu não estava com medo, e então fui até ele.

"Oi, meu nome é Carlos. Você faria a gentileza de autografar isto para mim?" Ele olhou para mim e para a foto, pegou uma caneta e assinou: "Para Carlos e a melhor das bandas", ou algo parecido. Ele sabia quem eu era, e aí começamos a conversar, e depois de algum tempo ele disse que tinha uma coisa para mim. Abriu sua bolsa a tiracolo e tirou um tubo que parecia um grande conta-gotas envolto em couro, e é claro que era cocaína. Miles olhou para mim e disse: "Experimente."

Eu não tinha dormido na noite anterior, estava com o Miles Davis, e fiz uma coisa que, mais tarde, senti que não deveria ter feito. A cocaína criou uma distância entre mim e o meu coração, entre mim e a música. Meu corpo rejeitou a cocaína como se fosse algo que fizesse a minha alma se sentir usurpada – ela me diria: "Isto não é para você." Quando lembro daquela apresentação em Tanglewood, ainda estremeço, porque parecia que eu não estava conseguindo chegar ao centro do meu coração. Não era o mesmo problema que eu tinha tido em Woodstock, mas me senti igualmente arrependido. Mais uma vez, tomei uma decisão definitiva: nunca mais aceitaria o que alguém me desse, não importando quem fosse.

Tanglewood teve um belo público, com todos os tipos de pessoas, muitas das quais, assim como aconteceu em Woodstock, vinham de Nova

York. O festival foi infinitamente menor e bem mais organizado. Havia apenas três bandas naquele domingo. Eu adorei o The Voices of East Harlem. Eles tinham tudo a ver com a promoção do poder do povo e com a música de mensagem positiva, e exibiam aquela energia das igrejas negras. Havia também uma espécie de coro moderno, sabe? Donald Byrd e "Cristo Redentor"; os álbuns de Alice Coltrane, com suas vozes celestiais; os Concertos Sagrados de Duke Ellington. Acho que gostei daquele sentimento de oração que eles demonstravam ter – o som de vozes unidas, se dirigindo diretamente a Deus. E se ainda houver uma sensação vibrante, africana, jamais conseguirei desprezar esse tipo de música. O Voices tinha um grande baixista, um cara jovem com um enorme cabelo afro – Doug Rauch. Eu o chamava de Dougie. Ele se tornou um grande amigo da banda e até viajou conosco antes de se integrar à Santana. Ele produzia um som agradável e encorpado no baixo, com um estilo mais antigo, acústico, mas com uma técnica de Larry Graham – forte, sincopada. Ele fazia parte de uma nova onda de baixistas, que incluía Chuck Rainey, Rocco Prestia, da Tower of Power, e Michael Henderson, que tocava com Miles – todos eles estavam levando a música adiante e executando músicas que não eram apenas R & B e que não eram inteiramente jazz. Todos eles foram extremamente importantes para Dougie. No ano seguinte, ele se mudou para São Francisco, onde acabou tocando com a The Loading Zone e Gábor Szabó e, finalmente, com a Santana.

Naquele momento, a banda de Miles estava conquistando o público de rock. Outros músicos de jazz já haviam tocado para os hippies, mas acho que, no caso de Miles, a diferença era que ele vinha ouvindo grupos de rock e de funk, e estava aproximando sua música do rock. Sem sombra de dúvida, Betty Mabry, com quem ele estava casado na época, foi uma grande razão para que isso acontecesse. Ela o ajudou a se metamorfosear. Ela o retirou daqueles ternos italianos, daquelas calças de couro e daqueles sapatos de plataforma. Betty não queria ouvir nenhuma música velha e embolorada em casa, e então o colocou para ouvir Sly e Jimi Hendrix, James Brown, The Chambers Brothers e The Temptations. Sua coleção de discos começou a se ampliar – como se diz agora, Miles expandiu o seu portfólio. Tenho certeza de que foi Betty quem chamou a atenção dele para a Santana.

Outro fator foi que, assim como Betty, a maioria dos integrantes da banda de Miles regulava mais em idade com os hippies do que com Miles.

Pode-se perceber isso pela maneira como Jack DeJohnette e Dave Holland tocavam; pode-se inferir que eles estavam ouvindo Sly, Larry Graham e a Motown. Alguns deles começavam a usar pedais para distorcer o som, e Chick se valia de um modulador de anel. Até mesmo Miles estava usando um pedal de efeito wah-wah e ecos.

Quando o ouvi em Tanglewood, a música de Miles já estava ligeiramente diferente de *Bitches Brew*. Seu grupo tocou uma música chamada "The Mask", que fazia você se sentir como se estivesse em um filme de Alfred Hitchcock – algo está prestes a acontecer, mas você é incapaz de sair do caminho. As bandas de Miles eram mestras em mistério e tensão – elas nunca tocavam algo banal ou óbvio. Era mais ou menos o que o meu amigo Gary Rashid me disse certa vez – ele concordava que Miles era um gênio, mas, segundo ele, uma grande parte dessa genialidade se devia ao hábito de Miles de se cercar de quatro ou cinco Einsteins. A música sempre dependia de quem estava na banda – e também do que eles haviam comido, no que estavam pensando naquele dia e o que estava acontecendo entre eles.

Comecei a seguir todos os músicos que tocavam com Miles – fazendo a minha própria lista, para o caso de ter sorte suficiente de tocar com qualquer um deles mais à frente. Em Tanglewood, Miles ainda tinha Chick Corea, Keith Jarrett *e* Jack DeJohnette ao seu lado, além de Gary Bartz, Dave Holland e Airto Moreira. No fim do ano, a banda começou a sofrer alterações – Jack, Dave e Chick tinham saído, e Michael Henderson e Ndugu Chancler entraram para a formação. Keith havia ficado.

Keith é incrível, cara. Tenho que dizer algumas palavras sobre ele por um minuto. É simplesmente inacreditável a maneira como Keith consegue criar em cima da hora. Isso pode se constatado pelo modo como ele se senta ao piano e improvisa todo um show solo. Para mim, ele representa uma novíssima alma que habita este planeta, sem a imposição de marcas pessoais, sem preconceitos, sem noções preconcebidas sobre o que a música deve ser. Keith é um gigante de inocência e de coragem, mostrando-se capaz de chegar com a mente vazia, sentar e tocar do jeito que toca. Eu sou totalmente o contrário – reverencio a mim mesmo através das melodias. Eu preciso ter algum tipo de melodia que possa desmantelar de diferentes maneiras; e aí tento refiná-la e apresentá-la da melhor forma que eu puder. Eu coleciono melodias como uma abelha capta o pólen

– "The Night Has a Thousand Eyes", "Wise One", "Afro Blue". Ouvir uma pessoa que consegue descartar todas elas e oferecer algo que é 100% original – é por esse motivo que eu gosto tanto de Keith. O que ele faz glorifica a música: ele sobe ao palco sem saber absolutamente o que vai fazer.

Estudei e ouvi tantas fitas das bandas de Miles em torno dessa época que eu poderia apontar as diferenças no som de uma determinada música a cada nova execução. O ritmo era sempre flexível, e a música sempre parecia combinar com os instrumentistas. Quando Wayne Shorter estava com Miles, a música soava perfeita para os seus sopros. Quando chegou a vez de Bartz, ela soava muito confortável para ele também.

Miles tinha noção do que estava fazendo, mesmo quando não sabia de antemão o que iria acontecer. Ele tocava para um público jovem de rock, e sabia que estava levando sua música para o território deles, mas as bandas de rock não poderiam entrar no seu mundo do jazz. Ele não se sentia acanhado com isso. Eu o conheci naquele dia em Tanglewood, e acabamos ficando muito próximos. Mais tarde ele costumava me dizer: "Eu posso ir aonde vocês estão, mas vocês não podem vir até onde eu estou."

Miles estava certo. Nós não entendíamos harmônica ou estruturalmente o que ele e sua banda estavam fazendo. Aquilo era resultado de um trabalho de anos e anos. Eles tinham um outro tipo de vocabulário, originário de uma forma mais elaborada de expressão musical. Vinha de um lugar especial – de Charlie Parker, Dizzy Gillespie e John Coltrane – e, ao mesmo tempo em que estava profundamente enraizado no blues, estendia-se para os sons do funk e do rock. Na época, o som de Miles era um microscópio que mostrava tudo o que já havia acontecido no jazz, e um telescópio, que mostrava para onde a música estava indo. Tive a bênção de estar por ali e acompanhar essa música enquanto ela estava sendo produzida. Acho que se começarmos ouvindo a música que ele fazia quando tocava para Bill Graham nos Fillmores, poderemos perceber o quanto Miles ajudou as pessoas a expandir os limites de suas consciências – a música dele alargou suas mentes.

Há uma história que eu adoro contar sobre Bill e Miles, porque ela diz muito sobre cada um deles e sobre o seu relacionamento. Eu os chamo de anjos supremos, pelo que eles fizeram por mim e pelo impacto que causaram em minha vida – e porque o seu modo de viver foi um exemplo para todos. Ambos eram anjos, mas também tinham pés de barro. Eles eram patifes divinos.

Foi Bill quem me contou essa história pela primeira vez. Segundo Bill, depois de receber uma carta de Clive Davis pedindo que ele começasse a reservar shows de Miles no The Fillmore – aquele que chamou a Santana de imparável –, Clive delegou a Bill o trabalho de convencer Miles. Bill já adorava Miles, mas quem era capaz de dizer a Miles o que fazer?

A princípio, Miles não conseguiu se interessar pela ideia. Grande parte disso tinha a ver com o dinheiro. Bill ofereceu um tipo diferente de acordo, que ele estava acostumado nos clubes de jazz, onde tocava por uma semana inteira. Então Bill tornou a proposta financeira mais atraente para Miles. Bill também usou o argumento que Clive estava defendendo – que se tratava de um investimento no futuro. Se Miles tocasse no The Fillmore, seu nome estaria na marquise ao lado de bandas de rock, e ele estaria conquistando novos ouvintes – a multidão hippie. De imediato, poderia não significar muito, mas no ano seguinte ele teria o dobro ou o triplo de público e, em seguida, duplicaria ou triplicaria as vendas de seus discos.

Bill finalmente convenceu Miles, o colocou na programação, e disse: "Tenho essas datas livres, e você vai abrir o show para fulano de tal e sicrano de tal." Embora respeitasse Miles, o raciocínio de Bill era que ele não poderia deixá-lo ser a atração principal. Todos aqueles hippies que vinham para ouvir Neil Young, Steve Miller ou o Grateful Dead não ficariam ali por causa de Miles, e ele queria ter certeza de que eles ouviriam Miles. Ele queria que Miles fosse o primeiro para garantir uma plateia cheia, mesmo que parecesse que Miles estava abrindo o show deles.

Miles não conhecia aquelas bandas – ele não se identificava com o som que elas faziam, e, por alguma razão, não se via abrindo os seus shows. E aí, em sua primeira apresentação no Fillmore East, Miles chegou atrasado. *Realmente* atrasado. Neil Young era a atração principal, e Steve Miller também estava no programa. Miles chegou tão tarde que Steve Miller teve de tocar primeiro, e eles já estavam se preparando para pedir a Neil que subisse ao palco. Alguém conseguiu falar com Miles e fazer com que ele se apressasse para chegar ao clube.

Eu lembrava como Bill ficaria se uma banda se atrevesse a chegar atrasada – imóvel, com os braços cruzados sobre o peito. Quando Miles chegou, Bill olhou para o relógio e olhou para Miles. Miles ficou na dele – "E aí, Bill?" Miles sabia que Bill estava em suas mãos. Bill havia cometido o erro de lhe dizer que *Sketches of Spain* era o seu álbum predileto de todos os tempos, o álbum que ele levaria para uma ilha deserta. Quanto mais vermelho Bill ficava, mais calmo Miles se mostrava. Bill queria soltar aquela linguagem de Nova York na qual ele havia me educado, palavras especiais como *babaca*. Mas ele não podia. Aquele não era um grupo de rock adolescente. Aquele era Miles Davis.

Finalmente, Bill deixou escapar um comentário. "Miles – *você está atrasado!*" Miles olhou para ele com inocência e disse: "Bill, olhe para mim. Eu sou um homem negro. Você sabe que os motoristas de táxi não pegam pessoas negras na cidade de Nova York." O que Bill poderia dizer, certo? Enquanto isso, o Lamborghini de Miles estava estacionado na esquina. Provavelmente, àquela altura, Bill já sabia disso.

Depois de nos conhecermos em Tanglewood, passei a ver Miles quase todas as vezes que íamos tocar em Nova York, sentado bem na primeira fila, vestindo uma roupa chamativa, com uma bela mulher ao seu lado. Ele me convidava para sair – descobria onde eu estava, me rastreava, e o telefone tocava. "Eu já não disse para você nunca vir a Nova York sem me ligar primeiro?"

"Ei, Miles, como vai?"

"O que você está fazendo?"

O que eu estava fazendo? Eram 3 horas da manhã. "Ah, apenas me divertindo e aprendendo."

Miles também gostava de sair com Carabello – eles arrumavam um pouco de cocaína e entravam nessa onda juntos. Lembro que vários de nós, de ambos os grupos, estávamos hospedados em um hotel da 5th Avenue – Keith Jarrett, Shrieve e eu no elevador, segurando a porta e esperando por Miles e Carabello, que estavam no saguão, recebendo uma encomenda de um fornecedor. Nós já estávamos esperando há bastante tempo quando Shrieve virou-se para Keith e disse: "Como você lida com isso?" Ele queria saber como é que Keith aguentava toda aquela cocaína e as outras coisas mais. Keith respondeu: "Assim." Ele estalou os dedos. "Eu simplesmente desligo, como um botão." Lembro de ter pensado: "Uau!, que botão é esse?" Fiquei imaginando o que seria necessário para que eu conseguisse acabar com os papos sobre cocaína na banda Santana.

Finalmente, Miles e Carabello entraram no elevador, e, enquanto estávamos subindo, Miles olhou para mim e, do nada, disse: "Você precisa arrumar um pedal de efeito wah-wah... eu tenho um." Ele não estava querendo levantar nenhuma polêmica. O fato é que eu já tinha usado um wah-wah em algumas músicas da Santana, como "Hope You're Feeling Better", mas não era algo que estivesse sempre comigo no palco. Mas o tom empregado por Miles para dizer aquilo era mais ou menos este: "Vamos lá, se atualize, cara."

Miles tinha razão – Hendrix já havia usado, logo depois Clapton usou com a Cream, e Herbie Hancock tinha um em seu grupo. Depois de algum tempo, parecia que todas as bandas nos anos 1970 precisavam ter um pedal de efeito wah-wah e um clavinete ou algum tipo de piano elétrico. Obedeci Miles e comecei a usar um wah-wah em todos os meus shows. Lembro de ter olhado para Keith enquanto Miles me dava aquele conselho, e vê-lo apenas revirando os olhos.

Recebi inúmeros conselhos de Miles ao longo dos anos. Alguns anos mais tarde, depois de certo tempo sem nos apresentarmos em Nova York, ele me ligou. "O que vocês estão fazendo agora?"

Eu disse: "Estávamos em turnê, por isso decidimos fazer uma pausa, gravar um álbum, e nos reabastecer."

"Bem, não fiquem afastados demais. Vocês não podem perder o ímpeto. Vocês estão progredindo, então não fiquem longe do palco por muito tempo." Eu respondi: "Está bem."

Em outra ocasião, Miles me disse: "Vocês podem ir muito além de 'Black Magic Woman'."

"Obrigado, Miles. Vou me empenhar ao máximo." Não era uma bronca, era uma sugestão.

Sei que, em várias ocasiões, Miles não poupou esforços para me estender a mão e me ensinar o caminho das pedras, me dizer quando evitar alguma coisa, quando ficar longe disso e conferir aquilo. Não sei para quantos outros músicos Miles mostrou esse seu lado, mas tenho a sensação de que não foram muitos. Quanto mais coisas eu lia sobre Miles, e quanto mais eu conversava com outras pessoas a seu respeito, mais surpreso ficava com o fato de, às vezes, ele baixar a guarda e me dar orientações. Isto porque, normalmente, Miles poderia se tornar muito veemente, o que se somava à sua capacidade de decifrar os outros, e se ele percebesse que poderia montar em alguém, ele montaria psicologicamente nessa pessoa. Eu o vi fazer isso com muita gente.

Miles era capaz de ultrapassar os limites. Depois de se integrar à Santana, Armando Peraza me contou uma história. Armando era um cara durão – ele tinha chegado de Cuba nos anos 1940 e tocado percussão com Charlie Parker e Buddy Rich quase imediatamente depois de chegar à cidade de Nova York, e não tinha nenhum problema de ir à parte mais depauperada da cidade para pegar um dinheiro que alguém estivesse lhe devendo. Certa vez, Armando estava tocando com George Shearing no Apollo, e Miles também participava daquele programa. Tanto Miles quanto Armando eram franzinos – quando se conheceram, Miles começou a mexer com ele de sua maneira usual, e Armando o levou para um canto e lhe disse com aquele sotaque: "Não venha mexer comigo. Eu arrebento a sua fuça – você nunca mais vai tocar a porra de um trompete novamente." Posso visualizar o que Miles ficou pensando em um balãozinho sobre sua cabeça – "Chi! Esse filho da puta é mais maluco do que eu." Miles era inteligente – ele sabia quando recuar.

Eu gostava de usar a expressão "patife divino" para descrever Miles. Mais tarde, soube que mais ou menos nessa mesma época Gary Bartz bateu à porta do quarto de hotel de Miles e disse: "Miles, preciso falar com você. Não posso mais continuar tocando – esse tal de Keith Jarrett está fodendo com os meus solos, tocando tudo errado, nunca me dá nenhuma sustentação. Vou sair da banda, cara." Miles respondeu: "Está bem, entendi. Diga a Keith para vir aqui." Então, adivinhe o que ele falou para Keith? "Ei, Bartz acabou de me dizer que ele adora o que você está fazendo: invista um pouco mais nisso."

Às vezes, nós esbarrávamos um com o outro. Certa noite, eu estava nos bastidores do Fillmore East conferindo Rahsaan Roland Kirk tocando flauta em "My Cherie Amour", de Stevie Wonder. *Pá!* Alguém veio por trás de mim e me deu um peteleco na orelha, com toda a força. Na hora, eu pensei: "Cara, essa porra de Carabello..." Eu me virei para um lado e, *pá!*, outro peteleco, na outra orelha. Virei-me novamente e lá estava Miles correndo, quase chegando ao elevador. Ele percebeu que eu o tinha visto e voltou lentamente, arreganhando os dentes.

Ele perguntou: "O que você está fazendo, cara?" Eu esfreguei minha orelha. "Eu estava ouvindo Roland Kirk." Ele disse: "Não suporto esse crioulo." Ele usava esses termos pejorativos.

"Ah, é?"

"Ele toca umas coisas muito cafonas."

Fiquei pensando: "Tá, isso é entre vocês dois, porque eu gosto de *Volunteered Slavery*."

Miles era *totalmente* do gueto. Acho que ele não se importava muito com o que as outras pessoas pensavam dele ou das coisas que dizia, mas em vários momentos ele usava certas palavras apenas para provocá-las. Uma vez perguntei a Miles se ele gostava de Marvin Gaye. "Sim, se ele tivesse umas tetas, eu me casaria com ele." Ele chamava Bill Graham de Judeuzinho, e Bill só conseguia reagir assim: "Ah, Miles." Bill não aceitaria aquilo de mais ninguém – nem de Hendrix, nem de Sly, nem de Mick Jagger. Mais tarde, ele viria até mim e diria: "Você acredita no jeito que Miles fala comigo?" Eu sabia que por baixo daquilo havia um respeito mútuo, mas ainda não conseguia acreditar como aquele temperamento valentão de Bill poderia evaporar tão facilmente diante de Miles.

Talvez as pessoas sentissem inveja dele – e medo, inclusive. Algumas ficavam enfurecidas e magoadas. Outras achavam que Miles era agressivo com as pessoas brancas. Eu nunca vi isso. Eu achava que ele era, simplesmente, agressivo com todo mundo.

Nos bastidores do The Fillmore, resolvi mudar de assunto. *Jack Johnson* tinha acabado de ser lançado, e então eu disse: "Miles, cara, o seu novo álbum é incrível." Ele olhou para mim e sorriu. "E não é que é mesmo?"

Naquele verão de 1970, em Nova York, conheci mais dois heróis, ambos conectados com Miles – Tony Williams e John McLaughlin. Tony tinha tocado bateria com Miles durante a maior parte das mudanças sofridas na década de 1960, e em um álbum que eu amava, *In a Silent Way*. Ele estava liderando o seu próprio grupo, o Tony Williams Lifetime, com John McLaughlin na guitarra e Larry Young no órgão. Era como se todos os caminhos levassem a Miles – Larry e John também tinham tocado com Miles em *Bitches Brew*.

O Lifetime estava se apresentando no Slug's, um clube pequeno e decrépito no Lower East Side. Aquele lugar era como uma zona de guerra; nesse clube, o trompetista Lee Morgan levaria um tiro no ano seguinte, e eles fechariam as portas definitivamente. Eu estava caminhando pela Avenue A ou Avenue B, e alguns caras começaram a me avaliar, como se estivessem dizendo: "O que é que esse hippie esquisito está querendo por aqui?" John me contou que passou pela mesma situação – "Aonde você está indo, seu branquelo?".

"Vou tocar com Tony Williams."

"Tony Williams? Cara, vamos acompanhá-lo até lá. Você não pode andar sozinho por aqui. Eles vão roubar sua guitarra." A história de John me trouxe de volta a sensação que experimentei em São Francisco, quando o motorista de ônibus fez com que eu me sentasse ao seu lado naquela vez em que eu estava transportando minha guitarra. Todos nós temos os nossos anjos.

O show do Lifetime foi barulhento e extraordinário. Ele fritou o meu cérebro. Eu nunca tinha ouvido as ideias do rock e do jazz juntas com tanta intensidade e com um volume tão ensurdecedor quanto aquele. O Slug's era um local pequeno e estreito, e o Lifetime o preencheu com uma espiral de som. A Cream tinha aquele tipo de energia, mas não com as mesmas ideias ou os mesmos sons – não me surpreendeu nem um pouco que Jack Bruce, que tocava com a Cream, tenha se juntado ao Lifetime pouco tempo depois.

Os três tinham uma atitude que os fazia parecer agentes da lei. Era quase como se você não quisesse olhar para eles, porque eles eram muito... ameaçadores. John era excepcionalmente brilhante em sua forma de tocar, e sei que, assim como ele me assustava, tenho certeza de que assustava até mesmo Jimi Hendrix. Era como se disséssemos: "Puta merda, ele tem a desenvoltura de Buddy Guy *e* passeia pelo estilo de Charlie Parker." Não existem muitos músicos que conseguem tocar de forma tão rápida e tão profunda quanto ele. Até hoje, adoro fazer improvisações com ele, para então dar um passo atrás e ficar apenas ouvindo-o *soar*.

Conheci John no momento em que eles fizeram uma pausa, e ele me reconheceu imediatamente. "Santana? Prazer em conhecê-lo." Cerca de um mês antes, eu havia participado de um álbum de Wayne Shorter, *Super Nova*, que contava com Sonny Sharrock e John em algumas faixas, de modo que essa foi a primeira coisa que eu lhe disse: "Também adoro o que você faz em 'Follow Your Heart', de Joe Farrell, com Jack DeJohnette." Acho que ele ficou um pouco surpreso com o que eu estava ouvindo, e então me contou por quem *ele* se interessava: Coltrane, Wayne, Miles e Bill Evans – nessa ordem. Foi o que bastou para começarmos a trocar algumas ideias. Naquela época, John ainda não estava envolvido com Sri Chinmoy, mas a Mahavishnu estava prestes a surgir.

Naquela noite, não cheguei a conversar com Tony ou Larry, mas eu os conheceria mais tarde, juntamente com muitos outros músicos que tinham tocado com Miles, incluindo Jack DeJohnette. Foi Jack quem me disse ter sugerido a John que saísse de Londres e se mudasse para Nova York – na época, John, assim como Jimmy Page, trabalhava como guitarrista contratado, e Jack o ouvira tocar em alguns lugares. Porém, eu sempre quis saber o que levara Tony a abandonar Miles, já que esse parecia o trabalho perfeito para ele, e como foi que, em seguida, Miles usou sua nova banda – John e Larry Young, sem Tony – em *Bitches Brew*.

Nunca perguntei nada disso a Tony, mas acho que posso inferir quais foram as razões ao ouvir a gravação de um show ao vivo realizado no Jazz Workshop, em Boston, em 1968, não muito tempo depois de ele ter tocado com Miles em *In a Silent Way*. Soa quase como se ele estivesse tendo um acesso de raiva na bateria – como se fosse uma criança arremessando ao chão as coisas que estão em sua cadeira de bebê. Enquanto isso, Miles continuava na dele, e Wayne e Chick também. Eu o teria demitido. Realmente, não sei o que pode ter acontecido para levar alguém a fazer isso, mas ele, certamente, estava mandando uma mensagem clara.

Tony precisava ter sua própria banda – algo que eu observaria várias vezes em outros grupos, e na Santana também.

A primeira vez que Jimi Hendrix e eu realmente nos falamos como músicos foi em agosto, em Bay Area, embora aquela não fosse a primeira vez que nos encontrávamos. Em 1967, uma semana depois de a nossa banda ter sido demitida por Bill por chegar atrasada, Carabello conseguiu, de alguma forma, fazer com que entrássemos naquele show do The Fillmore para conhecer Hendrix. Estávamos tentando nos esquivar de Bill, e não tínhamos nenhum dinheiro – conseguimos entrar exatamente quando a passagem de som estava começando. De qualquer maneira, Bill não iria se importar muito, porque ele estava mais ocupado com os amplificadores que não funcionavam. Tudo estava dando microfonia, guinchando como se fossem porcos eletrocutados. Finalmente, eles conseguiram consertar, e nós ficamos nos bastidores, pouco antes de a banda entrar. Jimi e eu não havíamos dito nada um ao outro, a não ser nos cumprimentado, e de repente todo mundo foi ao banheiro – *todo mundo*. Alguém disse: "Ei, cara, está a fim de se juntar a nós?" Eu era jovem, mas sabia o que eles iam fazer. "Não, cara. Não estou a fim de cheirar cocaína."

"Tem certeza? É do Peru, muito boa."

"Vá em frente, cara. Eu já estou legal."

Foi quando comecei a usar o meu mantra em relação aos excessos de tais celebrações. "Eu já estou legal, cara. Não quero ir além disso."

E então Jimi tocou – e os dois shows daquela noite foram incríveis. Eu não conseguia acreditar – o modo como ele obrigava sua guitarra a produzir aqueles sons. Já não soava mais como cordas e amplificadores – seu som era intergaláctico, com frequências espectrais que vinham das notas, mas que resultavam em algo muito maior do que isso. Às vezes, parecia o Grand Canyon gritando.

Fiquei pensando: "Puta merda." Gábor também estava naquele programa, e naquela primeira noite seu som pareceu bom, mas tenho certeza absoluta de que Gábor nunca mais iria querer que Hendrix abrisse um show seu novamente. Foi ele quem me disse isso quando moramos na mesma casa por um tempo, em 1971, e quase lançamos uma banda juntos. Este era o impacto de Hendrix – ele surgiu e atravessou o cenário como se fosse um conquistador empunhando sabres de luz e raios lasers, armas que ninguém nunca tinha visto ou ouvido antes. Eu o assisti cerca de sete vezes no total, e aquela noite foi sensacional. Mas nenhum show de Hendrix superou o que eu o vi fazer em uma feira no condado de Santa Clara, em San Jose, em 1969. Nunca o ouvi se saindo melhor do que aquilo.

A segunda vez que nos encontramos foi em meados de abril de 1970, na cidade de Nova York. Devon me ligou do saguão do nosso hotel e disse: "Desça. Quero que você venha comigo a uma festa."

"Que festa?" Pensei que estivéssemos indo a algum outro lugar, ouvir um pouco de música.

O tom universal

"Cara, desça de uma vez – vamos a uma festa de Jimi Hendrix. Ele está gravando."

Aquilo me pareceu muito estranho. "Ele está gravando e dando uma festa? Quando estou gravando, não quero ninguém no estúdio." Devon apenas riu. "Vamos lá, não seja tão careta. Nós agimos de forma diferente aqui em Nova York." Devon tinha me levado para ver o filme sobre Woodstock no dia anterior, e agora estávamos indo ao Record Plant. Tudo bem, por que não?

Entramos em um táxi e chegamos ao estúdio exatamente no mesmo instante em que Jimi chegava com uma mulher loira que, da última vez que eu a tinha visto, estava com Tito Puente. Mundo pequeno. Jimi abriu a porta para nós e olhou para mim. "Santana, não é?"

"Sim. Como vai?"

Ele pagou os dois táxis, e em seguida olhou para mim. "Cara, eu gosto da forma como você escolhe as notas", disse ele, com um sorriso.

Naquele momento, respondi com a melhor coisa que me passou pela cabeça. "Que bom, obrigado, cara."

Entramos no estúdio, e o local estava abarrotado de gente. "Ei, como você está?... O que está rolando?... Como vão as coisas, cara?" Conforme avançávamos pelo corredor que ligava a porta de entrada ao estúdio, reparei que havia um bufê de drogas dispostas sobre uma mesa – isto é, haxixe, maconha, cocaína. Falando sério – era um bufê. Jimi estava à minha frente, passando as mãos sobre as coisas, recolhendo amostras do material. Ele olhou para mim e disse: "Sirva-se, cara."

"Obrigado – só vou fumar um baseado. Já está ótimo; obrigado."

Jimi e seu engenheiro de som, Eddie Kramer, deram início aos trabalhos imediatamente, falando em recomeçar de onde haviam parado na noite anterior, tocando uma música chamada "Room Full of Mirrors". Fiquei olhando e ouvindo, me perguntando como eles fariam aquilo no estúdio – o que eu poderia aprender? Eles colocaram a música para tocar, e eu ouvi Jimi cantando: "I used to live in a room full of mirrors / All I could see was me..." Então Eddie disse: "Vá em frente, Jimi, sua parte está chegando." Eles estavam fazendo uma sobreposição de sons, em um trecho que deveria conter um glissando na guitarra. Jimi começou a tocar, e durante os oito primeiros compassos ele conseguiu acompanhar. No décimo segundo compasso, já não tinha mais nada a ver com a música. Não haveria nenhum problema se ele estivesse apenas investindo livremente em uma levada, mas aquela era uma canção com uma determinada estrutura. Fiquei olhando em volta para perceber como as outras pessoas reagiam àquilo. Eddie parecia preocupado, e, de fato, parou a gravação, mas Jimi continuou tocando – cada vez mais fora da música.

Jimi estava de costas para a janela da sala de controle. Eddie pediu a um dos seus assistentes para ir falar com ele, e eu juro que o cara teve de fazer força para afastá-lo da guitarra e do amplificador. Ele levantou Jimi, e quando ele se virou – eu não estou brincando – parecia possuído por um demônio. Era quase como se ele estivesse tendo um ataque epiléptico – espumando pela boca, com os olhos vermelhos como rubis.

Lembro que a experiência toda me exauriu – e que um sentimento de dúvida me invadiu: "É assim que tem que ser feito? Tem que haver uma maneira melhor."

A última vez que encontrei Jimi foi algumas semanas depois, na Califórnia, quando ele tocou no Berkeley Community Theatre. Ele tinha feito uma mudança no baixo e estava trabalhando com Billy Cox, e não mais com Noel Redding. Nós assistimos ao show e fomos encontrar Jimi no seu hotel. Algo me dizia que Jimi estava precisando de ajuda, e então decidi que deveria levar a medalha de ouro que eu costumava usar em volta do pescoço e que minha mãe tinha me dado quando eu era bebê – o tipo de medalha que todas as mães mexicanas dão aos seus filhos em busca de proteção: Jesus de um lado, e a Virgem de Guadalupe do outro. Fiquei pensando em pegar a mão de Jimi, colocar nela a medalha e dizer: "Isto é para você – use-a, porque acho que você pode usá-la." Quando chegamos lá, Jimi abriu a porta e eu pude constatar que ele já estava usando seis ou sete daquelas medalhas, e aí resolvi deixar a minha no meu bolso.

Poucos meses depois, a Santana estava tocando em Salt Lake City, quando ficamos sabendo que Jimi havia morrido. Naquela noite, foi possível ouvir o barulho das descargas de todos os banheiros do nosso andar do hotel – as pessoas estavam se desfazendo de todas as suas drogas, bastante chateadas com a notícia de que ele tinha tido uma overdose. Fosse ou não verdade, ele era o primeiro da nossa geração a partir, e tínhamos certeza de que as drogas tinham algo a ver com aquilo. Foi assim que equacionamos a questão. "Essas drogas do caralho, cara."

Acho que ninguém passou pelos anos 1960 sem consumir algum tipo de droga. Acredito, também, que ninguém passou pelos anos 1960 sem sofrer alguma mudança – mas algumas pessoas mudaram um pouco rápido demais. Quem poderá dizer a um jovem de 21, 22 ou 23 anos para maneirar? Naquele ano, eu completei 23, e parecia que todos os planetas estavam se alinhando, e que havíamos presenciado uma explosão divina. O filme sobre Woodstock foi lançado, e algumas semanas depois, em setembro, *Abraxas* também, e ele subiu nas paradas mais rápido do que o nosso primeiro álbum. Todas essas correntes estavam se formando ao mesmo tempo, criando um rio que ficava cada vez maior e mais violento. Comecei a ver bandas de rock, além de alguns grupos de jazz, incorporando congas e tímpanos e integrando-os ao seu som. As celebridades apareciam em todos os lugares em que tocávamos – astros, astros, astros. Mick Jagger nos viu em Londres. Paul McCartney esteve no L'Olympia, em Paris, e então eu fiz uma citação a "The Fool on the Hill" no meio de "Incident". Raquel Welch se sentou na primeira fila do Hollywood Bowl. Miles e Tito Puente iam aos nossos shows em Nova York e ficavam pendurados no balcão.

Todo mundo queria tirar uma lasquinha da Santana – que fôssemos para a televisão, que participássemos de vários projetos. No fim de 1970, tocamos no *Tonight Show*, apresentado por Johnny Carson, e participamos do *The Bell Telephone Hour*, com Ray Charles e a Filarmônica de Los Angeles. Foi nessa mesma época que os Rolling Stones nos pediram para participar de *Gimme Shelter*, o documentário sobre Altamont, e tivemos de dizer não.

Abraxas estava chegando à marca de mais de 3 milhões de cópias vendidas apenas naquele ano. "Black Magic Woman" era uma das dez músicas mais executadas nas rádios pop, e todas as estações de rock FM clandestinas estavam tocando *muito* o álbum. Quando ouvi "Samba Pa Ti" no rádio pela primeira vez, tudo simplesmente congelou. Eu estava em casa, observando as luzes que brilhavam a distância, sem sequer me preocupar em focá-las, apenas ouvindo. Foi bom sair de mim mesmo e somente ouvir as notas, que soavam como uma outra pessoa tocando linda e afetuosamente. Ao mesmo tempo, eu sabia que era eu – era mais *eu* do que qualquer outra coisa que eu já havia gravado antes. Aquela introdução do "Samba" me fazia pensar: "Uau! Posso ouvir minha mãe falando, ou meu pai contando uma de suas histórias." É uma história sem palavras que pode ser tocada e compreendida pelas pessoas, não importa onde elas estejam – Grécia, Polônia, Turquia, China, África. Na verdade, foi a primeira vez que não me senti desconfortável nem estranho ao ouvir a mim mesmo.

Aquele ano foi conturbado, e o prognóstico de Bill estava certo – quando a questão financeira se tornou mais séria, tudo ficou mais sério, e começaram a acontecer alguns choques de ego na banda. As pessoas começaram a mudar. Stan Marcum se convenceu de que deveria fazer parte da banda, tocando flauta. Mais ou menos na mesma época, ele também solicitou uma reunião da banda com Bill, basicamente para criticar Bill pelo fato de ele estar ganhando muito dinheiro e para definir claramente quem era o empresário da banda. Era como se ele estivesse querendo delimitar uma área de atuação. Bill assumiu o comando da reunião desde o início. Ele estava preparado – havia organizado uma longa lista de todos os shows, turnês e apresentações na televisão que tinha conseguido para nós, e todas as outras coisas que fez para nos incentivar, e que estavam além de suas obrigações – como um espaço gratuito de ensaios e a ideia de gravar "Evil Ways". Era óbvio que Stan nem se comparava a Bill, mas, ainda assim, sentimos que precisávamos escolher entre Bill e Stan. Eu não disse nada. Bill poderia ter dito apenas uma coisa: "Woodstock."

Bill tinha feito coisas para nós que nem sequer sabíamos, e das quais só tomaríamos conhecimento anos mais tarde. Quando estávamos negociando nosso primeiríssimo contrato com a Columbia, Bill e seu advogado fizeram uma análise, por algum motivo eles inseriram uma cláusula em letras minúsculas na parte de trás – algo no sentido de que se a Columbia lançasse novamente nossas músicas em formatos diferentes, o percentual de direitos autorais permaneceria o mesmo dos lançamentos originais. Quando os CDs se tornaram populares nos anos 1980, a Santana começou a receber cheques com muitos zeros, provenientes das vendas dos antigos álbuns do nosso catálogo, e quando *Supernatural* foi lançado mundialmente em 1999, a mesma coisa aconteceu. É um presente que ainda continua rendendo frutos – obrigado, Bill.

No fim de 1970, Neal Schon já estava andando conosco há algum tempo, participando de improvisações. Tanto Neal quanto eu tocávamos uma Gibson Les Paul, mas nossas assinaturas eram diferentes – de modo que isso não era um problema. Eu comprei uma Les Paul para substituir a SG vermelha que eu tinha usado em Woodstock e que, àquela altura, já estava quebrada.

Eu gostava da destreza de Neal, e ele exibia muito vigor para alguém tão jovem, mas de um jeito modesto. Ele soava muito bem em algumas de nossas músicas, e nós começamos a pensar em onde inserir os solos, para que não tivéssemos dois solos de guitarra um em seguida do outro. Quando Gregg solava, eu compunha alguma coisa para estimulá-lo, e Neal era capaz de criar suas próprias coisas e encontrar o seu caminho dentro disso.

Ter Neal tocando ao meu lado me fez refletir sobre as bandas das quais eu gostava que tinham dois guitarristas e sobre o modo como eles trabalhavam juntos – The Butterfield Blues Band contava com Bloomfield e Elvin Bishop. A Fleetwood Mac tinha *três* guitarristas naquela época – Peter Green, Jeremy Spencer e Danny Kirwan. Eric Clapton estava com uma nova banda, a Derek and the Dominos, com Duane Allman em algumas das músicas.

Em novembro, Clapton chegou a São Francisco com a Dominos, e como era Bill quem estava promovendo suas apresentações, ele organizou um encontro especial para todos nós no Wally Heider Studios. Estávamos todos lá com Neal, e quando Eric apareceu, o único problema é que eu estava viajando, muito fora do ar para participar de qualquer improvisação. Eu disse a mim mesmo: "É melhor você se retirar e ficar apenas aprendendo." Eric tinha ouvido falar de nós e se mostrou muito atencioso ao ir até o estúdio e passar um tempo conosco. Todos nós nos divertimos, e eu gostei de Eric – me senti confortável ao seu lado, porque poderia dizer que vínhamos do mesmo lugar.

Em seguida, ficamos sabendo que Clapton tinha convidado Neal para se juntar à Dominos, o que me fez pensar que, se quiséssemos manter Neal com a gente, tínhamos apenas uma escolha. Era bom ter outra linha melódica forte na banda, e eu não me sentia ameaçado com a ideia – não fiquei paranoico nem excessivamente orgulhoso de ter outro guitarrista conosco. Foi uma decisão minha convidá-lo para se juntar a nós, depois de falar com o restante da banda. Neal aceitou, e em dezembro ele já fazia parte da Santana.

Sei que várias pessoas têm suas próprias percepções sobre o fato de a Santana estar precisando ou não de outro guitarrista. Lembro que Miles tinha sua própria opinião sobre isso – um dia, quando estávamos na sede da CBS, subindo de elevador, ele a externou mais uma vez: "Por que você fez isso? Você não precisa dele." Poucos anos depois de afirmar isso, Miles estava com duas guitarras em sua própria banda – Reggie Lucas e Pete Cosey, e depois, nos anos 1980, ele passou a contar com John Scofield e Mike Stern juntos. Só estou comentando, sabe?

Além disso, Miles não tinha como saber que estávamos preparando algumas músicas novas, como "Jungle Strut", de Gene Ammons, que estaria no álbum seguinte e que eu queria tocar com dois guitarristas. Convidei Neal para fazer parte da banda não porque estivesse pensando em quem tocaria tal e qual parte, ou porque isso me deixaria um pouco mais disponível – tinha muito mais a ver com o acréscimo de mais chamas à banda, com o som e a energia que alcançávamos juntos. O fogo que Neal trouxe era de um calor branquíssimo.

O ano de 1970 terminou com a Columbia prestes a lançar "Oye Como Va" – e estávamos nos preparando para voltar ao estúdio em janeiro, para trabalhar nas canções do próximo álbum. Continuávamos seguindo em frente, fazendo shows, sem diminuir o ritmo. Algumas vezes, a energia era enlouquecedora, e podíamos nos mostrar um tanto pretensiosos na Santana, mesmo antes de estourarmos.

Às vezes, tudo se resumiria a trotes e brincadeiras: uma vez, Carabello, que sempre se comportava como um bobalhão, derramou milk shake de morango em cima do penteado colmeia de uma pobre garçonete. Ficamos sabendo, também, que Chepito era meio maluco – ele sempre usava longas capas de chuva com muitos bolsos internos, e sempre os enchia com amostras grátis e outras coisas mais que encontrava pelo caminho – sabonete e xampu, toalhas, e até mesmo utensílios de prata.

Certa vez, ele comprou uma mala enorme e a encheu com todos os tipos de bobagens. Nós perguntamos: "O que você está fazendo?"

"Vocês não entenderam? Eu sou o Robin Hood da Nicarágua. Estou levando aos pobres algumas coisas que peguei dos gringos brancos."

"Está bem, mas papel higiênico e lâmpadas?"

Em outras ocasiões, as pessoas faziam coisas idiotas que realmente nos colocavam em apuros. Uma vez, pousamos no aeroporto internacional de

Los Angeles na mesma semana do lançamento de *Abraxas*, e Chepito estava carregando uma caixa com vários álbuns. Seu casaco fez o detector de metais disparar, e eles perguntaram: "Certo, o que é que tem dentro dessa caixa?" Ele respondeu: "Explosivos." *Bam!* A segurança do aeroporto o algemou e o rebocou para longe, e realmente o fez passar por maus bocados. Sabíamos que aquilo iria demorar algum tempo, e por isso seguimos para o hotel, enquanto Ron ficou esperando. Os seguranças finalmente liberaram Chepito quando ele lhes falou que estava se referindo ao fato de a música ser explosiva – "Cara, é o novo álbum da Santana". De fato, ele tinha passado dos limites, mas nunca quis recuar de sua lógica. "É explosivo, cara."

As coisas estavam acontecendo rápido para nós, e era inevitável que as drogas ficassem cada vez mais acessíveis quanto mais sucesso fazíamos – nem sequer tínhamos que procurá-las; elas é que vinham até nós. Não posso negar que as drogas tinham muito a ver com o ambiente no qual a Santana se formou, mas meu pensamento sempre foi que nada daquilo importava para mim, desde que a música continuasse no mais alto nível em que ela precisava estar. "Não percam isso de vista, porque foi isso que nos trouxe até aqui", eu costumava dizer à banda.

O verdadeiro problema era a heroína – alguns integrantes da Santana e outras pessoas à nossa volta vinham usando, e ela *estava* começando a atrapalhar nossa música. Estávamos tocando muito, mas não estávamos nos reunindo, ensaiando e pensando em canções, em melodias e nas participações de cada um, como vínhamos fazendo até alguns meses antes. Algumas pessoas não conseguiam lidar com o momento que a banda estava vivendo. Eu acordava com pesadelos, suando frio – que estávamos programados para tocar para cinquenta mil pessoas, e elas estavam nos esperando há vinte minutos... 25... *meia hora*, e nós ainda não estávamos prontos para tocar porque alguns de nós estavam na merda. Eu falava o tempo todo sobre essa imagem para o restante da banda. "Cara, eu continuo tendo esse mesmo pesadelo. Primeiro ele me deixou em alerta, depois passou a me preocupar, e agora está me irritando pra caralho!"

Eles olhavam para mim como se dissessem: "Quem é você para nos dizer isso? Você está fazendo o mesmo tipo de coisa – fumando maconha à beça e misturando com LSD." Eles tinham certa razão – eu realmente não estava em condições de tocar em Woodstock, mas pelo menos eu estava com a cabeça suficientemente no lugar para orar a Deus e implorar que Ele me ajudasse. Eu respondia: "Tá, cara, mas eu não sou incoerente. Essas coisas não vão me atrapalhar." Sempre senti que a heroína e a cocaína eram mais do que incontroláveis – elas eram destrutivas. Essa é a melhor maneira de colocar a questão.

Eu não era nenhum santo nesse aspecto. Experimentei heroína algumas vezes – a primeira, porque algumas pessoas da nossa equipe estavam se picando e me perguntaram se eu queria experimentar, e foi realmente incrível. Experimentei uma segunda vez, e foi muito, muito incrível. Fiquei tocando a noite toda, tomando água e pensando: "Uau, isso é fácil, é fácil tocar neste estado." Parecia que as preocupações e os medos simplesmente desapareciam, e eu ficava superdescontraído, apenas curtindo aquele momento.

A onda era imediata, e não me fazia vomitar. Eu ia até a guitarra, e quando dava por mim estava tocando por tanto tempo que meus dedos tinham ficado pretos por causa das cordas – e não estavam doendo. Tocar depois de injetar heroína era muito sedutor e ilusório – enquanto você estava sob o efeito da droga, parecia alcançar uma facilidade de articulação em um nível muito superior ao já conhecido. Você podia passear para cima e para baixo no braço da guitarra, sem errar uma coisa sequer – isso é o que você achava. Mas, no dia seguinte, bastava ouvir a fita que tinha sido gravada para perceber que você estava enganado. A heroína faz isso com você.

Foi importante para que eu ficasse sabendo, para que eu soubesse mesmo, que nunca precisaria de heroína para entrar naquela espécie de transe com minha guitarra. Em um dia qualquer, posso estar tocando e olhar para baixo uma hora depois e reparar na baba dependurada do meu lábio caindo na minha camisa – eu fico eufórico a esse ponto quando toco. Olho para mim mesmo quando isso acontece e penso: "Isso é ótimo – é um sinal de grandeza." Mas eu tento não fazer isso no palco.

Na terceira vez em que estava me preparando para me picar, eu estava em um banheiro com um cara que não conseguia encontrar minha veia. Pela graça de Deus, assim que ele encontrou um lugar para me furar, a porta do armário de medicamentos abriu sozinha e o espelho girou e parou bem diante do meu rosto. De repente, consegui me enxergar de perto, e eu parecia o lobisomem em um daqueles filmes que passam de madrugada na televisão. Eu reagi: "Puta merda" – aquilo realmente me assustou.

Eu disse: "Espere, espere."

"Não, tá tranquilo, eu achei."

"Não. Por favor, tire o elástico. Não coloque isso em mim. Pode ficar com a minha parte." Ele ficou olhando para mim. "Sério, eu não estou a fim."

Alguma coisa na maneira como o espelho se abriu e o aspecto do meu rosto refletido nele me disseram, de uma vez por todas, que a heroína não era para mim, e que eu nunca mais iria mexer com isso. Graças a Deus, eu ainda não tinha me viciado, e não precisei mais usá-la. Sou muito bom em ouvir os sinais, e aquele me pareceu muito mais do que um presságio. Eu realmente entendi a mensagem: a heroína e a cocaína não são para você.

Assim, eu sabia qual era a sensação provocada pela heroína e por que as pessoas a usavam – mas no fim de 1970 eu já não conseguia mais suportar o que estava acontecendo com alguns dos integrantes da banda e o quanto isso estava afetando nossa música. Havia mais brigas e discussões do que música sendo produzida – parecia que a alegria de fazê-la estava indo embora. Estar no palco com a Santana era como estar em um time de futebol, mas quando você começa a jogar a bola e os mesmos caras insistem em deixá-la cair, então isso passa a desgastar todo mundo, e você consegue perceber as coisas desmoronando. Mas todas as vezes que eu comentava esse assunto, as pessoas negavam, e se eu falasse qualquer coisa sobre drogas, elas reagiriam como se eu estivesse com um enorme termômetro na mão e quisesse enfiá-lo na bunda de alguém. Elas olhariam para mim e diriam: "Não há nada de errado conosco; o que há de errado com você?" Era frustrante – parecia que não havia nenhuma maneira de vencer essa situação.

Na noite de ano-novo tocamos em um festival no Havaí e tivemos alguns dias de folga. Na manhã seguinte ao show acordei por volta das 5h30, na casa em que ficamos hospedados, à beira da praia. Ainda estava escuro, mas eu não conseguia dormir, e então fui acordar Carabello. Eu disse: "Michael, preciso da sua ajuda, cara. Eu preciso que você acorde e vá dar uma volta comigo." Ele percebeu que eu estava falando sério. Começamos a andar pela praia, e ele ficou me ouvindo.

"Você e eu demos início a esta coisa, cara. Mas algo precisa mudar, porque não estamos fazendo nenhum progresso – nossa atitude está piorando em relação à música. Estamos ficando muito arrogantes e agressivos. Atualmente, tem sido uma dificuldade até mesmo negociar as nossas idas ao estúdio, e se eu estou sentindo isso, sei que os outros também devem estar sentindo a mesma coisa. Este carrossel não vai nos levar a lugar algum, e sinto que não estamos criando uma música que tenha a mesma força daquela que fazíamos no começo.

"Olha, eu estou nessa e estou com todos vocês – sou parte disso, mas quero mudar. Quero que voltemos ao modo como começamos, ensaiando novas músicas e experimentando coisas diferentes. Quero trazer aquela alegria de volta. Mas se as coisas não mudarem, talvez eu tenha de deixar a banda.

"Eu preciso da sua ajuda, cara. Acho que precisamos ter uma reunião, trazer isso à tona e conversar sobre isso, e enfrentar esse problema tão sério."

Até hoje, Carabello e eu ainda falamos sobre aquela conversa. Ele a mencionou recentemente, lembrando que eu o acordei e o levei para dar uma volta. "Você realmente tentou nos alertar sobre mudar o nosso rumo, antes que nos espatifássemos contra a parede ou despencássemos em um precipício. Você estava certo."

Naquela manhã, na praia, Carabello olhou para mim e disse: "Está bem, cara. Vamos cuidar disso." Mas muito tempo se passou até que começássemos a fazê-lo.

CAPÍTULO 12

Eu com minha camiseta de Jesus, Gana, 6 de março de 1971

Quero falar sobre a África. Eu só estive lá algumas vezes, mas cada vez que vou a primeira coisa pela qual o meu corpo fica ávido são os ritmos – ouvir a música e observar os dançarinos. Isso está relacionado às conexões entre nós e o lugar de onde viemos. Até hoje, a música africana é o primeiro dos meus desejos. Eu nunca me canso dos ritmos, das melodias, das segundas melodias, das cores, da forma como a música pode mudar subitamente o meu estado de espírito, passando da leveza e da alegria para a melancolia. Quando as pessoas me perguntam, digo que tocamos 99,9% de música africana. É isso o que a Santana faz.

Ralph J. Gleason publicou uma crítica do nosso álbum Santana III *na* Rolling Stone *– tudo o que foi dito por ele estava correto. Ele disse que os ritmos que usamos deveriam ser colocados sob um microscópio para que as pessoas pudessem identificar como cada um deles nos remetia à África. Na minha mente, posso visualizar um mapa que mostra como é possível rastrear todos os ritmos que temos aqui nos Estados Unidos, passando por Cuba e outras partes do Caribe e da América Latina, até chegar a diferentes regiões da África. Como era a rumba antes de ser uma rumba? O* danzón? *A bossa nova? O bolero?*

Talvez a música nem sempre se encaixe tão bem em mapas, mas eu gostaria que alguém tentasse fazer isso. Alguns lugares precisam ocupar um espaço maior no mapa do que realmente têm, porque eles são mais importantes do que as pessoas pensam – Cuba, Cabo Verde. É uma loucura – Cabo Verde fez nascer a música do México e de toda a América do Sul, especialmente do Brasil. Quando ouvimos um certo tipo de romantismo na música – o bolero, o danzón, *o cha-cha lento – tudo isso veio daquela pequena ilha. Seria preciso, também, trazer o foco para a Colômbia, com aquelas* cumbias *fantásticas que Charles Mingus gostava de tocar. E, então, existem os shuffles do Texas, Mississipi e Memphis, e todos aqueles ritmos de rua de Nova Orleans. Seria fascinante ver para onde as setas apontam.*

O tom universal

Eu gostaria que houvesse uma escola aqui que ensinasse apenas uma coisa: a ter um pouco de humildade e reconhecer que a África é importante e necessária para o mundo – e não apenas por causa de sua música. Quando se trata de música africana, eu só tenho o que aprender. Acho que já surpreendi algumas bandas africanas por ser capaz de acompanhar sua música – seria impossível que isso não acontecesse, pois aquelas levadas são muito boas!

Só mais uma coisa sobre a África: um dos maiores elogios que já recebi não foi em uma cerimônia de premiação, mas de Mory Kanté. Ele é um grande cantor e guitarrista do Mali. Eu amo, amo, amo sua música. Ele participou do show "Dance to the Beat of My Drums" que fizemos com Claude Nobs em Montreux. Eu estava na minha sala de afinação, e um cavalheiro africano entrou e disse ser o representante de Mory, e que Mory pedia desculpas por não falar inglês, mas que tinha uma mensagem para me dar. Ele transmitiu a mensagem na língua deles, e então traduziu: "Mory pede para dizer que você está de barriga cheia, mas mesmo assim está sedento para alimentar as pessoas."

"Tudo bem, obrigado!"

Então o homem fez uma reverência e saiu.

Uau! Soou como um grande elogio. Vou aceitar.

Se a música é de muitos lugares, ela também é de um só lugar, e a Santana não poderia ter acontecido sem São Francisco. Se fosse necessário encontrar um bom baixista, alguém sempre conhecia alguém, ou talvez ficássemos sabendo de um novo pianista ou baterista, ou algum grupo que era preciso conferir. Meu próprio irmão Jorge estava lançando sua banda, The Malibus, e construindo sua reputação como guitarrista – depois eles mudaram o nome para Malo e fizeram sua própria mistura de rock, ritmos latinos e letras em espanhol. Poucos anos depois, alguns músicos da Malo passariam a integrar a Santana, assim como certos instrumentistas da Tower of Power, a grande banda de sopros de Oakland. Ainda hoje, presto atenção nas bandas locais para encontrar pessoas que possam entrar na Santana.

É assim que as coisas fluíam em São Francisco. A Santana nunca foi exclusiva – como muitas bandas, nós tocávamos, fazíamos improvisações e gravações em estúdio uns com os outros, e encontrávamos novas ideias e pessoas com quem continuar caminhando. Assim como Neal foi entrando aos poucos na banda, estávamos abertos para pensar na possibilidade de tocar e gravar com outros músicos. Também estávamos abertos a ter outras pessoas como vocalistas principais além de Gregg – como fizemos em "Oye Como Va".

Tudo isso aparece em nosso terceiro álbum. Começamos as gravações em estúdio de *Santana III* no início de 1971. Rico Reyes retornou para cantar outra canção em espanhol, "Guajira", na qual Mario Ochoa tocava piano. Tivemos os sopros da Tower of Power em "Everybody's Everything", que se tornou o primeiro single do álbum em meados daquele ano. Abrimos as portas e convidamos Luis Gasca para tocar em "Para Los Rumberos", outra canção de Tito Puente que queríamos regravar. Fizemos a nossa versão de "Dance to the Music" – cantamos os nomes de Carabello, Chepito e o meu antes de executar as nossas partes. Greg Errico, da banda de Sly, e Linda Tillery, da The Loading Zone, tocaram percussão em algumas músicas, e tivemos Coke Escovedo tocando percussão em todo o álbum.

Coke chegou e desde o primeiro momento acrescentou tanto às gravações em estúdio que tivemos de lhe dar o crédito pela inspiração que trouxe para aquele álbum. As raízes de Coke são mexicanas, e ele tinha tocado com Cal Tjader antes de tocar conosco. Ele é um dos famosos irmãos Escovedo – a família inteira se dedica à música. Seu irmão Pete também toca percussão, e é o pai de Sheila E. Os irmãos tinham um grupo de jazz latino juntos, que tocava em toda a cidade, e em 1972 eles formaram o Azteca, o grupo de rock-jazz latino no qual muitos músicos começaram. Coke ajudou a escrever "No One to Depend On", o segundo single do *Santana III*, e passou a excursionar conosco.

O desafio do terceiro álbum foi encontrar novas melodias e novas ideias que se encaixassem ao nosso som. Exigíamos mais de nós mesmos, porque, durante mais algum tempo, ainda estaríamos naquele ponto em que conseguiríamos nos comportar como uma unidade. Estávamos ensaiando, e, de repente, alguém diria: "Ei, tenho uma ideia", e a executava, ou alguém começava a tocar uma música latina ou um riff de B. B. King que tinha ouvido e nós descobriríamos nossa interpretação pessoal naquele exato momento. A música "Batuka" veio de um arranjo musical que Zubin Mehta nos enviou para tocar com a Filarmônica de Los Angeles no programa de televisão *The Bell Telephone Hour*. A peça tinha sido composta por Leonard Bernstein como "Batukada", e é uma partitura enorme; nós ficamos olhando para ela como se fôssemos macacos tentando decifrar um projeto para a construção de um computador! "Que porra é essa?" Mas nós gostamos do nome, e por isso o abreviamos para "Batuka" e dissemos: "Vamos fazer uma coisa nossa, cara." Foi assim que a música surgiu – simplesmente baseada no nome da partitura que Mehta nos mandou.

Essa também foi a forma como conseguimos chegar a "Toussaint L'Ouverture" no estúdio. Foi uma das últimas coisas que fizemos com Albert Gianquinto. "Everybody's Everything" teve como inspiração uma canção de 1966 chamada "Karate", do grupo vocal de R & B The Emperors – com um gancho excelente, que não saía da minha cabeça. Eu tinha escutado a música uma vez no rádio, e alguns anos depois eu estava na Tower Records, onde costumava fazer algumas pesquisas, comprando antigos sucessos das décadas de 1950 e 1960 em discos de 45 rpms. O disco ainda estava à venda, os funcionários o colocaram para tocar e eu fiquei pensando: "Caramba – isto é como um hillbilly negro, um tipo de música para dançar quadrilha", e adorei.

A canção era sobre um novo tipo de dança, mas a Santana não tinha a ver com isso, e então eu deleguei a tarefa aos advogados, que chamaram os dois caras que escreveram a canção – Milton Brown e Tyrone Moss – e entraram em um acordo para que nós colocássemos nossa própria letra. Neal solou, e mantivemos o "Yeah, I'd Do It" do original.

Vasculhei o meu organizador Rolodex em busca de músicas das quais eu gostava e escolhi "Jungle Strut", de Gene Ammons. Toquei-a para a banda, e eles disseram: "É, soa como Santana. Podemos fazer isso." Compusemos juntos "Everything's Coming Our Way" – foi a minha maneira de colocar alguma coisa de Curtis Mayfield em nossa música. David estava cada vez mais interessado em música latina e afro-caribenha – ele desenvolveu algumas ideias com Chepito e Rico Reyes, e apresentou "Guajira".

Normalmente, fazíamos uma canção por dia no estúdio, mas, por causa de nossa turnê em 1971, as gravações de *Santana III* se estenderam por mais tempo do que qualquer outro álbum da Santana – começamos em janeiro e ainda estávamos gravando em julho. Gravávamos em São Francisco, pegávamos a estrada por um tempo e, no caminho de volta para casa, entrávamos em um estúdio em Nova York, com Eddie Kramer.

Estávamos percorrendo todos os fusos horários – tanto nos Estados Unidos quanto no exterior. A estrada pode ser difícil se permitirmos que isso aconteça. Chepito poderia se deixar consumir como uma vela de dois pavios – mas aí ele teve um aneurisma e ficou tão frágil que passou um tempo sem conseguir tocar. Convidamos Willie Bobo para entrar na banda e assumir os tímpanos, e ele aceitou.

Em março, pegamos um avião em Nova Jersey que nos levou para mais longe de casa do que jamais havíamos pensado em ir. Recebemos um telefonema nos convidando para ir a Gana ajudar a comemorar o aniversário do país – eles queriam que a Santana tocasse em um festival com Ike & Tina Turner, The Staple Singers, The Voices of East Harlem, Les McCann, Eddie Harris, Wilson Pickett e Roberta Flack. Tínhamos que escolher: podíamos ir a Gana ou ficar em casa e ver Aretha Franklin e Ray Charles no Fillmore West – eles estavam gravando um álbum ao vivo. Foi difícil decidir. Mas dissemos: "Vamos para a África."

No minuto seguinte, eu estava em um voo, imprensado entre Roberta Flack e Mavis Staples, e os dois estavam cantando "Young, Gifted, and Black" – tenho esse registro em estéreo. Eu disse: "Uau. Isso vai ser divertido." Ao nosso lado estava o conjunto de sopros de Wilson Pickett.

O avião inteiro começou a celebrar logo após a decolagem. Não havia ninguém mais a bordo a não ser os músicos – todos começaram a fumar maconha e a cheirar cocaína. Willie Bobo se revelou um autêntico comediante, contando piadas e histórias engraçadas. Ele sabia como nos cutucar para testar se tínhamos a sabedoria de rir de nós mesmos, ainda que um monte de gente pudesse não estar preparada para isso. Ou as pessoas ficariam chateadas ou morreriam de rir. Parecia que metade daquelas piadas poderiam ter sido criadas para Bill Cosby. Era desse jeito que Willie se apresentava. Ficamos muito próximos um do outro naquela época.

Foi o voo mais longo que eu já havia feito – mais de 12 horas de duração. Quando pousamos, todo o aeroporto parecia um tsunami de africanos – de todas as cores, tamanhos e formas; eles estavam todos lá para nos cumprimentar. Alguns, de tão negros, eram quase de um azul iridescente. Foi lindo – eles caminharam em direção ao avião. Descemos as escadas e a multidão começou a se abrir, como o mar Vermelho diante de Moisés, e, de repente, havia uma fila de pessoas locais representando as 12 nações de Gana vindo ao nosso encontro. Cada nação tinha o seu próprio estilo de dança e os seus trajes típicos, alguns decorados com grandes chifres de búfalo e conchas. Cada um dos grupos nos cumprimentou, um a um, e, em seguida, chegou a vez do prefeito de Acra e de seu partido.

Foi incrível ver e ouvir toda essa cena logo após o desembarque. Depois, avistamos uma espécie de curandeiro – ele estava vestindo peles de animais e balançando uma grande cuia, tão grande e tão redonda quanto uma bola de basquete. Ele a fazia chacoalhar como se fosse um rufo de Buddy Rich. Pela forma como assumiu o centro das atenções, era evidente que ele merecia muito respeito. Até mesmo os acompanhantes do prefeito saíram do seu caminho, e as pessoas que estavam filmando a viagem e o show o adoraram. Nós ficamos nos perguntando: "Quem é esse cara?"

Willie decidiu que iria se exibir – ele tinha um amuleto que costumava usar, e começou a dizer que o seu vodu era mais poderoso, que possuía suas próprias conexões. Naquela época, eu percebia que todos tínhamos nossa própria maneira de lidar com o mundo invisível. Eu apenas não estava ostentando a minha. Mas aquele santo homem nos fascinou e assustou ao mesmo tempo. De saída, eu poderia dizer que ele era um feiticeiro, e que conseguia acessar o mundo invisível – ele podia alcançar os espíritos. E aquela não seria a última vez que o veríamos.

Passamos pela alfândega e fomos direto para o hotel, nos preparar para um grande jantar que o presidente estava oferecendo. Antes de começarmos a refeição, todos foram convidados a se levantar, e um grupo de homens e mulheres cantou o hino nacional de Gana, estruturado em formato de pergunta e resposta. De repente, o reconheci – era muito parecido com "Afro Blue". Eu não conseguia acreditar. Se Mongo Santamaría não o houvesse utilizado para fazer a sua música, então as duas melodias eram primas em primeiro grau. Ambas vinham do mesmo lugar.

Ficamos lá quase uma semana, e havia muitas coisas para observar e aprender. No dia seguinte, Carabello comeu ou bebeu alguma coisa e caiu de cama com disenteria, o que o manteve no hotel, próximo ao banheiro. Shrieve e eu fomos até a cidade visitar o mercado, apenas para dar uma olhada no espaço, mas nosso táxi ficou retido em um engarrafamento – para-choques encostados em para-choques, todas as janelas abaixadas. Eu tinha levado um toca-fitas comigo e estava ouvindo um pouco de Aretha Franklin nos meus fones de ouvido. Uma mulher que estava andando na rua parou bem ao lado do carro e ficou olhando para mim como se eu tivesse acabado de saltar de um disco voador. Tirei os fones de ouvido e lhe mostrei como colocá-los na cabeça. Foi o que ela fez, e seus olhos se arregalaram, e ela abriu um enorme sorriso. Era a conexão somada à compreensão – como se fosse uma família.

Quando chegamos lá, os operários ainda estavam construindo o palco, de modo que tivemos que esperar até eles terminarem. À noite, ficávamos por conta própria e nos reuníamos no único lugar possível – o saguão do Holiday Inn. Comíamos lá, bebíamos lá. Ríamos quando Willie Bobo começava a falar sem parar, fazendo todos gargalharem. Certa noite, ele começou a implicar com Wilson Pickett – "Ei, Wilson Pickle. Wilson Pickle." Pickett poderia ser um cara irascível. Ele era sério como Albert King – não admitia que mexessem com ele. Mas Willie insistia. "Cara, deixa eu te mostrar o que você vai fazer no seu show." Ele apoiou um dos joelhos no chão e jogou seu casaco por cima do corpo como se fosse uma capa. "Igualzinho a James Brown, mas não vai funcionar, porque aqui na África o James Brown é o número 1. Desculpe te dizer isso."

Eu não conseguia acreditar – saí correndo para o lado oposto do saguão o mais rápido que pude, longe de toda aquela veemência. Acho que todos nós estávamos ansiosos para sair mais às ruas, e, ao mesmo tempo, lembro de esperar que alguns de nós fôssemos mais compreensivos e respeitosos com o povo e sua cultura. Lembro de Pickett dizendo que os africanos precisavam usar mais desodorante, enquanto Willie esculhambava o santo homem que encontramos no aeroporto – afirmando que, na verdade, ele era um charlatão, um cara que tinha convencido as pessoas de que tinha algum tipo de poder. Lembro também de desejar que o curandeiro não ficasse sabendo de nada disso – só por precaução.

Na noite seguinte, no bar do saguão, ouvi um cara africano vestido de terno e gravata comentando que nós estávamos lá apenas para nos apropriar das coisas do país e explorar sua música. Ele falou aquilo em voz suficientemente alta para que eu pudesse ouvir. Fui até ele e disse: "Com licença." Então, entreguei a minha guitarra a ele e disse: "Tome, cara, toque alguma coisa para mim."

Ele respondeu: "Como assim? Eu não toco guitarra; eu sou advogado."

"Então não se trata da sua maldita música, ela só é sua quando você a toca." Eu também era capaz de ser arrogante, e também gostava de deixar claro o meu ponto de vista. Ele pegou o seu drinque e devolveu a minha guitarra.

Desci novamente no dia seguinte – era o mesmo lugar, as mesmas pessoas, como se elas tivessem permanecido ali desde a noite anterior. No fim daquela tarde, alguém veio me procurar no saguão – "Sr. Santana? O Sr. Pickett quer vê-lo em seu quarto."

"Hmm, está bem."

Subi, bati à porta. Uma moça abriu. Ouvi uma voz lá de dentro perguntando: "Quem é?"

"Eu acho que é Carlos Santana."

"Ah, é? Deixe ele entrar."

Entrei, e Pickett e Ike Turner estavam cheirando cocaína. "Entre, cara."

"Como vocês estão? O que está havendo?"

Pickett me olhou de cima a baixo. "Então você é o magnífico, hein? Você é o Santana? Você é o cara?" Tomando por base os meus tempos em Tijuana, eu sabia onde aquela história iria parar – e eu não queria nada daquilo. "Ouvi dizer que você queria falar comigo, por isso estou aqui, mas antes de fazermos isso, só quero que você saiba que tenho todos os seus álbuns. Eu toco todas as suas músicas e as adoro. 'In the Midnight Hour', 'Land of 1000 Dances', 'Mustang Sally', 'Funky Broadway', 'Ninety-Nine and a Half (Won't Do)'…" Continuei percorrendo a lista, e era verdade – eu sabia todas elas de cor. "Eu te amo, cara."

Wilson olhou para Ike. Ike, é preciso reconhecer, apenas balançou a cabeça, como se dissesse: "Tá tranquilo. Carlos é do bem." Educadamente, me retirei do quarto.

Não foi a primeira nem a última vez que isso aconteceu – conhecer um músico que eu adorava, mas que desconfiava ou não ficava satisfeito com elogios. Mas devo dizer que é uma coisa bastante rara – acho que, ao longo dos anos, posso contar nos dedos de uma só mão a quantidade de encontros como esse.

Conheci Eddie Harris em Gana naquela mesma viagem, e perguntei se poderíamos tocar juntos uma de suas músicas. "Ei, Eddie – quer fazer um improviso? Vamos tocar 'Listen Here' ou 'Cold Duck Time'." Ele balançou a cabeça. "Não, Santana, você não vai me derrubar com as minhas próprias coisas. Isso não vai acontecer." Não era essa a minha intenção, e tentei me explicar: "Cara, eu adoro sua música."

Aconteceu uma outra vez, apenas algumas semanas depois de voltarmos da África, quando dividimos o cartaz no Fillmore East com Rahsaan Roland Kirk. Na noite em que Miles estava lá e me deu um peteleco na orelha, bati à porta do camarim de Rahsaan, algo que eu raramente fazia. Ela se abriu, e lembro que estava um breu quase absoluto lá dentro. Rahsaan e alguns dos integrantes de sua banda estavam no camarim. "Sr. Kirk, meu nome é Carlos Santana, e eu só estou aqui para agradecer do fundo do meu coração por o senhor transmitir tanta alegria em sua música, cara. Eu escutei *Volunteered Slavery* e *The Inflated Tear*... Assim como eu havia feito com Wilson Pickett, comecei a enumerar as canções que amava, e, então, fiquei esperando. De repente, todos eles começaram a rir como se fossem hienas, só rindo e rindo. Com calma, alcancei a maçaneta da porta, abri-a e saí. Eu disse a mim mesmo: "Tudo bem. Nunca mais vou fazer isso de novo."

Outra coisa que não vou fazer é mexer com qualquer tipo de magia negra. Deparamos novamente com aquele santo homem caminhando perto do nosso hotel em Gana, e uma galinha passou na sua frente. Ele parou e olhou para ela de uma maneira estranha, e *pow!* De repente, a galinha caiu morta, mesmo que parecesse bem-disposta e saudável até alguns minutos antes. Todos deram um passo atrás e abriram espaço para o cara. Voltamos para o hotel e, no restaurante, todos os músicos da banda de Pickett queriam lhe contar a história. "Pickett, cara, você não vai acreditar no que esse cara do vodu fez. Cara, foi bizarro!" Pickett continuava dizendo: "Não, não! Eu não quero saber. Não me contem nada, não me contem nada." Mas eles não queriam parar – pareciam crianças voltando para casa, precisando relatar a seus pais algo que acontecera na escola. Eles contaram a Pickett sobre a galinha, e ele apenas balançou a cabeça. "Eu disse para vocês não me contarem essa merda, cara. Agora eu vou ter pesadelos." Enquanto isso, Willie Bobo se esborrachava de rir.

Na véspera do show em Gana, os organizadores encontraram alguma coisa para fazermos. Eles nos convidaram para visitar o Castelo de Cape Coast, um lugar em que os africanos eram confinados antes de serem colocados em navios negreiros que os levariam a várias partes da América. Era, basicamente, um velho forte de alvenaria pintado de branco, bem junto do oceano, com canhões na frente. Um guia de turismo nos acompanhou, explicando o que havia acontecido ali. Ele nos mostrou a "porta sem volta", pela qual os escravos passavam enquanto pisavam pela última vez o solo africano. Ele nos fez descer até um porão horrível e infernal, onde os escravos ficavam presos, à espera dos navios. Todos nós ficamos em profundo silêncio – ainda era possível sentir a intensidade de todas as almas que haviam ficado amontoadas naquele lugar.

O vento aproveitou a deixa e, conforme ia passando pelas rachaduras e frestas daquele velho forte, começou a produzir um som solitário e lancinante. Todos nós nos arrepiamos – era como se fosse o som das almas, uivando de dor e pavor: *Woooohaaaauuuuiiiiiii!* Ao ouvir isso, os joelhos de Tina Turner fraquejaram e ela começou a chorar, e as pessoas tiveram de carregá-la de volta ao ônibus. O vento continuou soprando mais forte, e tudo foi ficando cada vez mais assustador. Quando penso nisso agora ainda sinto calafrios.

Willie não foi conosco até o castelo porque não estava se sentindo bem. Quando voltamos ao hotel, ele estava realmente mal – febril, suando e vomitando. Era a mesma coisa que Carabello havia tido durante a maior parte da viagem, mas pior. Sua febre estava muito alta, e não abaixava de jeito nenhum. Nós nos revezamos ao seu lado, colocando compressas geladas sobre sua testa ao longo de toda a noite. Por volta da meia-noite, enquanto eu estava tomando conta dele, apareceu um médico local de terno e gravata e começou a examiná-lo.

O médico disse que era disenteria, e eu não pude deixar de pensar naquele santo homem e em todas as coisas que Willie vinha dizendo e imaginando – bem, todos nós nos sentíamos da mesma forma: desconfiados e sem saber em que acreditar. Naquele exato momento, alguém bateu à porta, o médico se levantou para atender, e como não poderia deixar de ser, lá estava ele – o santo homem, dando uma incerta para saber como Willie estava. O médico o deixou entrar, mas eu me levantei e bloqueei a passagem. Nossos olhos se fixaram uns nos outros, e tivemos um diálogo interno – eu conversei com ele interiormente.

"Cara, sei que você tem poderes, e sei que você fez isso com ele." Então, apontei para a minha camiseta, que trazia uma estampa de Jesus. Continuei a falar com o santo homem mentalmente. "Eu respeito e reverencio as crenças que as pessoas têm em todo o mundo, assim como respeito as suas – mas você pode superar Jesus? Talvez você seja capaz de me superar, mas também será obrigado a superá-lo, porque eu não apenas estou com ele, como também pertenço a ele."

É preciso entender que eu respeito e reverencio Jesus Cristo — ele foi uma notável figura histórica que enfrentou os poderes instituídos e que acreditou nas pessoas comuns e na força de sua própria mensagem — e ele foi morto por causa disso, pura e simplesmente. Acredito que a noção que se perdeu a respeito de Jesus é que ele era um homem — ele nasceu e teve que amadurecer para se tornar quem ele se tornou. Ele era um homem, e deve ter sido bastante atraente nesse sentido, porque tinha carisma e as pessoas o adoravam. As mulheres o adoravam. É estranho que a Bíblia não diga nada sobre o período em que ele saiu de casa, na adolescência, e o seu regresso, anos mais tarde. Onde ele esteve entre as idades de 13 e 30 anos? Acredito que esse homem deu a volta ao mundo — foi à Grécia e à Índia. Ele circulou, e fez coisas. Ele precisava fazer isso, para que pudesse aprender a sentir o que é viver, o que é comer bem e ser amado, mas também o que é passar fome e ser desprezado. Ter a sensação do que é ser um homem e também ser o portador do misticismo divino.

Há uma cena na minissérie de televisão *Jesus de Nazaré*, de Franco Zeffirelli, que é uma das minhas favoritas: Jesus entra em um templo no exato momento em que o rabino está prestes a abrir as sagradas escrituras e proceder à leitura, mas Jesus, educadamente, pede ao rabino para abrir caminho. Ele atende ao pedido, e então Jesus recolhe os pergaminhos abertos e os fecha, dizendo: "Neste dia, diante dos seus olhos, a profecia se cumpre" e "O reino dos céus está próximo".

As pessoas que estavam no templo se retorceram, achando que aquilo era uma blasfêmia, mas elas não entenderam sua mensagem: podemos colocar um fim ao sofrimento — a divindade já está aqui, em cada um de nós, o que, em última instância, não é o que a Igreja quer que escutemos, porque ela ambiciona controlar, deseja que a mensagem seja transmitida por seu intermédio, de sua visão geral da situação, seja falando através de Jesus, Maomé, Buda ou Krishna — ou se comunicando diretamente com cada um de nós —, Deus pode chegar a qualquer parte de qualquer ser humano e dizer o que precisamos ouvir. Ninguém deveria ter o monopólio sobre essa conexão; ninguém pode dizer com certeza "Você tem que passar por mim para chegar a Ele". Isso me soa como cafetinagem.

Cria-se um problema quando aquela mensagem é distorcida para que determinadas pessoas estejam em condições de controlar e manipular as outras, e é isso o que a religião tem feito há séculos, sem prestar auxílio às pessoas que precisam de ajuda – pois a religião permite que as pessoas sofram em nome de seus dogmas e tradições.

Há mais uma coisa da qual eu gosto naquela cena: Jesus era um daqueles caras cuja função era ficar no meio da multidão e dizer: "Ei! O mundo *não* é plano", e, para isso, é preciso ter muita coragem. É como eu me sinto em relação a alguém como Ornette Coleman, que chegou a Nova York vindo da periferia da cidade, com um tipo de música diferente, quando todos estavam se dedicando a um gênero mais consagrado de jazz, não importando o que isso fosse. Tenho muito respeito por pessoas que não apenas têm a clareza para ver, mas que também não têm medo de se impor e se fazer ouvir.

Se Jesus estivesse encarnado hoje em dia, o Natal não existiria. Isso tem a ver com os negócios, e a religião é uma instituição tão organizada quanto o Bank of America, mas que tem muito mais dinheiro do que o Bank of America. Há uma citação que eu adoro: "Abandone essa sua cruz, cara. Desça daí – precisamos usar a madeira!"

Jesus nunca teve nada a ver com regras e exigências. Ele tinha a consciência de um Cristo, e não estava interessado em dividir o mundo entre crentes e não crentes, entre santos e pecadores, em fazer com que as pessoas se sentissem culpadas por terem nascido no pecado e em lhes dizer que elas precisavam sofrer por causa disso.

Quando enfrentei aquele xamã em Gana, eu não estava adotando a filosofia de "o meu Deus contra o seu deus". Só estava encarando o meu próprio medo e clamando pelo poder do amor, que é a força mais suprema de todas – o amor e o perdão, a tolerância e a boa vontade. Com essas poucas coisas, milagres podem acontecer, a consciência humana pode avançar e o medo pode ser erradicado.

O santo homem lançou um olhar raivoso sobre mim. Pude perceber que ele havia conseguido ler o meu pensamento. Ele olhou para os meus olhos, e, em seguida, para a minha camiseta, e, depois, virou-se para o médico, e eles acenaram um para o outro com a cabeça. Quase me pareceu que havia uma espécie de conluio – um deles faria com que as pessoas ficassem doentes e o outro cobraria o seu preço quando trouxesse o remédio. E aí aquele santo homem foi embora. Não aconteceu nada comigo – eu não tive disenteria.

Confira *Soul to Soul*, o filme sobre o show – Willie conseguiu tocar no dia seguinte, mas pode-se perceber que ele estava muito apático. Também é perceptível que a equipe estava fascinada com aquele santo homem, virando as câmeras para ele sempre que possível. Quem sabe? Talvez ele tenha jogado algum vodu para cima deles também.

Lembro que Ike e Tina subiram ao palco primeiro – a música-tema do show, "Soul to Soul", era deles. Wilson Pickett era a atração principal, e acho que nós tocamos muito bem. O mais inusitado é que a multidão não sabia quando bater palmas. Terminávamos de tocar uma música, e então... nada. Ainda assim, era possível sentir que eles estavam achando tudo muito bacana, que realmente gostavam de nós, mas acho que as músicas longas e as várias divisões os confundiam, da mesma forma que confundiam o meu pai. Porém, ao longo das apresentações eles começaram a entender, porque aplaudiram quando terminamos o nosso set e estavam batendo palmas e dançando na hora em que Pickett tocou.

The Voices of East Harlem, que ainda contava com Dougie Rauch no baixo, também tocou naquela noite, e eles me impressionaram ainda mais do que em Tanglewood, na primeira vez que os ouvi. Eles tinham uma grande canção, chamada "Right On Be Free", que eu toco de vez em quando com a Santana até hoje, mais de quarenta anos depois. Eu gosto de músicas com mensagens como essa, músicas que chamo de brutalmente positivas – como as canções de Curtis Mayfield, ou "What's Going On", de Marvin Gaye, ou "A Simple Game", do The Four Tops – o fato de as pessoas precisarem de uma sacudidela constante com "Kumbaya" não significa puritanismo. Também há várias canções africanas parecidas com essas – eu amo Fela Kuti e seu filho Seun, que toca uma música que diz assim: "Não traga essa merda para cá... não traga essas baboseiras para a África." Adoro as músicas cuja mensagem é: "Vou usar todos esses versos para abrir o jogo sobre o que está acontecendo e vou espantar os seus medos com isso."

Aquela viagem à África me marcou por muito, muito tempo. De volta para casa, trouxe alguns álbuns comigo e comecei a colecionar outros, onde quer que pudesse encontrá-los. Eu disse "Graças a Deus que existe a Tower Records", quando eles resolveram abrir uma seção específica de música africana. Eu queria ter um quarto em minha casa só para música africana, porque queria aprender a tocá-la. No começo, era difícil encontrar os discos, mas a partir do início dos anos 1980, quando passei a ir a Paris, qualquer um poderia me ver indo direto à seção africana daquelas grandes lojas de música da Champs-Élysées. Pegava um carrinho e começava a jogar tudo dentro.

Chepito se recuperou de seu aneurisma, e ele e Coke Escovedo se juntaram a nós depois que voltamos da África. Fizemos uma turnê que começou em Bay Area e foi até Nova York, e depois seguimos para a Europa, onde tocamos novamente no Festival de Jazz de Montreux, em abril. Voltamos aos Estados Unidos e excursionamos de novo, às vezes acompanhados por Rico Reyes ou Victor Pantoja, que tocava congas no primeiro álbum de Chico Hamilton que eu tinha ouvido. Finalmente, em julho, terminamos as gravações de nosso terceiro álbum – *Santana III*.

Estávamos trabalhando muito *como* uma banda, mas as coisas não estavam melhorando *dentro* da banda. Acho que as primeiras divisões concretas na Santana, as divisões que começaram a se formar no inverno anterior, passaram a ficar patentes em termos dos nossos gostos musicais. A princípio, as diferenças entre o que estávamos ouvindo ajudaram nosso desenvolvimento como banda: nós compartilhávamos tudo, e isso nos mantinha unidos. Mas em meio às gravações do nosso terceiro álbum, nossas diferenças já estavam fazendo com que quiséssemos crescer em direções próprias e distintas. Gregg e Neal queriam montar a Journey – um som de rock que fosse mais a cara deles. David Brown estava mergulhando profundamente na música dançante latina, e Chepito já estava lá, ouvindo Tito Puente e Ray Barretto. Eu estava tomado por John Coltrane e Miles – e Shrieve também. Além disso, eu estava me interessando pelo Weather Report, que contava com alguns músicos que haviam tocado com Miles em *Bitches Brew* – Joe Zawinul e Wayne Shorter formavam o núcleo daquele novo grupo.

Tais diferenças se tornaram bastante perceptíveis após os nossos shows, quando nos reuníamos no hotel. Shrieve e eu nos juntávamos para ouvir nossas músicas favoritas no quarto dele ou no meu, mostrando um ao outro os diferentes discos que tinham acabado de sair. Não importava se fosse jazz, soul ou qualquer outra coisa. Garotas apareciam por lá, querendo se drogar e se divertir, e ficavam decepcionadas quando os dois diziam:

"Preste atenção nessa levada!" ou "Você precisa ouvir esse solo". Elas pulavam para o quarto de Chepito ou de David.

Não estou comparando uma coisa com a outra – existe um tempo para tudo. Mas não tinha nada a ver apenas com a música – em 1971, as diferenças também foram aparecendo nas prioridades de algumas pessoas da banda. O estilo de vida rock and roll foi assumindo o primeiro plano; não eram apenas as mulheres, os carros, a cocaína e outros excessos mais, mas também a atitude. Costumávamos dizer que éramos toscos e autênticos – gostávamos de observar as outras bandas que estavam fazendo sucesso e avaliar como elas se comportavam. "Nós nunca vamos ser babacas desse jeito", dizíamos. Mas notei como alguns integrantes estavam agindo, e fiquei pensando comigo mesmo: "É fácil entender por que tantas bandas acabam – elas sofrem uma overdose de si mesmas."

Eu achava que a Santana estava se tornando uma contradição ambulante. A alma queria uma coisa, mas o corpo estava muito ocupado fazendo outra, e nós estávamos tentando ser algo que não éramos mais. Tudo o que Bill Graham disse que aconteceria estava se tornando realidade – estávamos ficando tão pretensiosos que, aos poucos, parecia não haver espaço suficiente para todos. Em minha opinião, todos nós éramos igualmente culpados por essa situação.

Para mim, o pior é que continuávamos não nos exercitando nem trabalhando em músicas novas, e eu estava ávido por isso. Precisava me esforçar para conseguir fazer com que nos encontrássemos para tocar. Eu diria: "Aqueles álbuns de platina estão cheios de poeira, cara. Nossa música está começando a ficar enferrujada. Precisamos nos reunir, e esta minha sugestão não deveria soar como uma ida ao dentista para tratar um abscesso. Nós deveríamos nos reunir – eu ficarei feliz com as músicas de vocês, e vocês ficarão felizes com as minhas, como aconteceu nos dois primeiros álbuns."

Sob muitos aspectos, ser um coletivo foi o que tornou possível nossa existência – isso é o que nós éramos. Mas, basicamente, não havia nenhuma disciplina, e ninguém, exceto Shrieve, queria ouvir o argumento de que talvez estivéssemos fazendo escolhas erradas. Nós éramos muito, muito jovens – até o nosso empresário era jovem. Teoricamente, ele deveria cuidar de nós, mas ele estava envolvido em muitos daqueles excessos. Ele também usava drogas e ajudava a arrumá-las para os outros, e ainda

O tom universal

por cima, queria fazer parte da banda. Alguns integrantes da banda ficavam com raiva de mim porque, na maior parte do tempo, eu me mostrava descontente. É verdade: provavelmente, eu não era a mais agradável das companhias, porque vivia reclamando disso e daquilo. Eu estava em conflito com tanto dinheiro e tantos excessos, e o meu lado espiritual estava sendo esmagado.

Naquela época, eu estava começando a me inclinar mais seriamente na direção da espiritualidade. Tudo começou com alguns livros. A única coisa que eu tinha lido na infância eram histórias em quadrinhos – *Amazing Stories*; o Homem de Ferro e o Homem-Aranha, de Stan Lee. Quando a Santana surgiu, eu já estava me voltando para os livros de filosofia oriental. Em Bay Area aquilo estava no ar – todo mundo estava lendo *O livro de Urântia* e *Autobiografia de um iogue*, de Paramahansa Yogananda, e as memórias de Swami Muktananda. Eu li todos eles também.

Alguns iogues passavam por São Francisco, e davam palestras para qualquer pessoa que se mostrasse disposta a ouvi-los – fossem seguidores ou amigos meramente curiosos. Às vezes, eu ouvia dizer que John Handy ou Charles Lloyd poderiam aparecer, e esse era mais um motivo para eu ir. Conheci desse modo os nomes de vários gurus, incluindo Krishnamurti e um jovem rechonchudo chamado Maharaj Ji. Havia também Swami Satchidananda, que Alice Coltrane costumava seguir. Eles vendiam livros depois das palestras, e eu os comprava.

Todo mundo tinha ouvido falar dos Beatles e de Maharishi Mahesh Yogi, o guru que eles seguiram durante certo tempo, mas algumas pessoas o consideravam um trapaceiro. Comecei a compreender que aqueles gurus não eram charlatões, mas homens muito sábios que poderiam ajudar as pessoas a enxergar o seu próprio brilho – a luz divina que todas as pessoas têm dentro de si, e que nos permite aplacar o medo, a culpa e o ego. Aprendi novas palavras para expressar essas ideias – palavras como *despertar*. Este era, de fato, o trabalho que aqueles mestres faziam: despertar as pessoas para uma consciência superior.

De repente, percebi que a minha química molecular começou a sofrer alterações apenas por conta da curiosidade e por levar em consideração as questões metafísicas sobre as quais aqueles gurus falavam. Era uma nova linguagem que eu estava aprendendo. Comecei a fazer perguntas do tipo: "Como eu posso evoluir e não cometer os erros que todo mundo ao meu redor está cometendo? Como posso desenvolver uma disciplina espiritual tangível e genuína – com ou sem um guru? Como posso conectar isso ao meu estilo de vida rock and roll e à música que estou fazendo?"

Eu estava começando a sentir um impulso interior para ler mais livros e ouvir músicas que vibrassem na mesma frequência. Comecei a deixar de lado a música de Jimi e até mesmo a de Miles por algum tempo. Fui procurar coisas que repercutissem aquilo que eu estava recebendo daqueles gurus, e as encontrei ao ouvir Mahalia Jackson ou nos discursos de Martin Luther King – apenas em suas palavras, em seu tom de voz e em suas ideias. Logo em seguida John McLaughlin lançou seu novo grupo, a Mahavishnu Orchestra – coloquei aquele primeiro álbum para tocar ininterruptamente e pude sentir os seus propósitos.

Eu também ouvia Coltrane sem parar. Ele ficou no meu toca-discos por um longo tempo. Eu estava aprendendo, tentando absorver a linguagem da ascensão. "The Father and the Son and the Holy Ghost" foi *a* porta de entrada para mim. Não foi nada fácil, porque, nas dez primeiras vezes que você escuta essa música, é praticamente impossível identificar o tempo forte – a cabeça do compasso. Tudo é tempo forte, e, ali, a única semelhança estreita com alguma melodia é "Frère Jacques".

Eu conseguia tocar guitarra e acompanhar a música modal que Coltrane passou a fazer posteriormente, mais ou menos na época de *A Love Supreme*, e graças a Shrieve eu me familiarizei com as primeiras produções de Coltrane – e com as obras de Miles e de outros caras do jazz –, porque a ideia de canções com 32 compassos e formato AABA era totalmente nova para mim. Ele me explicava: "Esta é a transição" e "Isso é um refrão". "Percebeu como eles modularam para outra tonalidade?" ou "Está ouvindo como os 16 primeiros compassos são tocados em um ritmo binário e, em seguida, há uma transição para 4/4 para obter uma sensação de swing?". Shrieve havia começado sua carreira em uma banda de jazz, no ensino médio, de modo que ele tinha alguma formação e poderia me orientar.

Por mais intensa que a música de Coltrane fosse, ela estava se tornando a minha paz de espírito. Eu tocaria Coltrane ou Mahavishnu, e ficaria sozinho tranquilamente. A cocaína, as festas e aquele ritmo de vida acelerado não combinavam muito bem com *"A Love Supreme"* e *"The Inner Mounting Flame"* – aquela música era como se fosse a luz do dia para os vampiros. Às vezes, eu tocava Coltrane para encontrar minha paz interior, mas, para ser honesto, em outras ocasiões eu fazia isso para que as pessoas que estavam aboletadas há muito tempo em minha casa fossem embora. E sempre funcionava – *cabum!*

Sei que Coltrane tinha a ver com a paz e a não violência, assim como Martin Luther King – pode-se ouvir isso em sua música. Mas a veemência que estava causando repulsa em algumas pessoas vinha das intenções supremas presentes naquela música – o tipo de intenção que eu relacionava com a atuação dos Panteras Negras do outro lado da baía, em Oakland. Nós ouvimos falar deles por intermédio de David e Gianquinto, que foi o primeiro Pantera Negra branco que conheci. Ficamos sabendo dos programas que eles haviam criado para ajudar a comunidade local, como fornecer almoço para as crianças em idade escolar. O governo não via dessa forma – eles combatiam energicamente os Panteras. Na época em que tocamos para eles, eles estavam sendo perseguidos pela polícia – Huey P. Newton e Bobby Seale estavam presos, aguardando julgamento, e Eldridge Cleaver estava exilado na África.

Alguns grupos de São Francisco, como o Grateful Dead, fizeram shows beneficentes para arrecadar fundos para os Panteras Negras, de modo que eles pudessem enfrentar suas batalhas judiciais. Lembro que fizemos dois shows para ajudá-los, e pude ver de perto o quanto as coisas eram assustadoras. Chegamos ao Berkeley Community Theatre em uma limusine, descemos do carro, e a primeira coisa que aconteceu foi que os seguranças, vestindo boinas e jaquetas pretas, nos pediram para parar e virar de costas, com as mãos para o alto – "Precisamos revistá-los".

Eu disse: "Ahn, tudo bem, mas nós viemos tocar para vocês."

"Sabemos disso, e agradecemos, cara, mas fiquem contra a parede. Ainda assim, precisamos fazer isso."

Mais tarde, entendi que havia muitas pessoas infiltradas e gente dentro da própria organização que os espionava. Eles não confiavam em ninguém, precisavam se proteger. Eles viviam como se cada segundo pudesse ser o seu último. Eu podia sentir isso, e fiquei impressionado. Lembro de ter tido uma conversa com um dos Panteras. Ele colou o rosto dele no meu, dizendo: "Eu tenho uma pergunta para você, cara. Você está pronto para morrer agora?" Ele estava se referindo ao que significava fazer parte dos Panteras naquela época. "Você está pronto para morrer agora pelas coisas que você acredita? Porque, se não estiver, dê o fora daqui; se você se juntar aos Panteras, precisa estar pronto para morrer agora." Eu não disse uma palavra. Foi assustador. Fiquei pensando: "Porra. Eles não são os Escoteiros." Naquela época, a atmosfera era truculenta, e aquele era o nível de comprometimento exigido.

Sei que a constatação desse tipo de intenção suprema produziu um efeito sobre mim – parecia que era hora de tomar decisões. Não muito tempo depois disso ficou claro para todo mundo que David não estava bem – o seu consumo de heroína estava cada vez mais evidente e a sua forma de tocar e a sua música estavam começando a sofrer as consequências. Às vezes ele injetava uma quantidade grande demais e ficava sonolento, incapaz de conduzir a música do jeito que ela deveria ser. Não dava para deixá-lo exposto no palco, como os músicos de jazz costumam dizer. Ele ficava muito atordoado para querer ter qualquer conversa a respeito ou aceitar qualquer oferta de ajuda.

As drogas tinham levado Jimi no ano anterior, e, em seguida, naquele verão, Jim Morrison morreu em Paris. Em 1971, muitas pessoas estavam ficando com medo – alguns de nós sentiam que tudo o que vínhamos construindo estava desabando. No fim daquele verão, parecia que uma parte da Santana estava indo pelo mesmo caminho. Apenas alguns meses depois, Janis seria encontrada morta com picadas de agulha, também nos deixando. Percebi que eu precisava dar um basta a tudo o que estivesse relacionado a cocaína ou heroína na banda. Eu não tinha nenhum problema com a maconha e o LSD, mas precisávamos abrir mão das coisas mais pesadas. Essa questão também tinha a ver com quem estava andando conosco: traficantes, cafetões – uma coisa bem San Quentin. Desde Tijuana eu tinha um radar para isso, e as coisas já haviam ido longe demais – aquelas pessoas só nos trariam desgraças. Estava ficando perigoso, e nossa imagem era afetada.

Esse foi o momento em que realmente comecei a me dar conta de que havia um significado no fato de o meu nome ser também o nome da banda – esta passou a ser a minha justificativa de por que eu me importava tanto com tantas coisas. Por que eu não conseguia relaxar quando as pessoas se atrasavam, ou apareciam sem nenhuma condição de tocar.

"Eu já expliquei os motivos", eu costumava dizer. "Tem a ver com a música, não comigo. Mas acontece que esse negócio tem o meu nome, e, sendo assim, tenho responsabilidade sobre isso."

"Nós só demos esse nome porque não sabíamos como chamá-la. Mas a banda não é sua", era o que algumas pessoas me respondiam.

E eu pensava: "Bem, ainda não."

Tomei a decisão de demitir David. Não que eu o tenha demitido diretamente, mas na verdade foi isso o que fiz quando disse que não tocaria mais com ele. Esse foi o maior passo que eu já tinha dado no sentido de assumir a liderança. Acho que todo mundo entendeu que tinha de ser assim. Mas nós não estávamos nos livrando dele – era mais como se estivéssemos dando a David chance de voltar ao prumo, porque ele retornou à Santana apenas alguns anos depois.

Tínhamos apresentações agendadas, e por isso substituímos David por Tom Rutley, um instrumentista de baixo acústico com quem Shrieve havia trabalhado em uma big band na faculdade. Eu gostava de Tom – ele era um cara grande, do tipo ursinho carinhoso, tinha uma voz muito baixa, que eu mal conseguia ouvir, e um estilo muito interessante de tocar contrabaixo. Ele gravou algumas faixas conosco em *Caravanserai*. Tom ficou na banda por um curto período antes de Dougie Rauch assumir, mas ele nos ajudou no momento certo – quando Shrieve e eu estávamos tentando passear pelo jazz e imaginando que poderíamos realmente tocar com pessoas como Joe Farrell e Wayne Shorter.

David já estava afastado e nós já havíamos arrumado outro baixista, mas muitas coisas ainda continuavam erradas – as drogas, os marginais e os desocupados que gravitavam à nossa volta ainda estavam atrapalhando o caminho da música. Tinha chegado ao ponto em que as pessoas acordavam de manhã cedo, ainda bêbadas e detonadas da noite anterior, ainda totalmente entorpecidas pela cocaína. Então, elas cheiravam mais cocaína para acordar, e logo estariam exaustas e pilhadas, e eu era aquele que sempre era obrigado a agir com firmeza. "Elas" eram, principalmente, Stan e Carabello.

Em algum dia do mês de setembro, antes de iniciarmos mais uma turnê por todo o país, abri minha boca e tivemos uma discussão, e, no fim, eu disse: "Eu não vou, a menos que dispensemos Stan Marcum e Carabello, porque eles estão fornecendo drogas pesadas à banda e o nosso

Eu com 1 ano e 6 meses de idade, 1949.
(© Santana Archives)

Da esquerda para a direita:
Jorge, Maria e Lety, 1959.
(© Santana Archives)

Nina Matilde — a tia da minha mãe,
que me apelidou de "El Cristalino".
(© Santana Archives)

Josefina Barragán de Santana.
(© Santana Archives)

José Santana (na fila de trás, ao centro, com o violino), meu tio Juan Santana (com o violoncelo) e a banda de José, 1945. Uma típica orquestra mexicana na qual meu pai começou sua carreira; ele não tocava música mariachi até nos mudarmos para Tijuana. (© Santana Archives)

Informações escritas a mão por meu pai, no verso da fotografia.

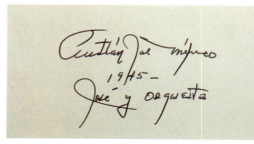

Meu pai, eu e o nosso cachorro Tony, em Tijuana, 1958. (© Santana Archives)

"50 centavos por canção"

Eu aos 12 anos, com o violino, em Tijuana, México. 30 de agosto de 1959. (© Santana Archives)

Esse foi um dos meus primeiros shows com meu pai, tocando em uma festa de Bodas de Ouro em Tijuana, Baja California, em 1958, como se fôssemos membros da Cosa Nostra. (© Santana Archives)

The Strangers, Tijuana, México, 1961. Estou no baixo, ao lado do baterista. (© Santana Archives)

Foto da escola, aos 14 anos, Tijuana, 20 de junho de 1961. (© Santana Archives)

Salon MX, Mission Street, entre a 22nd e a 23rd Streets, São Francisco, 1962.

Com Danny Haro e Albert Rodriguez. (© Santana Archives)

Da esquerda para a direita: Gregg Rolie, eu e Marcus Malone, 1968.
(© Jim Marshall Photography LLC)

Eu em 1968. (© Coni Beeson)

Outra foto da mesma sessão. (© Coni Beeson)

A banda que deu início a tudo! Da esquerda para a direita: eu, Marcus Malone, Gregg Rolie, David Brown e Doc Livingston. (© Michael Ochs Archives / Getty Images)

A banda de Woodstock, *Santana*, *Abraxas* e *Santana III*. Da esquerda para a direita: eu, Michael Shrieve, Michael Carabello, Gregg Rolie, David Brown e José "Chepito" Areas, 1969. (© Michael Ochs Archives / Getty Images)

Tocando em Woodstock,
16 de agosto de 1969.
(© Ken Regan)

Bill Graham descansa enquanto tocamos em Woodstock. (© Baron Wolman)

Gregg Rolie e eu tocando para a multidão enquanto as câmeras captam a experiência de Woodstock. (© Jim Marshall Photography LLC)

Alguns momentos depois. (© Jim Marshall Photography LLC)

Meus dedos na "cobra elétrica". (© Photofest)

A cobra respondendo. (© Brandt Cotherman)

A Santana em Altamont, 6 de dezembro de 1969. (© Jim Marshall Photography LLC)

A Santana e Clive Davis, com o disco duplo de platina, 1969. (Cortesia da Sony Music Entertainment / Clive Davis)

CBS RECORDS
A Division of Columbia Broadcasting System, Inc.
51 West 52 Street
New York, New York 10019
(212) 765-4321

Clive J. Davis, President

Dear Bill:

Historically, Miles Davis would not be of much interest to you for the Fillmore. However, I believe Miles is well on his way to really breaking out of his jazz bag. All the fantastic reviews in ROLLING STONE and Ralph Gleason's latest articles calling Miles' most recent albums the best he's heard anywhere in a decade have given him tremendous impetus. The "underground" is ready for Miles. His sales have measurably increased and I have finally softened him to play the Fillmore type emporium. I would appreciate it if you could express interest to him. In playing a role as "guest impresario" for Columbia, a bill with The Flock, Taj Mahal and Miles might be a real sleeper for you. No one of them would get that much bread as to make it hard to pay all; further, each appeals to that kind of music buff as to make it possible for all to be enjoyed. Creatively it would be a gigantic coup as each artist is felt to be a potential big artist and each has a growing fanatic following. Well, the rest is in your hands.

Santana, as you know, is unstoppable. Total sales with tape are now over 400,000 and going strong.

Warmest regards,

Clive

P.S. I saw Johnny Winter and Chicago Friday night at Fillmore. The evening was electrically exciting. Chicago was very good and Winter just keeps getting better all the time. The combination of him and his brother Edgar had the capacity house on their feet all night.

Mr. Bill Graham
Fillmore West
1545 Market Street
San Francisco, California

November 17, 1969/ob

bc: Teo Macero

A carta de Clive Davis a Bill Graham, sobre Miles Davis e a Santana, 1970. (Cortesia da Sony Music Entertainment / Clive Davis)

Michael Bloomfield, Coke Escovedo e eu no Fillmore, 4 de julho de 1971. (© Jim Marshall Photography LLC)

Eu no Japão, 1973.
(© Santana Archives)

Armando Peraza e eu nos
bastidores, no Japão, 1973.
(© Santana Archives)

B. B. King e eu nos encontrando pela primeira vez, nos bastidores, em Winterland, 1973.
(© Steve Caraway Images)

John McLaughlin e eu nos estúdios da CBS, 1973. (© Hugh Lelihan Browne)

John McLaughlin e eu, 1973. (© Santana Archives)

Eric Clapton e eu, 1975.
(© Santana Archives)

Jerry Garcia e eu na casa
de Bill Graham, em 1978.
(© Michael Zagaris)

Bob Dylan e eu no Warfield, 13 de novembro de 1980.
(© Alvan Meyerowitz)

Bill Graham e eu, Europa, 1984. (© Ken Regan)

Da esquerda para a direita, na fila de trás: Tony, Irma, Maria, meu pai e minha mãe; na fila de baixo: Jorge, Lety, eu e Laura, 1982. (© Deborah Santana)

No sentido horário: Alphonso Johnson, Alex Ligertwood, David Sancious, Raul Rekow, Chester C. Thompson, Chester D. Thompson, Orestes Vilató, Greg Walker, eu e Armando Peraza, 1984. (© Jim Marshall Photography LLC)

Salvador e eu na gravação de um videoclipe em São Francisco, 1985. (© Ken Friedman)

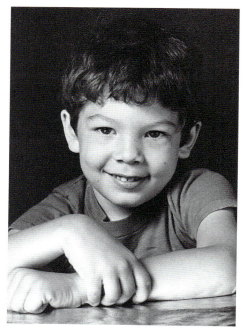

"Eu leio a sua mente. Eu sei o que você está pensando." O sensível Salvador, 1987. (© Santana Archives)

"Você está preparado para mim?" Stellabella, 1987. (© Santana Archives)

Stella e Salvador, 1988. (© Santana Archives)

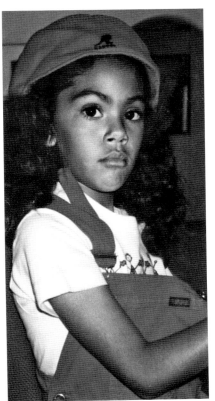

"Pronta para o mundo." Angelica, 1992. (© Daniel Valdez)

Angelica Faith, 1996.
(© Santana Archives)

Da esquerda para a direita, na fila de trás: eu, Irma, minha mãe, meu pai, Tony e Laura; na fila de baixo: Lety, Jorge e Maria, 1988. (© Deborah Santana)

Da esquerda para a direita: Alphonso Johnson, Michael Shrieve, Chester Thompson, José "Chepito" Areas, Armando Peraza, eu e Gregg Rolie, nos bastidores, em 1988. (© Ken Friedman)

Tocando na Penitenciária de San Quentin, 10 de dezembro de 1988. (© Mark-Brady.com)

Com minha mãe, em San Rafael, 1988. (© Santana Archives)

Fazendo uma participação no show de Stevie Ray Vaughan e da Double Trouble no Oakland Coliseum, dezembro de 1989. (© Jay Blakesberg)

Bodas de Ouro de José e Josefina, 1990. (© Santana Archives)

José e seus filhos. Da esquerda para a direita: José, eu, Jorge e Tony, 1990. (© Santana Archives)

Da esquerda para a direita: Salvador, Angelica, Deborah, eu, Stella e o cão Champ, 1991. (© Linda J. Russell)

Bill Graham e eu conversando no palco, em 1991. (© Santana Archives)

Clive Davis e eu no Grammy, 23 de fevereiro de 2000. (© Rick Diamond)

"Supernatural Evening with Santana." Da esquerda para a direita: Everlast (também conhecido como Erik Schrody), Sincere (também conhecido como David McRae), Wayne Shorter, Money Harm (também conhecido como Marvin Moore-Hough), eu, Rob Thomas, Sarah McLachlan, Dave Matthews e Carter Beauford, 2000 (© Neal Preston)

Da esquerda para a direita: Deborah, eu, Stella e Angelica, 2000. (© Mark Seliger)

Josefina, Dolores Huerta e José José, no Grammy Latino, em 2000.
(© Santana Archives)

Gary Rashid e eu em 2003. (© Santana Archives)

Hal Miller e Kitsaun King nos bastidores, 2003. (© Santana Archives)

Ganhando desenvoltura no Tom Universal. Fazendo uma participação com Buddy Guy no Festival de Blues de São Francisco, 26 de setembro de 2004. (© Gabriel Bronsztein)

Da esquerda para a direita: Chad Wilson, Gary Rashid, Chester Thompson, Tony "TK" Kilbert e eu no Havaí, 2007. (© Hal Miller)

Abraçando o futuro: Cindy e eu em nosso casamento, em Maui, 19 de dezembro de 2010. (© Jimmy Bruch)

Selando a união com um beijo. (© Jimmy Bruch)

No palco, em 2011. (© Gary Miller)

Martin Sandoval e eu, em Santuario de Luz, 2012. (© Santana Archives)

Eu, Cindy e Claude Nobs, 2011. (© Michael Vrionis)

Dolores Huerta, eu, Angelica, Cindy e Juana Chavez, dezembro de 2012. (© Santana Archives)

O presidente Barack Obama e a primeira-dama Michelle Obama cumprimentam Carlos Santana, homenageado pelo Kennedy Center, e sua família no Salão Azul, durante a recepção do evento Kennedy Center Honors, 8 de dezembro de 2013. (© Official White House Photo, por Lawrence Jackson)

A banda Santana, 2014. Da esquerda para a direita: Pepe Jiménez, Tony Lindsay, Benny Rietveld, Karl Perazzo, Tommy Anthony, eu, Jeff Cressman, Paoli Mejias Ramos, Bill Ortiz, David K. Mathews e Andy Vargas. (© Libby Fabro)

Da esquerda para a direita: Hal Miller, eu e Ashley Kahn em Woodstock, Nova York, 15 de junho de 2014. (© Benny Rietveld)

som está uma merda. Nós não estamos nos exercitando, e isso é constrangedor. Ou esses caras saem, ou saio eu." Eu tinha de fazer o que eu tinha de fazer.

Stan e Carabello estavam presentes, e eu falei isso na frente deles. Eles riram e disseram que eu não poderia fazer isso. "Vamos viajar na segunda-feira, cara. Se você não aparecer, então você não estará mais na banda." E foi exatamente isso o que aconteceu. Eu me senti péssimo. Era horrível fazer parte de uma banda que tinha acabado de sair em turnê sem mim. Mas foi assim mesmo – não houve nenhum anúncio oficial de separação, nenhum comunicado à imprensa e nenhum acordo jurídico. Todos partiram, e eu fiquei para trás, lambendo minhas feridas.

Meu consolo nas semanas seguintes foi frequentar vários clubes de jazz ao redor de São Francisco, saindo e tocando com caras como George Cables, no Basin Street West. Eu tinha ficado amigo de George naquele verão, quando tocamos juntos no álbum *For Those Who Chant*, de Luis Gasca. Ele estava tocando no grupo de Joe Henderson, com Eddie Marshall na bateria, e eles me disseram para aparecer e fazer uma participação no show deles.

Eu também estava andando com Dougie Rauch, que tinha se mudado para São Francisco e estava tocando no El Matador, ao lado de Gábor Szabó, Tom Coster no piano e o baterista Spider Webb. Foi aí que Gábor e eu nos aproximamos – nos reuníamos e tocávamos, depois conversávamos e ouvíamos música. Eu estava rompendo com Linda, após quase quatro anos juntos. Ele ia até a minha casa e se sentia desconfortável por causa das nossas brigas e do clima que se instalava. Algumas semanas depois, eu me reintegrei à Santana, Linda foi embora e Gábor se mudou para lá. Começamos a sair com um grupo de garotas que incluía a recepcionista do El Matador, Mimi Sanchez, uma mulher incrivelmente bela, de muita personalidade.

Mimi é a moça que aparece na capa de *Caramba!*, o álbum do grande trompetista de jazz Lee Morgan, e ela é a mesma Mimi que, mais tarde, se casaria com Carabello. Quero mencioná-la – e Linda, e Deborah, e outras mulheres que fazem parte da minha vida. Há pessoas que são forças poderosas e independentes nas vidas de muitos músicos – elas são necessárias. Elas contribuem para nosso desenvolvimento de uma maneira que dá sentido a toda a loucura que pode estar acontecendo à nossa volta. Elas nos ajudam a não ter medo de nós mesmos e a aprender a lidar com conflitos brutais que parecem tão importantes, mas que, no fundo, não significam nada. Para muitos de nós, essas pessoas são as nossas mestras. Elas nos instruem e mantêm tudo em ordem enquanto estamos na estrada.

Mimi e a minha primeira esposa, Deborah, eram amigas. Nos anos 1980 Carabello e eu reatamos a amizade, e quando Mimi caiu de cama, com câncer terminal, Deborah promoveu uma festa para ela e sua família. Lembro que eu não a reconheci, por causa da doença. Mimi tinha um pedido a fazer – queria que eu tocasse "Samba Pa Ti" especialmente para ela. Naquele dia, uma enorme demonstração de amor lhe foi oferecida por sua família e pela divina generosidade de Deborah – ela lavou os pés de Mimi. Havia uma razão para que Deborah e eu ficássemos 34 anos juntos.

Gábor e eu nos mantivemos próximos, mesmo depois de eu voltar para a Santana. Lembro de várias coisas a seu respeito – ele nunca falava sobre a época em que havia trabalhado com Chico Hamilton, nem ouvia as músicas de Chico. Eu não sei por quê. Mas poderia dizer que ele estava concebendo um som diferente quando nos aproximamos – algo em que ele vinha trabalhando com Bobby Womack, que mais tarde ele chamaria de "Breezin'", e que George Benson tornaria famoso.

Uma vez Gábor me convidou para ir até o estúdio e fazer uma participação em uma gravação – ele tinha levado outro amplificador para mim. "Ah, cara, obrigado", eu disse. Mas, no fim, acabamos apenas nos divertindo, e aí Gábor quis sair para dar uma volta. Nós estávamos na Broadway Street, em São Francisco, uma área agitada da cidade. Em certo momento, ele parou, virou-se para mim e disse: "Carlos, ouvi dizer que a Santana está tendo alguns problemas. Se algum dia você quiser começar uma banda juntos, você e eu, me avise." Eu reagi: "Sério? Isso seria uma grande honra, Gábor, mas para que diabos você precisa de mim?"

Uma das coisas que acho que as pessoas precisam saber sobre Gábor é que, antes mesmo que Wes Montgomery colocasse elementos de jazz em rocks e canções pop, Gábor foi, na verdade, o primeiro guitarrista de jazz a considerar, despudoradamente, que não havia nenhum problema em pegar emprestadas as canções dos Beatles, de The Mamas and The Papas e de outros astros do rádio e gravá-las em um estilo de jazz, com seu toque particular. Mais tarde outras pessoas do mundo do jazz fariam isso, e ninguém pôde deixar de notar: "Ei, essa ideia está vendendo muito!"

Tive a honra de Gábor querer formar um grupo comigo, e cheguei a refletir sobre isso, mas acho que ele me via como um músico independente, quando na verdade eu ainda fazia parte de uma banda. Eu fazia parte da Santana, e me sentia conectado a Gregg, Shrieve e Carabello, apesar da questão das drogas. Mais tarde, desenvolvi um tipo de perspectiva que me facilitou colaborar e tocar com outras bandas, e, ainda assim, estar absolutamente vinculado à Santana.

Três semanas após a Santana pegar a estrada (sem este Santana), o telefone tocou. Era Neal. A banda estava subindo pela Costa Leste e estava no Felt Forum, em Nova York. "Ei, cara, eu não queria dizer isso, porque provavelmente será ruim para o seu ego, mas as plateias estão gritando e vaiando – elas querem ouvir você. Elas sabem que você é o Santana. Vamos lá – por que você não pega o próximo avião?" Eu não estava disposto a mudar de ideia. "Não. Não, a menos que vocês coloquem Carabello e Stan no próximo avião de volta. Aí eu vou."

Mais tarde, fiquei sabendo que quando a banda decidiu que deveria me reconvocar e enviar Carabello e Stan para casa, os dois passaram nos quartos de todas as pessoas, deixando claro o quanto haviam ficado chateados e magoados. Peguei um avião e fui para Nova York encontrar a banda no hotel. Foi muito estranho, porque, quando cheguei lá, deparei com Stan e Carabello no saguão, olhando com raiva para mim. Carabello disse: "Certo, cara, você fez tudo da porra do seu jeito. Era isso o que você queria, não é?" Eu não mordi a isca – olhei para ele e disse: "O que eu queria é que a banda estivesse prosperando."

De imediato, a sensação é que aquele seria um novo capítulo para a Santana. Não apenas porque teríamos de encontrar um novo *conguero*; nós também precisaríamos fazer isso a milhares de quilômetros dos músicos que conhecíamos melhor. Então, uma noite em Nova York, decidimos tornar público o problema, e perguntamos se havia algum instrumentista de conga na plateia. Foi assim que encontramos Mingo Lewis. Ele era um músico de rua com bastante energia. Nós lançamos o pedido do palco – provavelmente, fui eu quem fez isso –, e quando nos demos conta, esse cara apareceu e se entrosou bem conosco. Sabia quase todas as partituras das nossas músicas, e, então, o convidamos para se integrar à banda ali mesmo.

Durante aqueles primeiros espetáculos havia, definitivamente, uma divisão, ou o sentimento de uma divisão, na banda. Metade dos integrantes queria me bater, assim como alguns membros da equipe; eles ficaram aborrecidos porque achavam que eu estava colocando um ponto final em uma coisa boa. O meu argumento era: "Essa coisa já está morta e vai ficar ainda mais morta se não amputarmos a perna necrosada." Além disso, eu acreditava que estava fazendo um favor a algumas pessoas, ajudando a prolongar suas vidas.

A energia da nova formação também ficou imediatamente diferente no palco, onde parecia que Gregg, Neal e eu estávamos disputando espaço um com o outro e Michael era o cara principal, o que, na verdade, era uma coisa boa. Quando Dougie assumiu o baixo e Mingo se ocupou das congas, passou a ser um tipo de ritmo totalmente novo – mais flexível e mais descontraído. Foi aí que eu realmente comecei a sentir que a Santana talvez pudesse seguir em uma direção diferente, o que ficaria evidente em nosso quarto álbum, *Caravanserai*.

Depois de finalizarmos a turnê pelos Estados Unidos, voamos pela primeira vez ao Peru, para fazer o nosso último show de 1971 – mas alguma coisa aconteceu e fomos impedidos de tocar. E, graças a Deus, não tocamos, porque, provavelmente, nosso som teria sido péssimo. Pense um pouco nisso e repita estas palavras: *banda de rock; Peru; 1971*.

Os irmãos gêmeos que nos contrataram estavam inteiramente envolvidos com cocaína, e embarcaram no mesmo avião que o nosso em Nova York, levando um jarro de pó cheio até o topo. A festa começou em pleno ar, e quando pousamos, todo o aeroporto de Lima estava repleto de gente – alguém poderia pensar que os Beatles estavam chegando no avião seguinte. Nós parecíamos... bem, você conhece a história de Ulisses e dos marinheiros que são transformados em suínos e passam a grunhir e a agir como porcos? Essa era a Santana saindo daquele avião. No momento em que desembarcamos, o jarro estava quase pela metade. Eu estava pronto para suar frio e ter outro pesadelo, ao imaginar subir ao palco e encontrar todos os integrantes da banda congelados como se fossem picolés.

Havia um outro dado da situação que desconhecíamos antes de chegarmos lá. Algumas pessoas não estavam contentes com a nossa presença – estudantes comunistas que achavam que nós representávamos o imperialismo norte-americano. Nem todos os que ouvem a palavra *Estados Unidos* pensam em *Howdy Doody* e Fred Astaire. Houve uma manifestação, e alguém ateou fogo ao lugar onde iríamos tocar.

Mais tarde, soube que Fidel Castro não deixava as pessoas escutarem a nossa música pela mesma razão. Também já ouvi dizer que Buddy Rich costumava retirar de seu ônibus as pessoas que ouviam a Santana. Para mim, não há nenhum problema em saber que não podemos agradar a todos.

Quando chegamos a Lima, fomos recebidos pelo prefeito, enquanto nossa bagagem seguia para o hotel. Recebemos a chave da cidade, tiramos algumas fotos e depois, a meu pedido, fomos visitar algumas igrejas – eu estava de volta à América Latina, e queria ver as igrejas. Estávamos há apenas 15 minutos na primeira delas quando, de repente, o lugar foi cercado por policiais. Eles nos escoltaram até um edifício municipal, onde aguardamos, tentando descobrir o que estava acontecendo. Os policiais não paravam de dizer que tudo estava sendo feito para nossa proteção, mas não revelavam mais nada além disso.

Nós deveríamos tocar na noite seguinte, e alguns dos integrantes começaram a ficar com raiva. Gregg dizia: "Ah, cara, que se fodam." Eu o aconselhei a não bancar o John Wayne. "Estou lhe dizendo, os advogados não vão ajudá-lo neste lugar, cara. Fique frio." Eu podia perceber que nossa situação não era muito diferente de estar trancafiados em uma prisão de Tijuana. Em seguida, os policiais disseram que havia ocorrido alguns problemas com os estudantes; que nós estávamos em perigo, e precisávamos ir embora. Um avião que estava indo do Brasil para Los Angeles foi solicitado a pousar e nos pegar, de modo que pudéssemos voltar para casa em segurança. Fomos direto para o aeroporto. O administrador da nossa turnê era Steve Kahn, que trabalhava para Bill Graham – nós o chamávamos de Killer Kahn. Logo depois, ele voltou para recolher todos os nossos equipamentos e bagagens, que haviam sido deixados no hotel. Ele teve de colocar uma peruca para esconder seu cabelo hippie e raspar o bigode para não ser reconhecido como norte-americano.

Então, entramos no avião que iria nos retirar do Peru, e só havia um lugar para eu me sentar – ao lado de uma garota de aparência estranha, com um cabelo louro desgrenhado e um enorme vestido havaiano. Nós decolamos, e ela perguntou: "O que aconteceu?" Eu contei toda a história, e então ela olhou ao redor e disse: "Eu não me preocuparia com isso. Olha o que eu tenho aqui." Ela levantou o vestido, e foi como se aquele cara de *O expresso da meia-noite* estivesse sentado bem ao meu lado. Ela era uma mula, e tinha tanta cocaína amarrada ao corpo que parecia estar grávida. "Por que não vamos ao banheiro e cheiramos um pouco de coca?" Era exatamente o que eu precisava. "Não, obrigado", eu disse. "Preciso me sentar em outro lugar, cara." Assim que pousamos no aeroporto de Los Angeles, o FBI e outras pessoas uniformizadas vieram nos interrogar sobre o que havia acontecido. "Claro, cara; vamos lá." Eu queria colocar a maior distância possível entre mim e aquela garota grávida – e rápido.

A história que ficamos sabendo é que o governo, na verdade, estava tentando nos ajudar. Ouvi dizer que as pessoas em Lima ainda falam sobre a época em que a Santana esteve por lá mas não tocou.

Certa vez, eu estava conversando com Miles sobre as mudanças de instrumentistas em suas bandas e o fato de sua música sempre seguir adiante. "É uma bênção e uma maldição, cara. Eu *preciso* mudar", disse ele. Eu gostava da ideia de uma banda ser assim – livre e natural, aberta ao sabor de novas ideias.

Eu queria que a Santana fosse desse jeito. Mas, no fim de 1971, ela estava caindo aos pedaços. Dois dos meus amigos mais antigos haviam saído da banda, e o clima entre nós não era agradável – as coisas estavam ficando tensas.

Poderíamos ter ficado algum tempo fora de circulação para acalmar os ânimos. Quando você está ocupado tocando, criando novas músicas e gravando – repetindo, repetindo, repetindo –, não sabe por quanto tempo deve deixar isso durar. Você não sabe por quanto tempo o telefone continuará tocando com ofertas para fazer shows e gravar discos. Nós nunca nos perguntamos: "Por quanto tempo podemos nos dar o luxo de descansar? Algumas semanas? Um ano ou dois?" Talvez nós devêssemos ter feito isso.

Santana III saiu em outubro, e foi mais um álbum com o qual nós alcançamos o topo das paradas. Digo "nós" porque nos três primeiros álbuns todo mundo fez a sua parte e ninguém disse a ninguém o que fazer. Mas quando começamos a gravar *Caravanserai*, em 1972, passei a dizer às pessoas o que fazer e o que não fazer. *Santana III* foi o último álbum a contar com a maioria dos membros originais da Santana, incluindo Gregg. Eu poderia dizer que havia um mal-estar quando eu estava no mesmo ambiente que certas pessoas, e tenho certeza de que elas sentiam a mesma coisa, mas o que aconteceu, tinha de acontecer. Quando uma coisa acaba, ela acaba.

Levaria cerca de oito meses até que a Santana tivesse uma nova formação e realmente encontrasse a sua levada e voltasse à estrada. Foi a única vez que a Santana fez isso – sair de cena por tanto tempo e voltar com novas pessoas e um novo som.

Tínhamos passado da fase de torcer uns pelos outros para tolerar uns aos outros e, finalmente, ser duas bandas em uma, enfrentando conflitos do ponto de vista musical e filosófico. De um lado, havia Gregg e Neal, querendo fazer mais canções de rock, e do outro havia Shrieve e eu. Chepito estava sempre em sua própria órbita – lidando com aquilo que desviava sua atenção e nunca se envolvendo realmente com o que a banda estava fazendo ou com o rumo que ela estava tomando. Ele compôs músicas, e seu som sempre será parte importante da banda, mas ao longo de todas as mudanças que aconteceriam na Santana ele parecia estar sempre no banco de reservas – nunca dentro do jogo efetivamente.

Shrieve e eu éramos como jardineiros, tentando fazer com que a música ficasse um pouco mais descontraída e crescesse por conta própria. Estávamos ouvindo e pensando em jazz e em outros ritmos, e na quantidade de músicos que poderíamos conhecer e com quem poderíamos realizar improvisações. Acho que o nosso caminho era mais fiel à ideia da banda original, que dava a cada um de nós a liberdade de dizer: "Foi lindo. Vamos tentar de novo mais algumas vezes, talvez em uma direção diferente." A grande mudança foi que, na época em que estávamos gravando *Caravanserai*, eu era o único a dizer isso.

CAPÍTULO 13

Levei cerca de um ano para deixar de ser simplesmente parte da banda, para começar a sentir que o nome da banda não era apenas um nome com uma sonoridade bacana: era o meu *nome, e eu tinha uma responsabilidade sobre isso. Acho que foi bom ter chegado a essa percepção, pois eu não estava programado ou preparado para manter um tipo de banda como The Who, The Rolling Stones ou Led Zeppelin – todos por um, mas sem nenhuma liderança clara. Eu sou a Santana – se eu não estiver na banda e ela tiver o nome de Santana, então ela será um tributo à Santana.*

Tenho muita sorte de ter trabalhado com todos os músicos que tocaram na Santana. Todos trouxeram diferentes ritmos e pulsações, diferentes maneiras de articular mudanças de acordes e diferentes energias. Eu aprendi com cada um deles, e está muito nítido em minha mente quem fez o que e quem é quem – posso citar todos os tecladistas e todos os instrumentistas de conga, todos os bateristas, todos os baixistas. Todos foram importantes.

Se um músico estiver tocando na Santana, ele não estará lá apenas pelo fato de conhecer as músicas. O motivo será a confiança. Eu confio na autenticidade de cada um deles e em seu profundo respeito por três coisas que eles nunca deixarão cair: o andamento, o sentimento e a levada. Conversamos sobre isso o tempo todo. O andamento e o sentimento têm de estar adequados a cada uma das canções, e a levada – cara, a levada é o principal.

Uma das razões para a Santana ter sobrevivido a todas essas mudanças de formação ao longo dos anos é que os novos tecladistas, baixistas ou vocalistas não estavam ali apenas para reproduzir o som dos discos de 35 anos atrás. Cada banda da Santana desenvolveu sua própria identidade. Cada novo músico precisa abrir o seu próprio coração e demonstrar um novo engajamento com o todo, fazendo com que isso funcione ao lado dos demais integrantes. Alguns caras me perguntam o que eu espero que eles façam ou ensaiem. Eu respondo que, se quiserem pesquisar alguma coisa antes de tocar na Santana, que não pesquisem a Santana. Eu nem sequer estaria conversando com eles se ainda não conhecessem nossa música.

O tom universal

Eu recomendo que eles deem uma olhada em Marvin Gaye – que consigam um vídeo dele de 1974, para constatar que não existe outra escolha a não ser acreditar em cada palavra que ele canta. Ou Michael Jackson em 1983. Ou Miles em 1969. Jimi em 1967. Howlin' Wolf nos anos 1950. Você acredita em cada nota que eles tocam. Eu digo que eles não devem justificar a música e não devem falar sobre mudanças de acordes antes de pensar em como torná-los vivos todas as vezes – como Frankenstein, levantando de entre os mortos. Eu consigo compreender por que Wayne Shorter gosta daqueles filmes antigos – "Eles estão vivos!". É isso o que precisamos ouvir na Santana.

Certa vez tivemos uma discussão dentro do ônibus. Um membro da banda disse: "Sabe, nós não gostamos nem um pouco quando você nos diz o que fazer e o que não fazer"

Eu respondi: "Está bem, então me surpreendam. Não tragam as mesmas coisas para todas as canções. Não toquem algo que vocês aprenderam. Eles não ensinam audácia, nem ousadia, nem coisas estupendas na Berklee ou em qualquer outra escola de música." Não é que eles precisem chegar a esse nível sempre. Mas eu posso identificar quando alguém está apenas matando o tempo, e é meu papel dizer alguma coisa, assim como é minha obrigação deixar que um músico saiba: "Ei, você tocou muito bem esta noite. Obrigado."

Vários projetos se tornaram realidade porque as pessoas estavam saindo juntas, tocando e conversando sobre ideias que poderiam ser desenvolvidas em conjunto. O show no Havaí com Buddy Miles surgiu quando Buddy e Greg Errico se reuniram com pessoas como Neal e Coke Escovedo. Buddy e Greg tinham uma afeição mútua, de modo que era natural que viessem a fazer algo juntos. E quando eu visitei Buddy em sua casa em Nevada, ele me falou sobre um show de ano-novo que iria fazer com Greg e outros músicos na cratera do Diamond Head.

Buddy Miles havia sido o último baterista de Jimi Hendrix e, antes disso, tinha tocado com Wilson Pickett e The Electric Flag. Então, em 1970, ele fez enorme sucesso com "Them Changes", e à época do show ele tinha acabado de assinar com a Columbia. Do meu ponto de vista, as coisas não estavam mais rolando para a Santana, e quem poderia saber o que o futuro nos reservava? Fazer esse show era como imaginar o que poderia ser uma Santana revigorada. Para mim, era como se nós fôssemos os remanescentes, e me pareceu divertido – uma banda formada por astros que vinham, principalmente, de Bay Area, como Neal, Gregg, Coke, Luis Gasca, o saxofonista Hadley Caliman e Victor Pantoja. Carabello também estava lá, e também tocou – mas eu tinha começado a sair mais com Coke depois de nos separarmos, e Coke e eu nos aproximaríamos bastante naquela ocasião.

Buddy e os outros sugeriram algumas músicas, mas, de modo geral, fizemos improvisações em torno de algumas ideias soltas. Primeiro nós tocamos e depois demos nomes às faixas. Todo o show foi gravado pela Columbia, e então Buddy e eu fomos para um estúdio para mixar o material. Era minha primeira lição em uma parceria musical e em como encontrar o modo certo de dizer as coisas que precisavam ser ditas – longe da Santana, em um estúdio repleto de músicos, amigos, namoradas e Buddy, que tinha muito mais experiência do que eu.

Depois de algum tempo, Buddy entrou na sala de mixagem com o engenheiro de som e nos colocou para fora. Horas e horas depois, ele nos mostrou o resultado. Eu escutei o que iria se transformar nos dois primeiros lados de um álbum duplo, e quando a música estava quase terminando, simplesmente falei: "Buddy, não basta ter só você." Ele disse: "Como?", com uma expressão de severidade em seu rosto. Eu disse: "Cara, eu preciso ouvir as vozes, os sopros e as guitarras. Não pode ser apenas você. Você está aparecendo demais nessa mixagem, mas onde estão todos os outros? Não basta ter só você. Precisamos mixar isso novamente."

As pessoas ficaram olhando para mim, depois, para Buddy: "Porra, ele acabou de fazer uma avaliação sua, cara." Buddy começou a me encarar, como se dissesse: "Como você pode dizer isso na frente de todo mundo?" Aquilo precisava ser mixado novamente, não havia dúvida quanto a isso. "Vamos lá, Buddy, vamos repetir, e desta vez certifique-se de que todos possam ser ouvidos plenamente."

Eu gostava da música – tive a honra de contar com a sua confiança para extrair algo diferente dele, e, definitivamente, ele me ajudou a extrair algo diferente de mim. É assim que, até hoje, eu escuto aquela música. Buddy simplesmente arrasou cantando "Evil Ways" e "Faith Interlude" – ele é um fenômeno.

Buddy e eu ficamos mais próximos depois daquele álbum, o que foi bom, porque tivemos que promovê-lo e fazer uma turnê quando ele foi lançado. Encontramos uma maneira de dialogar um com o outro e de respeitar a música em primeiro lugar. Buddy diria: "Você fala comigo de uma forma que a maioria das pessoas não fala." A maioria das pessoas tinha medo de deixá-lo irritado e de ofendê-lo. Eu disse a ele: "Buddy, eu nunca tentarei colocá-lo para baixo. Eu amo sua forma de tocar bateria e de cantar. Às vezes, o que eu quero dizer é que você cria obstáculos para uma série de coisas com a máscara que você usa. Eu só estou querendo chegar a Buddy Miles – à alma, ao coração, ao dom que Deus lhe deu."

Buddy tinha uma voz capaz de cantar em qualquer tonalidade, e também tocava guitarra muito bem. Os problemas apareciam quando ele não estava tocando. Ele precisava ser o foco, e todas as coisas tinham de estar ao seu serviço. Era sempre Buddy, Buddy, Buddy, ou ele arrumaria problemas com incrível rapidez. Eu ainda amo Buddy, apesar de Buddy Miles. Nós nos reunimos novamente em 1987, depois que eu o assisti com meu amigo Gary Rashid no Boom Boom Room – era tão bom que o convidei para fazer parte da banda. Eu tenho o saudável hábito de manter minha memória seletiva, e então esqueço as merdas que aconteceram e dou uma segunda chance às pessoas. Nos divertimos durante alguns shows, até que as mesmas coisas começaram a acontecer novamente.

Buddy era um baterista quadrado – o que significa dizer que ele era ritmicamente preciso, o que é ótimo se você for tocar "In the Midnight Hour", "Knock on Wood" ou outras levadas de R & B como essas. Mas se você for tocar "Manic Depression", esse estilo não funciona, necessariamente. Buddy e até mesmo o famoso baterista da Stax, Al Jackson Jr., por melhor que tivesse se saído com Otis Redding, eram, por vezes, muito rígidos. Com bateristas cósmicos como Roy Haynes, Jack DeJohnette, Tony Williams, Elvin Jones e Mitch Mitchell existe uma química de borbulhas e faíscas que é um tipo totalmente diferente de precisão. No outro extremo está Rashied Ali, o último baterista de Coltrane – ele era quadrado, mas sem arestas.

John Coltrane, Pharoah Sanders, Antônio Carlos Jobim e Alice Coltrane, com seus ritmos mais soltos e suas melodias espirituais e exultantes, estavam inspirando mudanças no tipo de música que Shrieve e eu queríamos fazer. Se você escutar as gravações em estúdio que começamos a fazer no início de 1972, perceberá que soávamos como se estivéssemos trabalhando com varinhas mágicas, à procura de água – é possível ouvir as transformações em nossa música de fevereiro para março, de março para abril e de abril para maio.

Estávamos procurando nossa nova identidade para além da Santana. Pode-se dizer que buscávamos por Weather Report e por Miles Davis – na verdade, Don Alias e Lenny White, que tinham tocado em *Bitches Brew*, também aparecem em algumas gravações da Santana. Acho que todos nós estávamos buscando nossa identidade nos mesmos lugares – no rock e no jazz –, com um espírito investigativo e a coragem de experimentar algo novo, mesmo que isso não fizesse sentido ou que, teoricamente, não devêssemos fazê-lo. *Caravanserai* foi o álbum que, teoricamente, não deveríamos ter feito.

Nos cinco meses seguintes, a Santana existiu, basicamente, dentro do estúdio – a banda fez apenas alguns shows ao vivo sob esse nome, e não estava claro qual seria seu futuro. Avançamos com as gravações entre março e junho de 1972, no novo estúdio de gravação da CBS em São Francisco – onde havíamos feito *Santana III* com Glen Kolotkin. Originalmente, o estúdio fazia parte das instalações da Coast Recorders, o lugar em que John e Alice Coltrane haviam realizado uma das últimas gravações de sua carreira, em 1966, e fazia sentido que estivéssemos tocando o mesmo tipo de música cósmica no estúdio que eles usaram.

O estranho é que, em vez das tensões habituais pelas quais passamos ao fazer os outros álbuns, aquelas gravações foram muito tranquilas. Não havia mais brigas – aquela fase tinha acabado. Em vez disso, havia uma espécie de tristeza no ar. David Brown, Stan e Carabello tinham ido embora, e Gregg e Neal concordaram em fazer a música que faria parte de *Caravanserai*, embora estivessem pensando na música que se tornaria o repertório da Journey. Para mim, era triste sentir que a Santana original estava chegando ao fim. Quando penso naqueles meses, lembro que eu chorava sem parar – me perguntando o que havia acontecido de errado. Meu corpo derramava lágrimas por conta do desmantelamento do meu relacionamento com todos, lamentando o fato de não estarmos apoiando uns aos outros como costumávamos fazer. Até hoje escuto "Song of the Wind" e me desmancho ao ouvir Gregg tocando aquela música – sem nenhum solo, apenas uma base simples de órgão, dando o seu suporte sem querer chamar a atenção nem nada, mas extremamente importante para a música.

As transições podem ser dolorosas, mas esse período acabou ficando mais sereno e orgânico graças a Michael Shrieve. Musicalmente, sentíamos que precisávamos andar na corda bamba com *Caravanserai* – nós sabíamos que o álbum significaria experimentar novos tipos de música, ampliando bastante nosso raio de atuação. Foi Shrieve quem disse: "Vamos ouvir Jobim", e decidimos gravar "Stone Flower" e escrever uma letra para ela. Dentre os instrumentistas do álbum, estavam Gregg, Neal e Chepito, além de alguns novos integrantes, como Mingo e Tom Rutley no baixo, que se afastou após as gravações para retornar ao mundo do jazz, de onde ele tinha vindo. Dougie Rauch participou de algumas canções. É possível ouvir claramente sua contribuição em "All the Love of the Universe" e "Look Up (to See What's Coming Down)" – quando ouvíamos essas faixas, percebíamos o quanto precisávamos de Dougie.

Gregg também estava se preparando para se despedir, mas eu tinha ouvido Tom Coster na banda de Gábor, na mesma época em que Dougie estava tocando com eles. Tom – ou TC, como nós o chamávamos – era, sem dúvida, um músico de jazz. Ele conseguia tocar qualquer coisa. Eu sabia que se ele substituísse Gregg, a banda poderia contar com uma sensação diferente em relação ao órgão, e ele também tiraria outras sonoridades do teclado. Ele toca aquele solo de piano elétrico extremamente enérgico em "La Fuente del Ritmo". TC ajudaria a criar algumas grandes canções da Santana quando mais precisávamos delas, como "Europa" e "Dance Sister Dance".

Ao lado de Coster e dos outros músicos, comecei a encontrar a minha maneira própria de me expressar sobre a música que eu ouvia. Eu estava aprendendo que, especialmente com novas pessoas na banda, precisava ser o mais respeitoso possível, mas também o mais claro possível sobre o que eu queria, como, por exemplo: "O acorde que eu tenho em mente parece com isso – você tem que imaginar um pôr do sol, quando as nuvens estão cobertas de vermelho... Não, esse acorde é o do meio-dia. Tente este outro acorde. Tá, mas isso é como se fosse 4 horas da tarde. Será que conseguimos chegar às 6 horas, bem antes de o sol se pôr?"

Para mim, a música sempre foi visual. Eu posso enxergar as cores ou os estados emocionais, a água ou o fogo, uma lágrima escorrendo ou um sorriso. Esta é a função de um músico: transformar o acorde, o ritmo ou qualquer "combinação de sons" em uma certa memória ou emoção e conectá-la a algo real.

No início das gravações em estúdio, eu disse a Glen Kolotkin que queria que o álbum começasse com os sons da natureza, e ele disse: "Eu já entendi – no meu quintal, há um coro de grilos, e você não acredita no barulho que eles fazem." Portanto, é assim que o álbum começa, e aí ouvimos Hadley Caliman tocando saxofone – o som sibilante do nevoeiro vindo logo depois dos grilos. Isso também está no apaixonante solo de flauta de Hadley em "Every Step of the Way". Convidamos outras pessoas próximas – Rico Reyes cantou em uma das músicas, e um guitarrista local, Doug Rodrigues, tocou comigo em "Waves Within". Wendy Haas tocou teclado nesse álbum, como faria em alguns outros álbuns da Santana. Decidi que o meu solo naquela canção deveria atravessar a música como se fosse uma faca quente cortando a manteiga – um pouco do que toquei tinha como inspiração "First Light", de Freddie Hubbard, e "Concierto de Aranjuez", de Miles. Neal e eu estávamos fazendo muitas citações e usando ideias e sentimentos que captávamos de outras músicas. "Astral Travelling", do álbum *Thembi*, de Pharoah Sanders, ajudou a dar origem à música de abertura de *Caravanserai*.

Na produção de *Caravanserai* a Santana inaugurou um novo método de trabalho, com os integrantes tocando separadamente no estúdio – Shrieve, Dougie e Chepito fariam suas faixas juntos, chegariam para mim e diriam: "Pronto, agora precisamos que você entre e toque o seu solo." Eu ouvia a música pela primeira vez naquele exato momento, molhava a ponta do dedo e o levantava no ar, como se fosse uma antena do Empire State Building, e deixava que as melodias e as inspirações viessem ao meu encontro – eu ficava pensando em "Nature Boy", "Love in a Two-Way Street". Nas frases improvisadas de Gábor Szabó. Tudo isso está no álbum. Mais tarde, as pessoas me diriam: "Uau – aquele solo em 'Stone Flower' foi excelente." Eu diria: "Obrigado, cara", e ficava pensando: "Espero que ninguém queira me arrebentar por causa disso!"

Por duas razões minha canção favorita em *Caravanserai* ainda é "Every Step of the Way" – primeiro, porque ela soa como o álbum que nós realmente adorávamos naquela época: *Crossings*, de Herbie Hancock. A música também me faz lembrar de Shrieve, porque foi ele quem a compôs, e pelo modo como a tocamos juntos. Shrieve estava lá para ajudar a fazer a travessia que *Caravanserai* representou. Ele esteve ao meu lado, e eu estive ao lado dele – nós ajudamos um ao outro a finalizá-lo. Quando chegou a hora de estabelecer a ordem das músicas no álbum, fizemos várias fitas cassetes com sequências diferentes. Em seguida, separadamente, saíamos andando de carro pelos arredores de São Francisco e colocávamos as fitas para tocar. Trocávamos os cassetes entre nós e debatíamos até entender exatamente em qual ordem as músicas deveriam ser executadas. Mais do que qualquer álbum da Santana, *Caravanserai* estava destinado a ser uma experiência de um álbum completo, com cada uma das faixas interconectada à faixa seguinte – uma obra, como *What's Going On* ou *A Love Supreme*.

Lembro de ter dito a Shrieve: "Encontrei a palavra *caravanserai* quando estava lendo algo de Paramahansa Yogananda."

"Uau!, parece ótimo... o que significa?"

"A caravana é o eterno ciclo da reencarnação, cada alma entrando e saindo da vida, da morte para a vida e vice-versa, até chegar a um lugar onde você pode descansar e alcançar uma paz interior. Esse lugar é o caravançarai. O modo como você vive agora determina como você viverá novamente, se isso lhe for permitido. A reencarnação está em suas mãos."

Fazia todo o sentido para mim – o ciclo que acontece com todos nós: os reinos mineral, vegetal e animal, a humanidade, a divindade. Está em nossas mãos. Lembro de pensar que me sentia contente por ter me familiarizado com a filosofia oriental, porque até então eu pensava que simplesmente morríamos e acabou – você ia para o inferno só para continuar vivendo. Foi por isso que nós colocamos a citação de *Meditações metafísicas*, de Paramahansa Yogananda, na capa do álbum:

The body melts into the universe
      [O corpo dissolve-se no universo].
The universe melts into the soundless voice
      [O universo dissolve-se na voz silenciosa].
The sound melts into the all-shining light
      [O som dissolve-se na luz de eterno fulgor].
And the light enters the bosom of infinite joy
      [E a luz penetra o seio da alegria infinita].

Para mim, Armando Peraza foi a pessoa mais importante que entrou na Santana naquele ano – talvez em todos os anos. Ele tocou em duas músicas em *Caravanserai* – acrescentou bongôs em "Fuente" e, posteriormente, se juntou à Santana para tocar congas. Ele era um dos quatro melhores *congueros* que vieram de Cuba na década de 1940, juntamente com Patato Valdez, Francisco Aguabella e Mongo Santamaría. Ele vivia em São Francisco desde os anos 1960.

Armando era mais velho e mais sábio do que todos nós – na época, ele estava próximo de 50 anos de idade. Ele estava na estrada há anos. Ele era mais velho do que Miles Davis, e essa era outra razão pela qual ele não admitia que Miles mexesse com ele. Armando era franzino e forte. Pode-se perceber isso em suas congas – Armando era como um guepardo e um raio laser. Ele ia fundo, e era muito rápido. Enquanto isso, bem ao lado de Armando, Mongo tinha um som bonito, robusto, paternal. Era uma ótima combinação.

Armando deu à banda um espírito e uma força incríveis. Para mim, ele se tornou um mentor, um tutor e um anjo divino. Ele me dizia coisas quando eu precisava ouvi-las, e contava histórias excelentes. Suas histórias eram sobre todas as pessoas com quem ele já havia tocado e sobre as coisas malucas que já havia feito. Ele desafiava as pessoas com as suas credenciais – sua grande honra era ter tocado com Charlie Parker e Buddy Rich assim que chegou a Nova York. "Depois disso, os dois queriam que eu fosse tocar em suas bandas", contava ele. Ao que ele perguntava: "O que vocês têm para me oferecer?"

Outra coisa que Armando gostava de fazer: depois de cada show, ele costumava olhar para as mãos. Ele tinha mãozinhas minúsculas e um som fabuloso. Armando diria: "E eu não uso nenhuma banqueta, cara." Em seu vocabulário, não era uma baqueta. "Eu não preciso de nenhuma banqueta." Ele tinha sua própria maneira de se expressar – em vez de dizer: "Não me venham com essa merda", era "Não me venham com essa merla". Se ele gostasse do estilo de algum instrumentista, ele diria: "Eu gosto da merla que esse cara faz."

Ele me chamava de Carlo. McLaughlin era da Maharishi, e não da Mahavishnu. Lionel Richie era Flannel Richie. Havia Argentina Turner, Roberta Flop, e aquele cara do Weather Report, Joe Sabano. "Ei, Carlo, você sabe que eu estava com Sabano quando ele compôs 'Mercy, Mercy, Mercy'?"

"Sério, Armando?"

"É, eu dei uma forcinha."

Algumas vezes, Armando nos contava uma história a respeito do tempo em que havia vivido em Tijuana, onde fez um pouco de tudo – foi dançarino, jogador de beisebol e segurança. Uma noite, ele apostou com um barman que conseguiria pular em uma arena e enfrentar o touro. Quer ouvir a história até o fim? Anos mais tarde, uma mulher bonita e elegante o viu ao meu lado na rua, em Daly City, Califórnia, gritou o seu nome e se aproximou. Ela disse que era esposa de um dos Nicholas Brothers, e então afirmou: "Não se lembra de mim? Eu estava com você em Tijuana quando você apostou com aquele barman que poderia enfrentar o touro!"

Armando se virou para mim. "Está vendo, Carlo? Às vezes as pessoas me acusam de ser senil, mas a minha memória é simplesmente fantástica." Eu ainda não sei o que isso quer dizer.

A primeira vez que li alguma coisa sobre Armando foi em um encarte de um dos primeiros álbuns de Leon Thomas, que falava sobre a sua atuação na cidade de Nova York. A primeira vez que ouvi Armando tocar foi em um parque em São Francisco, em 1968 – ele e um cara chamado Dennis estavam mandando ver. Ninguém ali estava disposto a sair para fazer compras ou qualquer outra coisa – havia apenas uma enorme multidão vidrada nos dois. Eles terminaram de tocar, e as pessoas começaram a urrar, levantando-se para aplaudi-los de pé. Armando veio direto ao meu encontro, todo suado, sem a menor cerimônia. "Carlos Santana?" Ele sabia quem eu era.

"Sim?"

"Algum dia eu quero entrar para a sua banda, cara."

Eu não sabia o que dizer. "Ah, cara, isso seria uma honra."

"Mas eu não posso fazer isso agora porque estou tocando com Cal Tjader no El Matador. Venha me ver."

Em outra ocasião, em Nova York, Carabello me disse que Armando estava fazendo uma participação no show de Mongo no Village Gate. Pegamos um táxi e fomos direto até o clube, e todos os bateristas estavam lá – Roy Haynes à minha direita, e Tony Williams à minha esquerda. Mongo estava tocando suas canções – incluindo vários cha-cha-chas e "Watermelon Man". Armando também estava no palco – sempre colocando "alguma coisa a mais" na música. Então, de repente, ficaram apenas Armando e Mongo – a razão pela qual todos nós tínhamos ido até lá.

O olhar que eles lançaram um ao outro foi: "Você é meu amigo, mas preciso lhe mostrar algo."

Cheguei a ver Armando desafiando Francisco Aguabella e Billy Cobham. Ele tocava a sua parte, em seguida recuava um pouco e colocava as mãos para cima, como se fosse um toureiro balançando a capa – "*Eso – pode vir! O que você tem para me oferecer?*". Sempre que músicos desse tipo se reúnem, as paredes começam a suar. Eu juro: eles realmente conseguem transformar a estrutura do local.

Além disso, Armando foi uma das pessoas mais importantes que entraram em minha vida – ele foi um outro anjo que apareceu na hora certa. Ele carregava a música inteira dentro de si e era um cara muito interessante. Por ser do jeito que era, ele reforçou minha autoconfiança. Ele me ajudou a acreditar no que eu estava fazendo e no rumo que a banda estava tomando. Eu precisava disso em 1972, porque, quando terminamos de gravar *Caravanserai*, todas as pessoas ao nosso redor começaram a balançar a cabeça, dizendo que tínhamos ido longe demais.

Àquela altura, haviam se passado quase seis meses após o primeiro rompimento da Santana, quando Stan e Carabello foram dispensados. Carabello estava por perto, tocando com outras pessoas em Bay Area, e lançando sua própria banda. David estava tentando se recompor. Mas Stan já estava viciado, e, no fim, acabou se tornando mais uma vítima das drogas.

Uma coisa positiva foi que não havia sido um divórcio conturbado – pelo menos não do ponto de vista financeiro. Nós nunca brigamos por direitos autorais ou qualquer coisa assim – e não fazemos isso até hoje. Mas foi confuso no sentido de que as pessoas estavam muito decepcionadas umas com as outras, atribuindo a culpa e a responsabilidade umas às outras de uma forma inimaginável. A Santana continuava seguindo em frente, e eu era o único a falar em nome da banda dentro e fora do estúdio. Quando terminamos de fazer *Caravanserai*, Clive Davis convocou uma reunião no estúdio da CBS. Eram apenas Clive, Shrieve e eu.

Clive, definitivamente, não estava satisfeito. Ele tinha ouvido a música, e não tinha conseguido esboçar um sorriso sequer. Foi uma das reuniões mais importantes que já tivemos em relação à Santana, tão importante quanto a que tivemos com Bill Graham antes de ir a Woodstock. Naquele momento, com a banda caindo aos pedaços, Bill e Clive estavam investindo grande parte de sua energia em nós, tentando nos ajudar a ficar juntos. Mas quando o assunto era a música, Shrieve e eu éramos os únicos a quem eles se dirigiam.

Às vezes, Clive costuma fazer algo engraçado, geralmente quando está em seu escritório. Ele desvia o olhar e fala com você indiretamente, por intermédio de um dos integrantes de sua equipe: "Ahn, Harry, diga a Carlos que estamos pensando em lançar o álbum em tal data." Eu poderia estar o tempo todo no mesmo ambiente; poderia ter acabado de ouvir o que ele tinha dito. Não importava. "Ahn, Carlos? Clive acha que devemos lançar...".

Lembro que estávamos sentados um diante do outro, e havia uma vela sobre a mesa entre nós. Clive estava olhando diretamente para mim. Talvez possa ter parecido estranho para Clive, mas eu fiquei olhando para aquela vela enquanto conversávamos – não porque quisesse ignorá-lo, mas porque sabia que algo estava por vir. Eu sabia que ele tentaria me convencer a imprimir uma direção diferente à banda. Mas nós já havíamos avançado demais com *Caravanserai* para voltar atrás.

Clive disse: "Sinto muito; preciso fazer uma pergunta. Por que você quis fazer isso?" Devo salientar que ele introduziu o assunto com extrema paciência. Ele não foi agressivo, mas bastante polido. Eu disse: "Por que eu quis fazer o quê?" Ele continuou: "É evidente que não existe um único single neste álbum em um raio de mil quilômetros. Não há nada aqui que possa tocar nas rádios e se transformar em um sucesso. Parece que vocês estão virando as costas para vocês mesmos. O material de jazz é ótimo, mas já existe um Miles Davis; já existe um Weather Report. Por que vocês não são apenas a Santana?"

Eu respondi: "Vai ser assim mesmo, cara. Esta é uma obra – a coisa toda é um single." Continuei olhando para a chama da vela, porque não queria encará-lo e ser obrigado a dizer: "Tá, vamos voltar ao estúdio e criar uma outra espécie de *Abraxas*."

Sustentei o o6lhar na vela. Eu sabia que Clive estava fazendo o trabalho dele, e sabia que Bill pensava da mesma forma. Ambos estavam certos – não havia nenhum single em *Caravanserai* que pudesse tocar nas rádios.

Lembro de Quincy Jones me contando uma vez sobre o modo como Ray Charles teve de defender sua música – os dois haviam surgido juntos em Seattle. Quando Ray se dispôs a fazer canções com instrumentos de cordas e vocais – um tipo de coisa pop, bastante produzida –, algumas pessoas que gostavam de seu som R & B disseram: "Não consigo me acostumar com isso. Não gosto dessa 'I Can't Stop Loving You' nem de 'Crying Time'. O que você está fazendo?" A resposta de Ray foi: "Bem, cara, você não vai ser ignorante a sua vida toda, vai?"

Eu não colocaria dessa forma. Eu tinha muito respeito por Clive, e então disse: "Clive, obrigado por ter vindo aqui e por dizer o que precisava nos dizer. Você tem que fazer o que tem que fazer, e nós temos que fazer o que temos que fazer. Mas não podemos fazer outra 'Black Magic Woman'. Não podemos voltar atrás – com todas as mudanças que ocorreram nos últimos meses, literalmente não podemos. Temos de aprender a mudar e a crescer." Clive preferiu não discutir, ele apenas pensou por um momento. "Bem, mas eu preciso lhe dizer que não há nenhum single aqui."

Clive estava desapontado, mas não tentou nos coagir: "Façam desse jeito, ou sofram as consequências." Não se tratava disso. Clive sempre foi muito solidário com os artistas. Ele é extremamente franco, mas não é uma pessoa que faça você se sentir uma criança idiota que não sabe o que está fazendo. Bill Graham era mais ou menos assim, só que ele usaria de franqueza, sem se preocupar em nos poupar das críticas mais enfáticas. Quando ele ouviu qual seria o título do álbum, ele disse: "*Caravanserai?* Parece mais um suicídio profissional."

"Suicídio profissional?" Tudo bem, soava um pouco como *Caravanserai*. Ah-ah! Mas, não, eu não achava isso.

Com tudo o que sei agora, acredito que eu tomaria a mesma decisão hoje. Na época, eu não podia discutir com Clive – sabia que o raciocínio dele estava certo e que ele estava defendendo nossos interesses, bem como os da Columbia. Analisando retrospectivamente, o que eu desejaria ter dito era: "Clive, vamos fazer esse álbum, e trabalharemos juntos no próximo, está bem?" Mas eu não sabia como fazer isso naquela época – ser diplomático. Agora eu sei. Tudo se resume à maneira de se expressar – ao senso de oportunidade, ao discurso e ao tom adotado. Hoje quero ser capaz de convidar as pessoas a investir emocionalmente tanto quanto eu, sem considerar se a música é minha ou delas – é a *nossa* música.

A Columbia lançou *Caravanserai* dois meses depois de *Carlos Santana & Buddy Miles! Live!* Não houve sucessos nas rádios nem discos de ouro em nenhum dos dois álbuns, mas ambos receberam ótimas críticas. Na *Rolling Stone*, Ralph Gleason gostou bastante de *Caravanserai* e publicou sua crítica ao lado da resenha de *On the Corner*, de Miles, mas a reação geral foi: "Que porra é essa?" Mesmo assim, as vendas foram boas, porque várias pessoas ficaram curiosas, e os músicos fizeram muitos elogios àquele álbum. Mas, sem um single para tocar nas rádios, as vendas diminuíram em comparação com os nossos três primeiros álbuns. Não importava. Não voltaríamos atrás. Tínhamos de seguir em frente, e *Caravanserai* era o que achávamos adequado para aquele momento.

Poucos meses depois, em 1973, houve uma discussão sobre custos na CBS, e eles dispensaram Clive. À sua maneira, Clive havia nos adotado, assim como Bill havia feito. Da mesma forma que Bill, ele era sistemático e tinha as pessoas certas trabalhando para ele, de modo que podia dizer com a mais suprema convicção: "Se trabalharmos juntos e vocês vierem comigo, eu vou me pendurar no telefone, e sua música vai tocar nas rádios. Vocês vão ganhar discos não só de ouro, mas de platina também." Clive e sua equipe sempre sabem como fazer com que a música chegue ao grande público. A Santana ainda era capaz de continuar, mas com a saída de Clive, nunca mais haveria aquele mesmo sentimento na CBS.

Gregg deixou São Francisco naquele verão – ele chegou a um ponto em que estava ficando cansado de toda a cena rock. Ele abriu um restaurante com seu pai em Seattle, sua cidade natal. Eu sabia que sentiria falta dele. Mas naquela época ele estava muito absorto no que ele pretendia fazer longe da Santana, assim como eu estava focado no caminho que achava que a Santana deveria seguir. Se tivesse havido alguma chance de reconciliação e de voltarmos a ficar juntos, àquela altura ela já havia passado. Eu vinha fazendo um monte de improvisações com outras bandas em torno de Bay Area desde aquela primavera e aquele verão – tocando em shows com gente como Elvin Bishop e Buddy Miles; a Malo, a banda do meu irmão; e a Azteca. Em julho, recebi um convite para fazer uma participação especial com a Tower of Power no Marin County Civic Center – eles estavam fazendo um programa duplo com The Loading Zone. Eu apareci no meu Excalibur com duas garotas loiras que eram amigas de Neal. Peguei minha guitarra e nos encaminhamos aos bastidores.

Essa foi a noite em que Deborah e eu realmente reparamos um no outro pela primeira vez. Quando eu a vi, lembrei que ela costumava andar com Sly – ela parecia ser a namorada dele. Desta vez, Deborah estava sozinha, esbanjando sedução pelos olhos e pela pele, e portando-se com elegância. Isso era visível na maneira como ela andava – como uma rainha –, algo que eu viria a conhecer ao longo do tempo. Eu ainda não sabia que ela vinha de uma família de músicos, ou que o pai dela era um famoso guitarrista de blues. Não sabia sequer seu nome.

Naquela época, eu estava solteiríssimo, e não estava interessado em procurar alguém. Era um tempo em que as mulheres já sabiam o que fazer – nem sempre eram os caras que precisavam dar o primeiro passo e partir para o ataque. Sei o que Deborah diz em seu livro sobre o fato de eu ficar correndo atrás dela. Mas, no meu livro, a história aconteceu assim: fui pegar um pouco de água em um bebedouro, e quando me virei ela estava bem atrás de mim. Ela estava realmente linda, com longos cílios. Conversamos um pouco. Então eu fiz um solo em "You Got a Funkifize". Fui para casa, e no dia seguinte o telefone tocou. Era Lynn Medeiros, casada há anos com Jerry Martini – Jerry é o saxofonista que ajudou a formar a Sly & the Family Stone. Lynn disse que ela e Deborah estavam trabalhando em um livro de receitas – as receitas favoritas das esposas dos músicos de rock. Será que a minha esposa gostaria de participar?

Cara, eu entendi na hora o que estava rolando. Fala sério! Mas a forma como elas fizeram aquilo foi simpática, encantadora e até mesmo engraçada. Eu disse: "Tudo bem. Ah, não! Não há nenhuma esposa por aqui... Obrigado. Claro, eu gostaria de falar com Deborah. Coloque-a na linha." Foi assim que tudo começou.

Nosso primeiro encontro aconteceu uma ou duas semanas depois, e não durou muito tempo. Ela adorava música, compreendia os músicos, e não era o tipo de pessoa que se intrometeria entre um músico e a sua música. Ela era jovem e bonita, e muito ligada à sua família, o que me atraiu. Ela falava muito sobre sua mãe e sobre sua avó. Sua base e sua autoconfiança eram sólidas. Hoje, quando olho para o passado, acho que isso é o que mais me atrai nas mulheres. Estando ou não estando com você, elas estarão bem – elas podem desejar você, mas não precisam de você. Não gosto de mulheres carentes ou choronas. Se houver qualquer coisa do tipo "Ah, sem você eu não sou simplesmente nada", então eu já sei que estou com a pessoa errada. Preciso sair fora!

Deborah também tinha uma beleza interior, uma espécie de centelha divina. Quase imediatamente depois de começarmos a namorar, descobri que, assim como eu, ela estava buscando uma consciência superior. Ela estava lendo coisas sobre Swami Satchidananda e eu, lendo Paramahansa Yogananda, e estávamos ambos desiludidos com as armadilhas do estilo de vida rock and roll e decepcionados com as pessoas que conviviam conosco. Por alguma razão, sempre começávamos a conversar sobre esse assunto quando estávamos atravessando a ponte Golden Gate – a mágoa e a decepção ao ver as pessoas trilhando seus próprios caminhos e se perdendo.

O que aconteceu entre ela e Sly está em seu livro; isso, e o que estava acontecendo comigo e com a minha banda, tinham feito com que nós dois estivéssemos precisando de apoio e conforto. Acho que um dos grandes motivos para que ficássemos juntos tão rapidamente foi que nos sentíamos como pássaros de asas quebradas: precisávamos de uma reparação. Estávamos consolando um ao outro.

Ainda existia um vazio em mim pelo que havia acontecido com a Santana, e Deborah apareceu e ficou ao meu lado no momento certo. Dougie Rauch costumava dizer que todo mundo tem um buraco a preencher. Alguns tentam preenchê-lo com sexo ou drogas, dinheiro ou comida, mas todos nós temos um espaço interior que precisa ser preenchido – eu nunca tinha ouvido Dougie chegar tão perto de qualquer espécie de filosofia.

Será que eu tinha consciência de que Deborah era essa pessoa naquela época? Eu sabia como estava me sentindo naquele momento, e era só nisso que pensava. Eu estava aberto àquela possibilidade, sem nem sequer refletir sobre isso. Analisando retrospectivamente, acho que a coisa mais importante que as pessoas devem entender é que você não atrai quem você quer nem quem você precisa. Você sempre atrai quem você é. Então, se você quiser fazer qualquer trabalho interior, ele precisa ser feito para lidar com quem você é, e aí o seu coração se abrirá e você poderá ser flexível e vulnerável novamente, de modo a receber a sua rainha e conduzir a sua existência a um outro nível. Eu não acredito que tenha sido uma coincidência.

Deborah era sensual e envolvente, e ela me deixava confortável. Havia um lado nela que era muito generoso e carinhoso. Logo depois de começarmos a namorar, eu tinha a sensação de que uma das razões pelas quais havíamos nos encontrado era que eu precisava de ajuda para limpar o meu armário interior. Então ela começou a me pedir para ir até Oakland para conhecer a sua mãe e o seu pai.

Deborah era a filha caçula de Saunders King, um músico de blues de Bay Area – ele era negro, sua mulher, Jo, era branca, e eles eram pessoas sérias, religiosas e praticantes. SK tinha ficado conhecido em toda a região de São Francisco durante a Segunda Guerra Mundial, tocando blues e baladas para militares negros com sua big band ou "orquestra", como eles a chamavam na época. Ele tinha um jeito suave de cantar – "S.K. Blues" foi o seu grande sucesso em 1942.

SK tinha uma bagagem. Ele foi um dos primeiros guitarristas de blues elétrico na Costa Oeste, da mesma geração de T-Bone Walker – ele tinha ouvido Charlie Christian tocando guitarra com Benny Goodman, e foi o que bastou. SK providenciou o seu próprio instrumento, formou uma banda e tocou nos shows de Billie Holiday quando ela estava no auge. Pelo que me disse mais tarde, fiquei com a impressão de que era ele, por vezes, quem se encarregava de arregimentar uma banda para ela na Costa Oeste. SK tinha conhecido Charlie Parker e trabalhado com ele. SK também era veterano do antigo circuito do TOBA – o Theater Owners Booking Association, cujos donos eram negros, o *autêntico* circuito de clubes noturnos de e para afro-americanos –, e já havia excursionado por alguns lugares turbulentos e enfrentado algumas situações extremas de racismo.

Para entender o quanto SK era respeitado, é preciso saber que B. B. King o chamava de seu deus pessoal. Ao ouvir isso, a resposta de SK era: "B. B.? Eu conheci esse menino antes mesmo de ele aprender a segurar uma guitarra."

SK não tinha nenhum problema com o fato de suas filhas se envolverem com caras que tinham algum tipo de projeção. Ele era experiente nesse aspecto: Deborah tinha ficado com Sly por um tempo, e a filha mais velha de SK, Kitsaun, estava namorando Kareem Abdul-Jabbar naquela época. Anos mais tarde, Kareem e eu contaríamos um ao outro histórias a respeito de SK – ele me disse que SK lhe deu alguns conselhos quando ele estava jogando no Milwaukee Bucks e os outros jogadores vinham agredi-lo, o que, a meu ver, era a única coisa que eles poderiam fazer para detê-lo. SK o aconselhou a se defender, a não esperar pelo árbitro. Uma única vez, dê apenas uma boa porrada. Foi o que ele fez, e foi o suficiente – os jogadores adversários começaram a deixá-lo em paz.

Mais tarde, quando comecei a chamá-lo de pai, SK passaria a me contar mais histórias. Uma de suas favoritas era a ocasião em que ele foi tocar em um estúdio com Louis Armstrong – para uma transmissão radiofônica, eu acho. Todos estavam ocupados conferindo a partitura antes de o programa entrar no ar, com exceção de Louis. Quando perguntaram o que ele faria se não soubesse a música, ele respondeu que, para ele, tocar música era como caminhar em meio a um pomar cheio de árvores frutíferas, e que cada nota era como uma fruta pendurada em um galho, e que ele só escolheria as mais maduras.

Em outro momento, SK estava parecendo contrariado, e eu perguntei o que havia acontecido. "Cara, recebi um telefonema ontem à noite, e um sujeito começou a conversar comigo. Eu poderia dizer que era um músico, mas ele ficou me chamando de crioulo. Eu não suporto quando alguém não me chama pelo meu nome." Era assim que eles abordavam esses assuntos na geração de SK.

SK disse: "Eu nem sabia quem era! Desliguei e fiquei com muita raiva, mas de repente eu me dei conta: 'Eu sei quem foi que ligou.' Era Dizzy Gillespie, mas eu não me importei. Voltei ao telefone e liguei para ele. 'Cara, nunca mais ligue para a minha casa e me chame novamente de alguma outra coisa que não seja o meu nome, está me ouvindo? Meu nome é Saunders King, entendeu? Agora eu sei por que eles chamam você de Dizzy [Bobo].'"

Kareem e eu costumávamos falar sobre quanto tempo nos custou vencer o período probatório com SK. Ele nem sequer virava a cabeça para olhar para você; e com aquele palito na boca, ele ficava parecido com Otis Rush. Pode-se mencionar o Checkpoint Charlie e a segurança dos aeroportos e todas essas coisas, mas isso não passa nem perto de como eu me sentia todas as vezes que Deborah me levava para a casa de seus pais. Demorou um pouco para que SK se abrisse de verdade.

Eu estava me aproximando de Deborah, não de seus pais. Mas quanto mais tempo eu passava com ela, mais eu passava com todos eles. Eu estava ganhando uma outra família. Lembro que não muito tempo depois de conhecer Deborah, Armando olhava para mim e só balançava a cabeça, como se estivesse pensando: "Tarde demais para salvar esse cara agora."

* * *

Caravanserai foi lançado em outubro de 1972, e, como havia acontecido nos nossos álbuns anteriores, nos preparamos para pegar a estrada, fazendo shows para ajudar a divulgar nossa nova música. A Santana contava, então, com Shrieve, Dougie no baixo, Armando, Mingo e Chepito na percussão, e dois caras nos teclados – TC e Richard Kermode, que tinha uma forma ótima de tocar, com uma sensação consistentemente latina, de *montuno* tradicional, e era firme como um cavalo. Na minha cabeça, TC era o Keith Jarrett da Santana, e Kermode se tornou o Chick Corea. Kermode tinha feito parte da banda de Jorge, a Malo, e eu lembro de minha mãe me dizendo que eu deveria ser mais cuidadoso quanto ao fato de me apossar dos músicos da banda do meu irmão. Não acho que eu tenha *me apossado* dele – para mim, a Santana era mais uma oportunidade para os músicos, e se eles quisessem, poderiam tentar tocar conosco, ver se funcionava, e então decidir o que queriam fazer. Aquela era uma combinação muito legal – TC e Kermode.

A turnê de *Caravanserai* começou em outubro, na América do Norte. Era a Santana, Bobby Womack e Freddie King – grupos de rock, blues e soul, todos juntos. Eu estava nas nuvens, cara, tocando ao lado daquelas lendas. Fizemos algumas apresentações no circuito afro-americano, que normalmente não incluía bandas de rock, e por isso havia negros na plateia que usualmente não iriam assistir a um show da Santana, e, claro, havia brancos que eram fãs de rock ouvindo Bobby e Freddie, a quem normalmente eles não ouviriam.

O único problema foi que, quando começamos a tocar as músicas mais longas de *Caravanserai*, nossos fãs começaram a gritar. "Ei, Santana – toque 'Oye Como Va'!" E eles também não tinham nenhum pudor quanto a isso – eu poderia estar no meio de um solo longo e lento, e de repente alguém berrava a plenos pulmões: "Toque a porra de 'Evil Ways'!" Ah, cara!, lembro de me virar de costas e olhar para Shrieve, e depois emendarmos em "Stone Flower". As pessoas ficaram exaltadas naquela turnê. As outras bandas estavam percebendo isso – lembro de Freddie King me dizendo: "Ei, Santana, isso que você está tocando agora é uma boa merda. Por que você não toca 'Black Magic Woman'? Eu gosto mais quando você fica apenas nos blues."

Mudar a direção musical nunca é algo fácil, mas aquela primeira turnê depois de *Caravanserai* parecia estar provocando muitas tensões – tanto dentro da banda quanto entre nós e os nossos fãs. Ela provocou tensões até mesmo na minha própria família – minha mãe não conseguia entender por que eu queria tocar músicas autorais, e meu pai ainda continuava tentando descobrir as estruturas por trás das canções da Santana. Ambos achavam que eu era um louco por mudar radicalmente a Santana. Enquanto isso, estávamos fora de casa, e eu ficava pensando muito em Deborah e na minha espiritualidade, que se desenvolvia cada vez mais. Eu estava praticando meditação, e Larry Coryell tinha me apresentado a um novo guia espiritual.

Coryell e eu já estávamos trilhando o mesmo caminho, do ponto de vista musical – ele era um guitarrista que tinha começado a fundir as motivações do jazz e do rock antes mesmo de eu pensar em fazer isso. Ele tinha, inclusive, dividido faixas com Jimmy Garrison e Elvin Jones, o baixista e o baterista de Coltrane, um ano depois do falecimento de John. No início de 1972, antes de conhecer Deborah, Coryell passou por São Francisco e ficou hospedado em minha casa. Meditávamos juntos, e eu notei que ele carregava consigo uma fotografia – ela ficava dentro de uma pequena moldura, e era uma coisa sinistra. Era a imagem de um homem meditando tão profundamente que a foto produzia um zumbido! Seus olhos estavam semicerrados, e parecia que ele exibia um leve sorriso. Perguntei a Larry quem era. "Esta é uma imagem transcendental de Sri Chinmoy em um estado elevado de consciência."

Um estado *muito* elevado – eu podia sentir a intensidade daquele homem apenas através da foto. Eu viria a conhecer aquela fotografia e aquele rosto muito bem – em breve, assim como Larry, eu estaria praticando meditação com o auxílio da foto, e continuaria a fazer isso por quase dez anos. Aquele rosto se tornaria a nota que eu usaria para entrar em sintonia com a consciência crística, a consciência de Buda.

Sri Chinmoy era um guru que havia se mudado da Índia para a cidade de Nova York e aberto um ashram e um centro de meditação no Queens. Larry foi um de seus primeiros discípulos, mas isso não importava; se Larry tivesse me convidado para conhecê-lo naquela época, acho que eu teria saído correndo para o outro lado. Porém, nove meses depois, já tendo conhecido Deborah e finalizado *Caravanserai*, eu estava pronto.

Tudo começou com John McLaughlin – ele aproveitou minha disponibilidade e ajudou a plantar a semente.

Eis aqui como tudo aconteceu: pouco antes de a turnê de *Caravanserai* começar, John me ligou e me perguntou se eu queria fazer um álbum com ele. Acho que por causa do álbum com Buddy Miles, algumas pessoas perceberam que eu estava aberto às colaborações, e John sabia que ambos reservávamos um lugar especial para a música de Coltrane. O álbum que John lançou naquele ano, *The Inner Mounting Flame*, se conectou comigo no mesmo lugar – e, por isso, fazia sentido. Mais tarde, fiquei sabendo que Mahavishnu era o nome que Sri tinha dado a John.

Mas John tinha sido guitarrista do grupo de Tony Williams – o cara que tinha tocado com Miles em *In a Silent Way* e, em seguida, em *Jack Johnson*. As pessoas me perguntam se eu considerava intimidador tocar com John naquela época – *sempre* é intimidador tocar com John. Ele estava envolvido com a tarefa de reestruturar a maneira como uma guitarra soava no jazz – na *música*. O que eu poderia fazer ao seu lado?

É engraçado – eu não tinha nenhum problema em advogar a música da Santana; eu poderia fazer isso sozinho. Mas quando John me convidou para gravar com ele, conversei com um monte de gente, incluindo Shrieve e Deborah, antes de dizer sim. Lembro que Armando me deu um bom conselho: "Não se preocupe, cassete" (ele dizia "cassete" em vez de "cacete"). "Deixe ele fazer a merla dele, deixe ele tocar. Quando chegar sua vez, você vai ter alguma coisa que ele não tem."

Aquilo fazia sentido para mim – a ideia era complementar o que John fizesse, e não competir com ele ou ser comparado com ele. Porém, antes de aceitar o convite, fiquei repetindo para mim mesmo que deveria me preparar para aguardar – aguardar para ver o que ele iria tocar e como iria tocar, e, então, fazer o oposto. Se ele passeasse para cima e para baixo no braço da guitarra de forma rápida e em staccato, eu responderia lentamente, com notas mais longas, e isso seria um belo contraste.

Era a lição que Miles havia me ensinado – eu estaria sempre aprendendo, não importando o que acontecesse, porque isso é simplesmente quem eu sou.

Tais lições nunca desapareceram – eu ainda carrego todas elas comigo. É o que sinto hoje se tiver de tocar com alguém que eu considere ótimo, ou até mesmo se tiver apenas de ser apresentado a alguém como um presidente ou um Nelson Mandela. O medo e a intimidação são como a raiva e o ódio – eles fazem parte do jogo do ego.

Concordar em gravar com Mahavishnu – àquela altura, eu o chamava de Mahavishnu, e ele me chamava de Little Brother – se resumiu a esta importante lição: minha mente trabalha para mim; não sou eu que trabalho para ela. Se eu disser à minha mente que vamos fazer alguma coisa, nós vamos fazer. E eu disse a mim mesmo: "É, nas primeiras vezes, vou ficar um pouco vacilante ao entrar no estúdio com John, mas vou encontrar um jeito." Eu ainda tenho essa atitude, não importa com quem eu vá tocar ou onde vá tocar.

Selamos o acordo quando John voou até São Francisco para fazer uma participação na nova Santana, em um show realizado no Winterland no início de outubro, no que seria, de fato, a primeira vez que a nova formação completa se apresentaria. John participou da última meia hora, e Deborah estava nos bastidores pela primeira vez em um show da Santana. Eu estava muito empolgado com tudo o que estava acontecendo – a música dando certo e eu me apaixonando. Eu me sentia leve e aberto para o que estava por vir – como se um peso estivesse sendo retirado das minhas costas.

A turnê de *Caravanserai* pelos Estados Unidos e Canadá não durou muito tempo – ela foi encerrada no fim de outubro, com alguns shows ao redor da cidade de Nova York. Deborah foi me encontrar lá, e então McLaughlin e eu entramos no estúdio com nossos respectivos grupos rítmicos. Usamos Larry Young e Jan Hammer nos órgãos, a esposa de John, Eve, no piano, e Don Alias e Billy Cobham na percussão, equilibrando com Shrieve, Armando e Mingo, além de Dougie no baixo. A música incluía algumas canções originais de John – ele é capaz de criar melodias longas, lindas e celestes, e sei que essa é apenas uma das razões pelas quais Miles o adorava. Ele compôs duas para aquele álbum – "Meditation" e "The Divine Life". Havia também um belo e meditativo espiritual chamado "Let Us Go into the House of the Lord", que se tornou minha canção favorita para tocar ao fim dos shows, porque, quando as pessoas a ouviam, elas realmente entendiam: "Bem, é hora de ir para casa."

John e eu também fizemos duas de nossas composições prediletas de Coltrane – a abertura de *A Love Supreme* e "Naima". Coltrane era o motivo de a gravação estar acontecendo, e por isso tínhamos de celebrar sua música e reverenciá-la, mesmo que fôssemos músicos de rock executando algumas de suas canções mais sagradas pouquíssimos anos após sua morte. Eu era muito ingênuo para fazer qualquer reflexão nesse sentido – mesmo depois de a música ter sido lançada, decidi que não iria ler nenhuma crítica para saber se tínhamos ou não cometido um sacrilégio. Sei que há um policiamento no jazz, assim como há um policiamento na clave. Gábor Szabó tinha sua própria nomenclatura para isso. "Ah, eles não são músicos", diria ele. "São apenas um bando de entusiastas do jazz. Músicos de verdade não pensam assim." Era assim que eu me sentia. Não era a mesma coisa que colocar um bigode na *Mona Lisa* – nunca me senti errado por tocar aquela música.

John e eu nos reuniríamos de novo no início de 1973 para concluir as músicas do álbum. No fim, nós o chamamos de *Love Devotion Surrender*, que era o caminho espiritual de Sri Chinmoy ["Amor, devoção, entrega"]. Coryell tinha sido o primeiro a me falar sobre Sri, e então John começou a discorrer sobre ele com mais intensidade ainda, com uma lógica de serenidade própria de sua personalidade. Naquela última semana de outubro, Deborah e eu fomos conhecer o guru de John e Eve pela primeira vez.

O encontro foi no Church Center for the United Nations, do outro lado da rua dos principais edifícios da ONU. Havia um monte de gente por lá, várias comidas indianas e um pouco de música ao vivo. Mais tarde, algumas pessoas leram poesia – não muito diferente das reuniões que eu estava frequentando em São Francisco. Levei algumas flores em sinal de respeito – eu tinha ouvido outros líderes espirituais falar, mas não sabia o que esperar. Sri era um homem baixo e careca, que vestia túnicas vermelhas e tinha um sorriso aberto e radiante – um sorriso incrível, doce.

John nos apresentou, e Sri disse: "Ah, Mahavishnu me falou sobre você. Bom menino. Estou tão feliz por você estar aqui." Soube mais tarde que ele cumprimentava todos os seus discípulos daquela maneira – "bom menino"; "boa menina". Ele me olhou intensamente e aceitou as flores. Então disse: "Posso ver que sua alma quer estar aqui com todas as suas forças".

Sri começou a palestrar para todos os que estavam lá – contando histórias e falando sobre a sua filosofia. Descobri imediatamente que *desejo* era a palavra que ele usava para descrever as forças descontroladas do ego, forças que separam e dividem as pessoas. *Aspiração* era o esforço do espírito para fugir do jugo daquelas forças, alcançando uma consciência superior e aproximando as pessoas. "A aspiração é a chama interior", ele diria. "Ela clama pela felicidade infinita, pela paz e pela luz ilimitadas. A aspiração harmoniza; o desejo, monopoliza."

Cerrei os olhos e, no minuto seguinte, parecia que ele estava ficando cada vez mais próximo, mais e mais iluminado, até estar bem diante de mim, mesmo que ainda estivesse a metros de distância, à frente da sala. Mantive meus olhos fechados, e além da voz de Sri lembro de ter ouvido outra voz, dentro de mim, dizendo que aquele era um homem dos elementos da natureza, e que dentro dele havia o sol, a água e a terra. A voz interior disse: "Você é uma semente. A semente precisa do sol, da água e do solo. Juntos vocês serão capazes de crescer e dar frutos divinos à humanidade."

Eu não estou inventando essa história – foi exatamente isso o que eu ouvi. Sri parou de falar, e tive a sensação de que estava embaixo de uma cachoeira, mas, no lugar da água, havia luz, e, em vez de cair, a luz estava indo toda para cima. Fiquei pensando comigo mesmo: "Será que isso realmente aconteceu?" Quando abri meus olhos, percebi que o ensinamento de Sri estava destinado a ser o meu caminho. Sri também pôde perceber isso. Não houve nenhum contrato para assinar, nenhum aperto de mão ou qualquer coisa assim. Não houve boas-vindas oficiais – apenas Sri em pé, diante de mim, sorrindo e dizendo: "Eu o recebo; eu o aceito. Se você quiser, eu o recebo como meu discípulo. Mas você terá de cortar o cabelo e fazer a barba."

Eu sabia que Sri defendia a abstinência de drogas, de bebidas e do sexo antes do casamento. John tinha me contado tudo isso. Sri era totalmente disciplinado – essa era a parte da "entrega" –, e ele não estava envolvido com qualquer estilo de vida hippie. Ele me perguntou se eu estava feliz, mas eu não tinha certeza. Cortar o meu cabelo? Eu não podia nem pensar em alguém me pedindo para fazer isso, exceto alguém como Sri. Em 1972 usar cabelos compridos não era apenas um sinal de honra – era nossa identidade, nossa força e nossa conexão com um modo de vida que dizia: "Estou farto da velha maneira de se fazer as coisas". O que Sri estava me pedindo parecia uma coisa do tipo Sansão e Dalila.

Quando voltamos ao hotel, Deborah me perguntou o que eu iria fazer – se eu iria mesmo segui-lo. Ela me contou como estava se sentindo, e que se julgava pronta. Eu disse: "Não sei. Não quero parecer esquisito, mas preciso receber algum tipo de sinal." Eu mal tinha dito isso quando de repente um passarinho se precipitou para dentro do quarto – tínhamos deixado a janela aberta. Ele ficou batendo as asas por alguns instantes, e logo depois saiu voando de volta. Deborah e eu olhamos um para o outro com os olhos arregalados. Eu fiquei pensando: "Puta merda. Foi isso mesmo que acabou de acontecer?" Após alguns segundos, Deborah disse: "Certo. Acho que você vai cortar o cabelo".

Encontramos um salão de cabeleireiro no Village. Lembro da expressão no rosto da senhora quando entrei, como se eu tivesse entrado no lugar errado. Quando me deparei novamente com Sri, minha aparência estava totalmente limpa. Eu estava vestindo uma camisa branca, e pela primeira vez, talvez em seis ou sete anos, meu cabelo não estava tocando o meu colarinho. Tudo o que restava no meu rosto era um bigode bem-aparado.

Deborah e eu fomos recebidos por Sri em seu ashram. Senti como se tivesse superado um enorme obstáculo, como se tivesse me libertado de um câncer formado pela raiva e pelo medo, e regressado de uma meditação muito, muito profunda. Na mesma hora, meu paladar e meu olfato melhoraram. Eu me sentia saudável; minha saliva adquiriu um sabor doce, livre do mau hálito, e percebi que não cheirava mal, nem mesmo quando terminava de fazer um longo show e ainda não havia tomado banho. Alguma coisa tinha se transformado na minha estrutura molecular – as moléculas obedecem aos seus pensamentos, como você sabe.

Em seguida, de forma praticamente imediata, tivemos de sair de Nova York e ir ao encontro da Santana, em Londres, para o início de uma turnê europeia. Quando os integrantes da banda me viram, eles ficaram chocados. Eu podia ver em seus rostos que eles achavam que alguém tinha raptado Carlos e enviado o irmão gêmeo em seu lugar. Expliquei-lhes que Deborah e eu tínhamos aceitado Sri Chinmoy como nosso guia espiritual, nosso guru, e que ele também tinha nos aceitado. Acho que a maioria deles entendeu, embora meu cabelo curto representasse uma grande mudança. Quem realmente compreendeu foi Shrieve, porque nós dois amávamos Coltrane e porque estávamos ambos neste planeta em busca da mesma coisa: a estabilidade espiritual, mental e física. Não muito tempo depois, ele também cortou o cabelo, e se tornou um discípulo de Swami Satchidananda.

O tom universal

Depois disso, a parte europeia da turnê de *Caravanserai* foi um triunfo – tocamos na Wembley Arena, em Londres, e lembro que qualquer dúvida, frustração e irritação que eu pudesse ter sobre o fato de as pessoas não gostarem da nossa nova música foram embora após a publicação das críticas de nosso álbum e de nosso show no *Melody Maker*. Ambas foram escritas por Richard Williams, que, naquela época, era um dos melhores críticos de rock da Inglaterra. Ele afirmou que *Caravanserai* era o "Álbum de Ritmo Entusiasmante de 1972" e considerou "lógica, orgânica, inteligente" a progressão que estávamos fazendo. Ele disse que cada canção se mesclava à canção seguinte. A crítica também comparava alguns dos arranjos orquestrados com o som de Gil Evans – e qualquer comparação com a música de Miles me fazia sorrir.

Os elogios que Williams fez ao nosso show ao vivo no Wembley Stadium iam ainda mais longe – segundo ele, e eu estou citando textualmente, "parecia que os deuses haviam descido do Olimpo e estavam andando sobre a Terra mais uma vez". Ele afirmou que esta era a melhor formação que a banda já tivera, e que ele podia perceber o quanto eu me sentia confortável por ser o líder do grupo, interagindo com todos os músicos no palco. Ele nos comparou novamente com a banda de Miles – ele dedicou particular atenção a Tom Coster e Richard Kermode, chamando-os de "uma dupla de Keith Jarretts", e ao equilíbrio entre a originalidade e a sofisticação na música.

Até hoje essa é a minha crítica favorita recebida pela Santana. Não se tratava apenas da aclamação que Williams fazia ao nosso trabalho – havia força no que estava escrito e em como estava escrito. Ele realmente entendeu o esforço que empregamos em *Caravanserai* e o risco que corremos ao adotar uma nova direção. Quem teria pensado que isso viria de um jornal britânico e não de um veículo de nosso país?

Eu estava nas nuvens – a banda estava funcionando muitíssimo bem. Tocamos em vários lugares da Europa, depois em Montreux novamente, e as manifestações de reconhecimento continuaram. Claude Nobs recebeu Deborah e eu como hóspedes em sua casa. Ele cozinhou para nós – fondue de queijo, e até mesmo cerejas flambadas. Ele nos ofereceu um quarto incrível, onde ele havia interconectado alguma tecnologia ao telefone que fazia com que músicas gravadas em seus festivais fossem tocadas quando determinados botões eram apertados. A música saía pelo sistema de som do quarto. "I Say a Little Prayer", de Aretha Franklin, estava vinculada aos números 1-7-9. Eu apertava os números, e a canção começava a tocar. Isso foi em 1972, lembre-se. Ainda não entendo como Claude conseguiu uma tecnologia desse tipo naquela época.

Quando voltamos da Europa, fizemos mais alguns shows nos Estados Unidos, previamente agendados por Bill Graham. Ele me perguntou quem eu gostaria que abrisse o show da Santana naquela temporada, e levei menos de um segundo para responder: Weather Report. Eles concordaram em participar do programa, e em todos os shows eu ficava nos bastidores ouvindo-os tocar – Wayne, Joe, Eric Gravatt na bateria, e Miroslav Vitous, que tocava baixo acústico com um pedal de efeito wah-wah!

Eu amava a música deles, mas me sentia profundamente desconfortável quando as pessoas gritavam "Santana" enquanto eles estavam tocando. Eu queria subir ao palco, pegar o microfone e dizer: "Ei, calem a boca! Esta é a Weather Report – este é *Wayne Shorter*. Vocês estão me envergonhando!" Eu precisava respirar fundo. Fiquei pensando que talvez pudéssemos abrir o show deles, terminar logo a apresentação da Santana e, depois, deixá-los prosseguir, mas me lembrei de Bill dizendo que não seria justo, porque as pessoas iriam embora assim que acabássemos de tocar. "Eles simplesmente não têm noção do valor dessa música tanto quanto você."

Wayne é um gênio da harmonia e foi um dos motivos pelos quais a banda de Miles soasse do jeito que soou nos anos 1960 e o jazz soasse como soou nos anos 1970. Na Weather Report, ele e Joe Zawinul uniram o rock e o jazz elétricos com elegância, coragem e comprometimento absolutos, em uma época em que as pessoas reclamavam disso de ambos os lados. Nem o policiamento do jazz nem a multidão do rock sabiam o que pensar a respeito daquilo.

Mais tarde, fiquei conhecendo Wayne e descobri que, pessoalmente, ele é doce e caloroso. Hoje, ele é um dos meus amigos mais próximos, e tenho muito orgulho de dizer isso. Mas levaria mais alguns anos até que nos tornássemos íntimos. Preciso expressar o quanto estimo esse cara. Vou colocar desta forma: se eu pudesse me transformar em sete, um deles ficaria ao lado de Wayne apenas para cuidar dele, desde o momento em que ele sai da cama, passando pelo momento em que entra no avião ou no carro para ir ao show ou ao estúdio, até o momento em que volta para casa novamente. Apenas para ter a certeza de que ele estará sempre bem, fazendo o que ele faz. Há poucas coisas mais importantes para mim do que poder estar a serviço de Wayne Shorter. Isso traduz o quanto eu o respeito e o reverencio.

O temperamento de Wayne é como se fosse uma mistura entre um garoto que ganhou uma caixa nova de lápis de cor – e acabou de descobrir a cor laranja pela primeira vez – e um velho Cavaleiro Jedi, com sua sabedoria secular. Talvez ele esteja dando risadas, pensando em uma cena de um filme antigo do qual ele gosta – e ele se lembra de todos eles –, e, do nada, ele se vira e diz as coisas mais profundas.

Certa vez eu estava com ele, e o baterista de sua banda estava realmente zangado com algum problema relacionado à turnê, o tipo de coisa que pode acontecer em qualquer lugar e a qualquer hora. Wayne deixou que ele fosse até o fim, ouvindo e respeitando o seu desabafo. O cara finalmente parou para recuperar o fôlego, e Wayne disse: "Então, o que foi que você *aprendeu*?"

Que maneira perfeita de colocar a questão e, ao mesmo tempo, fazê-lo pensar e parar de se queixar. Wayne tem um modo de encarar as coisas que faz com que você mude totalmente sua perspectiva, e isso também está presente em sua forma de raciocinar sobre a música. Uma vez, o vi sentado em um piano, refletindo, suando, debruçado sobre as teclas como um louva-a-deus, preparando-se para tocar um acorde. De repente, ele abaixou as mãos e aí deu um pulo para trás e disse: "Você ouviu isso?" Alguém se manifestou: "Bem, isso é uma inversão do acorde de Si bemol com sétima aumentada e..." Wayne nem sequer o deixou terminar. "Não, não é!" O outro cara disse: "Mas é sim, cara – veja, você tem um..."

"Não. Não é! É uma textura – uma textura no som."

Eu nunca tinha visto Wayne ficar daquele jeito – o que ele estava dizendo era: "Não fique tentando colocar a música em um recipiente com um alfinete de identificação, como se fosse uma borboleta desidratada em uma coleção. Deixe-a viver e mostrar-se viva, pelo menos por algum tempo, antes de analisá-la e catalogá-la. Mantenha a imaginação acesa e fluindo." Wayne se dedica a criar músicas que, por vezes, não fazem sentido, mas que sempre provocam calafrios nas pessoas.

Bill estava certo em 1972. A maioria das pessoas não tinha condições de ouvir o que Wayne e a Weather Report estavam fazendo. Naquela época, Wayne também não sabia muito bem como eu me sentia, e então, quando fui ao seu encontro no fim daquela temporada em que ele abriu os nossos shows, ele me tratou com certa indiferença. Eu poderia dizer que abrir os shows da Santana não havia sido sua experiência predileta.

Quando voltamos a São Francisco ao fim daquela turnê, Deborah e eu estávamos olhando um para o outro de uma forma que eu nunca, jamais havia vivenciado antes. Nós estávamos apaixonados, e era hora de apresentá-la à minha família, coisa que eu fiz antes de o ano terminar. Então, fui para Oakland – onde sua mãe, Jo, me acolheu como se eu estivesse voltando para casa. Ela foi totalmente receptiva comigo.

Em seguida, fui falar com SK – essa era mais ou menos a terceira vez que eu estava com ele, e dessa vez ele baixou a guarda até o ponto em que chegou para mim e disse: "Deixe eu perguntar uma coisa."

"Sim, senhor?"

Ele olhou para mim muito seriamente. "Você acredita no tom universal?"

Eu respondi: "Acredito, sim senhor. O tom universal significa que existe uma nota capaz de conectar o alfa e o ômega, capaz de conectar o céu e a matéria. Existe uma nota que pode ser tocada a qualquer momento, em qualquer lugar, e ela é capaz de estabelecer uma comunicação com todos os corações ao mesmo tempo."

A primeira vez que eu ouvi falar sobre o tom universal não foi por intermédio de SK, mas, provavelmente, por influência dos hippies, por causa de sua ligação com Charles Lloyd e Coltrane, os Beatles, The Doors e toda a cena de São Francisco. Naquela época, eu não tinha muitas informações a respeito do som sagrado, mas conhecia o *om,* em função das minhas leituras espirituais e, claro, por conta do álbum homônimo de John Coltrane. Eu conhecia a ideia de que existe um tom universal, e que muitos caminhos religiosos, inclusive os dos nativos americanos, o usavam para se conectar com o Pai Celestial e a Mãe Terra. Eu compreendia que o Tom Universal tinha a ver com uma consciência coletiva. Não se trata de uma pessoa, mas sim de todas – é uma maneira de usar o som para se conectar com o divino em todos nós.

Fiquei surpreso ao ouvir SK me fazer essa pergunta, mas acho que ele tinha visto muitos músicos perdendo o prumo, desconectados do tom universal – alguns da minha geração e, tenho certeza, alguns de sua geração também. Era a primeira vez que SK me fazia uma pergunta como aquela, e eu sabia que isso significava que ele estava começando a olhar para mim de uma forma diferente.

CAPÍTULO 14

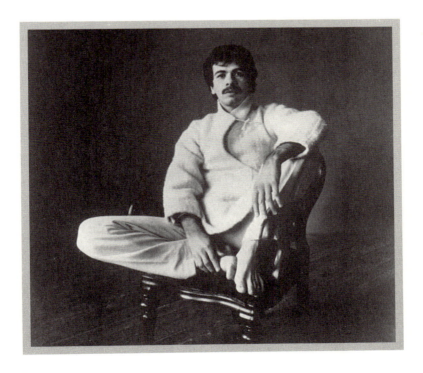

Eu adoraria compartilhar algo com você: sou totalmente viciado na gratidão. A gratidão é uma das coisas mais elevadas a que um ser humano pode aspirar, porque, quando você demonstra gratidão, vai além da auréola e dos chifres. Auréola e chifres *são apenas palavras para a energia que está associada à culpa. Anjos e demônios – eles o aplaudem de pé quando você se empenha ao máximo para ser grato. Convido você, neste segundo, neste momento, a abraçar o amor incondicional. O amor incondicional é um amor maior do que as suas questões pessoais, maior do que a sua bagagem, sua história de vida e suas ilusões. O amor faz você e eu necessários, em vez de desnecessários. O amor acaba com a distância e a separação. O amor transforma todas as bandeiras do mundo em um rio de cores. O amor é a luz que está dentro de todos nós, de qualquer pessoa. Saúdo a luz que você é e que está dentro do seu coração. Eu o saúdo.*

Qualquer um que tenha visto um show da Santana nos últimos anos sabe que eu gosto de injetar uma dose de realidade no show. Depois de quatro ou cinco músicas, talvez depois de tocarmos "Black Magic Woman" e "Oye Como Va", e antes de "Maria Maria", os vocalistas fazem uma pausa, e eu começo a falar para a multidão. Dou as boas-vindas e, em seguida, falo sobre a luz que cada um dos espectadores tem dentro de si, que eles *são* luz – *luminoso* é a palavra que gosto de usar. Peço-lhes a gentileza de considerar a hipótese de aceitar a nobreza e a grandeza de suas vidas. Eu digo: "Por favor, considerem reconhecer que vocês não estão dissociados de sua própria luz, e é nisso que boa parte da cultura e da religião quer que vocês acreditem – que vocês não são merecedores, que vocês são uns míseros pecadores, que vocês vieram a este mundo como pecadores antes mesmo de abrirem os olhos pela primeira vez. Que vocês precisam expiar suas culpas e que vocês estão sozinhos."

Às vezes, nesse momento, alguém protesta, ou algumas pessoas berram que querem rock e gritam o nome da música que querem ouvir, mas eu direi: "Ei, ouçam por um momento. Sou grato que vocês tenham pagado o ingresso, e sei quais são as músicas que desejam ouvir, mas há algo que talvez vocês precisem ouvir mais até do que isso. Que tal um nível superior de consciência por um minuto?"

Sinto que agora, nesta parte do livro, quero parar, como faço nos shows, e dizer algumas coisas que servirão para unir os pontos. Quero explicar novamente porque estou fazendo este livro, para falar sobre o Tom Universal, e lembrar a todos que não se trata apenas de uma frase feita – nós de fato somos todos um. Eu abro mão de todas as minhas crenças em nome daquela única nota.

Eu sou muitas coisas – pai, marido, guitarrista, líder de banda, e alguém que acredita. Também sou pregador e professor – essa é uma grande parte de quem eu sou agora, e isso é fruto do trabalho que fiz comigo mesmo, quando, anos atrás, decidi seguir alguns mestres. Uma das lições mais importantes que aprendi foi escutar o que eles estavam dizendo e usar o tempo necessário para parar e ouvir a mim mesmo. Há um conceito muito nobre que os budistas orientais cultivam: você é o jardineiro de sua própria mente. É a ideia de que você tem que assumir a responsabilidade pelos seus pensamentos, ficar atento e parar de alimentar os que sejam inadequados ou prejudiciais.

Deveríamos escrever isso em letras garrafais: O EGO NÃO É NOSSO AMIGO. O ego gosta da incerteza, e ele vai criticá-lo e jogar a culpa em você até destruí-lo. Ele vai condená-lo, julgá-lo e atraí-lo para uma cova e depois rir de você. É por isso que a meditação pode ser muito trabalhosa. É fácil não *fazer* nada, mas é muito, muito difícil não *pensar* em nada. De qualquer maneira, você nunca conseguirá fazer isso plenamente – o segredo é se afastar de todos os pensamentos, como se estivesse saindo de um rio turbulento, e aí apenas se sentar e deixar o rio correr. A meditação é o primeiro passo para controlar toda aquela falação que continua existindo dentro de você, até que você possa, finalmente, decidir em quem vai confiar – na sua luz ou no seu ego. Você é capaz de apontar a diferença?

Durante muito tempo, refleti sobre o intercâmbio existente na década de 1960 entre a filosofia oriental e a mentalidade ocidental, e sobre a relação estabelecida entre ambas. Havia muitos gurus e mestres espirituais circulando naquela época, e cada um deles tinha uma prioridade diferente e um caminho que se poderia seguir, ainda que a mensagem básica fosse a mesma. Não havia nenhum manual ou site que pudesse ser consultado para saber qual era o melhor para você. Era preciso ouvir cada um deles com o coração e com bom senso, observar quem estava andando com eles e decidir se a sua maneira de falar, as suas exigências e os seus códigos disciplinares faziam sentido para você. Se eles fossem autênticos gurus, suas mensagens seriam sobre o amor e a conexão.

Foi um período empolgante, e as ideias que aqueles gurus estavam nos trazendo lançavam luz sobre um mapa que sempre esteve lá – mas nós, simplesmente, não conseguíamos vê-lo. De repente, havia todos aqueles caminhos à nossa frente, e sequer sabíamos que eles existiam. Até hoje acho que a filosofia oriental é como um tio mais velho e sábio que tenta auxiliar a mentalidade ocidental, possivelmente ainda presa à adolescência, agindo como uma jovem mimada, querendo se divertir, cheirando a meias sujas e a cerveja. Aqueles gurus apareceram e nos ensinaram como nos comportar de uma forma espiritual. Eles me ajudaram a enfrentar aquela fase da minha vida com maturidade, em um momento em que eu precisava disso.

Há uma grande diferença entre religião e espiritualidade. Hoje eu sei que só é possível acreditar em ambas se você estiver disposto a assumir uma responsabilidade pessoal. Se você se enxergar não apenas como uma gota d'água, mas, sim, como parte de um oceano inteiro, uma parte de tudo e de todos. Se você for capaz de se apossar dessa ideia, e se for capaz de dominar o ego – coisa que muitas religiões esperam que você não consiga fazer –, então entenderá que a sua responsabilidade não será apenas sobre si mesmo, mas sobre todas as coisas que existem. Amar a si mesmo é amar os outros, e prejudicar os outros nada mais é do que prejudicar a si mesmo. Se você acredita nisso, então, não faz sentido que só possa haver uma única religião e que você possa ver Deus, mas que todos os outros estejam errados e vão para o inferno.

Eu não aceito a ideia de que somente um tipo de pessoa seja digna de um tratamento respeitoso, sabe? Pode guardar para você essa noção de um paraíso seletivo. Eu quero que o paraíso seja para todos. Foi nesse ponto que Sri Chinmoy mais me ajudou. Ele dizia que existe apenas um objetivo, mas há muitos caminhos, e que cada religião está certa à sua própria maneira. No Ocidente, temos um modo de pensar que se reduz ao seguinte: o diabo me levou a fazer isso, mas Jesus vai me proteger. Dito de outra forma: o diabo me levou a fazer isso, mas Jesus continuará me carregando pelo rio da vida.

Droga. Que tipo de responsabilidade é essa? Mesmo que você não tenha feito nada do que o diabo lhe mandou fazer, quantas pessoas Jesus tem que carregar? Que tal descer e dar alguns passos por conta própria?

Antes mesmo de 1972, de fazer *Caravanserai*, de me unir a Deborah e de conhecer Sri, eu tinha tomado uma decisão consciente de me afastar da agitação dos conflitos e dos jogos do ego na minha vida. Era uma coisa esporádica, mas feita com empenho – independentemente das consequências, do que as pessoas dissessem, se elas me acompanhassem ou não, e mesmo que eu tivesse de seguir sozinho.

A razão para a existência dos gurus é que você não consegue fazer isso por si mesmo o tempo todo – definitivamente, não no início. Você precisa de alguém que erga a luz, para que possa ver aonde está indo em sua nova estrada. Um verdadeiro guru é alguém que traz a luz e que dissipa a escuridão. Jesus era um guru. Às vezes, o que importa não é o que os gurus dizem ou fazem, mas o modo como eles mudam as coisas apenas com a sua presença. Na década de 1970, quando Miles subia ao palco com todos os seus músicos, não era necessário que ele dissesse nada, nem mesmo soprasse o seu trompete; ele mudaria todo o foco da música apenas olhando desta ou daquela maneira, ou se encaminhando até alguém que, então, pararia de tocar mal. É assim que um guru trabalha.

John McLaughlin costumava me contar o que Miles lhe dizia: "Não se esqueça – *eu* fui o seu primeiro guru." Miles poderia ser engraçado, mas não estava errado.

Acho que é por isso que os gurus e os mestres orientais procuravam os músicos – porque as pessoas prestam atenção neles. Aqueles gurus eram inteligentes – eles sabiam o que estavam fazendo. Eles não iriam publicar anúncios ou fazer comerciais no rádio. Eles davam palestras, e um monte de pessoas os ouvia, e muitas dessas pessoas eram músicos a quem outras pessoas estavam ouvindo. Eu não sei por que tantos músicos estavam adotando aquele caminho, mas o que eu sei é que todas as pessoas chegam a um ponto em que é preciso agir no sentido do seu próprio aperfeiçoamento. Mesmo a mais velha das tartarugas, com o mais rígido dos cascos, tem que correr riscos de vez em quando – e eu acho que era mais fácil fazer isso naquela época do que é agora. Os Beatles se arriscaram com Maharishi. Antes deles, John Coltrane estava lendo Krishnamurti e falando sobre ele com todo mundo, educando-se nos princípios espirituais.

Talvez as pessoas ainda se perguntem sobre isso – quais músicos seguiram quais gurus e por quanto tempo. Mas isso é irrelevante – a questão não é saber quem estudou com quem, é o porquê. Para mim, tinha a ver com a necessidade de evoluir, de me elevar e de compartilhar isso com outros seres humanos – enviar cartas para casa da linha da frente, enquanto eu estava travando a batalha contra o ego. Eu acompanhei Sri Chinmoy por quase dez anos, mas o meu caminho espiritual nunca mais parou.

Acredito que, a essa altura, você pode adivinhar que a batalha contra o ego nunca está totalmente ganha. Ela exige diligência, paciência e força de vontade, e desde o início ela tem que ser uma transformação gradual. Se você quiser fazer progressos para vencer a batalha contra o ego, não poderá simplesmente decepar a cabeça ou agir de maneira precipitada. Terá de ser um movimento moderado, e terá de começar em um lugar seguro. Mesmo depois de aprender a meditar e a se concentrar diariamente no amor, na devoção e na entrega, continuará havendo uma chance diária de um retrocesso aos velhos hábitos. Até hoje, preciso lembrar a mim mesmo que tenho que me libertar do meu ego e parar de investir na ilusão da separação e da insignificância. É uma tarefa cotidiana.

Sri costumava dizer que tínhamos de decidir a cada momento se queríamos a mentalidade que deseja a divisão ou o coração que aspira à união. Eu costumava pensar nisso da seguinte forma: quando a Santana estava voando ao redor do mundo nos anos 1970 e 1980, nós pairávamos bem acima das nuvens. Eu olhava pela janela e via um enorme cobertor macio, onde tudo estava ensolarado, calmo e parecendo perfeito. Mas eu sabia que dentro de uma hora ou um pouco mais, teríamos de atravessar aquelas nuvens e encarar o que estava acontecendo lá embaixo, e que estava esperando por nós.

Ser um ser humano não é fácil para ninguém. Todo mundo tem que lidar com sua própria humanidade. Se todos nós pudéssemos dizer a nós mesmos, repetidamente, que a centelha do divino que há em nós triunfará sobre nossos pés de barro – pronto. Não haveria necessidade de gurus ou guias. Quem dera que fosse assim tão fácil.

Demorou anos até que eu pudesse dizer isso a mim mesmo com confiança e conseguisse falar sobre as minhas convicções em público e no palco. Mas não existe nenhuma varinha de condão que funcione para todos, nenhum mestre perfeito a quem você possa se dirigir e que possa consertar tudo para você. Eu aprendi muitas coisas com Sri Chinmoy. E aí chegou a hora de aprender por conta própria e com outras pessoas. Hoje em dia conto com dois maravilhosos ajustadores do pensamento – Jerry Jampolsky e Diane Cirincione –, que me ajudam a me manter no caminho, com a sua serena sabedoria. Também leio trechos do livro *Um curso em milagres* todos os dias, discuto sua mensagem com Jerry e Diane e tento colocar em prática seus princípios espirituais.

No fim, acho que todos nós temos nossas próprias experiências e nossas próprias necessidades emergenciais. Precisamos considerar as nossas escolhas e ouvir as mensagens que várias pessoas têm para nos oferecer, e escolher um caminho para nós mesmos. Acho que todo mundo está destinado a encontrar o seu próprio caminho de casa.

Acredito que eu seja um tipo de pessoa espiritualizada que é coerente e equilibrada. Gosto de rir e não carrego essas coisas por aí como se fosse uma mensagem indigesta que precisa ser pesada e entregue com um tratamento especial. Ser iluminado significa ser leve em todos os sentidos da palavra.

Ouvi falar sobre uma história de dois monges que haviam feito um voto de nunca tocar em uma mulher. Enquanto estão caminhando, eles deparam com um rio, onde uma bela moça pede ajuda para chegar até o outro lado. Um deles permite que ela monte em seus ombros e a atravessa até a outra margem. Um pouco depois, o monge que ajudou a garota percebe que o outro está irritado e chateado. Ele pergunta o que há de errado. "E os nossos votos? Como você pôde carregá-la?", diz o outro monge. O primeiro monge olha para ele. "Ei, eu a coloquei no chão há muito tempo – você é o único que ainda a está carregando."

Continuarei compartilhando essas ideias durante os meus shows – isso é apenas quem eu sou, e acho que as pessoas precisam ouvir o que aprendi. E se você escutar – realmente *escutar* –, conseguirá captar a mensagem, o Tom Universal do qual falo, em meio a toda a música que eu toco.

E tampouco tem a ver apenas com a minha música – o Tom Universal está presente em inúmeras canções que transmitem a mesma mensagem de amor e conexão, que retiram os filtros e revelam o melhor de quem somos e de quem podemos ser. Sam Cooke – "A Change Is Gonna Come". Marvin Gaye – "What's Going On". John Lennon – "Imagine". Bob Marley – "One Love". John Coltrane – "A Love Supreme". Até mesmo a cantiga "Row, Row, Row Your Boat" e o seu verso "Merrily, merrily, merrily, merrily / Life is but a dream" (Alegremente, alegremente, alegremente, alegremente / A vida é apenas um sonho). Essas são canções que o tempo não poderá dissolver ou ofuscar.

Obrigado por estarem aqui. Nós adoramos sensibilizá-los com a nossa música, e quando vocês deixarem este lugar, acordarem amanhã e tiverem de lidar com vocês mesmos, eu os convido a olhar no espelho e dizer: "Este vai ser o melhor dia da minha vida." Digam isso com clareza, emoção e sinceridade. Quando conseguirem dizer isso, então vocês serão realmente divinos, e eu os saúdo, porque posso ver Cristo em vocês. Vejo Buda, Krishna, Alá, Rama, Xangô. Vejo a santidade em vocês. Se vocês se lembrarem de alguma coisa da noite de hoje, que seja isso. Digam a si mesmos: "Ei, aquele mexicano falou que a escolha é minha. Que a escolha depende só de mim. Eu posso criar o paraíso na Terra." Deus abençoe vocês e sejam gentis uns com os outros. "A Love Supreme", "One Love", "Imagine": obrigado. Boa noite.

CAPÍTULO 15

Santana, 1973: (Da esquerda para a direita, na fila de trás) Tom Coster, Richard Kermode, Armando Peraza; (no meio) Leon Thomas, Michael Shrieve, Chepito Areas; (embaixo) eu, Dougie Rauch

Meu período com Sri Chinmoy durou de 1972 até 1981, e acredito que tanto Deborah quanto eu sentimos ter conquistado aquilo de que precisávamos, que nos beneficiamos de seu estilo de disciplina espiritual – e era exatamente disso que se tratava, uma disciplina. Em uma entrevista que dei no fim dos anos 1970, afirmei que eu era "alguém em busca de algo com Sri Chinmoy (...) e até mesmo a música era secundária para mim, por mais que eu a amasse". Acho que muitas pessoas ficaram surpresas ao ler aquilo, naquela época, mas ainda é verdade. Eu era alguém que buscava algo – hoje, sinto que sou um instrutor.

Devo ser claro: não se trata de uma escolha entre a música ou a espiritualidade. Para mim, a música é parte do meu ser espiritual, uma extensão das minhas aspirações nesta vida. Se eu me levantasse todas as manhãs apenas para ser músico, ou apenas para ir ao trabalho, ou apenas para fazer isto ou aquilo, então, eu perderia a perspectiva mais abrangente. Mas se eu me levantar e meu primeiro pensamento for que estou aqui para ser uma pessoa melhor, então o músico que existe em mim brotará naturalmente.

A música é uma combinação entre o som, a intenção, a emoção e a sabedoria. Até hoje meu cântico ainda é o mesmo – "Eu sou o que sou. Eu sou a luz" –, e isso é o que eu cantarei se estiver me sentindo disperso, longe do meu eixo, se eu sentir que o tom universal está se diluindo em diferentes notas. Preciso de tudo o que sou para atingir aquela única nota e entrar em sintonia. Cinco coisas estão incluídas naquela nota: alma, coração, mente, corpo e coragem.

Eu soube que havia tomado a decisão correta ao me tornar discípulo de Sri Chinmoy quando aquela sensação que eu tive ao fechar os olhos e ouvi-lo falar e cantar não foi embora. A alegria, a luz, a leveza. Quando voltei a São Francisco e fui visitar o centro de meditação que Sri tinha aberto por lá, aquela sensação permaneceu comigo. Quando eu acordava para meditar, às 4 horas da manhã, eu me sentia da mesma maneira.

Amor, devoção e entrega – esse é o nome do caminho de Sri Chinmoy. A maioria das pessoas pensa que se trata apenas do título do álbum que fiz com John McLaughlin. Algumas até acham que passei a seguir Sri para que eu pudesse tocar com John. Isso é engraçado. Em primeiro lugar, não é fácil convencer a si mesmo a tocar guitarra ao lado de alguém como John; e, segundo, é muito, muito mais difícil estar diante de Sri! Não era a mesma coisa que aderir a um clube de jardinagem e participar de reuniões todas as quartas-feiras à noite.

A parte do amor no caminho de Sri é o dado em relação ao qual todos os gurus e líderes espirituais concordam – o amor é a força unificadora do universo; é o que nos mantém juntos e nos traz a vida. O amor é o alento que flui através de todos nós e nos conecta uns com os outros. A devoção é o compromisso de viver de acordo com as prioridades espirituais, uma direção que eu já estava adotando quando comecei a me afastar das drogas e a me voltar para a ideia de um trabalho interior; era para onde eu estava indo quando conheci Deborah, que estava seguindo na mesma direção. A devoção não se restringe apenas à dedicação interior, mas também inclui a escuta e a aprendizagem de um novo vocabulário, de modo que eu pudesse refletir sobre o período de incubação pelo qual estava passando.

A parte da entrega – bem, essa parte era 100% Sri. A entrega era a disciplina – a disciplina de Sri. Não tinha a ver apenas com os cabelos curtos e com os homens vestindo camisas e calças brancas e de cara limpa, e as mulheres vestindo saris. Não estava relacionada apenas à abstinência de drogas e do cigarro. A entrega tinha a ver com uma dieta e um cronograma bastante rigorosos – concordar em parar de comer carne, concordar em acordar às 5 da manhã e meditar por uma ou duas horas seguidas, mesmo quando o cérebro e o corpo queriam fazer outras coisas – qualquer coisa, menos aquilo. Sri também foi um dos primeiros gurus que conheci que incluía o exercício físico como parte integrante de seu caminho. Sri era saudável e aparentava isso.

Uma das lições mais importantes que aprendi com Sri foi o seu destemor – ele acreditava tão firmemente no que estava fazendo que antes mesmo de toda a questão dos gurus se tornar popular ele já estava em ação bem no meio da cidade de Nova York. Ele queria que seus discípulos fossem saudáveis, e então ele nos incentivou a praticar corrida. Depois, se interessou pelo tênis, e montou equipes para disputar partidas com jogadores profissionais. Ele queria que seus discípulos fossem vegetarianos, mas não havia muitos estabelecimentos que servissem aquele tipo de comida naquela época – e, assim, ele estimulou as pessoas a abrirem restaurantes. John McLaughlin e sua esposa, Eve – Mahavishnu e Mahalakshmi – ajudaram a financiar e a administrar um lugar chamado Annam Brahma, no Queens, próximo ao ashram de Sri. Mais tarde, Deborah, sua irmã, Kitsaun, e eu montamos um dos primeiros restaurantes vegetarianos de São Francisco – o Dipti Nivas. Acho que, no fim, havia mais de trinta restaurantes desse tipo ao redor do mundo cuja existência Sri tinha ajudado a propiciar.

O destemor de Sri em servir como fonte de inspiração para que tudo isso se concretizasse em um mundo que, em sua maior parte, não entendia o que ele significava, era uma das qualidades que eu mais respeitava. Ele não pegava os seus discípulos e simplesmente se mudava para alguma selva do outro lado do mar, como Jim Jones fez na Guiana. A Jonestown tinha tudo a ver com o autoengano e as trevas. Sri era a autodescoberta e a luz – bem no meio de Jamaica Hills, no Queens.

Se alguém me perguntasse onde Deborah e eu vivemos entre os anos de 1973 e 1981, eu teria respondido Queens em primeiro lugar e São Francisco em segundo. A realidade era que, em meio a todas as turnês, as gravações e a administração do restaurante, aberto em setembro de 1973, normalmente nós apareceríamos de três a quatro vezes por ano e ficaríamos hospedados no Queens. A cada vez, seriam cerca de duas semanas de meditação e exercícios, como se fosse uma romaria. De modo geral, isso se distribuía ao longo do ano, e comparecíamos em algumas ocasiões especiais, como o aniversário de Sri e o Natal, quando tínhamos de estar presentes, e eu me certificaria de que a agenda da Santana não interferisse naquelas datas.

Quando estávamos no Queens, Deborah e eu conseguíamos relaxar e nos adaptar à rotina que Sri elaborava para nós: acordávamos quase todos os dias em torno de 4 horas, tomávamos um banho e, em seguida, íamos até a casa de Sri, porque éramos dois dos poucos privilegiados – o primeiro círculo de discípulos – que meditavam na varanda com ele, o que era uma grande honra. Então, íamos caminhar ou tirar um cochilo, e mais tarde tomávamos café da manhã juntos. Deborah trabalhava na cozinha ou em alguma outra tarefa, como a loja, vendendo livros e saris indianos, e eu a ajudava ou passava o tempo conversando com Sri.

O tom universal

No fim do dia Sri se dirigia aos discípulos, tocava um pouco de música em um pequeno órgão, e todos começavam a cantar com ele. Às vezes, ele cantava canções que ele próprio havia escrito; às vezes, ele as compunha ali mesmo e ensinava a letra e a melodia para todo mundo. Então, fazíamos uma pausa, fechávamos nossos olhos e ele falava sobre a música e o seu poder especial de promover a aceleração do nosso nível de aspiração, de alcançar uma sensação universal de unidade, e de conectar o exterior – a música que o homem produz – com a música que todos trazem dentro de si, mas que nem sempre conseguimos ouvir. Um tipo de música ajuda a alcançar o outro – de uma única nota até o tom universal.

A relação que eu tinha com Sri era diferente da relação que Deborah tinha com ele, porque eu não conseguia estar em sua companhia tanto quanto ela. Enquanto eu estava fora de casa, ela passava muito mais tempo com ele. Eu voltava das turnês repleto de perguntas, querendo saber como funcionava o caminho para se encontrar a luz, se isto ou aquilo era adequado, e o que ela achava sobre inúmeras coisas. Durante todo o tempo em que estive com Sri, nunca o chamei de Guru, Mestre ou qualquer coisa assim, mas mesmo assim eu demonstrava o meu respeito por ele. Mais do que qualquer outra coisa, ele era um guia, e parecia que eu fazia parte de uma irmandade. Era uma irmandade à qual eu precisava retornar, para que pudesse ficar ao lado de outras almas que buscavam o mesmo caminho – da mesma forma que determinadas pessoas que pretendem escalar o monte Everest ou explorar a África terão de se unir, trocar ideias e apoiar umas às outras. Semelhante atrai semelhante.

Tudo isso exigia de Deborah e de mim um enorme compromisso de tempo e de energia, e por causa de Sri e de quem ele era, estávamos preparados para tal – um compromisso da energia com a excelência. Por vários anos durante os anos 1970, nosso trabalho com Sri era mais gratificante do que todas as coisas que o mundo estava nos oferecendo – o dinheiro, os aplausos, as demais recompensas que surgiam por ser um integrante da Santana.

Eu sabia que se quisesse vencer os jogos do ego, sair de mim mesmo e conquistar uma perspectiva diferente da minha personalidade, precisava me entregar e fazer as coisas que Sri exigia. Era um compromisso equivalente a pertencer ao Corpo de Fuzileiros Navais. Ao colocar o uniforme, você passa a vestir o uniforme. Aquele era um campo de treinamento espiritual – 24 horas por dia, sete dias por semana –, e não apenas uma ida à igreja aos domingos. Mantive minha convicção e minha consciência elevadas, e pude sentir que as coisas estavam se transformando dentro de mim. Tudo começou a mudar.

Quando penso nisso agora, todas aquelas mudanças faziam sentido. Era como se elas tivessem sido planejadas. Uma mudança de vida que levava a outra e a outra e, depois, a mais uma – desistindo das drogas e da loucura do estilo de vida rock and roll; refletindo sobre questões espirituais e alterando minha dieta; a banda se desfazendo; aceitando, finalmente, que eu não seria capaz de reverter o rompimento entre mim e Gregg; conduzindo minha música a uma direção diferente; conhecendo Deborah; conhecendo Sri. Eu não consigo ver nada daquilo acontecendo se eu ainda estivesse fumando cigarros ou maconha, ou comendo alimentos sem valor nutritivo. Parecia que tudo aquilo estava destinado a acontecer – mais tarde, compreendi interiormente que era o reino invisível se manifestando através da minha pessoa.

Era a minha própria jornada interior, mas para os fãs da Santana e para as pessoas que conviviam com a banda, eu ainda era o mesmo cara mexicano que subia ao palco todas as noites com uma guitarra e tocava aquelas notas. Eles não sabiam o que estava acontecendo até eu aparecer todo vestido de branco, com os meus cabelos longos já cortados. Até mesmo as pessoas próximas a mim, incluindo outros integrantes da Santana, não acompanharam o andamento dessas mudanças. Quando Deborah e eu chegamos a Londres, no fim de 1972, para os shows na Europa, todo mundo achou que eu tinha perdido a cabeça. Todo mundo, exceto Shrieve, é claro, que já estava seguindo Swami Satchidananda.

Quando voltei a São Francisco, todos, incluindo minha mãe, acharam que eu tinha ficado maluco ou, simplesmente, que estava traindo a mim mesmo. Minha família e meus amigos do Mission District eram os que mais tinham certeza disso. "Fizeram uma lavagem cerebral em você. Essas pessoas vão comer o seu cérebro – não há nada além de Jesus Cristo, só isso. Qualquer outra coisa é o diabo." Meu pai foi o único a se mostrar sereno. Ele me respeitou, preferindo não se manifestar, acatando minha decisão, e permitindo que eu desenvolvesse esse caminho e descobrisse do que se tratava.

O tom universal

Para os caras mais antigos que haviam deixado a banda – e, logicamente, para Bill Graham e Clive Davis –, aquela era apenas mais uma prova de que eu não sabia o que estava fazendo, de que eu estava disposto a cometer um suicídio profissional. A maioria deles não disse nada, mas eu podia perceber isso – e suas desconfianças não se dissipariam até 1975, quando a Santana voltou a adotar o estilo de música que fazia antes. Até então, de tempos em tempos, as pessoas apontariam para outros grupos de rock latino, como a Malo e a Azteca, e diriam: "Cara, eles estão tocando Santana melhor do que a Santana, sabe o que eu quero dizer?" Eu sabia *exatamente* o que aquelas pessoas queriam dizer, mas ainda assim eu olharia para elas e diria: "Não, o que você quer dizer?"

Quem mais insistia nessa tecla era Bill. Ele aparecia na minha casa algumas vezes e eu dizia: "O que foi, Bill?", e nós conversávamos um pouco. Em uma dessas ocasiões ele se mostrou muito educado. "Posso entrar?"

"Claro."

"Você sabe que eu te amo como um irmão, como se fosse meu filho", disse ele, e começou a chorar.

Eu falei: "Bill, o que está acontecendo, cara?" Ele balançou a cabeça. "As decisões que você vem tomando estão partindo o meu coração, porque sei o quanto você se esforçou para chegar até aqui, e parece que você está simplesmente jogando tudo isso fora."

Bill estava tendo dificuldades para aceitar a situação, não apenas por causa da minha decisão de seguir Sri Chinmoy e de modificar o som da Santana, mas também porque havia um enorme problema na forma como as coisas vinham sendo administradas – *mal-administradas* – no nosso negócio. O dinheiro tinha desaparecido e os impostos não haviam sido pagos, de modo que a Receita Federal passou a estar envolvida na questão. Quase todo o dinheiro que pensávamos ter economizado havia evaporado. Naquele ano, em parte porque nos haviam dito que seria melhor ficarmos ocupados para garantir o retorno do dinheiro investido, a Santana fez mais shows do que nunca – estávamos realizando uma turnê atrás da outra.

Sim, nossa música tinha mudado, mas as pessoas ainda queriam comparecer e ver a Santana – elas continuavam comprando ingressos. Eu disse: "Bill, agora quem vai chorar sou eu. Mas, cara, se eu fizer o que todo mundo me disser para eu fazer, esse não serei eu. Sei que você quer me incentivar a tomar as melhores decisões, mas eu não vou destruir a minha carreira, e também não vou deixar ninguém destruir quem eu sou. Eu tenho que passar por isso com Sri Chinmoy, e estou me aperfeiçoando nisso com Deborah." Eu completei: "Bill, é simples assim."

Àquela altura, Deborah e eu estávamos morando juntos. Lembro do dia em que tive a certeza de que havíamos ultrapassado aquele limite e eu podia dizer que éramos um casal. Ela me pediu que eu fosse até o seu encontro, e quando cheguei lá, ela estava com as chaves do Excalibur nas mãos. Ela fazia uma cara de reprovação, balançando as chaves com apenas dois dedos, como se estivesse segurando um rato morto. "O que foi?", perguntei. Eu não tinha ideia do que ela estava pretendendo fazer. Ela respondeu: "Agora que você está comigo, não vai precisar disto." Eu disse: "O que você quer dizer?" E então eu entendi.

Eu fiquei pensando: "Quem ela pensa que é? Isso é uma audácia, cara." Mas eu gostei de como ela fez aquilo – eu a respeitava, e podia sentir de imediato qual seria a minha resposta. Eu disse: "Vou lhe falar uma coisa – se você não gosta dele, então você que se livre dele." Acho que Deborah o vendeu em menos de meia hora.

Foi aí que me dei conta de que continuaríamos juntos por um longo tempo. Em abril Sri teve uma conversa conosco, e ele disse que conseguia perceber que estávamos nos dando bem, que vínhamos nos ajudando mutuamente em nosso progresso espiritual. Ele disse: "Vocês dois deveriam se casar." Olhamos um para o outro com uma expressão de dúvida, porque naquela época os jovens não eram tão formais assim, e estavam querendo se distanciar daquele tipo de prática antiga, tradicional. Eu estava com 25 anos e Deborah, com 22, e estávamos apaixonados, mas até então nós ainda não havíamos completado sequer um ano de namoro. Acredito que, naquele momento, poderíamos ter vivido juntos para sempre, mas Sri nos convenceu de que ele enxergava algo a mais. "Acho que as suas almas precisam se interligar – isso irá ajudá-los ainda mais em suas aspirações."

Quando Deborah e eu voltamos à nossa casa, ela me perguntou: "O que você acha?" Eu respondi, tentando obter a reação dela em primeiro lugar: "O que *você* acha?" Ficamos indo e vindo desse jeito, nenhum dos dois querendo dar o primeiro passo. Não foi um pedido de casamento muito romântico, admito; por outro lado, porém, eu não havia sido treinado naquele departamento. Nós realmente nos amávamos e pretendíamos ficar juntos, e queríamos trilhar em conjunto o nosso caminho espiritual, e Sri havia nos alertado sobre como aquilo poderia acontecer, e por isso decidimos ir em frente.

Deborah avisou rapidamente os pais, e não muito tempo depois de voltarmos a São Francisco, em 20 de abril de 1973, nos reunimos na Prefeitura para assinar os papéis. Em seguida, realizamos uma pequena cerimônia e uma recepção em Oakland, na casa do irmão de SK – ele era pastor, e também nos casou. Lembro que eu estava usando sapatos de plataforma brancos e estilosos, o que me fazia ficar bem mais alto do que Deborah, e lembro de usar uma gravata. Acho que a minha barba estava um tanto malfeita. Lembro, também, que todos perguntaram se meus pais estavam vindo.

Na verdade, eu não convidei ninguém quando me casei – ninguém. Nenhum familiar e nenhum amigo. A mãe de Deborah perguntou: "Onde estão os seus pais, seus irmãos e suas irmãs?"

"Eles não vêm."

O restante dos convidados olhou para mim boquiaberto. "Eles não vêm?"

"Não."

"Por que eles não vêm?"

"Porque não convidei."

Nos anos 1960, quando as coisas estavam correndo bem, da forma como deveriam estar, quase sem nenhum planejamento especial, nós diríamos que estávamos curtindo. Nosso casamento foi assim, e esta era a minha prioridade – uma coisa muito rápida e simples, sem chateação. Deborah e eu estávamos apaixonados e vivendo juntos, e era isso o que parecia importante na época – nós sabíamos que também haveria uma cerimônia religiosa no Queens, com Sri.

O incômodo que eu queria evitar era a minha mãe – provavelmente, estávamos mais distantes um do outro do que jamais havíamos estado antes, e não nos víamos há algum tempo. Eu ainda estava muito atrelado a todo o ressentimento provocado por aquela série de coisas que ela havia feito desde que vivíamos no México, como gastar o dinheiro que eu tinha guardado e que estava destinado à aquisição de uma guitarra nova. Minha tensão muscular quando eu pensava nisso ainda se fazia presente – e levaria anos até que ela começasse a dissipar. De qualquer maneira, era assim que eu estava me sentindo a respeito da ideia de uma cerimônia. Quando

Jo me perguntou por que minha mãe não estava no casamento, eu não sabia mais o que dizer. Eu respondi: "Minha mãe é muito dominadora, e ela iria querer mudar tudo."

Mas depois, com Deborah ao meu lado, acabei ligando para minha mãe e contei que havíamos nos casado. Pude reparar que ela ficou magoada. Houve um silêncio, e depois de desligar eu não sabia o que dizer para Deborah. Quando realizamos nosso segundo casamento, no Queens, com Sri Chinmoy, outra cerimônia muito simples e despretensiosa, Deborah me convenceu a convidar minha família. Lembro de voar para Nova York com meu pai, minha mãe e minha irmã Laura no avião. Durante todo o trajeto, minha mãe ficou me agredindo verbalmente – tornando as coisas realmente difíceis –, sem se importar com quem estivesse ouvindo. Tudo o que eu podia fazer era ficar sentado e aguentar – desta vez, eu não podia sair andando; eu estava em suas mãos. Lembro de olhar para Laura, e ela ficava apenas balançando a cabeça, tentando desviar o olhar.

Eu nunca tinha visto minha mãe tão ferida; eu nunca a tinha visto reagir daquela maneira. Ao longo da viagem inteira, ela se inflamava, depois começava a chorar e, em seguida, ficava com raiva de novo. Laura tentava intervir e absorver o impacto, e eu dizia que era isso o que eu não queria que tivesse acontecido no casamento em São Francisco. Eu sabia que não faria nada para magoar intencionalmente minha mãe, mas, ainda assim, era exatamente isso o que eu havia feito ao ignorá-la e deixá-la afastada da minha vida. Eu já estava ficando mais íntimo da família de Deborah do que da minha – lembro de passarmos juntos nosso primeiro Dia de Ação de Graças depois do casamento em Oakland, cortando o peru e assistindo a O. J. Simpson quebrar outro recorde de futebol em Buffalo. Para mim, aquilo parecia natural. A família dela nunca me fez sentir qualquer outra coisa que não fosse estar à vontade – "Vamos, você quer mais um pouco de torta de batata-doce? Quer um pouco mais disso aqui?". Simplesmente isso.

Eu ainda era jovem, ainda estava amadurecendo e evoluindo, e ainda tinha o hábito de fugir se percebesse algum confronto verbal se avizinhando, especialmente com uma mulher. Bastava fechar a porta e eu já estaria longe. Era automático. Essa foi uma das coisas com as quais tive de me preocupar no trabalho interior que fiz. Vou dizer com todas as letras: todas as orações e todo o treinamento espiritual, todo o ajustamento interior e exterior – hoje eu entendo que, na verdade, eles estavam destinados à minha mãe, e é por isso que, primeiro e acima de tudo, estou dedicando este livro a ela, com o meu agradecimento por sua força e sua paciência extremas.

Levaria mais alguns anos até que minha mãe e eu realmente voltássemos a nos relacionar bem, e durante praticamente os últimos trinta anos de sua vida fomos os melhores dos melhores amigos um do outro. Antes disso, foi complicado durante um tempo. Foi uma época insana, e eu ficava muito desconcertado com tantos pensamentos e emoções. Vou colocar desta forma: eu não fui inteiramente presente.

Até mesmo em nosso primeiro casamento, quando estávamos apenas Deborah, sua família e eu em Oakland, eu lhes disse que não poderia ficar para a recepção, porque tinha um ensaio com a banda. Mais uma vez, eles me olharam como se simplesmente não conseguissem acreditar. "Obrigado a todos pelo ótimo dia de casamento, mas preciso ir e me preparar para essa próxima turnê." Deborah já sabia disso, mas acho que não marquei muitos pontos em meu favor naquele dia. Fui até o carro, e como não era mais o Excalibur, eu tinha esquecido o que fazer e deixado as chaves lá dentro.

Lembro de ficar ao lado de Deborah enquanto SK enfiava um cabide pela janela para abri-la para mim, olhando o tempo todo para sua menininha com uma expressão tão severa que eu poderia até ouvir o que ele estava pensando. "Tem certeza de que quer se casar com esse cara mexicano?" Ao longo dos anos, sempre que Deborah e eu começávamos a nos desentender, ela dizia: "Ali mesmo eu deveria ter imaginado que não iria funcionar." Mas nós fomos até o fim.

Em abril de 1973 começamos a trabalhar no próximo álbum da Santana, a sequência de *Caravanserai*, preservando o mesmo sabor de jazz e de energia espiritual. Àquela altura, já estávamos tomando decisões de forma independente. Quem estaria por perto para nos dizer mais alguma coisa? Talvez Bill, mas a CBS havia dispensado Clive Davis mais ou menos na mesma época em que começamos a preparar o novo álbum, batizado de *Welcome*, e nós não tínhamos uma ligação estreita com nenhuma outra pessoa na gravadora – não da maneira que tínhamos com Clive.

As pessoas que vieram depois dele faziam o que tinha de ser feito, mas o fato é que eu nunca mais trabalhei com nenhum outro executivo de gravadora que entendesse e fosse capaz de conversar com os músicos do jeito que ele fazia, à exceção de Chris Blackwell, da Island Records.

Também não havia sobrado mais ninguém na banda para reclamar das modificações em nosso estilo ou do fato de estarmos indo em uma direção diferente – Shrieve, Chepito e eu éramos os únicos remanescentes da formação original. Ainda assim, isso não me ajudou a fazer a transição – as mudanças na banda e a passagem para a próxima etapa da minha vida ainda estavam remoendo na minha cabeça. Na verdade, eu tocava as músicas de John Coltrane várias, inúmeras, infinitas vezes para encontrar o foco. Ainda faço isso.

Desta vez, a faixa-título, "Welcome", era realmente uma canção de Coltrane. Shrieve e eu conversamos sobre quem deveria participar do álbum. Gostávamos da ideia de dois teclados e também de dois percussionistas, como havíamos feito em *Caravanserai*, e então mantivemos Richard Kermode e Tom Coster, e ainda tínhamos Chepito, que era o Tony Williams dos tímpanos, e Armando, que... bem, ele era o Armando Peraza das congas! Dougie, é claro, permaneceu conosco no baixo, com sua consistência refinada e vibrante, e também convidamos alguns amigos especiais – algumas das mesmas pessoas de Bay Area que haviam tocado em *Caravanserai* –, além de John McLaughlin, o saxofonista Joe Farrell na flauta, Jules Broussard no saxofone soprano, entre outros.

Por alguma razão, não dei tanta atenção ao guitarrista quanto acho que deveria ter dado naquele álbum. Em *Welcome*, me concentrei nos estados de espírito dos tecladistas, dos instrumentistas de congas e tímpanos e coisas assim. A única música na qual eu realmente pensei na minha guitarra foi "Flame-Sky", que contava com a participação de McLaughlin. O título vinha de algo que Sri falou quando toquei a canção para ele.

"Vocês são tão bons meninos, você e John" – disse ele, ternamente, a nosso respeito. "Se vocês conseguissem perceber o quanto afetam o público – vocês dois inflamam os corações dos espectadores, fazendo-os aspirar a ser um só com Deus novamente. A maioria das pessoas se esquece disso e investe no flagelo da separação e do afastamento de seu Criador, desempenhando papéis que ela mesma inventa, mas o único papel verdadeiro é a inegável relação com o Criador e se deixar levar por sua própria luz.

Quando as pessoas ouvirem essa canção, uma chama sairá de seus corações diretamente para o céu, e dirá aos anjos: 'Este aqui está pronto. Este aqui está aspirando, e não desejando.'"

Outra coisa da qual me lembro sobre aquela música: quando John e eu fizemos nossa turnê juntos no fim daquele ano, por cerca de duas semanas, tocávamos "Flame-Sky" na abertura dos nossos shows e sempre encerrávamos com "Let Us Go into the House of the Lord". Que banda fantástica – John levou Larry Young e Billy Cobham, e eu levei Dougie e Armando. Lembro que, em um ensaio, Armando resolveu competir com Cobham, depois de Billy ter dito que nunca havia conhecido um instrumentista de conga que fosse capaz de acompanhá-lo – as congas contra a bateria. Para mim, terminou em empate, mas, ainda assim, Armando não se deixou impressionar. Ele ergueu as mãos e disse: "Eu não preciso de nenhuma banqueta."

Os três primeiros shows foram muito corridos e barulhentos, e pude ver pessoas bocejando, tapando os ouvidos e indo embora. Em Toronto, eu disse a John que precisávamos convocar uma reunião com todo mundo. "Está bem, Little Brother. O que está havendo?"

"Acho que precisamos fazer algumas passagens de som e realmente ensaiar algumas das introduções, das finalizações e das levadas, porque todas as nossas músicas estão soando iguais. Precisamos dissecá-las, abaixar o volume e colocar uma levada em algumas partes. Desacelerar e acrescentar um pouco de variedade. Não estou acostumado com pessoas bocejando e saindo no meio dos nossos shows."

Fizemos a nossa reunião, e talvez eu tenha sido um pouco imaturo pela forma como chamei a atenção do grupo por sua falta de profissionalismo, o que acabou provocando certos melindres. Posteriormente, fiquei sabendo que John tinha dito que nem mesmo Miles falava com ele daquele jeito. Mas fiquei surpreso que ninguém mais tivesse trazido à tona o problema. Eu tinha a sensação de que se íamos lotar um lugar com milhares de pessoas como estávamos fazendo, tínhamos a obrigação de não tocar como se estivéssemos em algum minúsculo bar, em uma terça-feira à noite. Alguma coisa boa surgiu com a minha observação, porque começamos a tocar com estados de espírito diferentes, criando vales, prados e montanhas. Fomos muito bem-sucedidos. E, sim, eu estava me esforçando para aprender a conversar com a banda. Ainda estou aprendendo.

A grande questão do álbum *Welcome* eram os vocais – quem iria cantar depois de Gregg ter deixado a Santana? Analisamos novamente nossa coleção de discos e pensamos em Flora Purim, e a convidamos para se juntar a nós. Ela vinha da Return to Forever e cantou "Yours Is the Light". Eu gostava muito do álbum *Karma*, de Pharoah Sanders, em que a música "The Creator Has a Master Plan" era cantada por Leon Thomas, que às vezes gostava de imprimir um estilo tirolês ao seu canto. Àquela altura, Leon estava fazendo seus próprios álbuns: ele escreveu uma letra para "Gypsy Queen", de Gábor, e estava sendo produzido pelo mesmo produtor de John Coltrane, Bob Thiele. Convidá-lo para gravar e fazer a turnê conosco foi ideia de Shrieve: "E se a gente chamasse o Leon Thomas para cantar 'Black Magic Woman'? Já imaginou essa música com ele?" Eu disse: "Tá, vamos chamá-lo!", e Leon concordou. Adoro a forma como Leon canta em *Welcome* – em "When I Look into Your Eyes" e em "Light of Life", com arranjos do naipe de cordas assinados por Greg Adams.

Na época, meu amigo Gary Rashid – Rashiki – tinha acabado de começar a trabalhar conosco. Sua primeiríssima tarefa foi ir até o aeroporto e receber Leon, e ele ficava se perguntando: "Como vou saber a cara dele?" Leon apareceu vestindo uma espécie de traje de safári, com um enorme chapéu e uma bengala. Sem problemas. Leon se tornou parte importante da Santana, gravando e depois excursionando conosco a partir da primavera de 1973 até o fim de 1974. Mas, no começo, acho que ele não estava muito confiante de que nós fôssemos tratá-lo bem. Ele reparou que eu costumava comer uma refeição vegetariana especialmente preparada todas as noites, e aí ele informou ao administrador da nossa turnê que queria algo específico. "Tudo bem, do que você gostaria?", perguntou o administrador.

"Bife de fígado com cebola" – que eu acho que era o mesmo que escolher um prato tão caro quanto filé mignon dentre as opções do cardápio. Assim, o administrador da nossa turnê se certificou de que em todas as refeições – no hotel e nos bastidores – um prato de bife de fígado com cebola estivesse à espera de Leon, e pode-se imaginar o que aconteceu. No terceiro dia, ele já estava farto daquilo. "Vocês só comem bife de fígado?"

A primeira música de *Welcome* é "Going Home", inspirada em *New World Symphony*, de Antonín Dvořák, com arranjos de Alice Coltrane. Pedi que Richard Kermode tocasse o arranjo dela no mellotron e que

Tom Coster tocasse o órgão Yamaha do jeito que ela tocava o seu Wurlitzer. Vou ser sincero: Shrieve e eu aprisionamos Tom em uma camisa de força, dizendo que ele precisava ouvir Alice Coltrane, Larry Young e Miles no Yamaha, e Deus abençoe Tom, porque ele nunca se deu por vencido nem saiu andando dizendo "Vão se foder". Ao contrário, sua atitude sempre foi: "Está bem, vou tentar." Quando ele conseguiu ganhar desenvoltura naquela qualidade de som, tudo ficou muito mais fácil.

"Going Home" surgiu quando conhecemos Alice Coltrane naquele ano, o que para mim talvez tenha sido a maior realização do meu sonho espiritual – deixar de ser um lavador de pratos para ser apresentado à viúva de John Coltrane e, em seguida, começar a fazer música com ela.

Estivemos juntos pela primeira vez na primavera de 1973, quando Alice me convidou para me hospedar na casa dela em Los Angeles, para que eu pudesse conhecê-la, bem como seu amigo Swami Satchidananda. Naquela época, ela já havia adotado o nome hindu de Turiya. Eu gostei de Satchidananda, e talvez ele fosse outro guru a quem eu pudesse ter seguido, mas eu posso me tornar virulento, e acho que a força e a virulência de Sri eram mais adequadas para mim. Se existe algo passível de ser definido como disciplina nos vínculos amorosos, então esse é Sri Chinmoy, porque ele é um amante das coisas supremas, e eu tendo a gravitar em torno dos amantes. Quando eles nos dão um abraço, trata-se de um gesto realmente íntimo. Eles não nos deixam escapar.

Deborah e eu estávamos levando uma vida com duas casas, uma em Marin County e outra no Queens, no local que alugamos na Parsons Boulevard, perto do ashram de Sri. Ficávamos indo e voltando, e já tínhamos confiança suficiente em nosso casamento para que ela pudesse ir a Nova York meditar, enquanto eu ficava em São Francisco cuidando das gravações. Então, depois de conhecer um pouco mais a meu respeito por conta de *Love Devotion Surrender*, Turiya decidiu me convidar para passar um tempo com ela, e Deborah entendeu que aquela seria uma oportunidade para que eu desenvolvesse uma importante relação musical e espiritual – que precisava ser desenvolvida. E, assim, Deborah foi se encontrar com Sri no Queens, enquanto eu seguia até Los Angeles.

Estamos todos interconectados de algum modo, mas eu me sentia mais disponível do que nunca em relação a tocar música e a aprender. Eu tentava extrair *todas* as lições possíveis de todos os professores possíveis.

Pode-se comparar todas as meditações que eu estava fazendo naquele período, todos os debates dos quais participei na época e todas as coisas que eu estava ouvindo ao ato de descascar uma alcachofra, retirando as camadas exteriores para chegar à essência de quem eu realmente era, que serei sempre, sem me envolver nos jogos de dissimulação que as pessoas costumam jogar consigo mesmas.

Passei cerca de uma semana com Turiya. Ela abriu sua casa para mim, e eu fiquei muito grato por isso. Lembro de ouvi-la falar sobre música e sobre o seu caminho espiritual e, é claro, sobre John – mas ela nunca o chamava de John. Ela se referia a ele como Ohnedaruth, seu nome espiritual, ou algumas vezes como Pai. Ela me contou que ele nunca parava de tocar, nem quando estava em casa, muito tempo depois de terminar de fazer um show. Mesmo que tivesse um dia de folga, ele não se desvencilhava desse hábito – ela me disse que ele poderia passar uma hora inteira apenas olhando para o saxofone à sua frente, e depois mais uma hora dedilhando todo o instrumento para cima e para baixo. Finalmente, ele o colocaria na boca e começaria a tocar – aleluia! Isto é, primeiro ele visualizava a música, e só então é que partia para a técnica. Acredito que Coltrane não parava de pensar no saxofone e de tocá-lo porque ele não queria que a chama se extinguisse – se isso acontecesse, seria preciso começar tudo de novo.

Também passei algum tempo na companhia dos filhos de Turiya. Eu os via pular na piscina durante o dia, e todas as noites, depois que as crianças iam para a cama, ela e eu conversávamos um pouco. Ela ia para o quarto dela, e eu relaxava no sofá. Então, por volta das 3h30 da manhã, nós nos levantávamos, e ela tocava harpa e piano. Eu ficava ouvindo, e, em seguida, meditávamos um pouco mais.

Uma madrugada, quase no fim daquela semana, começamos a meditar. Quando você medita às 3 horas da manhã, a primeira meia hora é como se você estivesse em um avião atravessando uma zona de turbulência. Seus olhos ficam vermelhos, você sabe que está totalmente escuro à sua volta, tenta ficar acordado, e não para de tremer. Então, de repente, tudo fica absolutamente calmo. Naquela manhã, observei que havia uma linda chama na vela que estava acesa – era como se fosse uma chama dentro da chama. Aí, com os olhos da mente, me encaminhei até ela, como já havia feito em diversas outras ocasiões. Dessa vez, porém, comecei a sentir a presença de alguém na sala, além de Turiya. Era John Coltrane. Em seguida, ele se materializou na minha visão. Ele olhou fixamente para mim – e segurava duas casquinhas de sorvete, cada uma delas com três bolas!

Olhei para John, e ele sorriu e perguntou: "Você gostaria de experimentar algum deles?" Logo depois, pelo canto do meu olho esquerdo, tive a sensação de que Turiya estava entrando na visão. Ela disse: "Vá em frente e experimente um." Então, interiormente, peguei uma das casquinhas e provei o sorvete, e o sabor era doce e cremoso – simplesmente delicioso. "Bom, não é?", quis saber John.

"É, obrigado. É muito bom."

"Bem, isso é um acorde de Si bemol com sétima diminuta."

"O quê? Sério?"

Foi aí que eu ouvi Turiya dizer: "Experimente outro", só que parecia que ela estava dizendo isso em voz alta, ao meu lado na sala, como se soubesse o que estava se passando na minha meditação.

Cara, aquilo me deixou *em pânico*. Como ela sabia? Não tenho dúvidas de que quando as pessoas lerem isso, vão dizer algo do tipo: "Ah, claro – esse cara simplesmente tomou LSD demais e continua tendo alucinações." Mas eu não usei nenhuma droga entre 1972 e 1981. Talvez uma vez, um ano depois, eu tenha ficado curioso novamente e tenha recorrido à mescalina, mas naquela época, em 1973, eu estava totalmente careta – totalmente limpo.

É preciso entender que, até hoje, quando ouço a música de John Coltrane, ela me reassegura que Deus jamais largará minha mão. Por mais sombrias que fiquem as coisas, Deus ainda está em mim, independentemente do que aconteça. Para mim, a música dele é a maneira mais rápida de se afastar das trevas do ego – escuridão, culpa, vergonha, juízo de valor, reprovação, medo, tentação, *tudo*.

Não se trata apenas de *A Love Supreme* e *Meditations* e de seus álbuns mais espirituais. Quando ouço "Naima", "Central Park West", "Equinox" ou "The Night Has a Thousand Eyes" – ou qualquer uma das baladas mais antigas que ele gravou –, descubro que cada nota está vinculada a conotações espirituais. Há sempre uma oração ali que qualquer pessoa é capaz de ouvir.

Mesmo quando Coltrane está apenas tocando uma canção, é muito mais do que isso – e eu gosto de canções. Eu gosto de "Wild Thing". Eu gosto de "Louie Louie" e de qualquer coisa feita pelos Beatles ou por Frank Sinatra. Mas Coltrane não tinha a ver apenas com as canções – pelo menos, eu não acho que tivesse. Sua música tem a ver com a luz, e seu som era uma linguagem de luz. É como o solvente que se coloca na água turva e suja: basta mexer, e instantaneamente a água volta a ficar limpa. O som de John Coltrane é um solvente que purifica o lamaçal da distância e da autosseparação. É por isso que todos nós amamos Trane – Wayne Shorter, John McLaughlin, Stevie Wonder e tantos outros –, porque o seu som nos faz recordar que há redenção para tudo. Era isso o que Coltrane estava dizendo às pessoas: transformem as suas intenções, as suas motivações e os seus propósitos em realidade, para o bem maior do planeta.

Nunca pude conhecer Coltrane, mas eu o sinto através de inúmeras outras pessoas – Alice Coltrane, é claro; Albert Ayler; John Gilmore –, especialmente através da prática espiritual e da música intergaláctica que eles fazem. Hoje, ainda é possível ouvir Coltrane em Wayne Shorter, em Herbie Hancock e na música de Charles Lloyd, Pharoah Sanders, Sonny Fortune e muitos outros.

Sei que algumas pessoas ficam perplexas quando lhes digo que a música de John Coltrane tem o poder de reorganizar estruturas moleculares. Uma vez, eu me vi em uma cerimônia dos Jogos Olímpicos – eu estava falando sobre o poder curativo da música de Trane, e Wynton Marsalis estava perto de mim. Ele balançou a cabeça e fez uma careta. Eu comecei a rir. Talvez Wynton tenha mudado sua perspectiva, mas naquele momento eu poderia afirmar que ele não queria ouvir o que eu estava dizendo. Sabe, é uma bênção conseguir tocar com sua alma e alcançar tantas pessoas. Também é uma bênção ser capaz de escutar e prestar atenção no poder curativo transmitido pela música de outras pessoas. É isso o que eu quero dizer quando falo sobre o tom universal.

CAPÍTULO 16

Deborah e eu, no festival Day on the Green,
Oakland Coliseum, 4 de julho de 1977

Por volta de 2004, tive um sonho meticulosamente detalhado. Veja só: eu estava em um prédio em Milão, à noite. John McLaughlin estava ao meu lado, e através de uma janela podíamos avistar um parque em cujo centro havia luzes muito brilhantes. Era uma iluminação baixa e direta, do tipo utilizado em interrogatórios, de modo que estava escuro em todas as outras áreas, exceto onde as luzes estavam sendo projetadas, e alguns jovens jogavam futebol, mas eles não podiam ir muito longe, porque precisavam permanecer sob a luz. John e eu ficamos ali, assistindo àquele jogo de futebol à meia-luz, e de repente eu vi Todd Barkan — o cara que administrava o clube de jazz Keystone Korner, em São Francisco — andando pelo parque, e ao seu lado vinha alguém carregando alguns saxofones e empurrando uma bicicleta. Era John Coltrane!

John e eu percebemos os dois homens se aproximando do prédio onde nós estávamos, e fomos ficando cada vez mais empolgados. Coltrane deixou a bicicleta do lado de fora, entrou com seus instrumentos de sopro e algumas partituras, e Todd nos apresentou: "Ei, Carlos, John está trabalhando em uma canção, e acho que ele quer que você toque com ele."

"O quê? Sério?"

Coltrane olhou para mim. "Oi; como vai?"

"Ahn, oi, John." Eu fiquei muito nervoso, só pensando: "Meu Deus, estou com John Coltrane, e ele quer que eu toque alguma coisa com ele!" Olhei para a partitura enquanto Coltrane tirava o saxofone do estojo, e era um canto típico das igrejas negras, algo como "Let Us Go into the House of the Lord". Eu pensei: "Ah, tá. Sem problemas. Posso dar conta disso", e comecei a estudar minha parte.

Mas quando ergui os olhos Coltrane tinha sumido repentinamente. Perguntei a Todd: "Ei, o que aconteceu com John?"

"Ah, cara, alguém acabou de roubar a bicicleta dele, e ele foi procurá-la, mas acho que o ladrão fugiu." Então, decidi ajudá-lo, e saí do prédio, e de repente eu estava na via expressa que liga o Nassau Coliseum à Jones Beach.

O tom universal

Localizei a bicicleta de Coltrane, mas ela havia sido depenada – as rodas e o assento tinham sido arrancados. De qualquer modo, peguei a bicicleta e a levei de volta comigo, ao encontro de John. Em seguida, com um solavanco, acordei.

Cara, aquele sonho deixou uma forte impressão em mim. Ainda estávamos no início da manhã, mas eu precisava contar a alguém, e então liguei para Alice: "Turiya, me desculpe ligar para você a essa hora." Ela disse: "Tudo bem – eu já fiz minha meditação. Como você está?" Eu contei sobre o sonho, e ela me disse que fazia todo o sentido. Ela o interpretou da seguinte forma: ela achava que os jovens que estavam jogando futebol no parque eram os jovens que escutam música hoje em dia, entrando e saindo do escuro, à procura da música que os conduzirá à luz, uma música igual à de John Coltrane. A bicicleta roubada e sem rodas representava o quanto era difícil fazer com que aquela música encontrasse uma maneira de chegar às pessoas. Não havia nenhum outro veículo que ajudasse a levar a música de Coltrane àqueles que precisavam ouvi-la. Sua música é pouquíssimo executada nas rádios e quase não desperta a atenção da imprensa, mas é importante trazer as pessoas para a luz que existe em sua música – dar a Coltrane o devido reconhecimento.

Venho tentando recolocar as rodas naquela bicicleta desde 1972 – gravando "A Love Supreme" e "Naima" com John McLaughlin, gravando "Welcome" e "Peace on Earth", mostrando às pessoas a música de John e o som de Alice Coltrane, que, creio eu, é tristemente negligenciado – mas sua música também é bastante atemporal.

Eu tenho muitas outras ideias. Fui procurar os organizadores do Grammy para convencê-los a batizar os prêmios anuais de tributo à carreira com o nome dele: o John Coltrane Lifetime Achievement Award. Eu gostaria de montar um álbum inteiro de Coltrane tocando "Naima": três ou quatro discos que incluíssem alguns de seus melhores desempenhos tocando essa bela canção, ao vivo e em estúdio. Eu apoio Ravi Coltrane, o filho de John e Alice, e sua esposa, Kathleen, em tudo o que eles fazem para preservar a The Coltrane Home, em Dix Hills, em Long Island, onde Coltrane escreveu "A Love Supreme" e onde começou a constituir sua família com Alice.

Há uma outra coisa sobre aquele sonho com John Coltrane e sua bicicleta, e as pessoas podem até dizer que estou viajando. Elas não estariam erradas; porém, sob alguns aspectos, acho que nasci viajando! Mas, muitas vezes, é difícil apontar a diferença entre os sonhos e a imaginação. De qualquer forma, na mesma manhã em que Alice Coltrane interpretou o sonho, recebi um tele-fonema da França, do meu amigo Michel Delorme. Eu lhe contei sobre o so-nho, dei todos os detalhes, e, do seu modo habitual, ele meio que o desmereceu: "Poof! É óbvio, Carlos. Eu estou em turnê com McLaughlin. Estávamos em Milão até ontem à noite, falando sobre você e John Coltrane."

O ano de 1973 foi um ano de disciplina espiritual, e também um ano de resistência e loucura extremas. Parecia que a Santana estava pas-sando mais dias na estrada do que em casa – algumas noites, chegá-vamos a fazer dois sets. Pelas minhas contas, acho que fizemos mais de duzentos shows. Por que trabalhávamos tão arduamente? Grande parte disso tinha a ver com a sensação de que, enquanto as pessoas estivessem dispostas a pagar, deveríamos tocar. Nós não tínhamos confiança sufi-ciente para acreditar que o público ainda compareceria se tirássemos umas férias e, em seguida, retornássemos a Nova York, Londres ou Montreux. Também não tínhamos muito traquejo – se o nosso empresário estava nos dizendo que precisávamos fazer um certo montante de dinheiro, e se es-távamos vulneráveis perante a Receita Federal, quem dentre nós tinha experiência para resistir a isso? Nós éramos jovens, ansiosos, e acreditáva-mos em nossa nova música. Foi uma decisão nossa. Ninguém estava nos obrigando a fazer nada.

O que me ajudou foi que eu estava praticando meditação, a minha dieta era saudável e eu não ficava o tempo todo querendo me divertir, e Shrieve também se comportava da mesma forma. Foi aí que começamos a colocar incenso no palco e que afixei uma foto de Sri Chinmoy em es-tado de meditação profunda no meu amplificador. Acho que sem essa força espiritual eu não conseguiria ter atravessado aquele ano e suportado o ritmo das nossas turnês. Já tínhamos viajado muito antes disso, mas você pode perguntar a qualquer um que fez parte da Santana naquele ano – houve momentos em que parecia que estávamos indo para a guerra. Eu tinha a impressão de que Shrieve e eu éramos companheiros em um cam-po de batalha. Foi difícil, mas estávamos apaixonados pela música, e nin-guém nunca reclamou.

Quando olho para trás e penso naquela fase, percebo que nem sempre fui o cara mais fácil de se ter ao lado. Eu era um ex-fumante andando com um bando de fumantes, dizendo-lhes que eles precisavam mudar. Acho que, como quase todas as pessoas que não são suficientemente maduras ou evoluídas espiritualmente, eu tendia a ficar bufando pelos cantos e a querer ser mais papista do que o papa. Talvez as pessoas me vissem como alguém que cultivava um sentimento de superioridade e algum tipo de rigidez em relação à questão da espiritualidade. Vou colocar desta forma: havia espaço para que eu crescesse, e precisei de algum tempo para me dar conta disso.

Acho que alguns de nós que estávamos seguindo Sri Chinmoy naquela época tínhamos a convicção de possuir algum tipo de chave do paraíso, e de que todas as outras pessoas eram idiotas. Eu gostaria que, em seus ensinamentos, Sri também tivesse nos dito: "Prestem atenção: se quiserem adotar um caminho espiritual, precisam ser gentis com aqueles que não estão indo na mesma direção." Eu não sabia, mas tinha de me aprimorar muito – ainda era verde demais para me comportar gentilmente com as pessoas. Por outro lado, ouvindo as entrevistas de John Coltrane, eu poderia dizer que, sempre que ele se pronunciava, havia uma enorme consideração pelo desenvolvimento espiritual, ou pela falta de desenvolvimento espiritual, das outras pessoas. Era àquilo que eu precisava aspirar – não apenas à sua música. Havia muito o que aprender em 1973.

Outro fato que tornou aquele ano mais fácil para mim foi que, em minha opinião, a Santana estava contando com uma de suas mais incríveis formações de todos os tempos. Na verdade, vou colocar desta forma: analisando retrospectivamente, a banda daquele ano de 1973 – com Leon Thomas, Armando e Chepito, TC e Kermode, Dougie, Shrieve e eu – era, musicalmente, a melhor e mais desafiadora banda da qual eu já havia participado. Mas o fato é que, ao nos empenhar ao máximo para tocar, estávamos simplesmente tentando nos encontrar.

Para mim, aquela formação foi o mais próximo que a Santana já conseguiu chegar de uma banda de jazz. Na passagem de som, experimentávamos coisas novas, e era divertido. Lembro que buscávamos inspiração em pequenos trechos musicais escritos por um tecladista chamado Todd Cochran, que compunha para Freddie Hubbard e outros, e que também já havia gravado suas próprias músicas. Ele tinha uma canção chamada "Free Angela" que começamos a tocar e que, a meu ver, poderia ter estado no álbum *Crossings*, de Herbie. Até hoje, fazemos as passagens de som e experimentamos coisas novas o tempo todo, mesmo se estivermos tocando no mesmo lugar por duas ou três noites e já tenhamos testado o sistema de som. "Vocês ainda querem fazer uma passagem de som?"

"Sim, claro. Vamos experimentar algo novo..."

Acho que a melhor maneira de explicar o que aconteceu naquele ano é começar com o Japão – era nossa primeira vez naquele país e naquela parte do mundo. Assim como a Suíça, o Japão se tornaria um país ao qual a Santana regressaria inúmeras vezes, e onde encontraríamos, assim como Claude Nobs em Montreux, outro iluminado amante da música, que havia se transformado em um excelente promotor de música por lá – o Sr. Udo. Algumas pessoas o chamam de o Bill Graham do Japão, porque foi ele quem realmente começou a levar os grandes shows de rock para lá. Concordo com isso, mas ele também merece o apelido por respeitar a música e tratar bem os músicos. Ele nunca deixou de acreditar na Santana e no que estávamos fazendo – nunca! Ele sempre foi uma pessoa digna, elegante, e sempre tem ótimas histórias para contar – quando ele começa a rir, não para mais. Ele é outro guardião da chama, um dos anjos que chegaram na hora certa para nos orientar e nos apoiar. O Sr. Udo é o único promotor com quem já trabalhei no Japão.

Quando chegamos ao país, em 1973, o Japão ainda era muito tradicional – podia-se perceber que havia tantas pessoas vestidas com quimonos quanto com trajes ocidentais. Ainda não havia nenhuma filial do McDonald's nem do Kentucky Fried Chicken. O Sr. Udo, porém, quis se certificar de que comêssemos bem, e sempre foi um anfitrião perfeito, nos levando para jantar fora – ele ainda tem esse hábito, e eu ainda faço questão de reservar um tempo para isso quando a Santana vai ao Japão. Em nossa última visita ao país ele presenteou Cindy com um belíssimo e estonteante quimono, decorado com uma série de bordados, o que a fez simplesmente se derreter – foi divertido ver minha esposa se transformar em uma criança de 6 anos de idade!

O Japão sempre foi o melhor local para adquirir os mais recentes produtos eletrônicos, especialmente as aparelhagens de som. Os japoneses dispunham de fitas de vídeo no formato Beta assim que elas foram lançadas, e de CDs e DATs quando ninguém mais os tinha. Naquela primeira vez que estivemos em Tóquio, conhecemos Akihabara, o bairro onde todas as lojas de eletrônicos ficavam concentradas, e foi então que descobri que Armando, com toda a sua confiança suprema, também era o maior dos pechincheiros.

Era surpreendente fazer compras ao seu lado e ficar assistindo. Armando tinha uma rotina em que ele entrava em uma loja, pegava um toca-fitas ou qualquer coisa assim, colocava-o de volta como se estivesse cheirando mal, ia embora, e voltava até o objeto como se tivesse ficado com pena dele. Em seguida, dizia ao vendedor: "Lembra de mim? Meu nome é Armando Peraza. Estou aqui com a Santana. Essa... *coisa*... preço especial para mim? Quanto?" O vendedor seria inteligente o suficiente para saber o que responder. "São 395 dólares. Mas, para você, são 350 dólares. E talvez um bom desconto em alguns fones de ouvido." Armando diria: "Hmm. Não é tão ruim. Escreva isso para mim."

De modo geral, eu poderia dizer que era a primeira vez que alguém pedia ao vendedor para fazer aquilo. Então, o rapaz anotava a oferta em um papel, e imediatamente Armando atravessava a rua para entrar em outra loja, onde ele havia estado apenas dez minutos antes. "Ei, lembra de mim? Armando Peraza, da Santana? Olhe só isto – o mesmo produto que você tem aqui. Ele quer 350 dólares. O que você pode fazer por mim?" E aí ele conseguia que o preço fosse reduzido para 320 dólares. "Isso é o melhor que você pode fazer? Porque todo mundo na Santana também está querendo esta coisa – eu trago todos eles aqui para você. Basta escrever o preço para mim – eu mostro a eles." Pode-se adivinhar o que aconteceria depois. Armando voltava à outra loja e saía com um desconto em torno de 40%. E aí os dois vendedores telefonavam um para o outro para falar sobre aquele cubano maluco!

Armando não fazia isso apenas com os produtos eletrônicos – ele amava casacos bonitos, e também era viciado em calçados. Era divertido observar Armando em atividade – aprendi muito com ele.

Em Tóquio o Sr. Udo nos colocou para tocar durante uma semana inteira no Budokan, uma bela arena que tinha sido construída para sediar competições de judô. Os Beatles haviam estado lá em 1966, e ela se tornou outra preciosidade no mundo das turnês de rock, um daqueles lugares em que todos os grupos queriam tocar – e gravar, caso tivessem sorte. Nossos shows estavam sendo registrados para uma transmissão televisiva, e tiveram lotação esgotada todas as noites. Achei que talvez fosse o momento de lançar o primeiro álbum ao vivo da Santana – e o Sr. Udo teve a mesma ideia. Assim, gravamos também os nossos shows em Osaka, em outra linda sala chamada Koseinenkin Hall. Foi uma experiência incrível: o amor e o respeito das plateias, o apoio do Sr. Udo, o nível de excelência com que estávamos tocando. Quando deixamos o Japão para tocar na Austrália e na Nova Zelândia, eu sabia que havíamos gravado alguns dos nossos melhores desempenhos.

Fizemos a turnê pelo Extremo Oriente e pela Austrália em um avião que alugamos – um velho monomotor que Chepito apelidou de Tartaruga Voadora, porque todas as nossas viagens pareciam durar uma eternidade – lembro que tive a impressão de ficar 24 horas no voo entre Hong Kong e Perth. Mas naquele momento isso não importava, pois estávamos muito animados com toda aquela aventura. Terminávamos de fazer um show fantástico e, ainda meio atordoados, entrávamos no avião, eu fechava os olhos e acordava em um novo país, que eu nunca tinha visto antes – Indonésia, Malásia, Austrália. Também estava muito empolgado porque a imprensa estava se mostrando muito elogiosa, mesmo que pudesse estar desapontada por não ter ouvido a banda Santana original e o tipo de shows que fazíamos então.

O último show da turnê foi na Nova Zelândia – em Christchurch –, e lembro que a banda estava muito entrosada, como se tivéssemos conseguido escalar juntos o cume de uma montanha. Parecia ter sido, realmente, o melhor show de toda a turnê, o melhor som que a banda já havia feito. Na época, nós não registrávamos todos os nossos shows, mas eu sabia que os fãs conseguiam gravar as apresentações da Santana ou encontrar pessoas que tivessem feito isso. Eu sabia que a prática dos registros piratas era frequente, embora não fosse um caso tão extremo quanto a situação do Grateful Dead com os Deadheads e todas as gravações e comercializadas que rolavam entre eles. Por alguma razão, no entanto, não consegui encontrar uma gravação do nosso show em Christchurch até 2013, quando finalmente recebemos uma cópia de um dos mais dedicados seguidores da Santana. Nós os chamamos de guardiões, porque eles sabem mais sobre a banda e sua história do que qualquer outra pessoa. A gravação precisava ser corrigida em estúdio, porque a fita havia se deteriorado e estava toda tremida. Mas, uma vez reparada, nosso som parecia vigoroso, e validava todas as sensações que estavam em minha memória a respeito do show. Havia um senso de aventura em nossa forma de tocar; estávamos ampliando nossos limites e experimentando coisas novas, até mesmo no último dia da turnê, e não havia mais nenhuma turbulência – nenhum problema com a estrutura das canções ou das transições. Parecia que o show acontecia por si mesmo – era bom demais. Isso ainda me deixa extasiado.

De lá, voltamos aos Estados Unidos e excursionamos por mais cinco semanas. Foi nessa fase que Deborah e eu recebemos nossos nomes espirituais de Sri, coisa que ele havia nos prometido no ano anterior. Devadip, que significa "luz de Deus" e "olho de Deus", era o meu novo nome; o novo nome de Deborah era Urmila – "A Luz do Supremo". Naquela mesma época, Deborah e Kitsaun estavam se preparando para inaugurar o Dipti Nivas, o restaurante vegetariano que Sri havia nos pedido para abrir em São Francisco, já que ele não aceitava quaisquer doações. Ele preferia que seus seguidores agissem para multiplicar sua mensagem de amor. "Não tentem mudar o mundo", ele dizia. "O mundo já está alterado. Tentem amar o mundo." Um novo restaurante vegetariano aspirava àquele objetivo espiritual e era o tipo de contribuição que ele queria.

O restaurante foi aberto no Castro, que estava se tornando conhecido como o centro da comunidade gay de São Francisco, e, conforme o bairro foi se desenvolvendo, todos os empreendimentos comerciais ali situados se beneficiaram. No começo, eu não tinha certeza se estávamos prontos para administrar um restaurante, mas Deborah acabou assumindo o comando, e pelo fato de Kitsaun também já ter se tornado uma discípula eu sabia que as duas se sairiam bem. Lembro que Deborah se aproximou certa vez de uma drag queen enorme e disse: "Desculpe, senhor. Aqui não é permitido fumar." Parecia que ele havia passado a metade do dia se arrumando. Ele olhou para baixo e jogou o cigarro fora. Deborah era inflexível com esse tipo de coisa.

Quem era vegetariano ou estava pensando em desistir da carne, ou tinha apenas curiosidade, logo passou a frequentar o local. As frittatas, as caçarolas e os sucos frescos eram deliciosos, e o espaço recebeu ótimas críticas. Deborah e Kitsaun começaram a ministrar aulas de meditação lá, e bandas como as de Herbie Hancock iam comer no restaurante quando passavam pela cidade. O que estávamos fazendo era o que Sri havia sugerido inicialmente – oferecendo amor. As pessoas podiam comprovar nosso intento e sentir o que tínhamos para oferecer em um nível espiritual. O Dipti Nivas se manteve popular por um longo tempo.

A próxima etapa da nossa turnê seria a primeira temporada de fato da Santana na América Central e na América do Sul – dez países, incluindo o México. Seria a primeira vez que eu tocaria lá desde a minha partida, em 1963. Na verdade, o primeiro show seria em Guadalajara, no meu estado natal de Jalisco, e, portanto, pode-se imaginar que as atenções estavam todas voltadas para mim. Vou ser sincero: acho que eu não estava preparado para isso. Eu ainda estava me organizando espiritualmente, ainda buscava minha identidade. E, musicalmente, eu era muito mais norte-americano do que qualquer outra coisa, um amante do blues e do jazz de Miles e de Coltrane. Na minha cabeça, antes mesmo de deparar com a imprensa do México, eu já estava achando que eles iriam querer me colocar contra a parede. Sabe quais foram as primeiras perguntas quando começamos a dar entrevistas? "Por que você não toca música mexicana? Você não gosta da música do seu país? Por que você não fala espanhol?"

Fazer perguntas desse tipo era como acenar uma bandeira vermelha diante de um touro. Os repórteres conduziam as entrevistas de uma forma muito afrontosa. Minha mente rodopiava com todos os tipos de respostas possíveis, como: "Eu não sou mexicano, eu sou um índio iaqui, como o meu pai." Ou, "Sabe, o que vocês acreditam ser a música mexicana, na verdade é europeia – ritmos de dois tempos e valsas. Até mesmo a palavra *mariachi* vem da palavra francesa para 'casamento'." Mas os entrevistadores estavam buscando uma lição de história da música quase tanto quanto eu queria estar no centro de um interrogatório.

As coisas entre mim e aqueles jornalistas mexicanos não começaram bem. Havia uma espécie de guerra instaurada, que se estenderia por anos: até minha mãe ouvia falar sobre isso em São Francisco. Os amigos enviavam os jornais para ela, e ela me ligava. "Você não pode ser um pouco mais moderado? Talvez você esteja lhes dizendo a verdade, mas eles estão ficando muito aborrecidos com os seus comentários." Ela lia tudo. "Por que você está tão zangado?", ela perguntava. Minha família inteira se comportava daquela forma – Tony, Jorge e, mais recentemente, Maria –,

O tom universal

tentando me controlar, pedindo para eu ser cuidadoso com as minhas palavras. Hoje em dia, isso virou uma tradição familiar; mesmo que às vezes eu tenha de discordar respeitosamente deles, eu os amo mais ainda pelo fato de se preocuparem tanto comigo.

Minha relação com a imprensa mexicana foi melhorando ao longo dos anos, mas isso nunca me impediu de ir até lá e realizar o mesmo tipo de show que faço em qualquer outro lugar do mundo. Demorou algum tempo – acho que a primeira vez que realmente me senti confortável por ser mexicano e estar no México, mesmo com todos os questionamentos que me faziam, foi quando voltei ao país após o sucesso de *Supernatural*. Uma coisa é certa: nunca houve um momento sequer em que eu não tivesse sentido o amor das pessoas ao tocar no meu país. As plateias mexicanas sempre fizeram com que eu me sentisse em casa – até mesmo naquela primeira vez, em 1973.

Um dos pontos altos daquela turnê me deixou ainda mais orgulhoso de ser mexicano. Quando chegamos à Nicarágua, a terra de Chepito, concordamos em fazer um show beneficente para os sobreviventes do terremoto que havia atingido o país pouco antes do Natal do ano anterior. Na verdade, aquele era o segundo show beneficente que fazíamos – o primeiro havia sido na Califórnia, no mês de janeiro, ao lado dos Rolling Stones e de Cheech and Chong. Dessa vez, tocamos em um estádio de futebol exatamente em Manágua, o epicentro do terremoto. E quem foi o mestre de cerimônias do show? Eu não conseguia acreditar – Mario Moreno, ou, como todos os mexicanos o conhecem, Cantinflas!

Todos na América Central e na América do Sul já tinham visto os filmes de Cantinflas, e o adoravam. Ele era como todos os Irmãos Marx em um só – tirando sarro das pessoas da alta sociedade; fugindo dos policiais; superando os obstáculos, sem deixar de ser quem ele era. Os fãs se aglomeraram no aeroporto para vê-lo chegar. Quando ele subiu ao palco no estádio, o local estava lotado. Ele foi até o microfone e disse: "*Hermanos, hermanas!* Eu estava em Barcelona e recebi um telefonema dizendo que precisavam de mim aqui esta noite para ser o mestre de cerimônias, e eu respondi imediatamente: 'Claro! Para os meus irmãos e irmãs da Nicarágua, é claro que sim.'" O estádio estava abarrotado, e todos o aplaudiram com entusiasmo. Então, o semblante de Cantinflas se fechou. "Eu só tenho uma coisa a pedir." O lugar inteiro silenciou.

402

"Quem pegou a minha carteira, pode me devolver?"

Cara, eu nunca tinha ouvido uma explosão de risos tão grande. Não era apenas o som; era possível sentir a vibração. Em um único instante, todas aquelas cinquenta mil pessoas que haviam ficado desnorteadas com o terremoto e com os meses de espera por ajuda deixaram escapar sua tensão e suas preocupações, e estavam rindo juntas. Foi algo verdadeiramente espiritual. Com uma breve fala, apenas algumas palavras, Cantinflas se conectou com cada indivíduo que estava naquele lugar. Aquela foi uma enorme lição para mim – o poder do riso.

Isso também me fez lembrar da minha infância, quando vi uma pintura na igreja que representava diferentes pessoas no Dia do Juízo Final – as que haviam sido condenadas e estavam indo para o inferno, e as outras, as sortudas que iam para o céu. Eu ainda era criança: será que aquele quadro deveria me servir de exemplo? Eu preferia pensar: "Guarde isso para você", e pegava o pouco dinheiro que eu tinha para ir ao cinema ver Dean Martin e Jerry Lewis fazendo as suas trapalhadas. Eu morria de rir. Sempre adorei comédias e comediantes – especialmente aqueles que sabem rir de si mesmos sem resvalar para o racismo ou para a vulgaridade.

O riso pode ser algo muito espiritual – se você me perguntar, acho que uma boa e explosiva descarga de risadas vale mais do que um mês de meditação. O riso pode levá-lo além de si mesmo, ajudá-lo a se libertar de uma série de camadas de medo e raiva. Se você conseguir provocar o riso em alguém, um riso *autêntico*, estará lidando com a consciência crística, a consciência de Buda e a iluminação divina. Para mim, Rodney Dangerfield, Bill Cosby, Richard Pryor e George Lopez são, todos, homens santos, pelo modo como cada um deles olha para a vida e encontra uma maneira de se divertir com isso. Ainda rio quando penso em como Mel Brooks colocou Count Basie e sua big band no meio do deserto em *Banzé no Oeste* e fez com que o xerife negro passasse montado em seu cavalo sobre uma sela Gucci – trata-se de uma inteligência cômica *e* espiritual. Há várias informações diferentes naquele único momento. O riso é equivalente à leveza, e se você não tiver senso de humor as coisas podem ficar nebulosas muito rapidamente.

Uma das outras lições que surgiram naquela turnê pela América do Sul em 1973 foi que, pelo fato de eu falar espanhol, adquiri muita prática concedendo entrevistas e interagindo com a plateia do palco. Cada vez

O tom universal

mais eu estava assumindo a frente da banda em público, embora Shrieve e eu ainda estivéssemos tomando decisões juntos em relação à música.

Bill Graham produziu aquele primeiro show beneficente destinado às vítimas do terremoto da Nicarágua em janeiro de 1973, e acho que havia uma outra razão para que ele e eu nos déssemos tão bem. Sempre acreditei que a música poderia auxiliar as pessoas que precisavam de ajuda, e continuo acreditando, e a verdade é que Bill havia começado assim – produzindo shows para arrecadar dinheiro para a São Francisco Mime Troupe e, depois, para ajudar algumas pessoas que haviam sido presas, e a única coisa que nunca mudou a seu respeito foi que ele nunca parou de fazer eventos beneficentes e angariadores de fundos, e de organizar shows em favor de boas causas, independentemente do prestígio que acabou alcançando. Estando cercado pelos hippies e por toda aquela ambiência de São Francisco, ele não poderia ter terminado de outra forma – fazendo o que estivesse ao seu alcance para ajudar as pessoas e para protestar contra o que estava errado.

Você se lembra do show S.N.A.C.K., que Bill organizou em 1975, com Bob Dylan, Neil Young e outras bandas, e que arrecadou dinheiro para programas de complementação escolar? Ou quando ele ajudou a angariar dois milhões de dólares após o terremoto de 1989 na Califórnia, com todas aquelas bandas de rock e, inclusive, Bob Hope? Cada vez que Bill me chamava para esse tipo de empreitada eu sempre concordava – coloque o nome da Santana na lista. Aliás, nos coloque no topo da lista, porque eu sabia que, assim, ele poderia usar o nosso nome para conquistar a adesão de outros grandes nomes.

Pouco antes de Bill morrer, em 1991, estávamos conversando sobre um show beneficente que faríamos em prol dos índios norte-americanos, no Shoreline Amphitheatre, em Mountain View, para marcar o aniversário de 1492 – "500 anos de Sobrevivência a Colombo", era como iríamos chamá-lo. A última mensagem de telefone que ele me deixou foi sobre aquele projeto: "Fique bem, meu amigo. Vejo você amanhã."

No fim de 1973, estávamos todos cansados de estar longe de casa, e Ray Etzler se tornou o nosso novo empresário. Bill ainda estava supervisionando o lado comercial da Santana, e, embora nós mesmos nos empresariássemos, contratamos Ray para cuidar de coisas que precisavam de uma atenção especial, como negociar com a Columbia Records, que parecia estar cada vez mais distante de nós.

Welcome foi lançado em novembro daquele ano, e queríamos que o nosso álbum seguinte fosse o show realizado no Japão. Tínhamos ouvido as fitas dos nossos shows em Osaka, e elas estavam ótimas – captavam a banda em seu melhor momento, e o resultado nos encheu de orgulho. Fizemos grandes planos para lançar aquela música, para transformá-la em uma experiência completa de um show da Santana: três LPs, com uma brochura e imagens do Japão, incluindo uma do Buda, todas criadas por talentosos artistas japoneses. O álbum incluía uma melodia que compusemos durante aqueles shows e que foi batizada com o nome do Sr. Udo.

Era um belo e ambicioso projeto, e a música soava revigorada, mas a Columbia não conseguiu dar conta de nada daquilo. A capa do álbum, a embalagem e os três discos, ficaram muito caros para a gravadora. Eles não acreditavam que o álbum venderia o suficiente. Mesmo depois de os japoneses finalmente lançarem *Lotus*, no verão de 1974, e de ele ter se tornado o campeão de vendas de música estrangeira na época, a Columbia não moveu uma palha, nem mesmo Bill conseguiu fazê-los mudar de ideia. Isso ilustra o quanto as coisas ficaram diferentes após a saída compulsória de Clive. Eu estava aprendendo como as coisas poderiam ser burocráticas nos Estados Unidos e como as gravadoras eram administradas de forma distinta na Europa e no Japão. Sabe o que a Columbia fez quando *Lotus* foi lançado? Eles prepararam um álbum de um disco único com os nossos maiores sucessos, como se fôssemos algum grupo obsoleto, e o lançaram mais ou menos na mesma época. Foi um momento péssimo.

Havíamos nos esforçado tanto para atingir a qualidade que atingimos naquele álbum, para fazer centenas de shows naquele ano, que, se alguém observar a agenda da Santana no primeiro semestre de 1974, poderá afirmar que eu estava me recuperando – todos os integrantes da banda estavam. A Santana chegou a se apresentar algumas vezes, mas a maior parte da minha energia e da minha motivação esteve concentrada em meditar e fazer companhia a Deborah no Queens. Fiz alguns shows espirituais com Deborah, John e Eve McLaughlin, e, algumas vezes, com Alice Coltrane e seu grupo, e, eventualmente, quando Sri estava por lá, ele abria a noite lendo seus poemas.

A convivência com Turiya me inspirou a compor algumas melodias espirituais. Depois de ouvi-las, ela me surpreendeu ao aparecer com alguns arranjos para acompanhá-las – oceanos sinfônicos de som, marés montantes e marés vazantes. Aquelas primeiras melodias se transformaram em "Angel of Air/Angel of Water", do álbum *Iluminations*, que foi o primeiro a trazer o meu nome espiritual na capa. Todos os planetas se alinharam para fazer com que aquele álbum nascesse: na época, Turiya estava intermediando o contato com as gravadoras, e a Columbia concordou em produzi-lo, embora não estivesse esperando quaisquer sucessos de rádio; sua atitude, portanto, seria descobrir o que fazer com o álbum apenas quando ele estivesse concluído. Basicamente, a Columbia nos disse: "Vão em frente e divirtam-se." O álbum transcorreu como *Abraxas* – sem nenhum tipo de dificuldade –, mas, ao contrário da maioria dos registros dos quais eu já havia participado, a música me levou para muito mais longe do que aquele som clássico da Santana – mais longe, mas mais perto de onde o meu coração estava.

Realizamos as gravações no Capitol Studios, em Los Angeles, onde Frank Sinatra costumava gravar, pois Turiya conhecia o local e havia espaço suficiente para acomodar um naipe completo de cordas. Tudo foi feito ao vivo, e foi incrível estar no mesmo ambiente que Jack DeJohnette e Dave Holland – ambos tinham tocado com Miles –, Armando, Jules Broussard e Tom Coster. A energia era ótima: Armando contava uma história, e nós nos rachávamos de rir, e aí Turiya dizia algo que nos faria rir mais ainda. Todo mundo pensa em Alice Coltrane como uma pessoa séria, profundamente espiritual, que estava, de alguma forma, próxima do divino e que não tinha permissão para ser engraçada. Mas ela gostava de rir e de se divertir.

Lembro que uma vez entramos juntos em uma limusine, e ela disse: "Carlos, preciso lhe contar uma coisa, mas, por favor, não ria."

"Está bem, Turiya, não vou rir."

"Quero que você ouça a minha música favorita do momento." Ela dava risadas, como se fosse uma menina. Ela colocou a faixa para tocar, e era "Supernatural Thing", de Ben E. King. Eu reagi: "Esta é a sua música favorita agora? É legal – a melodia é ótima." Foi muito bom ver esse seu lado – apreciando a música de uma forma pura, sem a necessidade de estar enquadrada em um estilo ou em outro.

Adoro os arranjos de cordas de *Iluminations* e o que Turiya executou na harpa e no órgão, especialmente em "Angel of Sunlight", que, como muitas das canções de Turiya, abriam com tabla e tambura; dois discípulos de Sri Chinmoy tocavam esses instrumentos. Toquei o meu solo, e os engenheiros de som conseguiram extrair uma qualidade de som surpreendente da minha guitarra. Acho que, em parte, isso se deveu ao estúdio, mas também porque o amplificador Boogie que levei comigo tinha um segundo botão de volume, o que me permitiu tocar com suavidade, mas, ainda assim, com muita intensidade. Há uma piada que diz: "Como você consegue fazer com que um guitarrista abaixe o volume? Colocando uma tabela na frente dele." Bem, naquela gravação eu estava muito cauteloso, pisando em ovos por causa de todas as pessoas presentes, de modo que não queria tocar minha guitarra com muita força, mas o Boogie me ajudou a abaixar o volume e a permanecer vigoroso à minha própria maneira.

Meu momento predileto de todo o álbum veio logo depois de eu terminar aquele solo. De repente, Turiya decolou como uma nave espacial, tocando aquele Wurlitzer, esticando as notas com os joelhos – havia algum dispositivo preso a uma das laterais do órgão –, e Jack, Dave e eu nos entreolhamos como se estivéssemos literalmente nos agarrando à vida! Foi uma das coisas mais intensas que eu já tinha ouvido Turiya tocar.

Foi ideia minha convidar DeJohnette e Holland para o álbum; Turiya preferia um jovem baterista de Los Angeles, Ndugu Chancler. Ela nos apresentou, e ele me disse que tinha tocado com Herbie, Eddie Harris e muitos outros. Gostei logo de cara do seu som, muito parecido com o de Tony Williams. Na verdade, Ndugu também tinha tocado com Miles por um breve período. Ele não participou de *Iluminations*, mas eu o ouvi tocar, e guardei o seu nome na minha cabeça, porque, definitivamente, eu queria me encontrar com ele em algum ponto mais à frente. Eu ainda faço isso com músicos que ouço e dos quais gosto. Arquivo seus nomes em meu organizador Rolodex mental, e, às vezes, penso neles anos mais tarde e os procuro.

No início do verão, Shrieve e eu começamos a trabalhar nas gravações que iriam se transformar em *Borboletta*, que, para mim, era como se fosse a terceira parte de uma trilogia, ao lado de *Caravanserai* e *Welcome*. Eu os chamo de faixas musicais – aqueles três álbuns eram como um único conjunto. Todos eles tinham a mesma sensação descontraída e jazzística, além de uma atmosfera espiritual. As gravações aconteceram em maio e junho, e TC se tornou fundamental para nós no estúdio – ele receberia um crédito de produção, junto ao meu nome e ao de Shrieve –, e mantivemos mais ou menos a mesma banda com que trabalhamos em *Welcome*, com algumas alterações. Flora Purim e seu marido, Airto Moreira, foram muito importantes para aquele álbum. Leon Patillo – que cantava e tocava teclados – também se juntou à banda, trazendo uma espécie de vibração gospel, que era diferente daquilo que Leon Thomas havia trazido. Pedimos a Stanley Clarke, que tocava baixo com a Return to Forever, para nos ajudar em algumas faixas, e ele aceitou. Dougie se afastou para trabalhar em outros projetos, como tocar com David Bowie. David Brown regressou à banda e também tocou em algumas daquelas faixas.

As gravações em estúdio foram divertidas – eu estava me acostumando a ver novos rostos em cada álbum, e gostava de perceber como reagíamos quando eles tocavam com alguém desconhecido pela primeira vez. Sempre haveria alguém que inspecionaria o outro cara e o colocaria à prova. Estávamos tocando "Promise of a Fisherman" quando olhei para Armando e Airto, e eles realmente pareciam estar se enfrentando musicalmente, como se estivessem, de fato, pressionando um ao outro. Airto olhou para mim como se dissesse: "O que há com esse cara?" Mais tarde ele me perguntou: "Ele é sempre tão competitivo assim? Ele tem aquelas congas, mas tudo que eu tinha era um triângulo, e ainda assim parecia que ele queria acabar comigo." Eu me acostumei com esse tipo de surpresas.

Outra surpresa? Estávamos quase concluindo o novo álbum e nos preparando para a nossa primeira turnê em seis meses quando Shrieve ficou muito doente e teve de ir para o hospital, com cálculo renal. Liguei para Ndugu – ele chegou a tocar em uma das faixas de *Borboletta*, porque parecia que Shrieve precisaria de mais tempo para se recuperar – e perguntei se ele queria excursionar conosco.

Eu poderia dizer imediatamente que Ndugu foi a escolha certa – ele era especialmente bom nos contratempos vibrantes e ainda era capaz de dar conta dos números de jazz. Há muitos bateristas que só conseguem fazer uma coisa ou outra, e seu contratempo pode ficar muito rígido e abafado. Ndugu não tinha nenhum *rigor mortis* – seu som era nítido e não se deixava sufocar. Ele também tinha a vantagem de saber dizer que tipo de levada seria mais indicada para transmitir uma sensação semelhante à de Marvin Gaye e Stevie Wonder, o que ajudou a conduzir a Santana ao estilo de funk que estava sendo realizado nos anos 1970. Michael Shrieve estava mais entrosado com Elvin Jones e Jack DeJohnette, e tinha o seu próprio senso de funk, embora não fosse tão ligado aos anos 1970 quanto Ndugu. Eram apenas duas maneiras diferentes de tocar.

Eu não pretendia desligar Michael Shrieve da banda quando ele ficou doente, mas foi isso o que aconteceu. Eu sabia que não havia a possibilidade de cancelarmos a turnê, e estava ficando muito curioso para saber como o nosso som poderia mudar e crescer em uma nova direção. Portanto, existiam essas razões para seguir adiante, e sei que nem todas lhe pareceram corretas. Nunca decidimos formalmente que ele deixaria a banda, e nunca oficializamos ou divulgamos sua saída. Quando penso nisso agora, vejo que não cuidamos disso de um modo ideal ou com a cordialidade que seria recomendada, especialmente levando-se em conta que Michael estava no hospital. Mas a decisão de prosseguir com a turnê foi o que nos fez perceber que precisávamos trilhar nossos caminhos separadamente.

Não posso falar por Michael, mas acho que a separação lhe proporcionou uma espécie de liberdade para passar um tempo longe das turnês e explorar algumas ideias musicais diferentes, porque foi isso o que ele fez. Ele é um baterista supertalentoso que compôs músicas para outras bandas e para o cinema – até hoje ele ainda oferece algumas canções à Santana. Ele se mudou para Nova York, onde viveu nos anos 1970 e 1980, e eu o visitei quase todas as vezes que estive na cidade. Ele sempre foi agradável e receptivo – acho que ambos já havíamos passado por muitas coisas parecidas na música e em nossos caminhos espirituais para que os sedimentos da raiva e do ressentimento viessem a turvar a água que havia entre nós.

O fato de Shrieve se afastar da Santana representou a etapa final da evolução da banda, no sentido de deixar de ser um coletivo para se tornar um grupo com dois líderes, e, finalmente, passar a ser um grupo em que toda a responsabilidade recairia sobre mim. Shrieve era a última conexão com a antiga banda, a última pessoa com quem eu debateria e, às vezes, a quem eu me curvaria. Chepito ainda fazia parte da Santana, mas ele ainda estava voltado para as suas próprias questões; ele era mais como um colaborador contratado pela banda, e acho que aquela

O tom universal

quantidade excessiva de excursões em 1973 fez com que ele se distanciasse um pouco de mim e a nossa relação se tornasse tensa, do mesmo modo que tensionou todos nós.

Se você estiver interessado em saber a data em que assumi as funções integrais de liderança da Santana e quando foi que ela se tornou de fato a minha banda, seria em algum momento no fim de junho de 1974. Desde então, tenho tentado fazer o meu melhor para ser fiel ao espírito original da banda e à música. E desde então tem sido uma bênção e um dever. Libertei-me da obrigação de ter que ser responsável por outras pessoas, mas, ao mesmo tempo, existe a responsabilidade diária da tomada de decisões e de planejamentos, e ainda estou tentando dar o meu melhor para fazer com que a Santana trafegue com honestidade até um lugar onde só exista abundância e felicidade.

Na época, eu estava com quase 28 anos, e quando olho para trás não lembro de ter sido tão difícil – passar a ocupar esse papel de líder. Eu não me sentia nem tão jovem nem tão ingênuo, tampouco inexperiente. Nós já tínhamos sofrido a grande mudança que havia colocado Michael e eu no comando. Eu diria que aquilo me parecia natural: eu encarava as coisas como se a Santana se resumisse realmente a mim, antes mesmo de haver uma banda Santana. O difícil foi resistir às interpretações das outras pessoas sobre o que elas achavam que a Santana era ou o que deveria ser, tanto fora quanto dentro da banda. As pessoas mais próximas que me encorajaram a ser eu mesmo e a confiar em mim foram Bill Graham, Deborah e, especialmente, Armando. Ele foi o único integrante da Santana que sempre esteve ao meu lado, com uma confiança suprema e contagiante. Ele dizia: "Há apenas um Santana nesta banda – e é você, Carlo. Diga a eles que esta merla agora é sua."

Em meados da década de 1970, eu me sentia muito bem por ser jovem e liderar uma das bandas de rock mais importantes em atividade. A música, os sucessos dos nossos três primeiros álbuns e o filme sobre Woodstock eram como uma onda de energia que não deixou de nos carregar ao longo daqueles anos. A vantagem era que poderíamos estar tão ocupados quanto gostaríamos, mesmo sem quaisquer novos sucessos de rádio – ainda que tenhamos tido mais alguns sucessos no fim dos anos 1970.

A outra vantagem foi que conquistamos um equilíbrio interior e um foco que durante grande parte do tempo manteve quase todos nós afastados das tentações e dos excessos daquela época. Estávamos começando a desenvolver uma linguagem por meio da qual era possível lidar com o mundo espiritual e com as realidades à nossa volta. Havia uma ponte entre os reinos visíveis e invisíveis que era essencial se quiséssemos continuar em frente com a nossa música, permanecer relevantes, nos conectar com o passado e avançarmos para o futuro.

Quando penso naqueles anos da década de 1970, penso nos vários músicos e lendas que tive a chance de conhecer por conta da posição que a Santana ocupava no mundo da música. Alguns eram heróis, alguns eram amigos e alguns não eram — e sempre havia algo a aprender com todos eles.

Lembro que me senti desconfortável pelo fato de Muddy Waters abrir um show nosso. Nós é que deveríamos abrir os shows dele, sempre. Sua música foi muito importante para muitas pessoas, e ele era uma lenda do blues a quem eu fiquei muito intimidado de ser apresentado, inclusive em 1974 e 1975. Eu adorava ver como ele organizava os seus shows — quem tocava primeiro; quem vinha depois. Eu me perguntava, por exemplo, por que Muddy precisava de três guitarristas em sua banda. Mas, então, no meio do show, ele apontava para um deles, cujo estilo de solar era parecido com o de B. B. King. Em seguida, Muddy apontava para o próximo cara, que solava ao estilo de Freddie King. Finalmente, era a vez de o último cara tocar, e seu som se assemelhava um pouco ao de Albert King. Aí Muddy dava um passo à frente, executando um glissando em sua guitarra e simplesmente arrasava — era preciso mostrar a todos quem estava no comando —, fazendo a casa vir abaixo.

No fim do show, o público estava boquiaberto, perguntando como era possível que um cara mais velho tivesse tanta energia e tanta alma. Então Muddy aproveitava o bis para exibir novamente a sua desenvoltura. Ele dizia: "Obrigado, muito obrigado. É maravilhoso tocar para vocês. Agora eu quero apresentar uma pessoa muito especial — por favor, uma salva de palmas para a minha neta!" Ele trazia uma moça com seus 20 e poucos anos. Aplausos calorosos. "Certo, agora eu quero que vocês deem uma salva de palmas para a minha filha." Logicamente, todos ficavam esperando uma mulher na casa dos 50, mas saía uma menina de 6 anos de idade.

De repente, todo mundo entendia a mensagem, e com um senso de oportunidade perfeito, Muddy dizia: "Agora vocês percebem que a minha magia *ainda* está funcionando... um, dois, três, vamos lá!" E então ele partia para o seu número final.

Não é possível forjar esse tipo de coisa. Eu tenho muito amor pela mentalidade e pelo espírito desse cara.

Eis aqui um outro momento especial de 1975: no mesmo dia em que conheci Bob Dylan, fiz uma improvisação com os Rolling Stones! Eu estava hospedado no Plaza Hotel, em frente ao Central Park, e Bob também. É óbvio que eu conhecia a música dele desde os anos 1960, mas naquele intervalo de tempo passei a apreciar ainda mais sua genialidade. Lembro que uma vez me sentei ao som de "Desolation Row", ouvindo a letra e decompondo-a por conta própria: "Einstein, disguised as Robin Hood / With his memories in a trunk / Passed this way an hour ago / With his friend, a jealous monk" (Einstein, disfarçado de Robin Hood / Com suas memórias em um baú / Passou por aqui há uma hora / Com seu amigo, um monge ciumento). Ou seja, esse cara é como Charlie Parker ou John Coltrane na forma como sua imaginação flui – absolutamente surpreendente!

Fomos apresentados, e estávamos matando o tempo em uma das suítes, começando a conhecer um ao outro, quando recebi um telefonema dizendo que a equipe da CBS do Japão havia chegado. Lembrei que eu tinha uma reunião agendada com eles. Eles estavam lá para me mostrar o álbum *Lotus*, e perguntei se Bob gostaria de vê-lo. Em seguida, as pessoas da gravadora subiram e começaram a desmembrar o álbum, espalhando a arte-final pelo chão, desdobrando as páginas da brochura, e a embalagem era simplesmente incrível. Notei que os olhos de Bob estavam arregalados.

O telefone tocou novamente, e desta vez eram os caras dos Rolling Stones – a banda estava na cidade tocando no Madison Square Garden. Será que eu queria aparecer e fazer uma improvisação com eles? "Mas Bob Dylan está aqui comigo."

"Então, traga-o com você, por favor!"

Assim, um pouco mais tarde, entramos em um táxi – Bob, meu amplificador Mesa/Boogie em sua capa de pele de cobra, e eu. Eles não mandaram nenhuma limusine nem qualquer coisa, o que não foi um problema até chegarmos ao Garden. Lá, informamos aos seguranças que estavam nos bastidores quem éramos nós, e ficou evidente que eles não acreditaram no que dizíamos. Acho que, provavelmente, eles ficaram pensando: "Bob Dylan e Carlos Santana juntos? Chegando em um táxi? Fala sério!" Chamamos o pessoal dos Rolling Stones, e eles desceram para nos receber.

O show foi fantástico – se não me engano, era a última noite da temporada da banda, e o local estava agitadíssimo. Houve um número de abertura com tambores metálicos, e acabei conhecendo Billy Preston, que, na época, estava saindo e tocando com os Stones. Eles fizeram o seu show e, perto do bis, vieram até mim e me convidaram para subir ao palco e acompanhá-los em "Sympathy for the Devil". Mick cantou o seu trecho, depois virou-se para mim, e eu coloquei o meu dedo sobre a corda e... *wham!*

De repente, percebi cabeças girando e olhos se voltando na minha direção. Não sei se a banda tinha microfonado demais o meu amplificador ou algo assim, mas de alguma forma acho que eles não estavam preparados para o som daquele amplificador Boogie – sua energia e sua intensidade. Fiquei pensando: "É, é *assim* que deve soar."

Não estou me julgando merecedor de nenhum crédito para o que aconteceu depois daquela noite, mas, caso alguém se lembre da turnê seguinte dos Stones, em 1977, devo dizer que o palco estava todo tomado por amplificadores Mesa/Boogie. E, um ano depois, Dylan tocou no Japão, e eles fizeram um lindo álbum duplo do show.

Naquele mesmo verão, finalmente comecei a fazer algumas improvisações com Eric Clapton. Quando tocamos juntos, não ouço Eric Clapton nem Santana. Com Eric tudo se resume a uma conversa sobre aqueles a quem mais amamos. "Ah, você tem alguma coisa de Otis Rush? Que tal um pouco de Muddy Waters?" Quando tocamos, não se trata de um enfrentamento nem de um duelo, que é como algumas pessoas encaram as sessões de improvisação. Não é Fernando Lamas contra Errol Flynn. É: "Você tem Robert Johnson e eu tenho Bola Sete."

Acho que os melhores guitarristas possuem as maiores caixinhas de super-heróis – alguns caras britânicos tendem a se limitar a um tipo de estilo, mas isso não acontece com Clapton, Jeff Beck e Jimmy Page. Eles escutam música marroquina e africana – recentemente, Jeff Beck estava interessado nos coros romenos. George Harrison ouvia cítara indiana. A meu ver, Stevie Ray Vaughan poderia ser destemido quando se tratava de escolher o que ele desejava ouvir: ele não conferia apenas T-Bone Walker, mas também dava uma olhada em Kenny Burrell, Grant Green e Wes Montgomery. Não seria justo chamar Stevie de um guitarrista de blues. Pode-se perceber isso em "Riviera Paradise": seu vocabulário ia muito, muito além de Albert King. Todos esses caras que mencionei estão abertos a várias influências, mas eles sempre estarão fundamentados em uma determinada coisa. Para mim, cada músico é como um aeroporto – há uma série de aviões diferentes circulando, aterrissando e decolando. E eles nunca pertencem apenas a uma única companhia aérea.

As mudanças são permanentes – agora mesmo estou com vontade de ouvir um pouco de Manitas de Plata, porque ele é o blues e o flamenco juntos. Quero um pouco de *Guitar Forms*, de Kenny Burrell, com os arranjos de Gil Evans e a bateria de Elvin Jones – eu poderia viver com isso em uma ilha deserta para sempre. Por mais que eu ame John Lee Hooker, algumas vezes tenho que dizer: "Espere aí: já volto. Estou a fim de ir em busca de algum refinamento e de 'Las Vegas Tango'."

Mais tarde, reparei que todos os caras do heavy metal – pelo menos aqueles que tocam muito rápido, como Eddie Van Halen e Joe Satriani – me trazem à lembrança o tipo de arrojo de Frank Zappa, cuja pulsação está mais próxima de Paganini do que de B. B. King ou Eric Clapton. A conexão com o blues talvez já não esteja mais presente, mas isso não é bom nem ruim; há um contraste interessante em tudo isso. É apenas uma questão de maçãs, laranjas, peras e bananas. A Santana não vai ser a música favorita de todo mundo o tempo todo.

"Você não é feito de ouro" – essa era a minha mãe falando.

"Ah, é? O que isso significa?"

"Nem todos vão gostar de você. Você não vai conseguir ser o garoto de ouro de todo mundo."

Ela estava certa. Essa foi outra lição que aprendi nos anos 1970. No fim de 1976, tocamos em um programa duplo em Colônia, na Alemanha, ao lado de Frank Zappa – dois shows, um que ele abriu e nós fechamos e outro que nós abrimos e ele fechou. Até então, eu não estava achando que aquela seria outra situação como as que tivemos com Rahsaan Roland Kirk e Wilson Pickett, mas quando fui até o camarim de Frank para agradecer pela música, eu poderia dizer que ele não me deixaria entrar em sua consciência. Não lembro o que ele disse, mas fiquei com a sensação de que não deveria estar lá.

Rapidamente, ofereci o meu respeito e a minha gratidão por sua música e saí. Eu estava sendo sincero – gostava da música dele, especialmente "Help, I'm a Rock", em *Freak Out!*, e aquele blues rústico e lascivo "Directly from My Heart to You", em *Weasels Ripped My Flesh*. Eu não sabia o que desagradava Frank, mas isso ficou claro alguns anos depois, quando ele fez "Variations on the Carlos Santana Secret Chord Progression" (Variações sobre a Enigmática Progressão de Acordes de Carlos Santana), e bastou ouvi-la uma vez para saber que não se tratava de um elogio. Mas, estranhamente, também era um elogio, porque ele não poupou esforços, gastando tempo e energia para fazer uma observação a respeito da minha música. Sabe como eu descobri isso? Eu continuava adquirindo os álbuns de Frank, mesmo depois de nos conhecermos, por volta de 1977. Adorei o título *Shut Up 'n Play Yer Guitar*, de modo que comprei o álbum, e lá estava a canção.

Minha resposta para qualquer pessoa que esteja tão investida nesse tipo de crítica, ódio ou sentimentos nocivos nunca mudou ao longo dos anos. Meu telefone tocava, e era Miles ou Otis Rush. Hoje, o telefone continua a tocar, e é Wayne Shorter ou Buddy Guy. Será que eu me importo com o que você pensa sobre mim?

Em torno de 1975, Miles me telefonava com bastante frequência, especialmente quando eu estava na cidade de Nova York. Uma vez, em 1971, Miles ligou para o hotel em que eu estava hospedado em Nova York e insistiu para que eu fosse assistir a um show bizarro no The Bitter End. "Anote esse endereço. Quero que você venha e traga sua guitarra."

"Está bem, Miles", eu disse. Fui até o local, mas deixei a guitarra para trás. Quando cheguei, Miles estava aos berros com o dono do clube – gritando com aquela sua voz rouca. Em meio a todos aqueles xingamentos, de repente ele se virou para mim e ficou totalmente simpático: "Ei, Carlos, como você vai? Obrigado por ter vindo." Em seguida, ele retomou a conversa com o proprietário e continuou com a gritaria e as palavras obscenas.

Richard Pryor tinha acabado de começar sua apresentação – ele era o responsável por abrir o show, e estava matando todo mundo de rir. Então Miles disse: "Onde está a sua guitarra?" Eu apenas dei de ombros. "Ah, já entendi." Eu não quis dizer nada, mas aquela era a banda que contava com Jack, Keith e Michael Henderson no baixo. Do jeito que aqueles caras embaralhavam as coisas, eu não conseguiria nem mesmo encontrar o tempo forte. Eles começaram a tocar, mas Miles ainda estava irritado com o dono do clube, e resolveu entrar em uma espécie de greve. Ele colocou seu trompete no chão e logo depois simplesmente se deitou – bem ali, na frente do palco –, enquanto a banda seguia trabalhando com cores, e não exatamente com canções.

O que quer que precisasse acontecer deve ter sido resolvido, porque, no fim, Miles se levantou, colocou o trompete na boca, e tudo se encaixou. De repente, havia um tema e um foco, e uma sensação de estrutura. Foi incrível – ele mudou a música sem tocar uma nota sequer.

Acho que Wayne e Herbie concordariam que boa parte do que os transformou no que eles são hoje tem a ver com o fato de terem colaborado com Miles. Acho que isso aconteceu com qualquer um que tenha tocado com Miles – até hoje, Keith Jarrett, Chick Corea, Jack DeJohnette, Dave Holland, Gary Bartz e muitos outros fazem uma música que é o suprassumo do jazz, uma música que faz as outras coisas parecerem superficiais. Lembro de Branford Marsalis falando sobre isso depois de ter tocado no álbum *Decoy*, de Miles. Ele disse que, com Miles, foi capaz de tocar coisas que nunca tinha pensado em tocar, mas assim que retomou o trabalho com a sua própria banda ele voltou a tocar da mesma forma que antes. Em sua opinião, Miles conseguiu extrair coisas novas dele.

Sei como Branford se sentia, porque a percepção de Miles permeava muitos músicos, e não apenas aqueles que tocavam com ele. Ela me permeava antes mesmo de ouvi-lo ao vivo, só escutando seus álbuns, lendo os encartes e tocando *In a Silent Way* com John McLaughlin. Miles nunca chegou até mim de verdade e me fez essa proposta, mas às vezes eu tinha a sensação de que ele me sondava para saber se eu gostaria de entrar em sua banda. Ele costumava me perguntar: "Então você gosta de viver em Frisco?" Foi o mais perto que ele chegou de um convite, mas, em seguida, meu estômago se contorcia e eu dizia para mim mesmo: "Não, não faça isso. Isso vai acabar com uma amizade." Eu já sabia muito a respeito de Miles para não chegar muito perto dele. Também era uma honra pensar que havia alguma possibilidade de que aquilo acontecesse, mas nunca acreditei que seria capaz de dar conta da música que ele estava fazendo naquela época.

A outra coisa a respeito de Miles é que ele era um tanto imprevisível. Isso pode ser intimidador. Ele estava fazendo progressos com sua música e não estava disposto a olhar para trás. Só lembro de uma única vez que ele mudou de ideia, apenas por um momento. Miles estava no Keystone Korner, em 1975, e sua banda começou o show com uma acentuada pegada funk. Miles estava tocando órgão; seu trompete ainda nem havia sido retirado do belo estojo de couro. A música soava como um gato encurralado em um beco, e somente os roedores conseguiriam ouvir o som que saía do subwoofer, de tão baixo que estava. Fiquei pensando: "Ah, merda, essa é a música de abertura?" De repente, uma senhora gorda que estava lá na frente gritou: "Miles! Miles! Toque o seu trompete!"

O lugar inteiro ficou olhando para ela, e seu acompanhante tentou silenciá-la, mas ela não toleraria aquilo. "Como assim? Eu paguei o seu maldito ingresso, e paguei o meu também. Miles, toque essa porra de trompete! Não quero ouvir essa merda."

Cabia a Miles decidir o que fazer. Ele olhou para ela, e aí abriu o estojo, tirou o trompete e fez a banda parar. Então ele se apoiou em um dos joelhos bem à sua frente e lhe deu um gostinho de *Sketches of Spain*. Apenas uma mulher poderia ter conseguido isso, e eu adorei a forma como Miles lidou com a situação.

Naquela época, comecei a perceber algumas coisas sobre Sri que foram abalando a estima que eu sentia por ele. Ele ainda estava me tratando com favoritismo, mas, às vezes, ele dizia coisas que não me pareciam corretas. Eu achava que um homem santo não deveria reclamar dos seus discípulos e ficar enfurecido com as suas imperfeições. Meu sentimento era que, na qualidade de discípulos, nós deveríamos ser os seres humanos, os que precisavam de trabalho interior, e ele deveria ser aquele que nos mostraria como ser compassivos.

Meu afastamento de Sri foi gradual, mas efetivo e tangível, porque, para mim, tudo o que costumava ser mel foi se transformando em vinagre. Em torno de 1977, parecia que já era hora de eu ir embora. Larry Coryell e John McLaughlin já tinham saído naquela época, mas Deborah queria ficar. Eu estava começando uma longa turnê com a Santana no início daquele ano, e foi então que comuniquei a ela que iria abandoná--lo. "Você pode ficar com Sri se quiser, mas eu vou sair fora."

A turnê da Santana no primeiro semestre de 1977 durou meses e meses. Fiquei desconectado e apartado da minha vida em muitos aspectos. Deborah e eu estávamos na mesma frequência quando saí em viagem, e eu sentia que nossos caminhos espirituais deveriam permanecer unidos, com ou sem a orientação de Sri.

Porém, em abril, quando aquela longa turnê chegou ao fim, eu poderia dizer que era o momento de voltar para casa e ficar com Deborah, ou tudo estaria acabado. Nós nos reencontramos, e ela ficou muito, muito séria. Eu sabia o que precisava fazer para não perdê-la. Pedi que Bill passasse em nossa casa em Marin. Ele havia reservado algumas datas para a Santana no Radio City Music Hall – depois de uma turnê pelos Estados Unidos com ingressos esgotados, as apresentações seriam a coroação daqueles quatro meses. Eu reconhecia e respeitava isso. Eu tinha noção do que estava colocando em risco, mas disse a Bill: "Não posso fazer esses shows, cara. Preciso de um tempo para reconciliar as coisas com Deborah e resolver essa situação. Tem que ser agora, imediatamente."

A primeira coisa que Bill disse foi: "Carlos, você deve estar maluco. Os ingressos já estão à venda!" Eu disse: "Bem, provavelmente, eu estou maluco, mas sinto que neste exato momento isso é extremamente importante para mim, e não há nada que possa me fazer mudar de ideia." Usei as palavras que eu sabia que ele iria entender. "A máquina da Santana não é mais importante do que a minha relação com Deborah." Bill olhou para mim, e pude ver uma ampla gama de emoções atravessando lentamente o seu rosto – raiva, mágoa, frustração e, finalmente, derrota e uma profunda tristeza. Então, ele disse: "Carlos, eu espero que um dia na vida eu conheça um amor igual a esse."

CAPÍTULO 17

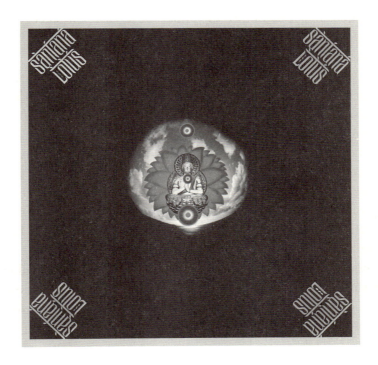

Alguma vez você se cansa de sentir o cheiro do pão quando ele está recém-assado e sai do forno no início da manhã, mesmo que seja a velha receita de sempre? A água não se cansa de ser água; o sol não se cansa de ser sol. É o ego que fica entediado. É nessas horas que eu tenho que dizer ao meu ego: "Quem está no comando aqui sou eu, não você." Se o ego assumir o comando, tudo ficará velho, ou passará a ter um carimbo com a data. Por isso, eu preciso dizer a mim mesmo: "Não. Não tenho receio de tocar 'Black Magic Woman' ou 'Oye Como Va' e fazer com que elas pareçam novas outra vez."

A boa música não tem data de validade. Nos anos 1970, eu estava começando a sentir que algumas das músicas executadas nas rádios estavam se tornando muito descartáveis – e esse sentimento nunca me abandonou. Eu chamo essas canções passageiras de triviais – elas são como citações sem sentido no noticiário noturno. Como é possível obter significado, atemporalidade ou elegância com uma coisa trivial? Para mim, as canções triviais são o oposto das "eternas e inesquecíveis". "Light My Fire", do The Doors – essa não é trivial. "No Woman No Cry" e "Exodus", de Bob Marley – essas são eternas e inesquecíveis.

Na década de 1970, tivemos os Bee Gees e Tony Orlando. Havia a música disco e a música punk. As pessoas estavam glorificando os Ramones e os Sex Pistols, e eu dizia a mim mesmo: "Tudo bem, vou prestar atenção na energia deles." Eu podia senti-la – era uma coisa válida. Ao mesmo tempo, havia Jaco Pastorius e Tony Williams – que, para mim, eram punk jazz. O que pretendo dizer é que pouco importa o nível de intensidade: eu não conheço nenhuma outra música de punk jazz que seja mais intensa do que a da Tony Williams Lifetime.

E o que era realmente relevante para mim naquela época? Marvin Gaye e Al Green. Acho que sempre haverá um tempo e um lugar em que ouvirei Led Zeppelin ou AC/DC e vou adorá-los. Mas quando preciso me reabastecer de verdade – quando sinto que já estou submerso por muito tempo e tenho que subir para respirar –, sempre escolherei Coltrane ou Miles.

O tom universal

No fim dos anos 1970, eu não me permitiria pensar que alguma outra música estivesse "acontecendo" e que a minha música já estivesse ultrapassada. Mas quando leio entrevistas que dei para a *Creem* ou a *Rolling Stone*, os meus valores pareciam pertencer a outra geração. Em certo sentido, eles pertenciam mesmo: nos anos 1960, o lema era "Vamos mudar o mundo". É possível ouvir isso na música – vamos ajudar as pessoas, e vamos ser gentis. Vamos ser *esse* tipo de pessoas – pessoas amáveis. Era uma consciência terapêutica.

Bob Marley foi o coração, a consciência e a alma dos anos 1970. Não há nenhuma dúvida quanto a isso. Em minha opinião, ele é o artista mais importante da década de 1970. Quando tudo estava indo para o lado disco ou da dis*córdia*, Bob foi o aglutinador que deu algum sentido à música. A música dele tinha um propósito: o de espalhar a missão rastafári da unidade – eu mais eu –, que não era nem um pouco diferente da filosofia de reivindicar a sua própria luz, da qual Sri vinha falando. "One Love", "A Love Supreme" – não me canso de mencionar seguidamente essas duas canções. Bob Marley era determinado, e sua música tinha beleza, movimento, sensualidade e verdade.

Comecei a ouvir Jimmy Cliff e *The Harder They Come* em 1973, e me interessei pela música de Trinidad e do Brasil. Experimente fazer isso e você vai começar a ouvir todos os sons que vieram da África. Mas eu continuava pensando: "Que música é essa da Jamaica? Ah, tá, é reggae. Primeiro, eles a chamavam de calipso; agora é reggae de raiz."

Third World, Burning Spear, The Abyssinians: Bob Marley conseguia dar um cunho totalmente pessoal a tudo isso. O primeiro álbum dele que eu comprei – *Catch a Fire* – parecia um gigantesco isqueiro, com o qual se poderia acender um baseado. Eu dizia: "Uau, essa música é muito diferente, cara. Bastante diferente. Onde está o tempo forte? Como funciona essa batida?" Havia dois irmãos em sua banda – Carlton e "Family Man" Barrett –, na bateria e no baixo. Ele os tomou da banda de Lee Perry, que tinha sido produtor de Marley, e acho que Perry nunca o perdoou por isso. Acho que eu não perdoaria também.

Não cheguei a conhecer Bob Marley – nossos caminhos nunca se cruzaram. Mas depois que eu deixei de seguir Sri, voltei a fumar maconha e comecei a ouvi-lo cada vez mais. Ele foi a graça redentora dos anos 1970 – cada álbum que ele lançava era ainda melhor do que o outro.

Porém, o que me surpreendia é que não havia muitos negros interessados em Bob Marley. Em especial, os negros que frequentavam as igrejas – eles não conseguiam se familiarizar com sua filosofia, seu cabelo ou seu baseado. Algumas pessoas tentaram mudar isso, fazendo com que Marley abrisse um show dos Commodores e tocasse no Madison Square Garden. A mesma coisa aconteceu com Jimi Hendrix – ele nunca teve um público estritamente negro, e acho que isso o incomodava.

Toda aquela música reggae me apresentou à possibilidade de viver em uma ilha. Ela me ajudou a ver que, um dia, eu poderia desacelerar, relaxar e viver em um lugar como Maui. Basta atravessar uma estrada, e o oceano é a banheira da sua casa. O céu é o seu telhado; a comida é fresquíssima. É melhor do que o Ritz-Carlton. Isso me fez perceber qual era a intenção do reggae e para onde ele pretendia nos levar: não há problema, cara, não se preocupe. Bem longe de "O que há de errado comigo? Por que não consigo aprender a relaxar?". Ouvir Bob Marley nos conduz a um fluxo místico e natural. Aqueles caras nunca tinham pressa. E o som deles é bom até hoje.

Vou citar as melhores bandas que surgiram em meio àquele cenário. Uma delas foi The Police. Eles eram tipicamente punks e, por conta de Sting, escreveram canções inteligentes com aquela energia rebelde. Outro grupo foi The Clash – eles compuseram ótimas canções com uma mensagem e um propósito, e adoravam música latina. Eu os conheci nos bastidores de um show em 1982, quando abrimos para The Who, na Filadélfia. Eles tocavam *cumbias* em uma caixa de som, e Joe Strummer cantava a letra, enquanto a banda toda se dedicava àquela música. Em seguida, eles passaram a tocar música negra – o início do hip-hop. Fiquei surpreso. A música deles tinha um paralelo com a africanidade.

Às vezes, a música dos anos 1970 e dos anos 1980 poderia ser surpreendente, quando, por exemplo, o rock se unia ao hip-hop. Afrika Bambaataa tocava ao lado de Johnny Rotten e James Brown, e alguns anos mais tarde a Run-D.M.C. se juntou ao Aerosmith, e depois surgiu o rock negro e o hip-hop branco – a Living Colour e os Beastie Boys. Isso foi nos anos 1980, mas esse tipo de mistura inesperada já existia antes – por exemplo, no que Miles costumava fazer no The Fillmore. É assim que as coisas mudam na música – um tipo de música se aproxima de outro e, de repente, *muda!* Isso é o que é importante para mim.

O tom universal

* * *

A Columbia Records nos apoiava, com relutância. Clive Davis já estava afastado há muito tempo, e ninguém mais me pressionava para produzir sucessos de rádio, mas eu sabia que eles queriam outro *Abraxas* da Santana. Eles não verbalizavam, mas eu podia sentir. Eu estava preparado para voltar – tinha ido bem longe e muito além com a Santana, com Alice Coltrane e John McLaughlin, e percebi que deveríamos tentar recolocar a Santana de volta no trilho das canções, sermos mais favoráveis com as rádios. Foi como retomar um caminho familiar. *Amigos* – com as músicas "Europa" e "Dance Sister Dance" – surgiu dentro desse espírito.

Greg Walker é um cantor bastante influenciado pelo soul, e precisávamos de alguém novo em 1975, quando Leon Patillo saiu. Ndugu levou Greg a um ensaio no SIR, em São Francisco, e foi assim que aconteceu. Ele entrou na Santana na hora certa – exatamente quando estávamos dando início a *Amigos*. A primeira música que ele cantou conosco foi para integrar o álbum. A voz de Leon tinha um nítido som gospel, mas a voz de Greg era mais parecida com a de Luther Vandross. Greg tem a mesma facilidade e a mesma entrega do soul.

Lembro de ter dito a Greg para não *vender* uma canção. Para não fazer algo do gênero "Ei, compre este pneu". Pedi que ele oferecesse o coração. Eu ainda digo isso aos vocalistas da Santana, porque eles são a parte mais evidente do show. Tratem a canção como se estivessem fazendo uma declaração de amor; não pareçam nem soem óbvios.

Greg era um tanto destemido – muitos músicos que se juntam à banda e sobem ao palco pela primeira vez vão dizer: "Pô, não sabia que seria assim. Parece um 747 decolando, e eu estou tentando me controlar da melhor maneira que posso." E aí eles têm que decidir se querem ficar pendurados na cauda ou lá na cabine. Greg ocupou a dianteira desde o começo, sem problema algum. Ele ajudou a definir a Santana por algum tempo, porque esteve bem ali, em destaque, em quatro álbuns – *Amigos, Festival, Moonflower* e *Inner Secrets*.

Restabelecemos o contato com Dave Rubinson por causa de Bill Graham, e dessa vez todos nós tínhamos mais experiência e estávamos trabalhando melhor em conjunto. Ele escreveu "Dance Sister Dance" com

Ndugu e TC – para mim, soava como a versão do que eles imaginavam ser o Spanish Harlem. Quando a ouvi pela primeira vez, reagi: "Ah, tá..." Mas eu gostava de verdade da parte final, com seus acordes sintetizados. Podíamos trabalhar com sintetizadores e outras tecnologias desde o início, porque a Weather Report conseguiu um bom resultado, e eu adorava Jan Hammer, George Duke e, é claro, Herbie.

Eu não tinha medo nem vergonha daquela tecnologia – tentei usar um ARP Avatar durante algum tempo, tocando a minha guitarra conectada diretamente ao sintetizador. Mas sempre senti que assim que eu começava a tocar a guitarra, todas as outras coisas viravam apenas coisas. Quer dizer, se alguém for tocar Albert King ao lado de quase todos os sons modificados pelo sintetizador, o que se pode dizer? É como colocar uma baleia ao lado de um peixinho.

Acho que a melhor homenagem recebida pela Santana foi uma música que Sonny Sharrock compôs pouco antes de morrer. Uma noite em São Francisco, no Slim's, ele me falou sobre ela. Fui assisti-lo, e ele disse: "Escrevi uma música sobre você, cara. Chama-se 'Santana'." Eu continuei procurando-a, e finalmente a encontrei. Lembro de ter dito: "O Camarada Sonny deve ter ficado ouvindo o trecho final de 'Dance Sister Dance'."

A Columbia nos disse que *Amigos* foi um sucesso, e, assim, todos voltaram a ficar felizes e a amar a Santana. Fizemos outro álbum com Rubinson – *Festival* –, no qual Paul Jackson se juntou à banda no baixo e Gaylord Birch na bateria. Ndugu saiu e indicou Gaylord.

Normalmente, quando alguém deixa a Santana, é porque está na hora de crescermos em direções diferentes. Às vezes, o músico reconhece isso por conta própria, e, outras vezes, será função minha dizer que é o momento de ele ir embora, crescer e progredir, e talvez nos encontrarmos novamente – obrigado por tudo. Na maioria das vezes, é isso o que acontece. Muito raramente as pessoas saem porque querem. Mas Ndugu tinha outras coisas a fazer, e foi ele quem decidiu sair.

Ndugu é o perfeito exemplo de um músico habilidoso. Ele tocou muito bem em "Europa". Ele podia tocar conosco, depois com Marvin Gaye, George Benson ou Michael Jackson. E antes de tocar conosco ele tinha tocado com Miles! Pode-se ouvir o que estou querendo dizer no início de "Billie Jean" – aquela batida tem uma cadência. Em 1988, convencemos Ndugu a voltar e fazer parte da Santana-Shorter Band.

A Santana continuava a ser uma banda de rock, mas vinha construindo sua própria identidade – mudando, criando novas músicas, desempenhando novos papéis. Em relação a "Dance Sister Dance": não estou tentando ser jocoso ou engraçado, mas sempre fico surpreso quando alguma música da Santana se torna um sucesso. Mesmo quando lançamos "Black Magic Woman" e "Oye Como Va" havia uma voz dentro de mim dizendo que talvez tivéssemos cometido um erro; talvez elas simplesmente não fossem rock and roll suficiente para se tornarem populares.

Em seguida, outra voz responde: "Desculpe, por que você desejaria impor quaisquer limitações a si mesmo? Você não quer ser um prisioneiro de si mesmo. Você não vai querer ficar levantando a mão, dizendo: 'Oi, eu sou Carlos Santana, o cara do rock latino.'"

Por volta de 1977 *Lotus* estava vendendo um significativo número de cópias, a ponto de a Columbia sugerir um álbum ao vivo – essa foi parte da inspiração para *Moonflower*. O álbum trazia metade das faixas ao vivo e a outra metade com canções gravadas em estúdio. No álbum, Bill Graham recebeu o crédito de "diretor", e ele queria que fizéssemos uma releitura de uma música do The Zombies. Ele continuou insistindo, pedindo que escolhêssemos entre "Time of the Season" ou "She's Not There". Dessa vez, Bill estava mais envolvido – ele chegou a aparecer no estúdio algumas vezes.

Foi um desafio, porque Bill poderia ser virulento em relação a suas opiniões em qualquer lugar que estivesse, mesmo que não fosse, de fato, nosso produtor. Uma vez, estávamos gravando uma música, e de alguma forma ele achou que precisava intervir, como um produtor faria. Tom estava solando, e Bill começou a gritar: "Pare, pare", ele interrompeu a gravação! TC perguntou: "O que está havendo?" Bill começou a explicar que ele precisava refazer o solo e que refletisse na hora de entrar, dizendo: "Imagine um helicóptero sobre uma praia, com uma corda pendurada, e presa à corda está uma mulher nua, e há um cavalo sem sela correndo ao longo da praia. A mulher precisa cair bem em cima do cavalo, tá? Seu solo deveria ser assim, então, você precisa tentar novamente."

Todo mundo ficou em silêncio. Eu disse: "Bill, por que você não diz, simplesmente, que ele começou a solar antes da hora?" Ele respondeu: "Foi o que eu acabei de fazer, seu bocó."

Outra coisa que Bill gostava de fazer nas sessões de gravação era contar histórias. Quando resolvia fazer isso, sabíamos que ficaríamos presos por um tempo – pelo menos, até que alguém dissesse: "Ei, quem é que vai pagar as horas extras do estúdio?" Mas valeu a pena. Decidimos fazer "She's Not There", e foi mais um sucesso. Ao longo dos anos, Bill escolheu duas músicas para a Santana, e ambas estouraram.

Gosto dos projetos gráficos criados para os dois álbuns que fizemos com Bill – tenho tido sorte pelo fato de poucas pessoas fazerem objeções às minhas decisões a respeito das capas dos álbuns. A capa de *Moonflower* era uma foto que eu adorava, tirada do topo de uma montanha, com o brilho dourado do pôr do sol se espalhando por entre as nuvens. Descobri essa imagem em um livro de fotografias do Himalaia. A foto da capa de *Inner Secrets* foi feita por Norman Seeff, o fotógrafo que concebeu a capa de *Rumours*, do Fleetwood Mac. Na foto, eu apareço dançando, enquanto a banda bate palmas. Esqueci ao som de que música estávamos dançando – talvez alguma do álbum –, mas lembro que Norman me deixou mais à vontade do que eu jamais havia me sentido anteriormente em uma sessão de fotos.

É possível observar isso nas capas e na música: as coisas estavam mudando novamente dentro da Santana. Fizemos *Amigos*, e um ano depois Gaylord Birch saiu e chamamos Graham Lear para tocar bateria – outra indicação de Ndugu. Ele tinha ouvido Graham tocar com Gino Vannelli, e disse: "Esse cara é maravilhoso!" Ele estava certo – assim como Steve Gadd, Graham era preciso e tinha uma pegada soul. Ele ficou conosco por quase sete anos, até a década de 1980, e aprendi muito com ele. Chepito também gostava dele, e costumava chamá-lo de Refugiado, porque ele era do Canadá – isso vindo de um nicaraguense. No palco, eu o anunciava como "Graham Lear, o Grande". Se você estiver interessado em ouvir a excelente sensação que Graham poderia imprimir a uma faixa, confira "Aqua Marine", em *Marathon*, de 1979, ou qualquer outro instrumental daquela época. Uma precisão influenciada pelo soul!

Mais ou menos na época em que *Inner Secrets* estava prestes a ser lançado, em 1978, Greg Walker se preparava para deixar a Santana, e nós trouxemos Alex Ligertwood, outra pessoa que estava no meu organizador Rolodex. Eu o ouvi pela primeira vez quando ele ainda cantava na banda de David Sancious, a Tone, e eles abriram um show nosso no Beacon Theatre, em 1975. David é um cara fantástico. Ele toca guitarra e teclados, tinha participado da banda de Bruce Springsteen e usava chapéus de Zorro, iguais aos que Lenny White costumava usar – um verdadeiro cara do rock fusion. Notei que o vocalista de David tinha uma grande voz de R & B, mesmo que mal conseguíssemos entendê-lo quando ele falava – seu sotaque escocês é fortíssimo. Liguei para Alex, ele fez alguns shows conosco ao lado de Greg, e descobri que eu gostava da ideia de ter dois vocalistas. Eles poderiam dar cobertura um ao outro – um com a voz mais alta e mais nítida, o outro, mais baixo e com uma pegada mais blues, permeando as faixas.

Ao longo dos anos, experimentei fazer isso repetidas vezes. É assim que fazemos hoje, com dois vocalistas – Tony Lindsay, Andy Vargas, e, às vezes, Tommy Anthony, que toca guitarra, mas cuja voz também pode soar forte e cristalina. É como se fosse um jogo de basquete – alguns caras são mais vigorosos, e alguns são como guepardos. Outros, ainda, são como âncoras para uma canção. Precisamos de versatilidade, mas é fundamental que eles não deixem a bola cair. Considero os músicos da minha banda instrumentistas, e nosso objetivo é chegar ao coração das pessoas, da melhor maneira que pudermos.

No fim de 1978, Greg deixou a banda, e Alex se encaixou muito bem. Ele se tornou a voz da Santana em muitos dos nossos álbuns e na maioria das nossas turnês nos anos 1980 e 1990. Ele é capaz de nos fazer sentir a presença de Deus em seu canto – como aconteceu quando interpretou "Somewhere in Heaven", no álbum *Milagro*, em 1992. Você acredita nele.

Uma coisa não mudou: eu ainda me chamava Devadip. Quando fiz os meus próprios álbuns, no fim dos anos 1970, usei esse nome porque aqueles foram álbuns lançados "entre" os álbuns: havia a banda Santana, e havia Devadip Carlos Santana, a pessoa. *Oneness* e *The Swing of Delight* são dois dos meus álbuns mais pessoais. Fiz *Oneness* em 1979, influenciado pela Weather Report, por seus sons de sintetizador e seu grande álbum *Mysterious Traveller*.

Fiz *The Swing of Delight* um ano depois, e Dave Rubinson me ajudou a convencer a Columbia a produzir mais esse álbum, e foi assim que consegui contar com a participação de Herbie Hancock, Wayne Shorter, Ron Carter *e* Tony Williams. Essa era a banda de Miles na década de 1960.

Olhei à minha volta no estúdio e fiquei morrendo de medo, pensando: "O que é que eu estou fazendo?" Em uma situação como essa, um guitarrista acabará diminuindo sua intensidade – diminuindo a intensidade e mergulhando profundamente dentro de si, em busca de seu material interior. No meio da gravação Wayne hesitou um pouco, o que era muito incomum no seu caso. Ele parou a música. Todo mundo se afastou dos microfones, e Tony abaixou as baquetas. Wayne apenas balançou a cabeça e disse: "Esse não era eu. Nunca toquei de forma desesperada ou frenética. Vamos começar de novo."

Eu estava me sentindo muito abençoado por estarmos conseguindo alcançar um grau de excelência em tudo o que eu havia me proposto a fazer naquele álbum. A revista *DownBeat* publicou uma ótima crítica. Acho que eles conseguiram perceber nossas intenções. Aquele álbum surgiu da minha vontade de homenagear Sri pelo que ele havia feito por nós – por Deborah e por mim. Ele assinou a pintura da capa, com uma padronagem de ouro e cerejas.

Comecei a me aproximar de verdade de Wayne e Herbie durante a produção daquele álbum. Foi aí que passei a conhecê-los, a sentar e a conversar com eles. Wayne estava muito mais acessível e mais relaxado do que oito anos antes, quando nos encontramos pela primeira vez. Ele abriu a guarda e começou a me contar histórias sobre Miles e suas percepções sobre a música, cuja explicação levava em média dez minutos. Ou então ele me mostrava uma coisa qualquer de um enorme livro de ilustrações que carregava consigo. Uma vez ele me mostrou uma foto de uma mulher do planeta Vênus. Eu perguntei a Wayne por que a mulher tinha quatro pés. Ele respondeu: "Ela não tem quatro pés, ela só está se movendo muito rápido." Ah, sim, obrigado pelo esclarecimento. Uma coisa que posso dizer a respeito do meu relacionamento com Wayne é que, muitas vezes, preciso desacelerar para acompanhar sua velocidade. É sempre ele quem está se movimentando rapidamente.

Wayne nunca leva nada muito a sério – muito menos a si mesmo. Eis aqui outra coisa que ele me disse certa vez: "Vou montar uma espécie de espetáculo cômico e pegar a estrada, só eu e um saxofonista soprano. E eu vou servir de escada para ele."

Desde a primeira vez que comecei a sair com Wayne e Herbie, posso dizer que eles adoravam fazer comentários e observações espirituosas, matando um ao outro de rir. Eles estavam interessados em ser eles mesmos, sem se comprometer com qualquer maneira específica de comportamento, como se fossem crianças íntegras e imaculadas.

Herbie é um gênio supremo, e é tão doce quanto sorvete com torta, como diria Elvin Jones. Eu o conheci quando ele abriu um show nosso na The Boarding House, em 1972, e depois disso passamos a nos encontrar eventualmente, e ele falava sobre as coisas que estava cantando e que gostava de comer no Dipti Nivas, que até o fim de dos anos 1970 foi o restaurante vegetariano mais badalado de São Francisco. Em 1970, Herbie estava gravando com Ndugu em São Francisco, e Chepito me disse que ele queria que eu aparecesse e fizesse uma participação. Fiquei honrado, mas não teria tempo para tocar, porque estávamos viajando no dia seguinte para o Brasil.

Herbie é de Chicago, e isso fica evidente em seu som, através do blues. Uma vez eu sugeri que ele ouvisse um pouco de Otis Spann, e ele respondeu que não estava familiarizado com a música dele. Eu me dei conta: "Ah, é claro. Existem sempre dois lados na cidade – pelo menos dois." Há a expressão do blues de Otis Spann, Sunnyland Slim e Jimmy Johnson, que colaboravam com Chuck Berry – esse é um dos lados; e há Wynton Kelly, Red Garland e John Lewis do outro. Ainda assim, Herbie é capaz de dar conta de todos eles ao mesmo tempo.

Ninguém é mais moderno ou mais destemido do que Herbie nos pianos elétricos e nos sintetizadores – verdadeiros artistas não têm medo da tecnologia. Desde a época em que tocava com Miles, ele encontrou uma maneira de utilizar tais instrumentos sem fazê-los soar agressivos ou estranhos. Anos mais tarde, quando ele e eu fomos homenageados juntos no Kennedy Center Honors, Snoop Dogg agradeceu a Herbie por dar à luz o hip-hop. Eu não tenho certeza de quantas pessoas compreendem o tamanho desse feito e o quanto isso é verdade. Basta ouvir o seu álbum *Sunlight*, que foi lançado antes mesmo de "Rockit" – todo mundo usa aquelas ideias hoje em dia.

Atualmente, quando coloco *Oneness* para tocar e ouço suas faixas, lembro que, àquela altura, Deborah e eu tínhamos voltado a nos entender, e eu estava saindo com SK com mais frequência. Algumas músicas surgiram desse encontro, inclusive "Silver Dreams Golden Smiles". Nessa faixa, SK tocava guitarra e cantava, e Clare Fischer foi o responsável pelos arranjos dos instrumentos de cordas.

Em 1981, Deborah concordou que ambos deveríamos abandonar Sri – era hora de nos reciclar e seguir em frente. Saímos do nosso apartamento no Queens tarde da noite, deixando todas as nossas coisas para trás, simplesmente isso. Posteriormente, fiquei sabendo que Sri queria retomar o nome que ele havia me dado, e que vinha avisando a alguns de seus discípulos para não se relacionar mais conosco, porque Deborah e eu estávamos mergulhando em um mar de ignorância, o que não gostei de ouvir, porque, em primeiro lugar, eu não pretendia abdicar daquilo que me motivara procurá-lo. Eu não parei de acreditar nos princípios, na divindade e na luz interior – mas aquilo era algo desagradável de se dizer.

O Sri que eu conhecia diria coisas como: "Quando o poder do amor substituir o amor pelo poder, o homem terá um novo nome: Deus." Não sei como isso aconteceu, mas muitas pessoas pensam que foi Jimi Hendrix quem disse isso. Não foi ele; foi Sri.

Sri me ajudou a não ser apenas o guitarrista Santana. Ele me ajudou a alcançar uma consciência mais profunda da minha própria luz, uma consciência mais profunda da minha própria conexão com a divindade, com a humanidade e com o reino invisível. É Deus, não importa de como O chamemos, e Ele está além de todas as reverências. Ele não precisa de um painel publicitário – Ele não precisa que nós O veneremos e O adoremos. Precisamos honrar, venerar e trabalhar o que nós somos, para que nossa existência se torne concreta por meio da disciplina. Essa é a lição mais importante que aprendi com Sri, e eu ainda me deixo guiar por esse princípio.

CAPÍTULO 18

Miles Davis e eu no Savoy, cidade de Nova York, 5 de maio de 1981

Nos anos 1980, a Santana poderia fazer tantas turnês quantas quiséssemos. Viajamos por todo o país, tocando nos mesmos lugares, nas mesmas cidades, de Detroit até Chicago, de Cleveland até os locais habituais na área de Nova York – Nassau Coliseum, Jones Beach. Nossas músicas eram executadas em estações de rádio de rock clássico e de flashback. Sinto orgulho de que aquelas canções tenham ajudado a manter a boa guitarra em voga por muitos anos, mesmo que houvesse poucos solos de guitarra nas canções populares. Era possível ouvir flashbacks nos elevadores ou na Starbucks, fosse em um solo de Eric Clapton ou de Jimmy Page, e algumas vezes o solo em si era mais memorável do que a música.

Um dos melhores elogios que recebi por Supernatural *veio de Prince. Ele disse: "Carlos, por sua causa eu posso tocar um solo de guitarra em uma das minhas músicas e ela vai ser executada nas rádios." Nunca tinha pensado nisso. Eu respondi: "É, durante algum tempo não era legal ter solos de guitarra nas canções."*

Nos anos 1980, as rádios não foram um fator decisivo para a Santana. Acho que a nossa reputação sempre esteve mais apoiada em nossos shows, porque as pessoas precisam se sentir impactadas. Quando você se sente impactado, imediatamente se torna presente no aqui e agora. E, em função disso, nossos públicos podem perceber que a motivação e o propósito da banda vão muito além do mero entretenimento. Queremos fazer com que todos se lembrem, em um nível molecular, de seu próprio significado, transmitindo a ideia de que cada um de nós tem o poder de captar a abundância do universo imediatamente. A Santana é uma experiência ao vivo, e está mais interessada no momento do que na memória. Isso nunca vai mudar.

Em 1981, era chegado o momento de um novo começo e de uma nova casa – um lar para a família. Deborah e eu saímos da Costa Leste e nos mudamos de Marin County para Santa Cruz. Foi a primeira casa que compramos juntos desde que nos conhecemos, e logo depois disso os nossos pais foram nos visitar. Começamos a passar mais tempo com nossos amigos, e Carabello e eu nos reaproximamos, pois ele havia se casado com Mimi Sanchez, que ainda era uma das melhores amigas de Deborah. Eles começaram a frequentar bastante nossa casa. Naquela época, ambos estávamos mais velhos e mais sábios.

Ver Carabello amadurecer e se transformar em um homem satisfeito consigo mesmo, com uma atitude positiva e nobre, foi gratificante, porque o que desejo que as pessoas entendam é que precisamos acreditar uns nos outros. Isso nos torna mais fortes do que quando nos entregamos à nossa própria sorte, e pode nos fazer mudar. Há sempre alguém em algum canto que, no fim, acaba se redimindo. No meu canto, estava Carabello – temos uma longa história juntos, que remonta aos nossos tempos na Mission High, e eu fico muito contente por isso.

Assim como aconteceu comigo, Carabello manteve os laços de amizade com Miles – ele se hospedava na casa dele quando visitava a cidade de Nova York. Em 1981, Miles estava retornando, depois de ter parado de tocar em 1976. Ninguém ouvia falar dele havia cerca de cinco anos. As pessoas diziam que ele estava vivendo confinado em um lugar escuro, com as cortinas fechadas. Eu lhe mandava cartões e flores de vez em quando, e ficava sabendo dele por intermédio de Herbie e Dave Rubinson, porque eles costumavam visitá-lo. Sei que ele pensava em mim, e eu pensava nele.

A Santana tocou em Buffalo naquele ano, e como estávamos nos preparando para ir a Nova York para tocar no Savoy, ficamos ouvindo um pouco de Miles. Lembro que Rashiki me perguntou se eu achava que Miles algum dia voltaria a usar o trompete e tocar novamente. Nós ainda não sabíamos. Eu disse: "Nada é realmente impossível – talvez, quando ele ficar entediado."

Como não poderia deixar de ser, alguns dias depois, quando chegamos a Nova York, soube que Carabello ia assistir ao nosso show no Savoy e levaria Miles com ele. Eu não conseguia acreditar. Terminamos de fazer a passagem de som, e lá estavam eles nos bastidores. Miles estava vestindo um terno que o fazia parecer um pouco maltrapilho, como se estivesse levando uma vida relaxada.

Não importava. Cara, foi lindo vê-lo. Bill Graham estava produzindo aquela turnê e ficou tão entusiasmado quanto uma criança. "Miles, é tão bom ver você! Obrigado por ter vindo. Como você vai? Como está se sentindo?"

Ao que parece, Miles começou a achar que Bill estava querendo interrogá-lo. "Como assim?", ele perguntou.

"Como você está se sentindo, cara?"

Miles disse: "Ponha a mão para cima, desse jeito." Bill levantou a mão, e Miles a acertou com toda a força – um murro ao estilo de Sugar Ray Robinson, à queima-roupa, e duríssimo. "Eu estou bem, Judeuzinho." O mesmo Miles de sempre.

Fui até o meu camarim para meditar, como sempre faço antes de entrar no palco, e Miles me seguiu. Eu disse a ele o que eu precisava fazer. Fechei os olhos e comecei a me acalmar e a dar um mergulho interno. Eu queria me dedicar àquilo por pelo menos dez ou 15 minutos. Miles foi muito respeitoso – não falou nada, mas eu podia sentir os seus olhos, como dois raios lasers, concentrados no medalhão que eu estava usando. Eu podia ouvir sua respiração, e acabei abrindo os olhos. Ele estava vidrado no medalhão, como se fosse perfurá-lo com o olhar, e então eu falei: "Miles, você quer isso para você?" Ele disse: "Só se você colocá-lo em mim." Eu o retirei, coloquei-o nele, e ele disse: "Sabe, eu também rezo."

"Você reza, Miles?"

"Claro. Quando estou a fim de arranjar um pouco de cocaína, eu digo: 'Deus, por favor, faça esse filho da puta voltar para casa.'"

E eu reagi: "Ah, pô!"

Eu costumava fazer uma coisa todas as vezes que tocávamos e Miles estava por perto – ainda faço isso quando estamos na cidade de Nova York: eu toco um trechinho de "Will o' the Wisp", de *Sketches of Spain*. Tocamos essa música no concerto do Savoy, e depois do show Miles abordou esse assunto pela primeira vez. "Gosto da maneira como você toca essa música. Muita gente não sabe como tocá-la direito." Eu disse: "Miles, estamos com uma limusine. Você gostaria que levássemos você para casa?" Assim, nós cinco entramos na limusine – Miles, Carabello, o saxofonista Bill Evans, Rashiki e eu. Quando Carabello se sentou no banco da frente, ele deslizou o banco para trás e atingiu o pé de Miles, que por algum motivo já estava dolorido. Miles ficou muito irritado, e repreendeu Carabello no mesmo instante.

Começamos a circular com o carro, e então, de repente, Miles virou para mim e falou: "Carlos, uma cadela porto-riquenha tentou injetar cortisona em mim para aliviar essa coisa que eu tenho no meu pé. Ela ficou dizendo: 'A cortisona isso, a cortisona aquilo.'" Eu pensei na situação e comecei a rir. "Miles, ela está dizendo *corazón* – isso significa 'querido'. Ela te ama."

Deus ama as pessoas interessantes, e Deus ama Miles. Aquela noite foi incrível, uma loucura. Parecia que tínhamos caído no meio de mais alguma bizarra versão do País das Maravilhas – como se tivéssemos passado pela toca do coelho e chegado a algum outro mundo sombrio e assustador. Miles ia nos dizendo para onde ir. Ele assumiu o comando, e em todos os lugares em que estivemos, podia-se perceber que as pessoas sabiam muito bem quem ele era. Se ficavam felizes em vê-lo, era outra história. Ele tentou aprontar um monte de coisas – testando as pessoas, fazendo alguns dos seus números burlescos.

Miles nos levou a um clube noturno que parecia ter saído de *Fuga de Nova York*. Havia persianas de aço por todas as partes. Descemos da limusine e fiquei me perguntando por que estávamos ali, já que o lugar parecia uma fábrica abandonada. Em seguida, um segurança enorme, carregando um bastão de beisebol, veio ao nosso encontro. Ele se dirigiu a mim: "Sem problema. Sei quem vocês são." Depois ele apontou para Miles e perguntou: "Por que você quis trazê-lo aqui?" Miles passou por ele e entrou no prédio decrépito, eu apenas o segui.

Miles foi direto ao piano, já desgastado pelo uso e desafinado. Ele me disse: "Venha aqui – quero lhe mostrar uma coisa."

Eu concordei e fui até lá. Miles olhou para o teclado e esticou seus longos dedos. Cara, seria possível fazer um filme inteiro apenas com as mãos de Miles. Ele estava fazendo a mesma coisa que Wayne costuma fazer ao piano – olhando e aguardando, antes de atacar. É engraçado – minha esposa come dessa forma: Cindy age assim com os alimentos, Wayne e Miles, com os acordes. Naquela noite, quando Miles tocou o acorde, o clube inteiro simplesmente desapareceu – de repente, eu estava na Espanha, em um castelo de um velho filme de aventura. Miles perguntou: "Está ouvindo isso?"

Eu respondi: "Claro que sim, é incrível. Obrigado." Ele estava prestes a me mostrar uma outra coisa, mas um cara se levantou e colocou uma moeda na jukebox, e a canção "Muscles", de Diana Ross, começou a tocar, mudando totalmente o clima. Miles olhou para o rapaz, que sabia o que havia feito, porque ele ficou olhando para trás.

Miles continuou encarando-o um pouco mais e, em seguida, disse: "Cara, você sabe quem eu sou?" Ele respondeu: "Você é Miles Davis. Grande coisa." Assim mesmo. Era tudo o que Miles precisava ouvir. Ele deu um sorriso e foi até o bar. "Prepare um rum com Coca-Cola para mim. E o que ele quiser." Miles começou a ficar entediado com o lugar, e então todos nós voltamos à limusine, e Miles quis saber: "Carlos, você está com fome?"

"Sim, eu comeria alguma coisa."

"Conheço um lugar ótimo, eles servem sopa de feijão preto." Ele passou as coordenadas para o motorista, e começamos a conversar. De repente, Miles levantou os olhos e percebeu que já tínhamos nos afastado demais. Isso por trás de seus óculos escuros, dos vidros fumê do carro e tudo mais. Ele abriu a divisória que fica atrás do motorista e gritou: "Ei! Você já passou – fica a dois quarteirões lá para trás. Faça o retorno!" O motorista disse: "Eu não posso retornar, esta é uma via de mão única." *Slap!* Miles enfiou a mão por entre a pequena janela e deu um sopapo na nuca do motorista! "Estou lhe dizendo... volte!"

E, assim, fizemos a manobra naquela estreita rua de Nova York e entramos no restaurante, outro lugar pitoresco. Encontramos uma mesa, e Miles disse: "Eu já volto; preciso fazer xixi." No caminho até o banheiro masculino ele avistou uma mulher, parou e começou a conversar com ela e, em seguida, sussurrou alguma coisa em seu ouvido. Quando ele se afastou, ela virou para mim e disse: "Você é um cara legal. Por que está andando com esse boca suja?"

Enquanto Miles estava no banheiro, a sopa chegou, e um garçom enorme e corpulento, com braços gigantescos, se aproximou e disse: "Ei, Santana, quer um pouco de pão para acompanhar a sopa?"

"Não, obrigado, para mim está bom. Só a sopa mesmo." Mas quando Miles retornou, ele não encontrou a cesta de pão, e resolveu chamar o garçom de volta. "Ei, seu filho da puta, onde está o pão?" O garçom olhou para Miles, colocou seu enorme braço em cima da mesa bem perto do rosto de Miles e disse: "Cara, do que foi que você acabou de me chamar?"

Esta parte da história lembra *Alien vs. Predador*. Miles tinha umas unhas bem compridas, e, então, muito lentamente, ele envolveu o braço do garçom com sua bela mão negra, olhou para ele, e de uma forma absolutamente aterrorizante, disse: "Eu vou te arranhar." O rapaz balançou a cabeça e saiu de fininho. Rashiki e eu ficamos olhando um para o outro, como se disséssemos: "Cara, que coisa sinistra."

Uma noite inteira com Miles em Nova York – algumas vezes, era realmente um desafio acompanhar aquele cara. A noite terminou quando o sol estava começando a aparecer, e Miles nos levou até um lugar onde ele pretendia arranjar um pouco de cocaína. Dirigimos até um bairro qualquer, mas não tive vontade de descer da limusine, e então falei que precisava regressar ao hotel, pois tínhamos um voo bem cedo naquela manhã. Rashiki e eu ficamos na limusine – tirei algum dinheiro da carteira e dei a Carabello, dizendo: "Aqui está o dinheiro do táxi para você e Bill Evans." Acenei para me despedir de Miles, mas ele já estava avançando em direção à luz do amanhecer, e sua figura foi ficando cada vez menor.

Lembro de pensar que ele parecia um garoto andando pela Toys "R" Us, sabendo que poderia escolher aquilo que quisesse. Todos o conheciam em Nova York. Ele tinha carta branca – ele era Miles Davis.

Mais tarde naquele ano, encontrei Miles novamente em Nova York, quando ele tocou no Avery Fisher Hall. Ele veio até mim e me deu um abraço, a primeira das duas únicas vezes que ele fez isso. Eu valorizava muito aqueles momentos – ele não costumava abraçar muitas pessoas. No Avery Fisher, recebi o mais estranho dos abraços – ele prendeu as mãos atrás da minha cabeça e colocou o seu nariz contra o meu, de modo que ficamos olhando diretamente um nos olhos do outro, e logo depois ele se ergueu do chão, enquanto continuava preso ao meu pescoço. Ele ficou pendurado em mim, me encarou e disse: "Carlos, a sua presença significa muito para mim."

A segunda vez que Miles me abraçou foi em sua festa de aniversário de 60 anos, em 1986, em um iate ancorado na marina de Malibu. Fiquei tão comovido com o seu gesto que quando ele foi cumprimentar outra pessoa, me retirei do barco apenas para tomar um pouco de ar. Eu estava olhando para o movimento da água quando seu sobrinho, Vince Wilburn, aproximou-se de mim, e eu comentei: "Cara, fico realmente sensibilizado quando ele me cumprimenta assim." Ele disse: "Eu reparei. Assim que você saiu, ele falou: 'Está aí um bom filho da puta.'"

Não é pouca coisa ser apreciado por um gigante como esse – um gigante que também era um patife divino. Lembro que, naquele dia, ele chegou uma hora e meia atrasado em sua própria festa. Enquanto estávamos à sua espera, fiquei conversando com Tony Williams, que fumava um charuto ao lado do barco, e ele me disse: "Não é a primeira vez que ele faz isso."

Zebop foi o álbum que fiz quando comecei a tocar uma guitarra Paul Reed Smith – que se tornaria a minha guitarra número 1. Até hoje Paul ainda é o principal fabricante das minhas guitarras. Ele e Randy, o Homem do Boogie, deram à luz criações que ajudaram muito os guitarristas e ampliaram os limites de excelência, cada um à sua maneira – Paul com as suas guitarras e Randy com aqueles amplificadores Boogie.

Paul Reed Smith – eu admiro sua alma e as pessoas que ele contrata. Sua oficina é como se fosse um estúdio de um filme de ficção científica. Mais ciência do que ficção. Do entalhe à medição, da afinação ao envernizamento, ele domina essa ciência e sabe como alcançar o equilíbrio perfeito para que a guitarra tenha – eis aqui a palavra: consistência. Não importa o clima, o lugar ou as circunstâncias, uma guitarra PRS não deixará você na mão, porque ela sabe se portar. Outra coisa: quando Paul as despacha, as guitarras sempre saem do estojo afinadas. É um toque pessoal.

O engraçado é que, quando me apaixonei pela primeira vez por duas daquelas guitarras PRS, elas eram protótipos. Eu tinha os modelos 1 e 3, mas, enquanto isso, Paul já havia avançado, redesenhado as suas guitarras e começado a fabricá-las. Não era apenas a forma – o novo modelo daquele que eu vinha tocando soava diferente para mim, um pouco mais anasalado. Pedi que Paul retornasse ao estilo antigo, mas ele disse que, àquela altura, o custo para refazer a guitarra era proibitivo. Argumentei que eu sabia o que acontecia quando alguém via Tony Williams tocando uma Gretsch, ou Jimi Hendrix com uma Stratocaster, ou Wes Montgomery com uma guitarra de grande porte. Eu estava ciente de que, se os jovens pudessem me ver com uma guitarra daquelas, eles iriam querer a mesma coisa – e eu sabia que haveria um número suficiente deles para que aquilo funcionasse, do ponto de vista comercial. Havia alguma coisa em mim que afiançava os produtos – o meu nome era capaz de vender mais coisas além de álbuns e de ingressos para shows.

Por volta de 1989, algumas das minhas guitarras foram roubadas, incluindo aquelas PRS originais – alguém da nossa empresa confiou em alguém em quem não deveria ter confiado para guardar alguns equipamentos que não deveriam ter sido guardados. Fizemos uma grande campanha com mandados de busca para recuperá-las e, graças a Deus, as encontramos penhoradas em algum lugar, porque elas eram verdadeiramente únicas. Essa história terminou bem: encontramos as guitarras, e Paul decidiu usar o molde original para fabricar algumas guitarras novas ao estilo antigo. Hoje em dia, temos um sólido relacionamento e a PRS conta com o meu endosso.

Aprendi o valor de afiançar os produtos e também a confiar em meus primeiros instintos a respeito de algumas coisas. Eis aqui outro exemplo: assim como tenho carinho por Paul Reed Smith, sempre terei por Alexander Dumble e seus amplificadores e, é claro, por Randy, o Homem do Boogie, e seus amplificadores Boogie. Em 2013, Adam Fells, funcionário do nosso escritório, me enviou um vídeo da Santana tocando no Budokan, em 1973, que havia sido encontrado pela equipe da Sony Music. Eu o assisti, prestei atenção no som da guitarra, olhei atentamente para o amplificador e uma coisa me ocorreu: "É o meu velho amigo. Eu sinto falta desse som!" Era o amplificador Boogie original de Randy, com capa de pele de cobra, do qual eu já me desfizera há muito tempo, e no qual eu nem pensava mais. "Adam, vocês precisam me arrumar um desses Boogies com pele de cobra!" Ele me disse: "Nós ainda temos alguns – faz um certo tempo que não os vemos, mas eles estão no depósito." Adam os localizou, e então Randy os consertou, reparou os contatos e eu o conectei – e lá estava aquele som. É com ele que estou tocando agora, juntamente com um Dumble, e tenho conseguido extrair o melhor de ambos.

O fato é que, depois disso, Randy voltou a produzir aquele modelo antigo e também aquele design. Ele fez mais de setecentos amplificadores Boggie com capa de pele de cobra. Em seguida, nós dois os autografamos, e agora todo mundo quer ter um. Eles estão vendendo feito água no Japão. Então, por favor, não venham me dizer que as coisas têm um custo inviável.

Em 1981, parecia que o espírito dos anos 1960 havia abandonado os Estados Unidos e se mudado para o exterior – aquele foi o ano em que a Santana tocou no festival Live Under the Sky, no Japão, um evento que uniu o rock e o jazz. A Santana tocou, a banda V.S.O.P., de Herbie Hancock, tocou, e depois nós tocamos juntos, ao lado de Herbie e Tony Williams. O velho espírito do The Fillmore Auditorium estava vivo novamente – de qualquer maneira, lá no Japão.

Naquele momento, quando tudo nos Estados Unidos tinha ficado tão gigantesco e soava igual para mim, eu me sentia suficientemente à vontade para me expressar e chamar a atenção de Bill Graham sobre o que vinha acontecendo na indústria musical. Se ele podia andar por aí com uma prancheta fazendo anotações sobre o meu show e me criticando – bem, aquilo deveria funcionar nos dois sentidos. Pelo menos tínhamos esse tipo de relacionamento. Então, eu perguntei: "O que aconteceu com você, cara?"

"Como assim, o que aconteceu comigo?"

"Você costumava colocar Miles Davis, Buddy Rich e Charles Lloyd no mesmo programa que as bandas de rock. Você abria a consciência de todos e nos mostrava que havia uma grande música rolando, e que ela não se restringia meramente àquilo que estávamos ouvindo nas rádios. Mas agora você parou de fazer isso."

Ele abaixou o olhar. "Bem-observado." Ele havia parado de realizar shows em salões de baile e em teatros, e tinha começado a divulgar estrelas como Peter Frampton.

"Desculpe, mas por que os músicos de jazz não estão mais participando dos programas?", perguntei. Ainda era possível recriar aquele espírito do The Fillmore – essa foi a minha mensagem para Bill. Sim, eu sei – a indústria havia mudado. Mas Bill foi o responsável por construir a indústria e dar o exemplo, e ele ainda tinha esse poder.

Tenho orgulho de todos os álbuns da Santana gravados nas décadas de 1980 e 1990. Cada um daqueles discos capturou um momento no tempo; eles são como instantâneos de onde eu estava e o que eu estava ouvindo na época. Cada um deles tinha um caráter reconhecível. Com cada álbum da Santana eu aprendi a estar presente e disponível – ouvir bastante e me mostrar aberto não apenas aos músicos e à música em si, mas também aos produtores, porque a Santana é como o Raiders ou o Seahawks – uma equipe. Talvez eu esteja no comando, mas a Santana é um projeto coletivo, que inclui muitas energias, almas e aspirações. Temos de levar a nossa música para fora do estúdio, viajar com ela e tocá-la noite após noite – talvez nem todas as canções, mas só é possível descobrir isso avaliando a sensação que elas provocam e como são recebidas pelo público depois que o álbum é lançado.

Quando fiz os meus próprios álbuns, minha única responsabilidade era comigo mesmo – os projetos eram exclusivamente meus. Em 1982 fiz *Havana Moon* por conta própria, como Carlos Santana, com produção de Jerry Wexler. O álbum surgiu a partir da ideia de que Chuck Berry escrevesse a canção-título, com uma arquitetura familiar ao rock and roll, inspirando-se em T-Bone Walker e Nat King Cole, especialmente "Calypso Blues", de Nat, em que ele cantava como se tivesse nascido na Jamaica, acompanhado apenas por um instrumentista de conga. Meu pai tocou e cantou em *Havana Moon*, e nós gravamos a canção favorita de minha mãe, "Vereda Tropical". Também tive a colaboração do fabuloso organista e arranjador Booker T. Jones, bem como de um dos meus vocalistas favoritos, Willie Nelson.

O compositor Greg Brown escreveu uma canção que Willie iria cantar, chamada "They All Went to Mexico", e quando ouvi a letra "I guess he went to Mexico" (Acho que ele foi para o México), pensei: "Epa! Isso lembra as coisas que Roy Rogers ou Gene Autry costumavam cantar; é como as citações a 'South of the Border' que Wayne Shorter faz em seus solos." Foi aí que me dei conta de que a maioria dos meus amigos enxergava alguma coisa sobre o México que era diferente do que eu via. Mas eu ainda estava próximo àquilo tudo. Cresci em Tijuana, de modo que várias coisas a respeito do México não me pareciam tão bacanas assim. Mas os outros viam alguma coisa boa no país, e eu estava tentando perceber isso e me perceber a partir de um prisma diferente também. Além disso, comecei a pensar que Willie vinha do Texas, cujo território havia pertencido ao México, e, assim, o México também fazia parte de suas raízes. Então eu pensei: "Tudo se conecta – todos nós somos parte disso. Vamos fazer essa canção."

Tenho que agradecer a Willie Nelson por ajudar a fazer minha cabeça em relação àquela melodia. Dois anos mais tarde, depois que Deborah e eu fomos abençoados com Salvador, fui visitar o México sozinho, e a verdadeira reconexão começou.

Como resultado de *Havana Moon*, também descobri Jimmie Vaughan, cuja forma de tocar eu simplesmente adorava. Jimmie e sua banda, The

Fabulous Thunderbirds, eram capazes de tocar shuffles como ninguém, e Jimmie dominava aquele estilo do Lightnin' Hopkins e de Kenny Burrell à perfeição. Nos aproximamos imediatamente, e ele ficava me dizendo: "Espere até você ouvir o meu irmão."

Quando conheci Stevie Ray Vaughan, em 1983, ele tinha um quê de superioridade. Ele tentou me desafiar: "Eis aqui a minha guitarra; me mostre alguma coisa." Mostrar-lhe alguma coisa? Olhei bem nos olhos dele e disse que ele podia guardar a sua arma. "Eu amo o seu irmão, eu amo você, e amo o que vocês amam. Vamos começar assim." Ele parou de imediato e se desculpou: "Sinto muito, senhor." Eu disse que ele não precisava me chamar de senhor, mas que não viesse com aquela atitude.

Assim como aconteceu com Jimmie, desenvolvi uma estreita conexão com Stevie desde o início – ambos tínhamos uma incrível e profunda devoção à música que chamamos de blues. Quando eu digo "profunda", estou querendo dizer que ela vinha de dentro do coração. Stevie Ray conhecia o blues, e era possível perceber isso em sua música, da mesma forma que, antes dele, era possível perceber na música de Eric Clapton, Jeff Beck, Jimmy Page e Peter Green. Agora, dentre muitas outras, existem pessoas que mantêm a chama acesa, como Gary Clark Jr., Derek Trucks, Susan Tedeschi, Doyle Bramhall II e Warren Haynes.

O que era bastante diferente no caso de Stevie Ray é que ele não se limitava a tocar apenas o sabor do blues, como muitos outros vinham fazendo naquela ocasião. Talvez seja possível fazer isso com alguns tipos de música, como o "lite rock", o "soft rock" ou o "smooth jazz", mas não com o blues. Para que ele soe verdadeiro, é preciso estar totalmente imerso nele. Acredite em mim, Stevie Ray estava totalmente imerso. Cara, sinto falta dele.

No outono de 1982, Deborah e eu fomos para o Havaí, e nossos pais também foram conosco. Um dia, na frente de todos, minha mãe disse a Deborah: "Sonhei que você estava grávida." Lembro que meu pai a repreendeu severamente por falar isso em voz alta na frente de todos e por colocá-la na berlinda. Minha mãe reagiu: "Como assim? Eu não posso contar a alguém sobre um sonho que tive?" As mães mexicanas levam os seus sonhos muito a sério – acho que é assim que eu entendo.

No fim, descobrimos que Deborah já estava grávida de dois meses – ela me perguntou como minha mãe poderia saber. "Ela ficou grávida 11 vezes – ela sabe." No mês de maio seguinte, quando voltei para casa depois de uma longa turnê pela Europa, Salvador nasceu. E, de repente, eu havia me tornado pai.

Acredito que Salvador foi o ápice de incontáveis anos de orações de ambas as nossas mães. Ele também surgiu de um desígnio divino. Deborah e eu meditávamos e pedíamos que uma alma especial fosse selecionada e, em seguida, cada um de nós tomava um banho e íamos para o quarto. Salvador foi concebido com intencionalidade divina. Todos os nossos filhos foram.

Anos mais tarde, contei a Sal – algumas vezes – como ele veio ao mundo, e quanto mais velho ele ficava, mais ele entendia. A primeira vez foi quando ele tinha apenas 5 ou 6 anos de idade, e estava frequentando uma escola pública. Deborah e eu sabíamos que poderíamos nos dar o luxo de colocá-lo em uma escola particular, mas queríamos que ele tivesse uma experiência integral com outras culturas e outras pessoas, sem separações motivadas por quaisquer privilégios. Sal era muito inteligente – ele entendeu o que estávamos tentando fazer, e concordou com isso. Quando não entendia alguma coisa, ele perguntava.

Um dia, cheguei em casa e Deborah me disse: "Seu filho quer falar com você", uma espécie de código para "Não vai ser nada fácil". Ele tinha ouvido algumas palavras ríspidas na escola – uma em particular –, e tinha certeza de que aquilo estava errado por algum motivo, mas ele não queria falar sobre aquele assunto com a mãe. Perguntei a Salvador que palavra era. "Parecia 'roda', mas começava com um *f*."

Fiquei orgulhoso pelo fato de Sal descobrir uma maneira de dizer a palavra sem dizê-la. Expliquei-lhe que era uma palavra feia para algo que poderia ser muito bom, e esse "algo" era parte da razão pela qual ele estava aqui. Eu disse: "Sua mãe e eu – nós oramos por você, nós acendemos uma vela, nós meditamos, nós pedimos por sua alma, e então fomos para a cama e fizemos amor, e foi assim que você chegou. Você foi feito com amor. E isso é o oposto dessa palavra." Lembro que Sal olhou para mim com a cabeça inclinada para um lado. "Ah, tá. Obrigado, papai."

Então ele pensou por um segundo. "Mas o que é que isso significa?"

"Você vai ter que descobrir isso sozinho quando tiver idade suficiente, filho."

* * *

Aconteceu três vezes – e foi quase sempre da mesma forma. Deborah ia para o hospital primeiro e eu chegava lá e encontrava os meus pais e os meus sogros à espera. Então, a enfermeira viria com o bebê enrolado em um cobertor, e todos nós nos aglomerávamos para dar uma espiada. A primeira coisa que víamos eram os olhos, brilhando como diamantes. Todos os nossos filhos – Salvador, em 1983, Stella, em 1985, e Angelica, em 1989 – nasceram com os olhos abertos. Eles eram tão puros! – todos nós olhávamos para Deborah e dizíamos: "Bom trabalho, mamãe." Todas as vezes eu tinha de ir até o carro e tomar um pouco de ar fresco, porque a experiência era intensa demais. Eu ficava sozinho, sentado tranquilamente, e aos poucos eu começava a ouvir uma canção.

Toda criança traz uma canção consigo. Cabe aos pais ouvi-la e arrumar um gravador, uma caneta ou algo assim, e registrá-la. "Blues for Salvador", "Bella" para Stella e "Angelica Faith" – cada um dos nossos filhos tem uma música especial, quer tenha sido escrita logo após o nascimento ou aparecido depois. Você olha para a criança e simplesmente ouve a melodia. Provavelmente, algumas das minhas melhores melodias se perderam enquanto eu ficava compondo uma música para cantar para os bebês – com o objetivo de interromper o choro deles e fazê-los adormecer novamente.

Às 3 horas da manhã, quando o bebê não consegue parar de chorar e a mãe já está exausta, em sono profundo – simplesmente apagada –, é a sua vez. Foi assim que aprendi a segurar os bebês com firmeza e segurança, de barriga para baixo, e eles conseguiam relaxar. Isso ajudava fazê-los para de chorar. Tínhamos um boneco joão-bobo, que, por mais que, empurrássemos, ele sempre voltava a permanecer de pé. Sem querer, esbarrei no boneco uma vez e o bebê parou de chorar, esperando para ver o que aconteceria. Transformamos aquilo em um jogo, e funcionava quase sempre, pelo menos para quebrar o ritmo do choro. Qualquer pai pode ser criativo utilizando coisas tolas que estão pela casa.

Antes mesmo de Sal nascer, Deborah e eu concordamos que, depois que ele chegasse, eu nunca mais me afastaria de casa por mais de quatro semanas – cinco semanas, no máximo. Cinco semanas e eu voltaria para casa, sem exceções. Aquele seria o tempo dedicado ao convívio familiar.

O tom universal

Talvez eu pudesse fazer algumas gravações, mas apenas em São Francisco, e fizemos questão de manter esse acordo. Com isso, eu não perderia nem os aniversários nem as formaturas. Temos um monte de vídeos da família em que eu apareço – e tenho muito orgulho disso.

Sal tinha apenas alguns meses de idade quando o levamos ao Japão, no verão de 1983, e ele ficou muito feliz em sua primeira visita àquele país. Em seus primeiros anos de vida, ele era um menino grande, bem rechonchudo. Ele parecia um lutador de sumô. O Sr. Udo foi prestativo, mas Deborah e eu ficamos em constante estado de alerta, tanto por conta dos horários malucos quanto pelo fato de termos nos sentido mal por alguns dias. E aí pensamos em todos os germes que poderíamos pegar ao viajar de avião. Coisas de pais inexperientes. Nós dissemos: "Não vamos mais fazer isso." Mas quando os nossos dois próximos filhos nasceram, continuamos carregando-os conosco o máximo possível, até eles entrarem na escola. Eu queria que eles vissem o pai deles trabalhando, que compreendessem o que ele estava fazendo quando não podia estar em casa com eles – queria que eles vissem o mundo.

Fiquei impressionado, mas isso não deveria ter me surpreendido. Assim que as crianças vieram, a família também passou a vir. Minha mãe aparecia por lá, minhas irmãs e meus irmãos iam ajudar, e Deborah, é claro, teve o apoio de sua mãe, seu pai e sua irmã, a quem as crianças adoravam. Eles gritavam "Tia Kitsaun" cada vez que a viam. Não muito tempo depois do nascimento de Stella, decidimos voltar a Marin County, para ficar mais próximos da família e dos amigos. Também era preciso pensar nas escolas. Tudo isso me aproximou mais dos meus pais e me fez refletir sobre o fato de que meu filho era parte de seu legado.

Em 1985, Salvador tinha quase três anos, e Deborah e eu visitamos o México incógnitos – o meu cabelo ainda estava muito curto, e por isso ninguém me reconheceu. Devo dizer que um dos maiores luxos da vida é ser um rosto anônimo na multidão. A maioria das pessoas deveria levar isso a sério. Tínhamos decidido acompanhar minha mãe na visita que ela faria aos seus parentes em Cihuatlán, e então, já que estávamos mesmo em Jalisco, tomamos a decisão precipitada de visitar minha cidade natal, Autlán. Contratamos um motorista, mas por algum motivo levamos quase um dia inteiro para chegar lá – quatro horas para ir e seis horas para voltar.

Encontramos várias pessoas que se lembravam de minha mãe. Eu ainda era criança quando saí de lá. Sal era apenas um bebê, mas estava começando a crescer, e tinha pés grandes naquela época. Ele ainda tem – tamanho 48, maiores do que os de Michael Jordan. Sei disso porque, quando era adolescente, Sal passou algum tempo no acampamento de basquete de Michael, nas férias de verão. Às vezes eu me lembro de uns detalhes meio malucos.

Sal ficou passando de mão em mão pela cidade inteira, como se fosse o primeiro bebê que eles já haviam visto na vida, até o ponto em que Deborah e eu começamos a ficar paranoicos. "Ei, onde está o nosso bebê?"

Autlán era muito menor do que eu me lembrava, o que, obviamente, é normal, porque *eu* era muito menor da última vez que tinha estado lá. Ela parecia o que era – uma cidade pequena, ou uma grande aldeia. Beijei a testa da minha mãe, beijei as suas mãos. Naquele momento, comecei a perceber claramente o que ela havia feito por nós. Eu estava lhe agradecendo por ter nos retirado daquela cidade e nos levado a um lugar onde havia mais oportunidades e melhores possibilidades. Não se trata de um comentário depreciativo ou negativo acerca de Autlán. Visitei a cidade novamente, e tenho orgulho de chamá-la de minha cidade natal. Trata-se da imensa convicção de minha mãe em nos levar para muito longe dali e em mudar o destino de toda a nossa família – tudo por causa de uma única decisão que ela tomou.

CAPÍTULO 19

Angelica, Salvador e Stella, 1990

Eu o chamo de ritmo doméstico, e é algo com que muitos músicos têm problemas. Mas, a meu ver, qualquer pai que precise viajar muito tem que aprender a lidar com isso. Eu toco nesse assunto o tempo todo quando estou com outros músicos: "Ei, cara, como vai o seu ritmo doméstico?" Eles ficam olhando para mim — alguns entendem, outros perguntam: "Ritmo doméstico? Como assim?"

"Há quanto tempo você está longe de casa?"

"Ah, isso."

Hoje em dia, mesmo com os meus filhos crescidos, e tendo Cindy como minha companheira, eu ainda me esforço para manter o equilíbrio entre o ritmo doméstico e os outros ritmos da minha vida, como a música, os shows, as viagens e as gravações. Do ponto de vista da música, é bastante simples — uma vez que a música esteja pronta, tudo o que você tem a fazer é dar as caras e empenhar-se ao máximo com a banda. Porém, aprendi desde cedo com a minha família que, ao voltar para casa, era preciso fazer muito mais do que dar as caras. Eu precisava estar disposto a me transformar em um esfregão, um espanador, um limpador de tapete, uma escova de cabelo ou uma sanduicheira. Eu precisava estar disposto a empregar a mesma energia, o mesmo cuidado e a mesma motivação em minha vida com Deborah e com as crianças que eu empregava em um grande solo de guitarra.

Lembro de como meu pai se comportava quando regressava para casa depois de passar meses afastado. Havia toda aquela loucura acontecendo ao seu redor, as crianças entrando e saindo, e ele encontrava um lugar no piso duro e simplesmente se espreguiçava. Era uma espécie de yoga mexicana — ele estendia os braços e as pernas e, em seguida, agitava os dedos. Uma vez, depois de uma longa turnê, tentei fazer isso, porque parecia que as paredes continuavam girando sem parar. No fim, acabou funcionando — as paredes pararam de se mexer, e eu estava lá, pronto para me levantar, oferecer ajuda e dizer: "Tudo bem, em que posso ajudar?" ou "O que eu posso fazer?", ou apenas pegar o lixo e levá-lo para fora.

O tom universal

Acho que muitas pessoas, e não somente os músicos, não se sentem suficientemente seguras em sua paz interior para administrar a loucura do ritmo doméstico – as crianças gritando; os pais e os familiares aparecendo sem avisar. Os parentes costumam ser bem-intencionados, mas, às vezes, as suas visitas podem exercer uma pressão considerável. No entanto, esse é o ritmo que você mais deveria apreciar – integrar-se a ele e deixá-lo acontecer.

Os primeiros anos com as crianças foram divertidos, e as visitas da família – meus pais, irmãs e irmãos e sogros – foram uma experiência diferente para mim. Eu nunca havia pensado na família daquela maneira. Ao longo do processo, cada uma das etapas vencidas pelas crianças representou uma coisa nova – aprender a andar, a ingerir alimentos sólidos, a falar –, e foi incrível acompanhar o desenvolvimento de suas personalidades.

Nós os levávamos em nossas viagens sempre que possível – lembro de uma vez em que Sal já estava na segunda série, Stella tinha acabado de entrar na escola e Jelli era bem pequena, e todos nós viajamos juntos para a Europa. Fomos para a Suíça, onde Claude Nobs se mostrou um extraordinário anfitrião; depois para Londres, onde as crianças gostaram muito de passear nos grandes táxis da cidade; e, em seguida, para Roma. Mas havia também o outro lado das turnês – a tristeza quando as crianças entendiam que não poderiam seguir com o pai, e eu já estava me preparando para sair, esperando pelo carro que viria me buscar. Cada vez que isso acontecia, todos corriam, pegavam seus lápis de cera e uma folha de papel e começavam a desenhar, uma tarefa na qual eles se concentravam bastante, para não terem de lidar com o sentimento de separação. Nunca vou esquecer o som de seus rabiscos, feitos com tamanha força e atenção. Era a maneira que eles encontravam de dizer: "É doloroso vê-lo partir, então, nós não vamos esperar aqui ao seu lado, nem vamos olhar para você. Tchau!"

Droga! É claro que isso me fazia lembrar do fato de que meu pai vivia viajando quando eu era criança, e de quanto aquilo era desconfortável para mim. "Onde ele está? Quando vou vê-lo novamente? Fiz alguma coisa errada para que ele fosse embora?" Sei que as crianças têm o hábito de culpar a si mesmas quando os pais não conseguem estar presentes. Eu não queria isso para os meus filhos, e então eu conversava com eles e explicava o que o papai precisava fazer. Nenhuma turnê duraria mais de quatro semanas – e, no meio das turnês, eu chegava até mesmo a entrar em um avião e voar de volta para casa nos aniversários, formaturas e ocasiões especiais. Decidi que faria tudo o que eu pudesse para vê-los, tanto quanto possível. Quando o carro que me levaria ao aeroporto chegava, eu ia até cada um deles e lhes dizia novamente o quanto os amava.

Enfrentamos essa situação inúmeras vezes. Em meados dos anos 1980, a Santana passou a excursionar bastante, acompanhando outros espetáculos de grande porte. Costumávamos abrir as apresentações dos Rolling Stones, e sempre fui grato por tais oportunidades. Bill Graham organizou muitas daquelas turnês, e todas foram experiências excelentes e memoráveis – incluindo a de 1984, quando a Santana abriu os shows de Bob Dylan. Eu adorava aquela banda da Santana de meados dos anos 1980. Era uma banda poderosa e divertida, e quando ela começava a tocar, nós dizíamos: "Caramba!" Aprendi muito com todos eles.

No baixo, contávamos com Alphonso Johnson, que se juntou a nós em 1983, com as doses ideais de versatilidade e experiência que a Santana necessitava naquele momento. Ele havia tocado com Billy Cobham e Phil Collins, e era um cavalheiro perfeito, da melhor categoria. Eu o ouvi pela primeira vez quando fui assistir a um show da Weather Report em 1975, no Berkeley Community Theatre. A banda era fluida e vigorosa, mas o cara do baixo me deixou simplesmente arrepiado. Qual é o mistério dos baixistas de Filadélfia? Stanley Clarke, Victor Bailey, Jimmy Garrison, Reggie Workman e Jaco Pastorius nasceram lá.

Alphonso é inteligente e caloroso, e era possível perceber isso em sua forma de tocar. Ele ficou conosco por alguns anos – e teve vários momentos esplendorosos com a Santana, mas eu recomendaria que você começasse ouvindo "Once It's Gotcha", de *Freedom*.

David Sancious também fazia parte daquela banda. Eu o admiro muito. Ele se enquadra perfeitamente na mesma descrição de Alphonso – um cavalheiro, com um grande espírito e sem nenhum tipo de impedimento. Além de ser um tecladista maravilhoso, é um ótimo guitarrista. Ele não tinha medo de conectar uma Marshall e tocar com o coração. Acho que ele se parece com Coltrane. Sancious poderia desempenhar o papel de Trane em um filme – ele tem aquela característica estrondosa e, ao mesmo tempo, serena.

Tivemos dois Chester Thompsons. Um deles era o incrível Chester C. Thompson na bateria, que havia tocado na Weather Report com Alphonso e, posteriormente, na Genesis. O outro Chester Thompson tocava órgão, piano e sintetizadores, e, assim como Ndugu, foi de vital importância para o som da banda no fim dos anos 1970. Esse cara ajudou a definir os rumos da Santana em meados dos anos 1980 e nos 25 anos seguintes. Se você quiser saber quem ele é, confira seu solo de órgão em "Victory Is Won", a canção que escrevi para o arcebispo Desmond Tutu. Chester e eu tocamos a música pela primeira vez para o próprio Tutu, quando ele esteve em minha casa, em 2001.

Conheci Chester – todo mundo o chama de CT – por volta de 1977 ou 1978, quando eu estava fazendo uma série de gravações em estúdio em São Francisco, experimentando coisas diferentes, não necessariamente para incluir nos álbuns. Lembro que foi muito fácil estabelecer uma conexão e tocar com ele, mas naquela época ele estava na Tower of Power, de modo que não pensei mais nisso. Em torno de 1984, depois que Tom Coster deixou a Santana, voltei a pensar em CT. Percebi que eu não tinha nada a perder, e então perguntei se ele estaria interessado em se juntar à Santana, e ele concordou.

CT entrou na Santana com algumas das coisas que eu mais amo: um pouco de McCoy Tyner, um pouco de Herbie Hancock, muita música de igreja e bastante alma. Eu sabia que ele se encaixaria imediatamente, porque é isso o que a música pede – se você vai cozinhar uma bouillabaisse, terá de saber quais ingredientes precisam ser colocados na panela. Com CT havia muita camaradagem. Poderíamos ficar batendo papo até as 6 horas da manhã depois de fazer um show, simplesmente conversando sobre as músicas que adorávamos. Acho que nunca me aproximei tanto de nenhum outro tecladista da Santana, à exceção de Gregg Rolie.

Eu precisava de alguém na banda que tivesse ideias diferentes das minhas. Eu vinha em busca de alguém que me desse um contraponto a respeito das coisas; eu não queria ter que ficar alimentando sempre os outros. Depois de apenas alguns shows, eu poderia dizer que CT se sentia à vontade no intercâmbio de ideias, e ele tinha um monte de coisas para oferecer em troca. Eu também sabia que todas as vezes que ele partia para um solo ele simplesmente arrasava. Pode-se perceber isso em músicas como "Wings of Grace" e "Hong Kong Blues". No palco, ele ganhava um outro aspecto, quase como se estivesse possuído, e eu dizia a mim mesmo: "Cara, *é isso* o que eu quero na minha banda." E foi assim que ele acabou assumindo o seu lugar; e embora os nossos álbuns se mantivessem fiéis ao formato das canções, no palco ele gostava de ir além, e eu também. Mesmo com toda a sua intensidade, ele tornou as coisas muito fáceis durante as turnês, porque é muito estável – eu nunca o vi tendo um acesso de raiva ou fazendo qualquer coisa de forma desesperada ou frenética. CT permanecia sereno e tocante, e eu gostava disso.

Também era muito fácil compor com CT – criamos canções como "Goodness and Mercy" e "Wings of Grace" instantaneamente. "Brotherhood" – do álbum *Beyond Appearances*, de 1985 – foi composta por CT, por mim e Sancious. Por alguma razão, Miles se afeiçoou bastante àquela canção, com sua linha sincopada e sua mensagem evangelizadora. "Sério, Miles?" Ele aproximou o seu rosto do meu e disse: "Sim, e você nem sequer é negro."

Em 1987, gravamos o álbum *Freedom*, e aquele título (Liberdade) se relacionava intimamente com as coisas que estavam acontecendo na época, como Buddy Miles saindo da cadeia e recomeçando sua vida em Bay Area. Ele cantou lindamente em algumas das faixas, incluindo "Mandela", escrita por Armando; logicamente, naquela ocasião, o mundo inteiro estava voltado para a África do Sul, se perguntando: "O que podemos fazer para acelerar as mudanças no sistema do apartheid e retirar Nelson Mandela da prisão?"

Era como se, por um instante, tivéssemos regressado aos anos 1960, um período em que sentíamos que a música poderia fazer as coisas evoluírem. Foi aí que, realmente, os shows da Santana voltaram a ser mais socialmente responsáveis, e eu lembraria às pessoas da plateia que elas eram gigantes capazes de ensejar milagres e bênçãos. Usávamos camisetas com as estampas de nossos heróis e anunciávamos que nenhuma mulher e nenhum homem seriam livres até que todos nós fôssemos livres, como tinha dito Martin Luther King. Pedi que a equipe de som compilasse canções específicas – canções com mensagens – e as colocassem para tocar nas instalações sonoras antes e depois dos nossos shows, a fim de potencializar o sentido para o público.

Além disso, *Freedom* foi especial porque Graham Lear havia retornado, e Tom Coster também, ainda que por pouco tempo – portanto, tínhamos TC e CT juntos. Na turnê de *Freedom*, em 1987, reduzimos a equipe da

O tom universal

banda a Alphonso, CT, Graham, Armando e Alex, com Orestes Vilató e Raul Rekow na percussão. Viajamos para muitos lugares da Europa nos quais já havíamos estado antes, e para outros aos quais ainda não havíamos ido, como Berlim Oriental, tendo Buddy Miles como convidado especial, e Moscou, onde realizamos um histórico concerto soviético-americano, ao lado de The Doobie Brothers, Bonnie Raitt e James Taylor. Lembro que Steve Wozniak patrocinou o show, e pelo fato de ele ter ocorrido no dia 4 de julho foi batizado de Interdependence Concert – Give Peace a Chance (Concerto da Interdependência – Dê uma Chance à Paz).

Lembro, ainda, que Deborah conhecia uma pessoa que tinha sido sua colega de escola e integrado os movimentos revolucionários dos anos 1960, e que estava morando em Moscou. Ela quis pegar um táxi sozinha no meio da noite para visitar sua amiga, e foi o que ela fez. Essa é uma característica de Deborah – é muito corajosa. Há um vídeo meu conversando com um grupo de russos através de uma cerca, e alguns deles eram suficientemente jovens para terem crescido ao som de "Black Magic Woman" e *Abraxas*. Eles me contaram que nossa música havia causado enorme impacto sobre a consciência das pessoas, ajudando-as a superar momentos difíceis.

Em Moscou, o show começou com uma banda marcial russa tocando "When the Saints Go Marching In"; depois, algumas bandas russas entraram em cena, seguidas por Bonnie Raitt, James Taylor e The Doobie Brothers, de modo que, aos poucos, a apresentação foi aumentando de intensidade. No momento em que começamos a tocar, a multidão já estava flutuando, e nós navegamos naquela energia, cara. Nós nos saímos tão bem que quando tocamos a última nota e estávamos deixando o palco começamos a ouvir os urros do público, com alguns gritos entrecortados – "Santana! Santana!! Santana!!!" Lembro que Bonnie ficou olhando para mim depois, sem dizer uma só palavra, apenas balançando a cabeça.

Um dos maiores elogios que já recebi veio de Bonnie, depois de algum outro concerto do qual participamos.

"Ei, Carlos!"

"Oi, Bon!"

"Arranjei um novo nome para você – Destemido! Você não tem medo de tocar nem com Buddy Guy, nem com Ry Cooder, nem com Ray Charles, nem com ninguém."

Eu disse: "Obrigado, Bon!"

Por que eu deveria ter medo? Não estamos nos Jogos Olímpicos, e não estamos em uma luta de boxe. É assim que eu ainda me sinto – tocar música deveria ser uma situação em que todos pudessem sair ganhando.

Em Berlim Oriental, percebi que a banda estava com uma energia diferente daquela que os russos haviam acabado de ver. A música realmente é capaz de quebrar barreiras. O país estava começando a se abrir de verdade naquela época – acho, inclusive, que eles tiveram de recuperar o atraso com mais rapidez do que esperavam.

Naquela turnê, a Santana tocou pela primeira vez em Jerusalém – a cidade em que Jesus pregou e onde acabou enfrentando problemas. Todas as histórias da Bíblia que eu costumava ouvir em Autlán sobre aquela cidade me vieram à memória, e, de fato, havia algo de especial ali. Lembro de acordar de manhã e ver o sol nascer, assim como vinha fazendo há milhares de anos, e era uma cena belíssima. Depois, observando o crepúsculo, era impossível não se perguntar por que as pessoas tinham tantas divergências naquela terra. Saí para dar uma volta e percebi que, por um lado, Jerusalém é um lugar infinitamente sagrado e histórico, mas, por outro, é igual a inúmeras outras cidades em outras partes do mundo – vendedores ambulantes, mercados e pessoas que passam agitadas umas pelas outras, simplesmente tentando seguir adiante com suas vidas. Partes daquela cidade são tão puras e espiritualizadas quanto o banco traseiro de um táxi da cidade de Nova York. Fiquei pensando que realmente não importa onde você está quando se trata do reino invisível – é o que você leva em seu coração que pode transformar aquele lugar em um espaço divino e santificado.

E quanto a todas aquelas datas na União Soviética e em Israel? Foi obra de Bill Graham – ele organizou tudo aquilo. Ele vinha promovendo uma série de turnês internacionais. No ano anterior, havia concebido a turnê da Anistia Internacional, que, supostamente, deveria remontar aos velhos tempos do The Fillmore – rock, jazz, música africana, música latina. Todos os gêneros, multidimensional. E muitas atrações principais, incluindo Peter Gabriel e Sting. Toquei em um daqueles concertos – na arena Meadowlands, em Nova Jersey –, mas sem a minha banda. Tudo bem – foi a única vez que toquei com Miles.

Sendo quem eu era e quem ainda sou, tive uma conversa com Bill antes do início da turnê, a respeito dos nomes que ele estava convidando. "Por que você não se esforça para colocar Miles Davis na turnê da Anistia Internacional?"

Ele reagiu: "O quê?"

"Faça a mesma coisa que você fez em Woodstock – diga que se eles quiserem sua ajuda, eles têm de colocar Miles no show."

Longo silêncio.

Algum tempo depois, eu estava em turnê na Austrália, quando o telefone tocou no quarto do hotel – eram 4 horas da manhã, horário de Nova York. "Olá, Bill. Como vai?"

"Miles vai tocar."

"Puta merda, Bill! Você conseguiu!"

"Mas eu preciso de você aqui, e não tenho condições de pagar um cachê para você tocar com a sua banda toda, porque já gastei todas as minhas fichas com Miles. Você pode vir sozinho?"

Aquela foi a minha recompensa por interceder em favor de Miles. É claro que eu iria. Voei da Austrália para Honolulu e, em seguida, de Honolulu para São Francisco. Peguei Deborah, voei para Nova Jersey, e fomos para a Meadowlands. Quando cheguei lá, Bill disse: "Você vai tocar com Ruben Blades, Fela Kuti e The Neville Brothers." Sem problemas. "E com Miles."

Um momento. "Bill, eu vou tocar com Miles?"

"Sim, e daqui a meia hora com o Ruben. Miles quer vê-lo no camarim." Foi uma coisa épica. Será que Miles tinha pedido para eu tocar com ele? Por que ele não mencionou isso antes?

Eu estava com sérias dificuldades por conta das alterações de fuso horário. Meus globos oculares estavam vermelhos, e meu cérebro simplesmente não estava funcionando direito. Quando entrei em seu camarim, encontrei Miles em um estado que eu nunca tinha visto antes. Ele ficou olhando de soslaio para mim. Analisou os meus sapatos e minha camisa, me agarrou pelas calças e disse: "Você está tentando até mesmo se vestir igual a mim, que merda!" Eu falei: "Como assim?" E aí ele começou a me repreender severamente, dizendo que eu estava interessado apenas em seguir os passos dele. Cheguei à conclusão de que talvez ele estivesse pensando que eu havia arranjado aquele show só para poder tocar com ele.

Antes que ele fosse longe demais, eu disse: "Olha, cara. Eu não preciso tocar com você. Pedi a Bill Graham para convidá-lo porque achei que essa coisa não estaria completa sem você. Seja lá o que ele tenha dito a você, não fui eu que impus as condições." E dei o fora dali.

Uau! – é isso aí, era assim que eu me sentia ao entrar em contato com o lado ruim de Miles. Achei que, pelo menos, ele me concederia o benefício da dúvida. Eu estava ao seu lado. Ele deveria saber disso.

Apenas alguns anos antes ele me ligou. "O que você está fazendo?", perguntou.

"Ouvindo um CD, Miles – *Thriller.*"

"O que é isso?" Eu falei a respeito daquele novo formato – discos compactos – e sobre o novo álbum de Michael Jackson que estava fazendo todo mundo pirar, e que tinha sido produzido por Quincy. "Não consigo parar de ouvir uma música chamada 'Human Nature'." Só sei dizer que, logo depois, Miles a gravou em *You're under Arrest* e começou a tocá-la em seus concertos todas as noites.

Eu precisava me preparar para tocar – mesmo que Miles estivesse ressabiado e que aquilo fosse resultar em algo um tanto embaraçoso. Eu estava esperando perto do palco, e pouco antes de chegar minha vez de tocar me passou pela cabeça que eu deveria verificar a afinação da guitarra. Ela havia sido ajustada pelo técnico de guitarra, mas tinha ficado lá sozinha, com uma porção de gente circulando pelo palco, e sabe-se lá o que foi que aconteceu, mas ela estava totalmente desafinada. No vídeo daquele set, na hora de eu entrar, apareço de pé, com o público atrás de mim. Eu estou de costas para a plateia, voltado para a câmera, porque ainda estava segurando a guitarra na altura do meu rosto, tentando ajustar as cordas. Assim que terminei de afiná-la, já estava na hora de tocar. Eu me virei e comecei a avançar cautelosamente, porque a energia era muito intensa! Então, acertei a nota e simplesmente arrasei. Mais tarde Deborah veio até mim e disse: "É isso o que eu quero ouvir! Por que você não faz isso o tempo todo?" Ela costumava me dizer esse tipo de coisa de vez em quando.

Tocamos "Burn", e achei que havia me saído bem, mesmo estando tão afetado pelas mudanças de fuso horário – eu me sentia realmente esgotado. Quando estávamos saindo do palco, Miles já era uma pessoa inteiramente diferente. "Ei! Como foi para você?"

"Foi ótimo, Miles; foi realmente uma honra tocar com você."

Cara, pensei que Miles ia me esculhambar novamente. Naquele dia, antes de tocarmos, pela primeira e única vez ele havia me tratado de modo hostil. Mais tarde percebi que ele estava simplesmente nervoso com a perspectiva de fazer um show tão grande quanto aquele.

"Ah, obrigado. Para mim, foi estranho. Não consegui ouvir merda nenhuma."

Eu disse: "Sabe, se isso acontecer comigo, vou me movimentar igual a um lutador de boxe até encontrar o ponto ideal em algum lugar entre o baixista e o baterista, e vou tocar um pouco de tudo o que sei tocar."

Vovó Jo, Deborah e Emelda, que era casada com Junior, primo de Deborah, começaram a levar as crianças, desde a mais tenra idade, a uma igreja em Oakland. Quando se vai a uma igreja negra e inflexível desse tipo, é preciso ir de uma determinada maneira e se portar de uma determinada maneira. Você aprende um código de comportamento. Sal tem esse temperamento eclesiástico dentro dele – e suas irmãs também, mas ao se referir a Sal os britânicos poderiam dizer: "Ele é *correto*." Lembro que todas as três crianças sempre agiram assim quando saíamos de casa – elas também agradeciam nos restaurantes. Quando você é pai, passa a observar o que as outras famílias fazem em público, e algumas vezes eu via umas crianças completamente descontroladas – em último grau, como a garota de *O Exorcista* –, e ficava feliz por não me sentir constrangido daquela maneira quando estávamos na rua.

Acho que Deborah é uma ótima mãe e eu sou um ótimo pai, e grande parte do nosso sucesso teve a ver com o estabelecimento de uma comunicação honesta e cristalina com todos os nossos três filhos, para que eles entendessem o que esperávamos deles. Em tudo o que fazíamos com eles, mantínhamos um sistema coerente de ética, de limites morais e de integridade. Nunca batemos nos nossos filhos, mas usávamos palavras e olhares para transmitir a mensagem de que eles precisavam ficar quietos e serem respeitosos. Quando eles ficaram um pouco mais velhos, passei a lhes dizer que se não chegássemos a um acordo em relação a alguma coisa eles poderiam levantar as mãos e nós iríamos dar uma volta e analisar a questão. "Vocês têm a opção de sair para passear e debater", era o que nós lhes dizíamos.

É claro que, quanto mais velhos eles ficavam, mais eles testavam os limites. Lembro de ter de dizer a um deles: "Sabe, eu passei muito tempo meditando e lendo livros de temática espiritual para aprender a ser pacífico e compassivo, mas vou jogar tudo isso pela janela da próxima vez que você desrespeitar sua mãe na minha frente!"

Deborah tinha o que ela chamava de varinha corretiva, que costumava guardar em cima da geladeira. Ela ficava lá, e as crianças sabiam que, caso fossem longe demais, ela não hesitaria em pegá-la. Eu realmente não me lembro de a varinha ter sido usada, embora ela a tenha retirado de cima da geladeira algumas vezes. Deborah e eu formávamos uma boa equipe, porque as crianças vinham até mim e diziam: "Mamãe falou que não tinha problema."

Os pais sempre cometerão erros, como todo mundo. Mas ambos aprendemos e nos aprimoramos ao nos tornar pais, e eles aprenderam que a estratégia usual de jogar um contra o outro não iria funcionar conosco. "Ah, é? Vamos lá pedir que mamãe mesmo me diga isso." Eles nos testavam, nós definíamos os limites, e embora houvesse uma grande margem de manobra, algumas coisas não eram passíveis de negociação.

Ninguém disse que ser pai não seria um desafio, mas posso assegurar que, além disso, foi e continua sendo divertido. Aprendi muito com os meus filhos, e uma das coisas mais importantes que aprendi foi como rir com eles e, por vezes, como rir de mim mesmo também. Lembro que Stella queria um cachorrinho Chihuahua – por favor, por favor, por favor –, e acabou ganhando um. É claro que não era apenas o seu cão, era o cão da família, mas quem é que iria alimentá-lo e adestrá-lo? Uma noite, cheguei em casa depois de um concerto, e Stella estava no sofá assistindo televisão com uma amiga. Jelli também estava lá. Eu me sentei e comecei a relaxar, mas, de repente, senti uma coisa quente e esquisita entre os meus dedos, e o cheiro me atingiu. Todo mundo olhou para mim. "Stella, isso é cocô de cachorro!" Ela ficou imóvel, simplesmente olhando para mim. "E é do *seu* cachorro!"

Nenhuma reação. Acontece que começou a ficar realmente fedorento, e eu me levantei, limpei o chão, limpei os dedos dos pés e esfreguei o tapete, sem conseguir acreditar naquilo, e, de uma hora para outra, deixei escapar: "Cara, eu *não* deveria estar aqui limpando cocô de cachorro! *Eu sou uma estrela do rock!*"

É evidente que eu não estava falando totalmente sério, mas ao mesmo tempo era exatamente o tipo de coisa que alguém esperaria ouvir de uma estrela do rock, e por isso foi engraçado, tanto por causa do que eu quis dizer quanto por causa do que eu não quis dizer. Houve um momento de silêncio e de atordoamento, e de repente Jelli começou a se esborrachar de rir, rolando no sofá, com lágrimas nos olhos. Em seguida, Stella, sua amiga e eu também começamos a rir, e em pouco tempo estávamos todos gargalhando com o que eu tinha dito e com a forma que usei para me expressar.

Desejo para os meus filhos as mesmas coisas que desejo para todas as pessoas que eu amo na minha vida – saúde, felicidade e paz de espírito. Essas, porém, são três coisas que jamais conseguirei lhes dar. Posso mostrar aos meus filhos o que são essas coisas e, talvez, o modo de alcançá-las, mas também faço questão de lhes dizer que caberá a eles mesmos obtê-las, mantê-las e, acima de tudo, apreciá-las.

A música continuou em frente, as crianças cresceram, e a disciplina espiritual também se manteve presente – nós nunca a abandonamos. Uma coisa que Deborah decidiu quando deixamos de seguir Sri Chinmoy foi que não recuaríamos em nossa corrida espiritual – nós éramos atletas, e não permitiríamos que nossa aspiração arrefecesse. A aspiração é a chama – o desejo de divindade. Deborah e eu resolvemos não perder nosso amor a Deus nem abdicar de nossos princípios e práticas – meditando na parte da manhã, comendo alimentos saudáveis e lendo livros de temática espiritual.

Longe de casa, em cada quarto de hotel que eu me hospedava, acendia um incenso e uma vela, fechava os olhos e dava um mergulho interno. Nos bastidores, em cada camarim que eu ocupava antes de entrarmos no palco, fazia o mesmo. Se alguém da banda quisesse me acompanhar, seria bem-vindo. Na maioria das vezes, a disciplina espiritual era sinônimo de autodisciplina. Não havia mais nenhum guru, mas eu ainda lia muitas coisas e obtinha uma série de orientações nos livros.

Eu tinha encontrado *O livro de Urântia* antes de conhecer Sri Chinmoy, e continuei recorrendo a ele depois de deixá-lo. Eu sempre ia em busca de livros que me proporcionassem uma sensação tangível da existência.

Continuo avançando, selecionando livros que me ajudem a ampliar minha própria percepção. Eu me descobria pensando em algo no aeroporto, pegava aquele monte de livros que havia colocado na bolsa e um título se destacava. "Ah, é exatamente disso que eu preciso." Eu entrava no avião e em algum capítulo lá no meio lia uma determinada coisa que era justamente o que eu precisava investigar e reconhecer imediatamente. "Vou aproveitar esta mensagem e viver com ela por uma semana."

Continuo encontrando esse tipo de livro hoje em dia. Esta é a minha estratégia: definir a intenção como se fosse uma flecha, e o alvo aparecerá. Você atrai quem você é. Foi assim que deparei com *Um curso em milagres* e com *O livro do conhecimento: as chaves de Enoch*, de J. J. e Desiree Hurtak.

Para Deborah, o caminho espiritual significava regressar à igreja. Depois de algum tempo, ela deixou a igreja de Oakland e descobriu a Unity in Marin, uma igreja com uma atitude progressista, universal. Não que eu pretendesse fazer as coisas apenas de maneira unilateral, mas ainda não conseguia me ver indo à igreja, a menos que houvesse congas por lá, e, já que não havia, eu não aparecia com tanta frequência. Às vezes, eu ia com Deborah e as crianças, mas, de modo geral, quando ela estava na igreja, eu ficava com o pai dela, conversando sobre assuntos como a força espiritual.

Foi SK quem disse isso: todos nós estamos aqui para nos empenhar e para promover alguma força espiritual, e não para nos esgueirar, nos esquivar, nos eximir, mentir e arrumar desculpas. Quando ele falou isso, eu pensei: "Na mosca." Eu adoro a ideia de explicar a disciplina espiritual em uma espécie de linguagem cotidiana, sem que as pessoas tenham de se perguntar: "De que diabos ele está falando?" Gosto da ideia de espalhar um vírus espiritual que, em vez de deixar as pessoas doentes, as torne inteiramente saudáveis. O vírus pode ser transmitido de uma pessoa a outra, até que elas e seus vizinhos consigam constatar a redução dos índices de violência em sua comunidade.

O caminho espiritual foi apresentado aos nossos filhos de uma forma muito natural, normal e orgânica. Eles sabiam que líamos livros relacionados a essa temática, livros que eles também poderiam ler, caso quisessem. Mas não há nada como colocar em prática um caminho espiritual, de modo que seus filhos possam enxergar a luz em você. Quando você demonstra todos os dias que está trilhando um caminho espiritual, isso é mais eficaz do que qualquer outra coisa que se possa fazer para incentivá-los a segui-lo por conta própria. Eles nos viam meditar e frequentavam a Unity in Marin com Deborah. Quando eles começaram a ficar mais velhos e eu lhes apresentava algo – um princípio, ou uma maneira de analisar espiritualmente alguma coisa –, eles resistiam, como os jovens costumam fazer com tudo o que os pais lhes apresentam. Mas eles assimilavam. Talvez após uma semana ou um mês, eu ouviria um deles ao telefone com um amigo, citando quase que literalmente o que eu tinha dito: "Não estou a fim de investir emocionalmente em algo negativo." "Não estou a fim de usar isso como um sinal de grandeza – não tem nada a ver comigo."

Eu ainda converso com eles nesses termos – constantemente, peço a Jelli, Stella e Salvador que não tenham medo de mostrar suas intenções às pessoas, e que sejam transparentes naquilo que pretendem dizer. É a sua confrontação diária com a realidade espiritual. Não muito tempo atrás Stella entrou em um estúdio pela primeira vez para registrar sua própria música, e eu lhe enviei uma mensagem de texto: "Peça a Deus que ajude a sua música a se conectar com todos os corações deste glorioso planeta e que ela os faça recordar de sua própria divindade." E, até hoje, qualquer pessoa que já tenha ido a um concerto de Salvador Santana o ouvirá dizer: "É uma bênção estar aqui em sua presença, e é uma bênção tocar para vocês." Eu adoro isso. Ao fim de cada turnê, todos os grupos que abrem os shows dele já terão começado a expressar sua gratidão para com o público, reconhecendo sua presença e agradecendo por as pessoas estarem ali.

Em 1987, quando Sal tinha apenas 4 anos, eu estava fazendo uma improvisação no estúdio com CT quando um daqueles momentos mágicos aconteceu. Mas os engenheiros de som ainda estavam ocupados, calibrando alguma coisa, e nós queríamos gravar imediatamente o que estávamos fazendo. "Gravem isso agora! Registrem isso – não importa como!" Então, conseguimos uma fita de rolo com duas faixas de áudio – uma para CT e outra para mim. Assim que toquei a última nota e seu volume foi diminuindo, a fita acabou – *flub, flub, flub*. Anos mais tarde descobri que um dos blues de Stevie Ray Vaughan havia sido gravado exatamente da mesma forma – repentinamente, em cima da hora, em uma fita de rolo com duas faixas de áudio. E assim que ele tocou a última frase improvisada, aconteceu a mesma coisa – a fita acabou. Sabe o que é realmente estranho? Era o mesmo engenheiro de som em ambas as vezes – Jim Gaines.

Tenho que fazer um comentário sobre Jim e os outros engenheiros de som com os quais a Santana teve a sorte de contar no estúdio e, algumas vezes, nas viagens. Fred Catero, Glen Kolotkin, Dave Rubinson, Jim Reitzel – todos eles foram fundamentais para nosso sucesso ao longo dos anos, e sinto que todos devem ser homenageados. Jim Gaines trabalhou com vários artistas fantásticos, da Tower of Power até Steve Miller e Stevie Ray Vaughan, antes de vir trabalhar conosco. Ele trouxe uma qualidade muito natural ao som, e fez o que fez sem qualquer demonstração egoica – foi um prazer trabalhar com ele. Ele estava ao lado da Santana no exato momento em que as coisas começaram a passar do analógico para o digital, de modo que ele ajudou a fazer aquela transição, e se mostrou tão eficiente com o computador quanto era com os botões de controle. Naquela época, antes de surgir o Pro Tools, a tecnologia de gravação ia até 36 faixas, mas ele foi extremamente paciente, sabendo o que dizer e quando dizer, de uma forma muito gentil, o que ajudou a tornar a música muito mais fluida.

Depois daquela sessão de improvisação com CT em 1987, Jim me deu uma fita cassete com a gravação, e eu a deixei no carro. No dia seguinte, Deborah foi fazer compras com o carro, e, ao voltar, ela me perguntou: "Por que você não toca assim?" Lá vinha aquela pergunta de novo, a mesma que ela me fez após o concerto da Anistia Internacional – às vezes, ela falava isso e eu ficava pensando: "O que será que ela quer dizer?" Antes que eu respondesse qualquer coisa, ela já estava querendo saber o nome da música registrada na fita cassete.

"Qual música?"

"Aquela música que você tocou com CT. Eu a ouvi e não consegui mais dirigir. Precisei encostar o carro."

Decidi chamá-la de "Blues for Salvador", não apenas por causa de Sal, mas também porque San Salvador estava passando por momentos difíceis naquela época, com um terremoto e uma guerra civil. Aquela música serviu de inspiração para o meu último álbum solo como Carlos Santana. Eu adoro aquele disco, porque ele trazia Tony Williams, um pouco mais do canto de Buddy Miles e aquela banda – CT, Alphonso, Graham, Raul,

Armando e todo o restante. Dediquei o álbum a Deborah, e a canção "Bella", para Stella, também está lá.

"Blues for Salvador" ganhou um Grammy como melhor desempenho de rock instrumental do ano – o primeiro Grammy da Santana, mas não o último.

CAPÍTULO 20

Wayne Shorter, John Lee Hooker e eu, nos bastidores do The Fillmore, 15 de junho de 1988

Talvez eu esteja disposto a gravar com qualquer pessoa, especialmente depois de Supernatural *– "Carlos, o Colaborador". E talvez ainda tenha um monte de livros de temática espiritual para ler, porque eu deveria ser capaz de enxergar a mesma coisa em todo mundo, mas não vejo a música dessa forma, nem quero. Existem algumas canções que, mesmo que alguém as administre em mim por via intravenosa, meu corpo irá rejeitá-las. E eu tenho que dizer: "Obrigado por me convidar para tocar nessa canção – quer dizer, obrigado por me convidar, mas não consigo me ouvir nela." Eu já disse não a certos músicos porque, com toda a franqueza, não gosto da música que eles fazem. Na verdade, fico até surpreso com o fato de eles pensarem em me convidar. Nesse estágio, a questão nem passa pelo dinheiro: tem a ver, principalmente, com a possibilidade de eu gostar ou não de uma música daqui a dez anos.*

Nos anos 1980, gravei em álbuns de McCoy Tyner, de Stanley Clarke, do meu velho amigo Gregg Rolie e de Jim Capaldi, da Traffic. Em 1985, Clive Davis me pediu para tocar com Aretha Franklin, o que foi perfeito, já que, na época, eu estava trabalhando com Narada Michael Walden, e ela também. Ela é a rainha do soul. Eu não poderia me negar a tocar com ela. Ou com Gladys, Dionne ou Patti, mas houve uma ocasião em que tive de dizer não a outra cantora de R & B, porque, a meu ver, sua versão de "Oye Como Va" tinha aquele estilo um tanto superficial de Los Angeles. Sei que ela ficou desapontada, pois eu tinha dito a ela que participaria.

Seria um privilégio fazer algo com Willie Nelson ou Merle Haggard novamente. Eu aceitaria qualquer proposta de qualquer pessoa da família de músicos Coltrane, e diria sim a quase todos da família Miles. Eu disse não a um rapper da Costa Oeste porque a música que ele me enviou soava de mau gosto e artificial. Eu ainda consigo me ouvir com Lou Rawls.

Hoje em dia, essas colaborações não acontecem em estúdio – elas são apenas arquivos trocados por e-mail entre os engenheiros de som. Já me acostumei com isso. Tive a sorte de nascer com uma imaginação bastante fértil. Posso fechar meus olhos, escolher uma música de Sam Cooke e conseguir tocá-la como se ele estivesse ao meu lado. E poderia dizer: "É uma honra trabalhar com você, Sr. Sam Cooke". A imaginação vai além do tempo, da distância e da separação, e é isso que qualquer colaboração também tem que fazer. A imaginação funciona assim: "Eu estou aqui, e você está aqui, e vamos nos entender muito bem."

Prince é um cara sensacional, um gigante. Seria uma honra fazer alguma coisa com ele partindo do zero. Sei quais são as músicas que funcionariam conosco. Ele é um excelente guitarrista, um excelente guitarrista base, e já fez participações com a Santana algumas vezes. Eu já o ouvi tocando piano, e há ocasiões em que ele chega perto de Herbie. Ele é um autêntico gênio. *A única coisa é que teríamos de encontrar um denominador comum – totalmente africano e totalmente John Lee Hooker –, para fugir daquele aspecto indefinido. Eu gosto da coisa nua e crua, rústica, e acho que é isso o que ele também adora na música. Precisamos ir para o mundo real, cara.*

Atualmente, de modo geral, os shows de jazz com os melhores cachês são os festivais, e muitos deles ocorrem no verão. No inverno anterior ao verão de 1988, perguntei a Wayne Shorter se eu poderia espalhar um boato. "Um boato sobre o quê?"

"Que você e eu montamos uma banda e que vamos começar a excursionar."

Ele sorriu com um brilho nos olhos, como sempre faz, e respondeu imediatamente: "Sim, pode."

Wayne e eu reunimos um grupo que julgávamos perfeito para ambos: havia dois tecladistas – Patrice Rushen, que trazia um quê de Herbie Hancock, e CT, que trazia coisas de Joe Zawinul, da igreja, e um pouco de McCoy. Além disso, tínhamos Alphonso, Ndugu, Chepito e Armando. Dividimos o setlist entre algumas músicas que a Santana costumava tocar e canções originais de Wayne. Perguntei se ele se importaria de fazer "Sanctuary" com uma pegada boogie. Acho que acabei ganhando alguns olhares de reprovação de algumas pessoas da banda, mas Wayne sorriu e disse: "Sim, vamos fazer" – e fez aquela música voltar aos seus velhos tempos em Newark.

Fizemos 29 shows juntos, e deveríamos tê-la chamado de turnê Vamos Fazer – foi divertido e diferente a cada noite. Acho que Wayne pôde sentir que havia um espírito de camaradagem no grupo. Fico feliz por Claude Nobs ter nos ajudado a gravar nossa apresentação em Montreux. Fizemos um concerto no Royal Festival Hall, em Londres. Nos bastidores, antes de entrarmos em cena, Wayne, Armando, Ndugu e eu ficamos conversando com Greg Phillinganes e alguns caras da turnê de Michael Jackson, que estava em Londres naquela mesma época. John Lee Hooker, o Crawling King Snake original, também estava em Londres, e apareceu por lá. Batizei a turnê de Andando com Alguns Pesos Pesados. Eu não poderia ter ficado mais feliz do que naquela noite.

Tocar com Wayne me ensinou como ele se aproxima de uma melodia. É como um cego conferindo um quarto pela primeira vez, ou como um dançarino testando um palco para que possa memorizá-lo. Propositalmente, ele toca quase como se não soubesse tocar, com bastante inocência. Mas sua forma de tocar não é ingênua: é simples e pura, sem desespero. É como ele estivesse se divertindo com as descobertas, mesmo que já detenha tudo aquilo que está procurando.

Tocar com Wayne me deu coragem – coragem de me aprofundar e ir além. Passei a tocar com mais vulnerabilidade, em vez de simplesmente trazer as vigorosas frases decoradas que eu tinha praticado e preparado, que podem resultar como um escudo esculpido antes de sair do camarim. Wayne me ensinou a me apresentar de forma aberta e desarmada, convidando o outro músico a exibir sua sabedoria. É um convite para a aprendizagem conjunta.

Wayne costuma fazer isso quando conversamos – ele faz uma pergunta não porque desconheça a resposta, mas porque deseja que você ouça a resposta por si mesmo. Então, de repente, as coisas começam a se encaixar. Você não precisa se esforçar tanto – às vezes, não precisa se esforçar nem um pouco, e se você se esforçar demais, acabará estragando as coisas. Foi isso o que aprendi com Wayne – e com Herbie também. Certo, você tem o direito de ficar chateado. Mas, como disse Wayne a um integrante de sua banda certa vez: "O que foi que você *aprendeu*?"

* * *

Também aconteceram algumas coisas estranhas naquela turnê. Todas as noites, Chepito parecia estar passando por uma nova crise. Graças a Deus que a esposa de Wayne, Ana Maria, estava presente, porque ela conseguia apaziguar os ânimos. Ele parecia estar o tempo todo à beira de um ataque de nervos, dizendo coisas como: "Chepito está muito chateado hoje" e "Pobre Chepito. Ele vai morrer na próxima terça-feira". Sempre ia acontecer alguma coisa em uma terça-feira. Armando olhava para ele e dizia: "Por que esperar? Faça isso agora, cassete." Subitamente, suas lágrimas paravam de correr. "Tá. Que horas é o ensaio amanhã?"

Miles integrava a grande turnê de jazz da qual estávamos participando, e passou para dar uma olhada no nosso show em Rochester, mas estava se preparando para sair antes de começarmos a tocar, e Chepito quase teve um surto. Ele saiu correndo atrás de Miles. "Espere – você ainda não ouviu Wayne, Carlos e eu. Aonde você vai?" Miles olhou para ele e disse apenas: "Chepito, você ainda é um bom filho da puta", e foi embora. "Você ouviu do que Miles me chamou? Sou um *bom filho da puta!*" Então as lágrimas começaram a correr novamente, porque ele estava feliz.

Chepito sempre me fez lembrar um Harpo Marx que pudesse falar. Palhaço, encrenqueiro e supertalentoso – tudo isso em uma só pessoa. No início daquele ano, havia acontecido um concerto em memória de Jaco Pastorius, assassinado em 1987. Ele tinha ido a um concerto nosso em Miami na noite em que morreu, mas foi barrado em algum outro clube para onde seguiu depois, e isso ocasionou uma briga com um segurança. Jaco entrou em coma e nunca mais saiu. Nos bastidores do concerto em sua homenagem, em Oakland, todos aqueles que haviam tido alguma conexão com Jaco, a Weather Report ou Miles estavam reunidos: Wayne, Joe, Herbie, Hiram Bullock, Peter Erskine, Armando, Chepito. Estávamos ouvindo uma fita pirata de Coltrane que eu tinha, e Marcus Miller entrou. Ele disse: "Ei! Como vocês estão? O que está rolando? O que vocês estão ouvindo?" Esperamos um segundo, e eu disse: "É coisa boa – você deveria ouvir."

"Certo. Parece bom!"

Não tenho certeza se Marcus conseguiria distinguir quem era – a gravação não era da melhor qualidade –, mas Chepito descobriu imediatamente, e não conseguiu resistir. Ele começou: "Então, quem é você?" Marcus olhou para ele e disse: "Sou Marcus Miller – eu toco com Miles."

"Sim, eu conheço o Miles, mas nunca ouvi falar de você. O que você toca?"

"Eu toco baixo."

"Hmm. Tá, mas nunca ouvi falar de você."

Marcus caiu na armadilha, e tentou explicar algumas de suas outras qualificações, mas Chepito só ficava dizendo: "Nunca ouvi falar de você, cara. Sinto muito." É lógico que Chepito estava apenas querendo atormentá-lo. Na terceira vez que ele disse aquilo, Wayne, Ana Maria e Herbie já estavam se rachando de rir, e Marcus por fim percebeu: "Ah! Tá – muito engraçado." Aquele foi, definitivamente, um dos melhores momentos de Chepito.

Uma noite, naquela turnê de 1988, eu disse: "Ei, Wayne, você parece tão feliz, cara. O que aconteceu?"

"Miles acabou de restituir os direitos autorais da minha música."

Suspeitei que fosse "Sanctuary", porque aquela era uma das músicas de Wayne que estava em *Bitches Brew*, e que acabou sendo creditada com o nome de Miles. Fiquei feliz por Wayne, mas isso aconteceu quase vinte anos depois de a canção ter sido gravada. Em nossa carreira de músicos, há algumas coisas com as quais temos de tomar cuidado. Às vezes, é preciso se posicionar e dizer: "Olha, cara, essa música é a minha música." E é você mesmo quem tem que fazer isso. Ainda que esteja enfrentando alguém como Miles. Esse foi o tipo de conselho que recebi de Bill Graham e de Armando – você não precisa ser rude nem vulgar, nem ficar irritado, mas precisa falar. A pior coisa que as pessoas podem dizer é não.

Outra coisa que aconteceu naquela turnê de 1988 foi que comecei a perceber, em primeira mão, como certos músicos de jazz eram tratados nas viagens, em comparação com a forma como uma turnê da Santana era administrada. Eu esperava que as coisas fossem diferentes em termos da qualidade dos hotéis e das exigências dos bastidores – não estou me referindo a isso. Mesmo assim, fiquei bastante chateado uma vez, quando vieram nos buscar no que parecia ser um caminhão de roupa suja, em vez de um carro.

Estou me referindo a um monte de coisas pelas quais os produtores dos concertos não vinham pagando nem a mim nem a Wayne, como a colocação dos nossos retratos em grandes cartazes publicitários e camisetas e a transmissão dos concertos pelo rádio e os registros em vídeo. Jamais demos nosso aval para nenhuma dessas coisas; éramos pagos apenas pelas apresentações. Até mesmo naquela época era uma prática usual na indústria que, se o seu show fosse ser gravado para o rádio ou para a televisão, você deveria receber uma remuneração extra além do cachê do concerto. A mesma coisa acontecia em relação à venda de produtos.

Assim, acabei tendo de me posicionar bastante naquela turnê, e sei que, para algumas pessoas, eu devo ter parecido uma prima-dona – lembro de alguns dos outros músicos de jazz naquela turnê olhando para mim desse jeito. Mas eu não queria compartilhar com uma mentalidade escravocrata ultrapassada, que parecia ser o padrão nos festivais e clubes de jazz. "Desligue essas câmeras, cara, e não as ligue novamente até que vocês nos peçam permissão e negociem conosco de maneira adequada."

Passar por tudo isso na turnê de 1988 me fez perceber que era imperativo que eu assumisse mais as rédeas do meu próprio negócio. De certa maneira, devo agradecer a Wayne, porque aquela turnê me obrigou a ser muito mais do que um líder da Santana. Percebi que algumas pessoas ao meu redor nem sequer me perguntavam as coisas, como, por exemplo, se eu gostaria de estar no rádio e quanto eu achava que deveria receber por isso.

"Ah, é para lançar posteriormente em CD, mas é para arrecadar dinheiro para uma instituição de caridade."

"Tá, qual instituição de caridade?"

O fato de que essas questões não estivessem sendo direcionadas a mim começou a me incomodar de verdade, e de repente tudo aquilo se tornou uma prioridade, e eu passei a ficar mais envolvido com as decisões comerciais da banda.

Em certo sentido, eu estava me conscientizando da responsabilidade de cuidar da apresentação da Santana, de modo que a sensação, a mensagem e até mesmo a ortografia estivessem inteiramente corretas e precisas nas capas dos álbuns, nos cartazes, na publicidade e nos ingressos. É muito frequente que outras pessoas simplesmente não tenham o mesmo nível de consciência que você, ou estejam ocupadas demais, ou não tenham bom gosto mesmo. Lembro de pensar no quanto eram péssimas algumas das capas dos álbuns de Miles e Coltrane. Comecei a pedir para ver tudo – arte-final, fotos. "Tudo bem, estas três são as melhores – vamos escolher a partir destas. Estas aqui eu não quero ver nunca mais. Entendeu?"

O primeiro exemplo disso foi *Viva Santana!*, lançado em 1988, uma compilação que mostrava o quão longe a Santana havia chegado em vinte anos. Não era apenas um álbum de "o melhor de" – ele contava a história da Santana através de trinta canções, e trazia um encarte com uma arte original que também usava imagens das capas dos álbuns mais antigos. Ele exigiu atenção para uma série de detalhes e muito trabalho, e tudo isso passou por mim – eu realmente produzi aquele álbum de cima a baixo. Também fizemos um documentário em que eu falava sobre a banda e sobre mim, e que incluía cenas da Santana tocando. Ele saiu em VHS, depois em DVD, e agora acho que é possível encontrá-lo quase todo no YouTube. Realmente, foi a primeira tentativa de mostrar e explicar a trajetória completa da Santana, desde "Black Magic Woman" até "Blues for Salvador", em uma única embalagem e em todas as novas tecnologias e formatos disponíveis na época.

Ao mesmo tempo, pretendíamos fazer uma turnê de reencontro para comemorar o aniversário de vinte anos. Fazia sentido – *Viva Santana!* tinha tudo a ver com a nossa história, então, por que não? As coisas estavam correndo bem entre mim, Gregg e Shrieve; Chepito e Armando ainda estavam na banda; e tínhamos Alphonso no baixo, porque Dougie havia se afastado. David não estava nada bem, mas já tínhamos Armando e Chepito, e, assim, Carabello, que tinha a sua própria banda, não participou. Tocamos várias músicas dos três primeiros álbuns misturadas com músicas mais recentes, e terminamos o show com "Soul Sacrifice".

Lembro que o projeto como um todo – o CD, o documentário e a turnê – me deu mais confiança para assumir responsabilidades e manifestar opiniões sobre assuntos que iam além da área da música. E aprendi a ter mais convicção ainda após a turnê com Wayne – sob muitos aspectos, acho que o aniversário e a turnê ajudaram a trazer à tona um Carlos completamente renovado. O velho Carlos era um cara legal, que delegava um monte de coisas para outras pessoas fazerem e não queria se envolver com elas. "Eu só vou tocar guitarra, e você vai cuidar disso." O novo Carlos não queria ser controlador demais, mas decidiu que haviam processos nos quais ele precisava se ocupar mais. Era simples assim.

Quando você se mostra disponível, a inspiração pode vir de qualquer lugar. Eis aqui um exemplo. Sou um grande fã de Anthony Quinn. Algumas pessoas pensam que ele é grego, mas, na verdade, ele é mexicano. Ele é o meu ator favorito. Gosto de sua atuação em *Zorba, o Grego* por causa do conselho que ele dá para o cara branco: é uma parte muito importante do filme. Zorba diz ao homem que ele precisa ter um pouco de loucura – se não for assim, como se atreverá a romper a corda e se libertar? Anthony Quinn era um louco – um louco do bem. Eu vi suas esculturas. Eu compreendo Miles, e a admiração que os dois tinham um pelo outro era profunda e recíproca.

Em 1975, em meio à leitura de livros de Sri Chinmoy ou outros conteúdos espirituais, eu estava mais interessado no livro de Anthony Quinn, *O pecado original*, a primeira autobiografia que li. Ele descreve um passeio de carro em Hollywood, ao lado de um jovem ocupante do banco do carona, que não fazia outra coisa a não ser humilhá-lo, dizendo que ele não valia nada, que não era nada, exceto um macaco mexicano que se distraía com brinquedos de plástico, como todas as pessoas em Hollywood.

É claro que aquele jovem era parte dele mesmo – era sua culpa tentando colocá-lo em seu devido lugar. Todo mundo tem um cara igual a esse dentro de si. Não existe ninguém que irá colocá-lo mais para baixo do que você mesmo. Mas há uma diferença entre ser brutalmente honesto e ser apenas brutal. Aquele foi, realmente, um livro terapêutico para mim, porque se conectava com as mesmas ideias e a mesma filosofia que eu vinha lendo em outros lugares. Anthony Quinn estava se fazendo as mesmas perguntas – como evoluir e não cometer os mesmos erros que todos à sua volta estão cometendo. Como desenvolver uma autêntica disciplina espiritual, com ou sem um guru.

Ele também escreveu que não tinha vontade de ir à igreja porque não queria ter que se desculpar por ser um ser humano. Uau! – *O pecado original*. Eu entendi. Exatamente o que eu vinha pensando.

No fim de 1988, estava assistindo Quinn em *Barrabás*, no qual seu personagem é libertado da prisão quando Jesus assume seu lugar na cruz, e, na minha cabeça, eu não parava de ouvir: "Você precisa tocar em San Quentin." Fiquei pensando: "O quê?"

"Você precisa tocar em San Quentin – essa é a mensagem deste filme."

"Este filme que eu já vi inúmeras vezes?"

"Toque em San Quentin."

Era possível avistar a prisão de uma das minhas primeiras casas em Marin County. Em torno de 1988, eu estava vivendo a pouco mais de um quilômetro e meio de distância. Ter filhos e uma família faz você pensar naquilo que possui e as outras pessoas não possuem, e na liberdade da qual você dispõe para estabelecer suas metas e cumpri-las. Naquela época, não havia mais tanta gente assim querendo tocar no interior das prisões – B. B. havia tocado em San Quentin alguns anos atrás, e ouvi dizer que apenas os prisioneiros negros compareceram. Eu também sabia que Johnny Cash havia tocado na Folsom State Prison – todo mundo fazia isso. Tendo acabado de realizar a turnê com Wayne, meu nível de confiança estava bastante alto, e os caras que faziam parte da banda do reencontro da Santana foram bastante gentis, demonstrando ter a loucura necessária para irem tocar comigo.

Eu mesmo organizei aquele concerto – consegui uma reunião com o diretor da penitenciária, Dan Vasquez, um mexicano. Ele disse: "Deixe ver se entendi. Você quer fazer um show em San Quentin? Você precisa vir comigo e dar uma volta no pátio para que possa perceber no que está se metendo." Eu respondi: "Está bem." Assim, antes mesmo de assinar um contrato para tocar lá, tive de assinar um termo de compromisso, dizendo que, se eu enfrentasse qualquer tipo de problema – se eles me tomassem como refém, por exemplo –, minha família e eu não iríamos responsabilizar a prisão pelo que acontecesse.

Então, saí do gabinete do diretor e avançamos até os portões da prisão. Havia alguns guardas me acompanhando, e assim que demos o primeiro passo e os portões se fecharam o som me causou a mesma sensação que um pedaço de gelo deslizando pela minha coluna. A primeira coisa que vi foram quatro guardas, todos com escopetas, conduzindo um prisioneiro negro a algum lugar. Ele estava se arrastando, com os pés acorrentados, e em seus olhos havia mais ódio do que eu já havia visto em um ser humano. Então, um dos guardas que estavam comigo me disse: "Olhe para o teto", que era bastante alto, mas estava repleto de buracos de tiros de escopeta. "Esses buracos são dos tiros de advertência. Normalmente, temos de disparar apenas uma vez lá para cima – eles sabem que, da próxima vez, vamos matá-los."

Chegamos ao pátio, onde todos estavam envolvidos em atividades como levantamento de pesos e uma partida de basquete – brancos, negros, latinos, indígenas norte-americanos –, e as pessoas começaram a me reconhecer. "Ei, 'Tana, é você? O que você está fazendo aqui, cara?

Ei, Carlos, o que você está fazendo?" Um rapaz me chamou atenção: "Carlos, só tentei atravessar a fronteira pelas montanhas do México, e quando dei por mim eles tinham me colocado aqui." Era apenas uma alma perdida tentando entrar no país, e que acabou parando em San Quentin. O diretor disse: "Vejo que você está conectado com todo mundo por aqui, cara." Fizemos dois shows no pátio – um para os criminosos da área de detenção máxima e um para os condenados à prisão perpétua.

Executamos o set que estávamos fazendo na turnê de reencontro, mas incluímos algumas canções específicas, que pareceriam pertinentes a uma prisão: "I Shall Be Released", de Bob Dylan, "Smooth Criminal", de Michael Jackson, "Cloud Nine", dos Temptations. Sabíamos que seria um público difícil, porque precisávamos atingir os negros e os brancos, e porque, talvez, aquelas não fossem mais as músicas prediletas de nenhuma daquelas pessoas. Não se pode comprar entusiasmo em San Quentin.

De início eles ficaram apenas nos conferindo. Na segunda música, eles começaram a se soltar. Eu podia sentir a energia mudando em suas posturas e em seus rostos. Na altura da terceira canção, parecia que estavam pensando: "Ei – esses caras mandam bem." Na quarta canção, começaram a se deixar levar pela música, a sorrir e a esquecer por um momento onde estavam. O que quero dizer é que, quando entrei lá pela primeira vez, pude sentir o cheiro do medo e das emoções represadas, o quanto as coisas estavam envoltas pela opressão. O quanto eles poderiam simplesmente explodir. Eu pude sentir o cheiro de sua pele, das roupas que vestiam e, até mesmo, de seu pensamento.

Coloquei uma foto daquele show em San Quentin na parede do meu escritório. Eu estou tocando, e é possível ver alguns prisioneiros de alta periculosidade de um lado. Observando com atenção, pode-se perceber que eles estavam concentrados na música. Não falei muitas coisas naqueles concertos – deixei que a música transmitisse a mensagem: ouvir aquilo era necessário para ajudar as pessoas a não serem vítimas ou prisioneiras de si mesmas, a mudar de ideia sobre as coisas e a transformar o seu destino. A mensagem é idêntica, seja dentro dos muros da prisão ou do lado de fora.

* * *

Curiosamente a minha vida tem sido sempre local – tudo o que acontece depende de onde eu estou. Naquela época, John Lee Hooker estava vivendo em Bay Area. Ele era o dalai-lama do boogie. Na minha opinião, ele deveria ter sido o papa do boogie. Ficamos conhecendo um ao outro. Muitas vezes, estávamos tocando juntos, e ele dizia: "Carlos, vamos levar essa música para a rua", e eu respondia: "Não, John, vamos levá-la para o beco." E ele retrucava: "Por que parar por aí? Vamos levá-la para o pântano." Eu sinto muita falta dele.

Um boogie de John Lee exerce tanta força sobre as pessoas quanto a gravidade que as prende a este planeta. Ele é o som da profundidade no blues – sua influência permeia tudo. Pode-se ouvi-la em "Voodoo Child (Slight Return)", de Jimi Hendrix, ou nos boogies da Canned Heat. Isso nada mais é do que John Lee Hooker. Quando você ouve The Doors, trata-se de uma combinação de John Lee e John Coltrane. É isso o que eles fazem; essa é a música que eles amam.

A primeira vez que escutei John Lee, é claro, foi em Tijuana – em discos e no rádio. Como eu disse, havia três caras cujo blues tinha raízes bastante profundas – Lightnin' Hopkins, Jimmy Reed e John Lee Hooker. Lightnin' vivia no Texas e Jimmy Reed era, provavelmente, o que mais emplacava sucessos quando eu ainda ouvia blues no México, mas ele já havia nos deixado há muito tempo no fim dos anos 1980. A Vee-Jay Records faturou bastante com ele.

Em 1989, John Lee já era um local em Bay Area. Ele estava vivendo em San Carlos, que fica perto de Palo Alto, não muito longe de mim. Nós nos encontrávamos algumas vezes e conversávamos, e em algum momento ele acabou me convidando para ir à sua casa para comemorar o seu aniversário, e essa foi a primeira vez que eu realmente comecei a sair com ele. Levei uma bela guitarra para lhe dar de presente.

Quando entrei, vi que todos estavam assistindo aos Dodgers na televisão, porque aquele era o time favorito de John Lee. Ele estava comendo frango frito com Junior Mints. Sem brincadeira – Junior Mints. Havia duas mulheres à sua esquerda e duas à sua direita, e elas ficavam colocando os confetes nas mãos dele, que eram mais macias do que um sofá usado. Eu dei um passo à frente e disse: "Oi, John. Feliz aniversário, cara. Eu lhe trouxe esta guitarra, e escrevi uma canção para você."

"Ah, é?"

"Parece The Doors fazendo blues, mas não deixei que eles a pegassem e estou devolvendo a você. Eu a chamei de 'The Healer'."

John Lee sorriu. Ele tinha uma leve gagueira muito cativante. "Q-Q--Quero ouvi-la."

Comecei a tocar, e inventei tudo na hora – eu conhecia seu estilo de blues, como ele tocava e cantava. "Blues a healer all over the world..." (Blues, um curador em todo o mundo...). Ele pegou a música e a incrementou ao seu modo quando a gravou. Eu disse: "Tudo bem, temos de entrar em estúdio, mas só quero que você chegue em torno de 1 ou 2 horas da tarde, porque não quero que fique o dia todo lá, cara. Só quero que você entre e faça o que tem que fazer. Vou trabalhar com o engenheiro de som – deixar os microfones preparados, ajustar o andamento da banda. Você só precisa aparecer."

"Está bem, C-C-Carlos."

Quando John Lee chegou, nós já estávamos prontos. A banda já estava aquecida – Chepito, Ndugu, CT e Armando –, sem o baixo, porque Alphonso não participou. John Lee e Armando ficaram se medindo mutuamente, como se fossem dois cachorros dando lentas voltas um em torno do outro – eles eram os mais idosos naquele grupo, e podia-se dizer que Armando precisava mesmo saber quem era aquele cara recém-chegado e mais velho. Ele ficou olhando para ele atentamente, da ponta dos pés até o chapéu. Apenas avaliando-o. John Lee percebeu esse movimento, mas ficou sentado, afinando a guitarra, rindo sozinho.

Armando lançou a primeira cartada. "Ei, cara, você já ouviu falar do Rhumboogie?" Ele estava se referindo a um dos mais antigos clubes do circuito de música negra de Chicago, aberto pelo boxeador Joe Louis, antes mesmo de eu nascer. John Lee disse: "Sim, c-c-cara. Já ouvi falar do Rhumboogie". Armando estava com as mãos na cintura, como se dissesse: "Peguei você agora." Ele falou: "Bem, eu toquei lá com Slim Gaillard."

"Ah, é? Eu abri um show lá para D-D-Duke Ellington."

Eu percebi o que estava acontecendo e resolvi intervir. "Armando, este é o Sr. John Lee Hooker. Sr. Hooker, o Sr. Armando Peraza."

Fizemos "The Healer" em uma única tomada, e o engenheiro de som perguntou: "Querem tentar novamente?"

John Lee balançou a cabeça. "Para quê?"

Eu refleti um instante e disse: "Você se importaria de voltar até a cabine, e quando eu fizer um sinal, você faria a gentileza de nos dar sua assinatura – aqueles mmms, mmms?" John Lee riu novamente. "Sim, posso fazer isso." Eu disse que estava tudo certo. Essa foi a única coisa na qual ele precisou fazer uma sobreposição de som naquele dia – "Mmm, mmm, mmm".

"The Healer" ajudou a restabelecer a carreira de John Lee em seus últimos dez anos de vida. Seu álbum se tornou campeão de vendas e ele fez um clipe musical – tudo o que ele merecia. Começamos a sair mais e a tocar juntos. Eu também ia vê-lo em seus shows. Ele tinha um tecladista há vários anos – Deacon Jones –, que costumava ficar em pé no meio do palco e anunciar: "Ei! Vocês aí da frente – talvez seja necessário recuar um pouco, porque a chapa aqui está quente. John Lee vai entrar já, já!" Tenho muitas histórias como essa, assim como histórias de John Lee me ligando – às vezes, durante o dia, mas principalmente à noite, como Miles costumava fazer.

Lembro que John Lee abriu um show da Santana em Concord, Califórnia. Tínhamos terminado nossa passagem de som e ele estava me esperando na lateral do palco. Já estávamos livres, e ele começou a conversar comigo enquanto nos afastávamos. O técnico de som veio correndo atrás de nós. "Sr. Hooker, precisamos que o senhor faça uma passagem de som também."

"Eu não preciso de nenhuma passagem de som."

"Mas temos de saber como é o seu som."

John Lee continuou andando. "Eu já sei como é o meu som." Fim de papo.

Uma vez, houve um festival de blues ao ar livre em São Francisco, e eu fui apoiar os meus heróis – Buddy Guy, Otis Rush, entre outros. A equipe veio correndo ao meu encontro, dizendo: "John Lee está no palco, e está chamando você para subir e dar uma canja." Eles já tinham configurado o meu amplificador, e então eu fui, e lá estava ele sozinho, parecendo ótimo como sempre, vestindo terno e com chapéu. Sua guitarra estava apoiada sobre o joelho. Assim que me viu, ele disse: "Senhoras e senhores, um grande amigo meu – Carlos Santana. Vamos lá, cara."

O dia estava lindo, e do palco eu podia ver o céu, as aves e a ponte Golden Gate, e todos os amantes de blues na plateia. Eu me agarrei a essa imagem, fechei os olhos e me juntei a ele no palco – apenas ele e eu. Era como tocar ao lado de um pregador em uma manhã de domingo – esperei pela minha vez de entrar em cena, mas enquanto ele estava cantando pude ouvir sua voz me dizendo para começar a tocar. Abri os olhos, e estávamos juntos em uma levada, tocando um diante do outro. Ouvi novamente sua voz dentro de mim, me dizendo para continuar a tocar, e então fechei os olhos e continuei. Quando terminei, os aplausos foram calorosos – as pessoas estavam delirando. Olhei em volta, mas nem sinal de John Lee!

Toquei um pouco mais, agradeci o público e fui até os bastidores, onde John Lee estava conversando com uma jovem. Ele olhou para mim com aquele seu sorriso peculiar. "Ei, cara, v-v-você se saiu muito bem lá no palco."

"Sim, mas por que você me deixou sozinho, cara?"

"B-B-Bem, eu já tinha acabado."

Eu sempre soube em que lugar o meu coração está na música, mas admirava sinceramente algumas das bandas e guitarristas novos que foram surgindo naquela época. Vernon Reid me lembrava um pouco Sonny Sharrock e Jimi. Sua banda, a Living Colour, era da cidade de Nova York, e foi uma das primeiras bandas de rock integradas somente por negros. Vernon é um instrumentista forte, original – é divertido tocar com ele ao vivo. Vernon é fabuloso e tem um belo coração. Tanto ele quanto David Sancious transmitem serenidade em seus rostos e têm muita sabedoria, e, assim como eu, ambos gostam de Sonny Sharrock.

Vernon tocou em *Spirits Dancing in the Flesh*, o álbum que a Santana lançou em 1990. Penso naquele álbum e ouço o equilíbrio entre Curtis Mayfield, John Coltrane e Jimi Hendrix fazendo músicas gospel, cantando louvores a Deus e curtindo o seu som. Oração e paixão. Alice Coltrane nos deu permissão para usar a voz de John em uma canção. A gravação estava excelente, mas, ainda assim, eu precisava sentir a emoção em estado puro – eu preferiria ouvir os erros, sabe o que quero dizer?

Nada do que se canta a Deus e a Jesus deveria ter um tom choroso. A música deveria vir do seu coração, lá de dentro, e não apenas de sua boca. Um álbum sobre Deus tem que ser muito honesto e natural. Uma pessoa que é ligeiramente desafinada mas totalmente autêntica é melhor do que alguém que esteja forçando a barra ou agindo de maneira falsa.

Eu queria trabalhar com uma cantora como Tramaine Hawkins, porque preciso ser muito seletivo em relação à música espiritual: às vezes, as pessoas podem ficar um pouco artificiais quando louvam a Jesus. Não vou citar nomes porque não pretendo magoar ninguém, mas há uma diferença entre a lamúria e a alma. Quando ouço Mavis Staples, Gladys Knight, Nina Simone e Etta James, percebo enorme distância entre elas e as cantoras do outro lado da cidade, onde as meninas se lamentam demais – negras ou brancas. Elas até podem ser afinadas, porém não é autêntico.

Tramaine vinha de São Francisco e participou do Edwin Hawkins Singers algum tempo; ela era perfeita para *Spirits*. Quando eu estava fazendo esse álbum, também fiquei conhecendo Benny Rietveld, que estava trabalhando com Miles naquela época. Alphonso havia se afastado, e então Benny acabou tocando baixo no álbum. Ele está comigo desde 1991, e hoje em dia é o diretor musical da banda. Passei a conhecer e a adorar Benny.

Em 1990, eu estava começando a pensar no álbum quando Wayne me falou sobre o compositor Paolo Rustichelli, que tocava sintetizadores e estava gravando com Miles e Herbie, e que havia escrito uma canção para mim. Acabei tocando no álbum *Mystic Man*, de Rustichelli – com Miles em algumas faixas! Paolo me deu a música "Full Moon" para gravar, e eu estava trabalhando nela quando soube que Benny se juntaria a nós. Enquanto isso, Benny ouviu dizer que estávamos fazendo audições com baixistas. Fomos apresentados, e ele perguntou: "Ei, eu posso fazer um teste?" Eu olhei sério para ele. "Mas você ainda está com Miles, não está? Você pode tocar conosco, mas precisará dizer isso a ele." Eu não queria nenhuma tensão entre nós.

É claro que você pode adivinhar o que aconteceu – Benny não falou nada, mas Miles descobriu que ele havia gravado no meu novo álbum *e* ficou sabendo que Benny e eu conversamos a respeito de sua audição. Eu estava no Paramount, em Oakland, onde tinha acabado de dar um buquê de flores a Miles e um presente por ele ter ganhado o Grammy Lifetime Achievement Award. Após a cerimônia, eu estava me preparando para sair, já no estacionamento com meu amigo Tony Kilbert, quando John Bingham, que tocava percussão na banda de Miles, veio me dizer que

Miles queria me ver nos bastidores. "Claro, já vou." Então eu voltei e fui até o camarim dele. "Ei, Miles."

"Feche a porta."

Opa!

"Obrigado pelas flores; obrigado pelo presente."

"Não há de quê, Miles."

"O que está acontecendo com Benny?"

"Eu não sei o que está acontecendo com ele. Ele está na sua banda." Caberia a Benny falar. Miles me deixou escapar. Em seguida, Benny conversou com Miles, e acabou se juntando à banda e tocando no álbum *Spirits Dancing in the Flesh*.

Spirits foi lançado em 1990, mas àquela altura a Columbia e a CBS haviam se tornado a Sony Music, e eles não sabiam o que fazer com aquele álbum, nem com os anteriores, muitos dos quais já não estavam mais disponíveis. Lembro de pensar, um pouco antes de *Supernatural* ser lançado, que gostaria que a gravadora relançasse alguns daqueles álbuns, porque eram muito bons – *Freedom, Blues for Salvador, Spirits Dancing in the Flesh*. Alguns anos depois, com isso em mente, tive chance de organizar *Multi-Dimensional Warrior*, uma compilação da música da Santana entre o fim dos anos 1970 e os anos 1980.

Spirits foi o fim do relacionamento da Santana com a Columbia, a CBS e a Sony Music. Eles colocaram um cara chamado Donnie Ienner no comando, e eu não conseguia trabalhar com ele. Ele queria trabalhar comigo, mas eu estava cuidando do aspecto comercial da Santana mais do que nunca, e senti a mesma coisa que acredito que Miles tenha sentido quando chegou o momento de ele sair da Columbia, em 1986. Miles não conseguia trabalhar com o cara que gerenciava as coisas dele naquele selo, e se você se sente assim, por que continuar? Lembro de minha última conversa com Donnie – escutei o que ele tinha a dizer e respondi que lidar com aquela situação era o mesmo que enfrentar o dilema "artistas contra vigaristas", mas as coisas não melhoraram muito depois disso. Eu sentia que a Santana precisava estar em outro lugar. Inicialmente, começamos a negociar com a Warner Bros., mas acabamos assinando com Davitt Sigerson, da Polydor.

O ano de 1991 não foi fácil – parecia que as rodinhas espirituais haviam se soltado. Minhas bases de sustentação não estavam mais presentes. Meus anjos haviam ido embora. Foi muito difícil. Isso me fez amadurecer em outro sentido, como se Deus estivesse me dizendo: "Agora você está por sua própria conta e risco."

Tudo aconteceu em um mês. A Santana estava tocando em Syracuse no dia em que Miles morreu na Califórnia – 28 de setembro. Wayne me ligou e me contou, naquela mesma noite. Ele disse que tinha assistido a um show de Miles naquele verão, no Hollywood Bowl. "Ele tocou 'Feliz Aniversário' para mim, e no meio da música ele me olhou e pude perceber um cansaço em seu rosto que eu nunca tinha visto antes. Um cansaço acumulado de muitos e muitos anos."

Eu já tinha visto Miles doente antes, mas não estava esperando que ele fosse morrer. Peguei o elevador com Benny e disse: "Benny, Miles acabou de falecer."

"Não!"

Nós dois olhamos para o chão, e não lembro de muitas coisas além disso. Quando alguém como Miles ou Armando nos deixa, fica um vácuo, e pode-se sentir o nível de energia despencando. Acho que essa é a melhor maneira de descrever a sensação.

Na manhã seguinte, levantei às 5 da manhã para pegar um avião e ir acompanhar a formatura de primeiro grau de Stella. Eu ainda estava anestesiado. Naquela noite tocamos no festival One World, One Heart, da Ben & Jerry's, no Golden Gate Park. Fiz uma participação com a Caribbean Allstars, e tocamos "In a Silent Way" como homenagem.

Eu quase não havia visto Miles no ano anterior. Enviei flores para o hospital quando soube que ele estava doente, e ele me ligou para agradecer. "Isso significa muito, Carlos", disse ele. "O que você está fazendo agora?" Respondi o que eu sempre costumava dizer: "Aprendendo e me divertindo, Miles."

"Você sempre vai fazer isso – esse é o seu espírito."

Essa foi a última coisa que Miles me disse, e eu gostaria que mais pessoas pudessem ter conhecido esse seu lado. Sua autobiografia havia sido lançada no ano anterior, e quando eu a li pensei que ele poderia ter sido mais amparado pelas pessoas que o ajudaram a escrevê-la; elas poderiam tê-lo honrado mais. A meu ver, houve uma supervalorização da história do Príncipe das Trevas. Nem tudo o que saía de sua boca era para ser escrito. Eu preferiria ler coisas cativantes sobre ele e sobre outros músicos. Eu gosto de romance – sou um inveterado romântico.

Miles tinha uma memória de elefante. Naquela ocasião, em 1981, quando ele apareceu no Savoy e nós ficamos passeando a noite toda, eu tinha dito, nos bastidores, que o mundo já lhe seria suficientemente grato mesmo que ele nunca mais voltasse a tocar nenhuma outra nota sequer. Eu disse: "Só queremos que você fique saudável e feliz." Ele perguntou: "O que é isso?", como se fosse uma coisa estranha de se desejar a alguém. Imediatamente, eu falei: "Miles, você não é uma dessas pessoas que só são felizes se estiverem tristes, não é?" Ele simplesmente parou e ficou me olhando. Um ano depois toquei em um grande evento de rock e tênis em Forest Hills, no Queens – John McEnroe, Vitas Gerulaitis, Todd Rundgren, Joe Cocker, o baixista Jamaaladeen Tacuma e o baterista de jazz Max Roach estavam lá. Terminamos de tocar e eu estava me preparando para sair quando ouvi alguém me chamar. "Carlos! Ei, Carlos!"

Era Max Roach. "Preciso conversar com você, Carlos." Ele parecia sério. Ele disse: "Miles veio me procurar. O que foi que você falou para ele?"

Cara, precisei rebobinar bastante a fita para me lembrar da nossa última conversa – tinha sido naquela longa noite que começou nos bastidores do Savoy. Pensei nisso, e duas coisas me vieram à mente. Primeiro, a história que Miles relatou em seu livro, lá do início dos anos 1950, quando Max colocou dinheiro no bolso de seu paletó, depois de encontrá-lo no meio da rua, totalmente alterado pelo efeito das drogas. Miles disse que isso o envergonhou de tal forma que ele decidiu abandonar a heroína.

A segunda coisa em que pensei foi o olhar que ele me lançou quando lhe perguntei sobre ser feliz apenas quando estivesse triste. Naquela noite, eu tinha tocado no ponto fraco de Miles, e contei essa história a Max. Ele me ouviu e disse: "Quero que você saiba que está funcionando – ele está começando a se mostrar diferente."

Quem era Miles Davis? O que o levava a fazer o que ele fazia? Ele perseguia cruel e ferozmente a excelência, não importando o que estivesse fazendo nem com quem – negros, brancos ou de qualquer outra cor. Como Tony Williams me disse: "Antes de haver os Panteras Negras, o movimento do poder negro ou qualquer espécie de revolução, Miles não admitia nada malfeito, fosse de pessoas brancas ou negras." Ele tinha o ímpeto e o destemor. Mas se, no fim, ele estava feliz, é uma outra coisa.

Se você observar a publicidade, os filmes e as revistas, verá que o que eles dizem é que basta o sucesso chegar para você ficar feliz. Eis aqui como ser feliz: use isso, coma aquilo, compre isso, compre aquilo outro. A verdade é o inverso. Acho que o que fala mais alto sobre o sucesso de qualquer pessoa é se essa pessoa é, de fato, verdadeiramente feliz.

Poucas semanas após o funeral de Miles, estava eu em casa, de manhã, quando o telefone tocou e Deborah atendeu: "Não! Não, não, não!" Ela começou a chorar imediatamente. "Bill foi embora!" Eu disse: "Para onde?" Então entendi, e era isso aí, cara. Fiquei entorpecido por pelo menos dois meses. Dois dos meus amigos mais próximos – mortos. De repente, Miles não estava mais por perto para me ligar tarde da noite e me dizer quando evitar alguma coisa. Bill não estava mais por perto com uma prancheta. Agora eu teria de fazer tudo no plano interno.

A última vez que vi Bill foi no mês anterior, no Greek Theatre, em Berkeley. Até então, tínhamos feito inúmeros shows juntos – e aquela foi mais uma noite incrível. Lembro que fiquei nos bastidores depois do show, segurando Jelli no colo, que tinha apenas 2 anos de idade. Ela estava olhando para mim com uma expressão de alegria no rosto, pasma. Durante o show, a energia não diminuiu um instante sequer. Cada canção parecia ter tido a duração exata, fundindo-se perfeitamente com a canção seguinte. O público era uma mistura de brancos, negros, mexicanos, filipinos – uma multidão multicor. Eles ficaram de pé do início ao fim do show. Assim como Jelli, eu não sabia o que dizer. As pessoas estavam todas à nossa volta – todas felizes. As vibrações eram simplesmente irrepreensíveis.

Bill se aproximou com sua prancheta e olhou para mim. Eu esperei. Ele puxou lentamente uma página e virou-a para me mostrar. Estava em branco. "Vamos lá, cara! Sério? Uau!, obrigado, Bill."

"*Eu* é que agradeço." E saiu andando.

CAPÍTULO 21

Meu pai, José Santana, e eu na praça de Touros Monumental,
Tijuana, 21 de março de 1992

Quando me tornei pai, fiz questão que meus filhos soubessem o tempo todo que eu os amava. E, naturalmente, pensava na música, nas minhas obsessões e nos meus filhos. É claro que eu sabia que não ficaria decepcionado se Salvador, Stella ou Jelli escolhessem a música como uma carreira – teríamos mais sobre o que conversar. Mas eles poderiam ter seguido o caminho que quisessem e, ainda assim, eu teria ficado orgulhoso de suas escolhas. A única coisa que teria me decepcionado seria se eles tivessem permitido que outras coisas os atrapalhassem a conquistar o que sonhavam fazer. Nossa família é uma família que não admite justificativas. Nossos filhos são responsáveis pela própria qualidade de seus pensamentos, de modo que eles podem optar por transformá-los em ações e realizações, e construir as suas próprias vidas.

É preciso ter força, cara, para reconhecer o momento de se desprender de seus filhos – deixá-los partir de verdade e confiá-los Àquele que os criou, em primeiro lugar. Uma vez, em meados dos anos 1990, quando Sal era adolescente, eu precisava ter uma conversa com ele. Eu tinha estado fora de casa por cinco semanas e acabara de voltar. Eu sei que para os jovens entre 12 e 22 anos os pais são as pessoas mais chatas do mundo. Naquele momento, Sal estava precisando dar vazão a isso. Eu ficava pensando: "As crianças vão superar isso, assim como eu superei, e, logo depois, vão perceber que seus pais são excepcionais." Mas, na época, eu sentia que havia uma distância entre pai e filho.

"Salvador?"

"Que foi?" Era assim que ele costumava falar: "Que foi?"

"Filho, tenho notado que, ultimamente, você tem se empenhado em contradizer tudo o que eu digo. Parece que está ocupado com essa função 24 horas por dia, sete dias por semana, sabe?" Ele ficou olhando para mim. "Mas olhe lá para fora: está fazendo um dia incrível – o céu está azul, o clima está quente. Isso é indiscutível, certo? O que você acha de tirar um dia de folga comigo e ficarmos apenas sentados no topo do monte Tamalpais, observando os falcões e as águias, em silêncio?"

Ele me surpreendeu um pouco, porque só refletiu por alguns segundos. "Parece uma boa ideia." Subimos o monte e ficamos o tempo que nos pareceu necessário, deitados, olhando as aves que flutuavam nos ventos ascendentes, e eu não disse uma palavra sequer. Em 15 minutos ele se abriu, me contando coisas sobre si mesmo e sobre a sua namorada, a escola e a forma como as pessoas o tratavam porque ele era um Santana, e o fato de as pessoas viverem lhe pedindo dinheiro. Foi um desafio ficar sentado lá ouvindo, apenas ouvindo. Eu tinha algumas respostas e algumas ideias para lhe dar. Mas tentei olhar para ele e enxergá-lo como os seus amigos e os seus professores faziam, e percebi que ele estava começando a descobrir as coisas por conta própria. Ele sempre foi bem-comportado e respeitoso – e ainda é.

Vou dar um exemplo. Em 2005 realizamos uma turnê juntos – a Santana e a The Salvador Santana Band –, e estávamos em San Antonio. Alguém bateu à porta do meu camarim. "Quem é?"

"Sou eu, pai. Salvador."

"Filho, você não precisa bater. Entre."

"Pai, eu preciso te perguntar uma coisa." Coloquei a minha guitarra no chão. "Posso pegar uma garrafa de água na sua geladeira? Não sobrou nenhuma no nosso camarim." Quer dizer, ele realmente faz esse tipo de coisa. Meu coração se abriu inteiramente.

"Sal, você pode pegar qualquer coisa, cara, o meu coração incluído. Qualquer coisa."

"Ahn, tudo bem, pai. Obrigado – tenha um ótimo show."

Eu ainda o deixo constrangido, eu sei. Mas não vou mudar, e ele também não. "Como você está se sentindo, Salvador?"

"Obrigado por perguntar, pai. Eu estou bem."

Sabe, quero ser como ele quando eu crescer.

Em 1997 Prince me ligou para dizer que iria tocar em San Jose, e perguntou se eu queria aparecer em seu show, fazer uma improvisação com ele e depois sair para dar uma volta. Será? Eu amo Prince. Quando cheguei lá, ele disse: "Venha aqui; quero lhe mostrar uma coisa." Está bem – o que seria? Talvez uma nova guitarra? Ele me levou para um camarim nos bastidores e abriu a porta, e a sua banda toda estava lá dentro, assistindo a um vídeo. Prince sorriu. "Eles podem confirmar isso: todas as vezes, antes de subirmos ao palco, eu boto *Sacred Fire*, cara. Eu digo a eles que é isso o que eu quero que eles façam." Olhei para a banda e pensei: "Ótimo – eis aqui outra banda inteira a quem eu digo o que fazer."

Foi uma honra Prince ter me mostrado isso – especialmente porque *Sacred Fire: Live in Mexico* era tão pessoal e tão especial para mim quanto *Havana Moon*. Tratava-se de um vídeo ao vivo, e havia também um álbum ao vivo – *Sacred Fire: Live in South America* –, que foram lançados juntos, a primeira vez que fiz esse tipo de lançamento coordenado – uma turnê, um álbum e um vídeo.

Sacred Fire saiu em 1993, e a turnê surgiu a partir de *Milagro* – meu primeiro álbum pela Polydor, lançado no ano anterior. Não há nenhuma dúvida quanto a isso – há uma certa dose de confiança espiritual em *Sacred Fire*. Minha ida ao México para tocar lá era um pouco como Bob Dylan indo tocar em Jerusalém. Aquele era o nosso povo. Era melhor ir com tudo. Na verdade, tenho muito orgulho de dizer que a Santana nunca deixou a bola cair na Cidade do México, Nova York, Tóquio, Sydney, Paris, Roma, Londres ou Moscou – ou em nenhuma das grandes cidades. Sim, já deixamos a bola cair em outros lugares, porque somos humanos e somos falíveis, não porque tivéssemos planejado isso. Sempre que temos um grande show a fazer, eu respiro fundo e digo: "Que todos os anjos possam aparecer e me ajudar nesse momento."

Milagro era uma carta de despedida escrita especialmente para Bill e Miles. Abria com a voz de Bill nos apresentando, como ele sempre fazia – "Do fundo do meu coração, Santana!" –, depois seguia com "Milagro", que significa "milagre", porque era isso o que aqueles caras eram, e o que cada um de nós é. A canção usava um verso de "Work", de Bob Marley. "Somewhere in Heaven" era a música seguinte, e começava com Martin Luther King Jr. falando sobre a terra prometida. Eu não sabia exatamente onde estavam os meus anjos, mas sabia que Bill e Miles continuavam se manifestando e se conectando, oferecendo conselhos e bênçãos espirituais. Pedi ao meu velho amigo Larry Graham para cantar no álbum, e ele sugeriu "Right On". Coloquei "Saja" como introdução – ela fazia parte de um álbum muito raro, chamado *Aquarius*, e tinha sido composta pelo saxofonista Joe Roccisano. Quando ouvi aquela música, ela soava com algo muito parecido com o que a Santana teria feito se tivéssemos trabalhado com

Cal Tjader. Acrescentei aquela sensação de "Shadow of Your Smile", e depois ela se transformava em uma emocionante *guajira*.

Continuo apreciando as palavras de Marvin Gaye: "For those of us who tend the sick and heed the people's cries / Let me say to you: Right on!" (Para aqueles de nós que cuidam dos doentes e prestam atenção no choro das pessoas / Deixem-me dizer: tudo ficará bem!). Elas transmitem uma mensagem impactante. A meu ver, é a mesma mensagem que está na música da Santana – era o que eu achava que ainda precisava ser ouvido nos anos 1990. E hoje em dia também.

Lembro que após a primeira gravação, Larry me perguntou: "O que você acha?"

Eu disse: "Larry, você está dando voltas em torno do quarteirão – você precisa se enfiar debaixo dos lençóis."

Ele riu. "Tá! Entendi." A próxima gravação foi a que valeu. Todo mundo sabe como Larry toca baixo, mas ele também é um cantor incrível – naquela mesma gravação, ele fez um aquecimento vocal extraordinário. Ele foi até o piano e passeou pelo teclado inteiro, da oitava mais baixa à mais alta, e atingiu cada uma das notas com a sua voz.

Conseguimos reunir outra grande formação da Santana naquele álbum – tínhamos CT, Raul, Benny e Alex; além disso, acrescentamos Karl Perazzo, que já havia tocado congas e tímpanos com Sheila E. e Cal Tjader; Tony Lindsay, que vinha se apresentando em Bay Area e tinha uma bela e potente voz de R & B; e o cubano Walfredo Reyes Jr., que tocava bateria com David Lindley e Jackson Browne antes de se juntar a nós. Também contamos com um naipe de sopros, que incluía Bill Ortiz no trompete. Bill, Tony, Benny e Karl ainda estão com a Santana até hoje. Aquela conjugação de Raul e Karl era especialmente simpática e flexível – eles respeitam a clave. Eles a enobrecem: sabem exatamente onde ela deve se encaixar, como Armando fazia, mas não se deixam obcecar por ela.

A turnê de *Milagro* estava indo ao México, e meu irmão Jorge já havia nos acompanhado e tocado em algumas etapas, de modo que a ideia de família estava no ar. O plano era gravar em áudio e vídeo as nossas apresentações mexicanas: meu pai iria ao nosso encontro para ajudar a abrir o show em Tijuana; César Rosas, da Los Lobos, e Larry Graham também iam tocar. Lembro que pegamos um voo para San Diego de onde nós estávamos, e o tempo estava péssimo. Piorou tanto que achamos que o avião ia cair. Ele começou a chacoalhar muito, e, em seguida, perdeu altitude abruptamente, e todas as xícaras de café que as aeromoças estavam oferecendo no serviço de bordo foram parar no teto. Uma das aeromoças correu para o seu assento, e eu pude vê-la fazendo o sinal da cruz. O avião perdeu mais altitude ainda, e uma menina que estava sentada perto de mim começou a gritar – e a gargalhar: "Oba! De novo! De novo!" Todo mundo começou a rir, e aquilo relaxou todos nós. Em seguida, a turbulência parou.

Em Tijuana, o produtor local batizou o concerto de *regresa a casa* – uma "volta ao lar". Eles colocaram esse nome nos cartazes, e obtiveram permissão para utilizar a praça de Touros Monumental da cidade. Acho que é possível afirmar que aquele foi um momento realmente decisivo para mim, pois, a partir dali, me tornei inteiramente positivo e solidário em relação à minha identidade mexicana. Foi muito mais fácil ir para Autlán, porque pouquíssimas pessoas se lembravam de mim lá. Mas em Tijuana muita gente ainda me conhecia, e toda a cidade sabia que eu havia iniciado a minha carreira na avenida Revolución, apesar de eu não ter tido tempo de visitar os velhos bares ou clubes – e El Convoy já havia fechado as portas. Percorremos as ruas de carro, e, em certo sentido, parecia que a cidade não havia mudado muito. Havia nomes diferentes, clubes diferentes, novos lugares para dançar e poucas ofertas de música ao vivo, mas estar em Tijuana, definitivamente, foi como uma volta ao lar.

Nos apresentamos duas noites na praça de touros, e o concerto durou horas. Meu pai abriu cantando e tocando com uma banda de mariachis locais; em seguida, foi a vez de Pato Banton, pois naquela época o reggae estava se tornando realmente popular no México; depois, Larry Graham continuou; e, finalmente, a Santana tocou – com o meu irmão Jorge e até mesmo Javier Bátiz nos dando a honra de aparecer para fazer uma improvisação. As filmagens e a música desse concerto e de outras cidades daquela turnê é que se transformaram no DVD *Sacred Fire*. Também decidimos filmar algumas coisas em branco e preto em Tijuana, e usamos esse material no vídeo de "Right On", que foi o primeiro single de *Milagro* – aquele lugar em que eu apareço tocando é a praça de touros de Tijuana. E aquelas cenas de pessoas cruzando a fronteira à noite? Aquilo não foi encenado – era real.

Anos depois, encontrei uma fita daquele concerto. Finalmente me sentei para escutá-lo do início ao fim, sem parar. Foi importante para mim, porque aquela foi a primeira vez que ouvi o meu pai validar minha música. No fim do seu set de mariachi, ele veio falar comigo nos bastidores. Ele estava muito mais comunicativo do que normalmente era: "Sabe, Carlos, ouvi suas músicas várias vezes no rádio, observei você tocando, e existe uma coisa muito particular no que você faz. Quando ouço 'Batuka' ou 'Ain't got nobody that I can depend on' – *isso* é a Santana."

Eu nunca tinha ouvido o meu pai dizer nada parecido com isso, nem sabia que ele conhecia os nomes das canções da Santana, muito menos as letras. Ele conhecia as melodias. Tínhamos feito tanto sucesso, tão rápido, que nunca cheguei a perceber o quanto os sentimentos do meu pai em relação à minha música haviam mudado. De qualquer forma, ele nunca se manifestava muito. Ele me respeitou, permitindo que eu me tornasse o que ele havia sido. Era como se eu tivesse me transformado nele, mas em uma escala mais ampla, e isso foi o suficiente para que ele parasse de me recomendar o que fazer e o que não fazer.

Tive a chance de dizer ao meu pai o que eu vinha guardando dentro de mim há muitos anos. Em 1993, toda a família se reuniu por duas semanas no Havaí – todos os meus irmãos e irmãs, seus filhos, além dos pais da minha ex-mulher e os meus pais. Eu disse: "Ei, pai, vamos dar um tempo em tudo isso – vamos desabafar um pouco."

Começamos a caminhar, e eu disse: "Sabe, eu tenho vontade de lhe dizer uma coisa."

"O que é?"

"Preciso lhe dizer o quanto tenho orgulho de você, por ter cuidado de todos nós com aquele violino. Sei que você tinha de viajar sem nem saber quanto dinheiro ganharia. Nunca nos faltou nenhuma refeição. Eu queria lhe agradecer." Ele ficou apenas me olhando. Foi uma sensação boa, como o olhar entre qualquer pai e filho, dizendo: "Nós estamos interconectados." Pude perceber que aquele olhar validava não apenas o meu pai, mas o pai dele e o meu filho também.

Eu não sabia que ele só ficaria conosco por mais cinco anos. Ainda fico emocionado quando ouço a fita daquela praça de touros em Tijuana.

* * *

Tocar em Tijuana foi muito difícil, tanto em função do governo e da política locais quanto da corrupção com a qual tivemos de lidar, mas os funcionários da empresa de Bill Graham – a Bill Graham Presents, ou BGP – merecem os agradecimentos por tornarem aquilo possível de acontecer.

Mas vamos dizer apenas que eu não seja um fã ardoroso do que aconteceu com a BGP após a morte de Bill. Acho que algumas das pessoas que assumiram o negócio eram aquelas que diriam a Bill aquilo que ele queria ouvir, e elas não compartilhavam da sua visão, das suas prioridades ou do seu comprometimento com a música e a comunidade musical. Eu costumava repetir exaustivamente a Bill que ele nunca iria descobrir que eu andava falando mal dele pelas costas, porque eu não me importava de dizer tudo o que tinha de dizer na sua frente. Eu não estava disposto a bajulá-lo, como algumas pessoas que trabalhavam para ele faziam – mas o fato é que algumas delas falavam horrores a seu respeito. Acho que Bill não tomou conta desse aspecto do seu negócio antes de morrer, porque não havia nenhuma razão para isso – é claro que ele não estava planejando ir embora tão cedo. Hoje em dia, parte dos negócios da Santana ainda está nas mãos da BGP – que é dona, por exemplo, do site de memorabilia Wolfgang's Vault, onde se pode encontrar cartazes e camisetas da Santana. Aprendemos a fazer negócios juntos, mas continuo achando que parte do que Bill criou foi desvirtuado.

Bill costumava descrever a si mesmo como "um pateta sentimental". Eu não sou assim. Aprendi que, mesmo que você tenha uma ligação sentimental com determinadas pessoas, às vezes, é melhor não ter muitos vínculos emocionais nesse ramo de negócios. Assim, se você precisar demitir alguém que não esteja contribuindo para o andamento das coisas ou conseguindo acompanhá-lo enquanto você estiver progredindo, não haverá problemas. Sei que carreguei e mantive várias pessoas ao meu lado quando deveria tê-las dispensado, porque elas não estavam trazendo qualquer vitalidade nem acrescentando nada à energia ou à concepção da organização. Nunca é fácil – mas em 1995, quando finalmente dei início à minha própria empresa de gestão, era hora de começar a encarar as coisas dessa maneira.

Tínhamos começado a lidar com todo o gerenciamento da Santana em 1988, e por algum tempo Bill Graham funcionou como uma espécie de supervisor, tendo Ray Etzler como empresário. Nós ainda estávamos compartilhando o espaço do escritório com a BGP. Então Bill morreu, Ray saiu e Barry Siegel, que era o nosso contador, passou a ser o gerente comercial e a trabalhar com Deborah. Ela e eu – e, depois, minha cunhada, Kitsaun – nos tornamos sócios da nossa própria empresa de gestão, e aprendemos uma lição coletiva sobre assumir as rédeas do negócio, conversando com advogados e contadores, assinando nossos próprios cheques. Deborah estava sempre indo e voltando do escritório, questionando se as coisas poderiam ser realizadas de uma forma melhor ou mais econômica. Os anos que ela passou administrando o restaurante com Kitsaun foram muito úteis.

Kitsaun King já era parte muito importante da nossa família. Ela estava trabalhando na United Airlines quando criamos a Santana Management. Durante os anos 1990, ela acabou se tornando uma peça fundamental da nossa família musical. Ela poderia ser dura – ao longo dos anos, discutimos intransigentemente sobre algumas questões da banda –, mas suas intuições, de modo geral, estavam corretas, e eu nunca duvidei de sua lealdade ou de sua determinação absoluta em fazer o que fosse melhor para a Santana. Ofereço minhas condolências a qualquer pessoa que tenha sido tola o suficiente para tentar me depreciar ou falar mal da Santana em sua presença. Tia Kitsaun não tolerava isso.

Em 1995, encontramos um escritório e um espaço de armazenamento em San Rafael. Antes disso, vivíamos percorrendo os mais diversos lugares – alugando espaços de depósito e salas de ensaio sempre que precisávamos. E então tivemos a ideia de reunir tudo sob o mesmo teto. Deborah foi quem teve a perspicácia e a motivação para fazer isso acontecer, e em pouco tempo já havíamos montado nossa própria empresa. Convidamos algumas das nossas pessoas favoritas da BGP – como Rita Gentry e Marcia Sult Godinez, ambas muito capazes e fáceis de se trabalhar –, porque queríamos alguns rostos familiares. Eu serei o primeiro a afirmar que o trabalho, para mim, não é sinônimo de piquenique. Na verdade, eu não preciso que ninguém trabalhe para mim – faço o meu próprio trabalho, obrigado. Mas se combinarmos que estamos trabalhando juntos em prol de um objetivo comum, e que este é o meu papel e este é o seu papel, aí sim, você deveria trabalhar para mim.

O engraçado é que, embora estivéssemos cuidando melhor do nosso negócio, durante aqueles primeiros anos de vida da nossa própria empresa de gestão a Santana ficou mais afastada do estúdio do que jamais havia estado em sua história. Ficamos quase sete anos sem fazer novas gravações da Santana, desde 1993, quando gravamos os shows no México e na América do Sul para o projeto *Sacred Fire*, até 1999, quando comecei a trabalhar nas músicas de *Supernatural*. Não é que houvesse um problema criativo ou musical. Eu nunca duvidei de mim mesmo nesse tipo de coisa – não costumo ter bloqueios criativos. Sei que a música acabará passando por mim. Eu sentia, apenas, que não havia necessidade. Não tinha vontade de gravar. E nós não paramos de tocar ao vivo – nossa agenda de shows continuava cheia.

Eu prefiro não fazer nada a ter que fazer um álbum só para agradar uma empresa de música. Além disso, Davitt Sigerson tinha saído da Polydor, e por isso eles nos transferiram para a Island Records, que era administrada por Chris Blackwell. Parte daquele novo trato é que eu teria o meu próprio selo, que batizei de Guts and Grace. Quatro álbuns saíram por esse selo – dois de Paolo Rustichelli, um chamado *Santana Brothers* –, formado por mim, Jorge e o nosso sobrinho Carlos Hernandez, que toca guitarra e é excelente compositor – e um chamado *Sacred Sources: Live Forever*. Esse último álbum compilava gravações ao vivo de Jimi Hendrix, Marvin Gaye, Bob Marley, Stevie Ray Vaughan e Coltrane, todos eles distribuidores de mensagens. Foi um desafio fazer com que todas as partes chegassem a um acordo – todos os seus espólios e os seus advogados –, mas valeu a pena lançar várias músicas raras que faziam parte da minha coleção e que talvez nunca tivessem se tornado conhecidas de outra forma.

A Guts and Grace já não existe mais, mas o saldo positivo de tudo isso foi ter aprendido por conta própria que qualquer um pode ter uma gravadora, mas se você não conseguir fazer com que a música chegue às lojas ou à internet, ou que o público tenha acesso a ela, isso equivalerá a ter um carro sem pneus ou sem gasolina. A empresa da qual você faz parte precisa ter muita bala na agulha para lhe oferecer o devido suporte. Hoje, é claro, está tudo diferente, com sites on-line e Mp3s, mas, naquela época, nós não sabíamos que todo o sistema de lojas de música e de formatos físicos iria mudar.

Eu me senti mal por não ter tido o fôlego necessário para convencer a Island a cuidar dos meus lançamentos. Parecia que Chris Blackwell não

O tom universal

estava tão empenhado assim naquele momento. A meu ver, a Island tinha feito algumas coisas fantásticas, chamando a atenção para Bob Marley e a música reggae, e toda aquela música africana na Mango Records, mas acho que Chris concordaria que ninguém na Island estava verdadeiramente presente no fim da década de 1990.

De início, gerenciar sua própria carreira não é fácil – havia um monte de coisas que nós desconhecíamos. Fizemos reuniões com advogados, contadores e outros empresários para descobrir como poderíamos obter mais dinheiro com as gravações antigas, as imagens do grupo, as capas dos álbuns e o nome Santana. Começamos a estudar como as outras bandas administravam os seus negócios – Dave Matthews, o Grateful Dead e a Metallica nos ajudaram e nos mostraram o que costumavam fazer. Passamos a nos fazer as mesmas perguntas que as outras bandas – como usar nosso dinheiro para auxiliar diretamente as pessoas, em vez de pagar impostos que só acabam favorecendo o Pentágono? Aprendemos que tudo na vida é um processo de aprendizagem.

Em 1998, através da Santana Management, montamos a Milagro Foundation para ajudar a capacitar crianças e adolescentes em situação de risco. Essa continua sendo a missão da fundação. No início, Deborah e Kitsaun ajudaram a gerenciá-la. Depois, encontramos Shelley Brown, que havia sido diretora da escola que Salvador frequentou em San Rafael. Sua experiência em lidar com uma escola pública, tornando-a proveitosa para diversas crianças, e, basicamente, sua capacidade de mantê-las unidas – negras, brancas, asiáticas e latinas –, nos fez acreditar que ela era a pessoa certa. Ela tem sido incrível. Hoje em dia Shelley, Ruthie Moutafian, minha irmã Maria e uma equipe inteira tomam conta da instituição. Desde que a fundação foi criada, já doamos quase seis milhões de dólares para apoiar jovens de todas as partes do mundo.

E por que o nome Milagro? Porque eu acredito que a vida tem a ver com a realização de milagres – independentemente da quantidade de dinheiro que dermos, o presente mais valioso que podemos oferecer aos jovens é ajudá-los a romper os sistemas de crença, capacitando-os a acreditar que seus sonhos não são impossíveis, e que eles podem permitir que a voz da divindade assuma o comando de suas vidas. Se podemos ensinar as

502

pessoas a fazer cestas de três pontos no basquete e a ter uma dieta saudável, também podemos ensinar as crianças em situação de risco a serem felizes por apenas 15 minutos por dia – depois, por uma hora, e, em seguida, o dia inteiro –, e isso é um milagre. Se conseguirmos convencer as pessoas a parar de criticar umas às outras – e a elas mesmas – e a ver o lado bom da vida, isso será um milagre. A fundação está interessada em ampliar o nível de conscientização e em despertar a divindade desde a mais tenra e vulnerável idade.

Na verdade, é a mesma mensagem que eu costumo transmitir ao público – você pode fazer com que todos os dias passem a ser o melhor dia da sua vida, começando por hoje. Acho que esse é o maior milagre que você pode proporcionar a si mesmo, e isso não cabe a ninguém mais, a não ser a você. Você pode fazer isso acontecer, e pode começar imediatamente.

A Milagro nasceu perto de casa, doando dinheiro para uma organização que ajuda os jovens desabrigados nas redondezas da Larkin Street, em São Francisco – perto da estação de ônibus. Essa organização ampara os jovens antes que eles sejam aliciados pelas drogas e pelos exploradores, dando-lhes um lugar para dormir, fazer sua higiene e se encontrar, de modo que possam definir juntos seus passos seguintes. Apoiamos também um centro comunitário em Marin City, onde a equipe ensina as crianças a plantar – e começamos a patrocinar jovens músicos.

Outra coisa que a fundação faz é incentivar programas que levem os jovens a sair dos centros urbanos, nem que seja apenas por um dia – fazendo-os entrar em contato com a natureza, para observar as árvores e respirar ar puro. Já ajudamos a transportar jovens de Oakland até um bosque de sequoias, onde as árvores lembram enormes catedrais que o protegem do resto do mundo e parecem tão seculares que é impossível calcular sua idade. Você pode imaginar o que isso significa para uma criança que nunca viu nada a não ser ruas asfaltadas, edifícios e concreto armado? Nós não estamos apenas ampliando o nível de conscientização – estamos reorganizando-o.

Hoje em dia, a Milagro também atua no México. Em cidades fronteiriças, como Tijuana e Juarez, há inúmeras crianças em situação de risco, sobrevivendo nas ruas e dormindo dentro de túneis à noite. Famintas, elas cheiram quantidades absurdas de cola para enganar a fome. Estamos tentando nos conectar com elas para libertá-las dessa vida. Em Autlán, existe agora um posto de saúde e um centro comunitário chamado Santuario de Luz – Santuário de Luz –, que a Milagro ajudou a fundar em 2005, em parceria com o Dr. Martin Sandoval Gomez, e que causou, verdadeiramente, profundo impacto sobre a cidade. O posto oferece serviços de emergência médica e modernas instalações que Autlán nunca teve antes. Em 2006, fiz uma visita ao local, e eles me prestaram uma homenagem. Pessoas de várias cidades ao redor de Jalisco foram me recepcionar para me dizer o quanto suas vidas vinham sendo afetadas pelo que nós e o Dr. Martin estávamos fazendo. Ouvir aquilo me deixou mais satisfeito do que receber uma infinidade de prêmios Grammy.

Acho que é importante assinalar que a Milagro Foundation foi criada antes do lançamento de *Supernatural* – não foi algo que surgiu quando nos perguntamos: "O que podemos fazer com esse dinheiro todo?" O ponto de partida foi outro: "Como podemos compartilhar o que temos?" Na verdade, isso remonta a uma época muito anterior à Milagro; remonta à minha mãe e à sua poderosa energia de compartilhamento. Quando éramos crianças, ela nos dizia: "Tudo tem um sabor melhor quando é compartilhado." E aí ela colocava sorvete, tacos ou frijoles na nossa frente. A Milagro tem a ver com a provisão de alimentos para a alma e para o espírito, e, assim como a comida de verdade, o sabor é infinitamente melhor quando compartilhamos esses alimentos com aqueles que necessitam.

Você se lembra do casal de Saint Louis envolvido em ações sociais – David e Thelma Steward? Eles afirmaram algo que me impressionou muito: "É uma bênção ser uma bênção." É a pura verdade. É uma bênção dispor dos recursos e do organizador Rolodex para ajudar tantas pessoas e contribuir para que esse movimento funcione. Passei a integrar uma comunidade de doadores, e é impossível ser ludibriado por qualquer interferência do meu próprio ego: "Olhe como eu sou especial e o que estou fazendo." Eu só posso me mostrar receptivo, conhecendo e apoiando outras pessoas que realizam esse mesmo tipo de trabalho.

Andre Agassi e Steffi Graf fundaram uma escola na periferia de Las Vegas, e sua taxa de graduação alcança quase 100%. Alguns donos de cassinos doam dinheiro para a escola, e, a cada ano, há um concerto beneficente para angariar fundos – eu já me apresentei em um desses concertos, assim como Tony Bennett e Elton John. Deveria haver escolas como essa em todas as cidades: se houvesse, sei que seria possível constatar os benefícios para as pessoas que vivem em seu entorno em apenas alguns anos. Há uma frase que eu gostaria de ver repetida inúmeras vezes – e é esta: a conscientização pode ser lucrativa.

Fico animado em saber que existe uma confederação da esperança – Bill Gates, Paul Allen, Matt Damon, Sean Penn, Danny Glover, Bono, Elton John, Angelina Jolie, Morgan Freeman, Ashley Judd, George Clooney, Bruce Springsteen, o dalai-lama, o arcebispo Desmond Tutu e muitos outros. Eles estão todos em sintonia, fazendo aquilo em que realmente acreditam. Quem dera tivéssemos oportunidade de reunir todas essas ações e implementar programas, escolas e instituições que pudessem ajudar a incutir a mecânica da igualdade, da equidade e da justiça.

Também fico animado quando, às vezes, o telefone toca e é Harry Belafonte. Acho que não existe mais ninguém hoje em dia que tenha a mesma clareza espiritual e a mesma envergadura moral que ele – definitivamente, ninguém as vêm cultivando por mais tempo do que ele. Ele já combatia o apartheid antes mesmo de Nelson Mandela ser preso, e, nos anos seguintes, lutou para conseguir libertá-lo, até que finalmente isso aconteceu. Ele é um dos pilares da nossa comunidade, uma pessoa em quem as outras deveriam se inspirar psicológica e moralmente para estar 100% presentes e minimamente à altura de sua luz.

A primeira vez que nos falamos, eu o chamei de Sr. Belafonte, e ele me pediu para não tratá-lo daquela forma. "Você é um dos nossos – nós somos iguais." Eu respondi que achava que ainda chegaria lá, mas poderia ter me desmanchado bem ali, quando ele disse aquilo. Nós conversamos bastante, e acho que parte do motivo pelo qual nos aproximamos tanto e com tanta rapidez é que ambos carregamos a chama pela liberdade e nos apoiamos solidamente em nossas palavras e em nossas crenças. As pessoas que produziram o evento do Kennedy Center Honors pensaram em convidar Harry para fazer a minha apresentação na cerimônia de 2013, e eu falei com ele sobre isso. Harry disse: "Primeiro, quero que você veja um discurso no YouTube." Era o discurso que ele havia proferido no jantar da NAACP, que tinha Jamie Foxx entre os homenageados, e no qual ele se pronunciava a respeito do desarmamento e do racismo: "O rio de sangue que lava as ruas de nossa nação flui, em sua maior parte, dos corpos das nossas crianças negras."

Harry estava coberto de razão, e fiquei honrado por ele ter finalmente concordado em me apresentar. Meu amigo Hal Miller me deu um conselho: eu estava indo a Washington para ser homenageado pelo país, e aquele não era o momento nem o lugar de declarar guerra. "Aproveite e saboreie a experiência", recomendou ele. Ele sugeriu que eu pedisse a Harry que também moderasse um pouco o seu tom. Eu disse a Harry: "Vamos tirar essa pintura de guerra." Harry respondeu: "Tudo bem – mas não toda."

É possível assistir on-line à apresentação de Harry no Kennedy Center Honors – incluindo o que ele falou sobre mim e sobre o controle da imigração mexicana. Ele decidiu fazer humor, mas, mesmo assim, conseguiu transmitir sua mensagem. Eu adoro seu astral e o que ele fez naquela noite. Tenho muito orgulho de chamá-lo de amigo, e nós já fizemos vários trabalhos juntos, especialmente em ações de apoio à África do Sul.

Acho que compartilhar e apoiar sempre terão a ver com a igualdade e a justiça. São atitudes abençoadas – e não algo a ser comercializado ou ocultado das pessoas. Se isso é ser político, tudo bem. O Sr. Belafonte – quer dizer, Harry – não deve ser o único a se manifestar.

Certa vez, em colaboração com o ator Morgan Freeman, eu estava lutando pela revogação de uma lei anti-imigração em Atlanta, e ele comentou que a maioria das pessoas não entende que quando os políticos aprovam leis desse tipo eles estão impedindo as pessoas de contribuir para a comunidade e torná-la melhor para todos. Ele estava certo – para que a sociedade cresça, ela precisa mudar. Crescimento significa mudança, e isso deveria valer para todos.

Na Casa Branca, durante a cerimônia do Kennedy Center Honors, eu estava conversando sobre esse assunto com Shirley MacLaine, e de repente ela me interrompeu: "O que foi que você acabou de dizer?" Eu repeti: "O patriotismo é pré-histórico." Ela concordou com a cabeça. "Essa expressão é sua?"

Acho que o que eu afirmei despertou a atenção de Shirley, porque ela é uma pessoa progressista. Quer dizer, precisamos atualizar o software dos nossos cérebros e começar a olhar o nosso planeta a partir de uma perspectiva panorâmica. Mesmo que você nunca consiga sair da sua cidade natal, ou até mesmo do seu bairro, você ainda estará vivendo em um mundo inteiramente conectado. Ele estará sempre lá para que você possa conhecê-lo, percebê-lo e escutá-lo – o tom universal, a vibração de som que nos lembra que a distância e a separação não passam de ilusão.

Até hoje detesto quem tenta doutrinar os outros a odiar as pessoas pelo fato de elas serem diferentes, procurando se impor e exaltar a si mesmo. Abomino isso tanto quanto eu detestava quando alguns mexicanos tentavam me forçar a odiar os gringos. Era isso o que eles tentavam me dizer em Tijuana, e eu também não caí nessa mentira. Todos nós somos pessoas. As outras coisas – bandeiras, fronteiras, Terceiro Mundo, Primeiro Mundo – são uma grande ilusão. Eu gosto da ideia de uma família global sob uma única bandeira: um sol e as silhuetas de uma mulher, um homem, uma menina e um menino. Todas essas outras coisas nos mantêm presos ao mesmo lugar em que estávamos há dez mil anos: neandertais tentando cruzar alguma montanha.

Qualquer pai pode se enxergar em sua filha ou em seu filho pequenos. Acho que cada um dos meus filhos herdou uma parte minha, e tal característica, aos poucos, foi sendo potencializada. Também acho que cada um deles – Salvador, Stella e Jelli – tem uma convicção suprema, assim como sua avó Josefina. Sal tem tudo a ver com o respeito e o compromisso espiritual. Jelli é política, é aquela que luta pelos direitos. Ela conhece história e trabalha no escritório da Santana lidando com os nossos arquivos. Stella sempre tem algo incisivo a dizer – ela se sente à vontade sob os holofotes.

Costumávamos chamar Stella de CNN, porque ela era sempre a primeira a vir correndo me contar as coisas quando eu chegava em casa. Ela chupava o dedo, coçava a sobrancelha e falava: "E, aí, sabe o que aconteceu?" Eu dizia: "Não, mas tenho certeza de que você vai me contar." E então nós ouvíamos suas histórias nos mínimos detalhes. Se Stella percebesse o cheiro de algum cigarro de maconha, ela não hesitaria em ameaçar: "Vou contar pra mamãe!"

Stella é a minha Josefina – aquela que vai nos testar –, mais do que Jelli e muito mais do que Salvador. Ela também é muito parecida comigo em relação às suas impressões sobre a escola e a Igreja. Uma vez, recebi um telefonema de um professor da escola particular católica que Stella estava frequentando na época. "Sinto muito, Sr. Santana, parece que temos um problema com Stella. Como o senhor sabe, somos uma escola católica de ensino médio, e ensinamos os estudos bíblicos. Hoje, estávamos lendo sobre a criação de Eva a partir de uma costela de Adão e, imediatamente, Stella começou a contestar a passagem em voz alta – dizendo coisas como: 'Vocês não acreditam nessas coisas, acreditam?'"

Essa é minha garota. Em seguida, os diretores me pediram para ir até a escola de manhã para tratarmos desse assunto, e embora eu costume acordar tarde, cheguei lá às 7h30. Na verdade, não conversamos muito sobre Stella, mas eles me fizeram dar uma volta pela escola por 45 minutos, e então eu adivinhei o que viria pela frente. Eles me mostraram um espaço onde tinham a intenção de construir um novo ginásio, e queriam saber se seria possível eu fazer alguns shows para arrecadar algum dinheiro. Ou, talvez, eu pudesse doar o dinheiro.

Eu estava dirigindo de volta para casa, e estava no meio da ponte Golden Gate quando Stella me ligou: "Pai, o que você disse a eles?" Ela estava perguntando sobre a contestação que havia feito à Bíblia – ela não sabia nada sobre o papo da arrecadação de fundos. Eu disse a ela que tinha dado a mesma resposta para as duas coisas que discutimos – não, eu não iria repreendê-la por questionar as crenças deles, e quando eles me pediram para fazer uma doação, eu disse: "Obrigado pelo tempo que vocês gastaram para me mostrar a escola. Tenho duas perguntas – vocês cobram mensalidades de todos os alunos aqui, certo? Além disso, vi uma foto enorme do papa quando entrei na escola. A Igreja Católica vale bilhões – que tal pedir a ele?" O diretor respondeu que por alguma razão eles haviam se divorciado oficialmente do Vaticano. Eu quis saber: "Vocês não receberam nenhuma pensão alimentícia?"

Eu resumiria Stella dizendo que ela nasceu para ser o centro das atenções, tanto por sua aparência quanto pela maneira como se comporta, mas, ao mesmo tempo, ela quer ser invisível. Eu costumo provocá-la e perguntar como conseguirá fazer com que essa coisa do anonimato funcione. Ela apenas levanta a mão e a coloca bem diante do meu rosto – "Converse com a mão". Estou sempre aprendendo novas formas de comunicação com os meus filhos.

Jelli é a hippie da família, aquela que quer ajudar a salvar o mundo. Ela me ligou outro dia, muito animada – "Estou aqui com a Angela Davis!". Ela estava em uma palestra, e elas haviam acabado de se conhecer. Mais tarde Jelli me contou que Angela tinha lhe dito algo que a marcou profundamente, sobre o fato de se sentir mais corajosa quando era jovem. Eu disse: "Hmm. O que você acha disso, Jelli?"

Jelli é firme e íntegra. Seu raciocínio é extremamente apurado, e ela é bastante desenvolta com as palavras. Ela adora Dolores Huerta. No ano passado ela também foi detida por violação de propriedade privada, em um protesto em homenagem a Trayvon Martin. Ela foi algemada, e tivemos de ir socorrê-la. Não sei se ela pretende fazer isso de novo, porque foi uma situação tensa demais, e ninguém quer que uma coisa dessas conste em sua ficha pública. Mas Jelli é Jelli.

Quando Jelli se formou na escola, todos os alunos tiveram de se pronunciar e citar uma pessoa, e ela se levantou e disse: "Sou aquela que terá de morrer quando chegar a minha hora, então deixem-me viver minha vida da forma que eu quiser." Lembro de pensar: "Caramba!" Ela estava citando Jimi Hendrix. Jelli vai ser um osso duro de roer. Lembro que prestei atenção nos seus olhos quando ela nasceu e pensei: "Esta vai ser intensa de verdade – ela tem um raro tipo de força motriz dentro de si. Ela vai ser capaz de produzir um impacto mundial, seja lá o que ela decida ser e fazer." Ela ainda não me decepcionou.

Quando meus filhos entram em um ambiente, eles levam a luz consigo. Quando eu converso com eles em particular ou coletivamente, eles aspiram, como todos nós, a fazer deste mundo um lugar melhor para se viver. Eu os amo por isso.

No fim dos anos 1990, meu pai passou a tocar música com uma frequência cada vez menor. Ele ainda gostava de caminhar, mas nunca chegou a aprender a dirigir. Ele também gostava de ouvir sua música em fitas cassetes. Acho que um dos melhores presentes que lhe dei foi um Walkman – ele andava para lá e para cá, ouvia sua música e, em seguida, transcrevia as canções para o papel. Eu ia visitá-lo, e nós nos sentávamos no sofá. Ele esticava o braço para segurar minha mão, e as mãos dele eram exatamente iguais às de John Lee Hooker – incrivelmente macias. Ele costumava tocar os meus dedos e permanecer calado. Era assim que nós nos comunicávamos no fim. José faleceu no dia 1º de novembro de 1998.

Quando a morte o alcançou, eu estava à beira de sua cama, observando e aguardando, à medida que tudo ia deixando de funcionar. O espírito se manteve forte, enquanto o corpo ficava cada vez mais frágil. Passei por isso com meu pai, depois, com a minha mãe, em 2009, e este ano – 2014 – com Armando. Todos eles começaram a ficar parecidos com bebês recém-nascidos: enrugados e quase sem pelos. Eles foram sendo dominados por uma luz cuja intensidade não parava de aumentar. Não fiquei com medo e não chorei – era a hora deles. Sentei-me ao lado de cada um dos três, segurei as suas mãos e lhes disse que não haveria nenhum problema se eles fossem embora, caso quisessem ir. Tudo ficaria bem por aqui.

Vi muita gente chorando. As únicas vezes que chorei foram nos funerais de Bill Graham e Tony Williams, talvez porque suas mortes tenham sido inesperadas. Não me lembro de ter chorado por minha mãe nem por meu pai – acho que é porque tive a chance de lhes dizer tudo o que eu queria dizer. Quando for minha vez de partir, rezo para que eu tenha a força de aceitar que todas as coisas que tive – o meu corpo, as minhas habilidades, o meu cérebro e a minha imaginação – foram emprestadas por Deus. Quando Ele as quiser de volta, eu direi: "Obrigado, cara, por permitir que eu me divertisse com tudo isso, porque me diverti mesmo."

A última vez que vi meu pai de forma nítida e próxima foi em um sonho que eu tive, em torno de um ano e meio após sua morte. Ele estava no topo de uma montanha, usando o seu paletó azul favorito. Eu estava em um carro, acompanhado do meu irmão Jorge. "Papai está ali! Pare o carro!" Corri ao seu encontro, e ele estava olhando para o outro lado, para um rio brilhante e reluzente, como se fosse feito de diamantes.

"Papai!" Eu o agarrei de verdade, porque, se não fizesse isso, eu achava que poderia acordar e perdê-lo de vista. Ele se virou, e eu pude sentir seu cheiro. Senti sua pele ao lado da minha. Antes que eu acordasse, ele olhou para mim e disse: "Ele está me chamando. Eu tenho que ir até Ele agora. Preciso lhe confessar que eu não compreendia um monte de coisas que você fazia ou dizia, mas quero que saiba que agora eu entendo por que você é do jeito que é."

CAPÍTULO 22

Não sou um grande fã das cerimônias de premiação, seja como espectador ou participante – todos os artistas querendo lançar mão de todos os seus recursos, querendo atingir o grande momento da ovação. Muitas vezes, é possível sentir o desespero no ar – "É isso aí, cara. Eu preciso arrebentar!". É o mesmo tipo de desespero daqueles que têm de interpretar o hino nacional, que é muito difícil de cantar, por ser uma música muito estranha. Em algum momento dos anos 1990, eu estava assistindo a um jogo da NBA e me lembro de um astro do esporte, vestido com um terno vermelho, que não era nem um pouco conhecido por sua forma de cantar, ter se levantado e dito: "Vocês estão prontos?", como se fosse arremessar a bola para o outro lado da cerca. Era uma coisa muito petulante de se dizer – então, meu amigo, o mínimo que ele tinha a fazer era cantar igual a Caruso.

Percebi que ele estava com dificuldades desde a primeira nota, porque começou em uma oitava muito acima – fiquei pensando que ele precisaria de um elevador expresso para chegar ao "clarão vermelho dos foguetes", sabe? Acredito que se você estiver a fim de dar o seu melhor, tem que ser a mesma coisa que você procura alcançar todas as noites – o sucesso é fruto de muita prática e da suprema confiança propiciada pelo autoconhecimento.

Fui aprendendo a tocar nas noites de premiação e em programas de televisão, e a saber o que dizer quando era solicitado a dar entrevistas. Eu prefiro os momentos em que a banda começa a tocar – tenho orgulho de dizer que a Santana precisará de uma única tomada, não importando se a luz vermelha continuar acesa. Nós sempre sabemos o que estamos fazendo e como o nosso som sairá.

Também gosto de alguns momentos em que não se trata da Santana – trata-se de Carlos tocando com outra pessoa, como a vez em que toquei "Black Magic Woman" com Peter Green, quando a Fleetwood Mac foi admitida no Hall da Fama do Rock and Roll, em 1998. Fiquei orgulhoso pelo fato de a Santana ter entrado na lista no ano anterior, mas, naquela ocasião, também me indispus seriamente com eles, pois Ritchie Valens ainda não havia sido prestigiado. Quer dizer, o que é o rock and roll sem "La Bamba"? O rock and roll não significa ser branco e ser popular – significa ser eternamente relevante. Ritchie foi finalmente admitido em 2000.

Vou revelar um dos meus momentos favoritos. Em 2004, fui agraciado com um prêmio Grammy Latino de Personalidade do Ano em Los Angeles. A cena era a mesma de sempre – pessoas famosas em smokings e vestidos longos chegando em limusines; muitos discursos e ovações. Quincy Jones e Salma Hayek me entregaram o prêmio, e antes mesmo de eu começar a falar alguém gritou: "Este é o meu irmão!" Era Jorge. A maneira como ele disse isso, em voz alta e do fundo do seu coração, foi tão carinhosa que eu quase me atrapalhei.

Por favor, não me peça para pisar no tapete vermelho. Eu fiz isso por Deborah quando ela lançou o seu livro – e faria a qualquer momento por Cindy. Mas, na maioria das vezes, quando apareço nesses tipos de cerimônias de premiação, prefiro passar pela cozinha, cumprimentando os cozinheiros, os garçons e os lavadores de pratos. Ainda me lembro da sensação dos meus dedos naquela água quente engordurada e das minhas mãos ficando completamente enrugadas.

E não me peça para cantar o hino nacional. Recebo convites o tempo todo para tocá-lo na guitarra; tudo o que posso fazer é tentar executá-lo tão bem quanto Jimi. E quanto àquele cara que cantou o hino no jogo da NBA? Clive nos apresentou uma vez, em uma festa de Supernatural – ele estava ao lado do saxofonista Kenny G. Eu não ri nem dei nenhum sorriso, mas me esforcei para ordenar o meu cérebro a não pensar no que eu achava do smooth jazz e daquele seu desempenho na partida de basquete. Minha voz interior dizia: "Não pense nisso, cara."

Em 1997, comecei a ter a sensação de que eu estava gerando alguma coisa nova – havia um novo álbum dentro de mim, e ele seria algo especial. Naquela época, eu iria chamá-lo de *Serpents and Doves*, e ele seria composto por singles – o tipo de canções que conquistam imediatamente o ouvinte, poderosas, com uma mensagem capaz de animar e instruir as pessoas. Era hora de fazer algumas músicas novas para o novo milênio.

Naquele ano, fui convidado a dar um depoimento para um documentário sobre Clive Davis e suas ações filantrópicas. Àquela altura, eu não via nem falava com Clive há mais de vinte anos, mas sabia que, desde que a CBS o dispensara, em 1973, ele havia fundado sua própria gravadora, chamada Arista, e tinha emplacado sucessos com artistas como Barry Manilow, Whitney Houston e Aretha Franklin. Também tinha ouvido falar sobre o seu trabalho filantrópico, em função do que estávamos desenvolvendo na Milagro Foundation – estávamos todos no mesmo barco.

Eu disse que ficaria contente em dizer algumas palavras sobre Clive: "Vou falar a verdade: esse cara é muito importante para o mundo da música e para o bem-estar das pessoas também." Os produtores enviaram uma equipe com uma câmera, e quando Clive assistiu à entrevista ele me ligou. "Ei, Clive, como vai, cara?"

"Carlos – obrigado pelo que você disse. O que está rolando – o que você está fazendo agora?"

Era uma boa pergunta. Eu não gravava um álbum novo da Santana há mais de quatro anos. "Estou tentando rescindir o meu contrato com a Island Records. Eu ainda lhes devo mais dois álbuns."

"Bem, assim que você ficar livre, me procure."

À época, a Island era apenas uma parte da grande salada da PolyGram, e parecia que Chris Blackwell estava prestes a sair, de modo que eu ficaria preso lá no limbo, desamparado. Chris ficou sabendo que eu não estava feliz, e decidiu assistir a uma apresentação da Santana em Londres. Ele percebeu que o grupo continuava arrasando, tanto quanto antes. Em seguida ele voou para Sausalito, para se reunir comigo. Nós nos encontramos em um restaurante chamado Horizons. Sua intenção era tentar me convencer a ficar. Lembro que ele se afastou para atender um telefonema, e quando voltou começou a reclamar que estava tendo problemas com a nova configuração da gravadora. "Eles não investem um tostão sequer, nem para se certificar de que eu conseguirei me comunicar adequadamente por telefone com as pessoas que trabalham comigo."

Fiquei pensando: "Droga! Que tipo de mensagem é essa? E agora ele vai querer me convencer a ficar?" Eu não pretendia tomar mais o seu tempo, nem o meu, e então me posicionei de uma vez.

"Chris, eu respeito você, por isso serei bastante direto. Tenho profunda admiração por tudo o que fez com Bob Marley, Steve Winwood, Baaba Maal e tantos outros músicos da África, Haiti e do mundo todo. Para mim, você é um aliado, é um artista. Mas sei que tenho um álbum muito bom vindo por aí – posso sentir isso bem aqui na minha barriga. É muito importante que ele não saia por um selo que vai deixá-lo encostado nos fundos de algum depósito, nem se transforme em uma dedução fiscal que ninguém vai ouvir."

"De um artista para outro, me deixe ir embora."

Chris olhou para mim, depois ficou olhando para o teto por alguns segundos. Ele percebeu que eu não mudaria de ideia. Por fim, disse: "Carlos, peça ao seu advogado para entrar em contato com o meu advogado. Você está livre." Assim mesmo. Ele poderia ter me pedido para lhe pagar os álbuns que eu ainda estava devendo, ou ter cobrado esse valor quando *Supernatural* foi lançado – mas ele não fez nada disso. Ele me liberou sem estabelecer quaisquer condições, de uma forma profundamente íntegra. Serei grato a ele para sempre por isso – pode-se dizer que a primeira pessoa responsável pela criação de *Supernatural* foi Chris Blackwell.

A outra articuladora que me aproximou de Clive e merece crédito por fazer *Supernatural* acontecer é Deborah. Depois que saí da Island, ela foi a primeira a dizer: "Está bem, agora você precisa procurar o Clive. Essa pode ser uma boa oportunidade de reencontrá-lo e, talvez, voltar a ser executado no rádio."

Rádio? Lembro de me perguntar se aquilo ainda existia, e se ainda possuía alguma relevância. Fazia séculos que a Santana não tinha nenhuma música no rádio. Uma parte minha ficou pensando: "Eu simplesmente não tenho capacidade de entender como o rádio funciona hoje em dia." Não que eu entendesse no início.

Em um primeiro momento, hesitei em ligar para Clive, porque nossa última interação havia sido em 1973, e Clive não tinha ficado nem um pouco satisfeito com a direção que a Santana estava assumindo naquela época. Eu sabia que voltar a trabalhar com Clive significaria mais do que simplesmente discutir uma ou duas músicas e, em seguida, afirmar: "Vejo você mais tarde – vou lhe enviar o álbum quando terminarmos de fazê-lo." Mas Deborah me pediu para ouvir o que Clive tinha a dizer. Ela foi a chave para que nós nos reaproximássemos. Ela me ajudou a não medir esforços no momento em que um anjo estava vindo em meu auxílio.

Liguei para Clive e o convidei para assistir à apresentação da Santana no Radio City Music Hall. Parei o show a certa altura e, do palco, agradeci a sua presença. "Senhoras e senhores, hoje temos aqui na plateia alguém que, como Bill Graham, é um idealizador desta música. Sem ele, teria sido muito difícil que vocês soubessem quem são Janis Joplin, Sly Stone, Simon and Garfunkel – e um monte de outras bandas também, inclusive esta aqui. Seu nome é Sr. Clive Davis." Senti-me bem ao fazer isso: foi a primeira vez que tive a oportunidade de reconhecê-lo publicamente daquela forma. O público ficou de pé para aplaudi-lo.

Conversamos após o concerto. Na verdade, havia apenas duas perguntas: queríamos trabalhar juntos? E, em caso afirmativo, como é que faríamos isso? Clive disse algo que eu gostei de ouvir – ele foi muito claro, e usou uma palavra bastante espiritualizada. "Você está disposto? Você está disposto a se autodisciplinar e a entrar no ringue comigo, a trabalhar em conjunto quando eu começar a ligar para todo mundo que está no meu organizador Rolodex? Será que você vai confiar em mim?"

Ele me explicou que não estava a fim de fazer apenas mais um álbum da Santana – ele queria fazer sucesso. Quem já trabalhou com ele sabe que Clive Davis tem apenas uma coisa em mente – alcançar o topo das paradas no rádio, o tempo todo. A mensagem era a seguinte: ele se envolveria no processo de cima a baixo – escolhendo as músicas, fazendo sugestões no estúdio e tomando decisões sobre a estratégia de divulgação.

Clive me disse uma outra coisa. Antes mesmo de nos encontrarmos, ele tinha conversado com alguns músicos com quem ele estava trabalhando e lhes perguntado: "Vocês estariam interessados em trabalhar com Carlos Santana? Vocês querem compor com ele?" Fiquei surpreso, porque achei que ele poderia ter escolhido algumas pessoas do rock clássico – as pessoas da minha geração. Em 1995, tínhamos feito uma ótima turnê com Jeff Beck, e, em 1997, a Santana – a formação original – havia sido admitida no Hall da Fama do Rock and Roll. Eu estava pensando na velha-guarda, mas Clive disse: "É isso aí, Lauryn Hill, do Fugees, Rob Thomas, da Matchbox Twenty, Dave Matthews, Eagle-Eye Cherry – todos esses artistas e músicos incríveis querem trabalhar com você." Eu sabia quem eles eram e conhecia algumas de suas músicas, e gostei da ideia.

"Eles querem trabalhar comigo, ajudar a fazer com que a Santana volte a ser executada no rádio? Então está bem – vamos lá." E assinamos com a Arista.

Mais tarde, Clive me contou que o que o convenceu a fazer o projeto foi que, quando ele começou a ligar para as pessoas para saber quem estaria interessado, todo mundo concordou. "Eu não estou mentindo – todo mundo. Eu percebi que faria algo com você, porque, independentemente de quem eu procurasse, a resposta seria sim."

Fiquei animado, porque já tinha começado a gravar. Eu estava querendo gravar algumas das músicas de *Supernatural* antes mesmo daquela nossa conversa. Não é difícil adivinhar quais são. Elas soam como as canções típicas da Santana, aquelas que meu pai teria escolhido: "(Da Le) Yaleo" e "Africa Bamba". Com o tempo, Clive foi se envolvendo mais com as gravações em estúdio, não apenas por causa das colaborações, mas também pelo fato de ele ser quem ele é e de como costuma trabalhar – ele é bastante participativo, com dedicação suprema aos detalhes, como o formato de uma canção e a combinação ideal entre músicos e produtores. Eu já havia trabalhado com colaborações antes, mas aquele seria um álbum da Santana que contaria com diferentes grupos e diferentes produtores em cada faixa, dependendo do estilo e do encaminhamento de cada canção. Era uma situação nova para nós.

Na época, fui abençoado com uma banda incrível – CT estava comigo, assim como Benny e Rodney Holmes, que é um baterista esplêndido, com uma energia realmente inacreditável, fabulosa. Foi uma honra criar *Supernatural* com ele e com algumas das outras pessoas da Santana, além dos vários outros músicos que contribuíram em cada faixa.

Preciso fazer uma pausa e me reportar brevemente a Rodney e a alguns outros bateristas. Rodney é um daqueles músicos completos: ele é inteligente e consegue ouvir e reagir, demonstrando uma combinação perfeita de técnica e musicalidade. Eu o vi tocar pela primeira vez em um clube da cidade de Nova York – notei que o pianista Cecil Taylor estava lá e ficou maluco ao ver o que ele fazia. Wayne Shorter o chamava de Rodney Podney, e o levou para a sua banda em 1996.

Sou exigente com os bateristas. Não faço concessões a isso, porque sei, há muito tempo, que para a Santana ser a Santana nós precisamos de um baterista com uma levada consistente e virtuosa, que tenha uma pulsação destemida – e a capacidade de ouvir e aprender, de entrar na música e fazê-la despertar entusiasmo. Pouco antes de Rodney tivemos Horacio "El Negro" Hernandez, que trouxe forte sensação cubana, e, alguns anos depois de Rodney, Dennis Chambers entrou na banda. Dennis talvez seja, hoje em dia, o melhor baterista do planeta capaz de dar sustentação a uma levada – sua precisão rítmica é inigualável. Ele é uma instituição em si mesmo – basta mencionar o seu nome e a maioria dos bateristas vai se ajoelhar para reverenciá-lo. Dennis ficou com a Santana por mais tempo do que qualquer outro baterista – acho que, no início, ele intimidava alguns dos membros da banda, em função de sua reputação, mas, à medida que eles passaram a conhecê-lo, perceberam que ele adora brincar e é alguém muito fácil de se lidar. O engraçado é que eu conheci Dennis quando ele estava tocando com John McLaughlin, nos anos 1990. E bem diante de John, ele disse: "Então, quando é que você vai me chamar para tocar?"

Aquela se tornou uma das assinaturas mais importantes da Santana ao longo dos anos – um baterista flexível, ritmicamente preciso e com uma pulsação poderosa, e dois percussionistas que podiam tocar qualquer coisa e fazer tudo acontecer ao mesmo tempo. Mantivemos essa qualidade de som em *Supernatural*.

Vez por outra Clive me ligava: "Tenho uma canção para você. Estou indo aí." Ou ele dizia: "Wyclef Jean quer que você ouça uma coisa." Wyclef apareceu e cantou a canção ali mesmo, no estúdio. Ele entrou, se aproximou de mim e encostou o rosto no meu. Era como se ele estivesse lendo uma partitura nos meus olhos – imediatamente, ele começou a nos mostrar a letra de "Maria Maria", como se ele soubesse que a minha família assistia a *Amor, Sublime Amor* e o que aquele filme significava para mexicanos como nós.

Clive era realmente meticuloso. Uma vez, estávamos no estúdio gravando uma música, e ele foi direto até um dos vocalistas: "Faça com que eu sinta essa música. Faça com que eu sinta essa música *agora*, está me ouvindo?" Suas veias estavam saltando. Eu fiquei na minha: "Ah, não!" Eu desconhecia esse lado de Clive – em 1973 eu não tinha notado nada disso! Mas ele estava certo – é exatamente isso o que eu peço aos vocalistas: não venda nada, ofereça o seu coração. Fiquei impressionado com o fato de Clive conseguir perceber a diferença. O vocalista olhou para mim como se perguntasse: "O que está acontecendo?" Fiquei pensando: "Cara, você deveria ter vindo com tudo desde o começo."

As gravações em estúdio foram divertidas, porque foram todas diferentes uma da outra. Novas pessoas estavam se juntando à banda, como o "Gentleman" Jeff Cressman no trombone, e eu passei a entrar em contato com mais músicos do que normalmente faria. Dois deles eu acabei conhecendo muito bem, e ainda mantenho uma relação muito próxima – Rob Thomas e Dave Matthews. Ambos são muito presentes com a sua música e o seu espírito, e eles se dedicam tanto ao reino espiritual quanto aos reinos exteriores. Eles querem embelezar este mundo, e acho que Clive sabia disso quando nos reuniu.

As duas últimas canções que fizemos para o álbum foram "The Calling" – o exercício de blues com Eric Clapton – e "El Farol", com uma melodia que Sal ajudou a escrever e é, realmente, um testemunho do amor que o meu filho e o meu pai nutriam um pelo outro.

No momento em que começamos a gravar, eu tinha definido um nome para o álbum: *Mumbo Jumbo*. Eu gostava desse nome, pois ele remetia a um Mumbo Jumbo real – um rei africano. Já tínhamos até a arte-final pronta para a capa – uma pintura chamada *Mumbo Jumbo*, feita pelo artista Michael Rios, autor de muitas das camisetas que eu gosto de usar.

Mas quando chegamos à última música Clive me disse: "Sabe, Carlos, vou ter que discordar respeitosamente de você. A maioria das pessoas acha que 'mumbo jumbo' é uma coisa negativa, como se fossem palavras mágicas que não são realmente mágicas, e não é isso o que você quer. Além disso, acho que a imprensa iria se fartar com esse nome, e de uma forma pouquíssimo elogiosa." Eu disse: "Mas Mumbo Jumbo foi um cara real, sabe – ele faz parte da história, ele curava as pessoas." Clive respondeu: "Sim, tudo bem, mas... bem, seja lá o que for, precisamos informar a imprensa em breve."

Propusemos o nome *Supernatural*, que tem dois significados – "místico" e "*extra*natural". Definitivamente, eu não tinha nenhum problema com o reino invisível e com o fato de ser autêntico. Além disso, aquele título trazia à mente Peter Green e seu instrumental "The Supernatural" – uma música da qual eu continuo gostando. Tudo bem, Clive – vamos chamá-lo de *Supernatural* então.

Quando o álbum ficou pronto, Clive convocou uma reunião para colocar a tropa a postos, e fez questão da minha presença. Fui ao seu escritório, e os soldados e guerreiros que iriam divulgar o álbum estavam todos lá – o pessoal da promoção, o pessoal do marketing, os assessores de imprensa. Clive colocou o álbum inteiro para tocar, e eles me aplaudiram de pé. Eu disse que me sentia muito grato a Clive e a cada um deles, porque sabia que aquela era a primeira vez que estávamos trabalhando juntos. Em seguida, falei um pouco sobre a música. Eu disse que tentei assegurar que cada nota tocada fosse tão autêntica, tão renovadora e tão perigosa quanto um primeiro beijo no banco traseiro de um carro – tão revigorante quanto o eterno agora.

De repente, Clive disse: "Ei, Carlos – sinto muito interromper, mas você acabou de mencionar uma coisa que traduz exatamente o que eu sinto em relação a este álbum. Todo mundo sabe que você tem uma longa história, mas esse não é o dado mais importante a respeito desta música. Como você estava dizendo, ela é muito nova e muito diferente, e é isso o que as pessoas precisam saber. Temos de trabalhá-la como se fosse a primeira vez que você estivesse fazendo música." Fiquei pensando a mesma coisa que Bill Graham diria: "Não foi o que eu acabei de falar?"

Clive e eu estávamos em total e absoluta sintonia em *Supernatural*. Ele garantiu que o mundo ficasse sabendo com antecedência do lançamento de *Supernatural*, em junho de 1999, publicando anúncios em revistas e espalhando outdoors em Manhattan e em Las Vegas. Estávamos em turnê com Dave Matthews naquele verão, e lembro que Dave vivia comentando o quanto a Arista estava nos apoiando, e que ele também estava nos dando todo o seu apoio.

Dave realmente acreditava em nossa música – uma noite, na Filadélfia, ele subiu ao palco e nos apresentou. Nós tocamos "Love of My Life" ao seu lado, e o público adorou. Tínhamos composto aquela música juntos – ele escreveu a letra e eu usei como introdução uma melodia de Brahms que tinha ouvido no rádio. Depois, fui à Tower Records e a cantarolei para o vendedor do departamento de música clássica, que a reconheceu imediatamente. Comprei o CD, e Dave e eu elaboramos a música a partir daí.

Adorei a forma como Dave compartilhou o seu público comigo – falando sobre a música que havíamos acabado de fazer e abrindo seu coração para revelar como estava se sentindo. Era isso o que eu tentava fazer com o meu próprio público – ampliar sua mente, abrir alguns ouvidos. Aquela foi a primeira vez que, de fato, tive a sensação de que a música nova iria fazer muito sucesso – quando o público demonstrou sua aprovação. Apenas alguns dias após aquele show em Filadélfia, estávamos tocando na arena Meadowlands, em Nova Jersey, quando Dave olhou para cima e viu um avião rebocando uma gigantesca faixa publicitária com a frase ESTE É O VERÃO DA SANTANA. Ele disse: "Clive gosta mesmo de você, cara. Vocês estão indo muito bem."

Antes mesmo de o álbum sair Clive já vinha me dizendo isso: "Carlos, este álbum não vai vender apenas um ou dois milhões de cópias. Será uma coisa realmente excepcional." Pouco depois a primeira música de trabalho foi lançada. "Smooth" começou timidamente, mas não demorou muito para decolar como um foguete. *Supernatural* passou a vender centenas de milhares de cópias por semana, e Clive me ligava onde quer que eu estivesse para me informar sobre os números atualizados das vendas. Eu estava em um táxi uma vez, e ele me ligou, dizendo: "Carlos, eles estão tocando sua música *em todos os lugares.*"

Eu não estava conseguindo escutá-lo direito. "Eu sei, Clive – está tocando no rádio do táxi agora."

Foi uma loucura, simplesmente uma loucura. Em seguida, lançamos "Maria Maria", e ela empurrou as vendas a outro patamar – ainda mais alto –, e aqueles índices nunca mais abaixaram.

A formação da Santana nas primeiras turnês de *Supernatural* era excelente – tínhamos CT, Benny, Rodney e Karl, além do naipe de sopros com Bill Ortiz e Jeff Cressman, no trompete e no trombone. Eles foram responsáveis por termos conseguido fazer algumas melodias de um dos meus álbuns favoritos de Miles – sua trilha sonora para o filme *Ascensor para o Cadafalso*, de 1958. Contávamos também com René Martinez, um guitarrista clássico e flamenco que, na verdade, era nosso técnico de guitarra, mas ele tocava com tanta dignidade e elegância que lhe oferecemos uma participação especial minutos antes de tocarmos "Maria Maria", e ele fazia a casa vir abaixo.

Em 2000, cruzamos com Sting em alguns festivais na Alemanha, e, de acordo com a programação, ele entraria no palco depois da nossa apresentação, mas ao nos ouvir pela primeira vez, ele ficou obviamente impressionado. Uma noite, Sting me disse isso no meu camarim, enquanto eu tomava uma cerveja com o meu amigo Hal Miller, que às vezes pode se revelar um cara muito engraçado. "Carlos, quem é esse baterista?"

"É Rodney Holmes, de Nova York. Ele tocou com Wayne Shorter e os Brecker Brothers."

"Ele é maravilhoso!", disse Sting. "E quem é esse guitarrista?"

"Ah, é o René Martinez, meu técnico de guitarra."

Sting ficou em silêncio por um segundo. "Espere aí: ele é o seu técnico? Inacreditável."

Com a precisão de um relógio, Hal entrou em ação e disse: "É. Aguarde até ouvir a participação do técnico de bateria – o nome dele é Elvin."

Sting começou a rir, e, em seguida, todos nós rimos. Aquela era uma formação realmente incrível, e eu me orgulho de que muitos deles ainda estejam tocando com a Santana.

É realmente difícil descrever a sensação que se tem quando se atinge um sucesso tão grande em todo o mundo, e você está bem no meio de tudo isso. É como se você fosse uma rolha flutuando em uma grande onda do oceano – em que medida estou no controle e em que medida estou sendo controlado? É preciso inspecionar cotidianamente os jogos do ego, e é preciso encontrar novamente seu próprio equilíbrio.

Em fevereiro de 2000, Clive me informou que *Supernatural* havia sido indicado a dez prêmios Grammy. Deborah começou a me chamar por um novo nome, antes mesmo de chegar o dia da cerimônia. "Então, Sr. Grammy, quantos você acha que vai ganhar?" As crianças também começaram a fazer o mesmo: "Sim, pai, quantos?" No meu modo de ver, eu teria sorte e ficaria feliz se ganhasse apenas um. Foi por isso que quando ganhei o primeiro prêmio durante o evento que acontece no período da tarde agradeci a todos que eu podia – Clive, Deborah, meu pai e minha mãe e as crianças. Quando ganhei o prêmio seguinte, agradeci a meus irmãos, aos músicos e aos compositores. Na hora do evento noturno, que foi televisionado, eu me senti como um daqueles cachorros que brincam de ir buscar um disco Frisbee, e foi até divertido: os vencedores das outras categorias, como música clássica e música country, começaram a me agradecer por não ter feito um álbum que se enquadrasse em nenhum dos seus gêneros.

Na verdade, tudo aquilo nos deixou um pouco desorientados. Duas coisas me deram muito orgulho. A primeira foi tocar "Smooth" no palco, com Rob Thomas cantando e Rodney Holmes fazendo tudo o que sabia fazer. Eu toquei aquela primeira nota, e todos os presentes ficaram imediatamente arrebatados. Meu outro momento favorito foi quando Lauryn Hill e meu velho amigo Bob Dylan apresentaram o prêmio de Álbum do Ano – o oitavo e último Grammy que *Supernatural* ganhou. Eles abriram o envelope, e tudo o que Bob fez foi apontar para mim – ele não disse uma palavra sequer. Levantei-me para recebê-lo, e, de repente, ficou claro o que eu tinha a dizer.

"A música é o veículo para o poder da cura, e a música de *Supernatural* foi designada e concebida para trazer unidade e harmonia." Agradeci aos dois pilares pessoais que me vieram à mente em primeiro lugar: John Coltrane e John Lee Hooker.

Tenho muitos agradecimentos a fazer, e um dos mais importantes é a Deborah, por ter me ajudado a reconhecer a raiva que ainda estava dentro de mim quando vim a público em 2000 para revelar, pela primeira vez, que eu havia sido vítima de abuso sexual. Eu odeio essa palavra – *vítima*. Não sou uma pessoa que gostaria de se expor e dizer: "Oi, eu sou o cara que foi molestado." *Sobrevivente* é melhor.

O que aconteceu comigo em Tijuana costumava me deixar irritado, e eu me aborrecia por não ter tido uma rede de apoio que pudesse me proteger. Ao mesmo tempo, por que eu mesmo não me pronunciava sobre o abuso? Havia raiva, culpa e censura dando voltas em torno de si, e isso era um estorvo para mim. Mesmo quando eu ainda não sabia nomear o que havia acontecido, estava convicto de que precisaria ampliar meu nível de conscientização, porque eu diria que um baixo nível de conscientização sempre trará consigo o seu fardo.

Acho que todas as pessoas guardam alguma coisa do passado, alguma dor ou algum sofrimento com os quais têm de lidar; uma energia negativa que precisa ser transformada e endereçada a um espaço e a um tempo onde não seja prejudicial nem a quem a alimenta, nem a qualquer outra pessoa ao seu redor. Você tem que curar a si mesmo, e uma coisa que aprendi em todos os meus anos neste planeta é que, se você quiser se curar de algo, não poderá fazê-lo no escuro. Você tem que lhe dar visibilidade.

Foi aí que o anjo Metatron me disse que aquela era uma obrigação – eu tinha de me manifestar publicamente sobre o meu passado.

Metatron é o arcanjo que mencionei em todas as entrevistas que dei naquele ano, que prometera colocar a minha música no rádio e fazer com que ela fosse ouvida de forma mais ampla do que jamais havia sido ouvida antes. "Cumprimos nossa promessa", ele me disse. "Nós lhe demos o que dissemos que daríamos. Agora vamos lhe pedir algo."

Explicando melhor, Metatron é um arcanjo, a forma celestial do patriarca judeu Enoch, que aparece em vários livros. Eu tinha sido apresentado a ele em 1995, quando encontrei *O livro do conhecimento: as chaves de Enoch*, que me causou grande impacto – bem na minha cabeça. Mas, quanto mais eu o estudava, mais percebia que, em muitos aspectos, ele era um correlato de *O livro de Urântia*, e dava continuidade ao que hoje eu chamo de grau de deslocamento em direção à luminosidade – a compreensão de como os planos físico e espiritual, o visível e o invisível estão interligados de várias maneiras, e de como certos livros podem atingir uma sincronicidade divina.

Além de ser o autor de *O livro do conhecimento: as chaves de Enoch*, J. J. Hurtak é um historiador metafísico e um arqueólogo multidimensional. Eu conheci Hurtak e sua esposa Desiree mais ou menos na mesma época de *Supernatural*, e, para mim, eles se tornaram ajustadores do pensamento e aceleradores do entendimento – assim como Jerry e Diane, Wayne e Herbie. J. J. criou um vídeo com imagens, luzes e cores simbólicas que encontravam ressonância e praticamente dançavam ao som de algumas músicas de apelo religioso de Alice Coltrane quando eu as colocava para tocar ao mesmo tempo. Essa constatação me levou a apresentá-los um ao outro e a sugerir que eles trabalhassem juntos. O resultado foi um álbum incrível chamado *The Sacred Language of Ascension*, que combina as melodias e o órgão de Turiya com letras e cânticos em inglês, hebraico, hindi e aramaico e que, espero, seja lançado em breve.

Voltando a Metatron – depois de *O livro do conhecimento: as chaves de Enoch*, encontrei *As revelações de Metatron*, em que Metatron assume o papel de protagonista. Ao estudar esse livro descobri que, às vezes, ele falava comigo enquanto eu estava meditando. Uma noite, quando eu estava em Londres cumprindo a agenda promocional de *Supernatural* – programas de televisão e entrevistas –, Metatron disse: "Agora que você está no rádio, precisa lembrar as pessoas que elas têm a capacidade de fazer com que suas vidas sejam uma obra-prima de felicidade." Mas havia mais uma coisa.

"Além disso, queremos que você revele que foi abusado sexualmente, porque há um monte de pessoas com esse mesmo tipo de aflição. Convide-as a se olharem no espelho e a dizer: 'Eu não sou o que aconteceu comigo.'"

Eu resisti. Tive de lutar contra mim mesmo, porque sabia que os meus pais, os meus filhos e todos os meus irmãos e as minhas irmãs leriam qualquer entrevista que eu desse. O álbum *Supernatural* atingiu enorme repercussão naquele ano, de modo que os holofotes estavam voltados para mim. Era hora de sair da obscuridade e me reinserir no mundo da normalidade – mas eu disse a mim mesmo: "Não; não vou fazer isso."

Os anjos não recuaram – Metatron me cobrou abnegação. Duas entrevistas estavam programadas: uma para a revista *Rolling Stone* e outra com Charlie Rose. Eu não queria falar nada em nenhuma delas; não queria falar nada em hipótese alguma. Passei várias noites sem dormir pensando nisso. Finalmente, escolhi a *Rolling Stone*: contei ao mundo o que havia acontecido comigo quando eu morava em Tijuana. Sem detalhes sórdidos – apenas o simples fato de que eu havia sido molestado quando criança, e que ainda preservava a pureza e a inocência.

Trata-se da minha voz interior – todo mundo tem a sua. Ela já estava comigo, inclusive em Tijuana, quando eu trabalhava no Tic Tock. Eu a preservei. Se você não ouvir essa voz, será como um barco sem leme. Você aprende a confiar nela. No silêncio da madrugada, ou quando entoava os meus cânticos, eu conseguia ouvi-la, e costumava anotar o que ela me dizia. Na entrevista para a *Rolling Stone* também falei sobre Metatron. "Na minha realidade, Deus fala conosco todos os dias... você acende as velas, o incenso, começa a entoar um cântico e, de repente, ouve uma voz: *Agora, escreva isso*."

Supernatural foi tão bem-sucedido e ajudou a conquistar tantos fãs novos que todos os álbuns da Santana passaram a vender novamente, incluindo o primeiro álbum, e até mesmo *Caravanserai*. *Abraxas* se tornou um sucesso mais uma vez – em CD. Os jovens queriam conferir nossa história, nosso catálogo inteiro. Por causa de Bill Graham e da cláusula de "todos os formatos futuros" que ele havia incluído, aqueles álbuns estavam nos rendendo tanto dinheiro quanto na época de seu lançamento.

A Santana costumava viajar na classe executiva e, algumas vezes, na classe econômica, e chegávamos a ficar em motéis. Depois de *Supernatural* passamos a voar na primeira classe e a nos hospedar em hotéis realmente incríveis. Começamos a fazer negócios em sociedade com outras empresas – ajudando a fabricar os seus produtos, e não apenas afiançando-os. Nossa primeira parceria foi com a Brown Shoe Company. Criamos toda uma linha de sapatos sob o nome Carlos. Hoje em dia também fabricamos chapéus e tequila, através dessas mesmas formas de relacionamento.

Nosso contrato com a Arista teve de ser reformulado, porque eles haviam nos pagado muito pouco para fazer *Supernatural* e queriam garantir que seriam os responsáveis pelo nosso álbum seguinte. A maneira usual com que as grandes gravadoras davam sequência a um álbum multiplatina era oferecer aos músicos um bônus generoso, que, na verdade, consistia em um adiantamento que teria de ser restituído mais à frente. Mas se o próximo álbum não fosse tão bem assim, então os músicos ficariam presos àquela dívida, até que conseguissem produzir um outro sucesso. Foi o que aconteceu com Prince e a Warner Bros.

Deborah sugeriu outra ideia, e nós dissemos ao nosso advogado: "Vamos solicitar um bônus não reembolsável – de modo que ele seja um bônus de verdade, e não um adiantamento que tenhamos de amortizar." Seria um valor muito inferior, mas isso não importava. "Vamos ver o que eles oferecem", dissemos. A Arista fez uma proposta razoável, e foi por esse motivo que *Shaman* saiu pela Arista. Dinheiro real é quando você não tem que devolver.

O álbum também provocou mudanças nos nossos shows ao vivo. Nossos setlists estavam sofrendo cada vez mais alterações, se voltando para as canções. Evitávamos fazer improvisações, e Chester e eu não compúnhamos tanto quanto antes. CT ficou conosco até 2009, mas acho que o seu desejo de nos deixar começou com as turnês de *Supernatural* e as mudanças pelas quais vínhamos passando. Depois de *Supernatural*, prosseguimos fazendo alguns álbuns que nasceram da mesma ideia, trabalhando com vários artistas que emprestaram graciosamente os seus corações às colaborações – de Michelle Branch e Macy Gray a Los Lonely Boys, Big Boi, Mary J. Blige e muitos outros.

Todos queriam a Santana em todos os programas de televisão e em todas as cerimônias de premiação. Estávamos tentando acomodar tudo da melhor forma, mas aí começamos a ficar malucos. Tivemos problemas, inclusive, para chegar ao *Tonight Show*, e, por isso, quando finalmente conseguimos chegar a Los Angeles a tempo, marcamos duas gravações na mesma semana. Foi divertido, e lembro que Jay Leno foi muito amável – depois de concluída a gravação, ele veio me dizer que estava muito agradecido pelo fato de termos sido tão cooperativos, e que eu o avisasse se houvesse alguma coisa que ele pudesse fazer por mim.

Eu sabia exatamente o que eu queria: "Jay, você sabe que sou um grande fã de Rodney Dangerfield." Ele tinha ido ao *Tonight Show* diversas vezes, desde os tempos de Johnny Carson, e então perguntei a Jay se ele poderia me conseguir algumas gravações daquelas aparições para eu assistir enquanto estivéssemos em viagem.

No dia seguinte, uma embalagem contendo alguns DVDs chegou ao meu escritório – três horas de Rodney Dangerfield no *Tonight Show*, desde os anos 1960 até sua mais recente aparição. Ele contava algumas das suas piadas mais engraçadas naquele programa. Cara, eu assisto àqueles DVDs até hoje – acho que as minhas partes favoritas eram quando Rodney dizia alguma coisa que excedia os limites da televisão comercial, e Jay comentava algo como: "Lá se vai o programa!", e Rodney lhe lembrava: "Está tudo bem, são 11h30 da noite." Eu adoro esse tipo de pingue-pongue – Johnny ou Jay reagindo ao que ele dizia, mas, na verdade, incitando-o a falar mais e mais.

No verão de 2000 fizemos *Supernatural* ao vivo em Pasadena – todas as músicas, com todos os cantores –, e a Arista gravou a apresentação para produzir um vídeo. Eles me perguntaram quem mais eu gostaria que estivesse no show, e respondi de imediato – Wayne Shorter. Ele não havia participado do álbum, e era o único que não se encaixava muito bem naquele cenário, mas eu sabia que a Arista teria de concordar. Wayne e eu decidimos tocar "Love Song from *Apache*", que Coleman Hawkins gravou e que eu tinha tocado em 1994 em Montreux, ao lado de Joe Henderson.

Durante o ensaio, Wayne solou um trecho da melodia que chamou a atenção de todos – tudo entrou em câmera lenta, e a última nota soou como uma estrela cadente. É possível ouvi-lo em uma das faixas bônus do DVD. Eu me senti muito grato por poder fazer aquele concerto, porque todo mundo que tocou em *Supernatural* deu o melhor de si. Mas Wayne é aquele anjo resplandecente no topo da árvore de Natal. Eis o que ele me disse naquela noite a respeito de *Supernatural*: "Esse tipo de álbum que atinge tantas pessoas nem sequer está relacionado com a música. Trata-se de um encontro social e do conhecimento geral entre os seres humanos."

Fiquei pensando: "É exatamente isso. Woodstock foi um encontro, e *Supernatural* também é. Esta é a esperança que devemos ter todas as vezes que criamos um álbum ou fazemos um show: estou tocando hoje à noite, e isso não tem a ver apenas com a música – é um encontro."

Supernatural aconteceu porque não me boicotei. Eu me dispus a confiar em Clive, e ele ligou para todo mundo e transformou aquele projeto em realidade. Durante anos, em todos os lugares que eu ia, ouvia a Santana – em estações de rádio, shoppings, cinemas. O estranho é que a Arista demitiu Clive não muito tempo depois de *Supernatural* e colocou L. A. Reid em seu lugar. As negociações para a produção de *Shaman* foram feitas com ele.

O maior impacto de *Supernatural* foi sobre a minha agenda. O tempo mais longo que passei fora de casa com a Santana foi do verão de 1999 até 2000, o que exigiu grande dose de energia. De repente, eu estava concedendo de cinco a dez vezes mais entrevistas do que já havia concedido em qualquer outro álbum anterior. Nós tocávamos, viajámos, e eu levantava de manhã para mais uma coletiva de imprensa. Sei que isto faz parte do trabalho – sempre fez. Só estou dizendo que foi mais intenso do que nunca, o que me obrigou a estar presente e a me mostrar convincente em várias estações de rádio, e a falar sobre a confecção do álbum diversas vezes. As pessoas têm curiosidade – elas querem saber coisas sobre as suas músicas favoritas, e você deseja atendê-las, mas isso pode ter o seu custo.

O lado bom é que a Santana é uma banda que sempre se manteve forte e preparada para pegar a estrada, e assim, quando *Supernatural* fez sucesso, conseguimos administrar todas as apresentações que foram surgindo. Não estávamos interrompendo a aposentadoria ou qualquer coisa assim. Mas houve ocasiões em que as turnês duraram mais de cinco semanas, e por isso tivemos de suspender a regra da família Santana por um tempo. No fim de 2000, fiz uma promessa de diminuir o ritmo por pelo menos um ano – chegamos a passar cerca de seis meses afastados do estúdio e de novas gravações.

Enquanto isso, as pessoas – muitas corporações – começaram a nos oferecer quantidades obscenas de dinheiro apenas para viajar e tocar um único set. "Vamos pagar todos os hotéis, todas as viagens de avião, e vocês vão receber dois milhões e meio de dólares por 45 minutos."

Não, não e não. Eu disse: "Não existe nenhuma Santana agora – nenhuma." Conheço aquele ditado que diz que devemos modelar o ferro enquanto ele ainda está quente, mas eu resolvi tirar o ferro do forno. Eu tive de parar. Houve problemas com o fato de eu estar longe de casa por tanto tempo, e eu queria evitar que a família desmoronasse. Isso me fez perceber que o amor não deveria estar à venda.

Recentemente, na Austrália, dei uma entrevista para um jornal, e o entrevistador me perguntou por que eu era um dos poucos sobreviventes da família Woodstock. Respondi que tinha aprendido a ouvir minha voz interior, e que minha voz interior havia me dito que me ajudaria a não ter uma overdose de mim mesmo – a não ter uma overdose do meu próprio mundo. Inúmeras pessoas que não estão mais aqui hoje tiveram uma overdose de si mesmas.

E então eu disse: "Quando você vai à minha casa, cara, não existe nada da Santana lá. Existe apenas o Carlos."

"Como assim?"

"É, não existem fotos da Santana, nem cartazes, nem discos de ouro pela casa. Eu preciso separar a pessoa da personalidade." Até hoje eu tenho que me lembrar de fazer isso. Às vezes, é um pouco parecido com o que Miles afirmou no encarte de *Sketches of Spain*: "Um dia, vou ligar para mim mesmo e me mandar calar a boca."

Na época do lançamento de *Supernatural*, o nosso ritmo doméstico era este: estávamos vivendo em San Rafael em uma bela casa, com vista para uma montanha, lindas flores e cercas vivas. Havia uma construção em forma de A ao lado, que eu chamava de Igreja Elétrica, um termo que peguei emprestado de Jimi Hendrix. Era ali que eu guardava a minha vida musical, onde eu recebia telefonemas de trabalho e relaxava à noite, quando queria tocar música, ouvir gravações ou assistir a partidas de basquete ou boxe. Era onde eu guardava todas as minhas guitarras, um órgão Hammond e um Fender, baterias, congas e outros instrumentos de percussão. Havia um lugar especial para os meus discos e coleções de áudio e vídeo. Quando amigos como Hal Miller e Rashiki iam me visitar, eles ficavam na Igreja – ela também contava com quartos de hóspedes e uma cozinha –, e eu aparecia por lá em torno das 10 horas e nós fazíamos planos para o dia seguinte ou apenas resolvíamos alguns assuntos juntos. Nos anos 1990 eu adorava dirigir até a escola de Sal para buscá-lo, mesmo que ele já não achasse isso tão legal assim.

A aproximadamente cem metros de onde nós morávamos ficava a casa que construímos para Jo e SK, os pais de Deborah. Minha mãe e meus irmãos não viviam muito longe, também em Bay Area, para que as crianças pudessem, de fato, conviver com a sua família. Nossa casa estava inteiramente concentrada em Deborah e nas crianças – e não nas coisas da Santana. Quando Jelli e eu começamos a fazer programas juntos, nós adorávamos, especialmente, assistir ao *MADtv*. Eu gravava os episódios, e então ela ia até a Igreja Elétrica e gargalhava até rolar pelo chão. Mas se o programa abordasse algum tema que eu considerasse muito adulto, eu pedia para ela tapar os ouvidos. E aí ela ria ainda mais alto.

Todas as crianças aprenderam música por um determinado período. Elas estudaram piano com Marcia Miget, e eu costumava levá-las para as aulas. Marcia se autodenomina uma ratazana de Saint Louis – ela conhecia tudo sobre a história musical de sua cidade, incluindo Clark Terry, Miles Davis e Chuck Berry. Ela ensinava piano a Sal e Jelli, e Stella estudava saxofone alto. Fico feliz por nunca ter perdido nenhum dos seus "recitais de formatura". Lembro de Sal fazendo um ótimo trabalho com "Blue Monk", e Stella tocando uma balada de Pharoah Sanders com um estilo e uma fluência muito interessantes. Apenas Sal adotou o caminho da música, e não há problema algum quanto a isso. Eu gosto da ideia de que todos os três tenham tido a oportunidade de sentir o que é segurar um instrumento em suas mãos e tocar música. Durante algum tempo Marcia foi como um membro da família Santana – hoje ela coordena sua própria escola em San Rafael, chamada Miraflores Academie.

Tínhamos um pastor-alemão enorme, chamado Jacob – Jacobee, como as crianças o chamavam. Às vezes, ele passava por baixo da cerca e saía correndo pela vizinhança, e Deborah me ligava: "Ei, seu cachorro escapou de novo, e os Smith querem que você vá resgatá-lo antes que ele devore o gato deles, ok?" Eu colocava a guitarra no chão e parava de assistir à televisão. "Espere: quem são os Smith?" E então eu ia pegar Jacob.

Eu adorava observar aquele cachorro enquanto ele brincava, saltava e saía correndo, com a língua de fora, como se estivesse tentando recuperar o fôlego. Uma vez, levei Jacob e as crianças à Stinson Beach, a cerca de meia hora de distância da nossa casa, e ele encontrou uma gaivota morta na areia. Foi como se Jacob tivesse acabado de encontrar uma deliciosa refeição – ele avançou sobre ela, começou a mordê-la e a dar voltas em torno dela. Ele precisava se deixar impregnar por aquele odor desagradável.

Fiquei pensando: "Caramba. Em que medida é preciso amar alguma coisa para se entregar assim, de corpo inteiro?" Você deseja tanto aquela coisa que quer se misturar ao seu cheiro. Comecei a pensar em como isso acontece na música – em como alguns músicos se lançam destemidamente, entram em uma canção e se espremem por entre as notas.

Uma vez, Jaco Pastorius e eu estávamos tocando com alguns músicos de jazz em uma gravação extra, e os outros músicos perguntaram o que ele queria tocar. Ele sorriu para mim e disse: "Fannie Mae", uma velha canção de jukebox de Buster Brown – não o garoto que vivia em um sapato, mas um cantor de blues dos anos 1950 e 60. A música não passa de um blues singelo, com um shuffle. Os outros músicos não a conheciam ou não estavam a fim de tocá-la, mas Jaco começou a executá-la e se embrenhou na música assim como Jacob havia se envolvido com aquela gaivota na praia. Ele ficou simplesmente imerso na sensação e na alma daquela canção. Eu continuei pensando: "Esse é o tipo de espírito e de convicção que quero ter na Santana."

Pedi que as crianças pulassem no mar, para que Jacob pudesse correr atrás delas e eliminar aquele fedor de gaivota. É realmente um acontecimento assistir alguém sendo o que é.

CAPÍTULO 23

Da esquerda para a direita: Salvador, Angelica, Deborah, Stella e eu, 1998

Em 1998 a Santana tinha acabado de entrar para o Hall da Fama do Rock and Roll, e no entender de algumas pessoas isso significava que já havíamos realizado os nossos melhores trabalhos – como disse um amigo: "Vocês já têm o posto, agora falta o pasto." Sabe o que Supernatural *significou? Foi como entrar para o Hall da Fama do Beisebol, logo depois interromper a aposentadoria e levar sua equipe até a World Series. Aposentadoria? Ainda não.*

Já mencionei várias vezes as ligações que eu costumava receber, e ouvir as vozes de Miles, Bill Graham ou John Lee do outro lado da linha fazia com que eu me sentisse validado. Depois de Supernatural, *se eu tivesse alguma ideia para algum concerto especial ou algum show beneficente, ou até mesmo se quisesse apenas homenagear alguém, parecia que poderia pegar o telefone e ligar para quem eu bem entendesse. E as pessoas me retornariam a ligação.*

Talvez fosse alguém da HBO, da MTV ou da Rolling Stone. *Ou, talvez, fosse alguém de Hollywood. Poderia ser Plácido Domingo – nós o convidamos para cantar em* Shaman, *e ele fez tudo em uma única tomada. Ele terminou a música como se fosse um toureiro que tivesse acabado de derrotar o diabo. Eu gostaria de poder fazer um álbum inteiro só com ele. Esse cara é incrivelmente bom.*

Na verdade, eu queria fazer muitas coisas que já consegui fazer – incluindo álbuns como Guitar Heaven *e* Corazón. *Eu pretendo fazer um álbum chamado* Sangre, *em homenagem ao meu pai, e gravá-lo com os meus filhos, Cindy e a minha cunhada Tracy, que é uma grande cantora e compositora – eu a chamo de Sil. E estamos trabalhando em* Santana IV, *que, finalmente, reunirá os integrantes da formação original que estão disponíveis – Shrieve, Carabello, Rolie e Schon – e alguns caras da formação atual da Santana. Quando conversamos sobre isso, nossas vozes adquirem um tom diferente, como se todo mundo estivesse ansioso por revisitar aquele repertório. Na realidade, já ensaiamos algumas vezes, e a química surgiu imediatamente – uma química sagrada e espontânea. Talvez possamos fazer uma turnê com esta banda, juntamente com a Journey – cada banda tocando separadamente, e, em seguida, tocando juntas no final. Neal merece o crédito por ter tido essa ideia, persegui-la com muita garra, e por me fazer pensar: "Certo, talvez possamos nos reencontrar, montar em nossos cavalos e sair galopando – não rumo ao pôr do sol, mas rumo a um novo amanhecer."*

Hoje posso respirar fundo e dizer que este é um excelente momento para se estar vivo, porque há muito poucos obstáculos e não é preciso mais lutar para fazer uma música que esteja interessada em unir algumas pessoas. Um dos melhores elogios que já recebi foi do baixista Dave Holland. Certa vez nos encontramos nos bastidores do Hollywood Bowl, ao lado de Wayne, Herbie, o grande percussionista indiano Zakir Hussain e Cindy, entre outros. Dave disse que precisava me revelar uma coisa, como se estivesse guardando aquilo dentro de si há algum tempo. Ele disse: "Todas as vezes que ouvi sua música, ou o assisti, em qualquer configuração, você sempre entrou em comunhão com todos os tipos de pessoas – jovens e idosos, negros, brancos e pardos." Eu tenho muito respeito por Dave, pelo que ele havia feito com Miles e pela carreira solo que desenvolveu depois. Fiquei embevecido. "Obrigado, cara. Isso significa muito."

Adoro criar uma música que faça o maior número possível de pessoas se conectarem, não apenas umas com as outras, mas também com as suas próprias divindades. Meu objetivo é usar aquilo de que disponho para tentar abrir os corações e as mentes, e ajudar as pessoas a tornar concretas as suas próprias existências, a alcançar uma consciência mais profunda e a encontrar os seus verdadeiros propósitos na vida. É isso aí. Esse é o alfa e o ômega.

Quando finalmente voltamos ao estúdio, em 2001, havia uma pressão para que nosso álbum seguinte fosse tão bem-sucedido quanto *Supernatural*. Começamos a trabalhar em *Shaman*, e tínhamos uma música que eu sabia que faria tanto sucesso quanto qualquer outra anterior. "The Game of Love" não era apenas uma grande canção – tínhamos convidado Tina Turner para cantar, e sua interpretação a tornou ainda melhor. Infelizmente, não pudemos lançá-la naquela ocasião, e, então, Michelle Branch fez um ótimo trabalho com a música, dando-lhe uma roupagem diferente, e ela, de fato, estourou. Ainda assim, fiquei contente por termos conseguido incluir a versão de Tina na coletânea *Ultimate*

Santana, de 2007, de modo que as pessoas pudessem perceber a razão do meu pressentimento em relação à canção.

Enquanto estávamos produzindo aquele álbum, eu ia ao estúdio todos os dias, e isso começou a sobrecarregar o meu cérebro, porque eu estava me dedicando muito a cada uma das canções – combinando os elementos e coordenando todas as participações. Eu chegava em casa tarde e ia direto à Igreja Elétrica. Além disso, recebia telefonemas de John Lee Hooker no meio da madrugada. Uma vez eu o surpreendi, ligando para ele no dia do seu aniversário, e ele me disse: "Cara, quando ouço sua voz é como se eu estivesse comendo uma grande fatia de b-b-bolo de chocolate!" Eu respondi: "Cara, é o *seu* aniversário, e eu sinto que é *você* quem está me dando o presente."

Uma noite, voltei para casa e estava tão cansado que desabei logo na cama, em vez de ir à Igreja para relaxar. Acordei na manhã seguinte, e o telefone tocou – alguém estava ligando para dizer que John Lee havia morrido na noite anterior. Fiquei arrasado. Eu precisava ficar sozinho e dar vazão aos meus sentimentos, empunhar uma guitarra. Fui à Igreja e verifiquei a secretária eletrônica. Havia uma mensagem – era de John Lee, deixada na noite anterior. "C-C-Carlos. Eu só queria ouvir sua voz, e queria dizer que eu *ama* a Deus, e eu *ama* as pessoas." Ele desligou, e foi isso.

De acordo com a minha filosofia, ser consciente significa saber que você é um criador. Sim, há o criador supremo, mas ele lhe deu o livre-arbítrio para que você possa ser o criador do filme da sua vida. Seja esse criador – trabalhe com aquilo que lhe foi dado.

Por volta de 2003, voltei a Autlán, e dessa vez fui com a minha família inteira – todos os meus irmãos e irmãs, com minha mãe, em uma cadeira de rodas. Ela estava triunfante, porque todos que se lembravam dela se aproximavam para poder segurar sua mão: "Ah, Josefina! Sentimos sua falta – *te hemos echado mucho de menos.*"

Fui para lá porque a cidade havia inaugurado uma estátua minha – o Carlos de *Supernatural*, não o Carlos jovem e hippie. Lembro que achei a estátua grande demais – minhas mãos eram enormes, e a guitarra não era de nenhum modelo que eu conhecesse. Talvez fosse um modelo original e exclusivo.

Aquela foi uma oportunidade de autorreconhecimento e autocelebração, e de compartilhar quem eu sou com os outros, mas também uma oportunidade de não ter uma overdose de mim mesmo. Eu ainda sinto que estou aprendendo a aceitar esse tipo de homenagem, a sorrir e a ser cortês.

Por isso, quando me perguntaram o que eu achava da estátua, fiz uma piada sobre o fato de que os pombos a utilizariam como alvo, e as pessoas morreram de rir.

Naquela viagem, fui invadido pelas memórias do meu pai, quando nós ainda vivíamos em Autlán e eu era muito jovem – andando ao seu lado de bicicleta e sentindo o cheiro daquele sabonete espanhol. Fiquei pensando no que senti ao saber que ele me via de uma forma diferente. Mas, àquela altura, eu já tinha orgulho disso; era uma coisa que já não me causava desconforto.

Em um dado momento, me ocorreu, subitamente, que o meu pai não estava ali com o nosso grupo, e na mesma hora caí em prantos. Eu não esperava que aquilo fosse acontecer. Era como se algo estivesse se acumulando dentro de mim desde a sua morte, até que precisasse emergir, e eu tive de pedir licença. Fui até o banheiro, e meus olhos estavam completamente vermelhos. Lembro que eu estava lavando o meu rosto quando o meu irmão Tony entrou e disse: *"Está bien?"*

"Sim, cara. Já vou sair."

"Qué pasa?"

"Não consigo parar de pensar que papai não está aqui. Me desculpe por não ter promovido esse tipo de evento antes."

"Não, Carlos, *está aquí* – ele está aqui." As autoridades da cidade tinham acabado de mandar pendurar uma grande foto de José, e alguns mariachis saíram à rua e começaram a tocar músicas, e lá estava ele.

A cidade de Autlán coordenou tudo – a estátua, a música mariachi, tudo. Eu não me envolvi em nada. Um pouco depois, roubaram a guitarra da estátua, porque ela era apenas sobreposta, sem estar fundida ao resto – mas era tão grande quanto um sofá, e acho que o ladrão pensou: "Como vou esconder esse troço?" Eles a encontraram jogada em uma valeta, e a colocaram de volta para que eu não ficasse tocando uma guitarra imaginária.

Em 2005, a Santana tocou na Cidade do México para mais de cem mil pessoas, na maior praça ao ar livre do país – a Zocalo. Eu queria que a multidão ouvisse quase tanto do antigo repertório da Santana quanto de *Supernatural*. Para mim, parecia que a Santana e o México nunca tinham tido a chance de realmente conhecer um ao outro, e, por esse motivo, eu queria lhes mostrar a história completa da banda. Começamos a soar como Sun Ra – Sun Ra e Jimi Hendrix. As pessoas ficaram olhando umas para as outras – "*Donde* 'Maria Maria'?". Foi muito bom dar um tempo nos rígidos setlists de *Supernatural*. Foi, praticamente, um transe coletivo de LSD, observando os músicos ampliando seus limites, se divertindo e tocando como crianças novamente. Em seguida, tocamos as músicas de *Supernatural*, e, àquela altura, as pessoas já estavam delirando. Eu descobri que, no México, quando as pessoas gritam o seu nome, elas gritam *de verdade*.

Hoje em dia meus setlists ainda são assim – abertos e flexíveis, respeitando as diferentes Santanas – de *Abraxas* a *Supernatural*, e incluindo, agora, *Corazón*.

Em 2003, a Milagro Foundation completou cinco anos de existência, e Deborah e eu continuávamos procurando formas de utilizar nossa energia e de dar esperança e apoio espiritual aos outros. O maior apoio que alguém pode oferecer é lembrar as pessoas que elas são importantes e que têm valor, que são um feixe de luz, não importando o que tenham ou deixem de ter. A verdadeira filantropia não tem a ver com a distribuição de dinheiro – tem a ver com a capacidade de colocar a luz em movimento, e pouco importa quantos zeros existam à direita de sua conta bancária, desde que você tenha um 1 à esquerda.

Naquele ano, Deborah organizou uma recepção em nossa casa para o arcebispo Desmond Tutu e para a Artists for a New South Africa, com o objetivo de conversar sobre a crise da Aids que estava assolando aquele país. A primeira vez que ouvi o arcebispo Tutu falar foi no programa *Larry King Live*, em torno de 1983, e ele disse algo realmente incrível naquela ocasião. Ele estava se referindo ao apartheid e à forma como o brutal governo sul-africano subjugava os negros sul-africanos, mas, na verdade, o que estava acontecendo era que os negros sul-africanos estavam tratando respeitosamente os seus opressores, dizendo: "Juntem-se a nós em nossa vitória – comemorem conosco. Nós já ganhamos." Eu reagi:

"Espere um minuto: o que foi que ele acabou de dizer?" Pude ouvir uma música bem ali.

Vinte anos mais tarde o apartheid havia acabado, e o Congresso Nacional Africano – não mais uma organização terrorista – estava no comando do país. Estávamos destinando todos os lucros de todas as turnês da Santana naquele verão à ANSA, como um meio de apoiar as instituições de combate à Aids. O governador Brown foi à nossa casa com outras autoridades, e a Santana tocou, seguida por Sal. O arcebispo discursou, e todos doaram dinheiro para ajudar a cobrir as despesas de sua viagem. Talvez tenha sido o melhor exemplo de como consegui reunir tudo aquilo que eu tinha – minha música e meus shows, minha família, meus amigos e meus contatos –, ajudando a realizar algo que precisava ser realizado.

A esposa de Billy Cosby, Camille, era nossa conexão com a ANSA – Deborah e Camille são amigas de longa data. Camille produziu um documentário sobre a crise da Aids. Quando assisti ao filme, eu disse: "Que droga! Esta situação não poderia ser mais real e mais desesperadora." Era um ciclo de negligência que estava apenas começando, e que poderia ser interrompido com o antídoto e a compaixão certos, nos lugares certos. O documentário de Camille me convenceu de que o problema iria perdurar por um longo tempo caso alguma medida não fosse tomada imediatamente.

Em agosto, conseguimos repassar mais de dois milhões de dólares à ANSA, e permanecemos em contato com a organização e com o arcebispo Tutu. Três anos depois, em setembro de 2006, Deborah e eu organizamos um evento especial em Beverly Hills para celebrar o aniversário de 75 anos do arcebispo e para falar sobre as vidas que haviam sido salvas e as providências colocadas em marcha para deter a epidemia. Um mês depois, fomos visitar a África do Sul, juntamente com um grupo de amigos, incluindo Samuel L. Jackson, com a finalidade de constatar o que havia sido feito.

Posso falar sobre o encontro com Nelson Mandela e sobre outros momentos que valorizarei eternamente. Mas nunca vou me esquecer de duas coisas: a primeira foi ver cerca de cinquenta pessoas participando de uma dança tradicional, na área mais rural do país, onde não havia eletricidade nem água encanada. No meio da dança, um dos integrantes se destacava do grupo e jogava sua perna acima da cabeça e a trazia de volta ao chão com toda a força, no mesmo instante em que o restante batia palmas, cantava e atingia o tempo forte da música. Eu me lembro de Sal dizendo: "Não é um flam", e ele estava certo. "Eu sei como eles estão fazendo isso e por que está tão rigoroso e tão sincronizado."

Samuel Jackson perguntou: "Como, Sal?"

"Duas coisas – está em sua história, em seu DNA. Não se trata de uma pulsação que eles aprenderam na semana passada. E não existem aparelhos de televisão nem outras coisas desse tipo para distraí-los."

A outra coisa que me recordo daquela viagem foi visitar uma clínica e ver os rostos reais da Aids – as pessoas que estavam morrendo, mas que tinham começado a se recuperar. Porém, a questão não era apenas a doença – era também a extrema pobreza, o desespero e a tristeza. Foi isso o que realmente senti. Lembro que quando Deborah, Jelli, Sal e eu estávamos ajudando a distribuir caixas de mantimentos para as famílias de pacientes com Aids, uma senhora de idade estava sozinha, sentada há muito tempo no seu canto, perdida em seus pensamentos, com um olhar vazio e distante. Quando nos aproximamos dela, ela olhou para Deborah, depois para mim e para Salvador, e lentamente foi se tornando mais presente. Então ela percebeu que a caixa de farinha, açúcar e alimentos enlatados que estávamos segurando era para ela, e, de repente, começou a chorar.

É uma memória que nunca mais vou conseguir apagar. Só de pensar nisso, agora, ainda fico arrepiado – alguns de nós não temos condições de saber o quanto somos afortunados neste mundo, até conhecermos alguém que tenha sido devastado e visto o inferno de perto. É impossível não refletir sobre aquilo de que dispomos neste país, e eu acredito que muitas pessoas pensam que a oportunidade é algo que você deve aproveitar e, em seguida, guardar para si. Mas, em primeiro lugar, como foi que você a conseguiu? Será que você não teve de tirá-la de alguém que não estava disposto a compartilhá-la – e, agora, todos se veem obrigados a fazer o mesmo?

Os Estados Unidos tendem a impor sua vontade, acreditando que essa é a coisa certa a se fazer, sem atentar para as consequências. Mas todas essas circunstâncias nascem do medo e do preconceito. Talvez gostemos de pensar que Deus está ao nosso lado, mas se o medo for o ponto de partida, isso conduzirá apenas a circunstâncias negativas e a oportunidades perdidas. Não há nenhuma conscientização aí, nada de divino. Observe todos os desastres que aconteceram recentemente, como o 11 de Setembro, o furacão Katrina e o furacão Sandy. Mas até mesmo nesses casos tivemos problemas para ajeitar as coisas e ajudar uns aos outros. Por parte do governo, houve mais medo – em relação a pessoas que estariam se beneficiando demais e sobre quem deveria pagar a conta – do que um esforço para fazer o que deveria ser feito e ajudar.

O que nós precisamos é nos libertar do medo e do preconceito. Essa é uma bênção da qual todos podem se valer.

Em 2006, várias coisas aconteceram, uma após a outra, antes mesmo de irmos à África do Sul. Deborah lançou o seu livro, *Space Between the Stars*, que falava sobre sua vida e nossa história familiar, e revelava muitas coisas a nosso respeito. Eu a apoiei e a acompanhei nas entrevistas promocionais – foi aí que pisei no tapete vermelho com ela, uma forma de reconhecer a seriedade com que ela o escreveu.

Poucos meses depois, no meio do verão, a mãe de Deborah faleceu. SK já havia partido, e eu sabia que ela iria precisar de algum tempo para se recuperar. Naquela época, estávamos envolvidos em diversas coisas – uma turnê mundial, e a proximidade da viagem da ANSA à África do Sul.

Algumas semanas antes, eu tinha conversado com Jo – ela ligou para a nossa casa uma noite e eu atendi: "Oi, mãe. Como vai? Vou chamar a Deborah." Ela disse: "Eu estou bem, querido – mas, na verdade, quero falar com você. Eu nunca lhe disse isso, mas queria que você soubesse que, desde o primeiro dia que Deborah o levou à nossa casa, você me trouxe uma paz de espírito, porque eu sabia que você cuidaria dela e a protegeria sempre."

Naquela época, Deborah e eu estávamos juntos há quase 34 anos. Acho que os exemplos dados pelos nossos pais tiveram um papel importante na forma como conduzimos o nosso casamento. Eles nos ajudaram a ter sabedoria, e a não nos deixar afetar por coisas insignificantes. Eles também nos ensinaram a importância de uma manutenção constante – a prestar atenção no romantismo intrínseco e a respeitar os sentimentos um do outro –, pois o amor incondicional deve preceder nossos interesses pessoais.

Ao longo de 2006, Deborah ficou tão ocupada quanto eu – cuidando da família, promovendo seu livro e supervisionando a Santana Management. Conforme ela mesma me disse mais tarde, eu era o encarregado de sugerir as ideias e as concepções dos projetos, e ela era a pessoa que se incumbia dos aspectos práticos: "Sou eu quem tem que lidar com os agentes, os advogados e os contadores. Estou tratando de tudo – dos negócios, dos direitos autorais e das casas" – na época, tínhamos uma casa em Maui –, "e não estou aguentando mais."

Isso aconteceu em fevereiro de 2007, e eu me lembro nitidamente. Estávamos na casa de San Rafael; eu estava tocando guitarra quando Deborah apareceu e começou a me dizer como estava se sentindo. "O seu mundo está me esmagando." Foi assim que ela descreveu a situação. "Eu preciso me encontrar e realizar as minhas próprias coisas. Preciso me preocupar comigo agora, porque sinto que estou desaparecendo no seu mundo."

Eu disse: "Que droga, Deborah, o que eu posso fazer?" E ela respondeu: "Você não está fazendo nada de errado. Mas foi isso o que acabou acontecendo. Preciso fazer algo por mim agora, porque estou sucumbindo em todas essas funções – tomando conta das crianças, dos negócios, da sua família e da minha família. Preciso me afastar por pelo menos seis meses. Preciso que você não me ligue nem entre em contato comigo. Eu irei ao escritório uma vez por semana para cuidar de tudo, mas, por favor, não apareça quando eu estiver lá."

Eu nunca poderia imaginar isso, de maneira alguma. Foi totalmente inesperado para mim. Tínhamos decidido suspender as atividades da Santana durante a maior parte de 2007 – nenhuma turnê e nenhum álbum, apenas alguns shows –, e, portanto, eu estava achando que aquele seria um tempo que poderíamos desfrutar juntos. A própria Deborah reconheceu que fui pego desprevenido. Ela disse: "Sei que isso é uma surpresa para você. Por que você não vai para o Havaí por uma semana, visitar o seu amigo Tony Kilbert, e vamos deixar que você e eu possamos refletir sobre essas coisas?" Então, fui para o Havaí.

Fazia apenas alguns dias que eu estava lá, com todos aqueles pensamentos, atravessando momentos de dor e frustração, sem saber o que estava acontecendo de verdade, quando, uma noite, uma tempestade ensurdecedora se formou. Ela desabou sobre a casa, e tudo começou a tremer.

Eu estava sozinho, diante de todos aqueles temores, imaginando que as janelas iriam se espatifar. Mas quando a tempestade passou e o sol saiu no dia seguinte, eu me senti tão bem por poder sair de casa e por estar vivo que o medo de enfrentar o que realmente pudesse estar acontecendo com Deborah desapareceu. Então, resolvi ligar para ela naquela manhã: "Ei, o que está havendo?" E ela disse: "Eu lhe pedi: por favor, não me ligue por um tempo." Eu precisava fazer uma pergunta, e a fiz: "Nós estamos nos divorciando?" O tom de sua voz mudou no mesmo instante. "Bem, preciso lhe responder isso agora?"

Pensei comigo mesmo: "Que merda." Era muito raro ouvi-la utilizar aquele tom – soou como algo que ela estivesse guardando para si mesma há muito tempo. Uma parte de mim queria argumentar que ela sempre havia contado com ajuda para cuidar da casa e das crianças, e que havia pessoas no escritório para auxiliá-la. Eu pretendia dizer isso antes mesmo de viajar para o Havaí, mas achei que talvez ela pudesse não estar preparada para ouvir, e então acabei não falando nada. Mas, depois, fiquei pensando: "Espere aí: você sabia quem eu era e o que eu fazia antes de me casar – a música, as turnês e os compromissos."

Porém, àquela altura, já estava claro para mim que aquilo não adiantaria nada. Durante alguns dias, fiquei com a esperança de que ainda haveria alguma chance de as coisas melhorarem instantaneamente, e que Deborah iria mudar de ideia sobre os seis meses de afastamento. Nos meses seguintes, continuei alimentando, inclusive, a expectativa de que aquele fosse apenas um período de provação. Fiz o que ela me pediu, fiquei afastado e comecei a sair com os meus amigos, que me deram todo o apoio possível para que eu não me deixasse abater. "Isso é um problema dela, como ela mesma falou", era o que os meus amigos me diziam. "Portanto, não transforme isso em uma coisa sua, cara". Ainda assim, minha mente não fazia outra coisa a não ser dar voltas e mais voltas, se perguntando: "O que isso significa? O que deu errado? Por que ela não consegue mais viver comigo? Por que é tão insuportável assim? Por que, por que, por quê?"

Quando voltei para casa, Deborah havia se mudado, e as crianças estavam todas na escola ou vivendo suas vidas, e esse foi o pior momento – a noite mais escura da alma. As coisas ficaram bastante complicadas – lembro que estávamos no meio de um belo verão, e eu me levantava de manhã, com o sol brilhando, e um incrível aroma de flores invadia a cozinha, mas não havia ninguém lá para apreciar aquilo comigo; ninguém com quem compartilhar. As coisas ficaram insuportáveis e bem complicadas. A casa inteira começou a se parecer com um caixão, e eu era o único a ocupá-lo.

Eu tinha meus irmãos e minhas irmãs, que sempre me ligavam para saber como eu estava. Eu tinha meus amigos, com quem me reunia, por mais que eu soubesse que não era a melhor das companhias. Eu tinha velhos amigos, como Quincy Jones, que me procuravam. Um amigo veio me dizer que era hora de eu entrar em um avião com ele e ir para algum lugar no Brasil, porque ele queria me apresentar algumas garotas que eu deveria conhecer. "Tudo o que você precisa é de um pouco de..." Eu lhe disse: "Obrigado, mas não, obrigado. Preciso disso tanto quanto preciso de uma bala na minha cabeça, cara."

Lembro que a reação da minha mãe foi: "O que você fez com ela? O que você fez com Deborah para levá-la a agir assim?" Eu disse: "Mamãe, por que você não pergunta a ela?" Eu já estava tendo problemas demais, tentando fazer com que o meu cérebro não me torturasse, nem se dispusesse a assumir toda aquela culpa e aquela vergonha.

Alguns meses depois, Deborah e eu estávamos nos falando ao telefone, e ela me disse que queria conversar comigo sobre as decisões que precisávamos tomar, agora que nosso casamento estava acabado. Foi a primeira vez que ela usou aquelas palavras. Eu perguntei: "Então você vai colocar um fim em tudo?" Ela não respondeu nem que sim nem que não, mas apenas: "Vamos precisar fazer tal coisa, e passar por tal e tal procedimento, e..." Lembro de ter questionado: "E onde fica o amor – você ainda tem algum sentimento por mim?" Ela respondeu: "Bem, eu não preciso lhe dizer isso." E eu apenas reagi: "Então tá."

Eu nunca cheguei a ouvir realmente uma declaração explícita, do tipo "Eu não sinto mais nada" ou "Eu não estou mais apaixonada por você", e o que tornou tudo mais difícil, eu acho, é que nós nunca brigamos ou discutimos de verdade, nem extravasamos nossas emoções.

Mas foi aí que eu finalmente disse a mim mesmo que estava tudo acabado, ponto final – quando o cristal se rompe, ele se rompe. Começamos a conversar sobre assuntos que tinham de ser resolvidos, de modo que não precisássemos fazer a coisa toda através de advogados, e continuei ouvindo uma voz interior que dizia: "Facilite as coisas. Não brigue, não resista, não discuta, não barganhe. Isso não tem nada a ver com o dinheiro, nem nunca teve. Dê a ela o que ela quiser."

Nossos filhos já estavam cientes do divórcio antes de todo mundo. Eles sabiam que Deborah iria se mudar e que arrumaria outra casa, e cada um deles desenvolveu sua própria maneira de lidar com isso. Desde o início eu lhes disse que continuaria telefonando e enviando mensagens de texto com a mesma frequência anterior, não importando como eles estivessem se sentindo, e, se necessário, eu estaria disposto a esperar até que eles chegassem ao estágio em que poderiam me perguntar qualquer coisa que quisessem, e eu responderia da forma mais honesta possível. Mesmo quando as coisas estavam indo mal e eu me sentia deprimido e irritado, minha intenção era continuar acreditando que qualquer pessoa poderia fazer com que cada dia fosse o melhor dia de sua vida, ainda que sob uma configuração diferente. Eu sempre acreditei, verdadeiramente, que essa era a melhor maneira de transmitir qualquer coisa aos filhos – dar o exemplo, em vez de falar.

De certa forma, foi bom que eles não estivessem por perto, mantendo-se ocupados com as suas próprias coisas. Salvador sempre aparecia para ver como eu estava, e ele era como a Suíça na situação – extremamente neutro e sem tomar partido, querendo apenas estar tanto ao lado de sua mãe quanto de seu pai. Não é que as meninas também não fossem assim, mas Sal era mais velho, e tinha mais capacidade de demonstrar sabedoria, compaixão e justiça. Isso realmente me afetou e me ajudou muito. Na época, ele estava bastante interessado em Keith Jarrett; ele chegava, tocava piano e simplesmente me arrebatava. Keith já era um dos meus pianistas favoritos de todos os tempos, pois, com suas melodias românticas, rústicas e belas, conseguia ser um libertador espiritual. Há algo de muito terapêutico e curativo nelas.

Lembro de estar dirigindo sozinho em Napa, mais ou menos nessa época, quando o rádio começou a tocar a versão de Keith de "It's All in the Game". De repente, comecei a chorar e tive de encostar o carro. Todos os meus eventuais compromissos perderam o sentido, fiz o retorno e voltei para casa. Eu queria passar um tempo sozinho, alcançar alguma orientação interior e me curar um pouco mais.

* * *

O divórcio é uma coisa muito pessoal, e eu não tinha experiência em lidar com algo assim em público. Falar sobre episódios que haviam acontecido comigo anos atrás era uma coisa, mas falar sobre questões pessoais que estavam acontecendo naquele exato momento – coisas que, com muita facilidade, poderiam receber uma abordagem de fofoca, ao estilo TMZ – era outra. Ninguém está a fim de alimentar essa máquina. Tive a sensação de que, de alguma forma, Deborah e eu havíamos adquirido algum respeito dos jornais e dos programas de televisão, o suficiente para que eles se mantivessem longe durante aquela fase – eles não sentiram a necessidade de nos confrontar diretamente sobre esse assunto. Acredito, também, que nós dois assumimos conscientemente o compromisso de seguir nossos caminhos, para o bem dos nossos filhos e das nossas famílias. Quando finalmente foi anunciado que havíamos nos separado por causa de diferenças irreconciliáveis, respirei fundo. Considero uma bênção que isso não tenha sido explorado pela mídia.

Até o fim de 2007, o tempo avançou a passos lentíssimos. Eu ainda estava em recuperação, cara – o sofrimento me deixava totalmente confuso. Passei a me dedicar muito mais ao trabalho interior, fazendo o que Wayne Shorter gosta de chamar de jardinagem interior – arrancando as ervas daninhas. Eu estava lendo muito, tentando evitar apenas que o meu cérebro me torturasse com a culpa, a vergonha e todos aqueles conteúdos egoicos, e buscando sabedoria em uma série de livros diferentes. Em uma revista, *Sedona Journal of Emergence*, encontrei um verso de um poema persa: "O sol nunca vai dizer à terra: 'Você me deve algo.'" É possível imaginar uma coisa mais benevolente ou uma luz mais suprema do que essa?

Uma noite, perto do Dia de Ação de Graças, acendi uma vela e comecei a pedir ajuda, e aquela voz interior surgiu novamente, dizendo: "Estou aqui ao seu lado: não é o suficiente? Você precisa se desprender de Deborah e dos seus filhos. Eles estão bem – eles estão comigo, e está tudo bem com eles. Cuide de você mesmo."

Foi nessa época que entrei em contato com a autora Marianne Williamson. Nós havíamos nos falado pela primeira vez um pouco antes de Deborah partir, e no fim daquele verão, depois de nos separarmos, algo me disse para procurar Marianne e checar se ela poderia me socorrer. Era como se eu estivesse mergulhado em um grande lago de dor, e eu realmente precisava de orientação para aprender a respirar novamente. Ela me escutou e percebeu alguma coisa em minha voz, e me encaminhou imediatamente a Jerry Jampolsky e Diane Cirincione, um casal que vive em Sausalito. Jerry e Diane são terapeutas que usam o livro *Um curso em milagres* em seu trabalho. Eles também administram uma rede de centros de aconselhamento que presta auxílio às pessoas, dando lições de espiritualidade e de transformação.

Fui visitar Jerry e Diane em sua casa, e, de fato, eles salvaram minha vida. Lembro que a primeira vez que nos sentamos para conversar Jerry pediu que eu me definisse – independentemente dos meus irmãos, familiares e amigos. Eu disse que me via como um cachorro que se mantinha afastado do resto da ninhada, brincando distraído com alguma coisa, como um chinelo, e que, de repente, deixava de brincar com o chinelo e passava a arrebentá-lo com os dentes – *grrrr*.

Jerry achou aquilo muito interessante. Em seguida, ele perguntou: "Mas por que você não se vê, antes de mais nada, como um filho de Deus?" A forma como ele abriu os meus olhos para o quanto eu havia me distanciado do caminho da divindade, especialmente após o rompimento com Deborah, foi uma revelação para mim. Ele também me despertou para o fato de eu estar resistindo e lutando contra tudo, tanto internamente quanto no contexto das situações. Reconheci que fazia muito tempo que eu não encarava as coisas daquela perspectiva. Outras pessoas podem ter me dito algo desse gênero, mas quando Jerry chamou minha atenção para isso, as coisas realmente mudaram para mim, e eu comecei a me curar com uma honestidade e uma energia que eu não tinha antes. Regressei ao caminho que havia percorrido anteriormente – preservando minha integridade.

Começamos a conversar quase todos os dias, lendo *Um curso em milagres* ao telefone, que se tornou fonte de inspiração e orientação, sob a supervisão de Jerry e Diane. Nós ainda fazemos isso – acho que estamos na nossa quarta ou quinta leitura do livro. Eles me ligam todas as manhãs, entre 7h30 e 8 horas, quer eu esteja em casa ou em viagem, o que não deixa de ser surpreendente para mim, porque, às vezes, minha manhã cai bem no meio da noite, em Sausalito! Lemos a lição do dia juntos, ensinamentos que eu aplico a tudo o que está acontecendo na minha vida. Foi por intermédio de Jerry e Diane que consegui, enfim, superar minha raiva por ter sido molestado quando eu vivia em Tijuana, e perdoar o homem que fez aquilo comigo. Eles me pediram para imaginá-lo na minha frente e transformá-lo em uma criança de 6 anos de idade, com uma luz divina brilhando às suas costas. Eu olhei para ele, o perdoei, e o enviei em direção à luz, libertando a ambos do passado. Finalmente, pude respirar – parecia que aquele capítulo da minha vida havia sido encerrado.

Jerry e Diane me ajudaram a chegar à outra margem depois que Deborah foi embora. Conhecê-los me deu mais uma chance de perceber que minha vida sempre esteve ligada à identificação dos anjos que surgiam no meu caminho quando eu mais precisava deles. Consegui voltar ao estado em que eu podia acordar e estar feliz comigo mesmo. Tenho certeza de que uma das razões da nossa separação foi que, do ponto de vista de Deborah, deveria ser cansativo começar o dia com alguém que não conseguia aceitar a si mesmo e que criava uma distância entre ele e o restante do mundo. Quem poderá afirmar?

Aquele primeiro ano e meio foi doloroso, mas a vida continuou. No início, foi especialmente difícil, pois a Santana estava dando um tempo nas turnês. Fiz algumas gravações em estúdio – Smokey Robinson me ligou e me pediu para tocar em uma música chamada "Please Don't Take Your Love". Gravei duas versões, e ele aproveitou a melhor parte de cada uma delas. Em 2008, a Santana voltou à estrada, o que me ajudou a parar de pensar no passado, a estar presente e a retornar ao meu ritmo habitual.

Sete anos depois, consegui chegar a um patamar em que tudo o que resta da minha vida com Deborah, seus pais e minha ex-cunhada Kitsaun, é belo e dadivoso. Hoje, estou em uma posição em que, sinceramente, sou capaz de dar o meu melhor a Deborah e agradecer-lhe por tudo. Posso não apenas demonstrar o meu respeito como saudar tudo aquilo que construímos juntos e, ao mesmo tempo, abraçar o que veio depois – a forma como eu cresci e mudei e, em seguida, acolhi Cindy, meu amor e minha esposa. Nunca estive mais feliz em minha vida do que neste momento.

Tudo o que aconteceu em 2006 e 2007 – a ANSA, o arcebispo Tutu e Deborah – veio à minha mente em 2014, quando fui tocar na África do Sul pela primeira vez. Eu já havia visitado o país, mas nunca tocara lá, e foi sensacional. Acho que se apresentar pela primeira vez na África do Sul deve ser incrível para qualquer músico, especialmente aqueles que vivenciaram os dias de apartheid e os boicotes, e ficaram conhecendo todos os grandes artistas que vieram de lá, incluindo Hugh Masekela e Ladysmith Black Mambazo.

Liguei para o arcebispo Tutu e perguntei se poderíamos nos encontrar – na verdade, foi meu assistente, Chad, quem fez isso. Estávamos tocando na cidade do Cabo, onde o arcebispo vive, e onde está construindo um centro para sua instituição espiritual; é uma das cidades mais bonitas que já vi. Ele nos convidou para ir à sua casa, e depois de conversarmos por algum tempo eu o lembrei de algo que ele tinha dito recentemente – que, se o céu discriminasse os homossexuais, ele não queria ir para lá. Também comentei que, dois meses depois dessa declaração, o próprio papa afirmara a mesma coisa, o que mostra que o arcebispo realmente sabe usar as palavras para que as pessoas despertem e apreendam a mensagem.

Folgo em saber que a mensagem dele está destinada a todas as pessoas, e que ele ainda está falando de coisas que precisam ser corrigidas – ele não recuou após o fim do apartheid. É como o que Martin Luther King Jr. disse sobre o fato de nenhum homem ser livre até que todos sejamos livres.

Na noite anterior à minha visita ao arcebispo, Stella me enviou uma foto da minha ex-mulher, Deborah, em um encontro com o dalai-lama, e eu adorei constatar que ambos ainda estávamos trilhando o mesmo caminho, mesmo que não estivéssemos mais juntos. Fiquei pensando: "Quais são as chances de isso acontecer ao mesmo tempo – Deborah e eu nos encontrando com dois dos líderes espirituais mais inspiradores do mundo?" Então, de repente, tive uma visão.

Comecei a pensar em quem seria capaz de canalizar toda aquela energia. E se pudéssemos reunir o arcebispo Tutu, o dalai-lama, o papa e os principais líderes dos mundos judeu e muçulmano em um mesmo avião? Eles poderiam viajar para países como a Ucrânia, a Síria e a Venezuela – e para locais que a CNN nem sequer cita –, iluminando as trevas e enfraquecendo o ódio que vem brotando nesses lugares, antes que ele se converta em guerras. Eu iria junto com a Santana, nós tocaríamos, e eu ajudaria a recrutar outros grupos de destaque para participar também. Seríamos manchete no mundo inteiro, e poderíamos deter a carnificina antes que ela tivesse tempo de se instalar.

Mencionei essa ideia ao arcebispo e perguntei se ele conseguiria se imaginar fazendo isso, nos ajudando a entrar em contato com outros líderes, como o papa. Seus olhos se arregalaram, e em seguida ele assumiu um tom modesto, e quis saber: "Mas por que razão eles iriam me ouvir?" Foi quando meu amigo Hal Miller, que estava conosco, interveio e disse o que ele precisava ouvir: "Porque, quando você fala, o mundo escuta."

O arcebispo sorriu e, quando estávamos indo embora, ele me pediu para que continuássemos nos comunicando a respeito daquela ideia. Eu sei – é um sonho, ingênuo e audacioso. Mas esse é o tipo de audácia com a qual quero viver. Eu tenho fé nos princípios de John Lennon e de John Coltrane, Jesus e Martin Luther King Jr. Tenho fé naqueles que acreditam, com todo o seu ser, que nunca é tarde demais para corrigir este planeta.

CAPÍTULO 24

Me libertando do passado: Cindy e eu no dia do nosso casamento, em Maui, 19 de dezembro de 2010

Estive na Suécia recentemente. Era meu aniversário, eu estava fazendo a barba, e ao me olhar no espelho pude ver os meus pais. "Oi, mãe", eu disse. "Oi, pai." Ambos já se foram, mas eles ainda estão comigo e ainda estão um com o outro. Ainda sinto a força da lealdade que eles tinham entre eles. Lembro da forma como eles se olharam em meio ao salão, em sua festa de Bodas de Ouro: todas as outras pessoas pareciam não ter a menor importância. Ainda havia algo ali, apesar de tudo o que aconteceu entre eles. Você pode perguntar a qualquer um dos seus filhos – minhas irmãs ou meus irmãos. Acho que nenhum de nós conseguirá se lembrar dos meus pais se beijando e se abraçando. Mas minha mãe ficou grávida 11 vezes.

Uma vez, entrei no quarto da minha mãe e do meu pai. Eu tinha 17 anos, e nós vivíamos em Mission District. Eu tinha acabado de voltar da escola, e estava com pressa para chegar ao meu trabalho no Tic Tock. Abri a porta, e eles estavam na cama. Eles me lançaram um olhar expressivo: "Agora não." Fechei rapidamente a porta, e de repente tudo ficou em câmera lenta. Claro! Eles fazem isso – tem de haver intimidade. Saí de lá me sentindo protegido por um cobertor quente. Não há nada que faça você se sentir mais seguro do que ver seus pais apaixonados. O mundo inteiro passa a ser legal. Essa é a base que eu gostaria que todas as crianças pudessem ter, e o tipo de amor com que esperava contar em minha vida – uma relação que durasse para sempre, e que despertasse a mesma sensação do primeiro dia, até a minha morte.

Cerca de dois anos depois do meu divórcio, finalmente, respirei fundo, e disse a mim mesmo: "Tudo bem, hoje é um novo dia. Não tenho nenhuma dúvida de que Deus vai colocar alguém em meu caminho, porque preciso ter uma rainha." Conquistei tudo isso, tenho uma casa enorme, viajo e fico em hotéis maravilhosos – continuo recebendo uma série de bênçãos e homenagens. Aprecio a abundância e a incomensurável beleza. Mas elas estarão incompletas se eu não tiver uma rainha com quem compartilhá-las.

Em 2009, em uma noite de domingo, eu estava em Las Vegas. Recebi um telefonema dizendo que minha mãe havia caído e estava no hospital em coma. Fretei um voo, e toda a família se reuniu na cabeceira de sua cama. Todo mundo se revezou, sentando-se ao seu lado, sussurrando em seu ouvido e dizendo o que precisávamos dizer. "Mãe, é o Carlos novamente. Estou segurando sua mão, e quero que saiba que eu me lembro de tudo que você me disse. Lembro de você dizendo que tudo o que eu tenho pertence a Deus – a minha guitarra, a minha música, o meu som, o meu corpo, a minha respiração. Tudo o que eu tenho é apenas emprestado, e quando Ele quiser essas coisas de volta, preciso me desapegar e devolvê-las. Lembra que você disse isso, mãe?"

Fazia poucos meses que minha mãe havia conversado comigo sobre a morte – ela perguntou: "Você tem medo da morte?" Eu disse: "De forma alguma." Ela pensou um pouco e disse: "Eu também não. Mas algumas pessoas morrem antes da hora, porque já estão petrificadas por ela. Elas valorizam demais a morte."

Pedi que todos dessem as mãos, inclusive mamãe, e formássemos um grande círculo. Então eu disse: "Mãe, estamos todos aqui, e nós lhe damos permissão para ir, se você quiser ir." Poucos minutos depois ela faleceu.

Conheço muitas pessoas e tenho muitos amigos e parentes, mas tenho poucos amigos *de verdade* – pessoas com quem compartilho um nível profundo e sincero de intimidade. Isso não é uma queixa. Esses poucos amigos são o que eu chamo de meu sistema de apoio espiritual – por vezes, eles conhecem a mim e ao meu coração melhor do que eu mesmo. A palavra chave é *confiança* – eu confio neles para identificar coisas que talvez não consiga identificar sozinho, e aprendi a prestar atenção e a ouvir o que eles me dizem.

Após o divórcio passei a me apoiar verdadeiramente nos meus melhores amigos, e eles não me desapontaram. Para mim é importante reconhecer sua presença em minha vida e o fato de eles já terem me propiciado todos os tipos de possibilidades de diversão, com dignidade, benevolência e originalidade, dependendo de sua natureza – eles são todos muito diferentes entre si.

Gary Rashid – Rashiki, como Armando decidiu chamá-lo – é quem eu conheço há mais tempo. Ele começou a trabalhar com Bill Graham em 1973, o que significa que ele conviveu bastante com a Santana. Naquela época, ele estava apenas começando a ouvir música e a encontrar o seu próprio caminho. Em 1979, ele já era um dos meus melhores amigos, e estava interessado em Little Walter, Slim Harpo e John Coltrane, percebendo coisas nas músicas que eu lhe apresentava que eu jamais havia reparado. Adorei vê-lo chegar ao ponto em que era ele quem estava me ensinando. Até hoje, quando estou em Bay Area, uma das coisas mais prazerosas que posso fazer é entrar no carro com Gary e ficar passeando por uma hora inteira ao longo da costa, apenas ouvindo Miles.

Há uma outra coisa a respeito de Gary que eu valorizo: ele tem uma pureza e uma inocência intrínsecas – ele é infantil sem ser pueril, e nunca é insensível ou intransigente em suas opiniões. Sei que há ocasiões em que posso me comportar como um leão e começar a rugir. Ele é mais parecido com uma pomba, e eu preciso disso à minha volta. E ele é um excelente jogador de tênis, suficientemente bom para me deixar ganhar algumas vezes.

Tony Kilbert – Camarada TK, como eu o chamo – é o meu ponto de apoio no Havaí. Vamos à praia juntos, e ele fica mergulhando por horas e horas. Essa é a sua forma de meditação. Ele é um cara alto, boa-pinta, tendo sido um dos DJs de rádio de maior prestígio em Bay Area na década de 1970, quando nos conhecemos. Lembro do cuidado que ele tinha com as perguntas que fazia enquanto me entrevistava. Em minha opinião, a entrevista que ele fez com Bob Marley mais ou menos nessa época deveria ser uma escuta obrigatória para qualquer jornalista, em função do respeito e do nível de atenção que TK conseguiu imprimir. Pode-se perceber que Bob simplesmente abre o seu coração para ele.

TK levava uma vida boa e morava em San Rafael, mas aí, em menos de cinco anos, a maior parte de sua família – sua mãe e suas tias – morreu, e ele decidiu se afastar da carreira e se mudar para Maui. Ele ainda trabalha com música e dá aulas, e se envolve em causas que defendem a integridade natural das ilhas e os direitos da população local. Admiro a forma como ele segue sua voz interior. Nós gostamos dos mesmos músicos, do mesmo tipo de música e dos mesmos princípios de vida.

O tom universal

Hal Miller é um amigo que vive em Albany. Ele foi cantor de doo-wop e baterista, e é natural da cidade de Nova York. Ele teve o privilégio de ver e ouvir Coltrane e Miles se apresentando na cidade – adoro quando ele menciona o fato de ter crescido em uma época em que conseguia acompanhar estas e outras lendas. Conheci Hal na década de 1980, e hoje em dia ele é um dos maiores colecionadores de vídeos de jazz do mundo. Ele tem um senso de humor tão irônico que é melhor não acender um fósforo perto dele, ou as coisas vão virar fumaça. Na verdade, acho que a palavra certa é *irreverente* – nada é muito sagrado ou santificado para ele. Uma vez, Dennis Chambers ficou todo sensibilizado com uma música que estávamos tocando e se levantou da bateria por um instante. Eu nunca o vi fazer isso antes. Depois, estávamos conversando, e Hal disse: "Ah, não foi a primeira vez que vi Dennis chorando. A última vez foi quando ele regressou de uma turnê, entrou em casa e disse: 'Querida, cheguei', só para me encontrar sentado em sua poltrona favorita de sua sala de estar, vestindo seu roupão!" Cara, depois disso nós rolamos no chão de tanto rir, incluindo Dennis. Hal se sai com essas tiradas e desmonta a todos, o tempo todo.

Essa é uma das razões pelas quais eu gosto de ter a companhia de Hal nas viagens da Santana. Algumas vezes, ele faz uma participação tocando congas, porém também conhece nossa história e todos os músicos pessoalmente. Ele tem a capacidade de ouvir a banda com precisão e elegância, de ano para ano. Adoro a forma como ele nos escuta e o jeito que encontra as palavras para descrever o que está funcionando na nossa música e o que poderia ser melhor. Há um detalhe, porém – Hal não costuma se dar bem com temas muito espiritualizados ou metafísicos. Se a conversa fica muito etérea, ele vai dizer que precisa sair da sala, e tudo bem. Eu conheço seu temperamento, e isso já é o suficiente para mim.

Outro amigo próximo que devo mencionar é Chad Wilson, o responsável pela minha segurança, que se juntou à Santana mais ou menos na época de *Supernatural*, quando tudo estourou e aumentou de proporção. Ele é de Ohio, e lembro que a primeira vez que fomos a Paris e tivemos um dia de folga, começamos a passear, e ele parecia a Dorothy fora dos limites de Kansas, paralisado ao ver o Arco do Triunfo pela primeira vez. Em seguida, ele voltou a si, como se precisasse se manter alerta, e eu fiquei observando seu olhar e rindo. "Vá em frente, cara. Devore isso tudo – eu fico tomando conta."

Tem sido incrível acompanhar Chad. No início, ele era fã do Metallica – eu também sou –, mas agora ele coloca *Kind of Blue* para tocar e fica realmente envolvido. Assim como Rashiki, ele já passou por muitas coisas, e teve de servir como saco de pancadas da banda algum tempo, mas fez grandes progressos. Convivendo conosco, ele percebeu que há muitas dimensões possíveis para a expansão, e se permitiu amadurecer sem medo.

Hoje em dia Chad é muito mais do que o responsável pela segurança. Ele é o meu assistente pessoal, companheiro e parte da família – é padrinho de Jelli. O engraçado é que levei cerca de seis meses para conseguir pronunciar o nome dele corretamente – minha mãe nunca conseguiu, então, ela só o chamava de Ramón. Quando ele ia visitá-la comigo, ela dizia: *"Oye Ramón, quieres unos chiles rellenos?"* – você quer uns chiles rellenos? E assim foi – ele ficou viciado em comida mexicana e, desde então, passou a ser o Ramón.

Dizem que se você for nadar no mar e uma onda gigantesca derrubá-lo, deixando-o desorientado, é preciso encontrar a luz e nadar na direção dela. Eu ainda estava passando por altos e baixos depois do divórcio, mas a força e a delicadeza demonstradas por Chad, Rashiki, TK e Hal me impediram de tomar o caminho errado e me perder em mim mesmo. Aprendi a reconhecer a sorte de contar com esses amigos e de ter a sua lealdade e a sua força de caráter ao meu lado. Com eles, aprendi a receber conselhos, mesmo quando, talvez, não quisesse ouvi-los.

Se alguém tivesse me perguntado algo sobre Las Vegas apenas alguns anos antes de eu começar a tocar lá regularmente, em 2009, a única coisa que eu teria pensado é que a cidade era a base do Rat Pack e um lugar em que pessoas caretas ficavam reunidas em saguões. Mais tarde, apareceram artistas como Donnie Osmond, Wayne Newton e Tom Jones. Eu nunca teria equiparado Las Vegas à música de John Lee Hooker. A primeira vez que tocamos lá foi em 1969, com o Grateful Dead, e foi assustador, porque era possível adivinhar o que os seus habitantes pensavam a respeito de quem usava cabelos compridos – na época, eles não deixavam que os hippies se aproximassem dos cassinos. Era um lugar para fazer um pernoite e dar o fora imediatamente.

O tom universal

Mas as coisas mudaram em Las Vegas, e a maioria de seus visitantes cresceu ouvindo a Santana – é a sua música. Este é o ponto: eu não havia percebido que as pessoas que iam nos ouvir tocar não moravam necessariamente em Las Vegas. Elas procediam do mundo inteiro. Além disso, quando tocamos naquela cidade hoje em dia, não é mais como nos velhos tempos, quando não passávamos de uma música de fundo, enquanto o público continuava conversando e bebendo. Agora somos a atração principal, e não poderia existir um lugar melhor para inocular uma dose de um vírus espiritual que as pessoas possam levar para casa consigo, juntamente com as camisetas, os bonés e tudo mais que elas ganham nos cassinos. De fato, considero já não haver mais obstáculo algum em tocar nos palcos de Las Vegas, como faço em qualquer outro lugar.

As temporadas da Santana em Las Vegas começaram em 2009, no Hard Rock Hotel, e em 2011 a House of Blues fez uma proposta para sediar nosso show. A House of Blues nos respeita, nos apresentando de uma forma que não tem nada de rasa nem de superficial – as instalações e os técnicos são profissionais, e eles nos oferecem o tipo de apoio promocional recebido pelos principais eventos artísticos de Las Vegas. Acontecia a mesma coisa no Hard Rock Hotel. O público pode se aproximar de nós, e eu gosto disso. De certa forma, é melhor do que os estádios e as arenas, pois consigo ouvi-los quando eles desejam que aumentemos a intensidade ou solicitam canções – consigo saber como estão se sentindo.

Quando nos transferimos para a House of Blues, percebemos que a cidade poderia funcionar não apenas como uma sede para a banda, mas que também fazia sentido que eu passasse a viver lá. Havia uma série de razões – poderíamos poupar dinheiro, sem ter de pegar a estrada o tempo todo e sem precisar arcar com as despesas de viagem. O cassino Mandalay Bay, em parceria com a House of Blues, oferece quartos de hotel, refeições e passagens aéreas para nos levar até Las Vegas. Além disso, como morador de Nevada, eu pagaria muito menos impostos do que pagava na Califórnia. Mais uma vez, não se trata apenas de economizar, mas, assim como acontece com a Milagro Foundation, de controlar para onde vai o dinheiro, de modo que ele não sirva apenas ao governo, mas seja investido em pessoas reais e em instituições reais, que possam ser úteis à humanidade como um todo.

A pessoa que descobriu e providenciou tudo isso foi Michael Vrionis, que, atualmente, é o meu empresário. Após o divórcio, quando o cargo de diretor-executivo de todos os negócios da Santana ficou vago, Michael entrou em ação, sem se sentir soterrado pelo trabalho. Eu sabia que o seu plano era bom, porque os nossos advogados e contadores me ligaram na hora para dizer que eu teria sorte – que aquela ideia poderia nos poupar muitos recursos. Michael é um veterano do mundo dos negócios e transita muito bem nesse universo. Ele também é casado com minha irmã Maria, e juntos eles formam uma equipe ótima, ajudando a manter os padrões da Santana no nível mais elevado possível. Em 2011 remodelamos a gestão do grupo, estabelecemos nossa sede em Las Vegas e a batizamos de Universal Tone. No fim das contas não é apenas uma questão financeira. Michael tem sido muito bom na manutenção das relações: ele vem estabelecendo contato permanente e solidificando os vínculos com as pessoas mais importantes da HBO e da Sony Music – inclusive com Clive Davis. Em 2012, ele ajudou a criar o Starfaith, nosso novo selo, responsável pelo lançamento do álbum da Santana *Shape Shifter*.

Hoje, a Santana tem o privilégio de contar com músicos que transmitem convicção e uniformidade. Benny Rietveld ainda é nosso diretor musical e nosso baixista, e suas participações especiais com seus solos – como o som que ele extrai em "Imagine", de John Lennon – são o ponto alto dos nossos shows. Karl Perazzo é quem está com a Santana há mais tempo, e o seu vigor e a sua elegância são nosso elo com aquela extraordinária cena latina de São Francisco – ele tocou com Sheila E., e até mesmo com Prince por algum tempo. Adoro me virar e dar de cara com ele quando alternamos riffs na guitarra e nos tímpanos. Bill Ortiz e Jeff Cressman formam o naipe de sopros da Santana, e também vieram daquela incrível tradição de jazz de Bay Area. Bill gravou um excelente álbum, tocando trompete sobre algumas faixas de hip-hop, e os expressivos solos de Jeff dão um sabor caribenho a qualquer coisa, fazendo lembrar os grandes trombonistas de ska, como Don Drummond. Andy Vargas e Tony Lindsay são os vocalistas da Santana, e, juntos, eles cobrem toda a gama de gêneros – da música gospel ao gutbucket, de forma clara e suave – e ajudam a manter a energia acesa, já que estão sempre lá na frente, à beira do palco.

Agora, temos também Tommy Anthony, que se juntou a nós depois de deixar a banda de Gloria Estefan, e é um perigo triplo – um cantor com uma voz potente, cristalina; um grande guitarrista base, com um surpreendente vocabulário de acordes de rock; e um dos melhores solistas de guitarra de Miami. E temos David K. Mathews nos teclados, que tocava com a Tower of Power e Etta James antes de se unir à Santana. Ele se tornou fundamental para a banda, porque conhece tudo, de Otis Spann e McCoy Tyner a Randy Weston e Eddie Palmieri. Ele possui tatuagens retratando as lendas do piano Fats Waller e James Booker.

Os dois integrantes mais recentes são Paoli Mejias Ramos nas congas e José Pepe Jiménez na bateria. Ambos têm raízes porto-riquenhas e trouxeram sua própria autenticidade e seu engajamento ao grupo, o que dá à música uma sensação nova, mas nos mantém em uma situação de banda – não sou eu sozinho, com os caras tocando as partituras e vestindo as jaquetas da Santana. Eu prefiro arriscar, testar novas canções e ter um mau desempenho a ter um bom desempenho que sirva apenas para ratificar todos os antigos sucessos.

Antes de cada concerto da Santana, eu ainda medito de 15 a vinte minutos, e qualquer pessoa da banda pode se sentir à vontade para participar – não é uma exigência, mas quase todos se aproximam e se integram ao círculo, pelo menos de vez em quando. Eu costumo lhes dizer: "Nada é obrigatório, exceto que vocês estejam 100% presentes e mandem ver no palco." Depois de meditar, faço uma pequena preleção antes da apresentação, para falar sobre o show e revisar as músicas ou transições novas, ou alguma parte nova de uma canção, com o intuito de garantir o frescor e a empolgação do show. Podemos experimentar algo que surgiu em função de alguma coisa que alguém disse, ou que eu tenha ouvido no meu iPod. Recentemente, estávamos em Mônaco, e decidi que deveríamos tentar fazer uma canção de O'Jays que eu conheço, "I Love Music" – cuja letra fala sobre a união das pessoas e a ajuda mútua, e tem grande energia gospel. Uma mensagem perfeita para um pomposo jantar-espetáculo naquela parte do mundo, certo? Talvez devêssemos ter feito "Rich Get Richer" (Os ricos ficam mais ricos). De qualquer forma, ensaiamos a canção na passagem de som e nos bastidores, antes do show. Fizemos apenas uma vez, mas valeu a pena.

* * *

Há muito dinheiro em Las Vegas – *muito*. Sei que isso não é novidade para ninguém. Para mim, há uma sensação de oportunidade naquela atmosfera de deserto – uma concretização de intenções que poderia atingir as pessoas em todas as partes do mundo –, algo que raramente se sente em outros lugares. É como se fosse a diferença entre milhões e bilhões. Lá não é difícil esbarrar com pessoas como o dono do Mandalay Bay ou outros artistas, e difundir ideias sobre como colocar um pouco desse dinheiro para circular e realmente fazer a diferença. Isso está começando a acontecer – basta olhar para a fundação de Andre Agassi e Steffi Graf e o que eles estão fazendo com as crianças e as escolas de Las Vegas.

Uma noite, não muito tempo atrás, meu advogado, John Branca, Michael, Cindy e eu jantamos com alguns altos executivos de cassinos e suas esposas, e eles ficaram fazendo perguntas sobre a Santana, querendo saber como mantínhamos o vigor e tocávamos com tanta energia depois de todo esse tempo. Eu expliquei, mas, logo depois, disse: "Vejam, estou feliz em responder suas perguntas, mas, do fundo do meu coração, preciso que vocês saibam de duas coisas. A primeira é que a conscientização pode ser muito lucrativa. A segunda é: aqui em Las Vegas vocês têm os meios, o dinheiro e o talento para se reunir e criar um programa de televisão noturno misturando entrevistas e músicas, e que iria superar qualquer coisa proveniente de Nova York ou de Los Angeles. Basta encontrar o âncora ideal, alguém que consiga ser divertido, que não seja previsível e que seja capaz de transmitir a mensagem de que todos nós podemos servir melhor ao planeta."

Eles olharam para mim como se estivessem se perguntando se eu estava falando sério, e, então, perceberam que eu não estava blefando. Depois de alguns instantes eu disse: "Não há nada que não seja possível quando dispomos de uma suprema determinação e de uma visão inabalável."

Sinto falta de certas coisas da Costa Oeste, mas o voo até lá dura apenas noventa minutos, e eu aprendi a amar Las Vegas e a compartilhá-la com Cindy, a nova rainha do meu coração – vendo juntos o amanhecer e o pôr do sol, belíssimos no deserto, meditando, praticando exercícios, tocando guitarra, ouvindo minhas músicas prediletas, depois comendo com ela em um restaurante fantástico, onde passei a conhecer o chef e os funcionários. E, então, a minha coisa favorita – acordar no dia seguinte ao lado de Cindy, que é tão suave – não apenas sua pele, mas sua mente e seu coração – e, em seguida, começar tudo de novo.

Em fevereiro de 2010 Salvador lançou um novo disco e promoveu uma festa em Los Angeles. Deborah estava lá e veio me cumprimentar quando cheguei, me dando um abraço cordial. Eu poderia dizer que todos os meus filhos estavam assistindo à cena. No dia seguinte voei de volta a Las Vegas e recebi um cartão dela, dizendo que tinha sido bom me rever. Liguei para ela e agradeci o cartão. Nós ainda estávamos descobrindo como lidar um com o outro, mas nossa prioridade era fazer o que fosse melhor para os nossos filhos – nos mostrar disponíveis, positivos e respeitosos.

Àquela altura duas coisas aconteceram: conscientemente, deixei de me sentir culpado por Deborah, tanto emocionalmente quanto psicologicamente, e parei de fumar – desta vez, definitivamente, e não apenas temporariamente. Continuei a realizar o trabalho interior, mas de uma forma distinta, como se fosse uma enorme porta se abrindo para um ambiente que tivesse ficado fechado por um longo tempo. Quando entrei no recinto, pude ouvir uma voz dizendo: "Respire fundo, limpe o lugar, escove os dentes, abra a porta, abra o seu coração e fique vulnerável novamente." Respirei fundo, e o ar que invadiu os meus pulmões me pareceu revigorante e diferente. Então, eu ouvi: "Agora, convoque sua rainha."

A primeira vez que Cindy Blackman e eu nos encontramos não aconteceu nada demais. Eu gostaria de poder dizer o contrário, mas nós dois estávamos em momentos muitos diferentes das nossas vidas, e parte da alegria da vida é não receber tudo de mão beijada de uma só vez. Somente quando você olha para trás é que percebe que a história faz sentido. Era o ano de 2002, e ela estava tocando bateria com Lenny Kravitz, e estávamos todos em um festival de rock na Alemanha. Dennis Chambers vivia me dizendo: "Cara, espere até ver essa moça tocando. Ela é maravilhosa." Então, resolvi ficar para assistir ao show de Lenny, e talvez tenha sido por conta das duas músicas que eu ouvi, mas não consegui perceber nada daquilo que ele tinha dito. Fiquei pensando: "Certo, hmm. Quando é que ela vai tocar?" Basicamente, ela estava apenas sustentando o ritmo, como se estivesse segurando uma bandeja para alguém – a música não permitia que ela fizesse muito mais do que isso. Mas a noite seguinte foi uma revelação. Cindy tocou alguns ótimos solos e executou algumas passagens excelentes. Foi aí que me dei conta de que ela realmente era capaz de tocar.

Quanto mais eu ouvia, mais mudava minha percepção em relação a Lenny e à sua música. Devo agradecer-lhe do fundo do meu coração, porque ele me possibilitou saber que Cindy existia. Alguns anos depois, a irmã de Cindy, Tracy, que é cantora e guitarrista, me viu comendo em um restaurante chamado Comforts, em Bay Area. De repente, uma mulher de cabelos ruivos e sardas estava em pé ao meu lado. Com toda a confiança, ela disse: "Você é Carlos Santana." Eu respondi: "Olá", achando que ela me queria que eu autografasse alguma coisa ou tirasse uma foto. Mas, em vez disso, ela pretendia me dar um recado. "Você precisa conhecer minha irmã – ela toca bateria." E, claro, reconheci o nome quando ela o mencionou. Eu disse: "Está bem, fico muito agradecido."

Aquilo ainda não significava nada para mim – o Cupido ainda não havia disparado nenhuma de suas flechas. Então, em maio, fizemos um show particular em Orlando para uma empresa alemã de produtos eletrônicos, e Dennis não pôde participar, porque já estava comprometido com outro grupo. Ouvi uma voz dizendo: "Chame Cindy."

"Cindy?"

"Lembra de Cindy Blackman, que tocou com Lenny?" Então, pedi ao meu diretor de produção para fazer isso, e nós já havíamos confirmado sua participação quando Rashiki e eu finalmente conseguimos baixar alguns de seus álbuns para escutá-los enquanto dirigíamos. Eu reagi: "Epa! Essa não é a mesma pessoa que eu ouvi na Alemanha daquela vez!"

Cindy estava tocando música em um nível diferente do que eu esperava – improvisando e criando levadas bastante complexas –, e havia pessoas como Patrice Rushen e Buster Williams a acompanhando. Eu poderia dizer que havia muitas influências de Tony Williams e um pouco de Elvin Jones em sua bagagem musical – mais tarde fiquei sabendo que ela aprendera muito andando com Art Blakey. Ela deixou uma mensagem de voz no meu telefone para falar sobre as músicas do show. Liguei de volta para ela, repassamos o setlist, e então me refiri à necessidade de atingir o efeito "wah", um papo que eu costumo ter com cada pessoa nova que entra na banda.

Isso remonta a algo que vi na África quando tocamos lá, em 1971 – uma roda de seis ou sete mulheres que começavam a cantar juntas, fazendo

O tom universal

"Hey ya na na na..." cada vez mais rápido, suas vozes se dividindo em trechos diferentes, até que tudo se juntava em uníssono, com um enorme "*Wah!!*". Era incrível – toda aquela energia de uma só vez. Depois disso comecei a perceber o efeito "wah" na música de Buddy Rich, James Brown, Duke Ellington e Tito Puente, e cada um deles tinha sua própria maneira de atingir o "wah" – ou o tempo forte. Mas a banda não deve fazê-lo com muita intensidade nem se exceder – ela precisa simplesmente passar por ali, no momento certo, a fim de imprimir uma sensação de consciência coletiva.

Estávamos na Flórida, nos preparando para a passagem de som, um dia antes do show de Orlando, quando reparei que Cindy vinha saindo da cabine e caminhava lentamente em direção ao palco. Ela sorriu e acenou para mim. Ela tinha ido dar uma olhada na banda momentos antes de tocar conosco, e carregava algo consigo. Ela estava vestida como qualquer garota, como se estivesse indo fazer uma aula de yoga – simples, mas estilosa, sem maquiagem, o que, em minha opinião, pode ser dez vezes mais atraente do que aquela coisa toda carregada carregando a pele. Ela ficou ouvindo a banda, e eu continuei olhando para ela com o canto dos olhos. Pude captar sua energia. Eu sabia que ela estava muito empolgada por estar ali, tocando conosco, e é exatamente isso o que espero de todos os músicos.

Após a passagem de som, nos encontramos nos bastidores, e ela me presenteou com um livro – o catálogo de uma exposição sobre Miles Davis em Montreal. Então, abri a bolsa a tiracolo que sempre carrego comigo e lhe emprestei o meu iPod, repleto de músicas de Miles, que eu vinha coletando ao longo dos anos, muitas delas difíceis de se encontrar. Ela voltou para o seu quarto de hotel, escutou o iPod e se fixou em "Capri", de Paolo Rustichelli, uma bela melodia tocada por Miles. É uma melodia tão bonita que, hoje, analisando retrospectivamente, tenho quase certeza de que ela quis se casar comigo ali mesmo. Estou brincando, mas, de fato, com uma música como aquela, acho que ela não teria nenhuma chance.

Fizemos o show juntos em Orlando, e foi ótimo. Ela arrasou. Ela conhecia todas as músicas, e sua forma de tocar bateria me fez lembrar um beija-flor ou uma abelha nervosa. Cindy tem um domínio excelente do tempo, mas não é apenas uma cronometrista; ela não está interessada em encontrar a precisão rítmica e, simplesmente, ficar estacionada ali.

Quanto ao resto, trata-se de algo um tanto pessoal, mas tenho que dizer isso – nós saímos e conversamos por horas a fio, e acabei lhe revelando o que estávamos fazendo na Santana, na Milagro Foundation e em um site chamado Architects of a New Dawn (Arquitetos de um Novo Amanhecer), que tem alguns dos meus vídeos favoritos. Percebo, agora, que o que eu estava tentando fazer era mostrar-lhe quem sou eu de fato, quem sou eu para além daquele guitarrista da Santana.

No dia seguinte Cindy me disse que precisava ir embora, pois iria participar de um show de um cantor e guitarrista de rock nativo norte-americano: "Estou indo a Santa Fé para tocar com Micki Free e sua banda." Não tentei esconder minha decepção. "Sério? Você precisa ir mesmo...?" Eu não conseguia acreditar que estava dizendo aquilo a um outro músico. "Por que você não fica aqui?"

"Não, é sério – tenho que fazer esse show."

Então, Cindy partiu, e eu agarrei Chad pelo braço e disse: "Precisamos ir até a Disney World."

"Disney World? Para quê?" Eu não tive tempo de explicar a coisa toda, mas, de alguma forma, Cindy e eu tínhamos começado a conversar sobre Mickey e Minnie Mouse na noite anterior, e eu disse a ele: "Preciso encontrar aquelas orelhas de Minnie Mouse com purpurina. Quero mandá-las para Cindy." Andamos por duas horas, entrando em todas as lojas daquele lugar – e havia um monte delas. Os atendentes nos mandavam ir "para lá" e "para cá", mas a maioria deles não sabia do que estávamos falando. Chad estava quase mandando-as fazer sob medida. Pouco antes de desistirmos encontrei duas vendedoras que disseram: "Ah, você quer dizer aquelas que as meninas usam? São as únicas com purpurina. Aqui estão."

Fiquei aliviado, mandei embrulhá-las para presente e as trouxe para casa comigo – de alguma forma, eu tinha a sensação de que, quando as entregasse a Cindy, alguma coisa realmente extraordinária iria acontecer. E assim foi.

Eu moro em Nevada, mas também tenho uma casa no alto das colinas em Tiburon, com uma vista incrível de North Bay e da ponte Golden Gate. Convidei Cindy para ir me visitar lá, em junho, quando ambos estávamos de folga das turnês, e ela aceitou. Lembro de vê-la entrar na minha casa com um andar sereno como o de uma pantera, olhando para todas as coisas ao redor. A casa possui amplas janelas, e o dia não poderia estar mais bonito, com o sol brilhando e o céu e a baía irradiando incríveis tons de azul. Ela se aproximou de mim e me deu o que eu chamo de um abraço de cozinha — não apenas por causa do lugar onde ocorreu, mas também porque foi longo e caloroso, e cheio de uma promessa de devoção interior. Tudo se consumou ali — e, então, eu coloquei as orelhas de Minnie Mouse nela. Cara, foi como ter 17 anos e estar no ensino médio novamente, sentindo, em um único momento, toda a paixão e a emoção que você acha que será capaz de sentir em sua vida. Bem, foi mais parecido com ter 14 anos e estar no ensino fundamental.

Nós nos sentamos, e lembro que segurei as mãos dela e olhei em seus olhos e, em seguida, ouvi minha própria voz dizendo baixinho: "Cindy, você seria a minha esposa?" Ela virou uma menininha. Seus olhos brilharam e se arregalaram, e ela respondeu que sim.

É claro que eu tinha de pedir permissão ao pai dela, o Papai Dude — como eu o chamo. Cindy havia aceitado o meu convite para acompanhar a Santana, e desde o início daquele verão vinha fazendo participações diárias conosco, mas foi preciso esperar algumas semanas até que a turnê chegasse a Chicago, onde ele morava. Fomos a um restaurante de comida soul, e fiquei aguardando sua resposta. Ele olhou para mim, depois demoradamente para Cindy e disse: "Acho que eu nunca a vi mais feliz, Carlos."

Na noite seguinte eu já não conseguia mais esconder. O pai de Cindy e sua esposa compareceram ao show, juntamente com a esposa de Buddy Guy e a esposa de Otis Rush. Parecia uma família. Cindy fez uma participação e executou um solo de bateria em "Corazón Espinado", e, depois disso, fui até o microfone, aproveitei a chance e, diante da plateia do First Midwest Bank Amphitheater, em Tinley Park, Illinois, eu a pedi, mais uma vez, em casamento. Sua resposta foi idêntica à anterior.

Cindy viajou com a Santana até o fim de 2010, fazendo participações especiais quase todas as noites — na verdade, isso nunca deixou de acontecer. Ela sai em turnê conosco ou participa das apresentações na House of Blues, em Las Vegas, até mesmo enquanto segue cuidando da própria carreira — incluindo sua banda em homenagem à Tony Williams Lifetime, com Vernon Reid, o organista John Medeski e o baixista Jack Bruce. Em casa, a ouço tocar bateria — isto é, tocar de verdade —, olho para o seu rosto e digo a mim mesmo: "Ela nasceu para fazer isso, com ou sem mim", e não há nenhum problema aí. Sinto pena de qualquer um que tente se colocar entre uma pessoa como ela e aquilo que ela ama, dizendo: "Sou eu ou a música." Como é que é? Bem, você sabe como eu me sinto em relação a isso.

Adoro as mulheres autoconfiantes, e realmente preciso disso na mulher que estiver comigo. Cindy possui uma confiança discreta, que provém do fato de não ter que provar nada a ninguém. É uma bênção estar com alguém que se sente confortável consigo mesmo.

Além de ser uma amante e uma amiga, ela é paciente, compassiva e atenciosa – ela sempre pergunta se estou me hidratando, uma coisa importante em um lugar como Las Vegas. Quando vamos passear, se ela estiver levando uma garrafa de água consigo, sempre levará uma segunda garrafa, para mim. Eu a apresentei ao seu primeiro jogo de basquete profissional e consegui fazer com que passasse a torcer pelo Golden State Warriors; em contrapartida, ela fez com que eu me interessasse por algumas equipes de Chicago. Hoje em dia tenho uma parceira quando preciso competir com fãs de basquete como Hal Miller e Chad Wilson, que sempre querem unir forças e apostar contra mim. Eu digo a eles o que pensamos a respeito do Heat ou do Spurs, e eles vão sair falando algo do tipo: "Ah, agora é 'Cindy e eu'!"

Sim, é isso mesmo. Cindy é um dos caras – isto é, quando ela apareceu, estava andando com Art Blakey & The Jazz Messengers e Tony Williams, e ficava ouvindo todos aqueles papos de homem, rindo com eles, sem se deixar abalar. Como qualquer casal, ainda estamos aprendendo a nos comunicar. Fazemos isso por telefone e por mensagens de texto e, quando volto para casa, por palavras e pelo toque.

E lá vem aquela expressão de novo: você não atrai, necessariamente, o que você quer nem o que precisa; você atrai quem você é. Não me surpreendi ao saber que Cindy estudava cabala e era profundamente espiritualizada. Quando conversei com ela pela primeira vez a respeito de coisas como anjos e o reino invisível, foi como se estivéssemos apenas retomando uma conversa que havíamos começado há muito tempo. Contei isso a Jerry e a Diane, e eles disseram: "Sabe, Cindy é uma criação do seu espírito. Você a criou, e ela o criou. Ambos rezaram para encontrar um ao outro, e ambos fizeram o trabalho interior. Cindy também está aqui para ajudá-lo a limpar o seu armário interior." Eu perguntei: "Armário interior?" Jerry me disse que eu precisava escancarar todas as gavetas e revelar todas as minhas compulsões, meus constrangimentos, minhas fantasias, e passar por cima da culpa, da vergonha, dos prejulgamentos e dos medos.

Hoje em dia Cindy e eu aspiramos juntos; compartilhamos o desejo de divindade. Cindy e eu fazemos leituras diárias, com o objetivo de recarregar nossa crença e reforçar nossa esperança, nossa confiança e nossa fé, para que, quando for preciso, tenhamos força para desobstruir nossos caminhos e impedir que nossos egos nos atrapalhem. Juntos, escrevemos poemas e mensagens espirituais que postamos no Facebook e compartilhamos com todos. Escrevemos o seguinte poema: "Eu sou o tom universal", em 8 de julho de 2011:

Eu sou o tom universal
Que faz nascer a inspiração, a visão, a motivação e a aspiração.
Você é o ritmo que se comunica com a pulsação de todos os corações.
Somos os recipientes que transportam a Luz & o Amor de Deus.
Toda e qualquer coisa no reino de Deus é um indicador de Sua
    essência
Doce harmonia, firme unicidade, nobre graça, divindade e beleza
É isso o que somos quando nos conscientizamos e seguimos nossos
    corações
E quando estamos em um fluxo harmônico perfeito com nosso
    Criador e com o universo
Continuamos abertos para receber Sua luz e canalizá-la para TUDO
    que existe.
Sorria e deixe a luz brilhar, elevar, transformar e iluminar a tudo e a
    todos
Com a alegria, a paz, a luz e o amor do seu espírito.
Seja feliz e pleno de amor em sua divindade suprema.

Quatro anos depois continuo grato por isso – muito, muito grato. Ainda não consigo acreditar que, dentre todas as pessoas deste mundo, Deus tenha escolhido uma parceira tão compatível com a minha energia e com os meus princípios, e a tenha colocado diante de mim. Como Wayne costuma dizer, é preciso ter coragem para ser feliz, e, nesse momento, acredito que sou a pessoa mais feliz deste planeta. Hoje em dia, meu bem mais precioso é uma nova guitarra que minha esposa encomendou a Paul Reed Smith e me deu de presente quando nos casamos, em 19 de dezembro de 2010, no Havaí. Na parte de trás, entre as tarraxas de afinação, estão escritas as palavras: DESDE A PRIMEIRA VEZ, TUDO. ETERNAMENTE SUA, CINDY.

Nosso casamento reuniu todas as pessoas que são importantes para nós – nossas famílias e melhores amigos, meus filhos, Jerry e Diane, que discursaram e pediram um minuto de silêncio para que pudéssemos todos contemplar uns aos outros, sem nos deixar perturbar por palavras ou pensamentos. Herbie e Wayne também estavam lá, e nos honraram com sua presença e com sua música – eles tocaram "Afro Blue" e "Stella by Starlight". Antes da cerimônia perguntei a Sal como ele estava se sentindo com a situação, e o que ele respondeu me faz pensar, até hoje, em como ele conseguiu alcançar um nível de consciência espiritual tão elevado. Ele quis saber se, como parte da cerimônia, Cindy e eu encheríamos uma tigela de madeira com a água da chuva e lavaríamos as mãos um do outro para simbolizar o perdão por todas as coisas cometidas em nossos passados – e que estávamos partindo para um novo e revigorante começo. Fizemos isso, e então Cindy leu os seus votos em seu iPhone e eu li os meus em meu iPad, e depois dançamos ao som da gravação de Ronald Isley para "The Look of Love", de Burt Bacharach.

Eu estava acompanhado por Cindy na segunda vez que pisei no tapete vermelho, em dezembro de 2013, para a exibição do especial da HBO do nosso show em Guadalajara. Aquela foi sua primeira vez – ela estava deslumbrante, e eu não conseguia parar de olhá-la. De qualquer modo, vivo olhando para Cindy: seu nariz é lindo, seus lábios e seus cabelos são incríveis, e seu coração resume perfeitamente todas as coisas para mim. Quando chegou a hora de posar para os fotógrafos naquela noite, ela se esqueceu de olhar para as câmeras, como deveria fazer, e, em vez disso, ficou olhando *para mim*. Lembro que nós rimos da situação, e então Cindy ficou um pouco séria e disse: "Mas você consegue perceber o jeito como estou olhando para você?" Cara, eu podia sentir que derramaria lágrimas de alegria, e então tive de dizer rápida e imediatamente o que estava pensando, as únicas palavras que me vieram naquele momento.

"Ah, sim. *Sim*."

POSFÁCIO

Hoy y Mañana

O arcebispo Desmond Tutu e eu, 24 de fevereiro de 2014

Quando tocamos ao vivo com Wayne Shorter no Festival de Jazz de Montreux, em 1988, ele afirmou em uma entrevista: "Procuro por livros que nunca tenham fim." Eu adoro essa ideia. Este livro é assim – há muito mais coisas por vir, mas elas ainda habitam o instante sagrado, um santuário imune às preocupações com o futuro ou ao apego ao passado. Ninguém ficará louco se estiver 100% presente no aqui e agora, sabe?

Na minha vida, o agora que continua sendo escrito sempre incluiu três partes – minha música, o reino espiritual e o ritmo doméstico.

Eu já disse isso antes, e vou repetir: na minha família, inclusive após o divórcio, não resta senão dádivas e beleza. Sou grato a Deborah pelos nossos anos juntos e pelos nossos três filhos maravilhosos. Tenho muito orgulho deles – eles nunca se envolveram em problemas, e cada um tem uma sensibilidade natural para curtir a vida com elegância e integridade. Consigo perceber membros da minha família refletidos em cada um deles, e posso concluir que todos são fruto de uma longa tradição musical: meu pai era músico, seu pai era *músico municipal*, assim como o pai dele havia sido. Pelo lado materno, SK era o autêntico Rei do R & B, tocando blues e baladas antes mesmo de B. B., Albert ou Freddie. Por intermédio de Sal, Stella e Jelli, o rio continua fluindo.

Enquanto trabalhava escrevendo este livro, pensei nos meus filhos o tempo todo. "O que eles irão pensar ao lerem?" Sei que eles vão dizer que fui honesto, genuíno e compassivo, e isso é o suficiente para mim.

Aprendi a ser pai com os meus filhos – a quando falar e a quando não falar. Na esfera musical, aprendi, com a Santana, a ser o líder de uma banda. Antes mesmo de a Santana existir, eu já tinha descoberto que, às vezes, alguém tem que dar um passo à frente e dizer alguma coisa, e se ninguém o fizer, então eu terei de ser o chef da cozinha. Aprendi que um líder não hesita em se pronunciar e dizer: "As batatas ainda estão cruas, e estão muito duras. Vamos precisar deixá-las cozinhando mais um pouco"

A Santana surgiu porque, quando eu ouvia um novo músico, como Michael Shrieve, Chepito ou Neal Schon, eu pensava: "Hmm. Ele poderia funcionar muito bem com a banda que temos agora", e isso ainda é verdade, até hoje. Sempre haverá espaço para o crescimento e a mudança. A Santana de 2014 não é aquilo que era em 1968, 1973 ou 1989. Ela não precisa ser a mesma. Acredito que esta é a marca pessoal da Santana – a única coisa que se manteve igual em nossa música é a consistência, a vontade de nos apresentarmos de uma forma cada vez melhor.

Acho que essa é a razão pela qual a música da Santana permanece vital e forte. Acredito, também, que nossa música lembra as pessoas que elas não têm de ficar esperando pelo céu; ele já está aqui. Ela tem o poder de inspirar, de transportar e de mudar as pessoas, mesmo que seja a nível físico. Recebo cartas, e-mails e mensagens on-line de fãs dizendo que um determinado concerto os ajudou a se curar da maneira que eles precisavam, embora não estivessem esperando por isso. Só no ano passado, ouvi pessoas de Dayton e de Spokane afirmando que nossa música atingiu suas almas e transformou seus corpos. Tudo isso é despertado e conectado pelo som; portanto, quando falo sobre a minha vida musical e sobre o reino espiritual, deve-se entender que eles não podem ser separados. O som invade os nossos sentidos e bombardeia as nossas moléculas, e o nosso corpo sabe que, independentemente do que a mente estiver pensando, a conexão sempre estará presente.

Mais do que uma caminhada pela estrada da memória, este livro pretendeu dar visibilidade a todas as histórias da minha vida, para que as pessoas pudessem perceber que sempre haverá espaço para o crescimento e o esclarecimento. Por "esclarecimento" quero dizer tornar claro e leve – divertir-se com a vida. Até mesmo quando a minha vida estava totalmente equilibrada, quando as vidas doméstica, musical e espiritual estavam conseguindo funcionar nos mais altos níveis – inclusive em Woodstock e no Prêmio Grammy –, eu tinha dificuldade de me aceitar e me ver da mesma maneira que as outras pessoas me viam. Mas agora eu consigo fazer isso, relaxando e encarando as coisas com menos seriedade. Talvez eu esteja escovando os dentes ou penteando o meu cabelo e, de repente, grito: "Caramba!" Cindy vem correndo: "O que aconteceu – você está bem?" Aí eu continuo olhando no espelho e digo: "Cara, que mexicano bonito. Não admira que você tenha me perseguido por todos os cantos." Ela olha para mim e apenas balança a cabeça.

Estou, agora, na juventude dos meus 67 anos, e me sinto ótimo – disponho de muita energia. Meu dia típico começa cedo e vai até tarde da noite. Acredito que, a longo prazo, os anos em que me ative a uma estrita dieta vegetariana ajudaram o meu corpo, embora eu já tenha voltado a comer carne. Ainda sou exigente quanto às minhas refeições: tento não comer demais, e como saladas quando posso. Gosto de uma cerveja ou de uma taça de vinho, mas não sou um bebedor rotineiro. Também pratico exercícios diários. Fico feliz em dizer que minha visão e minha audição não precisam de quaisquer correções, e tudo mais que precisa estar funcionando – como músico e como homem –, está funcionando muito bem, obrigado.

Wayne e eu temos conversado sobre o que acontecerá se alguma vez chegarmos a um estágio em que certas coisas venham a nos faltar, em que os nossos dedos não queiram mais trabalhar. Ele diz não estar preocupado com isso. "As pessoas criativas sempre encontrarão uma forma de criar". Eu me reconforto com essa ideia, e agradeço a Deus todos os dias pelo fato de os meus dedos conseguirem empunhar uma guitarra, manusear as cordas e acertar as notas capazes de transformar e inspirar. Se algum dia chegar o momento em que os meus dedos não possam mais fazê-lo, serei grato apenas por ter havido uma época em que isso foi possível.

Se as minhas habilidades me permitirem, acho que talvez eu possa, simplesmente, construir uma pequena igrejinha no Havaí. Eu a chamarei de Igreja da Escolha Sagrada, porque é isso o que todos nós temos a fazer: uma escolha. Ela será diferente da maioria das Igrejas, pois a única exigência será o compromisso interior de alcançar uma mudança tangível dentro de si mesmo, de assumir a responsabilidade por seus atos e de deixar de ser uma vítima implacável. Precisamos agir como um cão que sacode o corpo quando sai da água, desfazendo-se de todas aquelas coisas supérfluas que não deveria carregar consigo.

Imagino a igreja repleta de banquinhos e aberta ao resto do mundo, com uma música vibrante e substancial, cuja parte principal será o ritmo. Pode até ser a música local, mas ela terá de ter congas, para afastar a falsa ideia de que a bateria e a percussão são instrumentos do diabo. Eu irei pregar, haverá cânticos, e mesmo que eu ainda seja capaz de tocar, não usarei a guitarra, deixando-a de lado na celebração dos eventos especiais. Quando chegar a hora, essa etapa da minha vida será dedicada a apresentar aquilo que o Espírito Santo quiser que eu apresente.

Estou neste belo planeta desde 20 de julho de 1947, e nunca, em momento algum, orei ou solicitei qualquer coisa a Satanás, a Lúcifer, aos demônios ou a qualquer outra força das trevas. Acredito em anjos, arcanjos, ajustadores de pensamento, seres sensíveis, espíritos benevolentes e membros da família que já faleceram e que ainda estão por aqui para me guiar e me proteger. Eu ainda leio, medito e faço o que posso para fortalecer os meus músculos da fé, assim como ir à academia desenvolve os meus outros músculos. Talvez algumas pessoas pensem que ao começar a investigar as coisas divinas e a percorrer o caminho do esclarecimento você tenha de perder seu apetite pelo mundo, mas isso não é verdade. Não foi assim que eu vivi minha vida, e não é agora que isso vai mudar.

Acredito que exista um ser supremo, um criador supremo, e seja ele Jesus, Buda, Krishna ou Alá, é como John Coltrane disse: "Todos os caminhos levam a Deus." A divindade tem muitos nomes, mas apenas um ponto de convergência. Deus é totalmente harmônico – não é apenas um acorde ou uma nota. Afirmar que apenas um destes é o único, e que todos aqueles que adoram algum outro estão errados e irão para o inferno é um tipo de pensamento mumificado e petrificado.

Não quero ir para o céu se ele for seletivo. E há uma outra coisa pela qual eu rezo – só quero ir para o céu se houver congas lá em cima.

Meu livro começou com um desfile – e termina em uma ilha.

Penso muito nas ilhas. Às vezes, os entrevistadores querem saber que músicas ou que outras coisas eu levaria comigo para um lugar deserto. Costumo responder que eu levaria *Sketches of Spain*, de Miles Davis, a minha guitarra e uma cópia de *Um curso em milagres*. No fim de 2013 eu estava praticamente pronto para me mudar para uma ilha: saímos direto do Kennedy Center Honors para filmar o especial da HBO no México, e estávamos terminando *Corazón* mais ou menos na mesma época.

Este ainda é um sonho meu – tirar a sorte grande e me mudar para um lugar como o Havaí, do jeito que ele era há cem anos. Ainda existem lugares assim pelo mundo, para os quais você pode fugir, se esconder e conviver com a natureza; onde o céu é o seu telhado, o oceano é a sua banheira e a temperatura estará sempre amena. Se você sentir fome, pode simplesmente pegar um mamão, um coco ou uma manga direto de uma árvore.

Eu costumava dizer a mim mesmo: "Uau!, que existência incrível seria essa." Agora eu ouço uma voz que diz: "Não se iluda, cara. Em duas horas você ficaria entediado até a morte."

A parte desgastante da minha vida é a dicotomia entre ter essa energia toda e sentir que preciso de fato aprender a relaxar e a diminuir o ritmo das turnês e das programações, de modo que eu possa ajustar as contas comigo mesmo e ter uma visão melhor daquilo que me espera. Estar com Cindy me ajudou nisso; assumi conscientemente o compromisso de, com regularidade, interromper as viagens e parar de me dedicar às coisas da Santana, a fim de fugir de toda essa loucura. Agora, como sempre, estou muito interessado no instante sagrado, no estado de graça que sempre tentarei alcançar e manter, predisposto, em todos os lugares e em todos os sentidos, a receber o tom universal.

Agradecimentos

Contei com a ajuda de várias pessoas muito importantes na preparação deste livro. Ashley Kahn trouxe suas habilidades de escritor e sua percepção para capturar minha voz, apreender os momentos e as memórias e organizá-los de uma forma que me deixasse à vontade, transformando-os em um convite aberto para que todos possam conhecer, descobrir e experimentar uma alegria infinita. Hal Miller me acompanhou e viajou comigo, gravando as minhas histórias, dando atenção especial aos detalhes, nomes e datas, com uma visão geral de tudo, para se certificar de que estava adotando o melhor caminho e mantinha o equilíbrio entre as diferentes partes da minha vida – o ritmo doméstico, a música e a autêntica psicologia cotidiana, testada e comprovada. Sou grato à equipe que tornou tudo isso possível – ao meu agente literário, Jillian Manus; ao gerente de relações públicas Michael Jensen e a Michael Pietsch e John Parsley, da Little, Brown. Todos eles acreditaram neste livro desde o início. Minha gratidão se estende aos meus dois velhos amigos do ensino médio: Michael Carabello e Linda Houston, por compartilhar o que eles se lembravam sobre nós naqueles meus primeiros dias nos Estados Unidos. Sou eternamente grato à minha irmã Maria e ao seu marido, Michael Vrionis, por me supervisionarem durante esse tempo todo, e à minha esposa, Cindy, pela leitura de cada palavra e por ocupar o centro dos meus sistemas de apoio interno e externo.

Nesse momento, com a Santana, sou o maquinista de um trem de grande velocidade, e o responsável por muitas coisas que acontecem enquanto nos mantemos em atividade – concertos, gravações, produtos e, agora, este livro. Ainda que os profissionais do núcleo básico das minhas equipes de música e de produção não tenham estado diretamente envolvidos com as palavras expressas nestas páginas, eles estão todos aqui em espírito. Eu gostaria de lembrá-los que, se as pessoas não se dão conta de nada do que eles fazem, nem de sua combinação de experiência, ousadia e extrema atenção, isso se deve ao fato de que eles estão fazendo um trabalho excepcional. Devo agradecer a essa equipe pela dedicação divina, e mencioná-la nominalmente.

Skip Rickert, o administrador das nossas turnês, trabalhou anteriormente com Stevie Ray Vaughan ao longo de toda a sua carreira, e também com grandes artistas como Barbra Streisand, Guns N' Roses, ZZ Top e os Backstreet Boys. Ele nos dá garantias de que a estrada será o mais tranquila possível, tendo ampliado os horizontes das nossas turnês, fazendo com que nos apresentássemos em novos locais na África, Índia e Europa. O assistente de administração de turnês, Libby "Mr. Thousand Rainbows" Fabro, trabalha com uma elegância e um propósito discretos e eficientes, sempre tentando tornar nossa vida longe de casa o mais confortável e o mais previsível possível. Nosso diretor de produção, Michael "Hoss" Keifer, cuida de tudo o que precisamos no palco, seja qual for o país ou a situação, e supervisiona a equipe técnica, certificando-se de que todo o equipamento de som, iluminação e vídeo esteja no mesmo nível de apresentação da música. A equipe da Santana causa inveja a muitas outras bandas que saem em turnê – já ouvi esse comentário várias vezes ao longo dos anos –, e uma grande razão para isso é Hoss. Chris "Stubby" McNair faz quase tudo que um chefe de palco pode ser solicitado a fazer, e providencia o que for preciso imediatamente – ele é o Sr. Super Confiável, o cara responsável por manter e proteger nosso equipamento o ano inteiro. Meu técnico de guitarra, Ed Adair, está com a Santana desde os anos 1980 e, com o auxílio de ambos, sei que cada instrumento estará pronto para ser usado e tocado. Não importa onde seja o show, Ed é o cara que sempre estará ao meu lado, mantendo tudo afinado. Sei que o som da Santana atingirá o público da melhor maneira possível por causa dos nossos engenheiros de som – Rob Mailman, na cabine, e Brian Montgomery, no palco. Eles são superimportantes para garantir que a Santana esteja totalmente presente e vigorosa em termos de consistência, todas as noites. Bob Higgins é o diretor responsável pelos vídeos exibidos nos concertos, que acrescentamos aos nossos shows a partir de *Supernatural*. Ele faz um grande trabalho, conectando o visual com o centro espiritual e o ritmo de cada canção, colocando, inclusive, o próprio público dentro do show.

As pessoas que trabalham na Universal Tone Management estão com a Santana há décadas, e são leais e de valor inestimável. Devo agradecer a Adam Fells, que está conosco desde antes de *Supernatural*, começou a trabalhar em nossas turnês e, hoje em dia, se encarrega de quase tudo o que fazemos. Ele é o nosso homem do dia a dia, que coloca a mão na massa e conhece a história da Santana melhor do que ninguém. Rita Gentry, nossa ligação com Bill Graham e nosso incrível braço executivo, sabe como lidar com qualquer desafio ou qualquer pessoa. Micki Alboff tem sido nossa gerente de escritório há mais de 12 anos – ela tem o inestimável talento de saber exatamente em que ponto estão todas as coisas que fazemos, a qualquer momento. Minha filha Jelli, que administra os arquivos da Santana e vem executando um valioso trabalho na preservação da história da banda. Há muitas outras pessoas trabalhando no escritório, e eu não conseguiria imaginar como a Santana ou eu poderíamos realizar o que realizamos sem elas – todos os concertos, as gravações, os negócios e as viagens. Inclusive este livro.

Finalmente, sou eternamente grato aos fãs da Santana – muitos deles se tornaram parte da família. Depois de todos esses anos de estrada, são eles que ainda me estimulam e me deixam ansioso para fazer a passagem de som, ensaiar novas músicas e mostrar-lhes que a Santana ainda está com tudo. Conheço muitos deles pelo nome – como Kristin, Phillipine, Lisa e Natalie, as quatro moças que encontrei pela primeira vez em Viena, em 1989, e que cresceram com a música da Santana, indo nos ouvir fielmente a cada ano, e que hoje já são adultas, tendo constituído suas próprias famílias. E Sara, a mulher de Montreux que sempre se levanta e dança com tanta graça quando tocamos uma *guajira*, fazendo com que nos certifiquemos de tocá-la todas as vezes que viajamos para lá.

Dediquei este livro à minha mãe, mas não poderia ter feito isso nem ter tantas histórias para contar sem os fãs que apoiaram a Santana desde os nossos primeiros dias em São Francisco, e que agora estão espalhados por todos os lugares ao redor do mundo. Seu supremo amor e seu apoio constante é o motivo pelo qual continuamos a fazer o que fazemos – este livro serve para reverenciá-los.

O tom universal

* * *

Ashley Kahn gostaria de reforçar pessoalmente a gratidão expressa a John Parsley, Michael Jensen, Jillian Manus e Michael e Maria Vrionis, e incluir um agradecimento ao seu agente literário, Dave Dunton, da Harvey Klinger, Inc., bem como a Adam Fells, Chad Wilson, Cynthia Colonna, Abigail Royle, Sonny Schneidau, Laurent Masson e, especialmente, Hal Miller – seu parceiro nesta jornada literária e espiritual. Ele reserva o seu apreço mais profundo ao próprio Carlos, agradecendo-lhe pela oportunidade de escutar, aprender e entender o que é não ter medo de sonhar com o infinito.

Créditos das fotografias

Introdução: © Arquivos Santana
Capítulo 1: © Arquivos Santana
Capítulo 2: © Arquivos Santana
Capítulo 3: © Arquivos Santana
Capítulo 4: © Harry Crosby / Universidade da Califórnia, San Diego
Capítulo 5: © Arquivos Santana
Capítulo 6: © Arquivos Santana
Capítulo 7: © Jim Marshall Photography LLC
Capítulo 8: © Arquivos Michael Ochs / Getty Images
Capítulo 9: © Bill Eppridge / Time Life Pictures / Getty Images
Capítulo 10: © Sony Music Entertainment
Capítulo 11: © The Estate of David Gahr / Getty Images
Capítulo 12: © Arquivos Michael Ochs / Getty Images
Capítulo 13: © Sony Music Entertainment
Capítulo 14: © Arquivos Michael Ochs / Getty Images
Capítulo 15: © Arquivos Michael Ochs / Getty Images
Capítulo 16: © Jim Marshall Photography LLC
Capítulo 17: © Sony Music Entertainment
Capítulo 18: © Ebet Roberts
Capítulo 19: © Arquivos Santana
Capítulo 20: © Ken Friedman
Capítulo 21: © Peter A. Distefano

Capítulo 22: © Sony Music Entertainment
Capítulo 23: © Linda J. Russell
Capítulo 24: © Jimmy Bruch
Posfácio: © Benny Gool

Índice

Abdul-Jabbar, Kareem 347
Abraxas 229, 259, 260, 261, 265, 266, 267, 290, 294, 342, 406, 424, 458, 526, 239
Adams, Greg 385
Adderley, Cannonball 162
Aerosmith 243, 423
Africa/Brass 273
Afrika Bambaataa 423
"Afro Blue" 571
Agassi, Andre 504, 563
Aguabella, Francisco 339, 341
Aldrin, Buzz 122
Alias, Don 335, 352
Allen, Paul 505
Allman, Duane 205, 292
"All Your Love (I Miss Loving)" 206, 249, 261
Alpert, Herb 84
"Amazing Grace" 184
Amigos 424, 425, 427
Ammons, Gene 293, 304
Amor, Sublime Amor 519
"Angelica Faith" 447

"Angel of Air/Angel of Water" 406
"Angel of Sunlight" 407
Anka, Paul 77, 99
Anthony, Tommy 428, 562
"Apache" 528
Aquarius 492
Areas, José "Chepito" 193, 204, 371, 430, 482, 576
   álbuns com 265, 303, 336, 349, 383, 427
   fazendo turnês com 314, 399, 402, 472, 477
   formações com 209, 225, 228, 396
   relacionamento com 293, 294, 314, 409
   Woodstock e 237, 242, 245
Are You Experienced 184
Armstrong, Louis 348
Arnaz, Desi 202
Arroyo, Martina 233
Ascensor para o Cadafalso 522
Astaire, Fred 33, 325
"As the Years Go Passing By" 170, 178, 199

"Astral Traveling" 337
Autry, Gene 33, 444
"Ave Maria" 102, 129
Ayler, Albert 207, 389

"Babalu" 203
Bacharach, Burt 571
Baez, Joan 243
Bailey, Victor 455
Baker, Ginger 179
"Ballad of a Thin Man" 159
"Ball and Chain" 168
"Bamba, La" 78, 84, 93, 514
Banton, Pato 497
Barbieri, Gato 129
Barkan, Todd 393
Barragán, Josefina. *Veja* Santana,
  Josefina B. (mãe)
Barrett, Carlton, e "Family Man"
  422
Barretto, Ray 203, 204, 211, 262,
  314
Bartz, Gary 278, 283, 416
Basie, Count 117, 403
Bátiz, Javier 85, 125, 497
"Batuka" 303, 498
"Batukada" 304
Beach Boys 113, 122, 136, 200
Bean, Richard 143
Beatles 164, 183, 186, 196, 200,
  205, 322, 389, 398
  espiritualidade dos 316, 359, 367
  popularidade dos 142, 144, 167
  Szabó e os 147, 172
Beck, Jeff 142, 196, 198, 413, 445,
  517
Belafonte, Harry 505
"Bella" 447, 468

Bennett, Tony 504
Bennett, Wayne 90
Benson, George 169, 322, 425
Bernstein, Leonard 139, 304
Berry, Chuck 430, 444
"Bésame Mucho" 71, 84
Big Boi 527
Big Brother 155, 188, 212, 220
"Billie Jean" 425
Bingham, John 485
Birch, Gaylord 427
Bishop, Elvin 124, 292, 344
Bitches Brew 265, 273, 274, 278
"Black Magic Woman" 118, 206,
  261, 290, 426, 458, 477
Blackman, Cindy. *Veja* Santana,
  Cindy Blackman (esposa)
Blackman, Tracy 535, 565
Blackwell, Chris 383, 501, 515, 516
Blades, Ruben 460
Blakey, Art 16, 565, 569
Bland, Bobby "Blue" 90, 135
Blige, Mary J. 527
Bloomfield, Michael 124, 145,
  149-50, 162, 163, 168, 212, 220,
  260
"Blue Monk" 147, 531
Bluesbreakers 178
Blues Breakers with Eric Clapton, The
  161
Blues for Salvador 486
"Blues for Salvador" 98, 447, 467,
  468, 477
Bobo, Willie 147, 196, 205, 207,
  208, 218, 219, 305, 307, 309
Bogart, Humphrey 28
Bono 505
Borboletta 407, 408
Bowie, David 98, 408

Branca, John 563
Branch, Michelle 527, 536
"Breezin'" 322
Brooks, Mel 403
"Brotherhood" 457
Broussard, Jules 383, 406
Brown, Buster 532
Brown, David 181, 193, 314
   demissão de 318
   fazendo turnês com 218
   formações com 196, 209
   Woodstock e 233
Brown, Greg 444
Brown, James 89, 93, 136, 155, 160,
   206, 218, 277, 307
Brown, Jerry 122
Brown, Milton 304
Brown, Pat 122
Brown, Shelley 502
Bruce, Jack 179, 221, 285, 568
Burdett, Al 145
"Burn" 461
Burrell, Kenny 117, 135, 188, 204,
   414, 445
Butler, Billy 90
Butterfield, Paul 168, 196
Butterfield Blues Band 124, 145,
   158, 162, 168, 178, 212, 250, 292
Byrd, Donald 277
Byrds 172

Cables, George 321
Caliman, Hadley 333, 337
"Calling, The" 520
"Calypso Blues" 444
Canned Heat 236, 481
Cantinflas (Mario Morena) 402
Capaldi, Jim 471

"Capri" 566
Caramba! 321
Caravanserai 320, 324, 327, 335,
   336, 337, 338, 341, 342, 343, 344,
   349, 350, 351, 352, 356, 366, 350,
   351, 352, 356, 366, 382, 383, 407,
   526
Caribbean Allstars 487
Carillo, Leo 79
Carlos Santana & Buddy Miles! Live!
   343
Carson, Johnny 290, 528
Carter, Ron 428
Cash, Johnny 220, 479
Cassidy, Hopalong 33
Castro, Fidel 325
Catch a Fire 422
Catero, Fred 260, 467
Cesena, Josefina "Chepa" 26, 27, 30,
Chakiris, George 139
Chambers, Dennis 518, 558, 564
Chambers Brothers 153, 277
Champs 84
Chancler, Ndugu 278, 407, 409,
   424, 425, 427, 430, 456, 472, 473,
   482
"Change Is Gonna Come, A" 369
Charles, Ray 77, 85, 87, 102, 104,
   135, 162, 205, 262, 276, 290, 305,
   342, 458
Chavez, Cesar 122, 197
Cheech and Chong 402
Chico, El 147
"Chim Chim Cheree" 178
Christian, Charlie 253, 254, 347
Christian, Yvonne 25, 114, 115,
   130, 137, 139, 141, 146
Cirincione, Diane 368, 525, 548,
   549, 571

O tom universal

Clarke, Stanley 408, 455, 471
Clash 423
Cleaver, Eldridge 318
Cliff, Jimmy 422
Clooney, George 505
"Cloud Nine" 480
Cobham, Billy 352, 384, 455
Cochran, Todd 396
Cole, Natalie 190
Cole, Nat King 84, 129, 444
Coleman, Ornette 312
Collins, Albert 118, 190
Colombo, Chris 135
Coltrane, Alice 277, 316, 335, 385, 386, 389, 394, 395, 405, 424, 484, 525
Coltrane, Kathleen 394
Coltrane, Ravi 394
"Comin' Home Baby" 170
Commodores 423
"Concierto de Aranjuez" 337
"Confidential Friend" 115
Conklin, Lee 229
Contours 144
Cooder, Ry 219
Cooke, Sam 369, 472
Copeland, Miles 214
Corazón 438, 539, 578
"Corazón Espinado" 568
Corea, Chick 278, 349, 416
Coryell, Larry 350, 417
Cosby, Bill 166, 190, 305, 403, 540
Cosby, Camille 540
Cosey, Pete 260, 293
Coster, Tom 356, 371, 383, 386, 406, 456, 457
  e Szabó 321, 336
Cotton, James 199, 226
Country Joe and the Fish 240

Crazy World of Arthur Brown 188
Cream 158,179, 196, 221, 262, 282, 285
"Creator Has a Master Plan, The" 385
Creedence Clearwater Revival 198
Cressman, Jeff 519, 522
Crockett, Davy 33
Crossings 337, 397
"Crying Beasts" 260
Cuba, Joe 204
curso em Milagres, Um 368, 465, 548, 578
Cuscuna, Michael 256

dalai-lama 481, 505
Damon, Matt 505
"Dance Sister Dance" 336, 424, 426
"Dance to the Music" 206, 303
Dangerfield, Brent 226, 303
Dangerfield, Rodney 403, 528
Davis, Angela 508
Davis, Sammy, Jr. 167, 174
Deep Purple 274
DeJohnette, Jack 167, 202, 278, 286, 334, 406, 409, 416
De La Rosa, Steve 141, 193
Delorme, Michel 255, 395
Derek and the Dominos 292
"Desolation Row" 412
Diddley, Bo 136, 205
"Directly from My Heart to You" 415
Doggett, Bill 90
Domingo, Plácido 535
Doors 167, 172, 173, 196, 199, 262, 359, 421, 481, 482
"Do You Love Me" 144

Drummond, Don 561
Dumble, Alexander 442
Dunn, Joyce 144
Dylan, Bob 164, 167, 188, 214, 220, 237, 404, 412, 455, 480, 495, 523
Dynamics 143

Eagle-Eye Cherry 517
"East-West" 162, 198
East-West 162
Eastwood, Clint 122
Eddy, Duane 85, 89
"Eight Miles High" 172
Elders, Joycelyn 140
Ellington, Duke 77, 87, 277, 482, 566
Elton John 504
Emperors 304
Errico, Greg 142, 303, 332
Escovedo, Coke 303, 314, 332
Escovedo, Neal 332
Escovedo, Pete 303
Escovedo, Sheila 303
Estrada, Ron 164
Etzler, Ray 404, 499
"Europa" 150, 216, 336, 424, 425
Evans, Bill 274, 286, 437, 440
Evans, Gil 32, 356, 414
"Everybody's Everything" 303, 304
"Every Step of the Way" 337
"Everything's Coming Our Way" 304
"Evil Ways" 208, 219, 228, 246, 250, 291
"Exodus" 421

Fabulous Thunderbirds 445

"Faith Interlude" 333
"Fannie Mae" 532
Farlow, Tal 253
"Farol, El" 73, 520
"Farolito" 15, 73
Farrell, Joe 286, 320, 383
Farrés, Osvaldo 84
"Fascinação" 72
Feliciano, José 265
Fells, Adam 442, 583, 584
Festival 223, 424-5
Festival de Jazz de Montreux 89, 274, 314
First Light 199
"First Light" 337
Fischer, Clare 431
Flack, Roberta 305
"Flame Sky" 383
Fleetwood Mac 124, 158, 206, 292, 427, 513
"Follow Your Heart" 286
"Fool on the Hill, The" 290
Ford, Dee Dee 144
Ford, Glenn 175
For Those Who Chant 321
Four Tops 313
Foxx, Jamie 505
Frank, Sid 257
Franklin, Aretha 123, 184, 305, 357, 471, 515
Fraser, Tom 169
Freak Out! 415
Freddie and the Stone Souls 142
"Free Angela" 396
Freedom 455, 457, 486
Freeman, Morgan 505
Freeway Jam 224
"Fried Neckbones and Some Home Fries" 147, 205, 217, 228, 242

O tom universal

"Fuente del Ritmo, La" 336
Fujioka, Yasuhiro "Fuji" 256
"Full Moon" 485

Gabriel, Peter 459
Gaines, Jim 467
"Game of Love, The" 536
Garcia, Jerry 155, 163, 168, 239
Gardner, Don 144
Garland, Red 430
Garrison, Jimmy 193, 350, 455
Gasca, Luis 303, 321, 333
Gates, Bill 505
Gaye, Marvin 16, 123, 134, 184, 256, 313, 332, 369, 409
Gentry, Rita 500
"Georgia on My Mind" 94, 99, 205
Getz, Stan 134
Gianquinto, Alberto 226, 227, 229, 259, 265, 304, 318
Gillespie, Dizzy 205, 253, 279, 348
Gilmore, John 389
Gimme Shelter 249, 290
Gleason, Ralph J. 202, 254, 274, 301
Glover, Danny 505
"God Bless the Child" 110
Godinez, Marcia Sult 500
"Going Home" 385, 386
"Goin' Out of My Head" 147, 174
Gomez, Martin Sandoval 504
Goodman, Benny 347
"Good Morning Little Schoolgirl" 146
"Goodness and Mercy" 457
Gordon, Dexter 129
Graf, Steffi 504
Graham, Larry 207, 277, 278, 495

Grant, Cary 33, 186
Grateful Dead 146, 155, 164, 183, 188, 213, 227, 229, 254, 280, 318, 399, 502, 559
Grávátt, Eric 357
Gray, Macy 527
Green, Al 421
Green, Freddie 117
Green, Grant 117, 188, 414
Green, Peter 124, 142, 173, 206, 261, 292
Griffith, Emile 61
"Guajira" 303, 304
Guaraldi, Vince 135, 146, 227
Guitar Forms 414
Guitar Heaven 535
Guy, Buddy 15, 64, 97, 146, 177, 190
"Gypsy Queen" 147, 206, 261, 385

Haas, Wendy 337
Hakim, Omar 214
Hamilton, Chico 147, 162, 196, 198, 203, 205, 217, 273, 314, 322
Hammer, Jan 352, 425
Handy, John 157, 202, 227, 316
"Hannibal" 254
Harder They Come, The 422
Hard Road, A 173
Harper, Rod 193
Harris, Eddie 228, 305, 308, 407
Harrison, George 186, 205, 413
Havana Moon 444, 495
Havens, Richie 243
Hawkins, Coleman 89, 129, 528
Hawkins, Tramaine 485
Hayek, Salma 514
Haynes, Roy 334, 340

"Healer, The" 482, 483
Heider, Wally 259
Helms, Chet 158, 161, 162
"Help, I'm a Rock" 415
Henderson, Joe 89, 321, 528
Henderson, Michael 277, 416
Henry, Sonny 219
Herb Alpert and the Tijuana Brass 84
Hernandez, Carlos 501
Hernandez, Horacio "El Negro" 518
Hesse, Hermann 265
Hidalgo, Padre Miguel 33
Hill, Lauryn 517, 523
Holiday, Billie 18, 110, 347
Holland, Dave 278, 406, 416, 536
Holmes, Rodney 518, 522, 523
"Honky Tonk" 90
Hoodoo Man Blues 146
Hope, Bob 404
"Hope You're Feeling Better" 206, 263, 266, 282
Hopkins, Lightnin' 15, 116, 118, 130, 149, 445, 481
"Hound Dog" 168
Houston, Linda 515
Houston, Whitney 515
Howlin' Wolf 204, 332
Hubbard, Freddie 199, 337, 396
Huerta, Dolores 122, 509
"Human Nature" 461
Humble Pie 250
Hurtak, Desiree 465, 525
Hurtak, J. J. 465, 525
Hussain, Zakir 536

"I Am the Walrus" 186
Ienner, Donnie 486

"I Feel Fine" 205
Ike Turner and the Ikettes 117
    Veja também Turner, Ike
Illuminations 406, 407
"I Love Music" 562
"I Loves You, Porgy" 99
"Imagine" 369, 561
"I'm Blue" 117
Impressions 134
In a Silent Way 284, 286, 351, 416
"In a Silent Way" 417
"Incident at Neshabur" 229, 259, 265, 290
Indios Tabajaras, Los 88
"I Need Your Lovin'" 144
Inner Mounting Flame, The 317, 351
Inner Secrets 424, 427
Intergalactic Wayne Shorter 256
"In the Midnight Hour" 200, 334
"Iron Lion Zion" 89
"I Say a Little Prayer" 357
"I Shall Be Released" 480
Isley, Ronald 571
It's a Beautiful Day 268
"It's All in the Game" 546

Jack Johnson 284, 351
Jackson, Al, Jr. 334
Jackson, Mahalia 17, 121, 317
Jackson, Michael 60, 123, 322, 425, 461, 473, 480
Jackson, Paul 425
Jackson, Samuel L. 541
Jagger, Mick 284, 290
James, Elmore 117, 124
James, Etta 102, 117, 136, 485, 562
Jampolsky, Jerry 368, 548
Jan and Dean 113

Jarrett, Keith 167, 278, 281, 283, 349, 356, 416, 546
Jean, Wyclef 139, 519
Jefferson, Thomas 243
Jefferson Airplane 155, 168, 227, 249
Jesus Cristo 311-12, 366, 377
Jiménez, José Pepe 562
Jimi Hendrix Experience 200
"Jingo" 147, 157, 163, 178, 193-94, 204, 228, 240, 242, 246, 275
Jobim, Antônio Carlos 334
Joel, Billy 233
Joey Dee & the Starliters 91
Johnny Rotten 423
Johnson, Alphonso 455, 458, 467, 472, 477, 482, 485
Johnson, Jimmy 430
Johnson, Magic 122
Johnson, Robert 162, 413
Jolie, Angelina 505
Jones, Booker T. 444
Jones, Darryl 214
Jones, Deacon 483
Jones, Elvin 334, 350, 409, 414, 430, 523, 565
Jones, Hank 190
Jones, Jim 375
Jones, Quincy 342, 461, 514, 545
Joplin, Janis 155, 168, 212, 260, 319, 517
Jordan, Michael 449
Journey 266, 314, 335
Juárez, Benito 33
Judd, Ashley 505
"Jungle Strut" 293, 304

Kahn, Steve 325
Kanté, Mory 302

"Karate" 304
Karma 385
Kaukonen, Jorma 168
Kelly, Wynton 430
Kennedy, John F. 131
Kennedy, Robert 197
Kermode, Richard 349, 356, 371, 383, 385, 386
Khan, Ali Akbar 125, 162
Kilbert, Tony 83, 485, 543, 557
Kind of Blue 273, 559
King, Albert 15, 97, 99, 118, 170, 190, 199, 307, 411, 414, 425
King, Ben E. 406
King, Deborah. Veja Santana, Deborah (esposa)
King, Freddie 90, 97, 102, 136, 138, 161, 248, 249
King, Jo (sogra) 97, 169, 248, 249
King, Kitsaun (cunhada) 347, 375, 400, 448, 500, 502, 549
King, Martin Luther, Jr. 17, 194, 195, 197, 318, 457, 495, 550, 551
King, Saunders (sogro) 88, 253, 347
King Curtis 265
Kings 90
Kinks 142
Kirk, Rahsaan Roland 236, 283, 309, 414
Kirwan, Danny 292
Klarwein, Mati 265
Knight, Gladys 471, 485
Knudsen, Paul 25, 148, 150
Kolotkin, Glen 335, 337, 467
Kooper, Al 164, 220, 260
Kramer, Eddie 288, 304
Kravitz, Lenny 564, 565
Krieger, Robby 172
Krishnamurti 316, 367

Kuti, Fela 313, 460
Kuti, Seun 313

Ladysmith Black Mambazo 550
Lancaster, Burt 89
Lang, Michael 234
Lara, Agustín 15, 73, 80
Lear, Graham 427, 457
Led Zeppelin 196, 262, 421
Lee, Stan 316
Lennon, John 184, 369, 551, 561
Leno, Jay 259, 528
"Let's Dance" 98
"Let the Good Times Roll" 99, 117
"Let Us Go into the House of the
Lord" 352, 384, 393
Lewis, Jerry 403
Lewis, John 430
Lewis, Mingo 323-24, 336, 349, 352
Liberace 121, 174
Liebre Chica (A Lebrezinha) 94
"Life Divine, The" 352
Ligertwood, Alex 427, 428, 458, 496
"Light My Fire" 421
"Light of Life" 385
Lindsay, Tony 428, 496, 561
"Listen Here" 228
"Little Latin Lupe Lu" 144
Little Richard 77, 85
Little Walter 142, 161, 204
*Live Adventures of Mike Bloomfield
and Al Kooper, The* 220
Live at the Fillmore 217
Live at the Regal 124, 145
Live in Seattle 83
Living Colour 423, 484
Livingston, Doc 181, 193, 196, 226,
227

Livro de Urântia, O 316, 464, 425
*Livro do Conhecimento: As Chaves de
Enoch, O* 465, 425
Lloyd, Charles 157, 167, 172, 202,
316, 359, 389, 443
Loading Zone 177, 277, 303, 344
Lohmann, Jan 256
Lonely Boys, Los 527
"Lonely Bull, The" 84
"Look of Love, The" 571
Lopez, George 403
Lotus 405, 412, 426
Louis, Joe 482
Love Devotion Surrender 353, 386
"Love Is Strange" 89
"Love of My Life" 521
"Love in a Two-Way Street" 337
"Love Song from *Apache*" 89, 528
Love Supreme, A 196, 273, 317, 338,
352, 388, 394
"Love Supreme, A" 369, 422
Lucas, Reggie 293

Mabry, Betty 224
MacLaine, Shirley 233, 506
Magic Sam 204, 248
Maharaj Ji 316
Maharishi Mahesh Yogi 316
Mahavishnu Orchestra 317
Malo 143, 302, 344, 349, 378
Malone, Marcus 181, 194
Mamas and the Papas 147, 322
"Mandela" 457
Mandela, Nelson 352, 457, 505, 540
Manilow, Barry 515
Manitas de Plata 414
Mann, Herbie 170, 274
"Manteca" 205

Marcum, Stan 164, 186, 268, 291, 320
Mares, Tony 110
"Maria Maria" 139, 363, 519, 522
Marley, Bob 17, 18, 89, 93, 184, 222, 256, 369
Marsalis, Branford 214, 416
Marsalis, Wynton 389
Marshall, Eddie 321
Martin, Dean 403
Martin, Trayvon 509
Martinez, Jimmy 146
Martinez, René 522
Martini, Jerry 345
"Mary Ann" 162
Masekela, Hugh 550
"Mask, The" 278
Mathis, Johnny 135, 220
Matthews, Dave 502
Mathews, David K. 562
Mayall, John 142, 161, 173, 196
Mayfield, Curtis 304, 313, 384
McCann, Les 171, 305
McCartney, Paul 290
McClure, Ron 167
McDuff, Jack 169, 196, 204
McGriff, Jimmy 169
McLaughlin, Eve 405
McLaughlin, John 59, 275, 284, 317, 351, 366, 374, 375, 383, 389
e Miles Davis 393, 394, 416, 417, 424, 519
Medeiros, Lynn 345
Medeski, John 568
Meditações Metafísicas 338
Mehta, Zubin 303
"Mercy, Mercy, Mercy" 339
Metallica 502, 559

Metatron 524, 525, 256
Mickey & Sylvia 89
Miget, Marcia 531
Milagro 428, 495, 496, 497
"Milagro" 495
Milagro Foundation 502, 504, 515, 539, 560, 567
Miles, Buddy 332, 334, 344, 351, 457, 467
Miller, Hal 80, 255, 506, 522, 531, 551, 558, 559, 581, 584
Miller, Steve 189, 276, 280, 467
Mimram, Colette 224
"Minor Swing" 199
"Misty" 99, 135
Mitchell, Mitch 228, 334
Moby Grape 155, 222
Mocker Manor 164, 165
Monk, Thelonious 77, 95, 147
Festival Pop de Monterey 184, 197, 212, 220
Montgomery, Wes 15, 117, 129, 135, 147, 173
Moon, Keith 178
Moonflower 424, 426, 427
Moreira, Airto 278, 408
Moreno, Mario 402
Morgan, Lee 135, 199, 321
Morrison, Jim 234, 319
Moss, Tyrone 304
Moutafian, Ruthie 502
Muddy Waters 77, 117, 130, 162
Muktananda, Swami 316
Multi-Dimensional Warrior 486
Mumbo Jumbo 520
Musselwhite, Charlie 201
Mysterious Traveller 428
Mystic Man 485

Naftalin, Mark 168
"Naima" 352, 388, 394
"Nature Boy" 337
Nelson, Willie 444, 471
Neville Brothers 460
Newton, Huey P. 226, 318
"Night Train" 89
Nobs, Claude 89, 274, 302, 356, 397
"No One to Depend On" 303
"No Woman No Cry" 421

Obama, Barack 106
Ochoa, Mario 303
O'Jays 562
Olatunji, Babatunde 147, 203, 275
"Once It's Gotcha" 455
"One Love" 422
Oneness 428, 430
"One Way Out" 205
Orlando, Tony 421
Orozco, Carlos Barragán 27
Ortega, Gaspar "El Indio" 60
Ortiz, Bill 496, 522, 561
"Out of This World" 273
"Oye Como Va" 73, 150, 262, 263, 265, 293, 303, 349, 363

Page, Jimmy 142, 248, 286, 413, 435, 445
Palmieri, Eddie 203, 562
Pantoja, Victor 147, 314, 333
"Para Los Rumberos" 303
Parker, Bobby 205, 275
Parker, Charlie 84, 117, 253, 254, 279, 283, 285, 339, 347, 412

Pastorius, Jaco 421, 455, 474, 532
Patillo, Leon 408, 424
"Peace on Earth" 394
Pecado Original, O (livro) 478
Penn, Sean 505
"Peppermint Twist" 91
Peraza, Armando 283, 338, 371, 383, 398, 482
Perazzo, Karl 496, 561
Perry, Lee 422
"Persuasion" 242
Pickett, Wilson 305, 307, 309, 313, 332, 414
"Piel canela" 35
"Please Don't Take Your Love" 549
Police 423
Pozo, Chano 205
"Practice What You Preach" 98
Prado, Pérez 54, 79
Presley, Elvis 77, 99, 116, 204
Prestia, Rocco 277
Preston, Billy 413
Prince 435, 472, 494, 495, 527, 561
Procol Harum 188, 213
"Promise of a Fisherman" 408
Pryor, Richard 403, 415
Puente, Tito 17, 134, 137, 157, 203, 211, 213, 262, 288, 290, 303, 314
Purim, Flora 385, 408

Quicksilver 155
Quinn, Anthony 477, 478
"Quizás, Quizás, Quizás" 84

Rae, Johnny 227
Rainey, Chuck 193, 277

Raitt, Bonnie 458
Ramos, Paoli Mejias 562
Rashid, Gary "Rashiki" 83, 278, 334, 385, 557
Rashied Ali 334
Rauch, Dougie 313, 320, 321, 336, 346, 371
Ray, Daniel "Big Black" 203
Reagan, Ronald 122
Redding, Otis 197, 334
Reed, Jimmy 15, 77, 87, 116, 138, 147, 481
Reid, Vernon 484, 568
Reinhardt, Django 199
Reitzel, Jim 467
Rekow, Raul 458
Reyes, Rico 266, 303, 304, 314, 337
Reyes, Walfredo, Jr. 496
Rich, Buddy 179, 211, 283, 306, 325, 339
"Rich Get Richer" 562
Rietveld, Benny 485, 561
Righteous Brothers 144
"Right On" 495, 561
"Right On Be Free" 313
Rios, Michael 520
"Riviera Paradise" 414
Roach, Max 488
Robinson, Smokey 549
Roccisano, Joe 495
Rockefeller, Nelson 238
Rodrigues, Doug 337
Rodriguez, Sergio "Gus" 115
Rogers, Roy 33, 43, 444
Rolie, Gregg 169, 181, 209, 456, 471
   álbuns com 236, 238, 240, 303
   contribuições de 182, 186, 264
   formações com 164, 190, 206, 208

   relacionamento com 170, 185
   Woodstock e 216, 219
Rolland, Gilbert 43
Rolling Stones 142, 144, 165, 183, 249, 290, 331, 402, 412, 455
"Room Full of Mirrors" 288
Rosas, César 496
Ross, Gene 85, 99, 100, 125
Royals 93, 115
Rubinson, David 222
RunD.M.C. 423
Rush, Otis 15, 97, 116, 118, 161, 189, 204, 206, 246, 247, 261, 348, 413, 415, 483, 568
Rushen, Patrice 472, 565
Rustichelli, Paolo 485, 501, 566
Rutley, Tom 320, 336

Saaveda, Don Lauro 99
Sacred Fire 495, 497, 501
Sacred Language of Ascension, The 525
Sacred Sources: Live Forever 501
"Saeta" 32
"Saja" 495
Salvador Santana Band 494
"Samba Pa Ti" 263, 264, 265, 290, 322
Sam the Sham and the Pharaohs 144, 145, 169
Sanchez, Mimi 321, 436
Sancious, David 214, 428, 455, 484
"Sanctuary" 472, 475
Sanders, Pharoah 83, 129, 334, 337, 385, 389
Sangre 535
San Pacu 266
Santamaría, Mongo 134, 173, 203, 211, 222

Santana (álbum) 260, 306, 339
Santana (grupo) 86, 169, 189, 227, 230
    identidade da 62, 419, 458
    membros da 164, 190
    prêmios da 467
    rompimento da 284, 290
"Santana" (canção) 357
Santana, Angelica "Jelli" (filha) 447, 451, 533
Santana, Antonio (avô) 26
Santana, Carlos 17, 18, 38, 164, 328, 352, 390, 420, 439, 477, 494
Santana, Cindy Blackman (esposa) 564, 565
Santana, Deborah (esposa) 56, 60, 64, 72, 140, 321, 322, 344, 345, 346, 348, 351, 352, 366, 373, 400, 500, 531
    ações filantrópicas de 15, 16, 101
    agradecendo a 8, 50
    caminho espiritual de 4, 11, 91, 92, 106, 107, 280, 282, 305
    casamento com 467
    conhecendo 312
    contribuições de 369, 413, 419
    divórcio de 484, 491, 503
    família Santana e 53, 62, 326, 404
    fazendo turnês com 319, 320
Santana, Irma (irmã) 26, 57, 60, 67, 72, 110, 113, 174, 204, 216, 254
Santana, Jorge (irmão) 23, 58, 83, 106, 112, 132, 135, 143, 204, 302, 349, 401, 496, 497, 501, 510, 514
Santana, José (pai) 9, 12, 491
    apoio de 75, 81, 158, 443, 444
    Autlán e 17, 19, 21, 28, 30, 34, 36
    carreira musical de 7, 8, 17, 25

morte de 35, 62, 455, 456
relacionamento com 55, 62, 163, 340
São Francisco e 73, 94, 97, 98
Tijuana e 41, 43, 46, 48, 57, 61, 63
Santana, Josefina B. (mãe) 5, 9, 12, 41
    Autlán e 16, 25, 27, 34, 36, 37, 480
    Cihuatlán e 5, 7, 29, 30, 404
    Deborah e 343, 401, 487
    ensinamentos de 45, 47, 48, 50, 52, 55, 60, 107
    morte de 456
    netos de 403, 453
    promessa feita a 42-43
    relacionamento com 55-57, 62, 65, 73, 75, 105, 159, 166, 169, 195
    São Francisco e 95-99, 108, 115
    Tijuana e 40, 43, 45, 46, 52, 55
Santana, Laura (irmã) 23, 26, 40, 45, 57, 67, 112, 131, 145, 381
Santana, Leticia (irmã) 58, 112, 113
Santana, Maria (irmã) 23, 44, 58, 63, 64, 113, 166, 204, 215, 254, 401
Santana, Salvador (filho) 13, 66, 67, 83, 444, 446, 451, 466, 477, 502, 533
    a música de 464, 482, 503, 513
    caminho espiritual de 417, 510
    infância de 401
    nascimento de 6, 55
    relacionamento com 439, 488
Santana, Stella (filha) 447, 451, 454, 463, 466, 487, 493, 507

O tom universal

Santana, Tony (irmão) 41, 51, 57, 58, 63, 67, 83, 90, 110, 131

Santana Blues Band 98, 151, 178, 179, 184, 196, 199, 202

Santana Brothers 501

Santana III 301, 303, 304, 314, 326, 335

Santana IV 535

Santana Management 502, 543

Santana-Shorter Band 425

Santo & Johnny 89

Saphore, Steven 266

Satchidananda, Swami 316, 346, 355, 377, 386

Schon, Neal 266, 291, 293, 302, 304, 314, 323, 327, 335, 576

Schwarzenegger, Arnold 122

Scofield, John 293

Seale, Bobby 318

Seeff, Norman 427

Serpents and Doves 514

Sete, Bola 15, 135, 157, 222, 227, 413

Sgt. Pepper's Lonely Hearts Club Band 186, 200

"Shades of Time" 228

Shadows 89

Shaman 527

Shankar, Ravi 125, 162, 172, 197

Shape Shifter 561

Sharrock, Sonny 253, 285, 425, 484

Sheila E. 303, 496, 561

"She's Not There" 426

Shorter, Ana Maria 474, 475

Shorter, Wayne 10, 374, 387, 420, 463

a música de 231

declarações de 166

Miles Davis e 251

tocando e excursionando com 78, 290

Weather Report e 284

Shrieve, Michael

álbuns com 236, 284, 287, 290, 302, 369

fazendo turnês com 190, 207

formações com 276

orientações de 246

relacionamento com 66, 254

Woodstock e 210, 219

Shut Up 'n Play Yer Guitar 415

"Sidewinder, The" 135, 170

Siegel, Barry 500

Sigerson, Davitt 486, 501

Silver, Horace 229

"Silver Dreams Golden Smiles" 431

Simon and Garfunkel 220, 517

Simone, Nina 485

Simpson, O. J. 196, 381

Sinatra, Frank 84, 186, 389, 406

"Singing Winds" 261

"S. K. Blues" 347

Sketches of Spain 32, 274, 281, 417, 437, 530, 578

Sly & the Family Stone 155, 196, 206, 345

Veja também Stone, Sly

Sly & the Stoners 155

Smith, Jimmy 135, 169, 196

Smith, Linda 216, 224, 255, 262, 321

Smith, Paul Reed 441, 571

Smith, Randy 260, 441

"Smoke on the Water" 274

"Smooth" 139

"Smooth Criminal" 480

Snoop Dogg 430

"Solamente una vez" 35

"Something's Got a Hold on Me"
99, 117
"Somewhere in Heaven" 428, 495
"Song of the Wind" 335
"Sonny Boy Williamson" 221
"Soul Sacrifice" 194, 205, 228, 234, 242, 271
"Soul Serenade" 264
"Soul to Soul" 313
Space Between the Stars 542
Spann, Otis 430
Spencer, Jeremy 292
Spirits Dancing in the Flesh 484
Springsteen, Bruce 428, 505
Staples, Mavis 305
Staple Singers 213, 229, 305
Starr, Ringo 164
"Stella by Starlight" 571
Steppenwolf 189, 213
Stern, Mike 293
Steward, David e Thelma 504
Sting 214, 423, 459, 522
Stone, Freddie 142
Stone, Sly 135, 188, 206, 224, 234, 243, 245, 260, 277, 303, 345
"Stone Flower" 336, 349
Strangers 81, 92-93
Streisand, Barbra 214, 220, 582
Strummer, Joe 423
Sumlin, Hubert 97
"Summertime" 94, 99, 135
Sunlight 430
Sunnyland Slim 430
Sun Ra 539
Supernatural 11, 73, 89, 98, 139, 173, 291, 402, 435, 471, 486, 501, 504, 514, 516, 518, 537, 539, 558, 583
"Supernatural, The" 173, 520

"Supernatural Thing" 406
Super Nova 285
"Suzie Q" 198
Swing of Delight, The 428
"Sympathy for the Devil" 413
Szabó, Gábor 8, 16, 141, 206, 250
a música de 121, 132, 133
relacionamento com 259, 291, 320

Taj Mahal 219, 222, 268
Tan, Amy 122
Tanglewood festival 271, 276, 313
Temptations 206, 277, 480
"Tequila" 84, 204
"They All Went to Mexico" 444
Thiele, Bob 385
"Think" 93
"Third Stone from the Sun" 198
Thomas, Leon 371, 385, 396, 408
Thomas, Rob 139, 517, 520
Thompson, Chester 456, 527
Thompson, Chester C. 456
Thornton, Big Mama 168
Thriller 461
Tillery, Linda 303
Time Has Come, The 153
"Time Has Come Today" 153-54
"Time of the Season" 426
Tjader, Cal 134, 135, 173, 227, 303, 340, 496
TJs, Los 85, 86, 90, 93
Tone 428
Tony Williams Lifetime 274, 284, 421, 568
"Toussaint L'Ouverture" 304
Tower of Power 266, 268, 277, 302, 344, 456, 562

Townshend, Pete 178
"Treat" 228
Turner, Ike 117, 305, 308, 313
Turner, Tina 305, 310, 313, 536
Turtles 144
Tutu, arcebispo Desmond 80, 456, 539, 549, 573
Tyner, McCoy 456, 471

Ultimate Santana 536, 537

Valdez, Patato 339
Valens, Ritchie 78, 93, 513
Vanilla Fudge 188
Vargas, Andy 143, 428, 561
Vargas, Pedro 35, 51, 79
"Variations on the Carlos Santana Secret Chord Progression" 415
Vasquez, Dan 479
Vaughan, Jimmie 444
Vaughan, Stevie Ray 15, 98, 125, 413, 445, 466, 467, 501, 582
Ventures 88
"Vereda Tropical" 444
"Victory Is Won" 456
Vilató, Orestes 458
Vitous, Miroslav 357
Viva Santana! 476
Voices of East Harlem 276, 305, 313
Volunteered Slavery 284, 309
"Voodoo Child (Slight Return)" 481
Vrionis, Michael 561, 581
V.S.O.P. 443

"Waiting" 228, 241
Walden, Narada Michael 471

Walker, Greg 424, 427
Walker, TBone 90, 97, 123, 347, 413, 444
Warwick, Dionne 123, 471
"Watch Your Step" 205
"Watermelon Man" 134, 340
"Watusi, El" 203
"Waves Within" 337
Wayne, John 263, 325
Weasels Ripped My Flesh 415
Weather Report 214, 314, 355, 339, 357, 425, 428, 455, 474
Webster, Ben 129
Welch, Raquel 290
Welcome 282
"Welcome" 383, 394
Wells, Junior 146
Wexler, Jerry 444
"What's Going On" 184, 313, 369
What's Going On 16, 338
"When I Look into Your Eyes" 385
White, Lenny 335, 428
Whitfield, Norman 206
Who, The 144, 158, 177, 197, 331, 369
Wilburn, Vince 440
William Penn and His Pals 170
Williams, Buster 565
Williams, Richard 356
Williamson, Marianne 547
"Will o' the Wisp" 437
Wilson, Chad 20, 550, 558, 564
Wilson, Devon 224, 244, 287
Winter, Johnny 268
Winwood, Steve 244, 515
"Within You Without You" 186
"Woke Up This Morning" 205
Womack, Bobby 322, 349
Wonder, Stevie 136, 283, 289, 409

Wong, Linda 76, 104
Woodstock 132, 184, 197, 212, 233, 241, 268, 288, 529
"Wooly Bully" 145
"Work" 495
Workman, Reggie 455
"Work Song" 162, 178
Wozniak, Steve 458
Wray, Link 89

Yasgur, Max 244
Yogananda, Paramahansa 255, 316, 338, 346
Young, Larry 284, 286, 352, 284, 386

Young, Lester 129
Young, Neil 276, 280, 404
Youngbloods 219
Young Rascals 188, 265
"Yours Is the Light" 385

Zamudio, Domingo 145
Zapata, Emiliano 33
Zappa, Frank 188, 414
Zawinul, Joe 69, 314, 357, 472
Zebop 441
Zeffirelli, Franco 311
Zombies 426

Sobre os autores

CARLOS SANTANA nasceu em Autlán de Navarro, México, em 1947. Ele é guitarrista, compositor e membro fundador da Santana. Gravou ou fez participações em mais de noventa álbuns. Mora em Las Vegas com a esposa, a baterista Cindy Blackman.

ASHLEY KAHN nasceu no Bronx, Nova York, em 1960. Ele é autor, jornalista, educador e diretor de produção, e vem trabalhando no ramo da música desde os anos 1980. Dentre os seus livros destaca-se *A Love Supreme – A criação do álbum clássico de John Coltrane*. Vive em Fort Lee, Nova Jersey.

HAL MILLER nasceu no Bronx, Nova York, em 1941. Ele é baterista de jazz, escritor, ministra palestras frequentemente em instituições de música e é um dos mais importantes colecionadores de vídeos de jazz do mundo. É amigo íntimo de Carlos Santana há quase trinta anos. Vive em Albany, Nova York.

Este livro foi composto na tipologia Adobe
Garamond Pro, em corpo 12/15 e impresso
em papel Lux Cream 70g/m² na Prol Gráfica